CAROL ANN LEE

Het verborgen leven van Otto Frank

De biografie

2002
UITGEVERIJ BALANS

TWEEDE DRUK

Oorspronkelijke titel: *The Hidden Life of Otto Frank*
Copyright © 2002 by Carol Ann Lee
All rights reserved including the rights of reproduction in whole or in part in any form.
The Publishers acknowledge that Carol Ann Lee asserts the moral right to be identified as the Author of this Work.
All Otto Frank correspondence copyright © 2002 by
the Anne Frank-Fonds, Basel
Copyright © 2002 Nederlandse vertaling by Uitgeverij Balans, Amsterdam
Vertaald uit het Engels door Bab Westerveld
Eindredactie en zetwerk: Frans T. Stoks en Jos Bruystens, Maastricht
Omslagontwerp: Marjo Starink
Omslagfoto voorzijde: © Eva Schloss, privé-collectie
Foto achterzijde: Otto Frank met beide dochters, Margot en Anne, 1930
© AFF/AFS/Fotoarchief.
Druk: Drukkerij Wilco, Amersfoort

Uitgeverij Balans, Amsterdam
ISBN 90 5018 555 X
NUGI 642

Het verborgen leven van Otto Frank

Inhoud

Woord vooraf – 9

Proloog – 15
De jodenjagers van Amsterdam: 1944

Deel een
Duizend oude, gekoesterde dingen 1889-1945

Hoofdstuk een – 21
Heel Duits
Kindertijd en jeugd – Een verbroken liefdesrelatie – De Eerste Wereldoorlog – Huwelijk – Familieaangelegenheden – Twee dochters – Paria's van Duitsland – Emigratie naar Amsterdam

Hoofdstuk twee – 56
De ogen van onze vervolgers
Inspanningen om een huis te vinden en een zaak te beginnen – Het zaad van het verraad – De oorlog en de Duitse bezetting – Eerste maatregelen tegen de joden – 'Een uiterst gevaarlijke jongeman'

Hoofdstuk drie – 87
Fac et spera
Voorbereidingen voor de onderduik – Een rookgordijn voor de nazi's – De oproep – Onderduiken – De loyaalste vrienden – Twee jaren angst – 'Werk en hoop' – Jan van Eyckstraat – De arrestatie

HOOFDSTUK VIER – 125
Onvergetelijke littekens op mijn ziel
Westerbork – Scheiding in Auschwitz – Het verlies van vrienden en de strijd om het behoud van de eigen geest – Een verschrikkelijke afstraffing – Het zogenaamde hospitaal – De laatste dagen – Onze bevrijders

DEEL TWEE
ZONDER ENIGE TWIJFEL PUBLICEREN 1945–1980

HOOFDSTUK VIJF – 157
Het is allemaal als een akelige droom
De lange reis naar huis – 'Mijn kinderen, dat is mijn enige hoop' – Hereniging met de vrienden – Statenloze mensen – Hernieuwd contact met familie in het buitenland – De speurtocht – 'Nu ken ik de hele waarheid' – Een onwelkome ontmoeting

HOOFDSTUK ZES – 189
Dit is tenminste bewaard gebleven
Het dagboek van Anne – 'Hoe was het mogelijk dat een man van mijn leeftijd kon overleven' – Het Achterhuis, de eerste Nederlandse editie – Wie heeft ons verraden – Meyer Levin leest het dagboek – Prompt een bestseller – 'We moeten verder leven'

HOOFDSTUK ZEVEN – 237
Een joodse of een niet-joodse schrijver, dat is de vraag
Publicatie over de hele wereld – 'Maak er geen joods toneelstuk van' – Fritzi – De Hacketts en Broadway – De woedende Levin – Vrijspraak in Duitsland – 'Amsterdam heeft te veel herinneringen'

HOOFDSTUK ACHT – 283
Ik heb geen littekens meer
Een Hollywoodfilm – Het Anne Frank Huis – Wonen in Zwitserland – De strijd tegen de neonazi's – 'Beschouw het als mijn opdracht' – Silberbauer en de laatste kans – Geen verbitterd man – De dood van Otto Frank

EPILOOG – 336
Een visionair

APPENDIX EEN – 347
De ontbrekende bladzijden van het dagboek van Anne Frank

APPENDIX TWEE – 354
Chronologie van de jodenvervolging in Nederland

DRAMATIS PERSONAE – 362
GLOSSARIUM – 368
NOTEN – 370
BRONNEN – 375
BIBLIOGRAFIE – 393
REGISTER – 401

Woord vooraf

Het idee voor dit boek is afkomstig van de Zwitserse uitgever Thomas Meyer. Hij deed de suggestie na een lezing die ik in Basel hield over mijn biografie van Anne Frank, *Pluk rozen op aarde en vergeet mij niet*. Ik speelde al lang met de gedachte: ik herinnerde me hoe ik getroffen was door Otto Franks brieven van het Westelijk Front – die ik niet in mijn boek over zijn dochter kon opnemen – en door zijn beslissing het dagboek te publiceren in een tijd dat de holocaust (toen nog niet met dat woord aangeduid) een ontoegankelijk onderwerp was in de literatuur. Ik was ook geboeid geraakt door de tweestrijd in Otto Franks leven: enerzijds het vechten voor zijn land in de Eerste Wereldoorlog en de vervolging door zijn land in de Tweede Wereldoorlog, en anderzijds door de manier waarop hij zich verzoende met dit onvoorstelbare contrast in zijn bestaan. Zijn leven was ook op een andere manier gespleten: in een deel vóór en een deel na 1945 en het verlies van zijn eerste vrouw en zijn kinderen in de holocaust. Frank waagde zich aan een missie Annes dagboeken aan een zo breed mogelijk publiek te presenteren. Haar boek werd ten slotte zijn *raison d'être*.

Het grote publiek kent doorgaans alleen de elementaire feiten van Otto Franks leven. Hij was beroemd om de laatste dertig jaar van zijn leven, maar ook toen dachten maar weinig interviewers eraan naar zijn persoon te informeren. Deden ze dat wel, dan waren zijn commentaren weliswaar altijd stimulerend, maar ze legden ook de slagschaduw van zijn ervaringen bloot. Hij schreef duizenden antwoorden aan lezers van zijn dochters dagboek die contact met hem zochten, maar hij week zelden af van een formeel antwoord. Deed hij dat wel, bijvoorbeeld met een schijnbaar achteloze toevoeging – 'Ik werd eind januari bevrijd uit Auschwitz, twee dagen nadat ik oog in oog met een vuurpeloton had gestaan. Ik keerde terug naar Amsterdam...' –, dan wierp dat veel vragen op die meestal onbeantwoord bleven.

Toen Otto Frank in 1980 stierf, was hij 91 jaar oud: naar alle maatstaven een lang leven om diepgaand te bestuderen. Tijdens de winter van 1999 bekeek ik een paar vroegere notities, las zijn intrigerende brieven, sprak enkelen van zijn familieleden en vrienden en wandelde door de straten van Amsterdam, dicht bij mijn eigen woning, waar zoveel met hem gebeurd was. Plotseling realiseerde ik me wat een genoegen het zou zijn een boek te schrijven over zijn verborgen, gekwelde leven. Terugkijkend naar die tijd besef ik nu dat ik geen idee had hoe verborgen en gekweld zijn leven werkelijk was.

Het is nooit mijn bedoeling geweest de kwestie van het verraad van Otto Frank en zijn gezin weer op te rakelen. Ik vond dat er al te veel was gespeculeerd over dat onderwerp. Hoewel ik in *Pluk rozen op aarde en vergeet mij niet* uitvoerig had geschreven over de rechtszaak tegen Willem van Maaren (de belangrijkste verdachte), kwam ik tot de slotsom dat er geen sluitend bewijs was.

Toen kreeg ik eind 2000 een brief, geschreven door Otto Frank, die nooit eerder gepubliceerd was. De brief bevatte een ongelooflijk verhaal dat tientallen jaren geheimgehouden was. Toevallig kreeg ik twee maanden later een brief in handen, geschreven door een NSB'er die in de eerste brief van Frank genoemd wordt. Deze brief vermeldde feiten uit de onderduikperiode die buiten de kleine kring van de acht onderduikers op Prinsengracht 263 en hun helpers destijds bij niemand bekend waren. Op zeer onaangename toon werden hier enkele beweringen uit de eerste brief van Frank nadrukkelijk tegengesproken en enkele beschuldigingen geuit waarvan ik de juistheid in twijfel trok. De briefschrijver verwijst naar andere brieven die hij geschreven had ter verdediging van Silberbauer, de man die de familie Frank en haar vrienden arresteerde en met wie hij had gecorrespondeerd. In de archieven van het Nederlands Instituut voor Oorlogsdocumentatie (NIOD) vond ik nog twee brieven van zijn hand, een rapport over zijn activiteiten tijdens de oorlog door een medewerker van de *Sicherheitsdienst* en nog een rapport van de instanties die Silberbauer in 1963–1964 hadden ondervraagd. Mijn eerste vraag was waarom deze persoon niet verhoord was in verband met het verraad, maar als zoveel van mijn vragen kostte het maanden van onverdroten speurwerk, het opsporen van namen en het schiften van stapels documentatie voordat ik het antwoord had gevonden.

Intussen ging ik op pad om uit te vinden wat er gebeurd was met de briefschrijver. Ik kwam te weten dat hij na de oorlog gevangen had gezeten wegens het verraden van onderduikers aan de SD. Ik vond kleine sporen, zoals data en adressen, en volgde de sporen terug. Soms stuitte ik op een muur maar een enkele keer gunde een gat in zo'n muur me een glimp van iets belangrijks. Ik bleef volharden. Een doorbraak kwam toen ik in Den Haag de dossiers kon raadplegen van de collaborerende briefschrijver; tussen de paperassen bevonden zich zowel een verklaring van Frank als verdere verwijzingen naar het contact tussen beide mannen. Toen kwam ik te weten dat de briefschrijver niet meer leefde: zes weken voordat ik voor het eerst van hem had gehoord, was hij overleden. Maar ik sprak tweemaal kort met zijn echtgenote. De resultaten daarvan zijn hier gedocumenteerd.

Ik bleef speuren in archieven die nog nooit geraadpleegd waren in verband met het verraad van Prinsengracht 263, terwijl ze toch materiaal bevatten dat daarmee rechtstreeks verband hield. Toen ik alle sporen had nagetrokken, kwam er een reeks onrustbarende feiten aan het licht. Uiteindelijk begreep ik waarom dit verhaal verborgen was gebleven. Dit verhaal geeft de sleutel die past op alle feiten achter het verraad, verklaart wellicht ook waarom de informant nooit voor de rechter is gebracht en laat zien hoe een heel gewone, niet bijzonder intelligente jongeman met antisemitische neigingen meegesleept kon worden in de kolossale nazi-machinerie, die hem vervreemdde van zijn familie en die diep ingreep in de levens van iedereen in zijn omgeving.

De informatie over de briefschrijver en zijn contact met Frank worden hier voor het eerst gepubliceerd, maar ik hoop dat deze ontdekkingen in hun samenhang worden gezien. Ze betreffen maar één aspect van het leven van Otto Frank, een merkwaardig, inspirerend leven dat tot het laatst gewijd was aan de bevordering van de wereldvrede en het uitbannen van vooroordelen.

Dankzegging en verantwoording

Talrijke mensen hebben gul hun tijd en kennis gegeven tijdens het schrijven van dit boek. Allereerst gaat mijn dank uit naar Yt Stoker, die mij geduldig en deskundig door de archieven van de Anne Frank Stichting heeft geleid, op andere terreinen van het speurwerk van onschatbare waarde was en veel heeft bijgedragen tot de uiteindelijke vorm van dit boek. Ik wil ook Teresien da Silva, Jan Erik Dubbelman en Dienke Hondius van de stichting bedanken. Dienke dank ik in het bijzonder voor de Engelse vertaling van *Terugkeer*, haar intelligente en doorwrochte studie over de terugkeer in Nederland van joodse overlevenden van de concentratiekampen, een boek dat een buitengewoon donkere periode in het leven van Otto Frank voor mij heeft belicht.

Ik kreeg hulp van een aantal andere archieven en instellingen en mijn dank gaat met name uit naar Sierk Plantinga van het Rijksarchief in Den Haag, Johannes van der Vos, Hubert Berkhout en David Barnouw van het NIOD, Verola de Weert van het Amsterdamse bevolkingsregister, de staf van het Algemeen Archief Amsterdam, de Koninklijke Bibliotheek in Den Haag, het Auschwitz-Birkenau Museum, het United States Holocaust Museum, het Simon Wiesenthal Centre in Los Angeles en Gillian Walnes van de Anne Frank Educational Trust, voor de samenwerking en de adviezen.

Ik kreeg uitstekende suggesties voor verder speurwerk van Susan Massotty, Simone Schroth en Elma Verhey. Uitgeverij Balans begeleidde de verbetering van een aanvankelijk onhandelbaar manuscript, en Jan Michael hielp mij niet te wanhopen bij het werk dat dit met zich meebracht maar dit te beschouwen als een overkomelijke uitdaging. Dank ook aan Pauline Micheels omdat ze me in contact bracht met Dola de Jong, en aan Marion Netfield omdat die me op een spoor zette dat niet eerder was gevolgd. Paul van Maaren ben ik dankbaar voor het materiaal dat mijn weg hielp verlichten.

Mijn erkentelijkheid gaat uit naar al die auteurs en uitgevers die toestemming gaven uit hun werk te citeren en naar de hierna genoemde personen die mij permissie gaven te citeren uit hun particuliere correspondentie. Het copyright van de citaten uit *De dagboeken van Anne Frank* en de persoonlijke correspondentie van de families Frank en Elias – gebruikt met toestemming van Buddy Elias – berust bij het Anne Frank-Fonds te Basel.

Hartelijk dank zeg ik al die mensen die mij deelgenoot maakten van hun persoonlijke en vaak uiterst pijnlijke herinneringen: Ilse Blitz, Angus Cameron, Barbara Mooyaart-Doubleday, Annette Duke, Barbara Epstein, Vincent Frank-Steiner, Jack Furth, Hilde Goldberg (met dank aan haar schoonzuster Bea voor het eerste contact), Edith Gordon, Stephan van Hoeve, Dola de Jong, Bee Klug, Rose en Sal de Liema, Lillian Marks, de eerwaarde John Neiman, Laureen Nussbaum, Katja Olszewska, Hanneli Pick-Goslar, Alfred Radley, Tony van Renterghem, Judith en Henk Salomon, Eva en Tsvi Schloss, rabbijn David Soetendorp, Franzi Spronz, Anneke Steenmeijer, Cor Suijk en Thesy Nebel.

Gusta Krusemeyer en Henri Beerman vertaalden voor mij stapels documenten uit het Duits en het Nederland in het Engels, al moesten ze daarnaast hun eigen werk doen. Daarvoor en voor hun vriendelijkheid, ruimhartigheid en beminnelijkheid ben ik hen van harte dankbaar: ze maakten de samenwerking tot een genoegen. Dank ook aan Maarten Fagh die me met hen in contact bracht, en aan Hendrikus Wilhelm Reiters voor zijn hulp bij de Duitse vertaling.

De volgende groep personen heeft mijn werk op velerlei wijze ondersteund en is mij uiterst dierbaar: Buddy en Gerti Elias, Jan Michael en Paul Clark, Alison Davies en Bruce Robinson. Mijn liefde en respect gaan naar hen uit, alsook naar mijn moeder, mijn broer en zijn vrouw en de zuster van mijn man, die allen hulpvaardig zijn geweest bij de voltooiing van dit boek.

Ten slotte is, zoals elke schrijfster die toevallig ook moeder is wel weet, de meest elementaire noodzaak om tot schrijven te komen niet alleen een eigen kamer maar beslist ook de zekerheid dat haar kind in goede handen is. Daarvoor, en voor talloze andere dingen, bedank ik mijn geliefde man Ronnie en mijn schoonouders, Dick en Truus Cornelisz. Tijdens het schrijven op veelal ongewone uren zorgden zij samen voor mijn zoon River, en aan hen wil ik dit boek opdragen.

Carol Ann Lee

Proloog

De jodenjagers van Amsterdam: 1944

De Jan van Eyckstraat in Amsterdam-Zuid is een korte, smalle straat en is karakteristiek voor de prettige buurt waarin ze ligt. Vlakbij staat een monument voor het Nederlandse verzet: een paar stenen gevouwen handen die dramatisch oprijzen uit een kleine vijver. Verschillende jonge gezinnen bewonen de ruime, smaakvolle huizen die de straat omzomen. Een schoolgebouw op het plein sluit de rij. Daarachter, op hetzelfde plein, aan de Gerrit van der Veenstraat, staat nog een schoolgebouw waarvan de geschiedenis, gehuld in geheimzinnigheid, zijn sinistere klank heeft behouden.

In de zomer van 1944 zag de Jan van Eyckstraat er heel anders uit. Op het eerste gezicht was er geen verschil, maar de school aan het einde van de straat was een ouder gebouw waarvan de grote ramen en kleurige mozaïeken nog slechts enkele maanden behouden zouden blijven: in november sneuvelden ze door de inslag van een geallieerde bom. Kinderen raakten daarbij niet gewond, want het gebouw had zijn functie als school inmiddels verloren: in 1941, ten tijde van de jodenvervolging door de nazi's, was hier de *Zentralstelle für jüdische Auswanderung* gevestigd, een naam ontleend aan een soortgelijk bureau in Wenen.[1] Onder het mom van herhuisvesting werkte het deportatieapparaat vanuit de *Zentralstelle* met onverbiddelijke efficiency. Het was 'een lopende band... aan de ene kant komt er een jood in, die nog bezittingen heeft... Hij gaat door het hele gebouw, van loket tot loket, van bureau tot bureau, aan de andere kant komt hij eruit, beroofd van al zijn rechten, beroofd van al zijn geld... alleen met een pas, waarop staat: "U dient binnen veertien dagen het land te verlaten, anders komt u in het concentratiekamp."' Aldus een getuige in het Eichmann-proces anno 1961.

De *Zentralstelle* was rechtstreeks verantwoording schuldig aan de *Sicherheitsdienst (SD)*[2], die zijn hoofdkwartier aan de andere kant van het plein had. De klokkentoren van de gevorderde school beheerste het silhouet van de buurt en wierp een lange schaduw over de Euterpestraat. Al zijn de archieven van de SD niet volledig bewaard gebleven, wat zich in het gebouw had afgespeeld, straalde zo kwalijk af op de buurt dat de Euterpestraat in 1945 werd omgedoopt en genoemd naar de beeldhouwer Gerrit van der Veen, een door de Duitsers geëxecuteerde, prominente verzetsman in Amsterdam.

In de Jan van Eyckstraat hadden de nummers 15, 19 en 21 een vergelijkbare apocalyptische klank: de *Expositur* (Oostenrijks-Duits voor 'filiaal'), waar een afdeling van de Joodse Raad haar burelen had. Joden die bij razzia's waren opgepakt, wachtten op de binnenplaats van de *Zentralstelle* terwijl hun papieren werden gecontroleerd door de staf van de *Expositur* om na te gaan of ze in aanmerking kwamen voor vrijstelling van deportatie. Weinigen bleven verschoond; velen maakten daarna de korte reis van de *Zentralstelle* naar de Hollandse Schouwburg aan de Plantage Middenlaan.[3] Daar wachtten ze op de tram die hen naar het spoorstation zou brengen, om vandaar de lange reis te maken naar 'het dodelijke oosten'.

Aan dezelfde kant van de straat woonde Karel Wolters met zijn vrouw en drie kinderen. Wolters, advocaat en procureur met een succesvolle praktijk, was al negen jaar lid van de NSB, toen het gezin in mei 1941 in de buurt kwam wonen. Enkele maanden later werd Wolters door de *Wirtschaftsprüfstelle* (Bureau voor Economisch Onderzoek; BEO) aangesteld als *Verwalter* (bewindvoerder), verantwoordelijk voor de liquidatie van negentien joodse firma's, onder andere een handel in kruiderij aan de Prinsengracht, Pectacon genaamd.

Recht tegenover Wolters lagen de panden nummer 20 en 22. Het eerste werd bewoond door Kurt Döring, Emil Rühl en Friedrich Christian Viebahn. Hun kamers grensden aan elkaar in het SD-hoofdkwartier aan de Euterpestraat, waar ze in de kelders met wrede verhoren hun reputatie vestigden 'te behoren tot de meest gevreesde' mannen van de *Grüne Polizei*. Alle drie werden ze later aangeklaagd en veroordeeld wegens meervoudige misdaden, gepleegd tijdens de oorlog, waaronder verscheidene gevallen van moord. De rechter in de rechtszaak tegen Rühl en Viebahn richtte zich ernstig tot hen beiden met de retorische vraag: 'U weet toch heel goed, nietwaar, dat een Duitser allereerst ondervraagt met zijn handen.'

Rühl, Viebahn en Döring waren beste vrienden en konden het goed vinden met hun buurman op nummer 22, Maarten Kuiper, een Nederlandse politieman die eind 1942 in dienst kwam bij de SD. Kuiper stortte zich vol overgave in zijn nieuwe loopbaan, waarin hij 'moordde en martelde als een middeleeuwse beul'. Met Rühl nam hij deel aan een reeks moorddadige represailles tegen leden van het Nederlandse verzet. Een getuige bij de rechtszaak tegen Kuiper merkte vol walging op: 'Men denkt aan de bek van een snoek die zich, na uren op het droge te hebben gelegen, nog zo resoluut in een vinger kan vastbijten.' Kuiper stond op goede voet met de andere bewoner van het huis, Herman Rouwendaal, die als spion voor de *Abwehrstelle* (de inlichtingendienst van het leger) werkte, inlichtingen verschafte over verzetsmensen en zodanig infiltreerde in verzetsgroepen dat een verslaggever bij zijn proces bewogen opmerkte: 'Rouwendaal speelde zijn rol als een genie, ofwel het verzet was ongelooflijk goedgelovig.'

De voormalige bewoner van het huis waar Rouwendaal en Kuiper samen woonden, was de zesentwintigjarige Tonny Ahlers. Deze Ahlers, een gewelddadige, labiele antisemiet wiens hele familie – behalve zijn vader – hem had verstoten vanwege zijn pro-Duitse sympathieën, werd door velen beschouwd als een gevaarlijke, ondoorgrondelijke jongeman. Als iemands gezicht hem niet aanstond, werd die persoon prompt bedreigd met een verblijf in de cellen van de Euterpestraat, waar hij dagelijks rapporten maakte voor Kurt Döring. Die gebruikte Ahlers als informant sinds hij had opgemerkt dat Ahlers in staat was 'een zekere invloed' op mensen uit te oefenen. Ahlers ging geregeld langs bij zijn vriend Peters, die op de *Zentralstelle* werkte en toezicht hield op de *Expositur*, terwijl hij tegen anderen pochte dat hij werd 'beschermd door rijke joden, bijvoorbeeld door Asscher van de Joodse Raad'. Een enkele keer assisteerde hij Wolters bij zijn liquidatiewerkzaamheden, hoewel ze geen buren meer waren sinds Ahlers in april met vrouw en kind naar Amstelveen was verhuisd.

Ondanks een hevige ruzie met Rouwendaal moet Ahlers een geregelde bezoeker van zijn vroegere woning zijn geweest, want Emil Rühl meende dat hij er nog woonde. Ahlers was in elk geval zo onder de indruk van zijn vriend Maarten Kuiper dat hij er prat op ging dat hij de schoonzoon van Kuiper was. Kuiper had een pathologische hekel aan joden en genoot van zijn werk als betaalde informant over ondergedoken joden. Hij was dikwijls aanwezig bij hun arrestatie. In de zomer van 1944 vond zo'n arrestatie plaats met Willem Grootendorst en Gezinus Gringhuis, die op de *Zentralstelle* beiden samenwerkten met Ahlers' vriend Peters. De arrestatie, onder leiding van ss *Oberscharführer* Karl Josef Silberbauer, vond plaats in het achterhuis van de kruidenhandel waarvan Karel Wolters drie jaar eerder de liquidatie begeleid had. Onder de arrestanten bevond zich Otto Frank met zijn gezin.

'Het was *de* vijandelijke citadel in Amsterdam, was de krater, waaruit het onheil over hen (de joden) heen stroomde.' De historicus Jacob (Jacques) Presser doelde hier met name op de *Zentralstelle*, maar hij had ook kunnen doelen op de nabijgelegen Jan van Eyckstraat en haar bewoners. Vanuit deze ene straat was het onheil uitgestort over het leven van Otto Frank als de lava uit een vulkaan. En nog jaren later gloeiden de sintels. Want Tonny Ahlers kende ook Otto Frank; ze hadden een gezamenlijke geschiedenis.

DEEL EEN

Duizend oude, gekoesterde dingen 1889–1945

Hoofdstuk een

Heel Duits

Vóór de holocaust had Otto Frank weinig belangstelling voor zijn joodse afkomst. Het feit dat hij als jood geboren was, vervulde hem met trots noch schaamte; het was hem om het even. Toen hij tijdens de Eerste Wereldoorlog in het Duitse leger diende, maakte hij op een keer wel een opmerking daarover in een brief aan zijn familie: 'Vaak heb ik het gevoel dat moeders, broers en zusters de enige mensen zijn die je kunt vertrouwen. Zo is het tenminste in een joods gezin als het onze.' Zijn onverschillige houding was kenmerkend voor de liberaal-joodse bourgeoisie in Duitsland, met name in het Frankfurt van zijn jeugd. Hij bekende in die tijd: 'De assimilatie was heel, heel sterk. Velen lieten zich dopen, alleen om een hogere positie te bereiken. Mijn grootmoeder ging niet naar de synagoge, behalve die ene keer toen ze trouwde. Daarna heeft ze een synagoge nooit meer vanbinnen gezien.'

Voor veel joden was deze houding de enige manier om zich geaccepteerd te voelen door de Duitse samenleving. In de tweede helft van de negentiende eeuw was 'de joodse kwestie' het felst bediscussieerde politieke thema onder de Duitsers. Een felle campagne om de joden hun rechten te ontnemen, kreeg negen jaar voor Otto's geboorte voldoende stemmen in de *Reichstag* om twee hele dagen aan dit streven te wijden. Tussen 1867 en 1914 waren er twaalf rechtszaken wegens vermeende rituele moorden door joden in het Duitse en het Oostenrijks-Hongaarse rijk, en dergelijke beschuldigingen werden geregeld geuit in de landelijke pers. In het laatste kwart van de negentiende eeuw nam het debat over wat er met de joden moest gebeuren, een nieuwe, gevaarlijker wending. Joden werden niet langer beschouwd als leden van een religieuze gemeenschap maar als een 'ras' waarvoor geen plaats was in Duitsland. In 1899 bracht de Hamburgse tak van de verenigde antisemitische partijen de discussie profetisch op een ander plan. 'Dankzij de ontwikkeling van onze communicatiemiddelen zal de joodse kwestie in de loop van de twintigste eeuw een wereldwijd probleem worden en als zodanig zal ze door de andere staten gezamenlijk en resoluut opgelost worden door middel van volledige rassenscheiding en, als het zelfbehoud dat zou vergen, uiteindelijk door middel van uitroeiing van het joodse volk.' Het was een visie die omstreeks de eeuwwisseling in Duitsland op flink wat sympathie kon rekenen.

Otto Frank wilde dit niet onder ogen zien omdat hij zich 'heel Duits' voelde. Ook jaren later nog wilde hij niet toegeven dat het Duitse nationalisme hem als jongeman al had buitengesloten. 'Er was in die tijd een zeker antisemitisme in bepaalde kringen, maar het was niet agressief en men leed er niet onder.' Hij voelde zich eenvoudig 'heel bewust een Duitser. Anders was ik in de Eerste Wereldoorlog geen officier geworden en had ik niet voor Duitsland gevochten. Maar later maakte dat, zoals we weten, niet het geringste verschil in de ogen van onze vervolgers.' Een trouwe metgezel van Otto tijdens zijn gevangenschap in Westerbork en Auschwitz, Sal de Liema, verklaarde dat dit problemen tussen hen veroorzaakte: 'Ik ben een Nederlander, Otto Frank was een Duitser, en Nederlandse mensen zijn anders dan Duitse mensen. Een Duitse jood is een ander mens dan een Nederlandse jood. Onze ideeën verschilden... Als huwelijk zou het geen succes zijn geweest omdat hij er nu eenmaal andere opvattingen op na hield... Ik zei tegen hem: "Spreek geen Duits tegen me", want ik haatte het Duits. Maar het was natuurlijk zijn taal. Hij was een Duitser. Hij was een jood maar in de eerste plaats Duitser.' Het was een gedwongen gespletenheid die Otto Frank slechts een deel van zijn leven kon vermijden.

Otto's vader, Michael Frank, was geboren in Landau, een stad in Rijnland-Palts, in 1851, het jaar waarin de joodse inwoners na een lange geschiedenis van onderdrukking en verdrijving eindelijk volledige burgerrechten kregen. In de zestiende eeuw waren ze verplicht een gele ring op hun bovenkleding te dragen 'ter grootte van een glazen ossenoog', en toen Otto's grootvader, Zacharias Frank, uit Niederhochstadt in Landau aankwam, gaf de plaatselijke rabbijn zijn gemeente de raad zich te melden voor de stedelijke burgerwacht om zo haar rechten te verwerven. Zacharias Frank vestigde zich in Landau met zijn vrouw, Babette Hammelfett[1], wier eigenlijke naam – Hammelburger – door een antisemitische ambtenaar was verhaspeld. Zacharias veranderde zelf zijn naam in Hirsch Frank, ter ere van zijn grootvader en zijn nieuwe beroep, bankier. Hoewel uit zijn belastinggegevens blijkt dat zijn inkomen bescheiden was, kocht Zacharias, volgens een rondschrijven van de rabbijn, een aantal wijngaarden in het nabijgelegen Albersweiler: '[Zacharias] en zijn gezelschap verbleven geregeld in hun appartement in Albersweiler.' Elk jaar aan het einde van de druivenoogst organiseerde hij een feest met een optocht.' Behalve dat appartement kochten de Franks in 1870 bovendien een van de fraaiste huizen van Landau, midden in de stad, de herberg 'Zur Blum'. Tijdens de Tweede Wereldoorlog werd deze gebruikt voor de detentie van joden voordat ze naar de concentratiekampen van Gurs of Auschwitz werden gedeporteerd, maar in de negentiende eeuw was daar korte tijd het groeiende gezin Frank gehuisvest.[2] Er waren tien kinderen, vijf meisjes en vijf jongens, maar drie van de jongens stierven voor hun dertigste. Michael Frank, de vader van Otto, was de middelste, geboren op 9 oktober 1851. Slechts een van zijn broers en zusters bleef in Landau, de overigen 'verspreidden zich... Landau was te klein voor hen.'

In 1879, op zijn achtentwintigste, ruilde Michael Landau voor Frankfurt aan de Main. Hij vond werk met goede vooruitzichten als klerk bij een bankiershuis in de stad, en van zijn werkgever huurde hij een appartement in Niedenau. Op zijn vierendertigste trouwde hij met de toen twintigjarige Alice Stern, een aantrekkelijke jonge vrouw afkomstig uit een welgesteld, liberaal-joods gezin. Haar grootvader, Emanuel Stern, was in zijn familie het eerste kind sinds driehonderd jaar dat buiten het getto van Frankfurt, de Judengasse, geboren was. De vader van Alice, August Heinrich Stern, was geboren in 1833. De keus van de eerste voornaam duidt op een poging tot integratie in de betere Frankfurtse kringen en een breuk met het verleden, want August was de naam van de zoon van Goethe. De Sterns woonden in de Langestrasse, een nieuwe, in classicistische stijl gebouwde buurt waar August zijn latere vrouw, Cornelia Cahn, leerde kennen. Ook haar naam was niet zonder betekenis: Cornelia was de naam van Goethes zuster. Van Otto's grootouders was zij de enige met wie Otto enig contact had en ondanks haar afkomst uit een familie van rabbijnen toonde zij geen belangstelling voor haar religie. Door Cornelia's huwelijk met August Heinrich Stern kwam er zichtbaar een einde aan het 'gettotijdperk' van haar familie. De moeder van Otto, Alice, werd geboren op 20 december 1865, een enig kind dat haar wilskracht verborgen hield onder uiterlijke kalmte. Toen ze dertien was, stierf haar vader; ze groeide alleen met haar moeder op totdat ze in 1885 trouwde met Michael Frank.

'Het was een wereld van rustig tikkende klokken, van het bonken van particuliere liften, van sloffende voeten van gedienstigen, van haardvuur achter papieren waaiers, van sofa's bedekt met zilverklerig satijn. Het was een wereld van rechtschapenheid en plichten... van rijk versierde visitekaartjes en uitnodigingen – voor theevisites, debutantenfeesten, trouwerijen – maar allemaal binnen de groep... een stad in de stad.' Deze sfeer van joods New York kwam overeen met de high society waar Otto even in de twintig zijn intrede deed: het milieu van eruditie, voorrechten en formaliteiten waarin hij anno 1889 was geboren. Het leven was strikt geordend en er waren, naargelang de mate van welstand en standing van de familie, weinig grenzen gesteld aan de hoogte tot waar men kon stijgen. Ondanks het antisemitisme dat in bijna elke instelling en gemeenschap voorkwam, kon het joodse zakenleven bloeien. Michael Frank begaf zich op het terrein van de effectenhandel, verliet de bank van Wertheimer en begon voor zichzelf. Vanuit zijn kantoor aan de Hochstrasse, een paar minuten van de effectenbeurs, regelde hij de financiën van een aanzienlijk kapitaal voor twee gezondheidsboerderijen in Bad Soden, in de Taunus, wat vervolgens bevorderlijk was voor de aandelen Philip Hermann Fay, en zijn 'Echte Sodener Mineral-Pastillen' tegen hoest en verkoudheid. Binnen drie jaar begaf Michael zich in de productie van babyvoeding, richtte in het reisbureau in de Frankfurter Hof de firma Engelhardt & Co Cigarettes op en kocht zich in bij de coöperatieve drukkerijen van Frankfurt. Deze economische ondernemingen en het jarenlang opbouwen van nuttige connecties in de samenleving culmineerden in 1901 in de oprichting van de Michael Frank Bank, een 'privé-bank', gespecialiseerd in het wisselen van vreemde valuta. De onderneming was bedoeld om de familie een plaats te verzekeren in de hogere echelons van het Frankfurtse zakenleven, en hij hoopte dat zijn drie zoons nog lang na zijn dood de zaken zouden voortzetten, wat hun zekerheid en een machtspositie zou verschaffen.

'Vader was dus prima-prima opgevoed' was het bondige commentaar van Anne Frank op wat ze wist van haar vaders jongenstijd. Misschien was het zelfs meer dan dat: de zonen en dochter van Michael en Alice Frank hadden een kindertijd die allang tot een onherroepelijk verleden tijd behoort. Ze scheelden weinig in leeftijd: Robert was geboren in 1886, Otto Heinrich op 12 mei 1889, Herbert in 1891 en Helene (Leni) in 1893. Thuis, dat was in de jaren van kindermeisjes en kinderkamers een 'neoclassicistische' villa op Gärtnerweg 40. In 1902 nam Michael Frank een hypotheek op een luxueuze, pas gebouwde halve villa op Mertonstrasse 4 met uitzicht op de Beethovenplatz in Frankfurt-West. Het huis met zijn drie balkons aan de voorgevel en zijn toren in het midden had een aparte personeelsingang. De kinderen bezochten geregeld, keurig in de kleren, een manege tot ze de rijkunst meester waren, gingen op het juiste uur in de namiddag even bij de buren langs, hadden privé-muziekles en vergezelden hun ouders bij avondjes uit naar de opera, waar ze een eigen loge hadden. Karl Stern, een neef van Alice, bewoonde met zijn vrouw Else aan de nabijgelegen Beethovenstrasse een in streng Victoriaanse stijl gemeubileerd appartement. Hun kleindochter, Edith Oppenheimer, geboren in 1929, vertelt dat Else christelijk was opgevoed, 'maar godsdienst was nooit een punt'. De families Frank, Stern en Oppenheimer zochten elkaar geregeld op. Edith weet nog: 'Zowel mijn moeder als Otto kon vertellen van prachtige familiefeesten die vaak gegeven werden, soms als gekostumeerd bal. Er waren speciale kinderfeestjes.' Vakantie was wel plezier met het gezin maar vooral een eerbetoon aan Duitsland of handhaving van de grote bourgeoistraditie, water drinken in de kuuroorden. Michael en Alice waren bepaald geen afstandelijke ouders; ongeacht de mate van welvaart werden ze door hun vier kinderen met liefde en respect bejegend, en ondanks de nadruk op manieren en gedrag gonsde het huis aan de Mertonstrasse, getuige bewaard gebleven brieven van Otto en zijn broer Robert, geregeld van gelach, verhalen, poëzie en muziek.

Na de particuliere basisschool werd Otto Frank, dicht bij huis, naar het Lessing-gymnasium gestuurd. Zijn ouders vonden dat hij naar de universiteit moest en het erkende middel daartoe, het *Abitur* (eindexamen), moest hij zien te halen. Een succesvolle leerling kreeg daardoor immers automatisch het recht zich in te schrijven aan de universiteit. Otto kwam binnen in de geest van de school: tolerant. Zijn karakter ('bewust en nieuwsgierig, warm en vriendelijk') maakte hem populair en het feit dat hij de enige joodse leerling in zijn groep was, kreeg geen onwelkome aandacht. Maar tegen het einde van zijn leven ontving Otto een brief van een oude klasgenoot met de vraag waarom Otto niet op de reünie van de school was geweest en wat zijn mening was over het boek dat hij aan hun voormalige school had gewijd. Otto's antwoord was ijzig: 'Ik heb het boek ontvangen waaraan je hebt meegewerkt en ik kan me voorstellen dat het een heel werk is geweest om de levens van alle studenten na te trekken. Het trof me onaangenaam dat je blijkbaar niets weet over de concentratiekampen en gaskamers, aangezien mijn joodse kameraden die in de gaskamers stierven, niet worden genoemd. Ik heb als enige van de familie Auschwitz overleefd, zoals je wellicht hebt begrepen uit het dagboek van mijn dochter Anne, dus je zult mijn gevoelens wel begrijpen.'

De kinderen Frank kregen geen Hebreeuwse les en de familie had, zoals de meeste geassimileerde Duitse joden uit die tijd, weinig op met het zionisme omdat Duitsland voor hun gevoel hun vaderland was. Over het ontbreken van een religieuze opvoeding in zijn jongenstijd zei Otto: 'Voor mij geen bar mitswa. We waren heel, heel liberaal.' Zijn nicht Edith voegt eraan toe: 'Het formele belijden van de joodse godsdienst was niet van belang voor Otto. Het was geen punt in bourgeoiskringen in het Duitsland van voor de Eerste Wereldoorlog. Otto ging graag uit en had veel plezier. Iedereen in de familie zag een grote toekomst voor hem.' Otto's levenslange liefde voor Latijn, de Griekse en Romeinse oudheid en de Duitse literatuur begon op het Lessing-gymnasium en daar ontdekte hij ook zijn talent als verslaggever; hij schreef regelmatig in de schoolkrant. In de vakantie begon het bij hem te kriebelen en later herinnerde hij zich: 'Ik kon het niet uithouden lang thuis te zitten na school.' In Frankfurt was het leven te streng georganiseerd en de 'feestjes elke week, bals, feestelijkheden, mooie meisjes, walsen, diners... enzovoort' begonnen hem te vervelen. Toen zijn ouders hem in 1907 voor de duur van de paasvakantie naar Spanje stuurden 'om op verhaal te komen', wekte dat zijn belangstelling voor buitenlandse reizen. Net als later zijn dochter Anne verzamelde hij ansichtkaarten die hem door familie uit alle windrichtingen werden toegestuurd (na het succes van het gepubliceerde dagboek genoot hij een enkele keer van de extravagantie van een reis naar exotische plaatsen).

In oktober 1907 werd zijn oudere broer Robert, door iedereen gezien als de intellectueel van de familie, eenentwintig. Hij had kunstgeschiedenis gestudeerd en zijn benoeming tot onderdirecteur van de kunsthandel Ricard duidt erop dat zijn vader een inschikkelijk man was: Ricard was weer een zaak waarin Michael Frank had geïnvesteerd. Na zijn eindexamen in juni 1908 schreef Otto zich in voor de economische faculteit van de universiteit van Heidelberg. Toen vertrok hij voor een lange vakantie naar Engeland.

Een universitaire studie in het Duitsland van begin jaren twintig was geen koopje en werd beschouwd als een 'gewaagde speculatie', zelfs voor wie het zich kon veroorloven. De meeste studenten waren, net als Otto Frank, leerlingen van categoriale gymnasia of rijke studenten uit het buitenland zoals Charles Webster Straus, die in Heidelberg een jaar studie in het buitenland kwam volgen als onderdeel van zijn studie aan de Amerikaanse Princeton University. Charles, ofwel Charlie zoals Otto hem weldra noemde, was in hetzelfde jaar en dezelfde maand geboren. In een brief uit 1957 vertelt hij hoe zijn vriendschap met Otto begon:

In 1908 en 1909 studeerde ik aan de universiteit van Heidelberg. Via familieleden van mijn moeder die in Mannheim woonden en de familie Frank van nabij kenden, leerde ik daar Otto kennen... In de maanden die volgden, werden Otto en ik nauw bevriend. Hij had zich gelijk met mij aan de universiteit van Heidelberg laten inschrijven en we volgden niet alleen veel dezelfde colleges, hij bracht ook veel avonden met mijn ouders en mij door in ons hotel, zoals ik veel avonden en zelfs hele weekenden doorbracht bij zijn familie, die een landhuis in de buurt van Frankfurt bezat. Otto was niet alleen mijn beste vriend in de drie semesters die we beiden aan de universiteit studeerden, hij was ook degene die mijn ouders het aardigst vonden.

Afgezien van het sociale leven had Otto weinig op met Heidelberg. Hij vond de studie economie die hij had gekozen, te theoretisch; hij wilde een praktijkopleiding, keerde terug naar Frankfurt en liep een jaar lang stage bij een bank. Hij hield het contact met Straus in stand en toen deze hem met een van zijn bekende 'grootse gebaren' een baan bij Macy's in New York aanbood, greep Otto zijn kans. In zijn familie waren de meningen verdeeld over zijn plannen. Zijn vader moedigde hem aan maar zijn jongere zusje Leni was helemaal uit het lood geslagen, vooral omdat Otto haar zestiende verjaardag zou missen. En er was nog iemand die niet wilde dat Otto zou vertrekken: zijn verloofde.

Alleen Michael Frank vergezelde Otto in september 1909 naar Hamburg, waar het luxueuze Duitse lijnschip *Kaiser Wilhelm der Grosse* voor anker lag. Het regende toen vader en zoon afscheid namen en tegen de tijd dat het schip de open zee bereikte, was het weer verder verslechterd, zodat de neobarokke zalen voor het merendeel leeg bleven omdat de passagiers hun cabines opzochten. Otto begaf zich naar de verlaten schrijfkamer.

Liefste Leni,
Het is niet gemakkelijk brieven te schrijven bij zo'n deining van de ene kant naar de andere, maar omdat ik je geen ansichtkaart wil sturen voor zo'n belangrijke gebeurtenis als je verjaardag, heb ik besloten deze brief te schrijven; de kaart stuur ik je later. Een zestiende verjaardag is niet zomaar een verjaardag en vindt maar één keer in je leven plaats. Vier hem dus op gepaste wijze en laat mijn afwezigheid geen spelbreker zijn. Wees maar heel gelukkig. Ik voel me nog lekker hier, afkloppen (ik klop nu driemaal aan onder-

kant van de tafel). Het schip is prachtig ingericht en biedt alles wat men zich kan dromen – heel luxueus.
Veel kan ik je niet vertellen, dat begrijp je wel, er is niet veel gebeurd sinds ik vader achterliet. Ik heb nog geen vrienden gemaakt maar dat stoort me niet. Mijn reisgezelschap moet pas later aan boord komen, wat prettig is voor mij omdat ik nu in alle rust de cabine kan organiseren. Op dit moment, halfzes, regent het pijpenstelen maar daar heb ik geen last van, hier in de schrijfkamer.
Dat is alles voor vandaag. Jouw telegrammen en ook de kaarten van de Loewi's en Arnold op het schip deden me veel plezier, net als die van Autiele en Jakob. Met hartelijke groeten...

Binnen enkele dagen na aankomst in New York boekte Otto opnieuw een bootreis over de Atlantische Oceaan. Hij had bericht gekregen dat zijn vader gestorven was; zijn contract werd speciaal onderbroken.

Tussen de papieren die na de dood van Michael Frank op 17 september 1909 werden gevonden, bevond zich een persoonlijke brief van de keizer waarin deze Michael bedankt voor iets wat hij heeft gedaan in het belang van zijn land en hem uitnodigt voor de openingsceremonie van een officiershome in Falkenstein. Michael Frank is een wat vage figuur omdat er geen brieven van hem bestaan, maar uit de bondige opmerkingen in de correspondentie van zijn vrouw en kinderen wordt duidelijk dat hij een vrijgevige, liefhebbende vader was. Zijn plotselinge dood betekende dat zijn weduwe, Alice, voortaan de leiding van de bank op zich zou nemen terwijl haar zoons hun eigen weg zouden gaan.[3] Robert ging verder bij Ricard, Herbert studeerde nog en Otto werd door de dramatische verbreking van zijn overeenkomst afgehouden van de loopbaan in New York die hem voor ogen had gestaan.
Otto's jeugdliefde was tachtig jaar na dato het onderwerp van veel speculatie nadat de vijf bladzijden uit Annes dagboek die Otto blijkbaar opzettelijk had achtergehouden, ten slotte boven water waren gekomen.[4] Anne schreef daarin: 'Van Vaders verleden weet ik iets af en wat ik niet weet heb ik erbij gefantaseerd... Het kan voor een vrouw, die liefheeft niet gemakkelijk zijn te weten dat ze in het hart van haar man nooit de eerste plaats in zal nemen, en Moeder wist dat.... [Vaders] idealen waren vervlogen...'
Op 11 mei 1944 wierp Anne verder licht op de feiten. Ze schrijft dat ze na de oorlog een boek wil publiceren dat gebaseerd is op haar dagboeken en voegt eraan toe: '*Cady's leven* moet ook af.' Vervolgens schetst ze hoe deze

roman zich ontwikkelt; 'het komt tot een breuk' tussen de beide hoofdpersonen, Hans en Cady, 'waarna Hans een ander meisje gekregen had. Cady is diep geknakt... In haar eerste vacantie... gaat ze naar het Como-meer waar ze toevalligerwijze Hans ontmoet. Deze vertelt haar dat hij twee jaar geleden is gaan trouwen, met de opvolgster van Cady... jaren later hoorde Cady dat hij in Engeland beland was, waar hij meer ziek dan gezond was. Cady zelf trouwde op haar 27 jaar met een bemiddelde buitenman... kreeg twee dochters en een zoon... altijd bleef Hans op de achtergrond van Cady's denken totdat ze op een nacht van hem droomde en afscheid van hem nam.' Anne schrijft ter verdediging: 'Het is geen sentimentele onzin want de roman van vaders leven is erin verwerkt.'

In het door Otto geredigeerde dagboek is deze regel weggelaten. Na de passage over *Het Achterhuis* volgen wel de regels: 'Behalve "Het Achterhuis" heb ik nog meer onderwerpen op stapel staan. Daarover schrijf ik je nog wel eens uitvoerig, als ze vaste vorm hebben aangenomen.' Hetzelfde is het geval met een vroegere bladzijde in het dagboek, waarvan de originele tekst luidt: 'In deze dagen... moet ik aldoor aan Pim [Otto's koosnaam] denken en wat hij me verleden jaar verteld heeft. Verleden jaar, toen ik de betekenis van zijn woorden niet begreep zoals ik ze nu begrijp! Sprak hij nog maar een keer, misschien zou ik hem dan kunnen aantonen dat ik hem begreep. Ik geloof dat Pim daarover gesproken heeft, omdat hij die zoveel hartsgeheimen van anderen weet, zich ook één keer moet uiten; want Pim zegt anders nooit wat over zichzelf... Die arme Pim, hij kan mij niet wijsmaken, dat hij haar is vergeten. Nooit zal hij dit vergeten. Hij is toegevend geworden... Ik hoop dat ik een beetje op hem ga lijken zonder dat ik dat allemaal moet doormaken.' De versie die door Otto is geredigeerd, bevat twee merkwaardige veranderingen: 'In deze dagen moet ik aldoor aan Pim denken, aan wat hij mij omtrent zijn jeugdliefde verteld heeft... Die arme Pim, hij kan mij niet wijsmaken dat hij alles vergeten is. Nooit zal hij dit vergeten. Hij is heel toegevend geworden... Ik hoop dat ik een beetje op hem ga lijken, zonder dat ik dat allemaal moet doormaken.' Aangenomen dat de variaties op de originele tekst door Otto zijn geschreven, dan voelde hij zich blijkbaar genoopt de betekenis achter Annes woorden tegelijk te onthullen en te verbergen, enerzijds door 'zijn jeugdliefde' toe te voegen, anderzijds door 'haar vergeten' te vervangen door 'alles vergeten'.

In een brief van Milly Stanfield uit 1994 komt eindelijk de waarheid aan het licht, hoewel ze de naam van de betrokken vrouw niet noemt: 'Toen hij ongeveer achttien was, kort voordat hij voor een jaar naar de Verenigde

Staten ging, was hij in feite met haar verloofd en hij meende het ernstig met haar. Maar toen hij terugkwam, ontdekte hij dat ze niet op hem had gewacht en met een ander was getrouwd. Hij was natuurlijk erg ontdaan, maar op vakantie jaren later – ik denk in 1922 – ontmoette hij haar met haar man in hetzelfde hotel. Hij vertelde me dat de ontmoeting hem niets had gedaan en zelfs amuseerde.' Milly was niet alleen Otto's nicht en vertrouwelinge, ze behoorde ook tot de intieme vrienden van Otto. Otto's nicht Edith had het verhaal eveneens gehoord: 'Otto moest in de leer gaan bij het Amerikaanse zakenleven en vroeg zijn geliefde op hem te wachten. Volgens Milly beloofde ze het wel maar deed ze het niet. In elk geval zei Milly dat de breuk hard aankwam.' In haar dagboek maakt Anne, of liever Otto, duidelijk dat de kwestie zich in zijn jeugd afspeelde en Otto zelf vertelde zijn vriend Jean Schick Grossman over 'de jeugdliefde die hij had beleefd toen hij negentien was', en 'waar Anne zowaar een roman over schreef'. In de romance *Cady's leven*, die Anne in gedachten had, wordt Otto Cady en Hans vertegenwoordigt zijn verloren liefde, die Cady jaren later op vakantie ontmoet als hij met een ander getrouwd is. Roman en realiteit spiegelen elkaar in zekere zin: Cady berust in haar verlies na een droom en Otto deed blijkbaar hetzelfde na de ontmoeting in het hotel. Het door hem geredigeerde dagboekfragment duidt erop dat hij nooit meer dezelfde seksuele passie bereikte, maar of hij ooit zo hartelijk liefhad, is niet duidelijk omdat Otto de regel veranderde in 'de jeugdliefde' en niet in 'de liefde van zijn leven'.

Leest men de regels van Milly, dan blijken Annes ideeën voor een roman waarin 'de roman van vaders leven is verwerkt', volstrekt zinnig.

Otto keerde snel terug naar Amerika in een poging de emotionele ontreddering van herfst 1909 achter zich te laten. Op 19 december schreef hij aan zijn zuster vanuit New York, waar hij logeerde bij de familie Engel, kennissen van de Franks. Hij gaf Leni goede raad omtrent vriendschappen en flirts, en maakte gewag van zijn eigen heimwee: 'Je kunt je niet voorstellen hoe vaak ik aan je denk en hoe ik me hier voel. Ik besef schijnbaar niet wat een geluk ik heb dat ik in dit huis woon en me zo thuis voel. Marly is erg aardig en met Eugenie B. kan ik ook goed opschieten. Het is een leuk meisje, niet erg slim maar knap.' In een mogelijke verwijzing naar zijn verbroken verloving bekent Otto ironisch: 'Je weet hoe ik met meisjes op kan schieten, goed, maar blijkbaar niet heel goed.' Overeenkomstig de algemene opvattingen van de dag waarschuwt hij Leni niet te veel 'verboden' boeken te lezen, want 'het is te opwindend. Je moet attent blijven en je grenzen kennen.' Hij adviseert haar Eduard Mörike te lezen ('een uitstekende schrijver. Ik heb al zijn werken in mijn kast'), en besluit met de vermaning van de oudere broer '[de boeken] niet vuil te maken, want ze zijn in wit gebonden, en houd ze dus netjes'.

Het nogal verlokkelijke wereldje waar Otto in New York in leefde, was exclusiever joods dan wat hij kende uit Frankfurt, maar het was niet vrij van spanningen. In 1870 waren er ongeveer tachtigduizend joden in New York, minder dan negen procent van de bevolking; in 1909 waren er bijna een miljoen joodse inwoners en elk jaar arriveerden er negentigduizend Russische en Poolse joden. Duitse joden, zoals de familie Straus, die zozeer deel uitmaakten van het sociale leven in New York, werden voor een probleem gesteld. Tussen *Uptown* (waar de Duitse joden woonden) en Lower East Side (de wijk van de Russen en de Polen) ontwikkelde zich een kloof, waarbij de Duitsers de Russen verweten hen tot last te zijn en hen aanduidden als het 'uitschot van Europa'. De Duitse joden meenden dat ze geen andere keus hadden dan te trachten de immigranten om te vormen overeenkomstig hun idealen. Toen Otto naar New York verhuisde, waren daar grootschalige filantropische programma's geleid door onder andere de familie Straus. Zijn avonden bracht hij dikwijls door op liefdadigheidsbals in het huis van Straus op West 72nd Street 27. Deze feesten en andere evenementen die de familie organiseerde, werden gehouden in de weelderig versierde salon aan de voorzijde, de zogenoemde Pompejische of Egyptische kamer. Otto's oude vriend Charles Straus had er na het behalen van zijn graad aan Princeton University van afgezien de kwijnende zaken van zijn vader te gaan leiden en was bij de *The New York Globe* gaan werken. Op zijn tweeëntwintigste besloot hij naar een politieke functie te dingen en veranderde zijn naam in Nathan Straus Jr. Iedereen kreeg drie maanden de tijd om aan zijn nieuwe naam te wennen. Zijn schoonzuster bleef hem Charlie noemen om hem te pesten; Otto deed dat ook maar die bedoelde het kennelijk vertederend.

De New Yorkse omgeving van Otto omvatte 'de huizenblokken van het oorspronkelijke Manhattan tussen East 16th en East 18th Street, begrensd door Fifth Avenue'. De mensen met wie hij verkeerde, waren de families Straus, Abraham en de 'Brooklyntak' van de Rothschilds uit Frankfurt. Later werd deze gemeenschap weer verdeeld in 'families als de Seligmans die zich ontwikkelden van winkeliers tot bankiers, en families als Straus met hun Macy's die 'achtergebleven' waren in de detailhandel. Otto bewoog zich vrij van de ene groep naar de andere en werkte in verschillende afdelingen van Macy's, om te ervaren hoe de organisatie van een groot bedrijf werkt, en daarna bij een stadsbank. De Franks waren toen nog zeer welgesteld; Otto keerde bij verschillende gelegenheden terug naar Frankfurt en reizen per lijnboot was toentertijd niet goedkoop. Soms bleef hij voor korte tijd in Londen, waar zijn broer Herbert bij een bank werkte en op Threadneedle Street 40 woonde. Als het kon, bezocht hij zijn nicht Milly Stanfield in Hampstead.

Milly was tien jaar jonger dan Otto. Ze ontwikkelde zich tot een talentvol lerares, schrijfster en musicienne, hoewel ze zich als kind onder de piano verstopte als ze moest studeren. Milly herinnert zich nog levendig de eerste keer dat ze Otto zag. Het was in 1908 in het ouderlijk huis in Hampstead: 'Otto speelde cello in zijn jonge jaren en de eerste keer dat hij ons in Londen opzocht, was ik net begonnen op mijn driekwart instrument. Hij pakte het op en speelde er een solo op.' Milly ging Otto als 'een grote broer' beschouwen: 'Hij praatte heel vrijuit met me en ik voelde dat ik hem goed kende.' Later dat jaar bezochten Milly en haar ouders het vasteland van Europa en reisden naar Frankfurt, waar ze de familie van Otto bezochten. Ze was onder de indruk van hun woning en leefwijze. 'De familie Frank gaf een grote koffiemaaltijd met een enorme ijstaart, versierd met sprookjesfiguren, en tante Toni vroeg ons allemaal mee naar het circus.'

Begin 1910 pakte Otto het leven in Frankfurt weer op, maar in de zomer was hij opnieuw in New York. Op 29 augustus schreef hij Leni om haar te feliciteren met haar zeventiende verjaardag en om te vertellen dat hij een nieuw onderkomen had: 'Ik kan me niet thuis voelen als ik geen behoorlijke kamer heb, dus dat was het eerste wat ik deed. Mijn kamer in het hotel was vreselijk. Het was er te heet en ik kon niet slapen.' Zijn nieuwe optrekje was 'veel dichter bij huize Straus dan het vorige. Het is een prettige buurt, dicht bij de Elevated Subway, Broadway en Central Park. De kamer is nieuw gemeubileerd en zoals je aan de naam kunt zien, behoort het huis aan een Duitse familie. In elk geval is het schoon. Het enige nadeel is dat ik moet eten in het huis hiernaast, dat is iets Amerikaans. Als het slecht is? Daar maak ik me geen zorgen over. De kamer die ik eerst had, was niet al te duur en hier betaal ik vijftien dollar voor een mooie kamer.'

Otto bleef tot 1911 in New York. Toen accepteerde hij een volledige baan in de leiding van een metaalconstructiebedrijf in Düsseldorf. Hij reisde geregeld naar Frankfurt en bracht in 1912 met zijn familie, Milly en haar ouders een vakantie door in Zwitserland. De Stanfields reisden mee terug naar Frankfurt om daar uit te rusten. In 1914, kort voor het uitbreken van de oorlog, waren ze er weer. De Franks zeiden dat ze gek waren om te gaan reizen terwijl 'de Elzas praktisch belegerd wordt'. Ook verwanten uit Parijs kwamen naar het huis in de Mertonstrasse: Otto's oom Léon en tante Nanette en hun drie zonen, Oscar, Georges en Jean-Michel. Ze leden onder een extreem antisemitisme in Parijs, waar ze woonden aan de avenue Kléber. Het zwaarst had Jean-Michel het te verduren. Zijn leeftijdgenoten moesten niets van hem hebben omdat hij joods was en bijzonder intelligent en vanwege zijn 'oriëntaalse poppenkop'. Deze overspannen gasten zorgden voor veel opwinding, maar Milly kreeg dat niet mee en hoorde daarover pas later: 'De familie Frank uit Parijs was ervan overtuigd dat er oorlog kwam en was bijna hysterisch. De zonen waren in de dienstplichtige leeftijd en de Frans-Pruisische oorlog van 1870 was nog niet vergeten... de oudste twee [waren] beiden briljante jongemannen.'

Begin augustus kreeg de familie Stanfield van het Britse consulaat het advies terug te gaan naar Engeland. Er heerste chaos op het spoorwegstation van Frankfurt en hun trein was twee uur vertraagd: 'De familie Frank en enkele neven van moeder kwamen om beurten naar het station, brachten ons snoep en hielden ons gezelschap.' Thuis in Londen voelde de vijftienjarige Milly zich ontheemd en maakte ze zich zorgen over Otto en zijn familie in Frankfurt: 'Het leek of een brandscherm Duitsland van de geallieerden in het Westen scheidde.'

Tot 1914 maakten joden weinig kans wanneer ze zich bij de Duitse militaire academies aanmeldden, en van bepaalde regimenten waren ze uitgesloten. In de nationale crisis van de Eerste Wereldoorlog nam het Duitse antisemitisme toe; joodse mannen werden ervan beschuldigd zich aan de krijgsdienst te onttrekken en van de zwarte markt te profiteren. De houding jegens hen werd door Franz Oppenheimer duidelijk getekend: 'Houd jezelf niet voor de gek, jullie zijn en blijven de paria's van Duitsland.' In feite vochten honderdduizend van de zeshonderdvijftigduizend 'Duitse paria's' voor hun land in de Eerste Wereldoorlog; twaalfduizend van hen sneuvelden in de strijd, dertigduizend werden onderscheiden en tweeduizend werden officier. De *Reichsbund jüdischer Frontsoldaten* telde veertigduizend leden; bij hun gebeden ging een rabbijn in Duits uniform voor. Het eerste Duitse parlementslid dat sneuvelde, was een jood: dr. Ludwig Haas, afgevaardigde van Mannheim. Een van de weinige dagboeken van Duitse soldaten die in het Engels werden gepubliceerd, was dat van een joodse man uit Frankfurt, Herbert Sulzbach. Zijn notities geven op tal van plaatsen een goed beeld van het toen heersende patriottisme: 'Je voelt toch dat het iets wonderbaarlijks is om een van de miljoenen te zijn die deel kun-

nen nemen aan de strijd, en je voelt dat het werkelijk noodzakelijk is.'
Deze gevoelens vonden weerklank bij Otto Frank toen hij werd opgeroepen voor de dienst. In 1914 leende zijn werkgever in Düsseldorf hem uit aan een bedrijf dat belangrijke opdrachten voor de oorlogsindustrie uitvoerde en hij bleef daar tot augustus 1915, toen hij en zijn broer Robert werden opgeroepen. Milly Stanfield wist nog: 'Robert trof het beter [dan Otto]. Hij was vrijwilliger geweest als ziekendrager bij de medische dienst. Niet minder gevaarlijk dan vechten maar een heel wezenlijke dienst die beter paste bij Roberts persoonlijke ideeën. Herbert, de jongste van de broers, was niet sterk genoeg voor het leger en kreeg een administratieve baan.' Op 7 augustus 1915 – een maand nadat hun Parijse neef Oscar in de strijd bij Neuville-Saint-Vast was gesneuveld – schreef 'kanonnier Otto Frank' vanuit het exercitiedepot in Mainz aan zijn familie:

> Mijn telefoontje gisteren zal jullie evenveel plezier hebben gedaan als mij. Na een stevige maaltijd op het Centraal Station zijn we hierheen gereden en belandden om 11 uur in ons mandje resp. op de strozak, 19 man op een slaapzaal die op 8 man berekend was. Vandaag zijn we ingedeeld, aangekleed. Daarna grote schoonmaak. Ik moest de ramen lappen, mijn laarzen poetsen, enz.
> Over het geheel genomen geloof ik het *heel* goed getroffen te hebben. In tegenstelling tot Robert zijn hier bijna alleen oudere, corpulente mensen die respect genieten en zo moet het leger zeker niet zijn. De onderofficier is heel rustig en goedmoedig, dus voorlopig alles in de beste stemming. Over 14 dagen mag ik waarschijnlijk buiten de barak wonen. Het eten is goed maar kunnen jullie toch iets sturen: eieren, sigaren, sigaretten. Kleren nog niet, alleen 1 paar sokken.
> Ik heb nog zelden een vrolijker, gemoedelijker treinreis meegemaakt dan gisteren. De sergeanten zaten in onze coupé en hebben hem ook flink geraakt. Ik heb bekenden uit Puttenberg getroffen. Frankfurters nog niet, hoewel dat er heel wat moeten zijn.
> Ik ben heel tevreden, ook al vind ik de strozak op de grond vannacht geen leuk vooruitzicht en ik ben blij hierheen gekomen te zijn aangezien dit het laatste transport schijnt te zijn en alle andere met de trein geschrapt moeten worden. Iedereen wil de overwinning meemaken.
> Met hartelijkste groeten, jullie Otto.

Een week later schreef hij weer, opgetogen door de post die hij ontvangen had en de belofte dat ze op bezoek zouden komen bij zijn eenheid. Hij zei dat ze zich geen zorgen moesten maken of hij wel genoeg te eten en voldoende rust kreeg: 'Honger heb ik niet... Het is licht werk en ik ben zelfs niet moe. Ik heb spierpijn maar daar heb ik verder geen last van. Ik verheug me natuurlijk op jullie bezoek... Ik weet zelf niet eens waar we zitten omdat ik niet naar de stad ben geweest, maar ik weet zeker dat je het zult vinden. Mocht zich iets voordoen waardoor ik er niet kan zijn, dan schrijf ik...'

Kort na het schrijven van deze brief werd Otto naar het Westelijk Front gestuurd. Zijn eenheid omvatte voornamelijk landmeters en wiskundigen; hij was afstandmeter, verbonden aan de infanterie. Zijn eerste brieven waren weliswaar hoopvol, maar hij werd herinnerd aan het gevaar dat hij tegemoet ging toen hij vernam dat Georges, de broer van Oscar, in de strijd was gebleven. Dat was precies waarvoor hun ouders, Léon en Nanette, het meest bevreesd waren geweest. De dood van twee van de drie zonen was voor beiden te veel. In 1915 kon Léon het verlies van zijn kinderen en het dagelijkse spervuur van antisemitisme waarmee hij in Parijs werd confronteerde, niet langer verdragen en benam zich het leven door uit een raam te springen. Nanette werd overgebracht naar een psychiatrische inrichting en Jean-Michel, toen twintig, bleef alleen achter in de ouderlijke woning. Later zou Herbert bij hem intrekken.

Otto was vastbesloten zijn optimisme te bewaren en in februari 1916 schreef hij Leni in een zotte bui: 'Ik was zo blij met jouw brief. Je schrijft dat je veranderd bent, maar in welke zin? Als je ongetrouwd blijft, dan blijf ik ook ongetrouwd en maken we er samen een prachtig huishouden van, hè? Malle vent. Waarom denk ik nu aan zulke dingen? Ik geloof dat mijn leven hier beter is dan dat van jou thuis. Het ontbreekt me hier aan niets en het gevaar waarin ik verkeer, bestaat alleen in jouw verbeelding. Zo slecht is het heus niet...' Een paar dagen later schreef hij opnieuw aan Leni, in de hoop een ruzie uit de wereld te helpen die op papier was ontstaan tussen haar en Robert. 'Ik ben blij dat je me zo kunt schrijven en je weet hoe belangrijk ik het vind dat we allemaal in goede verstandhouding met elkaar leven en hoe graag ik wil bemiddelen als het erom gaat een misverstand uit de weg te ruimen. Wij hebben zelden een misverstand gehad, nietwaar, omdat onze karakters een beetje op elkaar lijken, en ik ben dus altijd blij te zien dat je vertrouwen hebt in je broer Otto en dat we ons nu net als vroeger zonder terughoudendheid kunnen uitspreken. Dat is veel waard, lieve Leni... Met Robert kun je nooit omgaan zoals met mij – dat is een kwestie van karakter – maar als de wil om te begrijpen of te erkennen er is, dan is ook toenadering mogelijk...'

Hij eindigt zijn brief met nogmaals een minzame reprimande: ze mag zich geen zorgen maken over hem. 'Voor mij hoef je niet bang te zijn, werkelijk niet. Het zou toeval zijn als mij iets overkwam – al bestaat het toeval wel.' Vijf maanden later zou hij zich hebben verwonderd over zijn eigen woorden. Op 1 juli 1916 begon de slag aan de Somme.

In juni 1916 was het glooiende Franse landschap aan de Somme 'nauwelijks beroerd door de oorlog; de korenvelden waren amberkleurig, de opstand van eiken en beuken was diepgroen'. De soldaten die geen dienst hadden, amuseerden zich allemaal met zwemmen, vissen, cricket spelen, voetballen en geblinddoekt boksen. Om half zeven in de ochtend van 1 juli veranderde alles; de kanonnen van dertien Britse divisies openen het vuur op de Duitse loopgraven. Een uur later reageerden de Duitsers en 'veroordeelden de rustige landstreek tot de ellende en verwoesting van enkele van de meest barbaarse gevechten uit de wereldgeschiedenis'. Otto zat er middenin maar 'door een wonder' bleef hij ongedeerd. De verslagen van het Duitse leger over de Eerste Wereldoorlog zijn vernietigd door bommen in de Tweede Wereldoorlog, en de bewaard gebleven brieven van Otto uit die periode bevatten vrijwel geen verwijzing naar zijn ervaringen; kennelijk wilde hij zijn moeder en zuster de ware verschrikkingen van de frontlinie besparen. Op 24 december 1916 schreef hij alleen dat hij blij was te vernemen dat Robert en Leni hadden besloten hun conflict bij te leggen en dat alles was uitgesproken en uitgepraat. 'Het is zinloos in deze bittere tijden... ik hoop dat we elkaar thuis weerzien als de vrede zegeviert. Dit kan beslist niet lang meer duren...'

Toen het Somme-offensief voorbij was, waren er aan beide kanten honderdduizenden doden, verminkten en soldaten met een shellshock, een zenuwaandoening en storing van de lichamelijke functies doordat de soldaten lange tijd waren blootgesteld aan granaatvuur. Eind 1917 verslechterde het moreel, vooral onder de Duitse troepen. De Duitse officieren (slechts acht of negen op een bataljon tegenover vijfentwintig bij de Britten) moesten alles in het werk stellen om hun troepen weer op te peppen voor de strijd. De discipline was grotendeels afhankelijk van het respect dat de soldaten hadden voor hun officieren en onderofficieren; de Duitse officier stond bekend om het respect dat hij afdwong. Otto's chef, die hij beschouwde als 'een fatsoenlijke en verstandige man die zijn eenheid allessins redelijk behandelde, een democraat die geen officiersmess en geen officiersoppasser in zijn eenheid wenste', stelde Otto in 1917 kandidaat voor de officiersrang. Otto werd prompt tot officier bevorderd nadat hij zijn moed getoond had bij een verkenningsactie en 'getracht had mijn mannen op dezelfde liberale manier te behandelen'.

Ondanks het voortdurende gevaar waarin hij verkeerde, waren Otto's gedachten voornamelijk bij zijn moeder en zuster die samen als vrijwilligsters in het militaire hospitaal van het Rode Kruis werkten. Leni vatte haar werk ernstig op maar genoot ook van de aandacht van de herstellende soldaten die aan haar zorg waren toevertrouwd. Ze had al een serieuze kandidaat, Ernst Schneider, die niets liever wilde dan met haar te trouwen (Otto adviseerde het aanzoek niet te accepteren). Andere jongemannen wedijverden om haar genegenheid. Otto beantwoordde geduldig haar prangende vragen over liefdeskwesties terwijl hij piekerde over zijn eigen toekomst: 'De taal van het hart en de gevoelens die deze oproept, zijn de belangrijkste van allemaal... Jij bent het type mens dat naar gevoelens handelt, liefde nodig heeft om te bloeien en in staat is liefde te geven. In dat opzicht hebben we veel gemeen. Je moet begrijpen, kind, je vader is er niet meer en wij kunnen je niet het advies geven dat hij je zou geven. We kunnen alleen ons best doen en proberen jou te doordringen van het besef dat je broers altijd dichtbij zijn en dat je ons onvoorwaardelijk kunt vertrouwen... Het is altijd beter dingen te overdenken dan iets overhaast te doen waarvan je later misschien spijt hebt. We noemen dat "idealen" omdat ze onbereikbaar zijn.'

Hij schreef dikwijls aan zijn broers, had plezier in de manier waarop Bitz (Herbert) initiatief begon te tonen voor de zaken van de familiebank die in moeilijkheden verkeerde, en was blij dat Robert zo dichtbij gestationeerd zou worden dat die twee elkaar konden ontmoeten. Hij bekende zijn moeder dat hij de oorlog steeds 'afmattender' vond maar 'we leven niet in een ideale wereld'. Hij maakte zich zorgen over hun slinkend kapitaal en hij adviseerde een aantal schilderijen uit hun huis aan de Mertonstrasse te verkopen. 'In deze tijd moet je tevreden zijn met contanten, want wie weet wat ons nog te wachten staat.'

Op 20 november 1917 werd Otto's eenheid overgeplaatst naar Kamerijk (Cambrai), net toen de Britse tankaanval op de Hindenburglinie werd gelanceerd. Het werd de eerste eenheid die met deze nieuwe wijze van oorlog voeren te maken kreeg. Het succes van de Britten was echter van korte duur; tien dagen later waren ze gedwongen zich terug te trekken tot op het punt waar ze begonnen waren met hun aanval. Ondanks de duidelijke impasse zag Otto de komende maanden opgewekt tegemoet: 'Ik verslind de kranten en hoop dat de Russen het onderspit delven... ik geloof niet dat Rusland het nog een winter volhoudt, ik blijf bij mijn optimistische kijk.'

In juni 1918, na zijn promotie tot luitenant, schreef Otto aan zijn zuster dat hij 'vol goede moed' was: 'Er staan een paar roosjes tegenover de plek waar ik zit en het is mooi weer. Wanneer begint het lichte leven weer, denk ik nu vaak, en ik verlang ernaar dat het werkelijkheid wordt. Een man alleen is incompleet. Zo dwalen mijn gedachten. Ik concentreer me niet op iets in het bijzonder. Ik denk aan het verleden en ik denk aan de toekomst. Een zinloos gedachtespel. Vreemde gevoelens. O, schrijf me nu en dan, daar kijk ik altijd naar uit.' Toen hij een paar weken later opnieuw schreef, was hij zwaarmoediger: 'Je hebt geen idee van de gevoelens die onze eenzaamheid en afzondering van cultuur en vrouwen hier in ons wakker roepen. We denken aan duizend oude, gekoesterde dingen en we zijn blij als we ons in dromen kunnen verliezen. We hebben het allemaal zo goed thuis dat we niet bijzonder gretig zijn om een eigen huis te hebben, hoe sterk onze drang daarnaar ook moge zijn... Het is niet het regelrechte geluk maar het is de toekomst waar je gedachten steeds weer om draaien, en de momenten waarop je niet aan de toekomst denkt, zijn inderdaad schaars.'

Weer ging een week voorbij en hij begon zich af te vragen of het einde werkelijk in zicht kwam. 'Het regent een beetje en dat verlost ons van de drukkende hitte van de dag. Mijn hoop dat we dit jaar een einde aan dit hele conflict afdwingen, overheerst hoewel ik het moeilijk vind te geloven dat er dit jaar vrede komt. De voorwaarden daartoe moeten nog geschapen worden.' Toen hij op 31 juli schreef, was dat om aan te kondigen dat zijn eenheid overgeplaatst werd en gestationeerd in Saint-Quentin, ooit een mooie stad. Otto werd ingekwartierd bij een grote boerenfamilie. Zijn nicht Milly vertelde dat ze 'hem allemaal graag mochten en hem de bijnaam "le grand brun" gaven (gewoonlijk vervloekten de Fransen de indringers). Hij keerde er terug – met Edith, eind 1920, meen ik – en hij werd ontvangen als een verloren zoon.'

Toen in november 1918 de wapenstilstand getekend was, huilden Alice en Leni Frank van vreugde; van hun manvolk was niemand gewond geraakt. Opgewonden bereidden ze zich voor op de thuiskomst van Robert en Otto, maar alleen Robert keerde terug. Een maand lang werd het gezin in Frankfurt gekweld door de vraag wat er met Otto gebeurd kon zijn; sinds Kerstmis was niets meer van hem vernomen. Op een donkere namiddag in januari 1919 stapte hij ten slotte in de Mertonstrasse de deur binnen, mager en zo te zien langer dan ooit. Zijn zwarte haar was dun bij de kruin en zijn bleke ogen waren vermoeid, maar hij glimlachte naar zijn overgelukkige familie. Toen ze allemaal weer tot rust waren gekomen en samen met een kop thee rond de eettafel zaten, legde Otto uit waarom hij zo vertraagd was. Zijn eenheid had twee paarden geleend van een Belgische boer die zich geen raad wist bij het vertrek. Otto beloofde dat hij de beide paarden persoonlijk terug zou brengen en dat was zijn woord van eer als Duits officier. Toen de gevechten gestaakt waren, bracht hij de paarden terug en de boer verwelkomde hem verwonderd en dankbaar. Toen vertelde Otto over zijn moeizame thuisreis. Milly herinnerde zich dat hij haar familie ook dat verhaal verteld had: 'Na de Duitse capitulatie had Otto de hele weg vanuit Frankrijk moeten lopen. Dat kostte hem drie weken; toen hij aankwam, zag hij eruit als een geest.'

Toen Otto klaar was met vertellen, begon Alice te schreeuwen. Ze was woedend op haar zoon, omdat hij voor een paar aftandse paarden zijn thuiskomst had uitgesteld, en ze was niet tot bedaren te brengen, ook niet toen Otto zei dat hij haar een brief had gestuurd die zoekgeraakt moest zijn. Ze richtte zich in haar volle lengte op – hoewel ze maar klein was – en wierp de porseleinen theepot naar haar verbaasde zoon.

In de periode na de Eerste Wereldoorlog leefden er naar schatting 490.000 joden in Duitsland. Tijdens de revolutie van 1918 werden joden aangevallen door woedende menigten die hun de schuld gaven van het voedseltekort, de inflatie en alle ellende in de eerste jaren van de republiek van Weimar. Er woedden hevige gevechten in de straten van Berlijn, waarvan een correspondent van *The Times* getuige was. Op 14 augustus 1919 meldde hij voorzichtig dat 'de aanwijzingen voor groeiend antisemitisme veelvuldig worden'.

De familie Frank had dringender problemen. Haar bank zat zwaar in de problemen, voornamelijk omdat Alice onevenredig had geïnvesteerd in oorlogsleningen die nu compleet waardeloos bleken. Een groot deel van hun bezit was verloren gegaan. In 1919 nam Otto de leiding van de bank over in de hoop het restant te redden. Herbert had, samen met andere familieleden, zijn best gedaan tijdens de oorlog en had de zaak wel draaiend weten te houden maar niet tot bloei te brengen. Otto accepteerde zijn nieuwe rol met tegenzin, 'meer uit noodzaak dan uit vrije keuze', en aanvaardde daarnaast de leiding in de tablettenfirma van zijn vader. Hij vertrouwde Milly toe dat zijn taak hem niet ter harte ging maar 'omdat zijn oudere broer Robert geïnteresseerd was in kunst en hun vader gestorven was toen zij teenagers waren, was het aan Otto de familiebank te leiden in de chaos die kenmerkend was voor de periode na de oorlog, toen de Duitse mark drie jaar lang elke dag minder waard werd. Zijn jongere broer Herbert was hem toegedaan maar was geen leider.' In oktober 1922 bezocht Milly met haar moeder Frankfurt en trof veel van haar verwanten in armoedige en hongerige toestand aan (behalve de familie Frank). 'De ochtend na onze aankomst kwamen Alice en Leni ons afhalen om naar Otto's bank te gaan en wat geld te halen. Na een blik op ons namen ze ons regelrecht mee naar een delicatessezaak voor het ontbijt. Ze wisten hoe een *Rentner* [die moest leven van een vooroorlogs pensioen] ervoor stond en dat het voor een vreemdeling moeilijk zou zijn zich aan te passen bij hun beperkte dieet. Ze maakten er een gewoonte van ons elke morgen mee uit te nemen om een beetje aan te sterken.' Milly sprak met Otto over de politieke situatie: 'Otto wees op de zwakheid van de regering en het bestaan van twee extremistische partijen, de nationalisten en de communisten. Beide vormden een latent gevaar, in het bijzonder die van rechts. Otto, een liberaal van de middenweg, maakte zich zorgen.'

Tijdens zijn werkzaamheden voor de bank raakte Otto op de aandelenbeurs van Frankfurt bevriend met Erich Elias. Erich was een aardige boerenzoon, geboren in 1890 te Zweibrücken, en goudeerlijk. Hij was de oudste van drie kinderen en gehecht aan zijn broer Paul. Zijn zuster benam zich op haar achttiende het leven toen ze zwanger was geraakt en de vader, een officier, er niet aan dacht een joods meisje te trouwen. Erich werkte als agent en effectenmakelaar voor de Heichelheimbank maar nam eind 1920 ontslag en trad op 3 februari 1921 als volledig partner toe tot de bank van Michael Frank. Twee maanden eerder had Leni hem geschreven: 'Ik ben niet bang mijn leven in jouw handen te leggen.' Op 16 februari 1921 vond in Frankfurt de plechtige bruiloft plaats van Leni en Erich. Het huis aan de Mertonstrasse was weliswaar groot maar begon zich nu toch aardig te vullen met familieleden. En op 20 december 1921 was er opnieuw gezinsuitbreiding toen Stephan, het eerste kind van Leni en Erich, werd geboren.

In het volgende jaar kwamen er nog twee huwelijken in de familie. Op 12 april 1922 trouwde Herbert de Amerikaanse Hortense Schott, die in Aken woonde. Het huwelijk was vaak gewelddadig en leek geen stand te houden. Drie maanden later, op juli 1922, trouwde Robert met Charlotte (Lottie) Witt, geboren in 1900 te Maagdenburg. Lottie was niet joods en bood aan zich te bekeren maar Robert vond dat niet nodig. Het enige obstakel dat zich voor het huwelijk voordeed, was de mededeling van Alice dat ze er niet mee instemde; Lottie, de dochter van een politieagent, was Roberts secretaresse bij Ricard en niet goed genoeg voor hem. Robert negeerde zijn moeder en korte tijd later overwon Alice haar twijfels en aanvaardde Lottie onvoorwaardelijk. De enige wens die haar bleef, was dat Otto een passende echtgenote zou vinden.

Politierapporten uit de vroege jaren twintig tonen aan dat het antisemitisme in Duitsland toenam: 'De stemming voor pogroms tegen de joden breidt zich systematisch uit over alle delen van het land,' aldus het ene rapport, terwijl een ander concludeerde: 'Het valt niet te ontkennen dat de antisemitische denkbeelden in alle lagen van de bourgeoisie zijn doorgedrongen en zelfs diep in de arbeidersklasse.' Hoewel hij zich van de toenemende dreiging bewust was, hoopte Otto Frank dat deze van voorbijgaande aard zou zijn; zijn vrees voor de hachelijke situatie waarin de Michael Frank Bank verkeerde, was veel groter. Herfst 1921 had Herbert zich uit verveling teruggetrokken, maar op verzoek van Otto nam hij in 1923 zijn plaats in de directie weer in. Hoewel Duitsland financieel moeilijke tijden doormaakte en in Amsterdam strenge wetten golden voor de handel in vreemde valuta, besloten Otto en Erich in die stad, destijds het centrum van de handel in vreemde valuta, een filiaal van de bank te openen. Ook andere Duitse banken grepen die mogelijkheid aan, maar een groot aantal kwam in moeilijkheid omdat hun Amsterdamse dochterbedrijven geen Nederlandse cliënten mochten aantrekken en zich volledig tot 'Duits vluchtkapitaal' moesten beperken.

Vanwege zijn Amerikaanse werkervaring kreeg Otto de taak de bank in Amsterdam te vestigen. Eind 1923 werd het bankkantoor van Michael Frank & Zonen, 'bankzaken en handel in vreemde valuta', op Keizersgracht 604 geopend. In mei 1924 werden twee gemachtigden van de bank ingeschreven bij de Amsterdamse Kamer van Koophandel: Jacques Heuskin en Johannes Kleiman. Heuskin, Belg van geboorte, had het grootste deel van zijn leven in Luxemburg gewoond, en wellicht maakte hij daar kennis met Otto's oom, de handschoenenfabrikant Armand Geiershofer, die hem vervolgens introduceerde bij Otto. Kleiman, geboren op 17 augustus 1896 in Koog aan de Zaan, ontmoette Otto voorjaar 1923, toen Otto tussen Amsterdam, Berlijn en Frankfurt pendelde om zijn zaak van de grond te krijgen. De wat vogelachtige trekken van Kleiman werden nog versterkt door zijn grote bril. Het was een kalme, betrouwbare man met een scherp gevoel voor humor. Hij mocht Otto ('levendig en vol energie') vanaf de eerste ontmoeting, en Otto's bliksembezoeken aan Amsterdam maakten hem nieuwsgierig. Maar hun 'langdurige, onvoorwaardelijke vriendschap' begon pas in 1933. Voorlopig was het gezag van Kleiman binnen het bedrijf, net als dat van Heuskin, beperkt. De reddingspoging leed schipbreuk. Op 15 december 1924 ging de bank M. Frank & Zonen in liquidatie en werd Otto liquidator. Er was geen sprake van faillissement en de ondergang van de bank was vermoedelijk 'het gevolg van speculatieve activiteiten, mogelijk met de Franse franc, een valuta die in de zomer van 1924 in Amsterdam met aanzienlijke verliezen werd verhandeld'. Heuskin werd ontslagen, de firma verhuisde naar het huisadres van Kleiman in de stad. Hij kreeg volledige bevoegdheid en bleef 'Otto's vertrouwensman en toeverlaat in Amsterdam, tot aan de ontbinding van de firma'. Het liquidatieproces duurde vier jaar en met de Duitse crediteuren werd terugbetaling in termijnen overeengekomen. Kleiman kreeg een baan bij zijn broer, die een eigen zaak dreef en het desinfecterende 'cimex' fabriceerde.

Begin 1925 keerde Otto terug naar Frankfurt. Hij was bijna zesendertig en moest iets verzinnen om de sombere toekomst van de familie te keren en de her en der gemaakte schulden te delgen. Op het persoonlijke vlak hoopte hij vertwijfeld op een eigen huis en kinderen, zoals hij zeven jaar eerder al bekende: 'We kunnen niet te lang na de oorlog wachten als we jong willen zijn voor de kinderen die we hopen te krijgen. Want kinderen zijn tenslotte de alfa en de omega van het gezonde huwelijk.' Er was maar één manier om al die problemen tegelijk op te lossen maar die oplossing beviel hem niet. Niettemin verloofde Otto Frank zich op 5 april 1925 met Edith Holländer uit Aken en trouwde een maand later met haar in de stadssynagoge.

Voor familie en vrienden sloeg de aankondiging in als een bom. Zijn nicht Edith Oppenheimer vertelt: 'Niemand kende haar. Ze woonde ver weg en ze was veel religieuzer dan Otto.' Tegenover zijn tweede vrouw en stiefdochter en zijn naaste familie uit die tijd gaf hij later toe dat zijn huwelijk met Edith Holländer, eenvoudig gezegd, een 'zakelijke overeenkomst' was.

> Ik meen te weten dat vader moeder getrouwd heeft omdat hij moeder geschikt vond de plaats in te nemen van zijn vrouw... ik bewonder moeder zo als ze die plaats ingenomen heeft en voor zover ik weet nooit gemopperd heeft en nooit jaloers was... Vader heeft moeder daarom zeker bewonderd en vond haar karakter uitstekend... Wat is er uit hun huwelijk geworden? Geen ruzie en meningsverschillen – nee, maar een ideaal huwelijk is het toch ook niet. Vader waardeert moeder en houdt van haar, maar niet in de liefde van het huwelijk dat ik me voorstel... Vader is niet verliefd, hij geeft haar een

zoen zoals hij ons zoent... eens zal vader weten dat zij wel nooit van buiten aanspraak op zijn volle liefde gemaakt heeft, maar daardoor van binnen langzaam maar zeker afgebrokkeld is. Zij houdt van hem als van geen ander en het is hard dit soort liefde altijd onbeantwoord te zien.

Annes commentaar op het huwelijk van haar ouders, dat meer dan vijftig jaar verborgen bleef, was genadeloos, schrander – en juist. Otto bekende tegenover zijn tweede vrouw en haar dochter dat hij Edith nooit had liefgehad maar groot respect had voor haar intelligentie en haar bekwaamheid als moeder. Meer dan dat zei hij zelden over zijn eerste huwelijk, hoewel hij een aantal mensen vertelde dat het een afgesproken verbintenis was die beiden leek te passen. De nog levende familie Holländer vindt nu dat Otto het meest profiteerde door de aanzienlijke bruidsschat van Edith te gebruiken om 'lang uitstaande schulden te delgen... Edith stond bekend als een schrander mens, trouw aan de familietraditie, met geloof in echte waarden... Otto Frank was kennelijk de baas in die huishouding.' Hun animositeit strekt zich uit tot aan de dagboeken; een lid van de familie verzekert dat de Holländers 'totaal genegeerd zijn in alle uitgaven van Annes boeken... na correcties, herdrukken, toevoegingen te eigen bate door Annes vader, toen het enige levende familielid, was Otto Annes mentor, rolmodel en onweersproken invloed op haar leven geworden. Misschien klinkt dit alsof de druiven zuur zijn, maar het is algemeen bekend in de familie – een familie die nu geen stem meer heeft in deze wereld.'

Overigens was het arrangeren van huwelijken tussen joodse families in die tijd gangbaar. In bepaalde kringen stonden ze hoger in aanzien dan echte romances. De ouders van Edith beseften dat de huwelijkskandidaat van hun dochter van welgestelde afkomst was en dat een aanzienlijke bruidsschat als een uitgesproken voordeel werd beschouwd. Hun grootste wantrouwen gold waarschijnlijk de apathie van hun toekomstige schoonzoon ten aanzien van de religie. De Holländers waren vooraanstaande leden van de joodse gemeenschap in Aken, vierden de sabbat en de feesten, en Ediths moeder voerde een kosjere huishouding. Otto beloofde dat hij meer aan de religie zou deelnemen. Edith was 'heel religieus' vertelde hij later. 'Niet orthodox, maar wel kosjer... Als mijn schoonmoeder kwam, aten we natuurlijk niets van het varken. We pasten ons aan.'

Het fortuin van de familie Holländer stamde van Ediths grootvader, Benjamin Holländer, die in 1858 onder zijn eigen naam een handel in industriebenodigdheden en schroot had opgezet. Ediths vader, Abraham, was in 1860 geboren te Eschweiler, een van de acht kinderen. Na zijn huwelijk met Rosa Stern uit Langenschwalbach en de geboorte van hun eerste kind, Julius, in 1894, nam Abraham zijn vrouw, zoon en ouders mee naar Aken, waar hij het familiebedrijf uitbreidde. Abraham kreeg de leiding over zijn vaders onderneming en maakte snel fortuin. In de fraaie woning van de Holländers in de Liebfrauenstrasse werden nog drie kinderen geboren: Walter (1897), Bettina (1898) en Edith, geboren op 17 januari 1900.

Edith was een verlegen kind, studieus en verknocht aan haar familie. In 1906 begon haar opleiding aan de *Evangelische Victoriaschule*, een protestantse privé-meisjesschool die ook leerlingen van andere religies toeliet. Samen met haar nichtjes Meta, Frieda, Irma, Ilse en Elsbeth, met wie ze goede maatjes was, leerde ze Engels, Frans en Hebreeuws. In haar dagboek verwondert Anne zich over de bevoorrechte opvoeding van haar moeder: 'we luisteren met open mond naar de verhalen van verlovingen met 250 mensen, privé-bals en diners.' Dit gelukkige bestaan was plotseling voorbij toen de Eerste Wereldoorlog uitbrak. Ediths zuster Betti, pas zestien, werd geveld door blindedarmontsteking. Ze stierf op 22 september 1914. Edith eerde haar nagedachtenis door haar eerste kind (Margot Betti) naar haar te noemen. Ediths oom Karl stierf op 28 december 1915 in dienst van het Duitse leger. Haar broer Julius, die toen ook soldaat was, werd in zijn arm geschoten, wat hem levenslang een handicap bezorgde. Te midden van deze ellende haalde Edith in 1916 haar *Abitur* en kreeg van een van haar leraressen een boek over Frederik de Grote 'als erkenning van je prestaties en goede gedrag'.

Julius en Walter volgden, nadat ze het gymnasium van Aken hadden doorlopen, een cursus bedrijfsleiding bij een leraar van het technisch instituut, als voorbereiding voor hun loopbaan in hun vaders firma. Helaas verliepen de zaken niet volgens plan; Abraham Holländer speelde de baas over hen en 'gunde hun bij het leiden van de zaak slechts kinderrechten, geen gelijke rechten'. Ze compenseerden deze afwijzing door zich op te geven voor diverse liefdadigheidsinstellingen, lid te worden van voetbal- en gymnastiekclubs en als vrijwilliger voor joodse instellingen te werken. Daartegenover had Edith een goede relatie met haar moeder en bewondering voor haar broers. Ze overwon haar verlegenheid toen ze mensen leerde kennen, had veel vrienden met wie ze tennis speelde, ging dansen en reisde naar de Oost-Friese eilanden om te gaan zwemmen met haar nicht Irene, een van de eerste vrouwen in Duitsland die een auto bezaten. Edith kleedde zich naar de mode van de vrijgevochten jonge vrouw, droeg parels en een kort krullend kapsel, danste de charleston en kocht een grammofoon en een verzameling platen die de familie Elias nog steeds bezit, met Ediths persoonlijke handschrift op de inventaris.

Edith was de enige van de kinderen van Abraham en Rosa die trouwde. Mogelijk heeft ze Otto leren kennen door bankzaken of via de vrouw van Herbert, Hortense, die ooit in Aken had gewoond. De nichtjes van Edith waren jaloers op het huwelijk, dat plaatsvond op 12 mei 1925, de dag waarop Otto zesendertig werd. Edith was gekleed in een modieuze lange witte japon, versierd met verse bloemen, en een doorzichtige sleep. Otto droeg een donker kostuum met vlinderdas. Na de huwelijksvoltrekking was er een feest in hotel Grosser Monarch in de stad en daarna vertrok het paar, vergezeld van Ediths ouders, voor een reis naar Italië.

De woorden van Anne over het huwelijk van haar ouders houden in dat Otto Edith vertelde dat hij in zijn jonge jaren hevig verliefd was geweest op een andere vrouw, maar Edith had de gevoelens die ze Otto toedroeg, blijkbaar nooit eerder beleefd en ze hoopte aanvankelijk dat hij die zou beantwoorden. Dat zou echter niet gebeuren en Edith moest helaas genoegen nemen met een passieloze, zij het standvastige verbintenis. Haar echtgenoot kan evenmin tevreden zijn geweest; zijn brieven van het Westelijk Front doen hem kennen als een romanticus en een idealist. 'Het verlangen naar liefde is de mens eigen,' had hij in 1918 geschreven en hij meende dat een huwelijk om andere redenen dan liefde zou uitlopen op 'een half leven'. Ten tijde van zijn huwelijk met Edith Holländer, aldus hun opmerkzame dochter, 'waren zijn idealen vervlogen en zijn jeugd was voorbij', maar of de opmerkingen van Anne nu berustten op haar eigen interpretatie van de relatie tussen haar ouders of op Otto's vertrouwelijkheid met haar, het lijdt nauwelijks twijfel dat Otto en Edith in elkaar niet de partner vonden naar wie zij beiden duidelijk hadden verlangd.

Veertien jaar later schreef Otto, naar aanleiding van hun trouwdag, een bespiegelende brief aan Edith die duidelijk schetst hoe hun relatie zich ontwikkelde:

> Aan grilligheden van het lot heeft het in ons huwelijk niet ontbroken, en als je de tijd van San Remo tot nu toe overziet, besef je eigenlijk pas hoezeer alles veranderd is. Toch hebben de moeilijkste situaties de harmonie tussen ons niet kunnen verstoren. Jij hebt vanaf het begin karakter getoond, zoals je dat zelden ziet, een saamhorigheidsgevoel dat jou de kracht gaf om door dik en dun vol te houden. Afgezien van talent spelen daarbij de opvoeding en het ouderlijk huis steeds een rol en wij moeten allebei dankbaar zijn voor

hetgeen wij van thuis hebben meegekregen. Zo zouden wij er ook naar moeten streven dit gevoel van saamhorigheid, verdraagzaamheid en van inzet voor de ander aan onze kinderen door te geven. Wat er nog komen zal, weet niemand, maar dat wij elkaar het leven door kleine onenigheden en ruzies niet zuur zullen maken, dat weten wij. Moge ons huwelijk in de komende jaren net zo harmonieus zijn als in de voorgaande.

Het kan Edith niet ontgaan zijn dat haar echtgenoot in dit stichtelijk portret van hun huwelijk uitvoerig spreekt over saamhorigheid en verdraagzaamheid, maar niets zegt over liefde.

Gedurende het eerste jaar van hun gehuwde staat woonden Otto en Edith bij zijn moeder in Frankfurt. Een maand na de trouwpartij raakte Edith zwanger terwijl haar schoonzuster, Leni, op 2 juni 1925 haar tweede kind, Bernhard (Buddy), ter wereld bracht. Met een peuter en een baby in huis hadden Otto en Edith al een idee wat ze mochten verwachten toen op 16 februari 1926 hun dochter Margot Betti werd geboren. De Holländers kwamen de boreling dadelijk opzoeken en zodra Edith het ziekenhuis had verlaten, begon ze dit feit en andere gebeurtenissen in het leven van haar dochter te noteren. In mei, toen Edith alleen met Margot in de nachttrein naar Aken reisde, was ze heel tevreden over het goede gedrag van haar dochter. Er volgden nog veel bezoekjes aan Aken voor Margot, zodat de Holländers en Alice evenveel tijd kregen met hun kleindochter. Op 21 december ging Margot weer naar Aken, nu met Leni, zodat Otto en Edith samen op vakantie naar Zwitserland konden. Op 17 januari 1927 bracht Julius Margot in zijn auto naar huis in Frankfurt. Twee dagen later stierf Abraham Holländer op zesenzestigjarige leeftijd. Edith vermeldde in Margots babyboek: 'Ik ga voor veertien dagen naar huis. Margot heeft haar grootvader veel zonneschijn en geluk gebracht.'

Alleen in het huis van haar ouders at Edith nu nog kosjer, maar toen ze aan de Mertonstrasse woonde, bezocht ze regelmatig de synagoge in Frankfurt-West en ze bleef dat doen na oktober 1927 toen zij, Otto en Margot verhuisden naar een eigen woning aan de Marbachweg (nummer 307), in een wijk waar weinig joodse gezinnen woonden. De buurt was weliswaar niet uitgesproken aantrekkelijk maar het appartement van de Franks in de helft van een groot geel huis met groene luiken was royaal. Margot had haar eigen kamer en er was een logeerkamer met een balkon dat uitkeek op de tuin achter het huis. Beneden, in de andere helft van het huis woonden hun huisbaas, Otto Könitzer, en zijn gezin. Otto en Edith hadden weinig met hem te maken; ze wisten dat hij aanhanger was van de NSDAP. Hun buurmeisje, Gertrud Naumann, was toen tien jaar oud maar flink voor haar leeftijd en kwam vaak binnenwippen als babysit voor Margot.

In juni brachten Otto en Edith met Nathan Straus en zijn gezin een vakantie door in Sils-Maria, waar Otto's nicht Olga Spitzer een luxueuze woning, Villa Larêt, bezat. Terug in Frankfurt namen Otto en Edith een nieuwe hulp in de huishouding aan, Käthi Stilgenbauer, een jonge vrouw die Margot adoreerde. Aan het eind van het jaar reisde het gezin per trein naar Aken en vierde Chanoeka met de moeder en broers van Edith. Edith was zwanger en beviel op 12 juni 1929 van 'weer een meisje', zoals Otto per telefoon vanuit het ziekenhuis aan Käthi vertelde. Hij was de hele nacht opgebleven tijdens de gecompliceerde bevalling van zijn vrouw. Annelies Marie werd 's ochtends om half acht geboren en door de dienstdoende, uitgeputte verpleegster ingeschreven als 'een mannelijk kind'. Edith begon voor haar tweede dochter aan een nieuw boek en noteerde: 'Moeder en Margot bezoeken op 14 juni het babyzusje. Margot is opgetogen.'

Otto hield van beide kinderen maar van begin af aan had hij een bijzondere band met zijn jongste dochter. Haar brutaliteit maakte hem aan het lachen en bracht hem buiten zichzelf op een manier die de kalmte van Margot nooit kon bereiken. Anne gunde haar vader ook haar eerste glimlach en ze rende op Otto af als ze zich bezeerd had of onzeker was. Hij was het ook die haar 's avonds instopte en bij haar zat tot ze in slaap viel. Na de geboorte van Anne kwam Margot dichter bij haar moeder, instinctief of als troost, wat Edith op haar beurt vreugde en gezelschap schonk die ze elders te kort kwam. 'Anne was een kleine rebel met een eigen wil,' gaf Otto later toe. 'Vaak lag ze 's nachts wakker', en hij herinnerde zich dat hij 'vaak naar haar toe ging, haar streelde en slaapliedjes zong om haar te kalmeren'. Anne werd ook de lieveling van haar oom Julius die zelf een onstuimig kind was geweest en iets van zijn eigen karakter in Anne herkende, net als Ediths moeder Rosa. Julius en Walter waren in Annes eerste levensjaar al eens in Frankfurt geweest en in augustus reisde de familie Frank naar Aken voor een bezoek aan Julius, die leed aan depressies die hem keer op keer dreigden te overvallen. Maar voor Anne kon hij elke dag vroeg opstaan en de clown uithangen.

Midden in de hete zomer van 1929 vertrok Erich Elias vanuit Frankfurt naar Zwitserland om een filiaal te openen van Opekta (waarvan hij medeoprichter was), een dochtermaatschappij van de Pomosin-fabriek in Frankfurt. Pomosin fabriceerde pectine, grondstof voor een gel die gewoonlijk gebruikt wordt bij de bereiding van jam. Leni en de vierjarig Buddy maakten nog een jaar deel uit van de huishouding in de Mertonstrasse en de zevenjarige Stephan bleef nog tot 1931. Het gezin Elias woonde in een pension totdat de voorspoed van Erich hen in staat stelde een eigen woning in Basel te betrekken.

Otto, Edith en de kinderen keerden in september terug naar Frankfurt en Edith staakte de borstvoeding van Anne, die onmiddellijk normaal in gewicht toenam – wat Edith voordien zorgen baarde. Ook Margot beleefde problemen met haar gezondheid en moest elke week onder de hoogtezon om haar constitutie te verbeteren. Edith zorgde overdag liefdevol voor de kinderen maar 's avonds na het werk deed Otto hen in bad, speelde met hen, las verhalen voor die hij zelf had bedacht over twee zusters, een goede en een slechte, de twee Paula's. Margot en Anne hielden van zijn verhalen en jaren later, toen ze ondergedoken was en haar schrijftalent had ontdekt, gebruikte Anne het karakter van de slechte Paula in een eigen verhaal.

In oktober maakten de winsten van de bank, in het kielzog van de beurskrach in Wall Street, plotseling een schrikbarende duik. Ook de handel in keelpastilles stortte in en omdat Ediths bruidsschat op was, zag Otto geen andere mogelijkheid dan beide firma's in één kantoor samen te brengen in een veel goedkoper pand, gedeeld met een andere firma om de kosten te drukken. Het adres, Bockenheimer Anlage, lag 'dicht bij de plek waar meer dan veertig jaar daarvoor Michael Frank zijn zaak begonnen was'. Het was niet de enige moeilijkheid in hun leven dat jaar; Otto's nicht Milly kwam op bezoek en vond de 'omstandigheden in Duitsland eenvoudig onmogelijk... Ik weet nog dat ik met Otto over politiek praatte. Hij zei: "Het bevalt me niet. Ik weet niet wat er staat te gebeuren. Ik ben bang voor rechts." Hij zag het aankomen – op een moment dat veel joden zich naar mijn idee nauwelijks zorgen maakten.' In 1929, kort voor haar huwelijk, dus voor haar vertrek als dienstbode bij de familie Frank, vroeg Käthi Stilgenbauer aan Otto wie die 'bruinhemden' waren: 'Meneer Frank lachte alleen maar en probeerde er een grapje over te maken... Maar mevrouw Frank keek op van haar bord, keek ons aan en zei: "Dat zullen we gauw genoeg ervaren, wie dat zijn, Käthi."' In maart 1931 bereikten de zaken een dieptepunt toen Otto Könitzer constateerde dat hij het niet langer kon verkroppen dat er joden in zijn huis woonden: hij zegde Otto Frank de huur op. Ze verhuisden naar een vijfkamerappartement op Ganghoferstrasse 24, waar de afmetingen binnenshuis veel kleiner waren maar gecompenseerd werden door een tuin en een plezieriger omgeving voor de kinderen. Hun oude vrienden van de Marbachweg kwamen dagelijks langs, onaangedaan door Könitzers reactie, en door de nieuwe buren werden ze in eerste instantie verwelkomd.

De bankzaken bleven slecht gaan in het kielzog van de sluiting van de effectenbeurs van Frankfurt en de strengere regels die de handelaars in vreemde valuta werden opgelegd. In april 1932 kregen ze opnieuw een klap en daarvan herstelden ze zich niet meer: Herbert Frank werd gearresteerd door de controleurs van de inkomstenbelasting wegens overtreding van de *Bestimmung über den Effektenhandel mit dem Ausland* (bepalingen voor de effectenhandel met het buitenland). Enkele maanden daarvoor had een effectenmakelaar uit Karlsruhe hem een aanbieding gedaan: voor meer dan een miljoen *Reichsmark* aan buitenlandse aandelen in Duitse industriële ondernemingen, waarvoor Herbert zou optreden als agent. De transactie was illegaal maar Herbert aanvaardde de aanbieding in goed vertrouwen, verkocht de aandelen en verdiende de gebruikelijke commissie. Het sprak ten voordele van Herbert dat hij een verslag van de gesloten transacties had bijgehouden. De zaak bereikte de kolommen van de *Frankfurter Zeitung*, die een interview met Otto kreeg waarin deze verklaarde dat zijn broer, 'de eigenaar met een meerderheidsbelang' in de bank, niet wist dat de effecten in het buitenland waren uitgegeven en vertrouwen had in de man uit Karlsruhe, die sindsdien verdwenen was. Herbert zat in verzekerde bewaring en de familie tekende beroep aan tegen zijn arrestatie. Otto schreef aan Leni: 'Herbert sprak vanmorgen met me en scheen in goeden doen. Hij heeft goede moed en wil niet op borgtocht vrij. Ik ben ervan overtuigd dat de hele toestand niet veel zal veranderen... De zaken gaan slecht. Je kunt niet helder zien als het lijkt of er niets goed gaat. Alleen de kinderen vermaken zich net als jouw kinderen natuurlijk.' Op 14 mei werd Herbert vrijgelaten; de rechtszaak diende in oktober 1933. Robert was in het buitenland en reisde heen en weer tussen Frankfurt, Parijs en Londen om te proberen betere contacten te maken in de wereld van de kunsthandel, in de hoop zijn eigen oplossing voor de financiële problemen van de familie te vinden. De situatie was ernstiger dan ooit: het zag ernaar uit dat ze het pand aan de Mertonstrasse moesten opgegeven, en eigenlijk wilde geen van hen dat zelfs maar overwegen.

In juni nam Otto's moeder, Alice, de trein naar Parijs met het doel geld te lenen van haar neef Jean-Michel: zijn moeder had hem, na haar dood in de psychiatrische inrichting, een aanzienlijk bedrag nagelaten. Een deel van de erfenis was gebruikt om een vennootschap voor meubelontwerpen op te richten. Hij had ateliers in de rue Montauban, waar hij samenwerkte met kunstenaars als Alberto en Diego Giacometti en Salvador Dalí. Zijn zakelijke stijl was al een gewild verzamelobject, al kreeg Coco Chanel het gevoel dat ze 'een kerkhof passeerde'. Voor buitenstaanders en society was Jean-Michel een flamboyante, communistische homoseksueel die liefhebberde in drugs om 'zijn vrienden te epateren' en altijd gekleed ging in hetzelfde grijze Engelse kostuum. Zijn familie kende hem zoals hij werkelijk was: gevat en meelevend. Hij adoreerde Leni, in wie hij een verwante geest zag. Otto beschreef door de telefoon de familiecrisis voor hem, zoals hij in een brief aan zijn moeder duidelijk maakte:

> De specificatie in stijgende kosten, uitstaande schulden en hypotheekaflossingen spreekt voor zich... Ik kan niet geloven dat Jean dit niet kon begrijpen en alleen inzag hoe de situatie werkelijk is door mijn brief aan Leni... Mijn laatste brief aan haar was niet bedoeld om doorgestuurd te worden maar geeft wel een duidelijk beeld van de situatie die onmogelijk is geworden. Als Soden (de handel in hoest- en verkoudheidspastilles) niet slechter dan ooit zou gaan, zouden we nog wat winst kunnen maken maar op deze manier ontbreekt het ons aan de meest elementaire middelen.
> Mijn pessimisme en bezorgdheid van de laatste maanden waren maar al te zeer gegrond en ik vraag me af of het nog zin heeft vast te houden aan het huis in de Mertonstrasse. Ik spreek nu vanuit een economisch en politiek standpunt. Herb wil proberen weg te komen uit Frankfurt en elders een baan te vinden. Hier kan hij niet veel uitrichten maar hij moet toch iets doen om van te leven, ook al is het niets substantieels. Erich heeft werk. We hebben geen idee waar het op uitdraait, maar het belangrijkste is dat we gezond blijven en dat jij een inkomen hebt. Wij zijn jonger en kunnen beter omgaan met tegenslag. Het is belangrijk de zaken te zien zoals ze werkelijk zijn en dienovereenkomstig te handelen. Nog afgezien van H., we hebben geen klanten die ons voor de ondergang kunnen bewaren. Maar het opheffen van de firma is zinloos op dit moment... We houden als altijd de moed erin...

Later die dag stuurde Alice een telegram aan Otto: Jean-Michel had haar het benodigde geld gegeven om de hypotheekaflossing van juli voor het huis aan de Mertonstrasse te betalen. Otto schreef haar de volgende dag jubelend:

> Ik behoef je nauwelijks te vertellen hoe groot mijn opluchting is omdat het anders onmogelijk was geweest het huis te behouden. Jean heeft zich be-

wonderenswaardig gedragen en we kunnen hem niet dankbaar genoeg zijn.
Ik sprak Robert even. Hij is nog zo overspannen dat je nauwelijks een gesprek met hem kunt voeren.
Ik weet niet goed hoe alles geregeld kan worden. Maar het is duidelijk dat iedereen erop staat het huis te behouden en optimistisch is, dus ik kan weer wat moed vergaren. Ik hoop dat de kans wat meer te verdienen spoedig groter wordt, op dit moment is er geen vooruitgang...
Ik heb altijd geprobeerd de problemen onder de mat te vegen maar dat is niet doenlijk meer en hoe eerder en hoe openhartiger we de situatie bespreken hoe beter. Ik kan me voorstellen dat je geen plezier meer hebt in je verblijf in Parijs. Maar je moet tevreden zijn met wat je hebt bereikt en vooral met Jean die zich om jou bekommert...
Veel is hier over ons niet aan toe te voegen. Margot is een engel, ze had vandaag een schoolreisje. Ze was dolgelukkig...
Ik hoor graag gauw meer van je en hoop dat je niet al te opgewonden bent.

Op 1 oktober trok Herbert zich terug uit de bank en ging op weg naar Parijs, waar hij diverse familieleden, onder wie Jean-Michel, en veel vrienden had. Zijn vrouw, Hortense, had hem in september 1930 verlaten en in augustus 1932 was de scheiding uitgesproken. Ze verhuisde naar Zürich en de familie Frank zag haar nooit meer terug. Herbert weigerde om 'materiële en mentale' redenen te verschijnen op de rechtszitting in Frankfurt en stuurde Otto om hem te vertegenwoordigen. Otto vertelde de rechter dat de bank de effectenhandelaar had vertrouwd omdat hij een Duitser was en dat hij ervan uitging dat deze thuis was in de Duitse wetgeving op het punt van de handel in vreemde valuta. Herbert won zijn appèl en ontkwam aan een boete, maar het incident had hem aangegrepen en hij besloot niet naar Frankfurt terug te keren. De rechtszaak was goed afgelopen en Jean-Michel had het geld gefourneerd maar de bankzaken bleven achteruitgaan. Eind december 1932 moest Otto 'ten gevolge van de veranderende economische situatie' de huur opzeggen van het appartement in de Ganghoferstrasse. In maart 1933 trok het gezin weer bij Alice in, al wist Otto dat dit slechts een tijdelijke oplossing was tot de moeilijkheden met de hypotheekaflossing voor het huis aan de Mertonstrasse weer zouden opduiken.

Bij de veelheid van problemen bij de familie Frank voegde zich nog de opkomst van de NSDAP en Otto begon erover te denken het land te ontvluchten waar hij zo trots op was. Op 31 juli 1932 hadden bij de verkiezingen voor de Rijksdag bijna veertien miljoen Duitsers op Hitler gestemd. De nazi's kwamen aan de macht door hun vaste wil de niet-joodse Duitsers hun nationale trots terug te geven, door hun belofte van een nieuw tijdperk van Duitse overheersing in het zakenleven en door de hypnotische persoonlijkheid van Hitler. Hun taak werd vergemakkelijkt door het feit dat ze 'de Duitsers niet op minstens één centraal – volgens hen aantoonbaar het belangrijkste – thema behoefden te brengen: de plaats van het jodendom'.

In januari 1933 waren Otto en Edith op bezoek bij vrienden toen ze op de radio hoorden dat Hitler rijkskanselier was geworden. Bij het crescendo van de toejuichingen uit Berlijn keek Otto naar Edith en zag haar zitten als 'in steen veranderd'. Hijzelf was niet in staat een antwoord te bedenken totdat hun gastheer vrolijk zei: 'Ach, we zullen wel zien wat die man kan doen.' De vurige afkeer die tientallen jaren had gebroeid, stond op het punt om uit te barsten. Otto wist: 'In 1932 kwamen er al stormtroepen (bruinhemden) voorbij marcheren onder het zingen van "Als joods bloed spat van het mes...". Dat maakte het voor iedereen overduidelijk. Ik besprak het onmiddellijk met mijn vrouw: "Hoe kunnen we hier weg?" Maar natuurlijk blijft de vraag hoe je jezelf kunt onderhouden als je weggaat en min of meer alles opgeeft.'

Otto's nichtje, Edith Oppenheimer, vertelt hoe het leven veranderde dat jaar. 'Mijn ouders en Otto gingen bij elkaar op bezoek in Frankfurt. Mijn moeder was tien jaar jonger dan Otto maar ze waren goede vrienden (ik denk dat mijn vader daar jaloers op was: moeder had Otto na de oorlog graag vaker willen zien, maar vader hield dat tegen). Het was een gelukkige tijd tot 1933. Mijn vader vertelde ons altijd dat hij en moeder in 1933 voor een weekend waren uitgenodigd door vrienden. Die vriend overhandigde vader een boek en zei: "Ik denk dat je dat eens moet lezen." Het was *Mein Kampf*. Vader bleef de hele nacht lezen en de volgende morgen kondigde hij aan dat we naar Amerika gingen. Er kwam een familieconferentie en hij trachtte de andere familieleden te overtuigen dat het gevaarlijk was om te blijven, maar mijn opa Stern, die directeur was van de leerfabriek Meyer & Zoon, voelde zich verplicht te blijven. Hij werd later gearresteerd en gemarteld en pleegde zelfmoord in de gevangenis.' Ediths grootmoeder, haar ouders en haar andere grootouders verlieten Duitsland en gingen naar Amerika, 'verbijsterd dat hun Duitsland zich zo tegen hen gekeerd had'.

Al eerder had Otto vergeefse pogingen gedaan in een ander land een zaak op te richten die hem vertrouwd was. Als hij nu, met een vrouw en twee kinderen die afhankelijk van hem waren, weer een poging zou doen, dan moest hij ervan overtuigd zijn dat het ditmaal een zekere mate van succes zou hebben. Hij aarzelde nog totdat er een decreet werd uitgevaardigd dat tot de scheiding van joodse en niet-joodse kinderen op de scholen verplichtte. Eerst zat Margot op de Ludwig Richter Schule. Hoewel ze een van de vijf joodse kinderen was in een klas van tweeënveertig leerlingen en naar de wens van haar moeder tweemaal per week les kreeg in de joodse godsdienst, had Margot zich nooit gescheiden van haar medeleerlingen gevoeld. Haar eerste rapport prees haar ijver en natuurlijke aanleg. Na de uitvaardiging van het nieuwe decreet werden Margots onderwijzeres en het hoofd van de school door de nazi-ambtenaren als tegenstanders van de Nieuwe Orde ontheven van hun functie. Na de verhuizing naar de Mertonstrasse was Margot begonnen op de Varrentrapp-school maar sinds Pasen was ze, net als alle joodse kinderen, verplicht uit de buurt van haar niet-joodse klasgenoten te blijven.

Na het apartheidsdecreet wendde Otto zich tot zijn zwager, Erich Elias, in Zwitserland, voor advies en hulp, omdat hij weigerde 'zijn kinderen groot te brengen als paarden met oogkleppen, onwetend van het sociale landschap buiten hun kleine kring'. Erich wilde graag helpen; hij vertelde hem dat de firma Opekta in Keulen hoopte 'de internationale markt voor pectine uit te breiden'. Via hem werd Otto aangesteld als bedrijfsleider van Pomosin Utrecht, sinds 1928 leverancier van pectine aan jamfabrieken. Helaas was de aanstelling al van de baan nog voordat Otto de kans had er iets mee te doen. De directeur van Pomosin Utrecht, M. van Angeren, veroorzaakte zoveel moeilijkheden voor hem dat Otto aan Erich vroeg of hij een andere baan voor hem kon vinden. Erich gaf Otto de raad zelfstandig een filiaal te openen in Amsterdam, een stad waar Otto al connecties had. Dat idee beviel Otto, en Erich, die nu aan het hoofd van het Zwitserse concern stond, leverde hem het startkapitaal: een rentevrije lening van 15.000 gulden, terug te betalen in tien jaar. De aandelen van Opekta Amsterdam dienden als onderpand voor de lening, wat inhield dat Otto te allen tijde de schuld kon afbetalen door afstand te doen van de aandelen. Vermoedelijk om de onaangename Van Angeren zoet te houden, verklaarde Otto dat hij alleen aan huisvrouwen zou verkopen en de fabrieksmarkt zou overlaten aan Pomosin Utrecht.

Nadat hij 'allang vond dat bankieren niets voor hem was', vertelde Otto de vrienden die hem trouw gebleven waren, dat het gezin zou emigreren naar Nederland. 'Mijn familie had eeuwenlang in Duitsland gewoond en we hadden veel vrienden en kennissen, niet alleen joodse maar ook christelijke, maar gaandeweg lieten veel van de laatstgenoemden ons in de steek, aangezet door de nationaal-socialistische propaganda.' Gertrud Naumann was als een van de weinige vrienden loyaal jegens hen gebleven; ze vertelde dat Otto de laatste keer dat ze de familie Frank bezocht, ongewoon ingetogen was. 'Meneer Frank sprak nooit over iets wat hem dwarszat. Maar... je kon zien hoe de zorgen hem innerlijk kwelden.' In maart 1933 maakte Otto met zijn geliefde leica de laatste familiefoto in Frankfurt; Edith heeft beide dochters aan haar hand op de Hauptwacheplatz, in het centrum van de stad. Beide meisjes kijken ernstig en de glimlach van Edith zelf is, begrijpelijk, wat melancholiek. Ze hadden al plannen gemaakt om in Aken te logeren terwijl Otto zich in Amsterdam zou installeren.

Op 1 april 1933, drie weken na deze opname, was er een landelijke boycot van alle joodse zaken in Duitsland. Vervolgens werden talrijke wetten uitgevaardigd die joden buitensloten van alle terreinen van zakelijk en sociaal leven. Nadat Hitler op 30 januari het rijkskanselierschap had verworven, werd de democratische staat systematisch vernietigd en werd de weg vrijgemaakt voor het elimineren van de oppositie. De communistische partij werd gelijk met elke andere politieke groepering vrijwel weggevaagd totdat alleen de NSDAP overbleef. Massale arrestaties, opsluiting in gevangenissen en concentratiekampen en moord op ieder die zich tegen de NSDAP keerde, waren aan de orde van de dag.

In hoeverre had de Duitse bevolking schuld aan wat er gebeurde? Daniel Jonah Goldhagen, schrijver van *Hitlers gewillige beulen*, meent dat de natie, na tientallen jaren toenemend antisemitisme, op elk niveau verkoos erbij betrokken te zijn. Een heel andere visie formuleert de historicus Saul Friedländer, die aanvoert dat in het Duitsland van de jaren dertig in het algemeen de onverschilligheid jegens de joden meer verbreid was dan het actieve antisemitisme. Friedländer verzekert: 'Onder de "gewone Duitsers" was er geen instemming met de apartheid van de joden en hun uitsluiting van alle burgerlijke en openbare diensten; er waren individuele initiatieven om te profiteren van hun onteigening; en sommigen schepten er in zekere mate genoegen in getuige te zijn van hun degradatie. Maar buiten de rangen van de partij was er geen massale actie onder het volk om hen uit Duitsland te verwijderen of geweld tegen hen te gebruiken. De meerderheid van de Duitsers accepteerde de maatregelen die het regime nam en... keek de andere kant op.' Uiteindelijk bleek onverschilligheid natuurlijk even dodelijk als agressie.

Begin augustus verliet Otto Frank de stad van zijn welvarende jeugd. Hij was treurig maar optimistisch: 'De wereld om mij heen was ingestort. Toen de meeste mensen in mijn land veranderden in horden nationalistische, wrede, antisemitische criminelen, moest ik de consequenties onder ogen zien en hoewel het mij diep trof, besefte ik dat Duitsland niet de wereld was en dat ik voor altijd wegging.'

Hoofdstuk twee

De ogen van onze vervolgers

'We mogen de moed niet verliezen,' schreef Edith Frank aan Gertrud Naumann een paar dagen na aankomst in Amsterdam. Tot december 1933 bleven Edith en de kinderen in Aken bij haar moeder en broers op Monheimsallee 42-44, sinds een jaar de grote nieuwe huurwoning van de familie Holländer. Annes levendige persoontje maakte oma Holländer vrolijk en wanhopig tegelijk. Toen ze op een dag samen uitgingen en op een volle tram stapten, keek de drie jaar oude Anne om zich heen en vroeg toen luid: 'Zou iemand deze oude dame een zitplaats willen aanbieden?' Zo'n voorval was typerend voor Anne, die duidelijk een aardje naar haar vaartje had.

Tussen augustus en december 1933 reisde Edith herhaaldelijk naar Amsterdam om met haar man woningen te bekijken. Op 16 november schreef Frank op een briefkaart aan Gertrud Naumann: 'We krijgen gauw een plek om te wonen. De winter gaat voorbij en misschien zien we jou volgend jaar een keer hier. Ik heb veel werk en ben moe en nerveus maar verder, goddank, in goede gezondheid.' Hoewel Frank zich met Edith al op 16 augustus volgens de regels had laten inschrijven in het bevolkingsregister van Amsterdam, verhuisden ze pas op 5 december officieel naar Merwedeplein 37, een flat in de Rivierenbuurt van Amsterdam-Zuid. De flat was groot en licht en had op de bovenste verdieping een ruime kamer die ze konden verhuren als bijverdienste. Een groot balkon aan de achterkant keek uit over de tuinen van de buren. Honderden joden op de vlucht streken in deze buurt neer en alom klonken hun Duitse, Oostenrijkse en Poolse stemmen. Een Nederlandse krant decreteerde, geërgerd door hun aanwezigheid, hoe men zich diende te gedragen: 'Spreek geen Duits op straat. Trek niet de aandacht met hard praten of met opvallende kleding. Leer en volg de gewoonten van het land.' Andere voorschriften zouden volgen.

Een paar dagen na haar officiële immigratie schreef Edith aan Gertrud:

'We hebben zoveel te doen. Je hebt gelijk: wat zou ik je hulp bij het uitpakken en opruimen goed kunnen gebruiken. Tante Hedi is hier sinds een week en zonder haar zou ik het helemaal niet redden. De beide ooms brengen Margot morgen hier en blijven met Kerstmis. Anne wil ook komen. Rosa zal moeite hebben het kind daar nog een paar weken te houden.' Toen de flat gemeubileerd was met hun spullen uit Duitsland, brachten de broers van Edith, Julius en Walter, Margot met de auto naar Amsterdam en bleven tot nieuwjaar. Anne bleef in Aken bij oma Holländer, zodat Margot kon wennen aan de vreemde omgeving. Op 4 januari 1934 ging Margot naar haar nieuwe school, vlakbij in de Jekerstraat, en een maand later, op Margots verjaardag, kwam Anne in Amsterdam aan.

De breuk met het verleden en met Duitsland was nu oppervlakkig gezien compleet. Robert Frank en zijn vrouw, Lottie, waren medio 1933 van Frankfurt naar Londen geëmigreerd en hadden daar in een kelder aan St. James's Street hun eigen kunsthandel geopend. Ze stortten zich uitbundig in het Londense leven. Robert schafte zich een bolhoed en een paraplu aan en Lottie hield 'jour' bij de namiddagthee in Fortnum & Mason. Hun huis in Kensington werd een populaire ontmoetingsplaats voor mensen uit de kunstwereld. Alice Frank verhuisde, wat minder enthousiast, naar Zwitserland. Ze accepteerde de nietigverklaring van de hypotheek op haar huis in de Mertonstrasse en deed in oktober 1933 afstand van haar bezit. Ze reisde per trein naar Basel met een door de nazi's goedgekeurde lijst van haar bezittingen. Leni en Erich, met hun zonen Stephan en Buddy, vergezelden haar naar de vierkamerflat die ze zou huren tot er een groter huis gevonden was waar oma bij hen kon intrekken. Alice kon zich moeilijk aanpassen, hoewel ze in een prettige, rustige buurt woonde, en ze had moeite met het Schwyzerdütsch. Edith vertrouwde Gertrud het werkelijke probleem toe: 'Omi heeft heimwee in Basel en lijdt eronder gescheiden te zijn van haar kinderen.' Die heimwee kon Edith maar al te goed begrijpen.

Gedurende de eerste maanden van zijn verblijf in Amsterdam, toen vrouw en kinderen in Aken waren, had Frank een kamer gehuurd op Stadionkade 24^{II}. Naar zijn werk nam hij de tram die vlak bij het kantoor van Opekta op de Nieuwezijds Voorburgwal 120-126 stopte. Hoewel het kantoor zich in een groot modern gebouw bevond, was de ruimte die Opekta gehuurd had maar klein: twee kamers en een benauwd keukentje. Frank stond voor de opgave huisvrouwen over te halen bij de bereiding van jam pectine te gebruiken. De firma van Frank fabriceerde de pectine niet zelf maar ontving en verzond de bestellingen. De verkoop liep hoofdzakelijk via de drogist maar er werd ook wel aan grossiers verkocht. Andere producten verkocht Opekta-Amsterdam niet.

De grondslag van de firma was voor een deel al gelegd door Victor Gustav Kugler, die voorheen onder Van Angeren voor Pomosin Utrecht had gewerkt. Kugler was geboren in juni 1900 te Hohenelbe in Oostenrijk-Hongarije. Zijn ongehuwde moeder was aangewezen op de steun van haar ouders. Kugler was rooms-katholiek gedoopt en was naar een rooms-katholieke school gegaan. In 1917 nam hij dienst bij de Oostenrijks-Hongaarse vloot maar een verwonding leidde tot zijn ontslag uit de actieve dienst. Na de Eerste Wereldoorlog werkte hij als elektricien voor de Deutsche Maschinenfabrik en werd overgeplaatst naar Utrecht, waar hij trouwde met een vrouw uit die stad. In 1923 werd hij directieassistent bij Pomosin Utrecht. Toen Opekta Frankfurt besloot zijn verkoopkanalen uit te breiden, werd Kugler belast met de operatie in Amsterdam. Men vond hem echter te traag en Frank nam zijn taak over. Kugler nam ontslag bij Van Angeren en werd 'min of meer Otto's rechterhand'. Dagelijks reed hij op zijn motorfiets zo'n vijfentwintig kilometer van zijn huis in Hilversum naar kantoor en terug. Frank bewonderde zijn zakelijke aanpak bij het werk en was zich bewust van zijn medeleven en integriteit achter zijn ernstig voorkomen.

Afgezien van een jongste bediende voor wie het inpakken van de producten de voornaamste taak was, had Frank maar één fulltime medewerkster. Toen deze zich ziek meldde, werd hem weer een in Oostenrijk geboren werkkracht aanbevolen: Hermine (Miep) Santrouschitz, geboren in Wenen, in 1909. Miep was als ondervoed kind door een liefdadigheidsorganisatie in een Nederlands gezin geplaatst om weer op krachten te komen. Ze aardde zo goed bij haar pleeggezin, de familie Nieuwenhuis die haar Miep noemde, dat ze niet meer naar Oostenrijk terugkeerde. In 1922 verhuisde ze met de familie van Leiden naar de Amsterdamse Rivierenbuurt. Eind 1933 vertelde een vriendin haar over een baan bij Opekta en ze solliciteerde, niet wetende wat dat met zich mee zou brengen. De eerste twee weken werden in het keukentje van het kantoor doorgebracht met het bereiden van jam en toen ze dat onder de knie had, bevorderde Frank haar tot typiste, boekhoudster en vraagbaak voor informatie en klachten.

Miep voelde zich spontaan aangetrokken tot Otto Frank: 'Op een verlegen maar hoffelijke manier stelde een slanke, glimlachende heer zich aan me voor... Zijn donkere ogen keken me recht aan en ik was me meteen bewust van zijn vriendelijke en zachtaardige karakter, dat enigszins getemperd werd door verlegenheid en een licht nerveuze manier van doen... Hij verontschuldigde zich voor zijn gebrekkige Nederlands... Ik zei dat ik met alle plezier Duits wilde spreken... Hij droeg een snor en zijn glimlach onthulde een onregelmatig gebit.' Ze merkten dat ze veel standpunten deelden en werden prompt goede vrienden. 'Ik noemde hem "meneer Frank" en hij noemde mij "juffrouw Santrouschitz"; in die tijd sprak je elkaar niet bij de voornaam aan. Maar omdat ik me al snel bij hem op mijn gemak voelde, verbrak ik de vormelijkheid en zei: "Zegt u maar Miep." En dat deed hij.' Hoewel Miep wist dat ze dit kon doen en dat ze voor Frank meer was dan gewoon een werknemer, respecteerde ze ook het verschil in sociale status en accepteerde dat hij intellectueel haar meerdere was.

Frank ontwikkelde een flair in het propageren van Opekta. Samen met Miep bracht hij uren door met het bedenken van nieuwe wegen om huisvrouwen over te halen hun product te kopen. Ze plaatsten veel advertenties in kranten en tijdschriften en zetten een *Opekta-krant* op. Frank experimenteerde ook met verschillende recepten, zoals jam voor diabetici, tomatenjam en zelfs chocoladejam. Al was het eerste jaar niet winstgevend – de oprichting was 'net te laat om te kunnen profiteren van de oogst van 1933 (en daardoor van het inmaaksseizoen)' – het verschafte Frank toch een klein inkomen. Dat kwam nog meer van pas in januari 1934, toen de Michael Frank Bank de handel staakte. Op 26 september 1938 werd de firma officieel afgevoerd van het handelsregister van Frankfurt.

In 1933 kon er weinig twijfel aan bestaan dat de joden in Duitsland in groot gevaar verkeerden maar er werd weinig hulp geboden. In Nederland was de stemming verdeeld tussen bezorgdheid en onverschilligheid: een bijeenkomst in de Amsterdamse RAI, anno 1933, als reactie op de boycot van de joden in Duitsland, werd druk bezocht door joden en niet-joden maar de protesten waren gering in aantal en zelden luidruchtig. In drie golven kwamen de joodse vluchtelingen, in totaal ongeveer 130.000, Nederland binnen: in 1933, nadat Hitler de macht had gegrepen, in 1935, als gevolg van de Neurenbergse rassenwetten, en in 1938, in de nasleep van de *Kristallnacht*. De meesten van hen vestigden zich in Amsterdam. De reacties van joden en niet-joden in Nederland varieerden van negatief tot solidair. Na 1934 en opnieuw in 1938 voerde de Nederlandse regering beperkingen in voor het aantal vluchtelingen dat in Nederland werd toegelaten. De minister van Justitie, Goseling, zag deze wanhopige, verjaagde mensen in 1938 als 'ongewenste vreemdelingen' die maar beter naar Duitsland en Oostenrijk konden terugkeren.

De hulporganisaties uit de jaren dertig moedigden de nieuwkomers aan verder door te reizen en propageerden Engeland en Amerika als aantrekkelijke oorden. Veel vluchtelingen werden regelrecht teruggestuurd naar Duitsland, waar hun leven eindigde in gevangenissen en concentratiekampen. Van degenen die toegang kregen tot Nederland, werden velen in vluchtelingenkampen ondergebracht omdat de Nederlandse regering zich niet verantwoordelijk voelde voor hun welzijn en van mening was dat de vluchtelingen alleen hulp van Nederlandse particuliere joodse organisaties konden en moesten krijgen. De eerste keus voor een flink vluchtelingenkamp lag dicht bij Elspeet, niet ver van Het Loo, de residentie van koningin Wilhelmina, die zich daartegen verzette. In 1939 begon de bouw op een andere locatie in Drenthe, ver verwijderd van de steden. Er werden strikte voorschriften gegeven voor de bouw van kamp Westerbork: het comfort en de aantrekkelijkheid van de behuizing mochten die van de grotendeels verarmde plaatselijke bevolking niet te boven gaan. Ook de bewegingsvrijheid binnen het kamp was beperkt.

Solvabele Duitse joden die zich in Nederland vestigden, meenden dat het vooroordeel van de Nederlandse bevolking meer voortkwam uit hun nationaliteit dan uit het feit dat ze joden waren. Hilde Goldberg-Jacobsthal, die in 1929 met haar ouders, Walter en Betty Jacobsthal, en haar broer Joachim uit Berlijn naar Amsterdam emigreerde, weet te vertellen: 'De Rivierenbuurt was compleet Nederlands. Er woonden werkelijk alleen Nederlandse mensen, geen vluchtelingen van elders. In het begin was het natuurlijk moeilijk voor mijn ouders maar wij, mijn broer en ik, pasten ons gemakkelijk aan. Ongeveer vanaf mijn vierde verstond ik Nederlands en Duits. Later spraken we helemaal geen Duits meer, om hetgeen de nazi's vertegenwoordigden, en op straat piekerden we er niet over om Duits te spreken. Daar hadden we grote moeilijkheden mee gekregen.' Laureen Nussbaum-Klein, wier ouders Otto en Edith Frank in Frankfurt hadden gekend voordat ze in 1936 naar de Rivierenbuurt waren geëmigreerd, herinnert zich: 'Er was geen sprake van antisemitisme toen. Mensen waren boos en hadden een hekel aan ons omdat we Duitsers waren. Het maakte niet uit dat we joodse Duitsers waren die uit angst voor hun leven het land binnenkwamen; voor de Nederlanders waren we domweg Duitsers. Om die reden vroegen we onze ouders in het openbaar niet meer in hun eigen taal met elkaar te praten.'

De meeste Duits-joodse vluchtelingen vonden een woning in de Rivierenbuurt en in de Beethovenstraat en omgeving. Hun komst in deze prettige buurten veroorzaakte de nodige jaloezie, zoals Laureen nog weet: 'De familie Frank en mijn familie, evenals de meeste andere Duitse joden, huurden flats in Zuid die de Nederlandse joden en veel niet-joodse Nederlanders zich niet konden permitteren. Die huizen waren erg mooi: groot, modern en duur. Ze hadden centrale verwarming, een absolute luxe toen. Het was dus meer jaloezie dan iets anders. De Nederlandse joden dekten het hele spectrum van sociale niveaus, vanaf de allerarmsten tot aan de zeer rijken; de Duitse joden waren welvarend met opgekropte wrok.' Veel Nederlandse joden en niet-joden vonden de vluchtelingen arrogant.

Nederlandse joden vreesden dat in Nederland het antisemitisme net zo zou uitbarsten als in Duitsland, met zoveel vluchtelingen die verkozen niet verder weg te vluchten voor het vooroordeel. Vóór de jaren dertig was er een zeker racisme jegens de joden in Nederland, maar openlijk agressief was het zelden. 'Milde vormen van antisemitisme namen toe aan het einde van de negentiende eeuw maar gaven nooit aanleiding tot pogroms zoals in Oost-Europa. Het was bijvoorbeeld voor een jood niet altijd mogelijk een hoge post in de openbare dienst te bereiken; Nederland verschilde in dat opzicht niet van andere Europese landen. Sommige restaurants en danslokalen maakten duidelijk dat in hun lokaliteiten joden niet welkom waren, een vorm van uitsluiting die ook gold voor zwarte Nederlanders uit Suriname.

Edith Frank behoorde tot de mensen die Duitsland misten, vertelt Miep, 'veel meer dan meneer Frank. In gesprekken herinnerde ze heel vaak melancholiek aan haar leven in Frankfurt, de superioriteit van sommige Duitse lekkernijen en de kwaliteit van Duitse kleding.' Hilde Goldberg valt haar bij:

> We leerden Otto kennen toen hij bezig was Opekta op gang te brengen en hij experimenteerde met jamrecepten bij ons in de keuken. Hij ging in Amsterdam verder met zijn leven maar Edith viel de aanpassing erg zwaar. Ze kwam uit een heel beschermd, burgerlijk milieu en hier heette het 'het is maar tijdelijk'. Ze had echt feeling voor mode, was altijd mooi gekleed en het haar al net zo, en ook de kinderen kleedde ze mooi: hun jurken waren makkelijk genoeg om in te spelen maar altijd goed gemaakt. Ze was een goede moeder, heel consciëntieus, maar ze maakte werkelijk nooit vrienden onder de mensen omdat ze zo gereserveerd was. Ik denk dat de problemen tussen haar en Anne, voor ze gingen onderduiken, te wijten waren aan haar terughoudendheid in de omgang met mensen. De buurt was heel vriendelijk en iedereen kende elkaar, maar zij hield zich op de achtergrond, en dat irriteerde Anne, denk ik. Mijn moeder had altijd het gevoel dat Edith op haar neerkeek omdat ze niet zo keurig en schoon was: Edith was altijd zo onberispelijk.

Edith, die Gertrud had geschreven dat we 'de moed niet mogen verliezen', probeerde positieve factoren te ontdekken in de verschillende elementen van haar nieuwe leven. 'Ons huis lijkt op dat in de Ganghoferstrasse, maar dan veel kleiner. In onze slaapkamers is alleen plaats voor de bedden. Er is geen kelder, geen provisiekast, maar alles is licht, comfortabel en warm, dus ik kan het zonder hulp stellen.' Ze had grote moeite Nederlands te leren. Ze vroeg een buurman haar privé-les te geven, maar ze was zo ontmoedigd na de eerste pogingen dat ze de lessen opzegde en trachtte het zuiver op het gehoor te leren. Otto Frank en de kinderen kwamen voortdurend in contact met de taal en pikten die snel op. Het duurde niet lang of ze praatten met elkaar in een mengelmoes van Duits en Nederlands, waardoor Edith er nog meer van vervreemdde. Onder deze omstandigheden werd Ediths wekelijkse bezoek aan de liberale synagoge nog belangrijker. Na de verhuizing naar Amsterdam was Frank wat meer geïnteresseerd in het judaïsme maar bij hem had het eerder een sociaal dan een geestelijk doel. 'Het gevoel gezien te worden als een vreemd element in de Duitse natie, maakte juist dat de joden die niet veel waarde hechtten aan de joodse identiteit, zich daar weer van bewust werden.' In zijn onwetendheid poogde Frank zijn gezin bij de orthodoxe gemeente te laten inschrijven. Hij was verbaasd te horen dat daarvoor 'een nieuwe huwelijksceremonie nodig was', want het orthodoxe rabbinaat erkende geen liberaal-joodse huwelijken. Een liberaal-joodse gemeente was er toen nog niet in Amsterdam, alleen een orthodoxe.

'Er was geen synagoge voor de liberale Duitse joden,' vertelt Hilde Goldberg. Haar vader, Walter, hielp mee in Amsterdam een liberaal-joodse beweging op te richten. 'Otto en mijn vader brachten een comité bijeen om een plaats te vinden waar de liberaal-joodse gemeenschap kon samenkomen. In het begin was het niet veel – alleen een hal – maar het werd een echte organisatie.' De liberaal-joodse gemeenschap, gesticht in 1931, hield aanvankelijk diensten in de hal van het Apollopaviljoen, de Coöperatiehof en de kleine sjoel van de Organisatie voor de bevordering van joodse belangen in Plan-Zuid, in de Waalstraat. In 1937 werd in de Lekstraat een grote synagoge voor hen gebouwd, die 'modernisering voor het judaïsme' bracht en 'een verbinding met de niet-joodse omgeving bood zonder het judaïsme geheel op te geven'.

Gedurende de zomer van 1934 stuurde Franks oom in Luxemburg, Armand Geiershofer, grote geldbedragen die regelrecht op de rekening van Opekta geboekt werden. Frank stuurde hem telkens een bedankje en voegde daar op 9 juli aan toe dat Edith en Anne voor een paar dagen naar Aken waren. Margot bleef achter in Amsterdam; zij had meer problemen met de aanpassing dan Anne, die dolgraag naar de kleuterschool wilde. Ze moest tot 1935 wachten voordat er plaats was voor haar op de montessorischool in de buurt (nu de Anne Frankschool). Edith meldde Gertrud Naumann: 'Beide kinderen spreken goed Nederlands en hebben leuke vriendinnen.' In augustus 1934 schreef Frank aan Geiershofer: 'Hoewel mijn inkomen vrij bescheiden blijft, moeten we toch tevreden zijn dat we een manier gevonden hebben om aan de kost te komen en door te gaan.' In een openhartiger brief aan Gertrud bekende hij: 'Ik reis bijna dagelijks en kom alleen 's avonds thuis. Het is niet zoals in Frankfurt waar je thuis bent voor de lunch – en waar je je ook wat kunt ontspannen. Het gaat de hele dag door...' De zaak kwam langzaam op gang en tegen het einde van het jaar huurde Frank nieuwe kantoorruimte met meer vloeroppervlak. Het kantoor was op Singel 400, drie etages boven een pakhuis, met uitzicht op de gracht. Frank moest harder werken dan ooit om zijn product te propageren, want twee andere firma's brachten een vergelijkbaar product. Frank kon niet de kosten opbrengen om verschillende vertegenwoordigers aan te trekken en moest bij gelegenheid zelf als zodanig optreden om huisvrouwen en grossiers overal in het land te bezoeken. Hij was gewoonlijk een week of langer afwezig en Edith erkende tegenover Gertrud: 'Meneer Frank ontspant zich helemaal niet en ziet er mager en vermoeid uit.' Met de kinderen ging het beter. 'In de vakantie was ik aan zee met de meisjes, want Anne was nog niet helemaal hersteld [van een recent ziekbed] maar ze gaat in een klein kindertehuis logeren en moet de school voor nog eens drie weken missen. Margot is groot, gebruind en sterk en leert met heel veel plezier.'

In 1935 gingen de zaken wat beter voor Frank, toen hij een aantal kleine grossiers bereid vond pectine in hun assortiment op te nemen, maar zijn winst bleef afhankelijk van een goede aardbeienoogst. Pas toen de oorlog uitbrak, vertoonde de firma dankzij transacties met grossiers een bevredigend resultaat. Frank kon meer mensen in dienst nemen. In januari werd de vierendertigjarige advocaat Antonius Dunselman benoemd tot commissaris van de firma. Een jongeman, Henk van Beusekom, werkte in het magazijn. Isa Cauvern, een vriendin van Frank, kreeg de functie van secretaresse en er waren minstens twee demonstratrices; een van hen was een joodse vluchtelinge uit Frankfurt, Renee Wolfe Manola. Ze werkte zes maanden bij Opekta alvorens naar Amerika te emigreren. Op zeker moment in 1935, waarschijnlijk na het vertrek van Renee, ging de familie Jansen voor Frank werken.

Jetje Jansen was in 1935 en 1936 als demonstratrice in dienst van Opekta, terwijl haar man Joseph (beroepsacteur die ooit roeping voelde roomskatholiek priester te worden) als tijdelijke kracht voor Frank werkte en stands bouwde op beurzen. Hun zoon hielp met inpakken en verzenden in het magazijn. De Jansens vormden een diep ongelukkig gezin: Jetje was joods en sinds 1932 raakten zij en haar man onvermijdelijk uit elkaar; in dat jaar werd Joseph Jansen lid van de NSB. Later beweerde hij dat hij lid was geworden omdat 'ik overtuigd was dat de democratie vernieuwd moest worden en dat... de sociaal-economische structuur met betrekking tot de arbeidersklasse verbetering behoefde... Mijn vrouw gaf mij, door haar activiteiten, een minderwaardigheidsgevoel en als onze relatie goed was geweest, zou het met mij nooit zo ver gekomen zijn en had ik nooit mijn toevlucht gezocht bij de NSB.' Later werd hij lid van de WA en uiteindelijk kwam hij bij de SS en verliet Jetje voor de weduwe van een bakker die de NSB aanhing. Maar in 1935 was hij een jaloerse echtgenoot en gedurende het dienstverband van zijn vrouw bij Opekta was hij ervan overtuigd dat ze een verhouding had met Frank. Er waren geen duidelijke gronden voor zijn verdenking maar in Joseph Jansen ontbrandde een diepe, blijvende haat jegens Otto Frank. Franks ongecompliceerde beslissing in 1935 om de Jansens in dienst te nemen, leidde tot een mysterie dat nooit gedocumenteerd is en tot een labyrint van afpersing, bedreiging en wanhoop.

Via Jansen drong Tonny Ahlers binnen in het leven van Otto Frank.

In de vroege zomer van 1935 arriveerde Franks moeder in Amsterdam voor een uitgebreide vakantie. Anne hield haar gezelschap op de terugreis naar Basel. Ze had bij haar ouders al een tijdje gezeurd om haar neefjes Stephan en Buddy Elias te mogen opzoeken. In december reisde Otto Frank met Margot per trein naar Basel en liet hij Anne thuis met haar moeder en daarna bij oma Holländer in het nabije Aken, om weer op krachten te komen na een virusinfectie die haar sinds oktober parten speelde. In Zwitserland leerde Margot schaatsen, deskundig onderwezen door Buddy; toen Anne dat hoorde, wilde ze onmiddellijk ook les. Later vertelde Frank hoe verschillend zijn twee dochters waren: 'Anne was een normaal, levendig kind dat behoefte had aan veel tederheid en aandacht en dat ons zowel plezier als ergernis bezorgde. Als ze een kamer binnenkwam, was er terstond opwinding. Anne hield nooit op met vragen. Als er bezoekers waren, was ze zo in hen geïnteresseerd dat je maar moeilijk van haar af kon komen. Op school was ze nooit een bijzonder briljante leerling. Ze had een grondige hekel aan wis-

V.l.n.r. Robert, Otto, Herbert en Leni Frank, omstreeks 1895.
© Buddy Elias, privé-collectie.

Otto Frank als kind met zijn oudere broer Robert, omstreeks 1892.
© Buddy Elias, privé-collectie.

Otto Frank in 1900.
© *AFF/AFS/Fotoarchief.*

Otto Frank als jongeman, ten tijde van zijn verblijf in New York.
© AFF/AFS/Fotoarchief.

Otto Frank met Alice, zijn moeder, op vakantie in Granada: verkleed voor het decor van het Alhambra.
© *Buddy Elias, privé-collectie.*

*Otto Frank (midden) met vrienden in Frankfurt.
De tekst op de achterzijde luidt: 'Om je voor altijd te herinneren aan de danslessen van winter 1906-07.
© Buddy Elias, privé-collectie.*

Otto Frank (rechts) met zijn broers en zuster, kort voor het uitbreken van de Eerste Wereldoorlog. © Buddy Elias, privé-collectie.

Otto Frank als Duits soldaat.
© *Buddy Elias, privé-collectie.*

kunde en ik oefende met haar de tafels van vermenigvuldiging. Ze was alleen goed in onderwerpen die haar interesseerden... Margot was schrander. Iedereen bewonderde haar. Ze kon met iedereen overweg... Ze was een prachtmens.'

Het sociale milieu van de familie Frank begon zich uit te breiden. Otto en Edith Frank raakten nauw bevriend met hun buren, Hans en Ruth Goslar, Duits-joodse vluchtelingen net als zij. Hans Goslar had vanaf 1919 een persbureau in Berlijn geleid, totdat de nazi's aan de macht kwamen en hij verwijderd werd uit zijn invloedrijke functie. Enkele maanden geleden hadden hij en zijn erudiete vrouw, Ruth Judith Klee, geprobeerd zich in Engeland te vestigen, waar Hans een baan aangeboden kreeg. Algauw rezen er moeilijkheden toen de firma Hans niet toestond op de sabbat vrijaf te nemen. Hans verliet de firma en nam vrouw en dochter mee naar Amsterdam met de bedoeling uiteindelijk naar Palestina te verhuizen. Hij begon een zaak aan huis, adviseerde joodse vluchtelingen in juridische en financiële zaken. Dankzij de Goslars kon Edith een meer religieus leven leiden dan voorheen in Amsterdam: Hans, medeoprichter van de Duitse zionistengroep Mizrachi, nodigde hen uit bij hem op de vrijdagavonden de sabbat te komen vieren, en Edith en Ruth gingen samen naar de synagoge. Margot raakte steeds meer geïnteresseerd in het judaïsme en had plezier in haar Hebreeuwse les. Hanneli Goslar, Annes beste vriendin, vertelt: 'Margot zei altijd dat ze na de oorlog in Israël verpleegster wilde worden. Otto had geen belangstelling voor de dienst in de synagoge. In dat opzicht was Anne net als hij. Misschien beïnvloedde hij haar keus, maar hij was een geweldige vader. Ik hield van hem. Ik was het liefst elke avond bij de familie Frank in huis; elke avond nam Otto een biertje en Anne en ik zaten erbij. Hij kiepte het glas en nog eens en nog eens en wij zaten met open mond te wachten tot hij iets zou morsen, maar dat deed hij nooit en avond aan avond deed hij dat om ons te plagen!'

In de zomer van 1936 nam Edith de kinderen mee naar de villa van haar neef in Sils Maria. In september kwamen Alice en Stephan in Amsterdam; Ook Ediths moeder kwam op bezoek. Stephan stuurde een kaart naar huis met de klacht dat het weer 'vreselijk' was. 'We reden hier met de auto. Ie [bijnaam van Alice] is verkouden en ligt in bed. Als ze zaterdag niet beter is, dan komt ze met mij naar huis... Ik ben blij dat we weg zijn uit Zandvoort: het stormde, geen plezier... Ik kijk met veel interesse in Amsterdam rond en ben al in het Rijksmuseum geweest... Het zal me spijten als deze mooie dagen voorbij zijn maar ook blij om weer thuis te komen in Basel. Ie doet je de groeten vanuit haar bed.' Hij stuurde nog een kaart die ons een kijkje geeft in het leven in huize Frank: 'Gisteren was ik met Ottel [alweer een bijnaam van Otto] op zijn kantoor. Van Opekta was er niet veel te zien. Ik kreeg een Hollands ontbijt en ging naar de bioscoop. Ik weet nu alles over Amsterdam. Ik ben ook in het Koloniaal Museum [nu Tropenmuseum] geweest. Vandaag maak ik een rondvaart. Ik slaap lekker in mijn opklapbed. Anne is elke morgen al om zes uur op en dan zitten we te kletsen. Otto kruipt in haar bed en dan springt Margot uit het bovenste bed.'

Als de logés vertrokken zijn, gaat Edith alleen op vakantie in Aken en reist door naar Frankfurt. In oktober schrijft ze aan Gertrud: 'Ik trof de kinderen goedgeluimd en ze waren blij me terug te zien. Papi is maandag weer vertrokken voor een week... We hebben elkaar tenminste weer gezien en gelegenheid gehad om te praten. Laten we hopen dat we gauw weer de gelegenheid hebben.' Het jaar daarop kregen ze een brief van Käthi Stilgenbauer, hun vroegere dienstbode in Frankfurt, die vertelde dat haar man door de nazi's was gearresteerd en gevangengezet. Edith schreef: 'We denken veel aan jou en jouw verdriet.' Later dat jaar ging Frank voor zaken naar Duitsland; het zou de laatste keer voor de oorlog zijn. Hij ontmoette Gertrud Naumann en zei haar: 'Als ze ons nu samen zien, arresteren ze ons.' Toen Edith weer aan Gertrud schreef, gebeurde dat in een neerslachtige bui: 'Mijn man is bijna nooit thuis. Het werk wordt steeds zwaarder.'

Johannes Kleiman, een vriend van Frank, kwam als boekhouder bij Opekta, maar de Jansens waren vertrokken en er werden nieuwe vertegenwoordigers aangenomen plus nog een fulltime typiste, Bep Voskuijl. Bep was een Nederlandse, geboren in 1919, het oudste kind uit een groot gezin, groot, aardig en nogal verlegen. Na haar schooljaren werkte ze kort als huishoudelijke hulp en op een naaiatelier voor ze zich in avondcursussen bekwaamde als secretaresse. Zomer 1937 kwam ze bij Opekta werken. 'Ik werkte onder Isa Cauvern. Miep, tien jaar ouder, was min of meer mijn baas... De betrekkingen tussen Frank en Kleiman waren niet alleen zakelijk maar ook vriendschappelijk; ze speelden wekelijks kaart. Ik geloof dat Otto Frank en Ab Cauvern [de man van Isa] ook goede vrienden zijn.' Ze herinnerde zich Frank als 'hartelijk, zichzelf niet ontziend en heel gevoelig... een rustig woord maakte altijd meer indruk dan geschreeuw'. Bep kreeg voor haar vader ook werk bij Opekta. Johan Voskuijl was een ervaren boekhouder maar werkte bij Frank als magazijnchef. Hij en Frank raakten nauw bevriend en hij vertelde Frank in vertrouwen zijn diagnose: maagkanker. Ondanks pijnlijke behandelingen bleef hij op eigen aandrang werken.

In 1937 was Miep, samen met haar toekomstige echtgenoot Jan Gies, geregeld op bezoek in huize Frank. Jan, toen tweeëndertig, werkte bij de Gemeentelijk Sociale Dienst en woonde in de Rijnstraat. Miep zag veel overeenkomst tussen Jan en Otto Frank, niet alleen uiterlijk – beiden waren lang, slank en donker – maar ook in hun karakter: 'Mannen van weinig woorden met hoge principes en een ironisch gevoel voor humor.' Ze aten bijna wekelijks bij de familie Frank en discussieerden graag over politiek met hen. Ze hadden dezelfde mening over de nationaal-socialisten en spraken heftig over de gebeurtenissen in Duitsland, waar joden al hun rechten kwijt waren en onderworpen waren aan steeds strengere wetten. Het was onmogelijk onder al deze sancties de kost te verdienen. In 1935 had Hitler het verdrag van Versailles opgezegd en de dienstplicht ingevoerd voor alle niet-joodse mannen in Duitsland; de herbewapening was begonnen. Dat jaar werden in september de extreme Neurenbergse rassenwetten van kracht: joden werd hun nationaliteit afgenomen en een seksuele relatie of huwelijk met een ariër werd verboden.

Op 29 oktober 1937 begonnen voor Otto Frank twee maanden met veel reizen voor de zaak. Hij had plannen voor 'iets in Engeland', zoals Edith aan vrienden schreef, en ze voegde eraan toe: 'Of het iets wordt, is onzeker. Helaas zijn we niet tevreden met de gang van zaken in de firma; er is een aanvulling nodig.' Eerst bezocht Frank Basel, daarna Parijs, Londen en Bristol. Er was maar een kleine onderbreking thuis voordat hij op 17 december weer vertrok naar Luxemburg, waar hij de trein naar Basel nam. Daar ging hij in discussie met Erich Elias en logeerde hij tot 25 december bij zijn familie. Edith schreef aan Gertrud: 'Vorige week moest mijn man naar Basel en nam tot haar grote genoegen Anne mee. Al twee jaar hoopte ze op een reisje met haar Papi. Of Omi haar terugbrengt, weet ik nog niet. Ze heeft het getroffen, want oom Robert en oom Herbert zijn er op dit moment ook. Margot reist vandaag naar oma bij wie ze het, hoop ik, naar haar zin heeft... Mijn man is oververmoeid en heeft echt een paar vrije dagen nodig. De handel is moeilijk maar los daarvan leven we rustig. Ik kan mijn werk makkelijk aan.'

In 1938 maakte Edith zich zorgen over hun veiligheid in Nederland. Sinds Hitlers bezetting van het Rijnland in 1936 hing de mogelijkheid van een invasie ook de Nederlanders boven het hoofd, maar de regering deed haar best zowel met Duitsland als met Groot-Brittannië goede betrekkingen te blijven onderhouden: voor ondersteuning van de economie had ze de Duitsers nodig, voor de veiligheid de Britten. Hitler gebruikte de Spaanse burgeroorlog van 1936 tot 1939 voor het testen van zijn aanvalsplannen en tekende een verdrag met Mussolini voor de 'As Rome-Berlijn', en het Anti-Kominternpact met Japan, wat hem twee waardevolle bondgenoten leverde. In 1938 begon hij aan zijn opmars in Europa: op 12 maart trokken Duitse troepen Wenen binnen en werd Oostenrijk bij het Duitse rijk ingelijfd. Miep herinnert zich hoe 'we met het hele kantoor rond de radio van meneer Frank stonden te luisteren naar de dramatische stem die Hitlers triomfantelijke intocht in Wenen, de stad van mijn jeugd, bekendmaakte'. Nu sloegen de vernederingen en beperkingen die de joden in Duitsland waren opgelegd, over op Oostenrijk.

Een vroegere buurman van de familie Frank aan het Merwedeplein, wiens gezin zich in Amerika had gevestigd, weet nog dat zijn ouders er bij de familie op aangedrongen hadden mee te gaan: 'Mevrouw Frank schreef dat ze wilde emigreren maar meneer Frank zag geen noodzaak Nederland te verlaten. Hij vertrouwde liever op de elementaire goedheid van de mens dan zich te concentreren op de donkere, irrationele kant van de menselijke natuur.' Frank beschouwde Amsterdam als een veilige haven. 'In Nederland was het, na al die ervaringen in Duitsland, alsof ons leven ons was teruggegeven. Onze kinderen gingen naar school en zeker in het begin had ons leven zijn normale gang. In die dagen konden we opnieuw beginnen en ons vrij voelen.' De bezorgdheid van Edith en het optimisme van Otto Frank waren Miep niet ontgaan in hun gesprekken over Duitsland: 'Mevrouw Frank was bijzonder duidelijk in haar bittere reactie... Meneer Frank schudde het hoofd op de gebruikelijke nerveuze, rustige manier, hij bleef hopen.' Ofschoon Edith ontdaan en bevreesd was over de actuele situatie in Duitsland, tobde ze toch over het verleden daar en vertrouwde Gertrud toe: 'Voor ons behoorden de jaren aan de Marbachweg ook tot de beste... Dat ik niet naar huis kan reizen, ergert me dikwijls.' Edith zag Duitsland nog altijd als thuis, zelfs na vijf jaar Amsterdam.

In 1938 bezocht nicht Milly Stanfield haar familie in Amsterdam. Haar hotel was in de buurt en ze ging vaak wandelen met Otto Frank, die zijn dochters had opgedragen buitenshuis alleen Nederlands te spreken. Milly herinnerde zich dat Margot en Anne 'volmaakt verschillend' waren. 'Margot was serieus voor haar leeftijd en briljant op school. Ze maakte de indruk van een karakter met diepgang. Anne was levendig, ondeugend, erg lief, net kwikzilver. Ze had iets interessants in zich. Ik had een heerlijk weekend met hen. Er was zo'n gevoel van warmte in dat huis.' Milly Stanfield reisde daarna naar Parijs, waar Herbert Frank haar opwachtte om haar de stad te laten zien.

Op 1 juni vroeg Johannes Kleiman bij de Amsterdamse Kamer van

Koophandel de inschrijving aan van de Handelsmaatschappij Pectacon N.V., Franks nieuwste geesteskind. Hij hoopte dat dit bedrijf gedurende de wintermaanden, als het fruit schaarser was, het wegvallen van de winst zou compenseren. De eerste vijf maanden van zijn bestaan opereerde Pectacon vanuit de woning van Kleiman. De voornaamste producten waren specerijen en kruiderij, geïmporteerd uit Hongarije en België en geëxporteerd naar België. Er werd ook verkocht aan slagers in Nederland. De drie vertegenwoordigers bereisden het land om de nieuwe handel op gang te brengen en orders te noteren.

Omdat het voor Frank een nieuwe onderneming was waarin hij weinig ervaring meebracht wat kruiderij en recepten betrof, nam hij een Duitsjoodse vluchteling in dienst als adviseur: Hermann van Pels, een expert op dat gebied. Van Pels was in 1890 in Duitsland geboren als zoon van Nederlandse ouders. In december 1925 was hij getrouwd met de tien jaar jongere Augusta (Gusti) Röttgen. Het paar huurde een flat in Osnabrück, waar in november 1926 hun zoon Peter werd geboren. Hermann en Gusti waren onstuimige, gezellige mensen, beiden vlug van begrip. Hun zoon was precies het tegendeel: introvert, geen bolleboos, maar bedreven in timmerwerk en overdreven bescheiden. Toen de vervolging in Duitsland toenam, vluchtte het gezin naar Amsterdam en huurde de flat Zuider Amstellaan 34, vlak achter de familie Frank.

Eenmaal in dienst van Pectacon ging Hermann van Pels met zijn vrouw tot de vriendenkring van Otto en Edith Frank behoren. Otto droeg beiden een warm hart toe maar hij was heel kritisch over hun ouderlijke bekwaamheden: 'De ouders van Peter waren beslist niet goed voor hem. Ze sloegen hem en zetten hem buiten de deur. Peter miste de steun van zijn ouders, dat is ook te zien aan zijn antwoorden tegen Anne [toen ze samen ondergedoken waren].' Maar voor het personeel van Frank was Hermann van Pels een aanwinst. Hij bedacht recepten die vervolgens bij Pectacon werden gemalen en gemengd, bracht Kugler het combineren van specerijen bij en nam voor de orders van de vertegenwoordigers de recepten met hem door. Kugler werd uiteindelijk zelf een soort expert in kruiderij en vormde de belangrijkste schakel tussen de directie en het magazijnpersoneel dat de kruiden en specerijen maalde en verpakte. In november werd Pectacon officieel ingeschreven bij de Amsterdamse Kamer van Koophandel, samen met Opekta, gevestigd aan het Singel.

Toen in Parijs een jonge Pools-joodse student de derde secretaris van de Duitse Ambassade, Ernst von Rath, doodschoot als protest tegen de verbanning van zijn ouders uit Duitsland, gebruikten de nazi's dit incident als springplank voor een pogrom. Gedurende de nachten van 9 en 10 november 1938 overvielen de nazi's en hun trawanten joodse gemeenschappen overal in Duitsland, verwoestten duizenden synagogen, bedrijven en woningen, doodden honderden en namen duizenden gevangen. Na deze pogrom liet Nederland zevenduizend joden toe; het waren de laatste vluchtelingen die voor de oorlog legaal de Nederlandse grens overschreden. Op 12 november werden Walter en Julius Holländer gearresteerd. Julius werd vrijgelaten op grond van zijn oorlogsverwonding maar Walter werd gedeporteerd naar het concentratiekamp Sachsenhausen, dicht bij Berlijn. Als hij kon aantonen dat hij de middelen bezat om Duitsland te verlaten, dan zou hij vrijgelaten worden. Julius en hij hadden al overwogen naar Amerika te emigreren maar hadden een attest van een daar woonachtige bloedverwant nodig voordat ze konden vertrekken. Julius wendde zich tot de Nederlandse ambassade, met het idee dat hij daar meer kans had omdat Edith in Amsterdam woonde. Op 1 december werd Walter vrijgelaten en overgebracht naar het vluchtelingenkamp Zeeburg, waar de geïnterneerden geen enkel contact met de buitenwereld mochten hebben en waar de politie voortdurend toezicht hield. Hoewel het verwerven van een inkomen niet toegestaan was, moesten de geïnterneerden toch voor hun verblijf betalen. Walter kon enkele malen het kamp verlaten maar steeds met schriftelijke toestemming en gewoonlijk alleen voor een bezoek aan Huize Oosteinde, een populaire ontmoetingsplaats voor vluchtelingen. Terwijl Walter in Zeeburg was, bleven zijn moeder en broer nog thuis in Aken. De zaak van de familie was onder de nieuwe nazi-wetten geliquideerd.

Eind 1938 voegde zich een pas aangekomen joodse vluchteling uit Berlijn, Fritz Pfeffer met zijn niet-joodse vriendin Lotte Kaletta bij het gezelschap dat elke week op zaterdagmiddag samenkwam in huize Frank. Pfeffer was geboren in 1899 in de Duitse stad Giessen, waar zijn vader een kledingzaak dreef. Na voltooiing van zijn studie was Pfeffer opgeleid tot tandarts en gaan werken in Berlijn. In 1921 trouwde hij de veel jongere Vera Bythiner, met wie hij een zoon had, Werner Peter, geboren in 1927. Zes jaar later eindigde het huwelijk in een echtscheiding en kreeg Pfeffer, wat ongebruikelijk, de voogdij over de zoon op wie hij zo dol was. In 1936 ontmoette hij, zevenendertig jaar oud, Martha Charlotte (Lotte) Kaletta, toen negentien, een voormalige patiënte. Lottes eerste huwelijk met een joodse tandarts was ontbonden na de geboorte van haar zoon, die ook onder de voogdij van de vader stond. Lotte trok algauw bij Pfeffer in en schonk kwistig alle liefde die ze haar eigen zoon niet kon geven aan Werner Peter. De Kristallnacht scheurde hun bestaan uiteen: Pfeffer stuurde zijn zoon naar Londen om bij zijn broer Ernst te gaan wonen en besloot hem niet te vergezellen, want zijn beroepspapieren waren waardeloos in Engeland. Bovendien bezat hij de middelen niet en was hij de Engelse taal niet machtig. In december 1938 emigreerden Pfeffer en Lotte naar Amsterdam en lieten Lottes zoon achter bij zijn vader. Beiden werden door de nazi's vermoord, evenals Pfeffers eerste vrouw.

Pfeffer vond werk in de Rivierenbuurt als assistent in de praktijk van een vriend en huurde een flat, Daniël Willinkplein 23[III]. Lotte en hij hoopten in Nederland of België te trouwen maar de regeringen van beide landen erkenden de Neurenberger rassenwetten van 1935 waarin dit huwelijk verboden werd. Om een confrontatie met de autoriteiten te vermijden, schreef het paar zich in op verschillende adressen. De familie van Hilde Goldberg kende Pfeffer al uit Berlijn, waar Hildes vader en hij lid waren van dezelfde roeiclub. Zij vertelt: 'De laatste dagen voor de bezetting kwam Fritz Pfeffer elke avond bij ons thuis. Hij belde aan, kwam binnen en zei altijd, zonder mankeren: "Nog nieuws?" Als we 's avonds de bel hoorden, riepen we allemaal: "Nog nieuws?" Het was een goed mens en heel intelligent. Lotte was mooi, vriendelijk en attent. Ze was ook heel gastvrij en had veel gevoel voor humor.'

Toen Pfeffer en Lotte kennismaakten met de familie Frank en hun vrienden, stuitte het verslag van hun ervaringen in Duitsland op onbegrip; alleen Edith hechtte geloof aan hun verhalen over de omvang van de gewelddadigheid in hun geboorteland. Onder de gasten in huize Frank bevond zich ook de familie Baschwitz. Kurt Baschwitz was, sinds hij in 1933 Duitsland had verlaten, in Nederland een gerespecteerd docent geworden. De relatie met Frank hield jaren stand, aldus dochter Isa Baschwitz: 'In Frankfurt was mijn vader een schoolvriend van Robert Frank, de oudere, intellectuele broer van Otto. In Amsterdam zocht Otto contact. De families gingen 's ochtends bij elkaar op de koffie. Ik trok voornamelijk op met Margot, die drie jaar jonger was dan ik. Anne was een heel levendig meisje dat, omdat ze een hartafwijking had, erg vertroeteld en verwend werd en altijd haar zin kreeg.' In 1940 moest Kurt Baschwitz onderduiken: de Duitsers waren actief op zoek naar hem. Hij overleefde de oorlog.

Ondanks alle spanningen schreef Otto Frank aan het eind van het jaar een bezielde brief aan zijn moeder: 'Wat kun je nog zeggen in een verjaardagbrief in tijden als deze? We moeten dankbaar zijn dat we nog hoop hebben en de hoop niet opgeven! Het is hier ook akelig koud en we denken voortdurend aan diegenen die net als wij geen warme plek hebben om te verblijven.'

In het Nederland van voor 1940 was georganiseerd antisemitisch geweld zeldzaam. Joden waren 'anders'. In Amsterdamse cafés waren antisemitische teksten geen zeldzaamheid maar het gevaar was minimaal. Antisemitisme kwam eerder verbaal tot uitdrukking dan op fysiek bedreigende manier. Na een zionistische bijeenkomst in Zandvoort bijvoorbeeld stond een vrouw op die riep: 'Heren, als u allemaal naar Palestina vertrokken bent, mogen wij dan Zandvoort terug?' NSB en andere fascistische partijen voerden actie tegen het grootwinkelbedrijf, zowel op straat als in de buurt van grootwinkelbedrijven, maar incidenten met geweld tegen joden, zoals in 1938 in de Amsterdamse Bijenkorf, waren uitzondering.

In de nasleep van deze speciale gebeurtenis werd een jongeman die deelgenomen had aan de rel, veroordeeld tot acht maanden gevangenisstraf. Tonny Ahlers, door justitie beschreven als '1,82 m lang, slank, met donkerblond haar en een dikke wipneus', was al bij eerdere gelegenheden in moeilijkheden gekomen wegens antisemitisch gedrag. Op zijn eenentwintigste lanterfanterde deze doorgaans werkloze man maar wat. Ahlers moeder, gescheiden en hertrouwd, beschreef haar zoon als 'altijd al een mislukkeling geweest' met 'een slecht karakter van nature, oneerlijk maar gewiekst met gladde praatjes om zich eruit te redden'. Zijn broers en zusters meden hem zoveel mogelijk; zijn vader was het enige familielid dat zijn verachtelijke leefwijze, opschepperij en kruimeldiefstallen verdedigde. Hij scheen het allemaal heel amusant te vinden.

In de late jaren dertig manifesteerde Tonny Ahlers' jodenhaat zich in steeds agressievere vorm. Wat voor zijn twintigste begon als stompzinnig vandalisme, veranderde in iets veel geslepeners. Het ingooien van de ruiten van een synagoge en het bevuilen van het monument voor de joodse toneelschrijver Herman Heijermans waren aanwijzingen dat hij spoedig op het slechte pad zou komen. Toen in Duitsland het nazi-geweld tegen de joden zijn climax bereikte en de macht van de SS alle fatsoenlijke grenzen doorbrak, liet Tonny Ahlers zijn familie weten dat zijn belangstelling voor het Derde Rijk geen kinderlijke nieuwsgierigheid was: het was een nieuwe religie voor hem.

Begin 1939 kreeg Julius Holländer een attest van zijn neef Ernst Holländer, die hem werk en steun in Amerika garandeerde. Rosa Holländer wilde naar Edith en haar gezin in Amsterdam. In maart arriveerde ze en haar bagage bestond uit niet meer dan eetgerei en wat etenswaar. In een interview vertelde Otto: 'De moeder van mijn vrouw besteedde altijd meer aandacht aan het karakter van Anne, want Margot was erg makkelijk in de omgang. Oma verwende de meisjes maar niet buitensporig.' De interviewer, Jean Schick Grossman, een vriend van Frank, ging door op het thema: 'Voor andere familieleden moest de lieve moeder van Edith Frank soms haar teerhartige omgang met Anne verdedigen. Ze had een zoon, de oom [Julius] van Anne, die als kind ook uiterst gespannen en stormachtig was en in latere jaren werd beschouwd als een "wat eigenaardig persoon". Vaak zei grootmoeder: "Als we meer hadden geweten van de kinderpsychologie toen mijn zoon op Annes leeftijd was, dan had hij zich misschien anders ontwikkeld."' Toen Julius Holländer in april alleen in Aken was, zocht hij een paar stukken antiek meubilair met sentimentele waarde voor Edith bij elkaar en stuurde ze naar Amsterdam. Het overige werd achtergelaten in hun flat en wat er van de zaak achterbleef, werd later geveild. Hij nam vervolgens in Rotterdam de boot naar New York en reisde vandaar naar Massachusetts. Walter Holländer werd op 14 december vrijgelaten uit Zeeburg en vertrok twee dagen later naar Amerika. Meer dan een jaar konden de broers geen werk vinden en waren ze aangewezen op de hulp van hun neef.

Edith had behoefte aan een verzetje na alle zorgen die haar kwelden en voorjaar 1939 nam ze met Margot de trein naar Luxemburg, waar ze bij familie van Otto logeerde. In mei, toen Frank van huis was voor een zakenreis, schreef hij een tedere brief naar Anne en die bewaarde ze, want 'die zal mij mijn hele leven tot steun zijn'. Daarin herinnert hij er voorzichtig aan: 'Ik heb je al vaak gezegd dat je jezelf moet opvoeden. We hebben samen de "regels" afgesproken en jij doet erg je best om de "maren" in te slikken. Toch wil je jezelf graag verwennen en nog liever door anderen verwend worden. Dat is allemaal niet verkeerd als je diep in je hart even lief blijft als je altijd bent geweest. Ik heb je verteld dat ik me als kind ook vaak zonder bedenken ergens in begaf en veel fouten maakte. Maar het belangrijkste is om een beetje na te denken en dan je weg terug te vinden naar het juiste pad.' Hij ondertekende de brief met 'Pim', de bijnaam die Anne en Margot hem gaven. Toen hem later werd gevraagd waar dit vandaan kwam, lachte Frank: 'Ik weet het niet. Père – Vater – Pim?' Vriend Jean Schick Grossman schreef over de betrekkingen tussen de meisjes en hun ouders, en maakte duidelijk dat Edith even belangrijk was voor hun opvoeding als hun vader:

> Met zijn wellevende, rustige stem vertelde Otto mij over de opvoeding van
> zijn dochters. Boeken en de bronnen van kennis waren altijd toegankelijk

voor hen. Als hij hun vragen niet zelf kon beantwoorden, zocht hij met hen mee om het antwoord te vinden... Ik was mij duidelijk bewust van Otto's eigen besef van de wonderen van het universum, zijn bewustzijn hoezeer het leven wordt verrijkt door de kennis van de wereld en zijn bewoners in verleden en heden, hun literatuur en kunst en wat achter hun daden steekt... Op het stuk van discipline: 'Het systeem is geduld,' zei Annes vader. Anne was soms moeilijk. Haar ouders probeerden eerlijk en redelijk te zijn en hun berispingen waren altijd zachtaardig: een milde ontneming van een privilege en incidenteel, toen ze klein was, een vlugge tik. Ze waren niet bang om resoluut te zijn en te zeggen: 'Dat kun je niet doen' en dat vol te houden. Ook bij beloften hielden ze zich aan hun woord, en wonnen zo het vertrouwen van hun kinderen... Edith en Otto begrepen de verschillen tussen hun twee dochters en hun individuele behoeften. Ze kozen verschillende scholen voor de meisjes... iedereen hielp in de huishouding en ze verhuurden kamers. Edith ging de stad in met haar dochters, naar de winkels, naar concerten, naar musea.

Terwijl Edith er plezier in had haar kinderen vertrouwd te maken met de culturele aspecten van Amsterdam, nu ze beiden op een leeftijd waren waarop ze haar pogingen konden waarderen, was Frank uitgeput omdat hij elk uur dat hij had werkte om het succes van Pectacon en Opekta te verzekeren. Edith vertelde Gertrud in een brief uit juli 1939: 'Mijn man is erg moe en heeft een vreselijke behoefte aan een paar dagen rust. De zaak is een voortdurende krachtsinspanning, maar verder verlopen de dingen rimpelloos voor ons.' In november deed zich een zenuwslopend incident voor op het kantoor aan het Singel. Kugler vertelde: 'We hadden bezoek van een echte nazi. Hij had een sigaret in zijn mond en toen ik hem zei dat ik bij de Oostenrijkse marine was geweest, nam hij de sigaret uit zijn mond en zei: "O, dat was het dan voor vandaag."' Kugler gaf geen verklaring – zo die er al was – waarom de nazi gekomen was en of hij ooit teruggekomen is.

Op 23 augustus 1939 tekenden Duitsland en de Sovjet-Unie een niet-aanvalsverdrag. Op 1 september 1939 viel Duitsland Polen binnen. Twee dagen later verklaarden Frankrijk en Groot-Brittannië Duitsland de oorlog. Het Rode Leger trok op 17 september het oostelijk deel van Polen binnen en had twee weken later zeven steden in het oosten bezet. Polen capituleerde en werd opgedeeld tussen Duitsland en de Sovjet-Unie. Hitlers *Einsatzgruppen* begonnen na de invasie een systematische moordpartij in het land en doodden duizenden intellectuelen, ambtenaren en priesters. Via *Judenräte* (joodse raden), samengesteld uit prominente joodse burgers, vaardigde de bezettingsmacht in Polen verlammende antisemitische decreten uit. In Oostenrijk werden de joden gedwongen zichtbaar een gele ster te dragen en naar de getto's te verhuizen. In Polen werden ze gedwongen te emigreren als ze zich dat konden permitteren; in 1941 werden de grenzen gesloten. Een groot aantal joden dat naar Palestina wilde emigreren, zag hun droom uiteenspatten door de tegenstand van de Arabische bevolking en van de Britten, die niet bereid waren iets te doen wat de oliehandel kon verstoren. Na drie maanden strijd capituleerde Finland op 12 maart 1940 voor het Rode Leger. Op 9 april vielen Denemarken en Noorwegen voor de Duitsers. Plotseling was de Nederlandse neutraliteit, die het land de Eerste Wereldoorlog had bespaard, in gevaar. De meeste Nederlanders waren geschokt en verbijsterd en velen bleven geloven dat ze weer aan de zijlijn van een wereldoorlog konden blijven. De Duitse auteur Konrad Merz zei over het Nederland van de jaren dertig: 'Vaak lijkt het me dat een vlucht naar Nederland zoiets is als een vlucht naar voorbije decennia.'

Frank erkende ten slotte de werkelijke situatie, maar het was te laat. Nicht Milly Stanfield vertelde: 'Tijdens de eerste maanden van de oorlog was Otto in feite onze enige verbinding met het continent. We konden niet naar familie in Duitsland schrijven, want Engeland was in oorlog met Duitsland. Maar Otto kon wel naar Duitsland schrijven omdat hij dit deed vanuit het neutrale Nederland. Ik kreeg een brief van hem waarin stond te lezen hoe verschrikkelijk ongelukkig hij was omdat hij ervan overtuigd was dat Duitsland zou aanvallen. Hij zei: "Ik weet niet wat ik met de kinderen aan moet. Met Edith kan ik er niet over praten. Het heeft geen zin haar al bezorgd te maken voordat ze bezorgd moet zijn. Vergeef me, maar ik moest dit schrijven."' Milly stelde voor de kinderen naar haar in Engeland te sturen. Frank schreef terug: 'Edith en ik hebben je brief besproken. We vinden beiden dat we dit eenvoudig niet kunnen doen. We zouden het niet verdragen van de meisjes gescheiden te zijn. Ze betekenen te veel voor ons. Maar als dit je kan troosten: jullie zijn de mensen die we zouden vertrouwen.'

In de vroege uren van 10 mei 1940 viel Duitsland Nederland, België, Luxemburg en Frankrijk binnen. Miep herinnert zich de dag daarna: 'De stemming op het kantoor was verslagen en geschokt. Meneer Frank zag lijkbleek. Telkens als er nieuws was, dromden we rond de radio in zijn kantoor samen.' Het land was in de greep van de hysterie die nog vererdgerde door de mededeling dat de koninklijke familie en de minister-president met zijn kabinet naar Londen waren gevlucht. Tijdens grootschalige gevechten om het land te verdedigen, eisten de Duitsers capitulatie, onder bedreiging met een bombardement op Rotterdam. Nog voor het ultimatum afliep, werd de havenstad gebombardeerd. Nederland capituleerde op 14 mei. Nu werd de in Oostenrijk geboren Arthur Seyss-Inquart als rijkscommissaris het hoogste gezag in het land. Zijn naaste medewerkers waren allen Oostenrijkse of Duitse ss-officieren, mensen die de vervolging van de joden als 'een belangrijke taak' beschouwden.

De Duitsers trokken stralend Amsterdam binnen, grimmig bekeken door de een en als helden begroet door de ander. Het land had toen honderdveertigduizend joodse ingezetenen; zestig procent van hen woonde in Amsterdam. Toen de avond viel, werden overal in de stad vuren aangestoken waar mensen Engelse boeken en antinazi-lectuur verbrandden. Joodse gezinnen repten zich, beladen met hun bezittingen, naar de haven in de hoop op een boot naar Engeland. Naarmate de avond vorderde, kwamen er meer mensen op straat: mensen renden van het ene huis naar het andere om raad te vragen, plannen te maken of op de buurtpleinen nog meer vuren aan te leggen. Er waren geruchten dat er konvooien in de haven lagen voor joden, en dat mensen zich door de huilende, schreeuwende massa werkten in de haast om aan boord te komen, maar waren gevallen en verdronken. En dan waren er de joden die de voordeur afsloten, naar de keuken liepen voor een mes, of naar de badkamer voor pillen, en die de tweede dag van de nazi-bezetting niet meer wakker werden.

De Nederlandse NSB, opgericht in 1931 door Anton Mussert, was in aanleg geen antisemitische organisatie. Toen antisemitisme een partijpunt werd, leidde dit aanvankelijk tot daling van het ledental. In 1933 had de partij nog slechts duizend leden. Aan de vooravond van de invasie was dit opgelopen tot 32.000. Toen de bezetting een feit was, werd het antisemitisme de drijvende kracht die als een magneet werkte op jongemannen als Tonny Ahlers, die in de zomer van 1940 lid werd. Ahlers' moeder bevestigde: 'Voor de oorlog was hij al een antisemiet... Na de capitulatie van Nederland kwam die neiging duidelijker tot uiting.' In oktober 1940 werd Ahlers op uitnodiging van twee buren – partijleiders – ook lid van de meer extreme Nationaal-Socialistische Nederlandse Arbeiderspartij (NSNAP). Deze partij verwierf snel een reputatie van beroving en geweld tegen joden. Ahlers werd een bekend gezicht op de Herengracht in het hoofdkwartier van de *Sicherheitspolizei* (Sipo, de veiligheidspolitie die later mensen in dienst nam om joden op te sporen), waar hij veel tijd doorbracht in gezelschap van drie beambten: Brückner, Grimm en Schieffer.

Na de oorlog werden ze alle drie aangeklaagd en tot gevangenisstraf veroordeeld voor hun misdaden. Ahlers en zijn vriend Peters, die later werkte voor de *Zentralstelle für jüdische Auswanderung*, leverden 'continu rapporten aan Schieffer over de situatie in de stad ter doorzending aan de Duitse commandant in Den Haag'. Ahlers was erop gebrand mensen die hij kende, bepaalde kanten van zijn nieuwe leven te tonen, en zijn broer vertelde hoe. 'Na de meidagen van 1940 droeg hij onmiddellijk een armband met hakenkruis. De weinige keren die hij thuiskwam, pronkte hij altijd met contacten en papieren van de SD... Hij gebruikte die papieren ook om allerlei fraude te plegen.'

Binnen enkele weken na de invasie namen NSB'ers de pers over en bezetten administratieve functies die joden onder dwang verlieten. De paramilitaire afdeling van de NSB, de WA, veroorzaakte wrijving met boosaardige, spontane aanvallen op joden op straat. Afgezien daarvan waren de eerste maanden van de bezetting betrekkelijk rustig. Het enige incident dat Frank in die hele zomer opmerkte, was bij hem in de buurt: 'Het was heel rustig in Amsterdam maar begin juni zag ik een Duitse legerwagen vanuit de Scheldestraat de Noorder-Amstellaan in rijden. Hij stopte op de hoek en de chauffeur vroeg iets aan de bloemenkoopman die daar zijn stalletje had. Toen reed hij door. Maar bij de volgende hoek keerde de auto, reed terug, stopte weer op de hoek van de Scheldestraat. Er sprong een soldaat uit die de bloemenkoopman in zijn gezicht sloeg. Zo begon het.'

In de zomer van 1940 behoorde Robert Frank tot de in Groot-Brittannië woonachtige Duitsers die 'in het belang van de nationale veiligheid' gearresteerd werden. Het kostte Lottie weken om uit te vinden wat er met hem gebeurde; ze wist alleen dat een zekere 'R. Frank' op de nominatie stond voor deportatie naar Australië, met een transport van 'gevaarlijke personen'. Uiteindelijk kreeg Lottie bericht dat dit niet Robert was en dat ze hem kon bezoeken in het kamp waar hij geïnterneerd was op het eiland Man. Na een paar maanden kwam Robert Frank vrij en ging weer aan het werk in Londen. In Amerika hadden Walter en Julius Holländer werk gevonden bij de E.F. Dodge Paper Box Company in Leominster, Massachusetts; ze raakten bevriend met hun werkgever die, zo zei hij tegen Julius, bereid was een attest te tekenen, zodat Edith en haar gezin de reis naar Amerika konden boeken. Maar, vertelde Frank, 'de tijd was te kort en nadat Hitler in mei 1940 Holland was binnengevallen, was het niet langer mogelijk het land te verlaten'. Op 22 juni tekende Frankrijk een wapenstilstand met Duitsland en Italië. De in Vichy gevestigde Franse regering, die in het zuidelijk deel van het land nog bleef functioneren onder leiding van maarschalk Pétain, werkte samen met de Duitsers.

Op 22 oktober 1940 werd de *Verordnung über die Anmeldung von Unternehmen* (Verordening over de aanmelding van ondernemingen) uitgevaardigd, waarbij 'alle industriële en commerciële firma's in joods bezit of met joodse firmanten aangemeld moeten worden. Nalatigheid bij de aanmelding wordt gestraft met maximaal vijf jaar gevangenisstraf en honderdduizend gulden boete.' Dit gold ook voor firma's met joods kapitaal en joodse aandeelhouders: elke onderneming was verplicht zich te melden bij de *Wirtschaftsprüfstelle* (Bureau voor Economisch Onderzoek, BEO). Een dag na de afkondiging van de verordening had Frank een nieuwe onderneming, La Synthèse N.V., geregistreerd te Hilversum. Het was een dekmantel voor Pectacon: Frank hoopte zo te voorkomen dat Pectacon in Duitse handen zou vallen. Aandelen in deze vennootschap waren uitgegeven aan Jan Gies, commissaris, en aan Victor Kugler, directeur. Frank was de feitelijke eigenaar maar wekte zo de schijn dat het bedrijf honderd procent 'arisch' was.

Op 27 november 1940 meldde Otto Frank Opekta aan in de zin van de verordening van 22 oktober. Hij vermeldde zichzelf als enig eigenaar en meldde een geïnvesteerd kapitaal van tienduizend gulden. Wat Pectacon betreft, gaf hij aan, voor tweeduizend gulden van het totale aandelenkapitaal van tienduizend gulden te bezitten en meldde dat de overige aandelen niet uitgegeven waren. Op 2 december nam Frank contact op met het BEO om zich te verontschuldigen voor de vertraging van verdere inlichtingen omtrent zijn vennootschap, veroorzaakt door de verhuizing naar een groter pand. Het nieuwe kantoor van Opekta en Pectacon was op Prinsengracht 263. Het pand bestond uit een zeventiende-eeuws hoofdgebouw en een achttiende-eeuws achterhuis. Het stond al een jaar leeg toen Frank het huurde van de eigenaar, M.A. Wessel. Op de benedenverdieping was een groot magazijn en Frank had de open ruimte van het achterhuis op de eerste verdieping verdeeld in twee kamers: een voor zijn eigen kantoor en een aangrenzende keuken. De verdere kantoorruimte, waar Kleiman, Miep, Bep, Kugler en Van Pels werkten, lag op de eerste verdieping in het voorhuis. De goederen werden opgeslagen op de tweede verdieping van het voorhuis, maar de specerijen lagen op dezelfde verdieping in een donkere kamer die aan de achterkant uitkeek op het achterhuis. De rest van het pand bleef leeg. Er werkten zes mensen voor Opekta en vijf voor Pectacon, inclusief de vertegenwoordigers maar zonder de tijdelijke krachten die regelmatig kwamen en gingen.

Op 16 februari 1941, te midden van de zakelijke beslommeringen, werd Franks oudste dochter Margot vijftien. Naar familietraditie schreef hij een gedicht voor 'Mutz', en Edith en hij kochten voor haar zoveel als ze konden opbrengen. Naast haar Hebreeuwse lessen had Margot zich nu ook aangesloten bij een zionistische jeugdorganisatie. Frank trachtte Margot te interesseren voor de Duitse literatuur, nam een vriendin, Anneliese Schütz, een Berlijnse journaliste die in Amsterdam geen werk kon vinden, in dienst om wekelijks les te geven, elke week ten huize van een ander gezin. Anneliese begon met Goethe en Schiller, Otto Franks eigen favorieten. Ook Laureen Nussbaum volgde de lessen: 'Het feit dat Anneliese Schütz de taak kreeg ons oudere kinderen les te geven in de Duitse literatuur, getuigt van het gemeenschapsgevoel dat toen bestond. De jongere kinderen hadden andere activiteiten om hen bezig te houden. Achteraf gezien waren die lessen heel goed voor ons, maar het was vreemd omdat we nog niet in het reine waren met onze gevoelens jegens Duitsland. We haatten natuurlijk wat daar met ons was gebeurd en wat er nog steeds gebeurde, maar onze ouders waren nog verbonden met dat land en spraken op een nostalgische manier over hoe het geweest was vóór Hitler. De Nederlanders haatten domweg alles wat Duits was.'

Op 12 maart werd een verordening afgekondigd over de 'behandeling van bedrijven die onderworpen zijn aan registratie', dat in beklemmende bewoordingen de uitvoering van de verordening van 22 oktober toelicht: deze '*Wirtschaftsentjudungsverordnung*' (verordening ter verdrijving van joden uit het bedrijfsleven) bepaalde onder andere 'dat voor het aanbrengen van veranderingen in een onderneming waardoor de sedert oktober 1940 bestaande verplichting tot aangifte zou komen te vervallen, (Duitse) goedkeuring moet worden gevraagd (art. 2) en dat bedoelde veranderingen die al aangebracht zijn tussen 9 mei 1940 en de dag van inwerking treden van de verordening (12 maart 1941) achteraf aan goedkeuring onderworpen zijn (art. 3). Goedkeuring voor deze wijzigingen dient binnen een maand na afkondiging van de verordening (dus voor 12 april) te worden aangevraagd.' Bij Pectacon werd besloten 'goedkeuring te vragen voor veranderingen die al waren aangebracht' en Frank berichtte het BEO dat er op 13 februari 1941 een vergadering was geweest waarbij de overige aandelen van achtduizend gulden waren overhandigd aan Kleiman en Dunselman. Frank trok zich terug uit zijn functie, die werd overgenomen door Kleiman. Dunselman nam Kleimans vroegere functie van commissaris over. Frank vertelde het BEO dat hij de toegestane tweeduizend gulden aandelen behield. Het bedrijf was dus volledig 'arisch'. De vergadering had in werkelijkheid nooit plaats gevonden. Begin maart hoorde Otto Frank dat zijn neef, Jean-Michel Frank, zelfmoord had gepleegd. Jean-Michel was in de winter van 1940 uit Parijs vertrokken nadat hij 'in Parijs verslagen van vluchtelingen over de vervolging van homoseksuelen en joden' had gehoord. Hij emigreerde naar Buenos Aires, waar hij indruk maakte op de directeur van het Museum van Decoratieve Kunst, die 'een hele kring van rijke cliënten' voor hem vond. Hij verhuisde naar New York, waar hij les gaf aan de *School of Fine and Applied Arts* en door de society werd gefêteerd. Toen, op 8 maart 1941, imiteerde hij zijn vaders eigen zelfmoord en sprong uit het raam van zijn appartement in Manhattan. Hij was zesenveertig jaar oud. Zijn vriend, Jean Cocteau, rouwde: 'Zijn dood was de proloog van het drama, het doek dat valt tussen een wereld van licht en een wereld van duisternis.'

De maatregelen tegen de joden kwamen aanvankelijk maar langzaam aan de oppervlakte – een bewuste tactiek van de bezetter – maar geleidelijk werd de ene wet na de andere bekrachtigd, en elke nieuwe verordening was harder en sneller in de uitwerking dan de vorige. Ze werden in die tijd allemaal gepubliceerd door *Het Joodse Weekblad*. Van het Amsterdamse bevolkingsregister vorderden de Duitsers een kaart die aangaf waar joden woonden en met stippen (één stip stond voor tien joden) hoeveel. Vanaf oktober moest iedereen zich houden aan de 'spertijd', het uitgaansverbod dat duurde van middernacht tot vier uur in de ochtend. Reizen over de Nederlandse grens was niet mogelijk en verschillende goederen waren nergens meer te krijgen. De Nederlandse regering, met de antirevolutionair Gerbrandy aan het hoofd, en de koninklijke familie in ballingschap begonnen met het verzorgen van radio-uitzendingen die, net als de toespraken van de Britse premier Winston Churchill, tot doel hadden de anti-Duitse Nederlanders een hart onder de riem te steken.

Op 11 en 12 februari 1941 braken gevechten uit op de joodse markt op het Waterlooplein en de markt op het Amstelveld, uitgelokt door de WA. De WA'er Hendrik Koot werd dodelijk gewond en de *Höhere SS und Polizeiführer* Hans Rauter gaf bevel de jodenbuurt af te sluiten. Er werd een Joodse Raad voor Amsterdam gevormd die de orde in het gebied moest handhaven en instructies moest geven aan de joodse gemeenschap. Er is veel geschreven over onder andere de laakbaarheid van de Joodse Raad, maar deze is passend gekwalificeerd als instrument en slachtoffer tegelijk, samenwerkend met de Duitsers maar in de verwachting dat tegenwerking alleen maar tot verdere represailles zou leiden. Drie dagen na de confrontatie stierf Koot. *Volk en Vaderland*, het officiële orgaan van de NSB, verkondigde als reactie op zijn dood: 'Juda heeft het masker afgeworpen! Vermoord? Neen, vertrapt met sadistische wellust. Vermorzeld onder de lompe poten van een nomadenvolk, dat niet van ons bloed is.' Op 17 februari 1941 had op de Amsterdamse begraafplaats Zorgvlied de begrafenis van Koot plaats. Op de foto van de ceremonie, die de volgende dag in *De Telegraaf* stond afgedrukt, is prominent een jongeman in witte regenjas te zien, vlak naast Mussert: Tonny Ahlers.

Ahlers was ook aanwezig bij een opmerkelijk incident tijdens de Duitse bezetting van Nederland dat verstrekkende gevolgen zou hebben. Koco was een populaire ijssalon in de Amsterdamse Van Woustraat, uitgebaat door twee Duits-joodse vluchtelingen, Kohn en Cahn. Na een aantal ordeverstoringen door de nazi's hadden enkele klanten de eigenaars voorzien van een serie primitieve wapens, onder andere een speciale fles gevuld met ammoniakgas die in het café aan de wand hing. Op 19 februari 1941 kwamen leden van de *Grüne Polizei* en de NSB – onder wie Tonny Ahlers – het etablissement binnen. Ze werden aangevallen en bespoten met ammoniakgas, maar dat belette hen niet een aantal schoten te lossen. De eigenaars werden gearresteerd, samen met de klanten die de aanstichters waren. Cahn werd na dagen te zijn gemarteld door een vuurpeloton doodgeschoten en werd daarmee de eerste geëxecuteerde tijdens de bezetting. De Koco-zaak leidde tot verdere represailles: 'De Duitsers wachtten slechts op een voorwendsel en dat hadden ze nu. Op 22 en 23 februari vielen ze massaal de jodenbuurt binnen.' Wat volgde, waren tonelen van totale verschrikking toen vierhonderdvijfentwintig joodse mannen en jongens uit hun huis en van de straat werden gesleept, met geweld naar het Jonas Daniël Meijerplein gedreven en tot bloedens toe geslagen, en naar de concentratiekampen van Buchenwald en Mauthausen gedeporteerd. Op 25 februari reageerden de Nederlanders op deze maatregelen met een staking, voornamelijk georganiseerd door de Communistische Partij. Overal in Amsterdam, Hilversum en Zaandam werden de bedrijvigheid en het openbaar vervoer drie dagen stilgelegd, totdat met krijgshaftige taal en dreiging met ernstige represailles een eind werd gemaakt aan de actie.

Tijdens de staking gebruikten Ahlers en zijn vriend Peters hun kennis van de stad (en de speciale passen die hen vrijwaarden van de 'spertijd') om de WA te helpen alle betrokkenen op te sporen en te arresteren. Onmiddellijk daarna ging Ahlers als inspecteur in de Fokkerfabrieken werken. De aanstelling was hem bezorgd door *Untersturmführer* Kurt Döring van de SD, die hem gebruikte als informant met als speciale opdracht uit te kijken naar de verspreiding van communistische pamfletten onder de arbeiders van Fokker. Döring vertelde: 'Toen ik in 1940 naar Amsterdam werd gestuurd, was Ahlers al een geregelde bezoeker van het SD-kantoor aan de Herengracht. Oorspronkelijk was hij niet in actieve dienst van de SD maar hij bleef aandringen op een actieve baan.' Afgezien van zijn werk bij Fokker had Ahlers een lucratieve bijbaan: het fotograferen van vechtpartijen tussen nazi's en joden en de verkoop van de foto's aan de SS; naoorlogse getuigen bevestigden dat hij vaak de aanstichter van de knokpartij was om deze te fotograferen. Ahlers woonde nog in een kamertje aan de Haarlemmerweg maar zijn hospita hoopte van hem af te komen: 'Ik ontdekte dat Ahlers uitgesproken pro-Duits was. Ik vertrouwde hem niet helemaal en toen ik even in een kast keek, zag ik daar een uniform in hangen met het insigne van de SS. Hij had ook een vlag met het hakenkruis op zijn kamer.' Toen Ahlers tegen haar opschepte over zijn werk voor de SD, was ze ontzet: 'Ik zei: "Hoe kun je dat doen, jongen?"' Na hun gesprek zegde ze de huurder op korte termijn de huur op.

Ahlers verhuisde naar de Hoofdweg, waar hij in contact kwam met de beruchte Josef van Poppel, een Nederlander die voor het *Reichssicherheitshauptamt* (hoofdkantoor van de rijksveiligheidsdienst) in Berlijn en voor de *Abwehr* in Scheveningen werkte. Van Poppel publiceerde ook het antisemitische weekblad *Doodsklok*, dat vaak uithaalde naar joden die aan de Prinsengracht woonden. In een nummer maakte hij de vader van Franks grote vriend Nathan Straus belachelijk.[1] Ahlers en hij kenden elkaar van de plaatselijke NSNAP-afdeling. Van Poppel had al van hem gehoord: 'Ik wist dat Ahlers voor de SD werkte. De Duitser Döring was zijn rechtstreekse chef. In die dagen had je Café Trip op het Rembrandtplein, eigendom van de voormalige souteneur Van den Brink. Hij had zijn eigen SD...' Ahlers werkte voor Van den Brink, pronkte bij Van Poppel met zijn SD-pas en vertelde hem dat hij onder andere tot taak had jongemannen te werven voor een anti-Duitse groep om hen vervolgens aan te geven bij de SD. Van Poppel vertelde dat Ahlers' werk als agent-provocateur lucratief was: 'Hij opereerde hoofdzakelijk in cafés zoals Ruttens en Heck. Met hetzelfde doel bezocht hij geregeld een café in de Kalverstraat. Het Ooievaarsnest heette het, geloof ik. Hij was toen goed bij kas en bracht hele dagen door in Café Trip.' Uiteindelijk werd Ahlers zelf geheim agent en diende in het netwerk van Van Poppel. Van Poppel erkende na de oorlog dat Tonny Ahlers de meest antisemitische van al zijn mannen was en 'iedereen had gearresteerd die hij gearresteerd wilde hebben, want zijn chef, Döring, dekte hem volledig'. Van Poppel voegde hier een vernietigende slotopmerking toe aan zijn bevestiging van het oorlogsverleden van zijn voormalige vriend: 'Bij veel arrestaties van joden was Tonny Ahlers de agitator.' Op dat punt leerden Ahlers en Otto Frank elkaar kennen.

Op 7 mei 1944 schrijft Anne in haar dagboek: 'Zoals vader, die met een mes op straat is gelopen om er een eind aan te maken, zover ben ik nooit geweest.' Deze regel stond in Annes originele versie en Frank nam die niet op in de uitgave die hij vrijgaf voor publicatie. De datum van Franks atypische impuls tot zelfmoord is niet bekend, evenmin als de omstandigheden die ertoe leidden of die erop volgden. Maar het is duidelijk dat Otto Frank, nog voor de familie Frank onderdook op de Prinsengracht, ernstig getraumatiseerd is geweest door iets wat hem deed overwegen zich het leven te nemen.

In maart en april 1941 gebeurden er dingen in zijn leven die catastrofaal leken. In een brief van 21 augustus 1945 aan het Bureau Nationale Veiligheid in Scheveningen gaf Frank één lezing van de crisis:

> In Maart 1941 ontmoete ik op het Rokin een zekeren heer Jansen, den echtgenoot van een van mijn demonstratrices die vroeger in mijn firma de N.V. Nederlandsche Opekta Mij, Prinsengracht 263 Amsterdam C, in dienst was. Ook een zoon van den heer Jansen was in het magazijn werkzaam. De heer Jansen zelf hielp vaak bij het opbouwen van stands op tentoonstellingen e.d. U ziet dus de familie was wel bekend en heeft zich zakelijk goed gedragen. In Maart dus bleven de heer Jansen en ik staan en hadden wij een kort gesprek, waarbij de heer Jansen vroeg of ik nog altijd goederen uit Duitschland ontving aangezien ik toch Joodsch was, wat ik bevestigde. Ik zeide dat ik heel geen moeilijkheden had en nadat het een en ander nog gesproken werd, zei de heer Jansen 'de oorlog zal nu toch vlug ten einde zijn' waarop ik antwoordde dat het mijn overtuiging was dat dit niet het geval zal zijn en dat de Duitschers het nog flink te verduren zouden krijgen. Daarop scheidden wij.

De man naar wie hij verwees, was natuurlijk Joseph Jansen, de man van Jetje Jansen, zijn vroegere vertegenwoordigster, met wie Frank, zo dacht Jansen, een relatie onderhield. In een andere versie voegde Frank eraan toe: 'Ik mocht hem niet zo erg.'

Frank gaf diverse lezingen van het verontrustende incident dat volgde op zijn gesprek met Jansen; de meeste zijn officiële verklaringen van eind jaren veertig, afgelegd tegenover de Nederlandse politie, en de andere is een vage anekdote die hij in 1957 vertelde aan Ernst Schnabel, de eerste biograaf van Anne. Op ondergeschikte punten verschillen ze allemaal, wat begrijpelijk is gezien het scala van gebeurtenissen dat in die tijd werd opgerakeld, maar geen ervan vertelt uiteindelijk het volledige en schrikbarende verhaal van wat er werkelijk gebeurde.

18 April 1941 was een rustige dag op de Prinsengracht. Er werd aangebeld en iemand van het kantoorpersoneel deed open. Er klonken voetstappen op de trap en toen ging de deur naar het kantoor aan de voorzijde open. Er kwam een jongeman binnen, begin twintig, lang, slank, met donker haar, geprononceerde jukbeenderen en lichte, vriendelijke ogen. Miep, Bep of een van de parttime secretaressen vroeg wat ze voor hem konden doen. 'Ik wil Otto Frank spreken,' zei hij, 'onder vier ogen.' Op de vraag waar het over ging, antwoordde hij met een grijns: 'Ik ben lid van de NSB.'

In zijn kantoor op de eerste etage van het achterhuis keek Frank op van zijn bureau toen de dubbele deuren met ruitjespatroon opengingen. De jongeman kwam binnen en deed de deur dicht, zodat niemand anders kon horen wat hij wilde zeggen. Toen pas stelde hij zich voor: 'Tonny Ahlers.'

In zijn verklaring voor het Bureau Nationale Veiligheid in Scheveningen vertelde Frank: '[Ahlers] vroeg mij of ik een zekeren heer Jansen kende, waarop ik antwoordde dat er zoovele Jansen's zijn en ik niet wist wie hij bedoelde. Hij toonde mij dan een handteekening onder een brief, waarbij ik las: "Hou-zee, Jansen." ['Houzee' was de begroetingsformule van NSB'ers.] En verder: "lid nummer 29992". Ik herkende het handschrift en zei dat ik wel wist wie het was en vroeg de brief te lezen. Hij gaf mij deze en ik las het schrijven, dat gericht was aan de leiding van de N.S.B. die het door zou geven aan de SS. In dezen brief werd medegedeeld dat de heer Jansen mij, den Directeur van de N.V. Ned. Opekta Mij, had ontmoet en dat ik mij op beledigende wijze geuit had tegen de Duitsche Wehrmacht en dergelijke beschuldigingen meer.'

Op dit punt gaan Franks verslagen van de ontmoeting met Ahlers van elkaar verschillen. In zijn brief aan Scheveningen schrijft Frank: '[Ahlers] zei dat hij als koerier tusschen de N.S.B. en de SS werkzaam was en dat hij dezen brief had onderschept, dien hij mij overhandigde. Hij vroeg er geen belooning voor doch ik gaf hem uit mij zelf fl. 10,–. Ik vroeg hem weer terug te komen, maar hij wees er op dat het hem niet om het geld te doen was, ofschoon hij natuurlijk niet veel verdiende. Hij kwam terug, waarbij ik hem nog eens fl. 5,– of fl. 10,– ongevraagd gaf...' In zijn getuigenis tegen Jansen uit 1946 verklaarde Frank iets soortgelijks, maar in 1957 vertelde hij Ernst Schnabel dat Ahlers daar toen twintig gulden van hem verlangde.

Het is goed mogelijk dat Frank echt twijfelde of er geld was gevraagd of gegeven, en (zo ja) hoeveel er was overhandigd, maar er is toch een aantal factoren dat eenvoudig niet klopt – tenzij ook het vervolg van deze eerste ontmoeting erbij betrokken wordt. Om de zaken in het juiste licht te zien, moet men de volgende vragen stellen. Als Frank Ahlers slechts eenmaal heeft ontmoet voor zijn verschrikkelijke ervaringen in de kampen, hoe kon hij dan in 1945 zo precies Ahlers volledige naam, zijn initialen en zijn adres in 1941 vertellen? Het is onwaarschijnlijk dat Ahlers die informatie vrijwillig zou hebben geleverd als ze elkaar maar één keer hadden ontmoet. Waarom zou hij? Merkwaardig genoeg kon Frank zich de voornaam van Jansen niet herinneren al heeft hij deze lange tijd gekend. In de brief aan Scheveningen schrijft Frank verder: 'Ik vroeg hem terug te komen, maar hij wees er op dat het hem niet om het geld te doen was, ofschoon hij natuurlijk niet veel verdiende.' Volgens dat verslag (maar niet volgens Franks interview uit 1957 en een andere verklaring die hij eind 1945 aflegde) overhandigde Ahlers hem de brief, redde hem daarmee uit de klauwen van de Gestapo en verdween voorgoed uit zijn leven. Gezien wat we uit het voorafgaande weten van Ahlers klinkt dat niet erg aannemelijk. Waarom zou de antisemiet Ahlers het leven van de joodse Otto Frank willen redden? Ze kenden elkaar toch niet?

Franks verslag uit 1945 bevat nog meer verrassingen: 'Dus ik weet geheel niet wat de jongen anders deed. Wel herinner ik mij dat hij nog eenige brieven toonde o.a. waarin een dienstmeisje schreef dat de menschen waar zij werkte, naar de Engelsche zender luisterden. Ik herinner mij niet meer aan wie deze brief gericht was.' Niemand anders heeft ooit verklaard dat hij, net als Otto Frank, gered was van de Gestapo door de tussenkomst van Ahlers. Dat roept de vraag op wat Ahlers met de andere brieven ging doen? Op dit punt hebben we het antwoord. Ahlers' vroegere hospita van de Haarlemmerweg verklaarde in 1946 dat haar gewezen huurder haar had verteld dat hij werkloos was maar een uitkering kreeg. Maar in het gesprek dat ertoe leidde dat ze Ahlers de huur opzegde, een maand voor zijn bezoek aan Frank, vertelde Ahlers haar dat hij een baan gevonden had die vijftig gulden per week opleverde: 'Hij zei dat hij radio's in beslag moest nemen van mensen die naar de verboden uitzendingen uit Engeland luisterden. Hij zou ook vijf gulden commissie krijgen voor elke radio die hij inleverde.'

Ahlers was niet van plan met de andere brief die hij Otto liet zien, die dag de reddende engel te spelen voor iemand anders. En al hield Otto in al zijn versies van de gebeurtenissen van 18 april 1941 vol dat hij, na een of mogelijk twee ontmoetingen 'de jongeman niet meer gezien of gesproken' had, het was gelogen. Volgens Ahlers was die eerste ontmoeting in het privé-kantoor van Otto het eerste van zijn geregelde bezoeken, en Otto's agenda uit 1945 toont een reeks afspraken waarbij ze elkaar ontmoetten.

Uit alle beschikbare brieven en documenten blijkt dat ze streefden naar een vergelijk over hun geschiedenis.

Hoofdstuk drie

Fac et spera (Werk en hoop)

Nadat Tonny Ahlers die dag in april 1941 de deuren van Franks privé-kantoor dicht had gedaan, liep hij naar de voordeur door de lange gang waar de trap naar de bovenverdieping van het achterhuis duidelijk te zien was. 'De jood Frank' was blijkbaar niet wat Ahlers had verwacht. In zijn keurige kantoor, in een groot zakenpand met een benijdenswaardige centrale ligging, was hij groter dan de jongeman, goed gekleed, hoffelijk, en hij sprak Nederlands op de toon van een bespraakte en ontwikkelde Duitser. Ahlers heeft bekend dat hij na die eerste ontmoeting Otto Frank, zijn gewoonten en zijn manier van zakendoen in het oog ging houden. Hij wist bijvoorbeeld dat Frank goederen aan de Wehrmacht leverde en dat wist hij omdat hij erbij betrokken was.

In een brief uit 1964 schrijft Ahlers aan een Nederlandse journalist dat Frank 'pectineproducten verkocht aan de Duitse Wehrmacht. Deze pectine was een conserveringsmiddel dat in de Duitse oorlogsindustrie werd gebruikt. Er was een groot aantal Nederlandse bedrijven die dit ook deden.' Wat Ahlers niet zegt in deze brief, is dat hij, toen zijn baan bij Fokker afliep, zijn eigen firma had opgericht, het Wehrmacht Einkauf-Büro PTN (Petoma), die goederen kocht en fabriceerde voor het Duitse leger. Hij handelde, vanuit een kantoor aan de Jan van Galenstraat, voornamelijk in suikerproducten en -grondstoffen. Ahlers was er in die tijd op gebrand geld te verdienen en status te verwerven: op 23 juli 1941 was hij getrouwd met een vier jaar jongere Nederlandse vrouw en hun eerste kind, een jongen, werd het jaar daarop geboren. Toen ze elkaar voor het eerst ontmoetten, kreeg Ahlers geld van Frank in ruil voor zijn zwijgen over de brief van Jansen, maar naderhand leverde Frank hem in plaats daarvan materiaal voor zijn zaak. Hoe lang deze overeenkomst duurde, is onmogelijk vast te stellen, maar Ahlers' bewering over Franks leveranties aan de Wehrmacht wordt gestaafd door onweerlegbaar bewijs.

In een ongepubliceerd interview met het NIOD gaf Miep Gies toe dat ze tijdens de oorlog aan de Wehrmacht verkocht hadden en dat een 'vertrouwde Wehrmachtkok' met Kleiman in de zaak kwam. Verdere details zijn te vinden in een brief uit 1945, geschreven door Willem van Maaren, de vroegere magazijnchef op Prinsengracht 263: 'De firma leverde tijdens de bezetting via tussenpersonen een heleboel goederen aan de Wehrmacht.' Zo'n tussenpersoon was 'meneer Van Keulen uit Haarlem, een leverancier van ingeblikte goederen en inkoper van goederen voor de Duitsers... Veel mensen bezochten de zaak, onder andere Van Keulen.' Miep Gies beweerde later dat ze nog nooit van Van Keulen had gehoord, maar Van Keulen was tijdens de oorlog inderdaad een van de kopers en leveranciers van de firma. In november 1947 ging Otto bij hem op bezoek in Haarlem.[1]

De zaken zijn echter nog ingewikkelder. In zijn brief uit 1964 schreef Ahlers 'dat hij [Frank] betreffende zijn grondstoffen "in het geheel geen problemen had". Naar mijn bevinden kreeg Frank zijn grondstoffen regelrecht uit Berlijn... hij voelde zich volkomen zeker en veilig in de situatie [dat de grondstoffen zouden blijven komen]. De enige reden waarom hij zich veilig kon voelen is natuurlijk omdat hij aan de Wehrmacht leverde.'[2] Ahlers had gelijk over de zaken met Berlijn. Onmiddellijk na de invasie in mei 1940 had Frank geleverd aan en goederen ontvangen van tussenpersonen van het *Armee Oberkommando*, geleid door Hitler persoonlijk en gevestigd in Berlijn. Een dergelijke order in het bestellingenboek van Opekta/Pectacon luidt: '5 juni 1940. Verkocht aan S-, Den Haag, per order van het *Armee Oberkommando*, Berlijn. De koper beschermt de verkoper tegen alle bezwaren van enige autoriteit, die de uitvoering van dit contract mocht bedreigen.'

De leveringen aan Wehrmacht en Oberkommando verzekerden het voortbestaan van Franks bedrijf. Pectine, zo verklaart Ahlers in zijn brief uit 1964, was belangrijk voor de Duitse oorlogsindustrie en Frank kon aanvoer regelrecht uit Frankfurt krijgen. Een groot aantal Nederlandse firma's leverde tijdens de oorlog aan de Wehrmacht; het hoofd van een andere firma die samenwerkte met de zaak van Ahlers, verklaarde: 'Mijn doel was leverancier van de Wehrmacht te worden, met alle bijkomende voordelen, zoals de *Arbeitseinsatz*, toewijzing van grondstoffen enzovoort.' Door zijn connecties met het Duitse opperbevel kon Frank, langer dan anders had gekund zaken als suiker, specerijen en aardappelmeel ontvangen, en daarna surrogaatproducten van goede kwaliteit. Op het kantoor aan de Prinsengracht deed zich een 'uitgesproken opleving van de handel' voor.

Otto Frank had een pact met de duivel gesloten maar tot welke prijs valt nauwelijks te schatten. Door met de vijand samen te werken, beschermde Frank niet alleen zijn eigen bedrijf maar ook – hoopte hij – zichzelf en zijn gezin, want op dat moment begonnen de meeste joodse mensen iets te beseffen van het oneindige gevaar dat hen bedreigde. Door alle oorlogsjaren heen leidde Frank in alle opzichten een dubbelleven. Niet alleen de zakelijke contacten obsedeerden hem, ook de alom tegenwoordige geest van Ahlers achtervolgde hem – een man nog niet half zo oud als hij, die zijn leven had gered maar die hem in een wurggreep hield. We zullen nooit weten wat Frank voelde bij de situatie waarin hij zich bevond omdat hij er met niemand over praatte en geen verslag van zijn gedachten heeft nagelaten. Maar tien jaar na de oorlog schreef Frank aan zijn advocaat, Myer Mermin, over een kwestie die hiermee geen verband hield: 'Toegeven aan afpersing, daar komt niets goeds van.' Mermin had geen vermoeden in hoeverre Frank wist hoe waar dat is.

Toen Tonny Ahlers op 18 april 1941 de deuren ten slotte achter zich dichtgetrokken had, bleef Otto Frank alleen achter in zijn kantoor met de giftige brief van Jansen in zijn handen. Na een ogenblik bezinning ging Frank naar het voorkantoor waar Kugler en Miep werkten. Hij toonde hun de brief. Ze waren geschokt en verbijsterd; Miep was al op de hoogte van de ontmoeting met Jansen op het Rokin en na de oorlog vertelde ze de politie die de zaak onderzocht: 'Meneer Frank las me die brief voor en ik herinner me vandaag nog dat in de brief stond dat de jood Frank nog verbonden was aan zijn bedrijf en zich in een gesprek op anti-Duitse wijze had geuit. Ik weet niet meer wie de brief in kwestie had ondertekend maar uit de inhoud van de brief leidde ik af dat hij geschreven was door de Jansen die ik kende.' Kugler voegde hieraan toe: 'Voor zover ik weet had Jansen geen enkel motief om meneer Frank aan te klagen.'

Frank vertelde nog twee mensen over de brief: zijn vriend Gerard Oeverhaus, een Nederlandse rechercheur bij de Vreemdelingenpolitie met wie hij veel had gepraat over de anti-joodse verordeningen, en zijn advocaat, Anton Dunselman, die al sinds de jaren twintig betrokken was bij de zakelijke ondernemingen van Frank. Dunselman las de brief op zijn kantoor aan de Keizersgracht, maakte enkele aantekeningen erover en sloot hem weg. Later vernietigde hij de brief uit vrees dat hij 'bij een mogelijke arrestatie van meneer Frank' gevaar zou lopen. Thuis repte Frank met geen woord over de brief: 'Ik wilde met mijn vrouw niet over de brief praten en haar bang maken. Vanwege de brief van Jansen ben ik maandenlang bang geweest dat Jansen een nieuwe klacht tegen me zou indienen als ik hem tegenkwam op straat.' Maar aan de schade die Jansen Frank wilde berokkenen, kwam geen einde, hij kwam alleen van een andere kant.

Kort na zijn eerste ontmoeting met Tonny Ahlers sprak Frank met Kleiman over de mogelijkheid om onder te duiken. Jan Gies vertelde: 'Het initiatief om onder te duiken en alles daarvoor te organiseren, kwam van Otto Frank. Hij had het allemaal doordacht... en hij had bepaalde andere taken voor zijn personeel al verdeeld toen hij hun vroeg hem en zijn gezin te helpen.' Kleiman was de eerste die door Frank in vertrouwen werd genomen. Aan Kugler en daarna aan Miep, Jan en Bep werd elk afzonderlijk gevraagd of ze, met de woorden van Frank, 'bereid waren de verantwoordelijkheid te dragen voor alles dat verband hield met onze onderduik'. Nadat ze hadden ingestemd schetste Frank nauwkeurig hoe hij ieders verantwoordelijkheid voor zich zag. Toen onlangs aan Miep werd gevraagd of ze had begrepen wat dit inhield, zei ze eenvoudig: 'Het inkopen, ja. Ik vroeg niet verder. In die tijd stelde je geen vragen. Je wilde niet zo veel weten. Je deed wat er van je gevraagd werd en meer niet.' Miep en Bep zagen het als een uitbreiding van hun werk: 'Wij waren de kantoormeisjes. We kregen opdrachten en we begrepen heel goed dat het op die manier moest gaan. Er was geen andere manier. We voelden ons daardoor geen onrecht aangedaan of beknot... Dat was normaal nietwaar? Het was heel normaal. Het was net als met je werk.' In die omstandigheden zou het ondenkbaar zijn geweest te weigeren. Ook Kugler vond dat hij maar één mogelijkheid had: 'Ik dacht niet aan het gevaar dat ik zou lopen. Duizenden Nederlanders verborgen anderen. Na de bevrijding heb ik zoveel mensen gezien van wie ik wist dat het joden waren die bij vrienden ondergedoken waren geweest... Als we hen niet zouden verbergen, dan zouden we hen aan de dood prijsgeven, dat wisten we. Dus we hadden weinig keus.'

Kleiman en Frank brachten de naam van Hermann van Pels ter sprake en die werd, samen met zijn gezin, uitgenodigd de fatale onderduikplaats van de familie Frank te delen, in plaats van de Goslars, die een baby van een jaar hadden en spoedig een derde kind verwachtten. Frank besefte algauw 'dat de beste oplossing zou zijn, in het achterhuis van ons kantoorpand, Prinsengracht 263, onder te duiken'. Frank had een tijdlang het achterhuis afgestaan aan zijn vriend Arthur Levinson, de apotheker, om zalfjes te bereiden en experimenten uit te voeren; Levinson kreeg te horen dat de firma die vertrekken nu nodig had voor de opslag. In plaats daarvan mocht hij de keuken van het kantoor gebruiken als laboratorium. Een werknemer van

Kleimans broer (die ook op de hoogte was van het onderduikplan) hield opruiming en schoonmaak in het achterhuis alvorens de bezittingen en voorraden hun plaats kregen. Zogenaamd voor reiniging of reparatie door een specialist werden grote meubelstukken eerst naar het huis van Kleiman in de Biesboschstraat en vervolgens in de vrachtwagen van zijn broer naar het achterhuis gebracht. Gedroogd of ingeblikt voedsel, linnengoed, kleding en gebruiksvoorwerpen waren gemakkelijker en over een langere periode te verhuizen zonder argwaan te wekken. Hoewel deze clandestiene bezoeken altijd 's avonds na kantooruren en in het weekend plaatsvonden, werden de ramen van het voorhuis die uitkeken op het achterhuis, bij wijze van voorzorgsmaatregel, blauw geverfd, terwijl de ramen in de gang die beide delen van het gebouw verbond, beplakt werden met cellofaan. Die voorzorg was essentieel om te voorkomen dat buitenstaanders een idee konden krijgen van wat er op Prinsengracht 263 gebeurde. Maar Otto Frank werd zonder het te weten al in het oog gehouden: in de naoorlogse brieven aan Silberbauer (de Gestapo-officier die de familie Frank arresteerde) schrijft Ahlers dat hij op de hoogte was van het geheime achterhuis en wist wie zich daar schuilhielden.

In april 1941 capituleerde Griekenland voor Italië en veroverde Duitsland Joegoslavië. Op 22 juni viel het leger van Hitler de Sovjet-Unie binnen, wat de Britten verplichtte de sovjets hulp te bieden. Naarmate het jaar vorderde, brachten de verschrikkelijke weersomstandigheden de Duitse opmars tot staan. Operatie Barbarossa kostte toen al het leven van duizenden Duitse soldaten.

In mei werd La Synthèse N.V., de vennootschap die Otto Frank had laten inschrijven als dekmantel van Pectacon, omgedoopt in Gies & Co. Verder waren er geen veranderingen in het bedrijf, waarvan Frank directeur bleef. Op 16 juli trouwden Miep en Jan Gies nadat ze al sinds 1940 samengewoond hadden. Otto en Anne Frank, Kleiman, Kugler, Bep Voskuijl en Hermann en Gusti van Pels behoorden tot de gasten. Margot en oma Holländer konden er door ziekte niet bij zijn en Edith bleef thuis om voor hen te zorgen. Voor en na de plechtigheid scheen de zon en de volgende dag verraste gastheer Frank met een receptie in het kantoor aan de Prinsengracht. Bij beide gelegenheden was een aantrekkelijke jonge vrouw aanwezig, Esther genaamd, die voor Frank als secretaresse werkte. Later moest hij haar ontslaan onder de nieuwe bepalingen betreffende joodse werknemers. Miep vertelt: 'Zo waren die dingen. Ze kwam niet terug, denk ik. Ze overleefde de oorlog niet... Ze was de enige joodse op het kantoor. Ze zei gedag en we wensten haar het beste. Ze bleef in Amsterdam maar ze kon nergens anders werk vinden... Het was allemaal zo pijnlijk, weet je. Je hoorde over haar ontslag maar je praatte er verder niet over. Je wist niet wat er zou gebeuren. Je moest erin berusten. Aanvaarden. De Duitsers waren de baas en jij was bang – doodsbang.' Frank had ook twee mannen in dienst die lid waren van de NSB. Miep Gies herinnert zich een gesprek met Frank over een van hen, de vertegenwoordiger Daatselaar: 'Meneer Frank was zich bewust geweest van zijn lidmaatschap van de NSB voor hij ging onderduiken omdat de man het NSB-insigne op zijn revers droeg. Ik herinner me het commentaar van meneer Frank: "Deze man kun je vertrouwen. In zijn hart is het geen nazi. Hij zal lid van de NSB zijn geworden omdat hij rondhing met een troep jongemannen die lid werden. Een vrijgezel met behoefte aan een sociaal leven, dat is ook een reden om lid te worden."'

Hoewel hij Daatselaar vertrouwde, vertelde Frank hem niets van het onderduikplan maar hij gebruikte de man als een voorbeeld voor Anne toen ze geschokt was omdat de moeder van een van haar vriendinnen een trouwe aanhanger van de NSB was. Franks nauwe band met zijn jongste dochter was nog sterk, ondanks Annes vroegtijdige puberale kuren. Toen ze met Sanne Ledermann op vakantie was bij de tante van Sanne in Beekbergen, schreef ze vaak naar haar vader en sprak hem aan met 'Mijn allerliefste Hunny Kungha'[3], en bekende dat ze hem vreselijk miste en verlangde naar de dag waarop hij, Edith en Margot zouden aankomen. De enige troost was de rust in Beekbergen; er waren geen luchtaanvallen en Anne vertelde haar grootmoeder in Zwitserland, al stormde het 's avonds: 'We slapen hier veel beter 's nachts dan in Amsterdam. Er is helemaal niets dat ons stoort.'

Toen de familie Frank naar huis terugkeerde, deden ze dat voor een nieuwe uitbarsting van anti-joodse verordeningen. De wetten die in 1941 van kracht werden, betekenden de uitsluiting van joden bij haast alle vormen van openbaar amusement, sport en scholing in Nederland. In zijn memoires schreef Otto Frank: 'Als ik terugdenk aan de tijd toen de bezetters in Nederland een reeks van wetten invoerden die ons leven verhardden, moet ik zeggen dat mijn vrouw en ik alles deden om de kinderen onwetend te houden van de ellende die ons wachtte, om te zorgen dat dit voor hen een zorgeloze tijd was.' Hij vertelde hoe moeilijk het was voor zijn dochters, nadat alle joodse kinderen uit hun normale school naar een speciale joodse meisjesschool en een speciale joodse jongensschool verbannen waren, 'hun vriendschap met niet-joodse kinderen in stand te houden, vooral omdat het nu ook voor christenen verboden was, joodse gezinnen te bezoeken en omgekeerd'. Na de oorlog vertrouwde Frank een vriend toe dat de aanwezigheid van Edith zo belangrijk was geweest voor de kinderen 'toen de antijoodse maatregelen hun wereld deed krimpen... ze bleef hun vriendinnen verwelkomen en feestjes voor hen organiseren. Zij en oma Holländer waren voor de kinderen dagelijks een voorbeeld van goedgeefsheid en belangstelling voor anderen. Toen de oorlog in Amsterdam tot grote ontberingen leidde, ging geen armoedzaaier die bij hen aan de deur klopte met lege handen weg. Edith stuurde Margot en Anne de steile trap af met eten of geld, om ouderen of verzwakten de moeilijke klim te besparen.'

Frank besefte dat zijn jongste dochter zich sneller ontwikkelde dan normaal onder de druk van de bezetting: 'Via Margot leerde Anne leerlingen uit de hogere klassen van de nieuwe school kennen. Algauw begonnen de jongens haar op te merken. Ze was nogal aantrekkelijk en wist haar charmes te benutten.' Anne werd geboeid door seksualiteit, iets waarover haar moeder niet met haar wilde praten. Vader Frank was opener, al beperkte hij de informatie tot een minimum, zoals Annes nieuwe hartsvriendin op het Joods Lyceum, Jacqueline van Maarsen, vertelt: 'Ze was uiterst nieuwsgierig naar seksuele relaties tussen mannen en vrouwen en probeerde voortdurend haar vader uit te horen. Hij bedacht allerlei uitvluchten die zij dan weer aan mij vertelde en die mij aan het lachen maakten.'

In september, toen Frank vond dat hij even Amsterdam uit moest, vergezelde Anne hem naar een hotel in Arnhem waar hij had geboekt. Edith bleef weer thuis met haar moeder en Margot. Op een ansichtkaart aan zijn moeder in Zwitserland legt Frank uit: 'We blijven niet lang. Ik wilde weer wat rust hebben en niet helemaal alleen weggaan. Anne is altijd goed, lief gezelschap en ze kon makkelijk een paar dagen vrij krijgen van school. Alles gezond.' Terug op kantoor hoorde Frank dat er problemen waren. Pectacon was gedoemd tot liquidatie. Het BEO had een Duits rapport ontvangen met een secure beschrijving van de veranderingen in het bedrijf die Frank had aangebracht, 'bedoeld om de schijn te wekken dat het meeste kapitaal evenals het directeurschap van het bedrijf in arische handen was'. Het rapport oordeelde dat 'de besluiten, genomen op de jaarlijkse algemene vergadering van 13 februari 1941, volgens VO 48/41 onderworpen aan goedkeuring achteraf, niet goedgekeurd zijn dus geen rechtsgeldigheid hebben'. Op grond van deze bevindingen benoemde de *Generalkommissar für Finanz und Wirtschaft, Abteilung Wirtschaftsprüfstelle* (chef financiën en economie, bureau economisch onderzoek) Karel Wolters, een door de nazi's goedgekeurde jurist, als 'bewindvoerder van de vennootschap volgens 48/41' en belastte hem met de liquidatie van Pectacon. Op 22 september 1941 bezochten Otto Frank en Johannes Kleiman Wolters op zijn kantoor aan het Rokin.

Karel Wolters, geboren te Venlo in 1909, was een succesvol advocaat en procureur en sinds 1933 lid van de NSB. Tijdens de bezetting werd hij lid van het Rechtsfront, het Economisch Front en de Nederlandsch-Duitsche Kultuurgemeenschap. Zoals eerder is gemeld, woonde Wolters sinds 1941 in de Jan van Eyckstraat. Na de oorlog ondervraagd, met name over Pectacon, antwoordde Wolters: 'Ik weet dat ik optrad als curator van de N.V. Pectacon, maar ik herinner me geen details meer. Misschien is het bedrijf door mij verkocht. Het salaris weet ik niet.'

De documenten betreffende de omgang van Wolters met Otto Frank vormen merkwaardige lectuur. De meeste mensen die als *Verwalter* werkten, stonden bekend als zwendelaars, maar de verklaringen over Wolters, afgelegd door de joodse zakenlieden en hun personeel die onder zijn toezicht kwamen, beschrijven hem als beschermer. Zijn houding tegenover Frank was buitengewoon: volgens de verklaring van Kleiman wilde hij dat Pectacon normaal verder ging. Kleiman weigerde: 'Het was niet in ons voordeel omdat het goed mogelijk was dat een NSB'er of Duitser de leiding van de zaak zou krijgen en dat is de reden waarom ik Wolters voorstelde de vennootschap te liquideren. Ik vroeg een termijn van acht tot tien dagen. Daar ging Wolters mee akkoord. Ik begon met het incasseren van uitstaande rekeningen en het betalen van schulden.' In zijn verklaring schetste Frank hoe ze, door bemiddeling van een makelaar, 'de complete goederenvoorraad en de machinerie konden overdoen aan de firma Gies & Co, op dat moment nog gevestigd te Hilversum. Ook in deze firma had ik aandelen die ik nooit had aangegeven en die ik ook nu nog bezit. Dat schiep de mogelijkheid alle machinerie enzovoort te redden. De firma Gies & Co vestigde zich toen op ons adres, Prinsengracht 263 en de N.V. Pectacon op Rokin 6, het kantoor van Wolters. Het bedrag van de liquidatie bedroeg achttienduizend gulden waarvan een bedrag van vijfduizend gulden als niet-joods kapitaal werd uitbetaald aan Kleiman en van drieduizend gulden aan Dunselman. Het resterende bedrag van tienduizend gulden werd, na aftrek van 2300 gulden ten gunste van de *Wirtschaftsprüfstelle*, ten onrechte op De Nederlandsche Bank gestort en niet volgens de regels bij Lippmann, Rosenthal & Co.[4]

De boekhouding van Pectacon over 1940 ontbreekt, maar de beschikbare gegevens onthullen onregelmatigheden tussen de posten van vóór de

Duitse inval en die uit de periode van de liquidatie die leiden tot de speculatie dat er uitvoerig onderhandeld is tussen Kleiman en Wolters. De *Deutsche Revisions- und Treuhand A.G.* (waarvan het eindrapport ook ontbreekt) noemde de opbrengsten 'zeer ongunstig' en vond de verklaring van Kleiman over de schamele winst op de aanvoer 'onbevredigend'. Wolters sloot zijn bemoeienis met Pectacon af op 15 april 1942. Hij had, gezien de omstandigheden, erg zijn best gedaan Otto Frank te helpen het bedrijf voort te zetten, wat de uitspraken van andere joodse zakenlieden geloofwaardig maakt dat zijn houding jegens hen eerder beschermend dan vijandig was.[5]

Behalve Frank, zijn medewerkers en Karel Wolters had nog iemand begrepen dat Gies & Co een rookgordijn was. In genoemde brief uit 1964 aan de Nederlandse journalist schreef Tonny Ahlers duister: 'Ik wist van het spelletje [van Otto Frank] met Gies.' Of hij dit Frank verteld heeft of niet, is niet meer te achterhalen. Zeker is echter dat dit nu juist het laatste fragment was in een steeds gevaarlijker hoeveelheid kennis die Ahlers verzamelde tegen Otto Frank.

In oktober 1941, tijdens de afwikkeling van de liquidatie van Pectacon, rezen nog meer problemen op de kantoren aan de Prinsengracht. De lening die Erich Elias in 1933 verzorgd had zodat Otto Frank het bedrijf in Amsterdam kon opzetten, was overgenomen door de nieuwe directeur van Rovag, een Zwitserse dochteronderneming van de Pomosin-Werke en de firma waarvoor Erich Elias in 1933 had gewerkt. De nieuwe man wilde weten hoe het zat met de afbetalingen. Frank verklaarde dat hij al vijfduizend gulden van de oorspronkelijk geleende vijftienduizend gulden had terugbetaald; 'op verzoek van de heren in Frankfurt' (medewerkers van het hoofdkantoor van Pomosin) was het restant overgenomen door de niet-joodse Dunselman. Dit hield in dat de onderneming nu 'geariseerd' was, zoals al eerder beschreven. Dit rookgordijn won aan geloofwaardigheid door een vergadering, belegd op 12 december, waarbij behalve een stenograaf alleen Frank en Dunselman aanwezig waren. Frank diende zijn ontslag in als directeur van de onderneming met dien verstande dat de 'ariër' Kleiman zijn functie over zou nemen. Er werd ook vastgesteld dat Dunselman gesproken had met twee heren van Pomosin uit Frankfurt die 'de nodige stappen hadden ondernomen om de onderneming te "ariseren"'. De heren uit Frankfurt hadden aan het BEO geschreven dat volgens de overeenkomst uit 1933 aangaande de lening van Rovag Pomosin nu de rechtmatige eigenaar was van de aandelen Opekta Amsterdam. In afwachting van de beslissing van het BEO stelden de heren voor de aandelen van Otto Frank te deponeren bij de Handelstrust West N.V. te Amsterdam, een Nederlands filiaal van de Dresdner Bank, vaak gebruikt door Duitse bewindvoerders van joodse bedrijven die 'geariseerd' werden.

Frank was dan wel bezorgd dat Pomosin na de oorlog recht op zijn zaak zou doen gelden, maar de actie van de 'twee heren uit Frankfurt' hielp mee aan de redding van de onderneming. Het BEO besloot Opekta volledig te 'ariseren' door het bedrijf in zijn geheel aan een van de concurrenten te geven, maar dit besluit werd nooit verwezenlijkt, vermoedelijk op verzoek van Pomosin. Wat de reden ook geweest moge zijn, het betekende dat Frank, dankzij de tussenkomst van Pomosin en de hulp van Dunselman, Kleiman en Wolters, zijn werk kon blijven doen. Miep vertelt hoe dat in de praktijk ging: 'Meneer Frank kwam elke dag op het werk. Van achter zijn bureau op zijn privé-kantoor nam hij alle beslissingen en gaf hij alle opdrachten. Er veranderde niets, alleen bleef wanneer een cheque was uitgeschreven of een brief getikt, de plaats voor een handtekening leeg. Frank gaf alles dat getekend moest worden door aan Kleiman of Kugler voor een onverdacht christelijke handtekening.' Gelet op alle problemen waarmee Frank in die tijd te maken had, was het weinig verrassend dat Anne aan haar familie in Basel schreef dat haar vader 'reumatiek in zijn rug' had. Miep weet te vertellen dat hij zich op kantoor normaal gedroeg: 'Hij bleef altijd dezelfde, verzuimde nooit een dag, klaagde nooit en liet zijn privé-leven thuis achter.' In november verloren alle Duitse joden in de bezette gebieden, ook de familie Frank, hun nationaliteit en moesten een lijst met hun bezittingen afleveren bij de *Zentralstelle*. Frank vertelde: 'We deden ons best de kinderen niet in deze zaken te betrekken... De kinderen beseften het nauwelijks toen we ons moesten melden, ik ging alleen. De Nederlandse ambtenaar die de lijst aanpakte zei geen woord toen hij me zag.' Op 5 december moesten alle niet-Nederlandse joden zich laten registreren bij de *Zentralstelle* voor 'vrijwillige emigratie'.

Vier dagen later verklaarde China de oorlog aan Japan en Duitsland en op 11 december, na de Japanse aanval op Pearl Harbor, raakten ook de Verenigde Staten bij de oorlog betrokken. Voor de Europese joden bracht dit nieuws een sprankje hoop in een beangstigend jaar, maar voor anderen betekende het dat de enig mogelijke weg om te ontsnappen nu afgesloten was.

Op 29 januari 1942, na maanden van pijn en een operatie eind 1941, stierf Rosa Holländer aan kanker. Otto en Edith hadden Anne niet de ware aard van haar grootmoeders ziekte verteld en ze was diep geroerd door haar dood. In haar dagboek schrijft ze van tijd tot tijd over oma Holländer en vertrouwt 'Kitty' toe: 'Niemand weet hoeveel ik aan haar denk en nog van haar houd.' Het overlijden werd gepubliceerd in *Het Joodse Weekblad* en Rosa Holländer werd begraven op de joodse begraafplaats Gan Hasjalom in Hoofddorp.

Het verdriet van Edith werd nog verergerd door het ontbreken van contact met Julius en Walter: er werd geen post uit Europa naar Amerika verzonden sinds de Verenigde Staten aan de oorlog deelnamen. Het enige contact met haar broers verliep via haar schoonmoeder in Zwitserland. Op 12 april stuurde Alice Frank een voedselpakket naar Otto en Edith met een brief die de situatie uiteenzette: 'Julius verlangt naar bericht, dat kun je begrijpen. Ik schrijf hem zo vaak ik kan en hoop op een antwoord maar je moet geduld hebben.' Erich deed er een zakelijk briefje bij: 'Beste Otto, ik moet je teleurstellen, door ons gefabriceerde goederen kunnen niet geleverd worden. Omdat de situatie is zoals ze is, hebben we geen exportvergunning. Ik kijk hoe de toestand zich ontwikkelt. Heb je niets uit Frankfurt gehoord? Je begrijpt hoe het mij spijt, maar we moeten ons erin schikken.' Erich verloor ten slotte zijn baan bij het bedrijf in Zwitserland; het land handhaafde weliswaar zijn neutraliteit maar er waren veel nazi-sympathisanten. Op 27 april kreeg Erich 'Israël' Elias bevel van het Duitse consulaat in Basel zijn paspoort in te leveren omdat de Duitse nationaliteit hem ontnomen was. Zijn zoon Buddy weet nog hoe hij met hem het consulaat binnenging die dag. Erich had zijn beste pak aan en een hoed op, stapte statig op de balie af waar hij zijn paspoort zonder een woord te zeggen naar de verbijsterde ambtenaar slingerde, en marcheerde weer naar buiten.

Op 2 juni 1942 stuurde Otto Frank, samen met de rest van het gezin, felicitaties aan Buddy Elias voor zijn zeventiende verjaardag. Zijn brief was uitgesproken droefgeestig van toon: 'We zien het aan onze kinderen, hoe de tijd verstrijkt en ik voel me soms al... grootvader als ik aan mijn volwassen dochters denk. Laten we hopen dat het niet al te lang meer duurt dat we elkaar weerzien, ooit moet het toch weer vrede worden.' Tien dagen later, op 12 juni, vierde Anne haar dertiende verjaardag. Een van de cadeautjes van haar ouders was het dagboek dat ze kort tevoren had uitgezocht in de boekwinkel in de buurt. Omstreeks die tijd vertelde Otto Frank zijn dochters dat er voorbereidingen werden getroffen om onder te duiken. Hij probeerde de klap wat te verzachten door Anne te verzekeren: 'Maak je daar maar niet ongerust over, dat regelen wij wel; geniet van je onbezorgde leventje zolang je ervan genieten kunt.'

Op 4 juli schreef Frank aan zijn familie in Zwitserland. Zijn brief geeft in bedekte termen een hint over de onderduikplannen: 'Bij ons is ook alles goed, al wordt het zoals jullie wel weten van dag tot dag moeilijker. Wees in elk geval niet ongerust, ook niet als jullie weinig van ons horen. Al ga ik niet naar de zaak, er is toch veel te doen en te overdenken en men moet vaak beslissingen nemen die moeite kosten... We vergeten jullie niet en we weten dat jullie ook aan ons denken maar jullie kunnen daar niets aan veranderen en moeten goed voor jezelf zorgen.' Een korte brief, gericht aan Julius en Walter Holländer maar verzonden aan Otto's moeder, houdt in dat de onderduik aanstaande is: 'Alles is moeilijk voor ons dezer dagen, maar we moeten de dingen nemen zoals ze komen. Ik hoop dat het dit jaar vrede wordt en dat we elkaar weerzien. Het spijt me dat we niet kunnen corresponderen met Ie [Alice] en haar familie maar daar is niets aan te doen. Ik weet zeker dat ze het begrijpt.'

Uiteindelijk begon de familie Frank niet aan de onderduik op de datum die ze gepland had. Op zondag 5 juli 1942 kreeg de zestienjarige Margot Frank bevel zich te melden bij de SS voor deportatie naar een Duits werkkamp.

Concentratiekampen waren er al sinds 1933, maar het waren toen nog geen vernietigingskampen. Nochtans stierven de bewoners ervan dikwijls aan de behandeling door de bewakers waaraan ze blootstonden en aan de slavenarbeid die ze moesten verrichten. Pas na de Wannsee-conferentie in januari 1942, waarbij alle betrokken instanties bijeenkwamen, werden de plannen voor de *Endlösung* van het 'joodse vraagstuk' voltooid. Adolf Eichmann leidde, als hoofd van de sectie IV B4 in Berlijn, de operatie die de joden moest vernietigen. Het kamp – hetzij concentratiekamp, werkkamp, overgangskamp of getto – was deel van het leven in de bezette gebieden geworden. Polen was veranderd 'in een grote plantage met slaven' met 5800 kampen verspreid over het hele land. In Duitsland waren de kampen nog talrijker en zichtbaar voor de bevolking. Alleen al in de kleine deelstaat Hessen bevonden zich 606 kampen, en Berlijn onderscheidde zich door de aanwezigheid van 645 kampen voor dwangarbeiders.

Ter voorbereiding van de deportaties uit Nederland had het Duitse gezag Westerbork overgenomen, omgeven met prikkeldraad en voorzien van gewapende SS'ers overal in het kamp. In ruil voor een vrijstelling behield een aantal Duitse joden de leiding van de dagelijkse administratie, wat wrevel wekte bij de Nederlandse joden die hen ervan betichtten betere nazi's te zijn dan de SS'ers. Westerbork werd gebruikt als depot voor joden die wachtten op deportatie vanuit Nederland. Abel Herzberg schreef erover:

> Vagevuur. Nergens was steun, materieel noch geestelijk. Iedereen was teruggeworpen op zijn eigen reserves, volstrekt alleen. Wanhoop, totaal en absoluut, beving iedereen. Mensen zochten hulp maar vonden die zelden en vonden ze die dan wisten ze dat deze niet blijvend was. Deportatie naar Polen kon op z'n best uitgesteld worden – voor een week of hoogstens voor een paar weken. Mannen waren niet bij machte hun vrouwen te beschermen, ouders moesten hulpeloos toekijken terwijl hun kinderen voor altijd bij hen weggerukt werden. De zieken, de blinden, de gewonden, de geestelijk gestoorden, zwangere vrouwen, de stervenden, wezen, pasgeboren baby's – niemand werd gespaard op de dinsdagen als de veewagens werden volgeladen met menselijke lading voor Polen. Dinsdagen, week in, week uit, twee eindeloze jaren lang.

Op de kantoren van de Joodse Raad in Amsterdam verdrongen zich de mensen voor de 'Bolle-brief', het stempel van de vrijstelling dat, heel letterlijk, uitstel van executie bood. Enkele kandidaten voor het stempel kregen het ook, maar uiteindelijk werden ook zij gedeporteerd, eerst naar Westerbork en daarna naar de concentratiekampen van Auschwitz en Sobibor. Iedere dinsdag tussen juli 1942 en september 1943 verlieten treinen Westerbork; het aantal passagiers bereikte zijn top in oktober 1942 (11.965) en in mei (8006) en juni 1943 (8420). De rimpelloze operatie van de treinen komt volledig voor rekening van de meedogenloos efficiënte *Reichsbahn*, onderdeel van het ministerie van Transport, waar 500.000 administratieve en 900.000 uitvoerende krachten zonder mokken hun plicht deden. Ten gunste van het budget van de *Reichsbahn* werden de gedeporteerde joden als normale passagiers geboekt, maar kinderen jonger dan vier jaar reisden gratis.

Over het algemeen beschouwden de Nederlanders de geruchten over de concentratiekampen als onplezierige propaganda en negeerden de gruwelverhalen: 'De danslokalen waren vol, het bioscoopbezoek was groter dan ooit, de stranden waren populair als altijd. Sport in het algemeen, voetbal in het bijzonder, trok grote menigten naar de stadions.' Officieel heette het dat de joden naar werkkampen werden gestuurd maar alleen dwazen en misleiden kunnen dat geloofd hebben als elke dag groepen gebrekkige, oudere, zieke en minderjarige joden werden afgevoerd. Jacob Presser barstte uit tegen een collega van de universiteit: 'Niet de schurk is ons probleem maar de gewone man die zich verlaagt tot monsterlijke daden.' Voor de ogen van de Nederlandse bevolking liepen gezinnen met de gele ster in lange rijen door de Amsterdamse straten, en trams beladen met geruïneerde joden rolden voort naar het Muiderpoortstation en het Centraal Station. Nederland heeft de slechtste cijfers wat betreft het aantal joden dat de holocaust in West-Europa overleefde. In België overleefde zestig procent van de joden, in Frankrijk ruim vijfenzeventig procent. Hiermee vergeleken is het percentage in Nederland des te schokkender: slechts een kwart van de joden overleefde. Er is op diverse factoren gewezen die aan deze ontstellende cijfers hebben bijgedragen. Anders dan in Oost-Europa, waar de joden gewend waren aan pogroms en agressief antisemitisme, waren de joden in de jaren dertig volledig geïntegreerd in de Nederlandse samenleving. Het Duitse gezag in Nederland was grotendeels Oostenrijks, wat mogelijk leidde tot gemakkelijker functionerende contacten met de autoriteiten (meestal zelf Oostenrijkers) in Berlijn. De geografie van Nederland was de joden van weinig nut omdat er weinig natuurlijke schuilplaatsen waren en weinig mogelijkheden tussen bezette gebieden en de Noordzee over de grenzen te ontkomen. Bovendien was er, in tegenstelling tot Frankrijk en België waar de treinen tussen maart en juli 1943 praktisch tot stilstand kwamen, in Nederland geen plaats waar de deportaties vertraagd werden.

Het schadelijkst van alles was de Nederlandse bureaucratie, die vasthield aan kwaliteit en efficiency, joden en niet-joden registreerde en de Duitsers zodoende waardevolle informatie verschafte. Judith Miller geeft deze verklaring: 'De Duitsers bestuurden Nederland met een meedogenloos, efficiënt burgerbestuur van amper duizend mannen en vrouwen, een bestuur dat onmogelijk zou zijn geweest zonder de actieve medewerking van duizenden Nederlandse burgerambtenaren uit de gedisciplineerde bureaucratie. Westerbork en de andere Nederlandse concentratiekampen werden hoofdzakelijk geleid door de Nederlandse SS, niet door Duitsers. En de onmenselijkheid van de autochtone Nederlandse SS was zodanig dat bijvoorbeeld in kamp Amersfoort de door de Duitsers erkende Nederlandse Joodse Raad een keer officieel protesteerde bij de Duitsers tegen de slechte behandeling van de joden door de Nederlandse Gestapo.' Er waren nooit meer dan tweehonderd Duitse politiemannen actief in Amsterdam maar de bezettingsmacht kon zonder al te grote problemen functioneren. De ondergrondse Nederlandse pers gaf betrekkelijk weinig aandacht aan de situatie van de joden, een verzuim, zoals *Vrij Nederland* moet toegeven: 'Het gif der propaganda heeft ons ongemerkt aangetast en zal lang nawerken, vooral op onze kinderen, die eraan gewend zijn geraakt, en niet anders weten, dan dat jood-zijn betekent: steeds in een uitzonderingspositie te verkeren.'

In dat eerste weekend in juli 1942 was Margot Frank een van de duizenden Duitse joden tussen de vijftien en zestien jaar die door de Duitsers waren aangewezen voor de eerste van de systematische deportaties naar de kampen. Het doel was midden juli in drie dagen vierduizend joden naar 'Duitsland' te sturen. De lijsten van te deporteren personen werden opgesteld door de *Zentralstelle für jüdische Auswanderung*. Onder de medewerkers bevond zich een man, Peters genaamd, die nauw bevriend was met Tonny Ahlers, die zelf ook vaak te zien was op de *Zentralstelle*.

Margots vriendin Laureen Nussbaum vertelt: 'Het was een kwelling. Sommigen van mijn vriendinnen wilden gaan toen de oproep kwam omdat ze niet iets heel ergs verwachtten, maar hun ouders smeekten hen te blijven en onder te duiken, terwijl de ouders van andere vriendinnen hen ertoe brachten te gehoorzamen aan de oproep om de rest van het gezin te redden. Bij de eerste ronde kreeg mijn zusje Susi ook een kaart, maar uiteindelijk hoefde ze niet te gaan dankzij een maas in de wet die mijn moeder had ontdekt. Niettemin was die periode een hel. Het was het begin van de zomervakantie en toen we terugkwamen op onze joodse scholen, waren de klassen flink uitgedund. Ik werd een van de zes in een klas, mijn zusje was de enige in de klas. De leerlingen, de leraren, allemaal verdwenen.'

In haar dagboek beschrijft Anne uitvoerig en emotioneel de gebeurtenissen van 5 juli: de schok, de angst en de paniek. Het besluit de volgende dag onder te duiken, viel onmiddellijk. Frank vertelde: 'Men zei dat het leven in de kampen, zelfs in de Poolse kampen, niet zo slecht was; dat het werk hard was maar er was genoeg te eten en wat het belangrijkste was, de vervolging hield op. Ik vertelde veel mensen mijn vermoedens. Ik vertelde ook wat ik op de Engelse zender had gehoord, maar veel mensen meenden dat dit gruwelverhalen waren...' Die avond beseften alle mensen die hadden beloofd hen, en de familie Pels, te helpen, dat het pand aan de Prinsengracht een gevaarlijk geheim zou gaan bergen. Frank stuurde een laatste briefkaart in code naar Zwitserland en feliciteerde zijn zuster met haar verjaardag, maanden te vroeg. 'We wilden er zeker van zijn dat je onze attenties op de juiste dag zou ontvangen, want later hebben we niet de gelegenheid. We wensen je van ganser harte het beste. We zijn gezond en samen, dat is het belangrijkste. Alles is moeilijk dezer dagen maar sommige dingen moet je met een korreltje zout nemen. Ik hoop dat we dit jaar al vrede vinden, zodat we elkaar weerzien. Het is jammer dat we niet langer met je kunnen corresponderen maar het is niet anders. Dat moet je begrijpen. Als altijd stuur ik je mijn beste wensen, Otto.'

Na de eerste deportatie uit Nederland werd een protestpamflet, 'De slag is gevallen', in de Nederlandse brievenbussen gegooid met een waarschuwing die griezelig profetisch was:

> Na de lange reeks van onmenschelijke bepalingen... is thans het sluitstuk gekomen.
>
> **De deportatie van alle Joden tusschen de 16 en 42 jaar.**
>
> Per 15 juli 1942 des nachts om half twee moet de eerste groep zich melden aan het Centraal Station te Amsterdam. Daarna zullen dagelijks 1.200 joden hetzelfde moeten doen. Vanuit Westerbork in Drente waar de ongelukkigen geschift worden, zullen dan telkens plusminus 4000 Joden tegelijk worden gedeporteerd. De treinen daarvoor staan gereed. Praagsche specialisten in het beulswerk zijn overgekomen teneinde de wegvoering zoo snel mogelijk te doen verloopen. In totaal zullen op deze wijze ongeveer 120.000 Joodsche Nederlanders verwijderd worden.
>
> Dit is het nuchtere relaas van de feiten, in hardheid en zakelijkheid slechts geëvenaard door de opdrachten van den Egyptischen Farao, die alle Joodsche mannelijke kinderen liet ombrengen en door Herodes, den anti-semiet, die om Jezus te dooden alle zuigelingen van Bethlehem vermoordde. Nu, enkele duizenden jaren daarna hebben Hitler en zijn beulen in dit gezelschap hun plaats gevonden. Officieele Poolse berichten noemen het getal van 700.000 Joden, die reeds in de klauwen van deze Germanen stierven. Onze Joodsche medeburgers zal het slecht vergaan... het gaat om de verwezenlijking van de bedreigingen, die de Nazi's telkens weer tegen de Joden hebben geslingerd, dan gaat het om hun vernietiging en uitroeiing.
>
> **Landgenoten.**
>
> Met afgrijzen en verontwaardiging heeft het Nederlandsche volk van de anti-Joodsche maatregelen kennis genomen. Wel moet ons volk zwaar boeten voor het feit dat het zich niet heeft verzet tegen de zoo onschuldig voorgestelde onderteekening van de Joden-verklaring [ariërverklaring]. Het is onze gezamenlijke schuld, die van de Joodschen raad niet uitgezonderd, dat onze vijanden over een perfecte jodenadministratie beschikken.
>
> Alle voorgaande Duitsche maatregelen hadden ten doel de Joden van de overige Nederlanders te isoleeren, het contact onmogelijk te maken en onze ge-

voelens van medeleven en verbondenheid te ondergraven. Het is hun beter gelukt dan wij zelf weten en waarschijnlijk willen toegeven. In stilte moeten de Joden omgebracht worden en wij, die getuigen zijn, moeten doof, blind en stom zijn... God en de geschiedenis zullen ons veroordeelen en medeplichtig verklaren aan deze massamoord indien wij thans zwijgen en toezien...

Op 6 juli 1942 betrok het gezin Frank zijn onderduikverblijf; op 13 juli 1942 gevolgd door Hermann, Gusti en Peter van Pels en op 16 november door Fritz Pfeffer, nadat deze bij Miep had geïnformeerd naar een 'veilig adres'. Twee jaar lang leefden acht mensen overdag binnen de strikte beperking van de vijf kamers van het achterhuis, achter de grijze deur die zelf verborgen was achter een speciaal geconstrueerde beweegbare boekenkast, in de avonduren uitgebreid met de kantoorvertrekken. Niemand anders dan de vrienden die hen beschermden, werd geacht te weten waar ze waren. Buren van het Merwedeplein hechtten geloof aan een verhaal dat begon met een opzettelijk misleidende brief die door Frank was achtergelaten, dat ze via zijn oude makker uit het leger, Crampe, gevlucht waren naar Zwitserland. Otto Franks familie in Zwitserland wist niet waar ze waren maar begon, door toespelingen in zakenbrieven van Kleiman aan Erich Elias, te begrijpen dat er voor hen gezorgd werd.

Hun overleven was afhankelijk van het respecteren van bepaalde regels voor de veiligheid, van het behoud van de gezondheid en van het geloof dat ze uiteindelijk hun vrijheid zouden herkrijgen, maar voor alles van hun helpers. Miep en Jan, Bep en haar vader, Kleiman en zijn vrouw Johanna en Kugler (die zijn vrouw niet in vertrouwen nam) voorzagen hen van levensmiddelen en de nodige zaken voor het dagelijks leven, hielden de moed erin en beschermden hen in elk opzicht. In een brief aan Yad Vashem beschreef Frank hun taken:

> Miep en Bep hadden de uiterst moeilijke opgave voor eten te zorgen. Acht mensen voeden terwijl de meeste levensmiddelen gerantsoeneerd waren, dat was een zware taak. Ze moesten in verschillende winkels kopen, zodat het geen achterdocht zou wekken als ze grote hoeveelheden tegelijk kochten. Meneer Gies en meneer Kleiman kochten bonkaarten voor ons op de zwarte markt; na enige tijd kregen we geldgebrek en verkochten ze een deel van onze sieraden. Daarnaast verkocht meneer Kugler kruiden zonder verkopen te boeken om onze behoeften te financieren. Al deze bezigheden wa-

ren riskant en ze moesten altijd zorgen niet gesnapt te worden door een collaborateur van de Duitsers of een *agent provocateur*. Behalve levensmiddelen waren er een heleboel andere dingen die we in de loop van vijfentwintig maanden onderduiken nodig hadden, zoals toiletartikelen, medicijnen, kleren voor de opgroeiende kinderen enz., maar ook boeken en ander materiaal om ons bezig te houden.

Miep bekende later dat ze het een sport had gevonden te winkelen voor haar ondergedoken vrienden: 'Ik ging alle winkels langs en probeerde wat uit bij de man in de winkel. Hoe ver je kon gaan. In welke mate kon je voorwenden in een verschrikkelijke situatie te verkeren. Ja, het leek op spelen in een theater.' Voor het vlees ging Miep naar een vriend van Van Pels die een slagerij aan de Rozengracht had en andere etenswaren kocht ze dichtbij aan de Leliegracht, in de winkel van Hendrik van Hoeve, een lid van de ondergrondse, die zelf een ondergedoken joods echtpaar in huis had. Kleimans vriend Siemons, die een bakkerij aan de Raamgracht had, voorzag hen van brood. Bep had de taak flessen melk opzij te zetten van het rantsoen van het kantoorpersoneel en dankzij het Nationaal Steunfonds kon Jan Gies bonkaarten kopen via zijn werk in een verzetsgroep. Op den duur bleek het zinvol gedroogd en ingeblikt voedsel in te slaan en op te slaan op de zolder van het achterhuis.

De steun van de helpers reikte verder dan deze praktische zaken. In zijn memoires zegt Frank: 'Niemand kan zich voorstellen wat het voor ons betekende dat mijn vier werknemers opofferingsgezinde helpers, ware vrienden bleken te zijn in een tijd dat de kwade krachten de overhand hadden. Ze gaven een waarachtig voorbeeld van humane samenwerking, terwijl ze een enorm persoonlijk risico namen door voor ons te zorgen. Mettertijd werd dat steeds moeilijker. Hun dagelijkse bezoeken boven gaven ons een enorme steun.' In een radio-interview zei Kleiman na de oorlog: 'De reden dat ik aanbood Otto Frank en zijn gezin te helpen in de onderduikperiode, is dat ik hem kende als een eerlijk zakenman en een heel bescheiden en hulpvaardig mens, eigenschappen waarom hij algemeen wordt gewaardeerd.' Kuglers houding was weinig anders: 'Wat kon ik ander doen? Ik moet hen helpen, het waren mijn vrienden. Het leven veranderde totaal voor de onderduikers. Ze moesten volstrekt stil zijn, vooral overdag. Maar het was ook voor ons helpers een spannende en angstaanjagende tijd. Onze grootste angst was dat de schuilplaats ontdekt zou worden. Ik moest een toneelstukje opvoeren voor Otto's vroegere zakenrelaties, voor de klanten en de buren.

Toch ging het leven in het geheime achterhuis net als buiten gewoon door. Hun enige kans op een betere toekomst was het geheime achterhuis, waar ze probeerden de storm te doorstaan.'

Het was moeilijk voor de helpers hun dubbel leven geheim te houden. Willy, een zusje van Bep Voskuijl, vertelde: 'We wisten er niets van dat de familie Frank ondergedoken was. Wat we wel merkten, was dat Bep en vader na het eten vaak heel rustig zaten te praten.' Jan Gies vertelde: 'Mensen die voor onderduikers zorgden, hadden ook een apart soort leven. Ze werden wat teruggetrokken. Ze hadden niet de vrijheid zich te uiten... Want het is wel een verschrikkelijk leven in zo'n kleine gemeenschap. Moeten zwijgen over die dingen en ertegen opgewassen zijn en iedereen op een armlengte afstand – en intussen doen of alles normaal is.' In tegenstelling tot haar antwoord over het ontslag van haar joodse collega Esther zei Miep dat ze geen angst voelde toen ze het risico nam de familie Frank en haar vrienden te verbergen: 'Dat woord kwam niet voor in ons woordenboek, bang. Zeker niet in het begin. Ja, later maakte je je wel eens zorgen. Je dacht, hoe kan dat zo verder gaan... Maar de zorg voor deze mensen – en het medelijden voor wat deze mensen doormaakten – dat was sterker. Dat gaf de doorslag.'

De noodzaak onder te duiken verstoorde het evenwicht in de relatie tussen Miep Gies en Otto Frank en Miep besefte dat Frank als gevolg daarvan veranderde: 'Hij vond het niet prettig. Want uiteindelijk was hij de directeur en in het normale leven gebeurde wat hij zei. Maar nu was hij afhankelijk van ons. Stel je die situatie voor. Die verandering. Hij moest maar afwachten of we het over alles eens waren. Of we het goed vonden. Of we alles naar wens deden.' Miep en Jan Gies hadden ook een ondergedoken vluchteling in huis, iets wat ze Frank opzettelijk niet vertelden. Miep legt uit waarom: 'Otto zou dat nooit goedgekeurd hebben. Ik weet precies wat hij zou zeggen: "Miep, als er met jou iets gebeurt..." Je leefde in aparte werelden. Ook tegenover onze vrienden. Ze wisten er niets van. Dat was de regel: mond houden.' Jan bevestigde: 'We wisten bijvoorbeeld dat die mensen aan de andere kant van de straat goed waren. Waarom? Moeilijk te zeggen voor ons. Je ziet dingen... je hoort dingen. Je hoort mensen praten en op die manier krijg je door wat bepaalde personen waard zijn. Dat is niet honderd procent regel maar in het algemeen klopte het voor mij. Ik had geluk.'

Omdat de helpers ook werknemers van Frank waren, hielden ze namens hem de zaken gaande en Kleiman en Kugler overlegden dagelijks met hem. Er waren wel moeilijkheden nu Kugler grotere verantwoordelijkheid kreeg; Anne schrijft over Van Pels die zich kwaad gemaakt heeft over een of andere blunder van meneer Kugler, Op 20 oktober 1942 meldt ze: 'Hier is grote ruzie geweest... Mijnh. van P. en Pim hebben alletwee slecht geslapen van kwaadheid. Die Kugler is ook gek. Nu wil hij nog een meisje aannemen maar dat kan natuurlijk niet voor ons en ook niet voor hem zelf.' Niettemin gebruikte Kugler geld van de zaak om de onderduikers te helpen. Gies & Co maakte in de oorlog maar geringe winst. Na de Duitse inval hadden Frank en Kleiman apparaten gekocht waarmee ze surrogaatkruiden konden maken nu goederen uit Nederlands-Indië door het wereldwijde conflict niet meer verkrijgbaar waren. Er was vraag genoeg naar de producten die door Franks bedrijf werden gefabriceerd. Opekta werd met rust gelaten door de Duitsers; op 1 juli 1944 deelde het BEO de firma mee dat het de terugtrekking in december 1941 van de 'joodse directeur Frank' had goedgekeurd en dat 'joden geen persoonlijke of financiële invloed meer op de firma uitoefenen'. Op grond daarvan was Opekta 'volgens de voorschriften van VO 189/40 niet langer verplicht tot registratie'.

De acht onderduikers waren niet onwetend van het lot van de joden in Nederland. Ze hadden een radio waar ze dagelijks naar luisterden, en hoorden rapporten uit Engeland dat 'joden geregeld werden gedood met machinegeweren en handgranaten – en zelfs vergiftigd met gas'. Hoewel het nieuws hen diep schokte, bleven ze naar de uitzendingen luisteren, want, zoals Frank later schreef, 'dankzij de radio konden we ons verbonden voelen met de buitenwereld'. Het nieuws en hun eigen opsluiting eisten een tol van elk van hen. Er waren vaak ruzies omdat ieder van hen wanhopig en gedeprimeerd werd, ze trokken zich terug en verloren op zeker moment hun geloof in de toekomst. Toch was er ook humor in de onderduiktijd, een sterk gevoel van verbondenheid, en werden verjaardagen en feestdagen gevierd. Frank besefte alras dat verveling een van de ergste persoonlijke demonen was: 'Alleen met een bepaalde, van begin af aan vastgelegde tijdsindeling en met een eigen taak voor iedereen mochten we hopen de situatie te doorstaan. Bovenal moesten de kinderen voldoende boeken hebben om te lezen en te leren. Geen van ons wilde eraan denken hoe lang deze vrijwillige gevangenschap zou duren.' Overdag werd volgens rooster gewerkt aan lezen, schrijven en talen studeren. 's Avonds, als absolute stilte niet meer vereist was, luisterden ze naar klassieke muziek op de radio, speelden bordspelletjes, droegen gedichten voor en discussieerden over politiek. Het waren allemaal enthousiaste lezers en 's avonds las Frank hardop zijn gezin voor uit de favorieten van zijn jeugd: Heine, Goethe, Schiller en Körner. Religie maakte ook deel uit van hun leven in de onderduik: op vrijdagavond vierden ze de sabbat, geleid door het voorbeeld van Edith en Fritz Pfeffer. Ze kookten ook naar joodse recepten en hielden de hoogtijdagen in ere. Ze vierden Kerstmis maar de feestelijkheden waren domweg een middel om plezier te hebben, zonder echt religieus gevoel achter het geven van cadeautjes. Na de oorlog onthulde Frank hun laatste redmiddel om niet te diep weg te zakken in de vertwijfeling: 'Ik herinner me een zin die ik ooit gelezen heb: "Als het einde van de wereld ophanden was, zou ik toch een boom planten vandaag." Toen we in het geheime achterhuis woonden hadden we het devies "fac et spera", ofwel, werk en hoop.'

Terwijl de familie Frank en haar vrienden afgesneden waren van de buitenwereld, beleefde Tonny Ahlers een periode van voorspoed. Hoe lang de leveringen van Franks bedrijf naar zijn eigen firma in deze periode doorgingen en hoe dit georganiseerd was (wellicht via Kleiman), is niet duidelijk. Vermoedelijk had Ahlers gehoopt dat de overeenkomst door zou lopen; dat kan beslist de enige verklaring zijn waarom hij in 1964 aan de voormalige SS Oberscharführer schreef dat hij Otto Frank en zijn gezin had 'toegestaan' voor enige tijd onder te duiken. Naast de zaken met de Wehrmacht hield Ahlers zich ook met andere dingen bezig. Hij nam geregeld deel aan schermutselingen en bij *Untersturmführer* Kurt Döring gaf hij joden aan, en mensen die de wetten van het land onder Duitse bezetting overtraden. Hij probeerde de spion met wie hij werkte, Josef van Poppel, te verraden om redenen die alleen hij zelf kende. Van Poppel was onverwacht uit de NSNAP gezet en hij meende dat dit te wijten was aan 'de activiteiten van Ahlers'. In 1942 kreeg Van Poppel het vermoeden dat de SD Ahlers had gevraagd hem in het oog te houden: 'Ik kreeg voortdurend mensen bij me thuis die stomme vragen stelden. Ze zeiden bijvoorbeeld dat de SD hen zocht en of ik kon helpen.' Hij vertelde dat Ahlers ergens in 1942 op zijn deur bonkte en riep dat hij order had hem te arresteren: 'Ik vroeg [Ahlers] om bewijs, maar het enige dat hij me kon laten zien was een papier met de mededeling dat hij agent van de SD was. Ik zei dat ik hem de trap af zou gooien als hij niet wegging. Ahlers zei dat hij mij arresteerde omdat hij wist dat ik iemand verborgen hield die gezocht werd door de SD. Het was gewoon een roddeltje dat hij had opgepikt in Café Trip. Ahlers vertrok met de twee mannen in WA-uniform die tijdens onze woordenwisseling onder aan de trap waren gebleven. Drie uur later kwam hij terug om zich te verontschuldigen voor zijn gedrag. En: ik had echt iemand in huis, een zekere Geri... Door Ahlers was Geri diezelfde middag gearresteerd en veroordeeld tot drie jaar cel.' Van Poppel bevestigde ook dat Ahlers betrokken was bij de arrestatie en executie van twee mannen die hij kende.

In februari 1943 deed Ahlers iets wat zijn familie hem nooit heeft vergeven. Ahlers' moeder en pleegvader hadden bezoek van een zekere Aloserij die, zoals wel vaker, kwam kaarten. Ahlers was er ook en hij discussieerde met Aloserij over de opmars van het Rode Leger. Aloserij vertelde: 'De volgende dag werd ik gearresteerd. Ze brachten me naar politiebureau Doelenstraat waar ze me vier dagen vasthielden... Geen twijfel mogelijk, Ahlers heeft bij de SD geklikt over het debat en mij – en zijn pleegvader – aangegeven bij de SD. Precies een jaar later werd ik weer gearresteerd... ze vertelden me dat ik gearresteerd was op grond van mijn "houding" ten huize van Ahlers' pleegvader. Ik werd naar kamp Vught gestuurd.' De kwestie-Aloserij had nog meer consequenties: Ahlers' pleegvader werd ook naar Vught gedeporteerd en het huis van Ahlers' broer werd doorzocht door de SD die op zoek was naar communistische propaganda, alvorens onder politietoezicht te worden geplaatst. Ahlers probeerde nog een vriend van de familie te verraden maar de man wist door het raam te ontsnappen toen de Gestapo zijn woning binnenkwam. Zijn vrouw vertelde: 'Ahlers stond hier in de buurt bekend als NSB'er en als SD'er.' 'Hier in de buurt' was de Amsterdamse Jordaan, met name de omgeving van het geheime achterhuis.

Begin 1943 doken twee jongemannen onder in de woning aan de Haarlemmerweg die Ahlers huurde van een schilder die later tegen hem getuigde. Na de oorlog bekende een van de onderduikers: 'Algauw merkten we dat we allesbehalve veilig waren in de woning van Ahlers. Hij had een inkoopagentuur voor de Wehrmacht en sterke banden met de SD. Hij was onder andere dikke vrienden met een zekere Döring... we gingen algauw naar een ander adres.' Ahlers zelf verhuisde in november 1943 naar een ruim appartement op Jan van Eyckstraat 22, waar hij met vrouw en zoon woonde. Het huis kwam vrij toen de joodse eigenaars waren gedeporteerd: een document van de Amsterdamse telefoondienst toont aan dat Ahlers toestemming kreeg van de SS om het huis te bezetten. Door zijn contacten bij de *Zentralstelle* kon Ahlers het appartement meubileren met de fraaie bezittingen die van gedeporteerde joodse families gestolen waren. Twee van Ahlers' werknemers bij Petoma zochten hem op in zijn nieuwe woning. Hij toonde 'foto's waarop hij bij feesten in zwart (NSB)uniform stond. In zijn woonkamer hing een groot portret van hem naast dat van Mussert. Op zijn deur zat een bord met de tekst "Bij afwezigheid, informeer bij de *Sicherheitsdienst* Euterpestraat"... Toen we ontslag wilden nemen [bij Petoma], accepteerde hij dat niet en zei dat hij de *Grüne Polizei* zou halen als we niet aan het werk gingen.'

Na de verhuizing naar de Jan van Eyckstraat nam het leven van Ahlers een nog kwaadaardiger wending. Zijn band met de SD werd vanzelfsprekend sterker met zijn luxueuze appartement in het donkere hart van nazi-Amsterdam, op een steenworp afstand van het SD-hoofdkwartier. De straat waar hij woonde, werd aan de ene kant begrensd door de *Zentralstelle* en aan de andere kant door de *Expositur*, het bijkantoor van de Joodse Raad, en bijna al zijn buren maakten deel uit van de SD. Naast hem woonde zijn baas, Kurt Döring (naoorlogse getuigen vertelden dat Döring de gevangenen die na hun arrestatie bij hem voorgeleid werden, zelden mishandelde, behalve als het joden waren. Eén getuige bevestigde zijn 'haatdragend' gedrag, waarbij hij hen '*Saujude*' en '*Schweinhund*' toeschreeuwde), in één huis met de Duitse beambten Christian Viebahn en Emil Rühl.[6] Ahlers verhuurde een kamer aan Herman Rouwendaal, een nazi-spion met als specialiteit infiltratie in verzetsgroepen en het verraden van geallieerde piloten. Waarschijnlijk kwam Ahlers via Rouwendaal in contact met Maarten Kuiper, een rechercheur van de SD. Kuiper kende Rouwendaal sinds augustus 1943, toen ze beide op het politiebureau in Amsterdam-Oost werkten. Op 27 januari 1944 zocht Kuiper Rouwendaal op in de woning van Ahlers.

Kuiper, geboren in november 1898 te Den Haag, nam als zeventienjarige dienst in het Nederlandse leger en diende vier jaar alvorens als voorman bij de KNSM te gaan werken. In 1924 voer hij naar Belgisch Kongo als pantrybediende. Hij was korte tijd dokwerker voor hij in 1925 werk vond bij de Amsterdamse gemeentepolitie waar hij 'een constante, bijna overdreven professionele ijver' aan den dag legde. In 1941 meldde Kuiper zich aan bij de NSB en kreeg hij opdracht communisten te vervolgen. Hij kwam 'op eigen verzoek' in dienst bij de SD in de Euterpestraat en binnen korte tijd executeerde hij in koelen bloede mensen uit het verzet en andere vijanden van het Derde Rijk. Hij vestigde ook een reputatie als antisemiet, en 'joeg volijverig op joden zoals hij eerst op communisten had gejaagd'. Midden in de oorlog was hij een van de productiefste verraders van ondergedoken joden en hij schatte 'het aantal arrestaties dat hij in het eerste jaar van de oorlog verrichtte, op minimaal tweehonderdvijftig personen. In de volgende jaren raakte hij de tel kwijt.' Tonny Ahlers was idolaat van Maarten Kuiper, naar het schijnt. Ze werden vrienden, verkeerden in dezelfde corrupte kringen, verenigd in hun haat tegen communisten en joden. Ahlers vertelde de mensen zelfs dat Kuiper, de roemruchte jodenjager, zijn schoonvader was. Gedurende zijn hele 'snode carrière' kreeg Kuiper een bonus voor elke jood die hij arresteerde. En onder die arrestaties was er een die plaats had in de zomer van 1944, in het achterhuis van een firma in kruiden aan de Prinsengracht.

In zijn memoires – het enige commentaar van een ander lid van de groep onderduikers in het achterhuis van Prinsengracht 263 – geeft Otto Frank niets prijs van zijn emotionele reactie op die periode maar concentreert zich liever op de schaarse positieve aspecten:

Ik moet zeggen dat het op een bepaalde manier een gelukkige tijd was. Ik denk aan al het goede dat we hebben ervaren terwijl alle ongemak, verlangens, conflicten en angsten verdwijnen. Hoe mooi het was in zo'n nauw contact te leven met de mensen van wie ik hield, om met mijn vrouw over de kinderen en over de plannen voor de toekomst te praten, om de meisjes te helpen met hun studie, de klassieken met hen te lezen en over allerlei problemen en over visies op het leven te praten. Ik vond ook tijd om te lezen. In het normale leven, als je de hele dag aan het werk bent, zou dat niet mogelijk geweest zijn. Ik herinner me heel goed dat ik ooit heb gezegd: 'Als de geallieerden winnen en wij overleven het, dan zullen we later met dankbaarheid terugkijken op de tijd die we hier samen hebben doorgebracht.'

In zijn rol als vredestichter tussen de individuele bewoners van het achterhuis merkte hij op: 'We hadden gedacht dat het gemeenschapsleven, ondergedoken met het gezin van mijn partner, het leven minder monotoon zou maken. Mijn belangrijkste taak was een zo gelukkig mogelijk gemeenschapsleven te bewaren en als ik compromissen sloot, verweet Anne me dat ik te toegeeflijk ben.' Al was het een dekmantel, hij nam het gewillig op zich om de status-quo te handhaven en hij vertrouwde Miep toe dat hij zich 'overweldigd' voelde door de verantwoordelijkheid en zich ook zorgen maakte over 'het gevaar' waarin zijn vrienden verkeerden terwijl ze voor hem zorgden.

Vanaf de eerste dag overzag Frank de details van het leven in de schuilplaats. Anne en hij spijkerden stroken textiel voor de ramen om nieuwsgierige blikken van de overkant van de binnenplaats te weren, terwijl Edith en Margot in een shocktoestand verkeerden. Daarna was hij het die de regels betreffende de veiligheid en de persoonlijke ruimte aangaf. Ook op andere gebieden nam Frank de leiding: hij stelde onderwerpen voor om te studeren en boeken om te lezen, gaf de kinderen les, gaf aan hoe ze met hun rantsoenen en voorraden om moesten gaan, besloot welke nieuwe veiligheidsmaatregelen genomen moesten worden na toevallige inbraken in het kantoor, deed mee met alle spelletjes en behield, althans uiterlijk, een positieve kijk op hun situatie. Miep Gies beschrijft Frank als 'de meest nuchtere, degene die iedereen in balans hield. Hij was de leider, de baas. Als er een besluit genomen moest worden, keken alle ogen naar meneer Frank.' Hij verschilde sterk van de Frank die zij kende. Miep vertelt: 'Ik constateerde een nieuwe evenwichtigheid, een nieuwe kalmte bij meneer Frank. Vroeger altijd een nerveuze man, nu toonde hij een uiterlijk van volkomen beheersing; er ging een gevoel van veiligheid en kalmte van hem uit. Ik kon zien dat hij de anderen een voorbeeld stelde.' Soms had hij een slechte bui, hoewel Miep dat wellicht niet heeft gezien; Anne geeft nu en dan commentaar op zijn slechte humeur waarbij hij al wat hem dwarszat voor zich hield. Op 17 oktober 1943 merkt ze op: 'Vader loopt met opeen geperste lippen rond, als iemand hem roept kijkt hij zo schichtig op, alsof hij bang is opnieuw een precaire zaak op te moeten knappen.' Zijn enige ontsnappingsmiddel was lezen, hetzij 'serieuze, tamelijk droge beschrijvingen van mensen en plaatsen', dan wel Duitse klassieken of, het meest gebruikelijk, Dickens.

'De enige persoon die zichtbaar iets voor Anne betekende, was haar vader. Dat bleek altijd weer.' Mieps waarneming uit de eerste hand van de relatie tussen Anne en haar vader frappeert alle lezers van de dagboeken en na hun publicatie werd dit vaak aangehaald door jonge mensen als hun voornaamste reden naar Otto Frank te schrijven. In haar herziene dagboek opent Anne de biografische schets van haar leven tot op dat moment met een beschrijving van hem als 'm'n vader, de liefste schat van een vader die ik ooit gezien heb'. Frank verwijderde deze opmerking uit de eerste gepubliceerde versie; uit bescheidenheid of om esthetische redenen, dat is niet bekend. Aanvankelijk was Frank bezorgd dat zijn jongste dochter de aanpassing aan het leven van de onderduiker rampzalig zou vinden: 'Van begin af aan was het ons duidelijk dat de aanpassing aan een leven in totale afzondering de levendige Anne veel meer moeite zou kosten dan ons. We wisten dat ze haar vele vriendinnen en de school erg zou missen. Margot, die meer volwassen was, zou zelf wel in het reine komen met onze situatie.' Anne kreeg daarbij van begin af aan de steun van haar vader. Kort na hun aankomst in het achterhuis schreef Anne in haar dagboek: 'Het is of de hele wereld zich plotseling omgedraaid heeft, maar Kitty, je merkt, dat ik nog leef en dat is de hoofdzaak, zegt vader.' Hij zei haar dat het Nederlandse volk geen blaam trof voor hun hachelijke toestand en verklaarde: 'Je zou een heel dagboek kunnen vullen om te zeggen hoe fantastisch de Nederlanders zijn.' Als Anne door haar angsten overmand werd, was hij gewoonlijk degene die haar troostte. Zijn vriend Jean Schick Grossman zei na de oorlog hoe. 'Otto vertelde me hoe machteloos hij zich voelde om tegemoet te komen aan de emotionele behoeften van Anne in de onderduik. Afgesneden van haar vriendinnen, en dat op haar leeftijd, probeerde ze vaak in hem een vervanger te vinden voor de normale kameraadschap die ze miste.' Om te proberen Annes eenzaamheid te bestrijden, hield hij haar zo veel mogelijk bezig. Maar als Anne onredelijk was, las Otto haar de les en verloor soms zijn kalmte, wat niet vaak gebeurde.

Frank stimuleerde Anne in haar speurtocht naar zelfontdekking en perfectie. Toen ze dertien was, lichtte Otto haar seksueel voor en ging daarbij verder dan de meeste ouders van zijn generatie, hoewel hij haar nieuwsgierigheid toch niet geheel bevredigde: 'Vader vertelde me over prostituees enz., maar alles bij elkaar opgeteld blijven er nog steeds vragen over die niet beantwoord zijn.' Frank was de enige die opmerkte dat Anne zich terugtrok in eenzaamheid, in zichzelf gekeerd in de periode van verwarring die voorafging aan haar verliefdheid op Peter. 'Ik heb een verschrikkelijke behoefte om alleen te zijn. Vader merkt dat ik niet gewoon ben maar ik kan hem ook niets vertellen.' Frank aarzelde iets tegen Anne of Peter te zeggen, ondanks de bezorgdheid en de pret die hun romance bij de andere onderduikers teweegbracht. In zijn memoires legde Frank uit dat de relatie 'enige problemen meebracht, maar omdat ik vertrouwen had in zowel Anne als Peter, kon ik openlijk met allebei praten. Ik was me bewust van het feit dat deze vriendschap het leven in het achterhuis zou vergemakkelijken voor Anne.' Peter was dol op Frank en zou later een moedige en zorgzame vriend voor hem zijn.

Tijdens haar puberale zelfstandigheidsstrijd zei Frank tegen Anne dat 'ieder kind zichzelf moet opvoeden'. Frank publiceerde vrijwel ongeschonden Annes voorlaatste notitie in haar dagboek, waar ze overdenkt hoe ze zich van hem heeft gedistantieerd, maar verschillende zinsneden waarin ze hem persoonlijk bekritiseert, ontbreken in de eerst gepubliceerde versie, bijvoorbeeld zijn ongeïnteresseerdheid voor haar idee dat iedereen in het achterhuis een praatje moest houden over een gegeven onderwerp en zijn blijkbaar platte gevoel voor humor. Verdwenen is ook de notitie, '... dat ik vroeger altijd jaloers op Margot was, wat betreft Vader, nu is daar geen spoor meer van; ik heb nog wel pijn als Vader mij zo onredelijk bejegent in z'n zenuwachtigheid, maar ik denk toch: "Ik kan het jullie eigenlijk niet kwalijk nemen dat jullie zo zijn, jullie praten veel over kinder- en jeugdgedachten, maar jullie weten er geen snars van af!" Ik verlang naar meer dan vaders kussen, naar meer dan zijn liefkozingen. Ben ik niet verschrikkelijk, dat ik me altijd met mezelf bezig houd?' Anne zelf liet dit weg in haar herschreven dagboek en Frank verkoos het niet weer op te nemen. Anne behield het commentaar op hun relatie in de tweede versie waarin ze begreep dat 'Vader nooit mijn vertrouwde zou worden'. In het eerste gepubliceerde dagboek was dit veranderd in 'mijn vertrouwde in alle dingen'.

Otto Franks rustige relatie met zijn oudste dochter schijnt nooit verstoord te zijn door tegenstellingen. Zijn naoorlogse herinneringen aan Margot sloegen altijd op haar aangeboren welwillendheid. Margot hield in de onderduikperiode ook een dagboek bij maar dat is nooit gevonden; het zou belangwekkende lectuur zijn geweest omdat haar persoonlijkheid in Annes dagboek en in Franks commentaren eendimensionaal is. Frank bekende in de jaren zeventig tegenover een van zijn naaste, meest vertrouwde vrienden, pater John Neiman, dat hij niet eens wist dat Margot net als Anne opschreef wat ze dacht. 'Otto praatte nooit veel over Margot maar hij zei wel dat een van de grootste verrassingen die hij beleefde bij het lezen van Annes dagboek, de ontdekking was dat ook Margot een dagboek bijhield. De twee meisjes lazen elkaar soms stukken uit hun dagboek voor. Hij had geen idee gehad van Margots behoefte iemand, of liever iets, in vertrouwen te nemen. Ze was altijd zo gesloten. Geen van hen wist ervan, behalve Anne. En volgens mij was hij natuurlijk erg teleurgesteld dat Margots dagboek niet bewaard gebleven was.' Of ze net als haar jongere zuster ooit werd geplaagd door onzekerheid, depressies en jaloezie, zullen we wel nooit weten. Frank vertelde Margot dat Anne haar in vertrouwen wilde nemen maar dat moeilijk vond. Hij had een manier bedacht waarop de beide zusjes dichter bij elkaar konden komen: 'Deel een geheimpje met Anne. Iets wat je niet aan je moeder of aan mij vertelt.' Margot stelde Anne voor elkaar briefjes te schrijven en Anne bewaarde die in haar dagboek. Daarin wordt een fractie van Margots gevoelens onthuld. Ze schrijft dat Anne en Peter moeten genieten van hun vriendschap en merkt op: 'Ik vind het alleen voor mijzelf een beetje jammer dat ik nog niemand gevonden heb en voorlopig zeker niet zal vinden, met dien ik over mijn gedachten en gevoelens zou kunnen spreken... je mist hier al genoeg, wat voor vele anderen zo vanzelfsprekend is... [ik heb] het gevoel dat ik met dengeen, met dien ik veel zou willen bespreken op een tamelijk intieme voet zou moeten staan. Ik zou het gevoel moeten hebben dat hij mij, ook zonder dat ik veel zeg, door en door begrijpt. Maar daarom moet het iemand zijn, in wien ik geestelijk mijn meerdere voel.' In een tweede brief schrijft ze weemoedig: 'In mijn binnenste heeft iemand recht op wederzijds vertrouwen...' Margot stond tot op zekere hoogte op vertrouwelijke voet met haar moeder, met wie haar relatie altijd voorbeeldig was, in tegenstelling tot de conflicten tussen Anne en Edith.

Frank maakte zich zorgen over de wrijving tussen zijn vrouw en zijn jongste dochter. Op 3 oktober 1942 noteert ze in haar dagboek: 'Ik heb pappie eindelijk verteld, dat ik veel meer van hem houd dan van moeder, daar heeft hij dan op gezegd dat dat wel weer over zal gaan... Pappie wou dat ik, als moeder zich niet lekker voelt of hoofdpijn heeft, maar eens uit mijzelf moest aanbieden, iets voor haar te doen, maar dat doe ik niet want ik houd niet van haar en ik heb er geen zin in. Voor Vader zou ik het beslist doen, dat merkte ik toen hij ziek was. Ik kan me moeder ook makkelijk stervende voorstellen, maar Vader stervende op een dag lijkt me onvoorstelbaar.' Frank sneed aanzienlijk hierin. In zijn memoires vertelt Frank: 'Ik was bezorgd omdat de verstandhouding tussen mijn vrouw en Anne niet bepaald goed was. Ze was werkelijk een uitmuntende moeder die alles voor haar kinderen over had. Ze klaagde vaak dat Anne bezwaar maakte tegen alles wat ze deed, maar het was een troost voor haar te weten dat Anne mij vertrouwde. Het viel me soms zwaar tussenbeide te komen tussen Anne en haar moeder. Enerzijds wilde ik mijn vrouw niet kwetsen maar anderzijds was het dikwijls moeilijk voor me Anne terecht te wijzen als ze brutaal en onbehoorlijk was tegen haar moeder. Gewoonlijk wachtte ik tot na zo'n ruzie, nam Anne apart en praatte met haar als met een volwassene. Ik legde haar uit dat in onze situatie elk van ons zich moest beheersen, zelfs als er reden tot klagen was. Vaak hielp dat even.' Edith was dikwijls verdrietig door Annes houding jegens haar en bekende haar echtgenoot: 'Ik weet wat ze van mij vindt maar ik ben blij dat ze jou heeft.'

De bladzijden van Annes dagboek die kort geleden boven water kwamen, zijn interessant omdat ze aantonen dat Anne op den duur meer rekening ging houden met de gevoelens van haar moeder, maar de afsluitende alinea duidt op de kloof die nog bestond: 'Wat weten wij van elkanders gedachten af? Ik kan niet met haar praten, ik kan niet liefdevol in die koude ogen kijken, ik kan niet, nooit! – Als zij maar één ding van een begrijpende moeder had, òf zachtheid, òf vriendelijkheid òf geduld òf iets anders: ik zou haar steeds weer proberen te naderen. Maar deze gevoelloze natuur, dit spottende wezen, daar van houden, het is me elke dag meer onmogelijk.' Niettemin viel Edith Anne vaak bij als Frank dat niet deed. Ze begreep haar dochters angst voor ontdekking als ze in het privé-kantoor naar de radio luisterden en terugkeerden naar het achterhuis, terwijl Frank, niet begrijpend, beneden bleef. Het was ook Edith die op een avond dat de Duitsers op geallieerde vliegtuigen schoten, sympathiseerde met Anne die wilde dat er licht gemaakt werd. 'Ik smeekte Vader het kaarsje weer aan te maken. Hij was onverbiddelijk, het licht bleef uit. Plotseling schoten machinegeweren, dat is nog tienmaal erger dan kanonnen, moeder sprong uit bed en stak tot grote ergernis van Pim de kaars aan. Moeders resolute antwoord op zijn gemopper was: "Anne is toch geen oude soldaat." Daarmee basta.' Anne zelf merkte op: 'Papa en mama zijn allebei op mijn kant', en ze veranderde haar notitie van 27 september 1942 van: 'Papi verdedigt mij tenminste zonder hem zou ik het hier zeker haast niet uithouden' in: 'Vader en moeder verdedigen me altijd vurig, zonder hen zou ik de strijd niet steeds weer zo zonder blikken of blozen op kunnen nemen.'

De betrekkingen tussen Otto en Edith Frank gedurende de onderduikperiode hebben weinig aandacht gekregen. Frank sprak er nooit over en het dagboek van Anne geeft slechts beperkt inzicht hoewel de nu weer toegevoegde bladzijden er de aandacht op vestigen. Voor een buitenstaander leek het een bewonderenswaardige relatie. Anne citeert mevrouw Van Pels die haar echtgenoot vaak hoont met de opmerking: 'Meneer Frank geeft zijn vrouw altijd antwoord hè?' Behalve in de al geciteerde commentaren uit de ontbrekende bladzijden noteerde Anne ook dat het huwelijk haar altijd gepresenteerd was als ideaal, 'nooit ruzie, geen kwade gezichten, volmaakte harmonie, enz. Vader neemt Moeder zoals ze is, ergert zich vaak, maar zegt zo weinig mogelijk omdat hij weet welke offers Moeder heeft moeten brengen. Over de zaak, over andere dingen, over mensen, over alles – Vader vraagt haar oordeel lang niet altijd, vertelt niet alles, want hij weet dat zij veel te overdreven, veel te critisch en vaak veel te vooringenomen is... Hij kijkt haar plagend en spottend aan, maar nooit liefdevol.'

Annes oordeel is scherp geformuleerd maar daarachter ligt de waarheid. Edith was uiteindelijk degene wie de gedwongen afzondering zwaarder viel dan alle anderen, een mogelijkheid waar Frank nooit aan had gedacht. Vóór haar huwelijk met Otto Frank had ze zich een geëmancipeerde vrouw betoond, maar daarna nam ze de 'nauwkeurig omschreven rol' van vrouw en moeder op zich, wat ze volgens haar opvoeding ook van het leven mocht verwachten, en maakte 'haar gevoel van eigenwaarde los van de vervulling van zulke "plichten"'. In de onderduik was dit onuitvoerbaar; ze deelde haar rol met mevrouw Van Pels, wat haar positie verzwakte, en omdat zij en haar Otto na de komst van Pfeffer hun kamer deelden met Margot, was het duidelijk dat zij en haar man niet meer intiem waren. Toen het eerste jaar van de onderduik ten einde liep, begon Edith 'vreemd te doen', vertelt Miep Gies. Frank heeft waarschijnlijk gepoogd zijn vrouw moed in te spreken en omdat Edith dit blijkbaar besefte, koos ze in zijn plaats Miep als vertrouwelinge, die eenvoudig luisterde naar haar bekentenis dat ze 'gebukt ging onder een diepe wanhoop... en tot haar grote schaamte het gevoel had dat er nooit een einde aan zou komen'.

Het einde kwam in de zomer van 1944. Niet Otto's vertrouwen maar Ediths voorgevoel bleek de grimmige, vreselijke waarheid. De geallieerde invasie op 6 juni 1944 had Frank opnieuw reden tot optimistische uitspraken gegeven. Kleiman stuurde op 22 juni een briefkaart naar de familie Elias in Zwitserland die zinspeelde op het feit dat Frank en zijn gezin nog in goede handen waren. Frank zelf was ervan overtuigd dat 1944 hun de vrijheid zou brengen. Zijn rustige aanmoediging, dat de uitkomst positief zou zijn, kreeg gestalte in een gedicht dat hij voor Ediths verjaardag op 16 januari 1943 schreef. Onder Franks bezittingen werd na zijn dood een kopie gevonden van dit niet eerder gepubliceerde gedicht.[7]

> Geen bloemen, geen aal.
> Geen cake en geen sjaal.
> Geen kousen, geen tasje.
> Nee, ook niets te nasjen:
> Geen snoep, geen chocolade.
> Ook geen lekkers van Verkade.
> Niets om aan te trekken, niets te lezen.
> Hoe was het ook weer?
> Hadden we maar iets.
> Stop! Twee pakjes sigaretten.
> Dat is alles, anders niets.
> Want de winkels zijn leeg.
> Bovendien, je wilde het
> Niet vieren, heel rustig houden
> En dat gebeurt ook.
> En iedereen begrijpt het.
> De vroegere vrienden, de oude bekenden,
> De broers, daar in verre landen,
> Denken aan jou, dat weet ik zeker.
> Maar er ligt geen brief op de verjaardagstafel.

Geen telefoon kan jou bereiken.
Zoiets is nog nooit gebeurd.
En toch, ook opgesloten in het achterhuis
Vieren we jouw verjaardag vandaag.
Niet eens een bos bloemen
Te zien in onze kamer.
Maar we zijn niet alleen, integendeel.
De liefde en trouw die we hier betonen,
Zijn niet te koop voor geld en goede woorden.
Niemand kan peilen wat het betekent
Hoe altijd weer, elke ochtend,
Die goede vrienden voor ons zorgen,
Ons nieuws brengen, ons eten geven.
Altijd bereid met hoofd en handen.
Wat kun je meer verlangen in het leven
Dan vrienden die je alles geven,
Dat je de kinderen bij je hebt –
en ook Pim – die je willen helpen
De last te dragen zo goed ze kunnen.
Gevieren zijn we samen, van vroeg tot laat.
En als we deze moeilijke periode
In goede gezondheid overleven
Dan zal al het andere prachtig zijn.
We hopen dat het spoedig vrede wordt,
En dat we vrij en zonder zorgen
Jouw volgende verjaardag beleven.
Dat hopen we – en het zal ons lukken.

Op 1 augustus schreef Anne in haar dagboek voor ze het, voor de laatste keer, op zou bergen in haar vaders aktetas.

Er was veel reden tot ongerustheid geweest in de twee jaren onderduik. In 1943 en 1944 was er een reeks van inbraken in het kantoor en het magazijn. Elke keer leek het gevaar dichterbij te komen dan voorheen. Bij de laatste inbraak op de avond van 8 april 1944 werden Otto Frank, Peter en Hermann van Pels gezien door de dieven, en hun geheime achterhuis was bijna verraden. Het gat dat bij die gelegenheid in de deur van het magazijn was gemaakt, werd ontdekt door Hendrik van Hoeve, de man die de aardappelen en groente leverde. Toen Van Hoeve de dag na de inbraak Jan Gies zag, vertelde hij hem dat hij de politie niet had gewaarschuwd: 'Onder ons gezegd, dat leek me niet wat ik moest doen. Ik weet niets, maar ik vermoed veel.' De volgende maand, mei 1944, werd Van Hoeve gearresteerd; de NSB had ontdekt dat hij een joods echtpaar in huis had en overviel zijn woning. Dat gaf de acht onderduikers aan de Prinsengracht alle reden tot bezorgdheid: minder aanvoer van etenswaar zou het gevolg zijn en ze vreesden dat Van Hoeve onder marteling zou doorslaan en hun schuilplaats zou verraden. Gelukkig voor hem doorstond Van Hoeve de kwalijke behandeling op het Gestapo-hoofdkwartier zonder een woord over enige andere onderduiker; hij werd naar diverse concentratiekampen gestuurd, naar Dora onder andere, een ondergrondse fabriek waar de gevangenen werkten en geregeld doodgeknuppeld werden.

Tijdens die inbraak van 8 april had ook Martin Sleegers, de nachtwaker in de buurt, het gat in de magazijndeur gezien. Hij riep een politieagent en ze inspecteerden het pand die avond: dat waren de twee mannen die de onderduikers in het achterhuis aan de boekenkast voor de geheime deur hoorden rammelen. Jan Gies sprak na die gebeurtenis met Sleegers en vroeg hem het pand speciaal in het oog te houden. Anne vertelt in haar dagboek dat iedereen zich nu afvroeg of Sleegers wel te vertrouwen was. Tussen de paperassen die in 1945 ten huize van Gezinus Gringhuis (een van de mannen die de familie Frank arresteerde) in beslag genomen werden, bevond zich een notitieboekje met namen en adressen van joden en informanten en gegevens over joodse bezittingen die hij gestolen had. De auteur vond dit boekje in het dossier Gringhuis van het NIOD. Midden in het boekje staat 'Sleegers, Herengracht 100'. Het was beslist dezelfde Sleegers. Onder Franks talrijke documenten bevindt zich een lijst van alle in het dagboek genoemde personen en daarnaast vulde hij hun echte naam en adres in. Sleegers stond op die lijst. Bovendien bekende Willem Grootendorst, een van de andere aanwezigen bij de arrestatie, een overval op de avond van 8 april 1944, een paar deuren voorbij het pand waar Frank met gezin en vrienden ondergedoken was; het is mogelijk dat hij of Gringhuis de politieagent was die Sleegers die avond vergezelde tot de boekenkast voor de geheime deur. Niemand besefte de connectie met Gringhuis of wellicht Grootendorst; ook hij had verhoord dienen te worden in verband met het verraad.

Er waren nog twee andere factoren te bedenken: de zuster van Bep Voskuijl hield het met een Duitse soldaat en in april 1943 had de eigenaar van het pand dit buiten hun medeweten aan een NSB'er verkocht. De nieuwe eigenaar, Piron geheten, kwam op een dag het kantoor binnen om zijn eigendom te inspecteren en Kleiman blokkeerde zijn belangstelling voor het achterhuis door te beweren dat hij de sleutel van de verbindingsdeur kwijt was. Anne vermeldt het incident in haar dagboek maar vertelt niet of Piron nog meer van Kleiman wilde weten.

Kort nadat Piron het pand had gekocht, werd Willem van Maaren als nieuwe magazijnchef aangetrokken in de plaats van Johan Voskuijl, de vader van Bep, nu kanker hem het werken onmogelijk maakte. Van Maaren, geboren op 10 augustus 1895 te Amsterdam, had een vrouw en drie kinderen. Op het moment dat hij in het magazijn aan de Prinsengracht kwam werken, had hij een reeks zakelijke mislukkingen achter de rug; hij werd door velen als onbetrouwbaar beschouwd. Gedurende de hele oorlog huisvestte hij een onderduiker, zijn eigen zoon die zich aan uitzending naar een Duits werkkamp had onttrokken. Nauwelijks in dienst begon Van Maaren gerichte vragen over het achterhuis en over Frank te stellen. Hij zette kleine valstrikken in het magazijn, zoals aardappelmeel op de vloer om voetafdrukken te zien. Toen Kugler en Kleiman hem daarnaar vroegen, antwoordde hij dat hij iemand, wie dan ook, wilde pakken die uit het magazijn stal. Een van de twee hulpjes in het magazijn, J. de Kok, bekende later deze spullen verkocht te hebben – die Van Maaren zelf had gestolen. De onderduikers waren bang voor Van Maaren (Anne noemt hem verscheidene keren in haar dagboek) en ook de helpers waren op hun hoede. Hij was de eerste die van verraad verdacht werd. Van Maaren gaf stellig zijn vermoedens omtrent het achterhuis door aan zijn assistenten, maar hij was niet de enige die bij geruchte had gehoord dat er joden ondergedoken zaten.

In zijn brief aan de Nederlandse instanties over het verraad in 1945 schrijft Kleiman: 'Onze accountant Van Erf bezocht na de inval een homeopaat, dokter Bangert, en vertelde hem dat er een aantal joden gearresteerd was bij een van zijn zakenrelaties, zonder naam en adres te noemen. Dokter Bangert vroeg toen aan Van Erp of dit betrekking had op het pand Prinsengracht 263. Stomverbaasd moest Van Erp dit beamen en toen hij dokter Bangert vroeg hoe hij dit wist, antwoordde deze dat hij een jaar geleden al wist dat er op dat adres joden ondergedoken waren.' Wie had dokter Bangert over het achterhuis verteld? De vrouw van Van Maaren was patiënt bij hem maar kwam pas na de arrestatie voor het eerste consult. Helaas was dit een van de vele sporen die de politie niet heeft gevolgd, maar het is duidelijk dat de mensen hun vermoedens hadden en daarover praatten.

Recentelijk steken beweringen de kop op dat Lena Hartog-van Bladeren, die ten tijde van de arrestatie blijkbaar de kantoren schoonhield, de acht onderduikers heeft verraden.[8] In juli 1944 vertelde Lena aan een andere vrouw, Anna Genot, dat ze het gerucht had gehoord dat er joden ondergedoken waren waar ze werkte. Later beweerde Lena dat ze dit na de arrestatie had gezegd. De man van Anna Genot vertelde Kleiman over dit gesprek, en bij het eerste onderzoek naar het verraad bracht Kleiman dit punt onder de aandacht van de politie. Merkwaardig genoeg bleek hij Lena niet als verdachte te beschouwen; hij wilde weten wie haar over de ondergedoken joden had verteld. Melissa Müller, die in haar boek de beschuldigende vinger richting Lena wijst, veronderstelt dat Lena ook Bep Voskuijl met het gerucht over de ondergedoken joden confronteerde: ze kon 'het niet langer aanzien' en de toestand kon zo niet blijven, als het waar was. Volgens Müller vertelde Bep de andere helpers over dit gesprek, maar geen van hen dacht eraan dit gedurende het onderzoek bij de politie te memoreren, hoewel hun met name gevraagd werd naar het echtpaar Hartog. Tijdens het tweede onderzoek naar het verraad schreef Kugler privé aan Frank over het gesprek tussen Lena Hartog en Anne Genot maar een andere, veel urgenter ontmoeting die Bep had met Lena vermeldt hij niet. In de autobiografie van Miep Gies is al evenmin sprake van Lena of haar schijnbare dreigementen. De auteur vroeg Cor Suijk, die Müller ijverig bijstond met de research voor haar boek, waarom geen van de helpers dat gesprek onder de aandacht van de politie had gebracht. Zijn antwoord is onbegrijpelijk: 'Omdat ze overstuur waren en bang waren het verwijt te krijgen dat ze niet genoeg hadden gedaan voor de joden die ze onder hun hoede hadden.' Als dat waar is, dan zou hun misplaatste schuldgevoel stellig enigszins verlicht zijn door de politie te helpen de verrader voor de rechter te brengen.

Müller veronderstelt verder dat Lena's man, Lammert Hartog, op de ochtend van de arrestatie zijn jack aantrok, zijn kans waarnam en zich uit de voeten maakte. Deze informatie moet ze hebben uit Kleimans brief uit 1945 aan de Nederlandse autoriteiten, want hij schrijft dat Hartog in paniek raakte door de komst van de Gestapo, maar hij verklaart dit uit het feit dat Hartog een oproep voor werk in Duitsland had genegeerd en illegaal voor de firma van Frank werkte. Overigens kan Hartog niet onmiddellijk verdwenen zijn omdat een van de Nederlandse nazi's postte bij het magazijn en toen Frank, naar eigen zeggen, met het pistool in de rug het pand verliet, zag hij, net als Kugler, beide magazijnmensen bij de voordeur staan. Miep Gies, in wier geheugen Müller zo'n vertrouwen heeft, vertelt in haar gepubliceerde memoires dat Hartog tot het einde van de dag bleef werken. Lena en haar man gingen volgens Müller 'nooit meer werken in het pand na de arrestatie van de joden'. Müller impliceert dat het echtpaar Hartog niet terugkeerde op het werk omdat het een aandeel had in het verraad, maar blijkbaar heeft Van Maaren Hartog na de arrestatie ontslagen, wat klopt met de observatie dat hij zich toen 'bij tijden gedroeg alsof hij het hoofd van de onderneming was'. Wat het motief betreft, oppert Müller dat Lena bang was dat haar man gevaar liep als de schuilplaats ontdekt werd. Waarom zou ze dan de zaak aan het rollen brengen als haar man – die zelf gezocht werd door de Gestapo – in het pand was? Als Lena van plan was de onderduikers te verraden, dan was het verstandiger geweest dat te doen als haar man er niet was. Omdat Lammert Hartog toen geen ander inkomen had, was hij afhankelijk van zijn baan in het magazijn die Lena voor hem geregeld had. Het is evenmin van betekenis dat hij uit eigen beweging niet terugkeerde op zijn werk. Hij stond tenslotte niet onder verdenking. Müller beweert dat Lena nog een tweede motief had voor het verraad: ze had haar enige zoon verloren bij de Duitse marine en wilde op een of andere manier zijn dood wreken.

Ook dit is uiterst onwaarschijnlijk: iedere ouder weet dat bij het verlies van een kind verdriet de allergrootste emotie is tenzij het kind opzettelijk gedood is. Maar geen van de onderduikers of hun helpers kon de dood van Lena's zoon bij de *Kriegsmarine* verweten worden. Müller kreeg deze inlichtingen blijkbaar van een familielid van Hartog. Een zorgvuldig onderzoek in de Nederlandse en Duitse archieven onthult echter een heel ander verhaal. Klaas Hartog, de zoon van Lena, stierf in mei 1945; nog verrassender is het dat zich pas in 1952 een kameraad meldde om het bekend te maken. En dat roept de vraag op: als haar zoon acht maanden na de arrestatie stierf, hoe kon de moeder dan een groep ondergedoken joden verraden om zich bij voorbaat te wreken?

Hier past, wat het echtpaar Hartog betreft, de conclusie van pater John Neiman, jarenlang nauw bevriend met niet alleen Otto Frank maar ook met Miep Gies (ze vloog speciaal voor zijn priesterwijding naar de Verenigde Staten): 'Ik had het boek van Melissa Müller met het geconstrueerde verhaal rond Lena Hartog-van Bladeren gelezen. Toen reisde ik, in november 2000, naar Amsterdam en logeerde bij Miep. Ik vertelde haar dat ik het boek van Müller gelezen had en vroeg toen: "Miep, was het Lena? Was het Lena die hen heeft verraden?" Ze keek me recht aan en zei: "Nee, zij was het niet."'

De rechercheurs die belast waren met het onderzoek van 1963–1964 naar het verraad, moesten toegeven dat ze geen idee hadden wie de familie Frank en de vrienden had verraden en besloten hun rapport aldus: 'Na bestudering van verschillende dossiers... ontdekten we dat twee dagen voor de arrestatie van de familie Frank twee joden waren gearresteerd, ook op de Prinsengracht, in de onmiddellijke omgeving van het achterhuis, nadat deze twee waren verraden door de joodse verraders Branca Simons en Ans van Dijk, die na de oorlog werden geëxecuteerd.'[9] Van Dijk werkte voor een zekere Pieter Schaap, die de leiding had bij de arrestatie van Hendrik van Hoeve, de leverancier van groente en aardappels voor de acht onderduikers. Herman Rouwendaal en Maarten Kuiper behoorden tot de collega's van Schaap.

In de zomer van 1944 ging alles mis voor Tonny Ahlers. Na een behoorlijke periode van voorspoed in 1943 zat hij plots in de schulden en de problemen. Zijn criminele dossiers geven weinig uitsluitsel over hoe het zo ver had kunnen komen. Duidelijk is wel dat de zaak van Ahlers kwakkelde en dat hij zijn leveranciers en de verschillende instanties die hij geld schuldig was, niet kon betalen. Hij had dringend suiker nodig voor een bepaald product dat hij voor de Wehrmacht maakte: die zomer en winter was een grote partij suiker verdwenen uit het magazijn aan de Prinsengracht. Van Maaren kreeg de schuld maar betuigde zijn onschuld en later, toen andere goederen gestolen waren en zijn huis werd doorzocht, vond de politie niets. Misschien was Ahlers de dief: hij had in elk geval een verleden van kruimeldiefstallen, berovingen en inbraken. Ahlers verhuisde van de Jan van Eyckstraat naar een huis in Amstelveen. Hij en zijn huurder, Herman Rouwendaal, de spion van de *Abwehr*, hadden ruzie gehad over de huur en een woedende Ahlers was bang dat Rouwendaal hem zou vermoorden. Hij vertelde zijn buurman, de SD-beambte Emil Rühl, over de ruzie en vroeg of de Gestapo hem kon beschermen tegen de razende spion. Kort na de ruzie werd de vrouw van Rouwendaal anoniem beticht van anti-Duits gedrag en naar een concentratiekamp gestuurd.[10]

Begin 1944 gaf Ahlers een zakenpartner aan bij de SD wegens clandestien bezit van een radio. Dankzij 'documenten die aantoonden dat hij vertrouwelijk agent van de SD was', kende de man Ahlers' nationaal-socialistische sympathieën. De man verklaarde dat zijn schoonzoon Ahlers na de arrestatie om hulp had gevraagd. 'Ahlers ging toen op bezoek bij mijn vrouw en zei haar dat hij wel iets kon regelen maar alleen als hij tweehonderd gulden had om de SD met cognac om te kopen. Mijn vrouw gaf hem het geld maar hoorde nooit meer iets van hem.' De man kende Ahlers al enige tijd maar beschouwde hem als 'een heel gevaarlijk individu in die bepaalde periode van de oorlog... het deed hem niets iemand aan te geven als het hem zo uitkwam'. Zo werd de zomer van 1944 een nachtmerrie voor Ahlers. Hij wilde geld en moest zich bewijzen in de ogen van de mensen voor wie hij ontzag had. Zijn firma liep steeds slechter en ging ten slotte op de fles. Hij had dringend geld nodig en verraad werd dik betaald: veertig gulden per joodse onderduiker. Hij moest tonen dat hij het waard was om door de Gestapo tegen Rouwendaal beschermd te worden. Hij was verhuisd van zijn luxueuze appartement in het centrum van nazi-Amsterdam naar een eenvoudiger woning in een rustige buitenwijk. Nog altijd vereerde hij zijn nazi-superieuren, met name Maarten Kuiper, maar door de verhuizing en het verlies van zijn zaak kon hij zijn grootspraak, waar hij om bekendstond, niet meer waarmaken. De man over wie hij een dergelijke macht had uitgeoefend, Otto Frank, was nutteloos voor hem nu zijn eigen firma, Petoma, op de fles ging. Ahlers' naoorlogse giftige brieven tonen aan hoe hij Frank haatte, zoals hij alle joden haatte. Diezelfde brieven onthullen dat Ahlers blijkbaar wist waar Frank en zijn gezin ondergedoken zaten. Zijn motto was altijd: 'Er zijn verschillende wegen die tot een en hetzelfde doel voeren,' zo verklaarde hij na de oorlog.

Maarten Kuiper nam uiteindelijk de vroegere woning in de Jan Van Eyckstraat van Ahlers over. Kuiper, de SD-rechercheur met een voorkeur voor het jagen op joden, die 'de hand had in honderden arrestaties' en een premie ontving voor elk verraad van een ondergedoken jood, kwam in actie op tips van anonieme informanten, collega's en vrienden. Op dit kritieke punt horen we de echo uit het verleden van de woorden van Josef van Poppel, zelf door Ahlers bedreigd met uitlevering aan de Gestapo: 'Bij een heleboel joodse arrestaties was Ahlers de aanstichter.'

Op 3 augustus 1944 betrok Kuiper de vroegere woning van Ahlers in de Jan van Eyckstraat.

Op de zonnige ochtend van 4 augustus 1944 werd, na een telefoontje naar Julius Dettmann op het hoofdkwartier van de SD, het achterhuis overvallen door de Gestapo en drie NSB'ers. De overval werd geleid door de drieëndertigjarige SS *Oberscharführer* Karl Josef Silberbauer. Twee van zijn trawanten werden in 1945 door Frank aan de hand van foto's geïdentificeerd: Gezinus Gringhuis, toen eenenvijftig jaar oud en woonachtig aan de Marathonweg, en Willem Grootendorst, geboren in dezelfde maand van hetzelfde jaar als Otto Frank en woonachtig in de Corantijnstraat. Tot op heden is de derde bij de arrestatie aanwezige NSB'er officieel anoniem gebleven, hoewel Kleiman in een brief aan de Nederlandse autoriteiten gevraagd had waarom er na de oorlog nooit een onderzoek naar hem is ingesteld in verband met deze zaak, ondanks het feit dat hij door hen was geïdentificeerd. Jaren later vertelde Kugler persoonlijk aan Frank dat de man ter dood veroordeeld was in 1947. Zijn naam was Maarten Kuiper.

In tegenstelling tot wat Müller schrijft in haar biografie van Anne Frank, tonen de politierapporten onomstotelijk aan dat het niet bekend was of er door een Duitser dan wel door een Nederlander werd opgebeld en dat er geen bewijs is dat het een vrouwenstem was aan de telefoon. Julius Dettman, de man die de telefoon aannam, heeft zich op 25 juli 1945 verhangen nog voordat hij over de zaak verhoord kon worden. Maar zowel Silberbauer als zijn Gestapo-chef, Willi Lages, werd in 1964 ondervraagd. Silberbauer en Lages spraken elkaar geregeld tegen bij de verhoren, maar over één aspect van de zaak waren ze eenstemmig. Volgens Lages was het telefoontje helemaal niet anoniem, want de aangifte werd rechtstreeks bij Julius Dettman gedaan en de politie was regelrecht naar het onderduikadres gegaan. Het 'kwam van iemand die bekend was bij onze organisatie... de tipgever was bekend en in het verleden berustte zijn informatie altijd op waarheid'.

In de zomer van 1945 werden Maarten Kuiper en Tonny Ahlers gearresteerd en schuldig bevonden aan het verraden van mensen aan de SD.

HOOFDSTUK VIER

Onvergetelijke littekens op mijn ziel

In de jaren 1942 en 1943 werden in Amsterdam bij massale razzia's duizenden joden gearresteerd en naar Westerbork afgevoerd in afwachting van deportatie naar het oosten. Een rapport van het Duitse gezag in Den Haag, gedateerd 25 juni 1943, onthult hoe goed het gelukt was de joodse ingezetenen uit Nederland te verdrijven.

Van de 140.000 bij de politie in Nederland geregistreerde *Volljuden* (joden met twee joodse ouders) zijn nu 100.000 joden uit het land verwijderd (het exacte aantal is 102.000). Hiervan zijn 72.000 gedeporteerd om in het oosten te werken. Nog eens 10.000 hebben het land op andere wijze verlaten (deportatie naar concentratiekampen in Duitsland zelf, interneringskampen, herhuisvesting in Theresienstadt, emigratie, het land ontvlucht). Bijna 20.000 joden zijn momenteel bijeengebracht in de kampen bij Westerbork, Vught en Barneveld. Binnen elf maanden is op deze wijze bijna 3/4 van het oorspronkelijke aantal joden uit Nederland verwijderd.
De grootste toename van te deporteren joden werd bereikt op zondag 20 juni 1943 door middel van een tweede mammoetoperatie in Amsterdam. Alle stadswijken van Amsterdam-Zuid, inclusief de Transvaalbuurt (ongeveer 1/3 van het totale oppervlak van Amsterdam) werd afgegrendeld en de veiligheidspolitie heeft samen met de algemene politie alle woningen een voor een doorzocht. De gevonden joden (met uitzondering van gemengde huwelijken, joden met een vreemde nationaliteit, zij die konden aantonen niet voljoods te zijn en enkele speciale gevallen) werden gereedgemaakt voor vertrek en nog dezelfde avond naar Westerbork overgebracht. Gezien de tot nu toe duidelijk onbevredigende resultaten bij het verwijderen van joden uit Amsterdam heeft het merendeel van hen wellicht verwacht dat spoedig een dergelijke operatie zou komen; niettemin was ditmaal het succes verzekerd

omdat de voorbereidingen voor deze enorme operatie tot het laatste moment geheim gehouden konden worden. Ondanks de vele geruchten is het merendeel van de joden geheel bij verrassing opgepakt en is nu ontmoedigd, een reden waarom nog slechts weinig joden in het openbaar hun gezicht laten zien. – Er waren geen incidenten. De Nederlandse bevolking staat zeer vijandig tegenover de deportaties maar toont uiterlijk voor het merendeel een onverschillige houding. Een groot aantal mensen was boos omdat ze slechts met moeite de afgegrendelde buurten konden verlaten. – De joodse hulppolitie van kamp Westerbork werd gebruikt om te helpen met de afvoerwerkzaamheden.

Gedurende de operatie werd ook met succes de kern van de voormalige Joodse Raad opgepakt en afgevoerd. Op deze bijzonderheid reageerden de joden die al in Westerbork verbleven, met name emigranten uit Duitsland, openlijk vergenoegd. Ze gaven blijk het zeer te betreuren dat het hoogste echelon, in het bijzonder de joden Asscher en Cohen en hun gevolg, niet ook binnengebracht waren.

Ditmaal zijn de joden ook verwijderd uit alle installaties van de krijgsmacht (behalve zij die werkzaam zijn in de diamantbewerking). Het overbrengen van een groep vakmensen naar kamp Vught is begonnen...

Het telefoontje naar het Gestapo-hoofdkwartier in Amsterdam werd vroeg in de warme ochtend van 4 augustus 1944 gepleegd. Het werd rechtstreeks verbonden met Julius Dettman. Die kreeg te horen dat er in het achterhuis van een kantoorpand op Prinsengracht 263 joden zaten ondergedoken. Dettman verwittigde Abraham Kaper, hoofd van IV B4, de eenheid die belast was met het oppakken van joden, en beval hem een aantal mensen regelrecht naar dit adres te sturen: hij had zojuist een zekere tip van een bekende informant gekregen.

In de zomer van 1944, toen bekend werd dat de premie voor ondergedoken joden verhoogd was, werden er meer verraden: 'Mensen gaven de politie inlichtingen om oude rekeningen te vereffenen met de onderduikers of met hun helpers. Sommigen verdienden veel geld... In de latere jaren van de bezetting, toen alle overgebleven joden ondergedoken waren en inlichtingen van het bevolkingsregister volstrekt waardeloos waren, was de plaatselijke kennis die deze mensen [betaalde informanten] te bieden hadden, voor de Duitsers vaak van grote waarde, evenals de inlichtingen van de burgers. Het verraad kende verschillende drijfveren: antisemitisme, persoonlijk afkeer, instemming met de nationaal-socialistische ideologie. Van de 25.000 joden die ondergedoken waren, werden er ongeveer negenduizend opgepakt, meer door de Nederlandse politie dan door de Duitsers.'

Wat betreft het verraad van de mensen in het achterhuis, meent de auteur dat het noodlottige telefoontje werd gepleegd door Maarten Kuiper, een van de productiefste informanten omtrent ondergedoken joden, zowel bij Lages als bij Dettman bekend om zijn werk op dit speciale gebied en behept met een voorliefde voor het bijwonen van de arrestatie van degenen die hij verraden had. Maar de exacte details, de ontwikkeling, de boosaardige wil en de antisemitische impuls om Otto Frank en zijn gezin aan de Gestapo uit te leveren, kwamen allemaal van een andere man: Tonny Ahlers.

De reeks 'laatste strohalmen' die zich in de zomer van 1944 aandienden, brachten Ahlers ertoe zijn mond open te doen tegen zijn vriend Kuiper, die zijn vroegere woning in de Jan van Eyckstraat van hem had overgenomen, precies een dag voor het fatale telefoontje.

Maar dat was niet alles. Er zouden nog verschillende wendingen en nieuwe perspectieven komen, die allemaal geheim bleven, toegedekt door Ahlers' wanhoop, Otto's wroeging en een onvermogen van de kant van de naoorlogse autoriteiten de omstandigheden van 4 augustus 1944 open en eerlijk te benaderen.

Toen Otto Frank in de jaren zestig bij een interview voor de Franse televisie gevraagd werd naar zijn arrestatie, zei hij zacht: 'Toen de Gestapo gewapend met geweren binnenkwam, was dat het einde van alles.' De gebeurtenissen van die ochtend beleefden de vervolgers en hun slachtoffers minder dramatisch dan in de toneel- en filmversies doorgaans wordt voorgesteld.

Gestapo en NSB'ers bewogen zich rustig door het gebouw, gaven Miep Gies, Bep Voskuijl en Kleiman order te blijven zitten alvorens Kugler te dwingen de geheime deur naar de schuilplaats te openen. Frank beleefde opnieuw het moment waarop ze hem bereikten:

> Het was ongeveer tien over tien. Ik was boven bij de Van Pelsen in de kamer van Peter en ik hielp hem met zijn schoolwerk, ik hoorde niets. En toen ik iets hoorde, besteedde ik er geen aandacht aan. Peter was net klaar met een Engels dictee en ik had juist gezegd: 'Maar Peter, in het Engels wordt *double* gespeld met één b!' Ik wees hem de fout in het dictee, toen plots iemand de trap op kwam rennen. De treden kraakten, ik stond op omdat het nog vroeg in de ochtend was en iedereen geacht werd stil te zijn – toen de deur open-

ging en recht tegenover ons een man stond met een pistool in zijn handen dat op ons gericht was. De man liet ons voor hem uit lopen en beval ons naar beneden te gaan en hij liep achter ons met het pistool. Beneden waren allen verzameld. Daar stonden mijn vrouw, de kinderen en de familie Van Pels met hun handen omhoog. Toen kwam Pfeffer binnen en achter hem nog meer vreemdelingen. In het midden van de kamer stond iemand van de *Grüne Polizei* [Silberbauer]. Hij bestudeerde onze gezichten. Toen vroegen ze waar we onze sieraden bewaarden. Ik wees op de kast aan de wand, waar ik een houten kistje had opgeborgen. De man van de *Grüne Polizei* pakte het kistje en schudde alles eruit; overal lagen papieren op de houten vloer – notitieboekjes en losse bladen. Hij deed alle waardevolle dingen in het kistje en deed het dicht. Toen zei hij: 'Klaar maken. Iedereen moet hier over vijf minuten terug zijn.' De Van Pelsen gingen de trap op om hun rugzakken te pakken, Anne en Pfeffer gingen naar hun kamer en ik pakte mijn rugzak die aan de wand hing. Plotseling stond de man van de *Grüne Polizei* bij het bed van mijn vrouw gefixeerd te kijken naar een scheepskist die tussen bed en raam stond en hij vroeg luid: 'Hoe komt u daar aan?' Hij bedoelde een grijze kist met metalen strips zoals we die allemaal hadden tijdens de Eerste Wereldoorlog. Op het deksel stond: 'Reserveluitenant Otto Frank.' Ik antwoordde: 'Die is van mij.' 'Hoe bedoelt u?' 'Ik was officier.' Dat bracht hem in verwarring. Hij keek naar me en vroeg: 'Waarom hebt u zich niet gemeld?' Ik beet op mijn lip. 'Man, daar hadden ze beslist rekening mee gehouden. Ze zouden je naar Theresienstadt gestuurd hebben.' Ik zweeg. Ik keek even naar hem. Toen zei hij: 'Haast u niet!'

Theresienstadt, een zogenaamd bevoorrecht kamp voor joodse oorlogsveteranen en ouderen, was niet minder dodelijk voor zijn bewoners dan de andere kampen; de nazi's gebruikten het alleen als een uitstalkast voor hun public relations. Wat het dagboek van Anne betreft, dat verspreid over de vloer lag, herinnerde Frank zich dat Anne het 'geen blik gunde'. Misschien had ze een voorgevoel dat nu alles verloren was.

Een uur later werden de onderduikers van hun schuilplaats naar het kantoor beneden gebracht. Daar wachtten Kugler en Kleiman om door Silberbauer ondervraagd te worden. Bep wist te ontkomen, terwijl Miep alleen in het voorkantoor zat waar ze Jan had gewaarschuwd voor het gevaar en van Kleiman de sleutels van het pand had overgenomen. Silberbauer had haar al agressief ondervraagd maar besloot haar niet te arresteren toen hij ontdekte dat ze, net als hij, uit Wenen kwam. Maar nadat hij Kleiman en Kugler had bestormd met vragen en domweg ten antwoord had gekregen dat ze niets te vertellen hadden, kondigde Silberbauer aan dat ze gearresteerd waren. De tien gevangenen werden de trap af en naar buiten de straat op geleid, waar een gesloten politieauto geparkeerd stond voor de deuren van het magazijn. Ze stapten in en de deuren werden achter hen dichtgeslagen.

Zwijgend reden ze weg van de Prinsengracht. Het was middaguur en in Amsterdam-Zuid flikkerde de zon door de bomen langs de Euterpestraat. In het verleden zwermden de kinderen uit over het schoolplein aan het eind van de Jan van Eyckstraat maar bij het gevorderde gebouw was het stil. Het hoofdkwartier van de SD op Euterpestraat 99 daarentegen bruiste van activiteit. Duitse beambten en Nederlandse nazi's verzamelden zich op de trappen, de straat en de binnenplaats aan de achterkant, waar het blauw en wit van de SS-vlag wapperde aan zijn lange mast. In de voormalige school was het nog drukker; rapporten werden opgeborgen, telefoongesprekken gevoerd, vergaderingen gehouden, de maaltijd werd genuttigd en in de kelders werden de gevangenen ondervraagd en gemarteld.

De nieuw aangekomenen van de Prinsengracht werden een kamer binnengebracht en opgesloten. Toen ze daar verlamd in shock zaten, wilde Frank zich bij Kleiman verontschuldigen voor de situatie, maar zijn vriend onderbrak hem. 'Vergeet dat nu maar. Dat is mijn zaak en ik had het niet anders willen doen.' Later werden Kleiman en Kugler weggehaald uit het vertrek. Kugler vertelde: 'Uit de verte zagen we de families Frank en Van Pels, en Pfeffer in de gang bij Silberbauers bureau. Alle acht keken ze ernstig en bezorgd, onwetend wat de toekomst brengen zou. We zwaaiden naar elkaar en dat was het afscheid.'

Na een snel verhoor, waarbij Frank naar waarheid verklaarde dat hij niet wist waar andere joden ondergedoken konden zijn, stuurde Silberbauer hem voor de nacht naar de cellen in de kelder. De volgende dag werden ze overgebracht naar het Huis van Bewaring aan de Weteringschans, waar ze twee dagen in een vieze, overbevolkte ruimte verbleven. Op 8 augustus werden ze met een grote groep naar het Centraal Station gebracht. De zon scheen weer helder maar op het perron hing een drukkende, beangstigende stilte toen de gevangenen op de trein wachtten die hen ten slotte zou afvoeren uit de beschaafde wereld. In de groep bevonden zich twee zusters, Lin en Janny Brilleslijper, wier verzetswerk had geleid tot hun arrestatie, weggerukt van man en kinderen.[1] Janny merkte dadelijk de familie Frank op: 'Een heel bezorgde vader en een nerveuze moeder en twee kinderen in sportkleding met rugzakken.' Ze praatte toen niet met hen omdat iedereen zweeg: 'De huizen van de stad baadden in goud en al deze mensen droegen een soort zwijgende melancholie met zich mee.'

De trein naar Westerbork bestond niet uit de gevreesde veewagens maar was een normale trein, zij het met gesloten deuren. In een interview beschreef Frank hun stemming als verrassend hoopvol: 'We waren weer bij elkaar en hadden wat te eten gekregen voor onderweg. We wisten waar we heen gingen maar toch was het alsof we weer eens op reis gingen, of een uitstapje maakten, en eigenlijk waren we opgewekt. Opgewekt, tenminste als ik deze reis vergelijk met onze volgende. In ons hart voorvoelden we al de mogelijkheid dat we niet tot het einde toe in Westerbork zouden blijven. We wisten tenslotte van de deportaties naar Polen. En we wisten ook wat er in Auschwitz, Treblinka en Majdanek gebeurde. Maar ach, de Russen stonden toch al diep in Polen? De oorlog duurde al zo lang dat we een beetje hoop op geluk mochten hebben. Terwijl we naar Westerbork reden, hoopten we dat ons geluk stand zou houden.'

Het was laat in de middag toen ze uitstapten in Westerbork, 130 kilometer van Amsterdam, in het vlakke heideland waar de wind vrij spel had en zand en vuil in ieders ogen blies. Een regenbui veranderde de heide in een modderpoel. Binnen de omheining van prikkeldraad stonden meer dan honderd barakken met houten britsen. Er was wel elektra maar het licht brandde zelden en overal zaten vliegen op, vooral op de jonge kinderen en de baby's. 's Nachts werden mannen en vrouwen gescheiden maar overdag zagen ze elkaar op het werk. Als elk ander detentiekamp was het een stad op zich die de bewoners gelegenheid gaf te tuinieren, te sporten en toneel te spelen totdat ze werden weggevoerd naar 'het onontdekte land'. De commandant, Albert Gemmeker, woonde aan de rand van het kamp in een huis met een kippenfarm en kon zich welwillend jegens de mensen onder zijn gezag opstellen maar niet wat de transporten betrof. Het leven in het kamp draaide om het vertrekschema. Iedereen trachtte met alle mogelijke middelen te voorkomen dat hij op transport werd gezet, maar dat lukte bijna niemand.

Toen Otto Frank met zijn gezin in de rij stond voor het registratiebureau aan het centrale plein, werd Vera Cohn, die de gegevens noteerde, getroffen door zijn houding: 'Meneer Frank was een goed uitziende man, hoffelijk en beschaafd. Hij stond stram en recht voor me. Rustig beantwoordde hij mijn routinevragen... Niemand van de familie toonde enig teken van wanhoop... Beheerst en rustig stonden ze rond mijn typetafel. Hoe bitter en angstig de gevoelens ook waren die hen bezielden, meneer Frank weigerde zijn menselijke waardigheid prijs te geven. Zijn vrouw en dochters volgden zijn voorbeeld.' Ook Rootje de Winter had het gezin opgemerkt. Zij en haar man Manuel en dochter Judith zaten al een maand in het kamp, als onderduiker verraden door een nazi-spion. Ze wees Judith op Anne en hoopte dat die twee vriendinnen zouden worden. Judith vertelt: 'Het nieuwe transport uit Amsterdam kwam binnenrijden en we zagen de mensen uitstappen. Onder hen was Otto en naast hem Anne. Mijn moeder wilde dat ik naar haar toe ging en vriendschap zou sluiten, want we waren ongeveer even oud. Ik praatte wel met Anne en met Margot maar ik wilde niet echt vriendinnen worden. Dat was een aangeleerde vorm van zelfbehoud: je wist nooit wat er ging gebeuren.'

Na een bezoek aan de quarantainebarak, waar een employé van Lippmann, Rosenthal & Co hun laatste bezittingen afnam, kreeg de hele groep van het gezin Frank en hun vrienden te horen dat ze in het strafblok nummer 67 waren geplaatst omdat ze onderduikers waren geweest. Hun vrijheid zou zelfs nog verder worden beperkt dan die van andere bewoners: in plaats van hun eigen kleren en schoenen moesten ze een uniform en klompen dragen; de mannen werden kaal geschoren, het haar van de vrouwen werd pijnlijk kort geknipt en hun rantsoenen waren kariger dan die van de overige kampbewoners, terwijl hun werk zwaarder was. Het onbetaalde werk begon om half zes in dienstafdeling industrie, waar ze oude accu's moesten slopen en de teer, het metalen omhulsel en de koolstaafjes apart in manden moesten doen. Het was smerig werk, bevestigde Rootje de Winter: 'We zagen eruit als mijnwerkers.' Frank wilde voor Anne iets anders te doen vinden en benaderde Rachel van Amerongen-Frankfoorder, een vrouw uit het verzet die in het strafblok was geplaatst; ze maakte toiletten schoon en deelde kleren uit aan nieuwkomers. Ze vertelt: 'Otto Frank kwam met Anne bij me en vroeg of Anne me kon helpen. Anne was erg lief en ook zij vroeg me of ze me kon helpen.' De beslissing was niet aan mevrouw Van Amerongen maar ze zag hoe wanhopig Frank was om Anne te redden van de accusloop. 'Dat is de reden waarom hij met Anne bij me kwam, niet met zijn vrouw en niet met Margot. Ik denk dat Anne zijn oogappel was. Otto Frank was een bijzonder aardige, vriendelijke man. Je merkte dat hij betere tijden had gekend.'

Door het werk leerde het gezin Frank andere gezinnen kennen met soortgelijke ervaringen. Lenie de Jong-van Naarden en haar man, Philip de Jong, hadden ook ondergedoken gezeten en waren in Westerbork terechtgekomen. Lenie vertelt: 'Mijn man maakte vlot contact met Otto Frank en kon goed met hem opschieten. Ze hadden diepzinnige gesprekken en we hadden een goede relatie met mevrouw Frank, die ik altijd met "mevrouw Frank" aansprak. Ik noemde haar nooit bij haar voornaam; ze was een bijzondere vrouw. Minder moeite had ik om "Otto" te zeggen. Zij maakte zich grote zorgen om haar kinderen.' Edith en Anne hadden hun verschillen achter zich gelaten toen het achterhuis werd overvallen; iedereen, zonder uitzondering, herinnert zich hen – met Margot – steeds dicht bij elkaar in de kampen. Een andere vrouw die het gezin had ontmoet, Ronnie Goldstein-van Cleef, vond hen 'behoorlijk in de put. Ze hadden het gevoel gehad dat hun niets kon gebeuren. Ze vormden een hecht gezin. Ze liepen altijd samen.' Edith had op weg naar haar werk vaak gezelschap van Lin Brilleslijper, die zich herinnerde: 'We spraken veel over joodse kunst, waarvoor ze grote belangstelling had. Het was een vriendelijke, intelligente persoonlijkheid met warme gevoelens, uit een bourgeois Duits-joods gezin. Haar openheid, haar hartelijkheid en haar goedheid trokken me erg aan.' Edith sprak weinig met anderen. Rootje de Winter beschrijft haar als welhaast stom, Otto daarentegen 'was kalm... maar het was een geruststellende kalmte die Anne hielp en de rest van ons ook. Hij woonde in de mannenbarak maar toen Anne op een keer ziek was, zocht hij haar elke avond op en stond uren aan haar bed verhalen te vertellen.' Ze herinnerde zich dat Anne een jonge orthodox-joodse jongen op dezelfde manier troostte. Judith de Winter, Rootjes dochter, heeft nog maar één duidelijke herinnering aan Otto Frank uit die tijd: 'Ik lag in Westerbork op mijn bed onder het bed van Anne. Ze zat rechtop in bed met Otto te praten. Ze bleven maar praten. Ik wilde weg en sprong overeind en haalde mijn vinger open aan een spijker die uit het hout stak. Ik heb het litteken nog, het is goed te zien.'

Sal de Liema herinnert zich dat hij Otto Frank leerde kennen in de afdeling industrie, 'terwijl we het zwarte goedje uit de accu's sloegen... We zaten boven op een grote hoop oude accu's en daar werkten we. Otto Frank was er ook met het hele gezin.' De Liema en zijn vrouw Rose doken begin 1942 onder, trokken van de ene plaats naar de andere totdat ze op 5 augustus 1944 gepakt werden. In Westerbork sliep De Liema in dezelfde barak als Frank en ze werden goede vrienden: 'Ik was de hele tijd bij hem, al die tijd waren we samen, het klikte tussen ons. We bezaten niets... En dat hield ons bij elkaar... We wisten 's morgens werkelijk niet of we er 's avonds nog zouden zijn.' Rose de Liema herinnert zich hoe ze probeerden de moed erin te houden. 'We hadden lange discussies over onze belevenissen. Maar hoofdzakelijk probeerden we elkaar moed in te spreken en we hoopten dat de oorlog gauw voorbij zou zijn. Als we het maar lang genoeg vol konden houden. In de onderduik luisterden we altijd stiekem naar de Engelse zender en we wisten dat de invasie geslaagd was. Maar elke dag waren we bang dat we naar een vernietigingskamp gestuurd zouden worden.'

Jaren later vertelde Frank in een opgenomen toespraak voor schoolkinderen terloops over zijn tijd in Westerbork: 'De omstandigheden waren niet zo slecht als de mensen die er de baas waren, en de wachtposten waren natuurlijk Nederlanders. De mannen en vrouwen woonden in afzonderlijke barakken. We zagen elkaar 's avonds na het werk... Al die tijd rukten de geallieerde legers gestaag op, dus hoopten we dat we niet gedeporteerd zouden worden naar een concentratiekamp in Polen. Maar het lot had anders beslist...' In de milde avond van 2 september 1944 werd het transport van de volgende dag uit Westerbork aangekondigd. Er stonden 1019 mensen op de lijst. Onder hen bevonden zich Otto, zijn gezin, de familie Van Pels en Pfeffer. Het zou de laatste deportatie naar Auschwitz blijken.

Die avond was er opschudding in het kamp. Janny Brilleslijper vertelt: 'Iedereen rende rond. Ik wist dat Otto het hele kamp rondging. Hij had de illusie dat hij naar Theresienstadt kon gaan.' Franks pogingen waren vergeefs. De 498 vrouwen, 442 mannen en 79 kinderen op de lijst – Frank en zijn gezin inbegrepen – zouden de volgende morgen worden weggevoerd. Het was voor iedereen smartelijk maar groter nog was het leed voor de ouders die niet bij machte waren hun kinderen voor een onvoorstelbare toekomst te behoeden. De schrijver Primo Levi gaf een verslag van de avond voor zijn transport naar Auschwitz vertrok en richtte zijn aandacht speciaal op de moeders, zoals Edith Frank, die al bijna buiten zinnen was door haar onvermogen te voorkomen dat haar kinderen naar hun moordenaars gebracht werden: 'Iedereen nam afscheid van het leven op de manier die hem paste. Sommigen baden, sommigen dronken welbewust, anderen bedronken zich gretig voor het laatst. Maar de moeders bleven wakker om met liefde het brood voor onderweg klaar te maken en ze wasten hun kinderen en pakten hun bagage en in de vroege ochtend hing alom het wasgoed voor de kinderen aan het prikkeldraad te drogen in de wind. Ze vergaten ook de luiers niet, en het speelgoed, de kussens en de honderd andere kleine dingen waar moeders aan denken en die kinderen altijd nodig hebben. Zou jij niet hetzelfde doen? Als jij en je kind morgen vermoord zouden worden, zou je het dan niet te eten geven vandaag?'

In een nachtmerrie van drie dagen en twee nachten reed de trein die de passagiers uit Westerbork vervoerde, door Nederland, Duitsland en Polen. Ditmaal reden ze in afgesloten goederenwagens, afgezien van een toevallig gat in het hout of een ontbrekende plank, zonder licht en zonder sanitair en vrijwel geen eten en water. Overdag waren de wagens, voordat ze in Polen aankwamen, ondraaglijk heet; na het passeren van de Poolse grens werden ze, vooral 's nachts in een bijtende wind, eindeloos heen en weer geschud. Er gebeurden veel dodelijke ongelukken in de trein maar er was geen gelegenheid de lijken te verwijderen van waar ze lagen op de met stro bedekte vloer. De stank van de dood en de uitwerpselen was niet te harden.

Otto Frank en zijn gezin zaten, met de families Van Pels en De Winter, Pfeffer, Ronnie Goldstein-van Cleef, Lenie en Philip de Jong en de gezusters Brilleslijper, samengedrukt in een wagen met meer dan zestig mensen. Nog voordat ze Nederland uit waren, was er een incident. Lenie de Jong vertelde: 'De trein stopte. Zes gevangenen hadden een gat in de vloer van hun wagen gezaagd en hadden zich uit de rijdende trein tussen de rails laten vallen. Een van hen vond daarbij de dood, de vijf anderen overleefden het, maar één man verloor een hand, een meisje beide handen. Ze leven nog; ze werden door Nederlanders in veiligheid gebracht. De anderen uit de vluchtwagen werden in onze wagen geperst. We konden nauwelijks nog zitten en de stank was verschrikkelijk.'

Als de trein op een zijspoor stopte, konden ze niet schreeuwen om te vragen waar ze waren, vertelde Rootje, 'want de SS-bewakers patrouilleerden langs de trein'. Ze hadden allemaal instinctief het idee dat ze naar Auschwitz, naar het einde van de wereld gingen. Frank heeft geen verslag van de reis gedaan, behalve de opmerking 'dat elk van ons probeerde zo moedig mogelijk te zijn en niet het hoofd te buigen'. Maar Primo Levi schreef over zijn eigen deportatie naar Polen: 'We voelden ons nu "aan het andere eind". We stonden lang stil op open veld. De trein zette zich uiterst langzaam weer in beweging en het konvooi stopte voor de laatste keer, in het diepst van de nacht, midden in een donkere, doodstille vlakte.'

Toen de trein uit Westerbork ten slotte 'het andere eind' bereikt had en met sissende stoomstoten stilstond, verbraken geluiden de stilte. Vanuit het duister klonken geschreeuw, gegil, geknars van machines en het snerpende gejank van honden. Rode en witte lichten beschenen het spoor aan beide zijden van de trein.

Rose de Liema vertelt met eindeloos afgrijzen het moment dat de deuren uiteen werden geschoven: 'We strompelden naar buiten en ik had het gevoel dat ik in de hel beland was. Het was nacht, schoorstenen brandden met enorme heldere vlammen. De ss sloeg iedereen met stokken en geweren. Toen begon de selectie.'

Historici kunnen het niet eens worden over het exacte aantal mensen dat in Auschwitz vermoord werd omdat de betreffende rapporten door de ss zijn vernietigd; vaststaat dat de slachtoffers voor het merendeel joden waren. Het kamp was 'een wereld als geen andere omdat het geschapen en bestuurd werd volgens de principes van het absolute kwaad. Zijn enige functie was de dood.'

Voorjaar 1940 kreeg Rudolf Höss van *ss Reichsführer* Heinrich Himmler de opdracht voor de bouw van een groot kamp uit de overblijfselen van oude legerbarakken in het Poolse industrieplaatsje Oświęcim. Zomer 1941 ontbood Himmler Höss voor een geheime bespreking met het doel hem in te lichten over de '*Endlösung*' en het nieuws te onthullen dat 'Auschwitz dienst zou doen als het centrum van de vernietiging'. Voor het einde van de bespreking verklaarde Himmler dat 'elke jood waar we de hand op kunnen leggen, nu vernietigd moet worden...' Op 12 mei 1942 werd het eerste transport van joden bij aankomst vermoord in de gaskamer van het kamp dat Auschwitz ging heten.

Het kamp werd nog voortdurend uitgebreid en aan het eind van zijn bestaan was het van een groot moerassig gebied veranderd in een gevangenisrijk van 65 vierkante kilometer barakken, gaskamers, crematoria, satellietkampen en fabrieken. Er waren achtendertig satellietkampen en het complex kon zich beroemen op een voetbalstadion, een bibliotheek, een fotografisch laboratorium, een symfonieorkest en een bordeel. Het vergassen had voornamelijk plaats in Birkenau, waar de vrouwelijke gevangenen voor het merendeel waren ondergebracht. Het kamp telde tweeduizend gewapende ordebewaarders (ter vergelijking: tweehonderd Duitse soldaten in Amsterdam), terwijl achthonderd joden als *Sonderkommando* sloofden om het vlot functioneren van de gaskamers te verzekeren. Elke drie maanden werden de leden van het Sonderkommando zelf naar de gaskamers gestuurd. De kosten van de moord in Auschwitz bedroegen 0,25 *Reichsmark* per persoon.

Elke trein naar Auschwitz arriveerde weloverwogen in de nacht om de desoriëntatie van de gevangenen te versterken. Zodra mannen en vrouwen gescheiden waren, bepaalde een selectie wie aan het werk werd gezet en wie nog voor zonsopgang vergast zou worden. Zelden werd mensen boven de vijftig, baby's en kinderen onder de vijftien, moeders die weigerden van hun kinderen te scheiden, zieken en gehandicapten de onmiddellijke dood bespaard. In zijn eerste dagen als kampcommandant stond Höss buiten de gaskamer te kijken hoe het proces verliep als de deuren gesloten waren: 'Degenen die het dichtst bij de toevoerkanalen stonden, waren op slag dood. Men kan stellen dat ongeveer een derde deel direct stierf. De overigen waggelden rond en begonnen te gillen en naar lucht te happen. Maar het gillen ging spoedig over in reutelen en binnen een paar minuten lag alles stil... Een halfuur na de toevoer van gas werd de deur geopend en de ventilatie aangezet... Nu ging het speciale detachement aan het werk om de gouden tanden te verwijderen en het haar van de vrouwen af te knippen. Hierna werden de lijken met de lift naar boven gebracht en voor de ovens gelegd die intussen waren opgestookt. Naargelang de grootte van de lichamen konden maximaal drie lijken tegelijk in een oven. De crematie duurde twintig minuten.' Sigmund Bendel, ooit lid van een *Sonderkommando*, vertelde een Britse militaire rechtbank over de volgende fase. 'Een uur later is alles weer op orde. De mannen scheppen de as uit de kuil en gooien die op een hoop. Het volgende konvooi wordt afgeleverd bij Crematorium IV.'

Na een korte onderbreking keerde Höss in mei 1944 terug in het kamp en delegeerde de feitelijke leiding van Auschwitz aan Richard Baer en van Birkenau aan Josef Kramer. Zomer 1944 waren de crematoria, na herstel, weer in prima staat en de spoorlijn was verlengd tot op tweehonderd meter van de crematoria, in voorbereiding van het toppunt van de *Endlösung*. In twee maanden kwamen vierhonderdduizend Hongaarse joden in het kamp aan en het tempo van de vernietiging (negenduizend Hongaarse joden werden op een enkele dag vergast) was zo hoog dat de crematoria het niet bij konden houden. Achter het gebouw groef men negen massagraven en daarin werden de lijken gecremeerd. Als men een dikke man naast een vrouw en een kind legde, zo bedachten de nazi's, dan zou het vet van de man over zijn dode metgezellen stromen en de dunnere lijken sneller en gemakkelijker doen verbranden. De lucht kleurde rood en zwart en de vuren waren op vijfenveertig kilometer afstand te zien. In de nacht van 2 augustus, twee dagen voordat Otto Frank en zijn gezin werden verraden, werd het gehele zigeunerkamp van vierduizend mensen vergast.

Al in 1942 was het de Britse en Amerikaanse regering bekend dat er massamoorden werden gepleegd in Europa. Voorjaar 1942 hadden twee mannen die er op wonderbaarlijke wijze in waren geslaagd uit Auschwitz te ontsnappen, een rapport geschreven over de vergassing in het kamp. Hun resumé van zestig pagina's werd gelezen in het Witte Huis en in het Vaticaan en bereikte ook het Rode Kruis, evenals de leiders van de joodse gemeenschap in Boedapest. Op 4 april 1944 'vlogen Amerikaanse verkenningsvliegtuigen over Auschwitz en maakten enkele opvallend duidelijke foto's die alle wezenlijke bewijzen leverden – de gaskamers en crematoria, de gevangenen in de rij – en toch zagen zelfs de experts, geoefend in de interpretatie van zulke fotografische bewijzen, hier blijkbaar niets anders dan een groot gevangenenkamp...' In juli 1944 waren de geallieerde legers in een positie om Auschwitz te doen verdwijnen en Churchill schreef aan Anthony Eden diezelfde maand over de *Endlösung*: 'Zonder twijfel moet dit wel de grootste en verschrikkelijkste misdaad uit de geschiedenis van de wereld zijn.' De geallieerden deden niets en het vergassen ging nog de hele zomer door.

Toen de mannen en vrouwen van het transport uit Westerbork werden gescheiden, draaide Otto Frank zich om en ving, over de hoofden van de verschrikte menigte heen, een laatste glimp op van zijn gezin. Hij zag Margot en vertelde later aan zijn overlevende bloedverwanten: 'De blik in de ogen van Margot zal ik me mijn leven lang herinneren.'

Er werden vijfhonderdvijftig mensen, onder wie elk kind onder vijftien jaar, uit het licht van de zoeklichten op het perron naar de verhullende duisternis van de gaskamer gestuurd. Judith de Winter kon met haar vader praten toen ze de trein verlieten: 'Ondanks alle verwarring zag ik dat mijn vader ongerust en erg moedeloos was, dus ik zei tegen hem: "Kom op. We moeten ervoor knokken. Niet de hoop verliezen." Maar dat was al gebeurd. We werden gescheiden en minuten later bevond hij zich onder de geselecteerden voor de gaskamer. Dat heb ik niet gezien; ik ben er veel later achter gekomen, feitelijk pas een paar jaar geleden. Hij was vijfenvijftig jaar.'

Otto Frank was even oud als Manuel de Winter maar ontkwam aan de selectie. Zijn houding en vastbeslotenheid redden hem, verzekeren de mensen die hem kenden. Samen met Fritz Pfeffer en Hermann en Peter van Pels behoorde hij tot de 258 die mochten blijven leven. Zijn vrouw en dochters en mevrouw Van Pels verdwenen naar Birkenau bij 212 vrouwen die gespaard bleven.

Frank en zijn medegevangenen marcheerden in rijen naar het hoofdkamp, Auschwitz I. Het was een mars van drie kilometer in de duisternis over onbekend terrein. Toen ze Auschwitz bereikten, werden de mannen in de quarantainebarakken gedreven, waar ze de eerste zes weken van het kampleven zouden doorbrengen. Ze werden uitgekleed, geschoren en naar de koude douche gestuurd. Naderhand werden ze in een vierkant opgesteld en voorzien van een gestreept gevangenisuniform en houten klompen. Vervolgens werden ze getatoeëerd met de nummers van B-9108 tot B-9365. Frank werd gebrandmerkt als gevangene B-9174.

Na de quarantaineperiode gingen de mannen naar het normale kamp en kregen hun onderkomen toegewezen. Frank en zijn vrienden werden ondergebracht in blok II. De barakken waren vies, steenkoud en vol houten britsen in enge stapels van drie. Verschillende mensen moesten op dezelfde brits slapen op matrassen met stro dat door het lichaamsvocht in pulp veranderd was. Omdat er alleen buiten vuilnis werd opgehaald, sopten de vloeren onder de voeten. Toen de nieuw aangekomenen uit Westerbork een plekje op de britsen trachtten te vinden, kwam een van de ouderen in het blok op Frank en zijn metgezellen af. Ze herkenden hem als Max Stoppelman, zoon van Miep en Jan Gies' huisbazin uit de Rivierenbuurt. Via Jan Gies hadden Stoppelman en zijn vrouw Stella toevlucht gevonden bij een Nederlands gezin maar al na zes maanden werden ze verraden. Peter vertelde Stoppelman dat zijn moeder nog in leven was; Miep had haar kortgeleden opgezocht in haar schuilplaats buiten Amsterdam. Vanaf dat moment werd Peter beschermd door Stoppelman, die hem alles vertelde over de gang van zaken in het kamp, al veranderden de regels van dag tot dag.

Om half vijf de volgende ochtend werden de mannen van blok II uit hun bed geschreeuwd voor appèl. De gevangenen moesten soms uren blijven staan terwijl ze een voor een werden geteld. Otto, Hermann van Pels en Fritz Pfeffer kregen een van de zwaarste klussen: sloten graven. Peter kon op een of andere manier een betere bezigheid krijgen, vertelde Otto: 'Peter had het geluk een baan te krijgen op het postkantoor in het kamp dat bestemd was voor de SS'ers en de niet-joodse gevangenen die post en pakjes ontvingen.' Hij kreeg ruimere rantsoenen dan de anderen maar verborg al wat hij kon onder zijn kleren om het later met hen te delen. Otto Frank en zijn 'kameraden', zoals hij nu sprak over alle andere gevangenen die hij kende, kregen grof, oudbakken brood en een soep die zo'n aanduiding nauwelijks verdiende. Hun voedsel leidde tot 'scheurbuik en huidziekten, vreemde aandoeningen als noma, ofwel waterkanker, een gangreen waarbij zich een zweer in de wang ontwikkelt, overgaand in versterf van de hele wang, lippen en tandvlees, en pemphicus ofwel blarenkoorts, waarbij met vocht gevulde blaren opkomen die na enkele dagen verdrogen, met dodelijk afloop'. De strengheid van de dagelijkse gang en de angst voor executie was hun van het gezicht te lezen. 'Vervormingen in het gezicht kwamen zo snel op bij de gevangenen dat iemand die ze een paar dagen niet gezien hadden, nauwelijks herkend werd.' Naast de mishandeling door de *Kapo's*, die toezicht hielden op hun werk, werden als vanzelfsprekend straffen uitgedeeld, middeleeuws van wreedheid: geseling met kettingen, zwepen of stokken, het uittrekken van vingernagels, gevangenschap in cellen die zo klein waren dat men er niet kon staan, zitten of liggen. Blok 10 kreeg gevangenen die uitverkoren waren voor medische experimenten. De meeste rapporten van die afdeling werden voor de bevrijding vernietigd, maar één rapport vermeldt negentig castraties op een enkele dag. De zeldzame menselijke wezens die zulke martelingen hadden overleefd, werden naar de gaskamers gestuurd.

'De gemiddelde levensverwachting van een jood die niet bij aankomst was vergast, lag in Auschwitz tussen de zes en zeven weken.' Het sterftecijfer van de Nederlandse joden (van wie er zestigduizend naar Auschwitz werden gedeporteerd) lag zelfs naar kampmaatstaven hoog. Misschien hadden de Nederlandse joden meer moeite zich aan het kampleven aan te passen dan veel van hun lotgenoten, omdat ze zo lang hun leven hadden kunnen leven zonder te worden belaagd door antisemieten en omdat hun bestaan in Nederland minder hard was dan dat van de joden in Oost-Europa. Gevangenen moesten leren alle elementaire levensbehoeften – eten, drinken, slapen – te grijpen waar ze konden. Ze moesten voedsel stelen of ruilen ('organiseren') en attent zijn op alles om hen heen. Het hielp ook als ze een geloof hadden, religieus dan wel emotioneel, bijvoorbeeld dat er iemand was die op hen wachtte en hen nodig had.

Duits spreken was een geweldig voordeel; het was de taal van de kampen, ruw misvormd door de SS en de *Kapo's*: 'De bevelen werden in het Duits gebruld en als ze niet onmiddellijk werden uitgevoerd, dan volgde een herhaling in combinatie met een pak slaag en misschien een verklaring voor het pak slaag, omdat schreeuwen en slaan onderdeel van dezelfde taal waren. Wie die taal niet verstond was altijd de laatste, altijd te laat en te gemakkelijk bedrogen.' 'De taal was de eerste reden om te verdrinken in het kamp': Duits was leven, constateerde Primo Levi. Gevangenen als Otto Frank, die niet alleen het Duits van alledag verstond maar ook dat van de 'oude Duitse of Pruisische kazernes', stond er beter voor dan veel van zijn kameraden. Toen Frank persoonlijk werd gevraagd hoe iemand Auschwitz kon overleven, antwoordde hij: 'Je had geluk nodig, en optimisme en morele kracht, maar ook die hielpen niet als men verhongerde of een ziekte opliep.'

Na een maand in het kamp was het geluk van Hermann van Pels voorbij. Hij verwondde zijn duim bij het graven van een greppel en vroeg zijn *Kapo* hem de volgende dag over te plaatsen naar werk binnen. De *Kapo* stemde toe. Die dag was er bij die mannen een selectie en Hermann van Pels werd veroordeeld tot de gaskamer. Frank zag hoe hij weggeleid werd en zou dat nooit meer vergeten: 'Peter van Pels en ik zagen een groep geselecteerde mannen. Onder hen was ook Peters vader. De mannen marcheerden weg. Twee uur later kwam er een vrachtwagen voorbij met hun kleren.'

Otto Frank en zijn kameraden wilden blijven geloven dat ze het zouden overleven. Sal de Liema, die in dezelfde barak huisde, vertelde: 'Ik zag [Otto] toen we uit de wagon kwamen. En toen liepen we naar Auschwitz I... We zochten toenadering, wilden elkaar geestelijk helpen. Voor eten en kleren konden we niets doen. Alleen geestelijk.' Frank verlangde naar zijn kinderen en vroeg De Liema hem Papa te noemen, al wist hij dat zijn echte vader in Nederland ondergedoken zat. Aanvankelijk weigerde De Liema maar Frank legde hem uit: 'Ik ben het type man dat dit nodig heeft, ik heb iemand nodig om Papa voor te zijn.' De jongere ging ten slotte akkoord. Hij herinnert zich Otto's 'gefluisterde' plan om in leven te blijven. 'Hij zei: "We moeten proberen weg te komen bij deze mensen, want als je voortdurend over eten en zo praat, verlies je je verstand, we moeten proberen geestelijk te overleven..." Het grootste probleem was je verstand te bewaren. Denk er niet elke dag aan. We praatten over Beethoven en Schubert en opera. We zongen zelfs maar over eten praatten we niet.' Otto's intelligente benadering was essentieel voor het overleven. Bij het Eichmann-proces hoorde de rechtszaal hoe 'door geconditioneerde reflexen het praten over eten de productie van zuren in de maag stimuleert en daarmee de eetlust. Het was van levensbelang niet over eten te praten. Als iemand zijn zelfbeheersing verloor en begon te praten over het eten thuis, dan was dat het eerste teken van "muzelmannisering"...'

Otto Frank en zijn kameraden praatten over kunst, muziek en literatuur om niet mee te gaan doen met deze ongelukkige gevangenen die 'muzelman' werden genoemd omdat ze alle hoop hadden verloren. Dit soort esthetische ervaring gold in de kampen als het middel tot overleven en gaf de gevangenen het gevoel van een morele overwinning op hun overweldigers. De wetenschap dat de SS ook plezier had in kunst en muziek, vervulde de gevangenen met walging en onbegrip. Een lid van het gevangenenorkest van

Auschwitz uitte zijn verbijstering: 'Hoe kunnen mensen die zo van muziek houden, mensen die kunnen huilen als ze die muziek horen, tegelijk zoveel gruweldaden begaan tegen de rest van de mensheid?'

De herfst bracht mist en regen op de enorme open uitgestrektheid van Auschwitz. Toen de geallieerden oprukten in het verwoeste Europa, gaf Himmler bevel het vergassen in Auschwitz te staken. Op 28 oktober 1944 ging een groep van zeventienhonderd joden uit Theresienstadt als laatste de gaskamers in.

De volgende dag werd in de mannenbarakken iedereen geselecteerd die als arts gekwalificeerd was om naar het kamp Sachsenhausen in Duitsland overgebracht te worden. Fritz Pfeffer vroeg overplaatsing aan en was er blijkbaar van overtuigd dat zijn overlevingskansen daar beter waren. Frank memoreerde dat Pfeffer en hij elkaar gedurende hun tijd in Auschwitz nader gekomen waren: 'In de tijd dat we samen waren, besprak hij zijn persoonlijke aangelegenheden openhartiger dan in onze onderduiktijd.' Pfeffer was een van de zestig artsen die op die dag in de trein stapten en weer verdwenen in het onbekende.

In november werd Frank binnen aan het werk gezet: aardappels schillen. Joseph Spronz, met wie Otto later bevriend was, deed een poosje hetzelfde werk en schetst in zijn memoires uit het kamp precies wat het werk inhield. 'Het eerste dat we te doen kregen, was over de hele dag tachtig kisten aardappels versjouwen om in de keuken de bak te vullen voor de bereiding. Het was het soort aardappels dat als veevoer dient; alleen de grootste werden geschild en het restant werd ongeschild in de machine gegooid. Al dat werk was uiterst vermoeiend. Zo gingen er vier weken voorbij, maar in plaats van verzwakt, zoals we verwachtten bij het zware werk, waren we sterker geworden dankzij de rapen en andere groente die we van 's morgens tot 's avonds aten, naast wat overgebleven brood. We deden dat natuurlijk alleen als de SS'ers niet op ons letten. We hadden een leven als een prins, vonden we. Ook onze behoefte aan vitaminen werd grotendeels bevredigd.'

Een schaduwzijde vormden de afstraffingen die onze medegevangenen te verduren hadden als ze betrapt werden op een moment rust bij het sjouwen met de kisten of op het jatten uit de voorraad: 'De aardappelschillers werden driemaal per dag gefouilleerd, uit vrees dat ze iets zouden stelen... Wie iets bij zich had, kreeg een verschrikkelijk pak slaag en ging naar het commando "*Vollgas*", waar ze aan de riool moesten werken. Niettemin namen velen van ons het risico iets uit de keuken te smokkelen... Vaak dwon-

gen de *Kapo's* ons eten voor hen uit de keuken te smokkelen; als tegenprestatie werden we bij die gelegenheid niet afgetuigd. Een andere populaire manier van 'organiseren' bij de aardappelschillers was aardappels voor brood te ruilen. Wie het risico van een afstraffing nam en tien aardappels meesmokkelde, kon het dagrantsoen aan brood van de kampbewoners vragen.'
Eén *Kapo* had een enorme hekel aan Frank en sloeg hem regelmatig. Otto's gezondheid ging achteruit waardoor zijn productiviteit afnam, wat leidde tot nog meer geweld tegen hem door de *Kapo.*
Frank had ook ruzie gehad met een medegevangene. Bij een interview in 1980 met Otto's tweede vrouw kwam naar buiten dat Otto, na de oorlog teruggekeerd, aan Miep vroeg met hem mee te gaan naar een schoenwinkel in de Leidsestraat, waarvan hij de eigenaar kende uit Auschwitz. Frank zei tegen Miep: 'Ik wil die man opzoeken omdat ik in het kamp ruzie met hem heb gehad. Ik heb hem in zijn gezicht geslagen.' Miep stond versteld van deze onthulling; dat was niet iets wat ze van de Otto Frank die ze kende had verwacht. Ze was wel bezorgd over de onaangename reacties van een dergelijke confrontatie, maar ze ging met Frank mee. Toen Frank de winkel binnenging, herkende de man hem dadelijk en liep op hem toe. Er was een moment van aarzeling en toen omarmden ze elkaar. Later informeerde Miep naar het incident en Frank zei: 'In de kampen konden de gemoederen soms danig verhit worden over kleine, niet noemenswaardige zaken.' Blijkbaar had de man iets gedaan waaraan Frank zich had geërgerd, maar na de oorlog was het vergeten.
Ergens in november bereikte Otto Frank de grenzen van zijn weerstand. Zwaar depressief, uitgehongerd en geteisterd door diarree kon hij niet meer van zijn brits komen. Hij vertelde: 'Op een zondagmorgen kon ik niet meer opstaan van vermoeidheid door het zware werk, het weinige eten en een afstraffing door de *Kapo,* een dag daarvoor... Dat greep mij aan, moreel gesproken. Ik zei: "Ik kan niet opstaan." Toen zeiden mijn kameraden, allemaal Nederlanders natuurlijk, want ik was de enige Duitser maar was volledig geaccepteerd door alle anderen: 'Dat is onmogelijk, je moet opstaan anders ben je verloren."' Iemand ging een dokter halen, toevallig een joodse man uit Amsterdam. Frank vertelde: 'Die Nederlandse dokter kwam naar mijn barak. Hij zei: "Sta op en kom morgen naar de ziekenbarak, dan praat ik met de Duitse dokter en jij bent gered." Zo gebeurde het en zo werd ik gered.' Dr. S.M. Kropveld, de dokter die Frank in het hospitaal liet komen, wist nog dat hij hem in de barakken had opgezocht. Hij vond hem 'ongelofelijk smerig en onder de luizen. "Dokter, help me alstublieft!" zei hij en ik ging naar mijn

Tsjechisch-joodse collega [geen Duitse dokter, zoals Frank had gezegd] Fischer om hem advies te vragen. Fischer was neuroloog, een bijzondere man, en hij was bereid Frank voor psychologische observatie toe te laten... Zo werd Frank gehospitaliseerd en verstopt in een hoekje waar hij nog lag toen het Rode Leger hem bevrijdde.'

In de ziekenbarak (Otto Frank noemde het 'zogenaamd een hospitaal. Er werd niet behandeld. Het was alleen dat je niet gepakt werd en niet hoefde te werken en niet buiten hoefde komen') ontmoette Frank Joseph Spronz, met wie hij een levenslange vriendschap zou onderhouden. Spronz was in juni 1944 uit zijn geboortestad Boedapest in Auschwitz aangekomen. Hij werd naar de ziekenbarak gestuurd na een ongeluk in de kampkeukens waarbij hij beide handen ernstig had verbrand. In de ziekenbarak raakte hij bevriend met een Hongaarse dokter die hem vasthield om voor assistent te spelen. Tijdens zijn verblijf daar vormde hij een groep die gedichten voordroeg en discussieerde over culturele onderwerpen. Zo ontmoette hij Otto, vertelt Spronz' tweede vrouw Franzi. 'Mijn man was sterk van geest en trouw, en hij vormde in de ziekenbarak een kring van mensen die ondanks hun ziekte of wat hen daar ook had gebracht, geïnteresseerd waren in muziek, literatuur en kunst. Om beurten zong of sprak iedereen over zijn voorliefde. Op een avond floot mijn man iets uit Bachs *Matthäus Passion* en Otto Frank kwam te voorschijn, liep langzaam op hem af en floot mee. Toen ze klaar waren, zei Otto: "Ik weet dat u een Hongaar bent, en ik niet, maar mag ik me alstublieft bij u aansluiten?" Ze nodigden hem uit om te zingen of te spreken en hij stond op en droeg een gedicht voor van Heinrich Heine, over het verlies van zijn religie. Zo begon hun vriendschap.'

In zijn memoires uit Auschwitz schetst Spronz de omstandigheden die Frank aantrof in de ziekenbarak. Hij maakt duidelijk dat de omstandigheden, zij het verbeterd, nog ver verwijderd waren van de gebruikelijke medische praktijk. 'Als iemand hierheen gestuurd was, werd hij voor alles ontdaan van de allerlaatste dingen die hij van huis had meegebracht, zijn schoenen. Verder werden hem de kleren afgenomen en alle dierbare bezittingen die hij met de grootste moeite had behouden... In de ziekenbarak mochten we alleen onze nachthemden houden.' In feite kwam het interieur van de ziekenbarak overeen met de gewone barakken: 'De inrichting verschilde niet van de rest: stapelbedden, drie hoog, versleten stromatrassen vol vlooien. Meestal was er een plankenvloer, op sommige plaatsen beton. De wasgelegenheid was, net als de toiletten, alleen op de benedenverdieping.' Het eten was al niet beter. 'De mensen in de ziekenbarak kregen minder te eten dan de mannen die elders werkten; dit was als afschrikking bedoeld; anders zouden te veel mensen gesimuleerd hebben om hier te komen... We hadden meer tijd om te voelen hoe hongerig we waren, om maar te zwijgen van ons lage moreel dat in het hospitaal nog lager was; we hadden domweg meer tijd om in het diepst van onze ziel te kijken en tot het besef te komen hoe onzeker het lot van onze dierbaren was... en hoe weinig hoop onze eigen huidige situatie ons bood.'

Gelukkig voor Otto Frank viel zijn toelating tot de ziekenbarak samen met de ontmanteling van de gaskamers. Wie eenmaal in de ziekenbarak was, die wilde er blijven: 'We deden ons best in het hospitaal te blijven, want dat had verschillende voordelen. Het was koud geworden en de naderende winter voorspelde veel leed.' Toen er die decembermaand sneeuw viel in Auschwitz, stierven de gevangenen met duizenden tegelijk. In een brief die Frank een paar maanden later schreef, haalt hij een treurige herinnering op aan Kerstmis in Auschwitz: 'De laatste muziek die ik gehoord heb, was met Kerstmis in het kamp, toen twee kameraden in het hospitaal zo mooi viool en cello speelden.' En hij voegt eraan toe: 'Ik weet dat ze nu dood zijn.'

Begin 1945 waren niet ver van Oświęcim de doffe dreunen van de artillerie en het geknetter van de automatische wapens van het Rode Leger te horen. Midden januari voegde zich daarbij het gebrom op de wegen van voertuigen van de vluchtende *Wehrmacht*. In het besef dat het Rode Leger naderde, begon de SS delen van de kolossale doodsfabriek Auschwitz te slopen. Gaskamers werden opgeblazen, crematoria ontmanteld en apparatuur werd naar de kampen van Mauthausen en Gross-Rosen gestuurd. In Birkenau werden veel barakken, omheiningen onder stroom en wachttorens neergehaald. Naar Auschwitz meegebrachte kleren, brillen, koffers, sieraden en andere persoonlijke bezittingen werden naar Berlijn verzonden. Documenten en registers werden in brand gestoken, zowel in Auschwitz I als in Birkenau. Lijken uit haastig gegraven massagraven werden opgegraven en in open kuilen verbrand. Ondanks, of misschien juist door het dreigende einde van hun macht volhardden de Duitsers in het martelen en vermoorden van gevangenen.

Op 12 januari rukte het Rode Leger op met alle strijdkrachten waarover het beschikte – meer dan anderhalf miljoen manschappen, meer dan drieduizend tanks en tienduizend vliegtuigen – tegen de ontoereikende Duitse verdediging van Baranov. Het nieuws bereikte op de een of andere manier de bewoners van de ziekenbarak, zoals Spronz vertelde: 'Toen de Duitse linies bij Baranov doorbroken waren, begrepen we meteen dat dit de evacuatie van het kamp zou betekenen. De opwinding was enorm.' Op 16 januari vielen vliegtuigen van het Rode Leger het terrein van Auschwitz aan en verwoestten de keuken en het voedselmagazijn in Birkenau. Op 17 januari naderden onderdelen van het Rode Leger vanuit het noorden en noordwesten de buitenwijken van Krakau en verrasten de Duitse stellingen. De Duitsers hadden hun plannen voor het vertrek klaar en hadden al besloten wat ze met de gevangenen van Auschwitz zouden doen: 'In de eerste dagen van januari hadden de Duitsers, onder druk van het Rode Leger, inderhaast het Silezische mijngebied ontruimd. Maar terwijl ze elders in gelijke omstandigheden *Lager* en bewoners hadden vernietigd met de wapens, gingen ze in het district Auschwitz heel anders te werk: er waren orders ontvangen (persoonlijk gegeven, naar het schijnt, door Hitler) om koste wat het kost elke man die kan werken op de been te helpen.' Alle gevangenen in de gewone barakken moesten te voet geëvacueerd worden terwijl die in de ziekenbarak, zoals Otto, achtergelaten zouden worden. Omdat de mist de wegen rond het kamp verduisterde en de zware sneeuwval voortduurde, lag Auschwitz er rustig bij, 'eindelijk blootgesteld aan een dreigende aanval'.

Een jongeman liep snel, het hoofd gebogen, door de sneeuw van Auschwitz I. Twee maanden lang had hij bijna elke avond de tocht van zijn eigen barak naar het kamphospitaal gemaakt toen het groepje vrienden met wie hij sinds zijn aankomst in Auschwitz was opgetrokken, uiteenviel. Peter van Pels, negentien jaar oud, was de jongste onder hen. Frank vertelde later: 'Peter hielp me als een zoon. Elke dag bracht hij me extra eten... Hij kon nooit lang blijven. We praatten nooit over ernstige zaken en hij sprak nooit over Anne. Ik kreeg niet de indruk dat hij erg volwassen werd.' Peter dacht dat de avond van 18 januari 1945 zijn laatste bezoek aan de ziekenbarak zou zijn. Hij verliet Auschwitz en hij hoopte Frank over te halen hetzelfde te doen.

Otto Frank had die dag 's middags gehoord dat het kamp geëvacueerd zou worden. Zijn vriend Spronz vertelde: 'Om middernacht wekte de ss de artsen en verplegers, en mij ook. We waren doodsbang omdat we bevel kregen eigenhandig de ziekterapporten van al het personeel en de patiënten in het hospitaal op dat moment te verbranden; dat kon de vernietiging betekenen voor iedereen die niet kon lopen. Voor de artsen en verplegers was het heel pijnlijk de zieken achter te moeten laten, maar we moesten het doen om te bewijzen dat we fit waren.' Toen vond Spronz Otto en zei hem zo mogelijk in de ziekenbarak te blijven. Frank besloot het advies op te volgen en verstopte zich in de toiletten als hij dacht dat het gevaar te dichtbij kwam. Over de ervaringen 's avonds vertelde hij later: 'Het vroor twintig graden. Peter kwam bij me en zei: "We gaan weg." Hij was doorvoed en had een goede positie. Hij was jong. Hij zei tegen me: "Ik werk met hen mee. Ik red het wel." Ik zei: "Peter, verstop je. Je kunt je hierboven of in het hospitaal verstoppen."' Peter was te bang voor de gevolgen van een ontdekking en vond dat meelopen in de mars het kleinste kwaad was. Frank en hij redeneerden over en weer en ten slotte verliet Peter alleen de ziekenbarak. 'Peter was zo'n goeie jongen, echt een goedhartige jongen. Maar erg intelligent was hij niet,' zei Frank later. Hij was ervan overtuigd dat Peter de mars niet zou overleven en wist dat zijn hoop Peter te kunnen helpen 'in de toekomst zijn mogelijkheden te ontwikkelen' nu niet in vervulling kon gaan.[2]

Kort na middernacht ging de eerste colonne gevangenen uit Auschwitz op weg. In Birkenau was het 'tien graden onder nul toen de SS de haveloze gevangenen de met sneeuw bedekte velden op joeg en hen dreigend dwong in rotten van vijf te lopen. Toch waren er langdurige vertragingen, appèls, geschreeuw en verwarring. Enige duizenden gevangenen in het kamphospitaal overlegden of ze met de evacuatie mee zouden lopen en de mensen die wilden vluchten, vochten om de weinige paren houten klompen die de autoriteiten hun hadden gelaten om naar de latrines te gaan...' De hele nacht en de volgende dag vertrokken groepen met tussenpozen. De vrouwen en kinderen uit Birkenau gingen eerst, daarna de mannen uit het kamp. Soms liepen er maar honderd gevangenen in een colonne maar er waren ook groepen van meer dan tweeduizend mensen die te voet op weg gingen 'naar de steden van Silezië'. Als ze de spoorwegstations bereikten, werden ze in open goederenwagens gestouwd en, soms voor meer dan een week, op reis gestuurd, zonder eten en drinken. De overgrote meerderheid kwam om. De overlevenden 'wierpen de lijken van de bevroren doden op de spoorrails en likten snel van de richels van de wagons om hun honger en dorst wat te stillen. Er waren gevallen van kannibalisme toen de hongerende gevangenen werden gedwongen stukken van hun gestorven kameraden op te eten.' De mensen die gedwongen werden de hele tocht te voet af te leggen, werden geslagen, uitgehongerd, doodgeschoten, en kregen weinig hulp van de gewone Duitse burgers die hen zagen.

Op 19 januari, 's nachts om een uur, wachtte het laatste transport van 2500 gevangenen bij de 'Doodspoort' van Birkenau. In het kamp lagen documenten en kleren nog te branden. De lichten op de grote schakelkast dicht bij de toegangspoort werden gedoofd en de duisternis daalde neer op het kamp. In afwachting van verdere bevelen marcheerde de groep naar Auschwitz I. Toen ze vertrokken, leek de hele streek verlaten. Er bleven zesduizend gevangenen achter, te ziek om zich bij een colonne evacués aan te sluiten; onder hen Otto Frank. Dwars door de bossen, velden en dorpen van Opper-Silezië marcheerden 58.000 gevangenen half bevroren in het schrikbarende weer, en ver achter hen lagen 'de grimmige, deels uitgebrande ruïnes van Auschwitz verlaten in de sneeuw'.

Enkele uren nadat de laatste colonne evacués het kamp had verlaten, voerden geallieerde vliegtuigen een zware aanval uit op de fabrieken van IG Farben in Dwory, vlak bij Auschwitz I. De directeuren van IG Farben – de werkgevers van de slavenarbeiders uit de kampen en de fabrikanten van Zyklon-B, het gas dat werd gebruikt om duizenden te vermoorden in de gaskamers – staken hun dossiers in brand. Voor Otto Frank en de twaalfhonderd bewoners van Auschwitz I was het geallieerde bombardement moreel gezien een enorme opsteker, maar in directe, praktische zin was het een regelrechte ramp: het sneed de toevoer van water en elektriciteit naar Oświęcim af, en daarmee ook van de kampen. Ze zaten als het ware gevangen in een zinkend schip: er was geen licht, eten of drinkwater, alleen honger en dorst, en buiten een eeuwige zwarte mist. De gevangenenbarakken werden geteisterd door wind en stromende regen terwijl de lucht daarboven trilde van de bommen van het sovjetleger.

Frank vertelde: 'Toen de Duitsers vertrokken waren, zaten we alleen. Mensen uit het hospitaal en nog een flink aantal. Toen vonden we heel veel eten, kelders vol voedsel dat bestemd was voor de SS, maar er was geen water, want alles was bevroren en kapot. Maar er waren meren in de buurt. Dus gingen we het ijs breken en haalden water uit de meren.' Spronz vertelde hoe hun dat lukte: 'Elke patiënt die kon lopen, was in de weer om water naar de keuken te brengen. Er werd alleen gekookt water gedronken en dankzij de voorraad in het magazijn was er voortdurend zwarte koffie te krijgen. Ook de bewoners van Birkenau, waar de SS de 'Kanada'-pakhuizen in brand had gestoken en willekeurig tweehonderd vrouwen doodgeschoten, slaagden er in iets van de voorraad uit het hoofdkamp voor zichzelf in veiligheid te brengen. Maar ook na deze welkome vondst bleven ze in de greep van kille, droefgeestige mist en regen. Intussen deed het gerucht de ronde dat de sovjets nog pas in de bergen bij Zakopane waren, ver verwijderd van het 'spookachtige kamp Birkenau'.

Op 25 januari kwam bij de sneeuw ook nog de regen. Om twee uur 's middags stapte onverwacht een detachement van de SD Auschwitz I binnen. Vijf dagen eerder had SS-*Sturmbannführer* Franz Xavier Kraus, hoofd van het bureau verbinding en doorvoer, van SS-*Obergruppenführer* Schmauser bevel gekregen de laatste gevangenen van Birkenau en Auschwitz allemaal te liquideren. Tientallen gewapende SS'ers kwamen de hospitaalbarakken binnen. Ze schreeuwden naar de patiënten en sleurden hen uit hun bed. Frank en zijn kameraden moesten opstaan en over de kampweg naar de hoofdpoort marcheren. Uit de vervallen barakken kwamen onder zware klappen gevangenen strompelend en vallend naar buiten en de SS'ers duwden en schopten hen over het pad door de bevroren sneeuw. De SD schreeuwde bevelen naar de SS'ers, liep vlot tussen de wankelende, vallende gevangenen en duwde hen in de rij. Joden uit het Duitse rijk vormden de eerste rijen, gevolgd door niet-joodse Duitsers, daarna de andere joden en ten slotte werden de gevangenen die niet konden staan, in rijen op de grond gegooid. Frank stond in het midden en wist precies 'waarom we daar liepen. We wisten dat het afgelopen was met ons.'

Ook Spronz bevond zich tussen de gevangenen: 'De SD'ers begonnen onder elkaar te beraadslagen. We beseften dat er een executie op komst was, want van een georganiseerd vertrek uit het kamp kon geen sprake zijn. De Duitsers demonstreerden hun handgranaten en machinegeweren en we voelden de kogels al in ons lijf. Het waren momenten van doodsangst...'

De SD'ers zelf gingen in een rij voor de gevangenen staan onder de zwarte gietijzeren poort met het opschrift *'Arbeit macht frei'*. De natte sneeuw ging over in regen toen ze hun machinegeweren richtten.

Er stapte een officier naar voren om het bevel tot vuren te geven.

Plotseling weerklonken drie luid knallende explosies in de lucht. De gevangenen in de voorste rij keken verstomd naar elkaar; er was niemand gedood. Er volgden nog twee explosies, duidelijk van buiten het kamp, en toen verscheen over de hoofdweg een pantserwagen met een aantal SS'ers. Een van hen sprong eruit en sprak de officier aan die het executiepeloton leidde. Het was een korte woordenwisseling maar kennelijk urgent. Terwijl ze stonden te praten, dook naast de hoofdpoort een konvooi wagens op. De beide mannen staakten het gesprek en de officier wenkte de bewakers. Die gooiden hun geweren over de schouder en holden naar de voertuigen.

'Terug naar de barakken!' brulde de officier naar de verbijsterde gevangenen alvorens in de dichtstbijzijnde wagen te stappen. De bewakers hadden geen aandacht meer voor de bewoners en binnen enkele seconden waren alle wagens weg.[3] De verbaasde gevangenen, Frank inclusief, liepen terug naar de barakken en hielpen de gehandicapten over de winderige straat. Ze overlegden wat ze zouden doen. Franzi Spronz vertelt het verhaal dat ze van haar man hoorde: 'De Duitsers waren gevlucht en kwamen niet terug. Het waren lafaards, allemaal. De gevangenen overlegden en zeiden: "Wat doen we nu in 's hemelsnaam?" In de consternatie vond Otto mijn man en zei dat hij ervan overtuigd was dat het einde hoe dan ook nabij was, en hij was vastbesloten te overleven tot het Rode Leger kwam, zodat hij terug kon naar huis en weer bij zijn kinderen kon zijn. Mijn man gaf hem zijn adres en toen gingen ze uit elkaar.'

Twee dagen later kwam de bevrijding. 's Nachts waren er luchtgevechten boven het kamp en gevechten bij Oświęcim. De SS kwam terug naar Birkenau en blies op 26 januari om een uur 's nachts crematorium V op, alvorens in pantserwagens te vertrekken. In de vroege ochtend van 27 januari bliezen soldaten van de Wehrmacht de spoorbruggen over de met as vergeven Weichsel en Soła op, evenals de houten brug over de Soła die door gevangenen uit Auschwitz was gebouwd. Om drie uur in de middag, toen het weer begon te sneeuwen, baanden wit gecamoufleerde verkenners van het Eerste Oekraïense Front zich een weg uit het bos bij Oświęcim en zagen het prikkeldraad van het kamp. Toen ze de poort naderden, verscheen een groep Duitse soldaten. Er volgde een fel gevecht tot de Duitsers ervandoor gingen en twee dodelijk gewonde sovjetsoldaten van het Rode Leger achterlieten. Elders in de nabijheid sneuvelden tweehonderddertig soldaten van het Rode Leger bij een gevecht om Auschwitz en de satellietkampen te bevrijden. Nadat een aantal mijnen in het gebied geruimd was, kon het Rode Leger ten slotte het gevangenenkamp Auschwitz I binnengaan.

Toen de soldaten de ziekenbarak binnenkwamen, was Otto Frank te zwak om op te staan en hen te begroeten. Zijn enige herinnering aan de gebeurtenis was de camouflage, 'de sneeuwwitte jassen. Het waren goede mensen. Het kon ons niet schelen of het nu communisten waren of niet. We hadden geen interesse voor politiek, we waren geïnteresseerd in de bevrijding.'

Het zestigste leger van het Eerste Oekraïense Front onder bevel van generaal Pavel Koerotsjkin doorzocht het kamp. Ze vonden achtenveertig lijken op het terrein van Auschwitz, allen gestorven in de laatste paar dagen. Van de miljoenen die de poorten waren binnengekomen, waren er ten tijde van de bevrijding zesduizend in leven gebleven. Minder dan een procent van hen die binnenkwamen had het kamp overleefd. In de gedeeltelijk verwoeste 'Kanada'-pakhuizen vonden de sovjetsoldaten 1.185.345 stuks mannen- en vrouwenkleding, 43.255 paar schoenen, 13.694 tapijten, 6400 kilo vrouwenhaar en hopen tandenborstels, scheerkwasten, kunstledematen en babykleertjes. Een Poolse officier rapporteerde dat de overlevenden 'niet op menselijke wezen leken; het zijn slechts schaduwen'. De schrijver Primo Levi, ooit bewoner van Monowitz, kwam in Auschwitz I en vond 'ontelbare mistroostige, vierkante, grijze stenen bouwsels, drie verdiepingen hoog, allemaal gelijk; daartussen liepen geplaveide straten, rechtuit, met rechte hoeken, zo ver het oog reikte. Alles was verlaten, stil, platgedrukt door de zware luchten, vol modder en regen en verlatenheid.'

Op 28 januari zette de dooi in, maar op 29 januari vielen er slagregens, en op dat ogenblik was heel kamp Auschwitz I veranderd in een massaal tijdelijk hospitaal. De zieken werden gebaad door sterke verpleegsters van het Rode Leger die hen 'op de grond op houten rekken legden, hen vlot van top tot teen inzeepten en afspoelden... de Russen[4] verdeelden de overlevenden in twee groepen nationaliteiten... gaven schone hemden en ondergoed... de afdeling besmettelijke ziekten, blok 20, [werd] een enorm slaaphuis waar een enkele dokter achthonderd zieke en stervende patiënten onder zijn hoede kreeg.' Er waren geen geneesmiddelen en medische apparaten, weinig echte artsen, maar de sovjets deden wat ze konden, deelden rantsoenen en kleren rond uit de voormalige SS-magazijnen, en scheidden de chronisch zieken van hen die waarschijnlijk zouden overleven. Frank behoorde tot de laatste categorie. Hij kreeg zijn eigen brits in een andere barak, in een lang vertrek waar een enkele rij britsen in drie verdiepingen tot aan de zoldering reikte. De barak was vol vrouwen: de moeders, dochters, zuster, nichten en vriendinnen die vanuit Birkenau overkwamen op zoek naar verwanten en geliefden. Frank vond de kracht om elke vrouw uit Birkenau die de barak binnenkwam, te vragen naar zijn vrouw en dochters. Een van de tieners die met hem sprak, was Eva Geiringer, een vroeger buurmeisje van het Merwedeplein. Ze beschrijft hun ontmoeting: 'Ik zag een gezicht dat me vaag bekend voorkwam. Hij was van middelbare leeftijd en had bijna geen gezicht meer over, alleen de schedel van een skelet waar bleekbruine, onderzoekende ogen uit keken. "Ik ken u," zei ik in het Nederlands, in mijn achterhoofd vrijwel zeker dat ik hem eerder had gezien. Hij stond langzaam en pijnlijk op, stond groot en waardig stil en maakte een lichte buiging voor me.' Eva kon hem niet vertellen wat er met zijn kinderen was gebeurd en hij kon haar geen nieuws brengen van haar vader en broer. Toch bleven ze praten: 'Ik zat een poosje op zijn brits en vertelde hem al het nieuws dat ik wist en hij vond het een goed idee dat we naar Auschwitz zouden verhuizen, waar het Rode

Leger een permanent hoofdkwartier had en voor de gevangenen wilde zorgen. Ik beloofde terug te komen om hem op te zoeken.' De zieke overlevenden herstelden geleidelijk en begonnen door het kamp te dwalen. Eva vertelt hoe de soldaten 'gezonde mensen [organiseerden] om te helpen de enorme bergen aardappels te schillen die in de zware zwarte kookpotten werden gekieperd voor aardappel-en-koolsoep. Dat was het basisvoedsel voor iedereen, de soldaten incluis. Er werden grote hompen ruw, grof maïsbrood uitgedeeld en er was nu voldoende voedsel om de symptomen van verhongering te stoppen.' Water was nog altijd alleen te krijgen van de ijsblokken die uit de nabije meren werden gehakt en gesmolten. Op de vrijdagavonden sloot Frank zich aan bij een groep medebewoners om de sabbat te vieren. Geen van hen was religieus maar ze putten troost uit hun kleine gemeente.

Het begon weer te sneeuwen maar de lange kampstraten bleven vol bedrijvigheid. Er verschenen elke dag meer soldaten, per vrachtauto of te paard. Aan de rand van het hoofdkamp blokkeerden vrachtwagens van het Rode Leger de wegen. Eva herinnert zich de 'in leer gestoken Russen met bontmutsen' die het druk hadden met het repareren van motoren en schoonmaken van geweren. Overal in Auschwitz heerste 'een sfeer van activiteit, organisatie en zekerheid door de Russische aanwezigheid... De Russen hadden hun hoofdkwartier en veldkeukens ingericht en het leger had de zaken helemaal op orde... Er was blijkbaar permanent een kleine groep soldaten die zich met de problemen van het verlaten concentratiekamp bezighielden.'

Een van de meest aandoenlijke en ongelooflijke verrassingen bij de research voor deze biografie was wel de ontdekking dat Otto Frank onmiddellijk na zijn bevrijding begon een dagboek bij te houden.[5] Het is niet alleen opmerkelijk op grond van de identiteit van de auteur, maar ook omdat het een van de zeer zeldzame dagboeken moet zijn – als er al andere bestaan – dat beschrijft hoe een overlevende van Auschwitz geestelijk en fysiek de reis beleeft vanaf zijn bevrijding tot aan het moment van zijn thuiskomst. Frank repte nooit over het bestaan ervan maar hij sprak ook nooit uitvoerig over zijn gevangenschap in Auschwitz en alles wat daar gebeurd was. Blijkbaar wist Frank een rood notitieboekje op zakformaat te bemachtigen bij de sovjetsoldaten die pennen en papier uitdeelden onder de mensen die hoopten contact te maken met de buitenwereld. Al was Frank nog in leven en geestelijk ongebroken, uit het dagboek blijkt dat hij niet normaal functioneerde. Hij kon, als een camera, alleen vastleggen wat hij zag; zijn emoties bleven buiten beeld. Zijn vriend Joseph Spronz beschreef zijn eigen geparalyseerde toestand als 'een wezen zonder ziel, alleen maar vlees'. Otto's dagboeknotities vanaf 11 februari tot 23 februari toen hij het kamp verliet, luiden simpelweg:

11.II.45: blok 18 (keuken).
14.II.45: Sal de Liema [hereniging met zijn vriend].
16.II.45: Russische film.
17.II.45: eerste wandeling buiten.
19.II.45: Auschwitz.
23.II.45: dag van het Rode Leger.

Later werden de notities uitvoeriger, maar Otto's aandacht was voorlopig geconcentreerd op zijn verwanten, om hun te berichten dat hij in leven was. Hij schreef veel brieven, waarvan sommige bewaard gebleven zijn. De eerste werd geschreven op 23 februari 1945 en was geadresseerd aan zijn moeder en zuster in het neutrale Zwitserland.

Liefste moeder,

Ik hoop je te bereiken met deze regels die jou en al onze dierbaren het bericht brengen dat ik gered ben door de Russen, gezond ben en vol goede moed en in elk opzicht goed verzorgd. Waar Edith en de kinderen zich bevinden, weet ik niet, we zijn sedert 5 sept. '44 gescheiden. Ik hoorde alleen dat ze naar Duitsland getransporteerd zijn. We moeten hopen dat we hen gezond terugzien. Wil je alsjeblieft mijn zwagers [Herbert en Julius] en mijn vrienden in Holland op de hoogte stellen van mijn redding. Ik verlang ernaar jullie allemaal weer te zien en hoop dat dit spoedig mogelijk zal zijn. Als jullie nu ook allemaal maar gezond bent. Wanneer zou ik van jullie bericht kunnen krijgen? Veel liefs en de hartelijkste groeten en kussen.
Je zoon
Otto

Hij stuurde een soortgelijke brief aan zijn broer Robert en schoonzuster Lottie in Engeland, waarin hij hun vertelt dat hij 'het geluk had, door de Russen bevrijd te worden. Het gaat me goed, heb goede moed en ben goed verzorgd... Maak je over mij geen zorgen meer. Dat doe ik wel over jullie maar ik heb niettemin vertrouwen. Wat heb ik jullie veel te vertellen sinds we elkaar voor het laatst gezien hebben.' Kort na het schrijven van deze brief kregen Frank en zijn kameraden te horen dat ze het kamp gingen verlaten. Eva, Otto's bezoekster in de barak, vertelt: 'Op een nacht in de derde week hoorden we het knetteren van geweervuur vlak bij het kamp. Toen het dreunen van artillerie. Het spervuur duurde de hele nacht... Toen we de volgende ochtend naar beneden gingen, was de straat vol opgewonden bewoners en soldaten. Geleidelijk realiseerden we ons dat de Russen een zware aanval van de Duitsers te verduren hadden en terrein verloren. Onze gezamenlijke vijand rukte weer op in onze richting. We waren doodsbang. Na alle ellende die we hadden doorgemaakt en overleefd, wisten we dat ze bitter wraak zouden nemen en ons allemaal in koelen bloede zouden vermoorden als ze ooit terug zouden komen. Uiteindelijk verschenen er enkele officieren die ons kalmeerden. In gebroken Duits maakten ze ons duidelijk dat ze ons naar Katowice zouden overbrengen, achter de linies in een veiliger zone. We moesten binnen een uur klaar zijn.'

Otto Frank had weinig tijd nodig om zijn bezittingen in te pakken. Ze pasten in een klein tasje van gestreepte stof: naald en draad en een paar stukjes papier. Toen liep hij naar het hoofdplein van het kamp, waar zich zo'n honderdvijftig nerveus pratende mannen en vrouwen verzameld hadden. Er stond een dozijn vrachtwagens te wachten langs de weg. Op een teken van de soldaten klom iedereen achter op de wagens. Comfortabel was het niet, maar er was veel voedsel en water. Toen iedereen op een vrachtwagen zat, startten de motoren en zetten de vrachtwagens zich in beweging, langzaam rijdend door de regen langs de rechte wegen naar de hoofdpoort.

Nog geen maand geleden had Frank onder die poort tegenover een vuurpeloton gestaan, in afwachting van een wisse dood. Samen met alle andere evacués keek hij zwijgend toe hoe de zwarte ijzeren letters vervaagden in de mist.

DEEL TWEE

Zonder enige twijfel publiceren 1945–1980

Hoofdstuk vijf

Het is allemaal als een akelige droom

Op 5 maart 1945 arriveerde de lange colonne van het Rode Leger, die de overlevenden van Auschwitz vervoerde, in Katowice, de hoofdstad van Opper-Silezië. Op een kaartje bevestigde het Poolse Rode Kruis dat Otto Frank en twee personen van Nederlandse nationaliteit uit kamp Auschwitz naar huis zouden terugkeren. Het onderdak van de vroegere kampbewoners in een groot openbaar gebouw was onaangenaam, al noteerde Frank in zijn dagboek dat de plaatselijke bevolking 'gastvrij' voor hen was. Op 12 maart werd hij met zijn kameraden overgebracht naar de Ferdinandschool in het centrum van de stad. Het was een van de opvangcentra in de regio voor overlevenden van concentratiekampen en slavenarbeid. Hoewel de sovjets het in Polen voor het zeggen hadden, was de sfeer in het gebied onzeker, omdat de Sovjet-Unie nog altijd in gevecht was met Hitlers legers in Hongarije, Polen en Duitsland. Overal heersten chaos en onzekerheid; er waren weinig middelen beschikbaar voor de overlevenden van de kampen.

De Polen met wie Otto Frank in contact kwam, toonden zich zonder uitzondering sympathiek jegens hem. In zijn dagboek van 13 maart noemt hij Zofia Kukulska uit Katowice bijzonder vriendelijk. Zij en haar man vroegen hem verscheidene malen te eten; Frank hield de rest van zijn leven contact met de Kukulska's. De dagboeknotities van de volgende dagen zijn moeilijk te ontcijferen. Op 15 maart schreef hij vanuit de school in Katowice aan zijn moeder dat hij bevrijd was en gezond. 'We zijn nu hier en wachten op vervoer naar Holland. Ik weet niets over Edith en de kinderen. Vermoedelijk zijn ze naar Duitsland gedeporteerd. Zien we elkaar gezond terug? Ik verlang zo naar hen en naar jullie allemaal! Het is een wonder dat ik nog leef: ik had veel geluk en moet dankbaar zijn.' Een andere, diezelfde dag geschreven kaart draait er niet omheen: 'We bezitten niets meer. Ik hoop dat je gezond bent als je deze regels leest. Ik schrijf spoedig meer. Liefs, Otto.'

Twee brieven van 18 maart geven meer details over de omstandigheden. De eerste is geadresseerd aan zijn nicht, Milly Stanfield:

> Ik hoop dat deze brief je bereikt, zodat ik je kan berichten dat ik leef. Het is echt een wonder... Op 27 februari zijn we bevrijd door de Russen en ik trof het dat ik op dat moment in het hospitaal lag, want dat werd door de Duitsers intact gelaten. Ze wilden dat ik met hen zou vertrekken, maar het lukte me daaraan te ontkomen en ik bleef; dat was mijn geluk. Ik weet niet hoeveel er nog in leven zijn van mijn kameraden die mee moesten op de terugtocht. Niet veel, denk ik.
> Hier wachten we om gerepatrieerd te worden, maar het is nog oorlog en we zijn ver van huis. Holland is gedeeltelijk nog bezet. Over Edith mijn vrouw en de kinderen weet ik niets... We waren meer dan twee jaar ondergedoken in Amsterdam en onze vrienden zorgden voor ons, zorgden, ondanks alle gevaren, voor eten en alles wat we nodig hadden. Gelukkig verdiende ik in die jaren voldoende om van te leven, maar nu ben ik een bedelaar en heb alles verloren, behalve mijn leven. Van mijn huisgezin is niets overgebleven, geen foto, geen brief van mijn kinderen, niets, niets, maar ik wil niet denken wat er later zal gebeuren en of ik weer kan werken. Er zijn er veel in dezelfde situatie.
> Ik verlang naar jullie allemaal en het gaat me veel beter nu en ik weeg weer zestig kilo. Hoe vind ik jullie en al mijn oude vrienden terug? Ik was altijd optimistisch en ik doe nog steeds mijn best.

Milly Stanfield ontving de brief in mei 1945. Het was haar eerste rechtstreekse bericht van Otto, maar ze wist op dat moment al dat hij in leven was omdat Robert Frank het haar had verteld. De tweede brief was gericht aan Otto's moeder. Hij heeft nog niet de kracht om feitelijke gebeurtenissen terug te roepen:

> Ik kan er nog niet toe komen uitvoeriger over mijn belevenissen te vertellen; het belangrijkste is dat je weet dat ik leef en gezond ben.
> Ik word gekweld door de gedachte dat ik niet weet waar Edith en de kinderen zich bevinden, zoals je begrijpt. Maar ik heb hoop ze allemaal gezond terug te zien en ik wil de hoop niet verliezen... Er wordt voldoende voor ons gezorgd en ik zal altijd met dankbaarheid aan de bevrijding door de Russen denken. Als ik niet wegens zwakte – ik woog nog 52 kilo – in het hospitaal gelegen had, zou ik ongetwijfeld niet meer leven. Ik had veel geluk en goe-

de vrienden... Wat onze Amsterdamse vrienden – Miep Gies, Kleiman, Kugler, Bep – ondanks de gevaren gedaan hebben om ons in onze schuilplaats te verzorgen, is met geen goud te betalen. Kleiman en Kugler werden samen met ons gearresteerd door de Gestapo en ook naar een concentratiekamp gestuurd. Die gedachte achtervolgt mij voortdurend – ik hoop maar dat deze mensen intussen vrij zijn... Ik kan me nauwelijks normale omstandigheden voorstellen. Ik wil nog niet aan de toekomst denken. Hier ben ik een bedelaar en zo zie ik er ook uit. Maar mijn geest is helder en mijn lichaam herstelt zich, vooral omdat we niet hoeven te werken. Ik hoop jullie spoedig meer nieuws te sturen en ook van jullie te horen.

Op 19 maart kon hij voor het eerst een ordentelijk bad nemen om vervolgens serieus gedesinfecteerd te worden. Volgens het dagboek had hij op dezelfde datum een gesprek in het Engels met een Poolse arts (wellicht over zijn gezondheid) en kreeg 'twee hemden, pantalon, eten' cadeau. De volgende dag werd hij te eten gevraagd ten huize van een andere Poolse, waar aardappels de hoofdschotel vormden. Toen, op 22 maart, ontdekte hij wat er met zijn vrouw gebeurd was.

In de Ferdinandschool zat Frank alleen aan een lange tafel, in gedachten verzonken, toen een vrouw het vertrek binnenkwam. Hij herkende haar als Rootje de Winter, die hij in Westerbork had ontmoet. Ze kon hem vertellen dat zij en haar dochter Judith op 5 september na aankomst in Auschwitz in een barak geplaatst waren met Edith, Margot en Anne. Op 27 oktober was er een selectie van de jongsten en de sterksten in het blok om overgebracht te worden naar een munitiefabriek in Tsjecho-Slowakije. Judith de Winter moest mee; Rootje had haar sindsdien niet meer gezien. Margot en Anne hadden ook moeten gaan, maar Anne had scabiës en werd afgewezen. Kort daarop werd ze naar het scabiësblok gestuurd en ging Margot vrijwillig met haar mee. Edith, Ronnie Goldstein-van Cleef (die Frank in Westerbork had ontmoet) en nog een vrouw wier dochter in het scabiësblok verbleef, smokkelden elke dag eten naar hen. Op 30 oktober was er een massale selectie in Birkenau. Wie naar rechts gestuurd werd, zou vergast worden, wie naar links gestuurd werd, zou overgeplaatst worden naar een ander kamp, maar naar welk wisten ze niet. Anne en Margot werden geselecteerd voor het transport. Rootje en Edith werden naar rechts gestuurd. Terwijl ze wachtten om naar de gaskamers gebracht te worden, kwam een vrouw de barak binnen die hun zei naar een andere barak te hollen. Met een groep van twintig vrouwen wisten ze te ontkomen aan de gaskamer. Rootje de Winter vertelde Frank wat er daarna gebeurde en in haar memoires van Auschwitz vertelt ze: 'Edith wordt ziek, heeft hoge koorts. Ik wil dat ze naar het hospitaal gaat. Maar er heerst grote angst vergast te worden omdat dokter Mengele elke week naar de ziekenbarak gaat om de vrouwen uit te zoeken die in zijn ogen te uitgemergeld zijn om te blijven leven. Ondanks alles breng ik Edith daarheen. Haar koorts is boven de veertig graden en ze wordt onmiddellijk toegelaten tot de hospitaalbarak.' Rootje ging ook naar de ziekenbarakken maar in een ander blok. Enkele dagen later: 'Er komen nieuwe patiënten binnen. Ik herken Edith. Ze komt uit een andere ziekenbarak. Ze is nog maar een schim van zichzelf. Een paar dagen later sterft ze, volkomen uitgeput.'

Ze vertelde ook hoe Frank reageerde op het doodsbericht van Edith: 'Meneer Frank bewoog zich niet toen ik het vertelde. Ik wilde hem aankijken maar hij had zich afgewend. En toen maakte hij een beweging. Ik kan me niet precies herinneren wat het was, maar ik geloof dat hij zijn hoofd op tafel legde.'

Verdoofd legde Frank het nieuws vast in zijn dagboek terwijl hij gekweld aan zijn kinderen dacht: 'Mevrouw De Winter, Zutphen. Bericht over de dood van Edith op 6 januari 1945 in het hospitaal, door zwakte zonder lijden. Kinderen okt. naar Sudetenland, erg dapper, vooral Anne, ik mis vooral Anne.'

Op 28 maart schreef hij een brief aan zijn moeder, maar veel wist hij niet te schrijven,

> want het bericht over de dood van Edith op 6 januari dat ik nu kreeg, heeft me zo hard getroffen dat ik niet helemaal de oude ben... Edith is in het hospitaal gestorven van zwakte, veroorzaakt door ondervoeding, waardoor haar lichaam een darmstoring niet kon doorstaan. In feite ook een moord van de Duitsers. Als ze het maar veertien dagen langer uitgehouden had, dan was na de bevrijding door de Russen alles anders geworden. Ik moet me erin schikken. Ik weet niet of we via het noorden of het zuiden naar Holland kunnen komen. Maar ik hoop dat we gauw verder komen, al is Holland nog niet vrij. Meer wil ik vandaag niet schrijven.

Een week lang zaten Otto Frank en zijn kameraden in spanning, want de geruchten dat ze naar Odessa overgebracht zouden worden, werden steeds sterker, maar werden niet bewaarheid. Zijn gezondheid was nog erg zwak en hij leed ernstig aan diarree. 's Nachts zaten ze opgesloten in de school maar overdag en 's avonds waagde hij zich vol verwondering over het lenteweer naar buiten en schreef in zijn dagboek over de knoppen van de katjes aan de bomen. Hij verkocht zijn trui voor driehonderdvijftig zloty en zijn sokken voor honderd zloty en kocht vervolgens spek, eieren en bier. Op 31 maart kwam eindelijk de trein die hen naar Odessa zou brengen. Voor het vertrek schreef Frank in zijn dagboek: 'Transport aanstaande. Vertrek na de maaltijd.' Toen schreef hij kort en wat positiever gestemd aan zijn familie in Zwitserland: 'Hoe vaak denk ik niet aan jullie, verlang ik jullie weer te zien. Misschien reizen we vandaag verder, maar wanneer we terug zijn in Holland, weet niemand. Het lijkt erop dat de oorlog nu gauw afgelopen is. Ik ben gezond en houd me staande, ondanks het droeve bericht over de dood van mijn vrouw. Als ik de kinderen maar terugvind!'

De volgende dag stapte Frank in de trein ('tweeëndertig personen per wagon op britsen, een kachel) maar het duurde verscheidene uren voordat die zich in beweging zette en hij maakte vaak zonder reden halt. Dat gaf de overlevenden gelegenheid uit te stappen en met elkaar te praten en nieuwtjes uit te wisselen. Tijdens de reis ontmoette hij de zestienjarige Eva Geiringer weer. Ze herinnert zich dat hij 'alleen stond tijdens een oponthoud. Hij zag er moe en treurig uit. *Mutti* [Eva's moeder Fritzi] was bij me en vroeg me haar aan hem voor te stellen. Ze wist dat hij pas van Rootje had gehoord dat zijn vrouw gestorven was en ze had erg met hem te doen. Ik stelde haar voor en ze wisselden beleefd een paar woorden, maar er was weinig dat hem kon troosten en hij had voor niets belangstelling. Hij scheen zich af te willen zonderen en bleef alleen met zijn verdriet.'

Otto Frank deed in zijn dagboek verslag van de reis en hun aankomst ten slotte in Czernowitz. Zijn notities worden gedetailleerder, waarschijnlijk omdat hij meer belangstelling kreeg voor zijn omgeving. Zijn dagboek onthult – wat zeldzaam is in de reisverslagen van een Auschwitz-overlevende tussen bevrijding en thuiskomst – hoe hij en zijn kameraden geobsedeerd waren door voedsel. Na maanden van verhongeren noteerde Frank elk hapje dat hij at en was stomverbaasd dat hij nu luxueuze waren als verse kip en bier kon krijgen. Hij genoot van het landschap vanuit de trein en noteerde op de avond van 2 april over Tarnów: 'wat heuvelachtig, huizen armoedig maar netjes, meestal van hout, geen dieren.' De trein vorderde langzaam, werd opgehouden door naderende vrachttreinen en kwam 's nachts bijna niet vooruit. Op de dag stapten de passagiers uit om te ruilen bij de boeren.

Frank noteerde dat hij zijn hemd ruilde voor een brood en een aardappelknoedel. Op 5 april schreef hij: 'Rijden veel regelmatiger. Dorpen/gehuchten. Huizen met stro, veel verwoest. Boeren met eieren, kip en brood. We zijn op weg naar Odessa, maar moeten terug naar Tarnopol, want ons doel is Czernowitz. Dorpen in betere staat.' Met genoegen signaleerde hij 'zwarte schapen, ooievaars, wat varkens' maar was boos omdat de boeren bij de volgende halte niet te porren waren om wat te ruilen.

In de avond van 6 april kwamen ze in Czernowitz aan. De volgende morgen stapte Frank uit de trein en bleef een poosje in de regen staan alvorens drie kilometer door de stad te lopen naar de barakken waar ze ondergebracht zouden worden. Hij ontmoette enkele joden die 'gul brood, eieren, geld, likeur en thee gaven. Een enorme ontvangst allerwegen, de mensen bleken zeer medelevend.' De barakken waren weliswaar nieuw maar koud en de overlevenden moesten op de vloer slapen. Maar het eten was voor hen het belangrijkste en dat was goed. Franks gezondheid kreeg een terugslag en hij was nauwelijks fit genoeg om tien minuten te lopen naar de plaats waar hij iets te eten kon krijgen. Bovendien: 'Door de regen zijn de straten vol modder. Ze beweren dat het een paar dagen geleden hoogzomer was. Mijn darmen zijn nog niet in orde, dat drukt mijn stemming. Laat baden en desinfecteren, daarna in ander gebouw.'

De volgende dag was hij nog ziek en bleef hij binnen, maar de dag daarop verkocht hij wat tabak om bosbessen te kunnen kopen: om zijn buik rustig te krijgen, was hem verteld. Daarna ging hij naar een markt waar de mensen 'nog medelevend' waren. 'Uitgenodigd door dame voor thee met cake.' Hij moet zich toen lichamelijk beter gevoeld hebben, want hij besloot twee kameraden zich te bedrinken aan dubbele wodka's en wijn, wat hem in slaap hielp, zoals hij tevreden noteerde. De volgende dag ging hij, nadat hij een stoombad had geweigerd, weer naar die 'kleurige' markt en keek naar de 'boeren in traditionele klederdracht, veel kippen, eieren, ganzen, appels, gevogelte dat levend werd verkocht'. Later kreeg hij een stevige maaltijd met 'vermicellisoep, vlees, gebakken aardappels, pudding met vruchtensaus en thee (kreeg twee eieren). Trakteerde twee dames op melk en gebak... Briefkaart naar moeder, meisjes accepteerden geen betaling.' De briefkaart naar zijn moeder luidde eenvoudig: 'We zijn op doorreis hier beland en hopen gauw naar Amsterdam door te reizen. Ik ben gezond en er wordt in elk opzicht goed voor ons gezorgd. Met hartelijkste groeten aan alle dierbaren.'

Het geluk goedgeefse mensen te ontmoeten, bleef Otto Frank bij, evenals zijn enthousiasme voor het registreren van het aangeboden voedsel en zijn bedrevenheid in het ruilen. Op 12 april zocht hij een synagoge maar vond er geen. In plaats daarvan ging hij een poosje in een park in de zon zitten en wandelde vervolgens rond een oud landhuis toen hij een gezin ontmoette dat hem thuis uitnodigde. De eieren die hij gekocht had, werden gekookt en hij kreeg 'boter, gebak, een kippenpoot en eieren'. Hij werd gevraagd weer op bezoek te komen maar, al was het hem tot dusver steeds gelukt het verzamelcentrum te verlaten als dat niet mocht (onder de omheining door achter de rug van de bewaker) het lukte hem niet zich aan de afspraak te houden. Het weer was koud en winderig geworden en bleef hij 'opgesloten' binnen omdat hij voor die dag had getekend.

Op 17 april zag hij dat de trein klaar stond voor de reis, maar hij was boos en gekwetst dat zijn naam niet op de lijst stond voor dit transport. Hij schreef in zijn dagboek: 'Wie in Duitsland geboren is, krijgt geen toestemming verder te reizen (ongeveer zeventig). Veel beroering door alle gedoe om deze regeling te veranderen. Discussieerde over volmacht met Konijn en Fonteyn en anderen.' Het sneeuwde de volgende dag maar Frank glipte de stad in om zijn deken te verkopen en kwam terug met brood en appels. Maar hij was betrapt: 'Opgepakt door Russen en teruggebracht naar kamp. Het loopt goed af voor mij ('s avonds en de hele nacht regen).'

Op 21 april schreef hij opgewonden: 'Het weer wordt beter: zon! Ik werd op de lijst geplaatst, plotseling transport vanmiddag. Laat in de wagons, de trein vertrekt nog niet. Russen zeggen dat Berlijn is ingenomen. In volle wagon, 54, maar kon niet slapen.' Maar Berlijn was niet gevallen en de trein bleef in het station tot de volgende middag, toen enkele mensen werden ontdekt die zich hadden verstopt in de wagons. Frank schreef in zijn dagboek: 'Vreselijk voor die mensen. Ik was bijna een van hen. In de middag vertrekt de trein, langzaam. Wagon zonder planken, geen slaap, te veel mensen.' In een wagon brak difterie uit en wie kon lopen, begaf zich naar Franks wagon. Hij had 'een erg onaangename nacht' door de overbevolking en zijn diarree.

Op 24 april 's avonds laat bereikte de trein Odessa, de havenstad aan de Zwarte Zee. De passagiers brachten de nacht door in de trein en werden de volgende dag naar hun onderkomen gebracht. Het was vijf kilometer lopen naar het verzamelcentrum en een van Otto's schoenen begaf het onderweg. Het landschap rondom was verwoest: 'Alles opgeblazen. Mortieren.' Otto Frank en zijn kameraden werden gebaad en ontluisd. Het lukte hem eieren, vlees en rode wijn te kopen en de volgende dag was het mooi weer, noteerde hij, en was het eten 'goed'. Er werden rodekruispakketten uitgedeeld en lijsten opgesteld voor de ophanden zijnde bootreis. Frank was verrukt over het eten en deelde met een van zijn beste vrienden uit Auschwitz 'boter, vlees, kaas, jam, soep, ei, zalm, chocolade, thee, melk, havermout'. Daarna werden ze naar een andere barak gestuurd, minder comfortabel dan de vorige.

Op 2 mei schreef hij: 'Morgenochtend vertrekt het schip! Ruilde brood voor sigaretten.' Een ogenblik later hoorde hij dat het transport was afgelast: 'Jammer. Ze zeggen dat Hitler dood is en Goebbels in handen van de Russen. 's Avonds nog eens dertig sigaretten en dubbele chocolade vanwege bezoek mevrouw Churchill.' Zijn vermeldingen van de Nederlandse koninklijke familie (zijn dagboekaantekening van 30 april bevat de regel, 'Verjaardag van Juliana') en de vrouw van de Britse premier zijn interessant. Hij had gelijk wat Hitler betreft, die op 30 april in zijn Berlijnse bunker zelfmoord had gepleegd. Op 2 mei gaf Berlijn zich over aan het Rode Leger en op 8 mei volgde de officiële Duitse capitulatie. In Nederland hadden de Duitsers zich twee dagen eerder al overgegeven.

Op 4 mei schreef Frank dat hij een nieuwe schoen had gekregen maar hij was kwaad en treurig omdat hij minder eten had gekregen dan voorheen. De notities van 7 en 8 mei luiden: 'Schepen naar Napels, ze onderhandelen met Moskou of we daar welkom zijn,' en: 'Lijsten met namen voor informatie aan het Rode Kruis. Intocht Amerikanen in Utrecht (slecht weer). Ongeduld neemt toe, dat we nog niet weg kunnen. Veel lawaai en vreugdeschoten in de nacht.' Op 11 mei werden ze overgebracht naar een sanatorium twintig kilometer verderop, waar ze met drie mensen op een matras sliepen. Frank wandelde naar een weiland voor het 'verbluffende' uitzicht op de Zwarte Zee. Hij was woedend dat de Fransen voorrang kregen voor de reis maar probeerde zijn zinnen te verzetten door aan het strand in de zon te gaan zitten. Er waren, noteerde hij, 'geen zeevogels, bijna geen schelpen dus ook weinig vis en krabben'. Er was ook 'nog geen sprake van transport. Iedereen is ongeduldig ondanks de dagelijkse chocolade en sigaretten.'

Op 14 mei werd de overlevenden van Auschwitz gezegd dat ze moesten verhuizen naar een huis, een kilometer verderop, maar Otto Frank en enkelen van zijn kameraden gingen terug uit protest tegen de omstandigheden aldaar. In zijn dagboek schreef Otto over 'een sit-down staking. Bleven met ongeveer dertig man in onze kamer. De anderen verhuisden.' Ze bleven die nacht in de kamer en de volgende ochtend beloofde men hun 'een tent als we niet tevreden waren met het huis. Verhuizen. Erg slechte kamer. Bad en schoon ondergoed. Prachtig weer. In de nacht regen.' De volgende dag waren Frank en zijn kameraden weer ontevreden over hun behandeling: 'De zee is kalm, zie nu een dan een schip. De *Nijkerk* ligt in de haven, maar weinig hoop dat we mee mogen. Protesttelegram aan de ambassade wegens discriminatie van de Nederlandse mensen tegenover de Fransen.' Op 19 mei schreef hij: 'Ze spreken over vervoer aan boord van een Engels oorlogsschip. Morgen of een dag later. Het gerucht wordt bevestigd. Grote vreugde, maar ook nog wantrouwen.' Een dag later werd zijn vrees weggevaagd: 'Het schip is nog niet binnen. Ruilde schoenen. Kookte havermout en cacao. Lag aan het strand in de zon. Gladiolen en tulpen staan in bloei. [Later] Na de maaltijd plots het bevel: pakken. Met de tram en bagage naar het havengebied. Daarna zo'n drie kilometer lopen in het donker. In de haven, groot schip, ongeveer 18.000 ton (Engels). Wat een gevoel!'

De *Monoway*, een Nieuw-Zeelands schip, was terug uit Marseille met krijgsgevangenen uit de Sovjet-Unie. De reis van Odessa naar Marseille met de overlevenden van de concentratiekampen zou de tweede van drie van dergelijke reizen zijn. Otto Frank en zijn mannelijke kameraden kregen hangmatten op het tussendek om te slapen, terwijl de vrouwen cabines kregen toegewezen. Er waren ook Franse en Italiaanse krijgsgevangenen en een groep vrijwillige arbeiders aan boord. De keurig geüniformeerde bemanning zorgde goed voor haar passagiers en zag erop toe dat ze voedzaam eten kregen. Wegens tegenwind werd het vertrek uitgesteld tot na de middag van 21 mei. In de avondzon nuttigde Frank zijn maaltijd aan dek om vervolgens te ontdekken dat de matras die hij had weten te bemachtigen, gestolen was. Zijn hangmat was comfortabel genoeg en in de ochtend van 22 mei ontwaakte hij met hoop voor de toekomst, nog versterkt door het mooie weer en het uitgebreide ontbijt. Hij bracht de middag door 'op het dek in de zon, passeerde de Bosporus tegen half zes. Geen oorlog. Straten, minaretten, oude vestingen op de heuvels, maar zie ook prikkeldraad. Stilstaan. Nederlandse consul aan boord, bezorgd. Kranen. Weinig schepen. Veerboten. Roeiboten. Bijna allemaal mannen.' De volgende dag was het uitzicht al even bekoorlijk: 'Veel minaretten en moskeeën. Aziatische kant, bergen, Istanboel uitgebreid met voorsteden. Allemaal zichtbaar goed onderhouden. Meer. Appel om elf uur. Lunch: abrikozen met vanillesaus. Varen voornamelijk langs de zuidzijde. Ongeveer vijf uur Dardanellen. Luizencontrole. Kalme zee.' Op de avond van 25 mei passeerden ze het eiland Stromboli waarvan ze de vulkaan in de verte konden zien roken. De volgende dag was het weer 'wat stormachtig maar het schip is voortreffelijk. Om ongeveer drie uur tussen Sardinië en Corsica. Sterke branding, golven slaan helemaal over het dek in zonneschijn. Brieven aan moeder en Robert.'

Otto's brief aan zijn moeder is bewaard gebleven. Daarin uit hij het verlangen naar zijn kinderen.

'Morgen zijn we in Marseille... Voorlopig is niet bekend of we terug kunnen naar Holland of eerst een poosje in Engeland blijven. Voor mij is het belangrijkste dat we uit Rusland weg kwamen en zo de mogelijkheid hebben met onze dierbaren samen te komen... Mijn kinderen, dat is mijn enige hoop. Ik klamp me vast aan de overtuiging dat ze in leven zijn en dat we spoedig weer bij elkaar zullen zijn. Verder wil ik niet denken. We hebben te veel meegemaakt om bezorgd te zijn. Alleen de kinderen, de kinderen zijn van belang. Ik hoop omgaand bericht van jullie te krijgen. Misschien hebben jullie al bericht van de meisjes... Ik moet bij de Hollanders blijven, want ik heb – behalve een getatoeëerd nummer op mijn arm – geen enkel identiteitsbewijs en het zal wel even duren voor ik jullie kan bezoeken. Het belangrijkste is dat we nu weten dat we elkaar spoedig weerzien. Hartelijke groeten en kussen voor allemaal. Liefs van jouw Otto.

Op 27 mei liep de *Monoway* binnen in Marseille. Frank noteerde in zijn dagboek: 'Omstreeks vijf uur de Franse kust in zicht. Omstreeks half acht voor anker. Landing om tien uur. Veel grote schepen en grootse ontvangst met muziek bij de Fransen. Nederlandse consul neemt brieven voor moeder en Robert mee. Per auto naar station. Veel formaliteiten, vragen. Wijn, belegde broodjes, Rode Kruis-pakketten. Telegram naar Basel. Per auto naar restaurant. Warme maaltijd (kersen). Autotrein naar Parijs om acht uur. Vreugde en hulp alom.'

Otto's telegram aan zijn zuster luidde: 'Arrivee bonne sante marseille partons Paris baisers – Otto Frank.' Toen dit aankwam, veroorzaakte het verwarring onder zijn verwanten (het was het eerste van de vele berichten die hen van hem zouden bereiken), want zijn moeder meende dat hij bedoelde dat het hele gezin bijeen was, en vol vreugde en opluchting vertelde ze iedereen dat dit het geval was.

Op 29 mei, in de stromende regen, kwam de trein aan in Lustin, waar Frank voor de nacht ingekwartierd werd in een kamp voor *displaced persons*. Hij kreeg brood en koffie en gaf daarna zijn antecedenten aan een ambtenaar. Zijn registratiekaart was al gereed. Behalve zijn naam en adres vertellen de notities dat hij vloeiend Nederlands, Engels, Frans en Duits sprak, zich niet als krijgsgevangene aanmeldde en bijna zeshonderd Franse francs bij zich had. De volgende dag stapte Frank, na een ontbijt met marmelade en koffie, weer op de trein. Om elf uur zette de locomotief zich in beweging. Tijdens de rit door België werd het beter weer en Frank zag de dorpen voorbij flitsen, versierd met vlaggen ter verwelkoming van de geallieerde bevrijders. 's Nachts stapten zijn kameraden en hij uit in een 'zeer zwaar gehavend' Roermond en wachtten een nacht op een volgende trein. De volgende dag reisden ze over een korte afstand en de dag daarna nog een paar kilometer, en brachten de nacht door in een school in Arnhem, 'waar alles verwoest is'. Op 3 juni 1945 kwam Otto Frank eindelijk in Amsterdam aan. Hij sloot zijn dagboek af: 'Tien uur per auto naar Utrecht – Rotterdam – Amsterdam. Om acht uur alles in orde. Per auto naar Miep. Allemaal gezond, Kugler, Kleiman en Lotte Pfeffer. Wat een vreugde elkaar weer te zien en wat een leed! Er valt een last van mij af, dat ze allemaal hier zijn.'

Sinds 1943 had de Nederlandse regering in Londen voorbereidingen getroffen voor de repatriëring van Nederlandse burgers, en schatte dat er zeshonderdduizend zouden terugkeren, van wie zeventigduizend joden. In een brief aan zijn familie in Zwitserland waagde Frank een schatting hoeveel er zouden terugkomen. 'Van de honderdvijftigduizend joden in dit land zullen er, geloof ik, niet meer dan twintigduizend over zijn.' Zijn schatting hoeveel overlevenden er werkelijk waren, komt overeen met de heersende misvatting over de omvang van de holocaust. Het werkelijke aantal joden dat terugkeerde naar Nederland, bedroeg 5500. De regering had besloten tot een beleid waarbij voor alle teruggekeerden een algemene regeling zou gelden, ongeacht hun achtergrond of situatie. Er zou geen speciale zorg voor de joden komen: zij werden geacht zich voor hulp te wenden tot joodse organisaties in Nederland en in het buitenland. Uit vrees voor het uitbreken van een ziekte en voor luizen bij de terugkeer van de overlevenden, sloot de regering het land naar het oosten zo veel mogelijk af.

Mensen die in centra of kampen voor *displaced persons* (D.P.'s) verbleven, verkeerden vaak in erbarmelijke omstandigheden en werden met afschuw bejegend. Generaal George S. Patton, verantwoordelijk voor de D.P.-kampen in Beieren, beschreef de *displaced persons* onder zijn gezag als 'een minder-dan-menselijke soort zonder enige culturele of sociale beschaving van onze tijd'. De D.P.'s die naar Nederland terugkeerden, werden overal en nergens ondergebracht. De binnenplaats van een Vroom & Dreesmann-vestiging was enige tijd de officiële verblijfplaats van een aantal overlevenden, maar nog veel erger dan dit was de toestand waarin veel D.P.'s zich bevonden: ze werden te midden van NSB'ers en SS'ers ondergebracht in voormalige concentratiekampen. Dit was waarschijnlijk eerder het geval met Duitsjoodse vluchtelingen die hoopten terug te keren naar hun voormalige woning in Nederland. Hun situatie werd hachelijk omdat de Nederlandse regering de anti-joodse wetten van 17 september 1944 herriep. Duitse joden, door de nazi's beroofd van hun nationaliteit, herkregen zo hun Duits staatsburgerschap met het gevolg dat ze onmiddellijk in de categorie 'vijandelijke nationaliteit' belandden. Alleen mensen die gegarandeerd solvent waren en bij de autoriteiten konden aantonen dat ze een woning hadden waarin ze konden terugkeren, kregen toestemming het land weer normaal binnen te gaan. Anderen werden gearresteerd en gevangengezet. Een aantal joden dat terugkwam uit Duitsland en Polen, werd samen met ss'ers en NSB'ers geïnterneerd in kamp Vilt, gedwongen te werken en op het appèl te verschijnen. Vrouwelijke overlevenden wier haar nog niet aangegroeid was, werden aangezien voor collaborateurs wier hoofd kaal geschoren was om hen te schande te maken.

Het probleem kwam niet alleen voort uit de slechte beoordeling van de situatie door de Nederlandse regering maar ook uit het feit dat de niet-joodse Nederlandse bevolking in spanning wachtte op haar eigen relaties die tijdens de bezetting waren gedeporteerd voor dwangarbeid of naar een concentratiekamp. De oorlog had enorme verwoestingen aangericht in Nederland en de Nederlanders hadden hun eigen beproevingen te doorstaan, zoals de winter in de laatste maanden voor de bevrijding, toen duizenden de hongerdood stierven. Toen de joden een voor een terugkwamen in het land, stuitten ze vaak op een muur van zwijgen. Wie over het jongste verleden sprak, werd met scepsis bekeken, terwijl anderen domweg gemeden werden of zich niet uit konden spreken. Joodse overlevenden konden niet meepraten over het leven in Nederland gedurende de hongerwinter, het geijkte wisselgeld in de gesprekken na de bevrijding. De Nederlanders hadden geen zin om te luisteren naar de verslagen over gaskamers, tyfusepidemieën, medische experimenten en dodenmarsen die in vergelijking hun eigen ervaringen deden slinken. Het herinnerde velen aan hun eigen schuldgevoel, dat ze niet voldoende hadden geprobeerd de anti-joodse maatregelen te weerstaan.

Toen in de zomer van 1945 dagbladverslagen en foto's van de bevrijde kampen in de openbaarheid kwamen, wilden veel mensen die maar liever niet zien. Ze vonden het belangrijk vooruit te kijken. Terwijl sommigen er niet aan herinnerd wensten te worden dat ze meer hadden kunnen doen om de joden te helpen, vonden anderen dat ze echt genoeg hadden gedaan. Het vroegere buurmeisje van de Franks aan het Merwedeplein geeft deze verklaring: 'De algemene opinie onder de Nederlanders was: we hebben jullie onderdak verleend in de jaren dertig en verborgen gehouden in de eerste jaren veertig, dus ga nu maar terug naar waar je vandaan kwam, ons werk zit erop. De Nederlanders wilden dat we naar de achtergrond verdwenen, ze hadden geen belangstelling voor ons of voor wat de joodse mensen hadden geleden in die jaren. Ze vonden dat hun eigen problemen veel belangrijker waren.'

Op 2 juli 1945 gaf de voormalige verzetskrant *De Patriot* commentaar op joden die ondergedoken waren geweest en hun leven te danken hadden aan moedige Nederlandse burgers: 'De opgedoken joden mogen God danken voor de in die vorm verleende hulp, en zich klein voelen. Er zijn misschien veel betere mensen mee verloren gegaan. En dat mogen alle opduikers bedenken: er is veel goed te maken. Legio zijn de gevallen van mensen, die in het ongerede geraakt zijn door de den joden geboden hulp... Er kan geen twijfel bestaan, dat de joden, juist door de Duitse vervolging, zich in grote sympathie van het Nederlandse volk hebben mogen verheugen. Thans dienen de joden zich te onthouden van excessen... Ze zijn waarlijk niet de enigen, die het slecht hebben gehad en geleden hebben.'

Joodse mensen keerden terug naar hun oude woning, om daar te ontdekken dat er oude kennissen wonen, mensen die beweren hen niet te herkennen en weigeren te vertrekken. Oude vrienden aan wie bezittingen toevertrouwd waren, ontkenden dat ze iets gekregen hadden om op te passen in afwezigheid van de bezitter, of zwoeren dat de spullen weggehaald waren door de Duitsers. Frank vertelde zijn broer in een brief dat het 'uiterst moeilijk' was ergens te gaan wonen en voegt daaraan toe: 'Als ik alleen zou gaan wonen, zou ik geen recht op een flat hebben en op dit moment geven ze er niet een aan mensen die nog niet genaturaliseerd zijn.' Een andere overlevende vertelde de auteur: 'Toen ik thuiskwam in Nederland, was er niets voor mij. De Nederlanders – niet de nazi's maar de Nederlanders – hadden alles weggehaald.' Hij pauzeerde. 'Het belangrijkste is toch te leven, veronderstel ik.' In deze maar ook in veel andere gevallen beweerden de autoriteiten dat ze machteloos waren. Er waren ook veel voorbeelden van bureaucratische gevoelloosheid, zoals de navordering van huur en verzekeringspremies over de periode van deportatie.

Het antisemitisme onder de Nederlanders, waarover voor de oorlog weinig werd vernomen, werd zichtbaarder. In een brief aan zijn broer in Londen schreef Otto spijtig: 'De situatie van de nog niet genaturaliseerden is nog vrij moeilijk hier. Tot mijn spijt moet ik zeggen dat de oorlog en de Hitler-propaganda nog een heel slechte invloed hebben. Het aantal mensen dat terug is uit de concentratiekampen en in kampen wordt vastgehouden en helemaal niet terug mag komen, is aanzienlijk.' De jarenlange propaganda werkte na in de publieke opinie, de regeringsinstanties en ambtelijke bureaus. Een joodse vrouw hoorde ongewild een opmerking over haar toen ze door Amsterdam wandelde: 'Kijk eens, ze dragen hun bontjassen al weer', terwijl een overlevende die zich in Eindhoven inschreef als repatriant, van een ambtenaar te horen kreeg: 'Alweer een jood, ze zijn je zeker vergeten te vergassen.' Judith de Winter, de dochter van Rootje de Winter, die de familie Frank kende uit Westerbork en Auschwitz, vertelt: 'Ik was in de war, dun als een naald, dus toen we terugkwamen, werd ik voor onderzoek naar een dokter gestuurd. Het was een raar moment. Hij keek naar me of ik uit een andere wereld kwam. Ik kon een soort angst voelen omdat mijn ervaring zo volkomen vreemd was tegenover alles wat hij tegengekomen was. Hij was niet onaardig maar door zijn manier van doen en de manier waarop hij mij aanraakte, leek het wel of hij bang voor me was.' Judith ging terug naar school maar vond het onmogelijk contact te maken met de medeleerlingen. Ten slotte ging ze een poos in Israël wonen maar haar moeder gaf haar de raad terug te komen naar huis en een baan te zoeken, eerst het echte leven te ervaren en dan terug te gaan naar Israël als ze dat wilde. Judith deed wat haar was aangeraden: 'Ik kwam terug in Nederland en zocht werk. Ik solliciteerde naar een baan bij een drogist maar ik werd afgewezen: omdat ik joods was.'

Midden jaren vijftig scheen het vooroordeel jegens de joden af te nemen onder de Nederlanders en antisemitische uitingen werden vaker als beleediging beschouwd. En tegenover degenen die hun joodse landgenoten niet met open armen ontvingen en niet bereid waren naar hun belevenissen te luisteren, stonden de vele Nederlanders – zoals de vrienden van Otto Frank – die loyaal, behulpzaam en zorgzaam waren. In een interview enkele maanden voor zijn dood bevestigde Frank: 'Mijn grootste steun waren de vijf nietjoodse vrienden die ons in onze schuilplaats hadden verstopt. Ik geloof dat wat onze helpers voor ons deden, alleen mogelijk was omdat we in onze firma een team vormden, zoals dat vandaag de dag heet. Als ik niet zulke goede betrekkingen met mijn werknemers had gehad, was er niets mogelijk geweest... Het waren vrienden tot de dood...'

Jan Gies, werkzaam bij Volksherstel, de organisatie in het Amsterdamse Centraal Station waar overlevenden van dwangarbeid of concentratiekamp werden geregistreerd, vroeg alle repatrianten die in de stad aankwamen of ze iets wisten van de families Frank en Van Pels of Fritz Pfeffer. Op 3 juni vertelde een voormalig concentratiekampbewoner hem dat hij Frank op de thuisreis had gezien. Kort nadat Jan naar huis was gelopen om Miep het nieuws te brengen, stond Otto zelf voor de deur van hun appartement. Miep rende op hem af: 'We keken elkaar aan. We konden geen woorden vinden. Hij was mager, maar dat was hij altijd geweest...' 'Miep,' zei hij rustig, 'Edith komt niet meer terug... Maar ik heb goede hoop voor Margot en Anne.' Miep was niet in staat iets anders te zeggen dan: "Kom binnen."'

Later die avond, nadat Frank hun zijn verhaal had verteld, hoorde hij wat er was gebeurd met zijn Nederlandse vrienden. Kleiman en Kugler hadden een maand vastgezeten in het Huis van Bewaring aan de Amstelveenseweg. Op 7 september waren ze naar het Huis van Bewaring aan de Weteringschans gebracht en op 22 september naar het doorgangskamp Amersfoort. De behandeling daar was honds, geregeld appèls en zwaar werk. Kleimans gezondheid, altijd al zwak, verslechterde totdat een maagbloeding hem het werken belette. Op 18 september 1944 werd Kleiman, door bemiddeling van het Nederlandse Rode Kruis, vrijgelaten; hij ging terug naar Amsterdam. Kugler bleef tot 26 september in Amersfoort en werd toen overgebracht naar een werkkamp bij Zwolle. Op 30 december werd hij naar Wageningen gestuurd waar hij eerst onder Duits toezicht als elektricien werkte, daarna als vertaler voor een Duitse legerinstelling. Op 28 maart 1945 kon Kugler, tijdens een geforceerde mars naar Duitsland, ontsnappen toen een groep Britse Spitfires het vuur op hen opende. Voor hij op weg ging naar huis, in Hilversum, dook hij onder bij een boer.

Tijdens de gevangenschap van Kugler en Kleiman had Miep de leiding van de zaak aan de Prinsengracht op zich genomen en was door de bank gemachtigd cheques te tekenen en het personeel te betalen. Bep bleef de zaken zoals altijd afhandelen. Daatselaar, de vertegenwoordiger die lid was van de NSB, stelde Miep voor de Gestapo om te kopen om haar vrienden vrij te krijgen. Miep ging tweemaal naar de Euterpestraat in de hoop dat dit zou lukken, maar zonder resultaat. Van Maaren, de magazijnchef, vertelde Miep dat hij door Silberbauer was erkend als 'bewindvoerder', wat Miep met tegenzin accepteerde omdat ze voorzag dat dit het voortbestaan van de firma in gevaar zou brengen. Toen Kleiman weer op het kantoor kwam werken, ontsloeg hij Van Maaren zo gauw hij kon. Op 6 november 1944 werd Kleiman bij de Kamer van Koophandel ingeschreven als waarnemend directeur van Gies & Co.

Maandag 4 juni 1945 kwam Otto Frank terug op de Prinsengracht. Toen hem jaren later werd gevraagd of hij dat niet ondraaglijk had gevonden, antwoordde hij: 'Ja, dat was het. Het was zwaar.' Toen hij de deur van het achterhuis opende, zag hij drie bruine bonen op de vloer uit een zak die Peter op een avond uit het kantoor naar boven had gesleept. De zak was gebarsten toen Peter probeerde hem naar de bovenverdieping te dragen. Frank raapte de bonen op en stak die in zijn zak. In de kamer die hij had gedeeld met Edith en Margot, bladderde de donkergroene verf van het beschot; het behang, gevlekt door het vocht, krulde van de wanden. De kaart van Normandië, waarop hij het begin van de geallieerde opmars had aangegeven, hing er nog, evenals de strepen waarmee hij zijn opgroeiende dochters had gemeten. In Annes kamer zaten al haar foto's van filmsterren en baby's, kunstwerken en andere afbeeldingen die zo appelleerden aan haar levendige fantasie, nog op de wanden geplakt. De dikke gordijnen die Anne en hij voor de veiligheid op de ramen gespijkerd hadden, waren vergeeld en overal in de afgesloten kamers hing de geur van verwaarlozing.

Otto Frank had verscheidene ontmoetingen met oude vrienden die dag. Die hem het naast stonden onder deze kennissen, waren Kugler, Kleiman en Lotte Pfeffer. Lotte had nog altijd geen bericht van haar man. Frank kon haar alleen vertellen dat Pfeffer uit Auschwitz was vertrokken naar een ander kamp. De verblijfplaatsen van Anne en Margot en van Peter en Gusti van Pels waren niet bekend. 's Avonds at Frank weer bij Miep en Jan en accepteerde de kamer in hun appartement die ze hem aanboden. Nadat Miep hem jarenlang met 'meneer Frank' had aangesproken, vroeg deze haar nu hem Otto te noemen. Ze stemde ermee in, maar alleen als ze thuis waren. Op kantoor zou hij meneer Frank blijven. 'En daar heb ik me nooit in vergist,' vertelt Miep. 'Nee. Dat is misschien omdat ik zo veel verschillende situaties met verschillende mensen aankan. Zo ben ik. Ik kan het ene doen en tegelijk aan het andere denken. Ik kan meedoen maar in mijn hart misschien heel anders over de dingen denken... Ik ben iemand die kan zwijgen.'

Frank ging op bezoek bij een van zijn vertegenwoordigers, Ans Broks, die hem wat kleren teruggaf die ze gedurende de oorlog veilig had opgeborgen. Er waren ook een paar meubelstukken die hij terug kon krijgen, waaronder de antieke spullen die behoorden tot Ediths bruidsschat. Hij schonk ze aan Miep, samen met een schilderij dat hij bezat en dat ze altijd had bewonderd, en later gaf hij haar wat echte cacao, die vrienden in Amerika hem hadden gestuurd. Na jaren van smakeloze surrogaatproducten was Miep zo geroerd door de betekenis van het geschenk dat ze begon te huilen toen hij het klaarmaakte. Hij zocht ook Hendrik van Hoeve op, de groenteman die hem tijdens de oorlog van eten had voorzien. De familie Van Hoeve was geschokt toen hij in Amsterdam aankwam, want het Rode Kruis had gemeld dat hij dood was. Frank bracht hem een grote mand met fruit die hij ergens had weten te vinden en luisterde naar Van Hoeves verhalen over de vier concentratiekampen die hij overleefd had.

Frank ging weer werken op de Prinsengracht, al was er weinig te doen, behalve dan te bedenken hoe hij de kwijnende zaken weer kon aanzwengelen. Zijn tweede vrouw verklaarde veel later: 'Hij was vastbesloten die goede vrienden van hem, die hun leven hadden gewaagd door zijn gezin te helpen onderduiken, weer een verzekerd bestaan te schenken.' Voorlopig moesten ze wachten tot de economie weer stabiel zou worden en het gebeurde af en toe dat Frank hun moest zeggen dat ze die week geen salaris zouden ontvangen; het inkomen uit het bedrijf was praktisch nihil. Later die zomer schreef Frank aan Erich Elias, zijn zwager: 'We proberen te werken maar omdat er praktisch geen grondstoffen zijn, is het moeilijk. De kosten gaan door maar er is geen winst...' De activiteiten van Otto's vrienden tijdens de bezetting en de herroeping op 17 september 1944 door de Nederlandse regering van de nazi-wet die alle joden uit het zakenleven verwijderde, betekenden dat Pectacon weer tot leven gebracht kon worden. Gies & Co werd op dezelfde voet voortgezet maar met Opekta waren er problemen. De briefwisseling met Tosin in Zwitserland, betreffende de lening en de licentieovereenkomst, evenals de brief van Pomosin aan het Bureau voor Economisch Onderzoek over de kwestie, beïnvloedden een statutaire regeling, getroffen door de Nederlandse regering in ballingschap met betrekking tot de eigendommen van personen van vijandelijke nationaliteit. Frank vertelde Erich: 'Wat de Opekta-aandelen betreft, staat mijn advocaat op het standpunt dat het oude contract tussen jou en mij nog van kracht is en dat alle contracten opgemaakt onder de Duitse onderdrukker niet meer geldig zijn.' Dat klopte, maar als persoon die officieel als 'stateloos' gold, zij het van Duitse origine, werd Frank zelf beschouwd als persoon van vijandelijke nationaliteit. De twee daaropvolgende jaren bleven de problemen onopgelost.

Op 8 juni, terwijl Frank aan het werk was, kwam er een briefkaart die zijn moeder in mei – 'met angst en grote bezorgdheid' – aan Kleiman had gestuurd met het verzoek om enige informatie over haar zoon en zijn gezin. Het was voor Otto het eerste teken van leven van zijn moeder, zwagers en neven die, wist hij nu, 'allemaal gezond' waren. Zijn Amsterdamse vrienden hadden hem al verteld dat zij zijn brieven nog niet hadden ontvangen, dus hij had geen idee of een van zijn briefkaarten of brieven naar Zwitserland wel zijn bestemming bereikt had. Hij schreef onmiddellijk aan zijn moeder en vatte al het gebeurde van de laatste drie jaar samen in een paar korte zinnen, niet bereid of in staat in details te treden. Hij bekende:

> Het is allemaal als een akelige droom, de werkelijkheid is me volslagen vreemd... Waar [de kinderen] zijn, weet ik niet maar ik denk zonder ophouden aan hen... Onze hele huishouding is gestolen. Ik had nog iets op andere plaatsen bewaard, maar niet erg veel. Ik heb hoed noch regenjas, horloge noch schoenen, afgezien van hetgeen anderen me hebben geleend, en hier is niets te krijgen, er zijn geen voorraden. Ik woon bij Miep Gies. Geld heb ik op het ogenblik wel, want veel heb ik niet nodig. Ik verlang erg naar jullie allemaal... Ik hoop gauw alles van jullie te horen, over iedereen. Over de mensen van wie we zo lang niets hebben vernomen. Ik heb Robert ook helaas maar een kort briefje geschreven, ik kan geen bijzonderheden geven. Ik ben nog niet normaal, ik bedoel, ik kan mijn evenwicht nog niet vinden. Lichamelijk gaat het goed met me.

Ondanks de duurzame neutraliteit van Zwitserland tijdens de oorlog had de familie Elias ook vooroordeel en tegenspoed ontmoet. Nadat Erich bij Opekta ontslagen was, kwam hij in dienst van Uni-Pectin, een firma die zaken deed in dezelfde producten. Uni-Pectin had zijn zetel in Zürich en Erich moest elke dag met de trein heen en weer. De firma ging in de oorlog over de kop en Erich zat zonder werk. Hij bedacht meer van zulke plannen maar kon er niet een verwezenlijken. In paniek door het gerucht dat er een Duitse inval in Zwitserland ophanden was, vluchtte Leni met Buddy, hun jongste zoon, naar een ander deel van het land. Maar Leni, altijd beschouwd als een onpraktische vlinderachtige natuur, kwam terug met een praktische zin die weinigen in haar gezien hadden. Op zoek naar een manier om de kost te verdienen, kwam ze op het idee schoenen en kleren van vluchtelingen te kopen en die met winst te verkopen. Haar zaakje werd weldra uitgebreid met huishoudelijke artikelen en meubilair die ze verkocht in een kamertje in het centrum van Basel. Het duurde niet lang of ze had een winkel die uiteindelijk een prachtige antiekzaak werd.

Robert en Lottie Frank zaten veilig in Londen en binnen enkele dagen had Otto een brief van zijn oudste broer. Zijn jongste broer Herbert had twee oorlogsjaren in Zwitserland doorgebracht waar hij reisde met het paspoort van zijn dode neef Jean-Michel. Terug in Parijs werd hij gevangengezet in kamp Gurs en overleefde daar de honger, dysenterie en tyfus die duizenden het leven kostten. Nu woonde hij weer in Parijs. Erich Elias was ook op zoek naar een familielid, zijn broer Paul die in 1939 had geprobeerd een Zwitsers visum te krijgen. Ondanks herhaalde pogingen en de garantie van Erich, voordat deze zijn baan kwijt was, Paul te steunen en de middelen te verschaffen voor emigratie naar Bolivia, werden zijn verzoeken afgewezen en werd hij gedeporteerd. Erich heeft tijdens zijn leven niet ontdekt wat er met zijn broer gebeurd was maar na de dood van zijn vader in 1984 kreeg Buddy de bevestiging dat Paul was omgekomen in Auschwitz.

Franks agenda vermeldt op 10 juni 1945: 'Diner bij Kleiman. Verhuizen.' Toen de hospita van Miep en Jan, mevrouw Stoppelman, terugkwam uit de onderduik, vonden haar huurders en zij plotseling dat ze niet bij elkaar pasten. Misschien was het huis ook te klein voor vier mensen en was ze niet blij met een extra huurder. Hoe het ook zij, Miep en Jan Gies besloten uit te trekken. Er was een woningtekort in die dagen, maar Jans zuster, die verderop in dezelfde straat, op Hunzestraat 120 woonde, stelde voor gedrieën bij haar in te trekken. De regeling van de slaapplaatsen was niet gunstig voor haar (Jan en Miep kregen haar kamer, zij sliep in de huiskamer en Frank had een achterkamertje), maar dat was blijkbaar geen bezwaar.

Twee dagen na de verhuizing werden Otto's gedachten bepaald door zijn jongste dochter. Het is 12 juni: Annes geboortedag. In zijn agenda schreef hij kort maar krachtig, met zijn pen diep in het papier gedrukt, '*Anne*'.

'Voorlopig leef ik verder. Wat is het moeilijk rond te lopen op een aarde die zo doordrenkt is met joods bloed.' De kwellende gevoelens die een overlevende uitte, werden door talloze anderen gedeeld. Wie had overleefd, zeker wie zijn hele familie had verloren, ervoer vaak een bittere mengeling van zelfbeschuldiging en verdriet. Dat was niet te verhelpen door andere joden, mensen die tot aan de bevrijding ondergedoken waren gebleven, of mensen, terug uit het buitenland, die argwaan koesterden dat overlevenden hoe dan ook met de vijand hadden gecollaboreerd, of hun medegevangenen in de kampen hadden verdrongen. Het probleem werd vooral veroorzaakt door niets anders dan de afwezigheid van overlevenden. Er waren er zo weinig nog in leven; op Franks registratiekaart uit Auschwitz had de medewerker van het Rode Kruis triomfantelijk 'Teruggekeerd' geschreven. Otto bekende zijn nicht Milly Stanfield dat de mensen hem wantrouwden: 'Mensen die me hier zien, vragen zich altijd verbaasd af hoe het mogelijk was voor een man van mijn leeftijd deze hel te doorstaan. Het was domweg geluk.'

In zijn gedicht *Terugkeer naar Amsterdam* schrijft Eli Dasberg over zijn gang door de straten van de stad, met vlak achter hem een eindeloze rij doden: 'Er is geen plein, geen straat zonder herinneringen.' Vertrouwde plekjes waren naar het idee van de overlevenden onherkenbaar veranderd. Een repatriant die verbijsterd was toen hij terugkwam in zijn oude woning, vertelde: 'Een uur lang was ik alleen in ons appartement. Er was praktisch niets veranderd. Ik zat in een fauteuil en probeerde te begrijpen dat ik weer thuis was... Mijn geest kon het niet bevatten.' De ouders van Hilde Goldberg waren in het kamp gestorven maar zij en haar broer overleefden de oorlog in België. Ze ging na de oorlog bij het Rode Kruis werken in Bergen-Belsen, waar ze haar man Max leerde kennen. Ze zou voorgoed naar Nederland terugkeren, daaraan had ze nooit de geringste twijfel, maar: 'Na de oorlog wilde ik geen mensen terugzien die ik uit die tijd kende. Ik keek naar geen van hen uit. Het zou te pijnlijk voor me zijn geweest. En dat is nooit veranderd. Nederland is een begraafplaats.'

Rabbijn David Soetendorp, die nauw bevriend raakte met Otto Frank en wiens ouders en broer tijdens de oorlog ondergedoken waren, vertelt over de pijn van de overlevenden: 'Er was een vreselijke periode van afwachten wie er terug zou komen en dat waren er zo weinig. Er was zoveel woede tegen de Nederlanders in die tijd, er kwam geen einde aan. Het was een oceaan van woede en verdriet. Het was erg deprimerend voor een kind. Er waren bijna geen andere joodse kinderen: ze waren allemaal vermoord, dus als andere joodse mensen je zagen, staarden ze je aan. Ik heb ooit eens gezegd: "Ik ben het zat om een wonder te zijn." Iedereen die niet als bezoeker het huis binnenkomt, wordt de eerste tien minuten streng ondervraagd om vast te stellen wat hij in de oorlog heeft gedaan. Kan hij geen bevredigende antwoorden geven, dan is het uit, hij was een collaborateur en moet vertrekken.' Deze ingehouden wrok werd door alle overlevenden gevoeld: 'Iedereen die zag dat hij gespaard was door een reeks van wonderen, wist dat hij tot het einde der tijden achtervolgd zou worden door de vraag, "Waarom?"' Een overlevende die door zijn oude buurt wandelde, voelde dat hij naar de huizen liep te kijken met de gedachte: Hoeveel joden hadden ze hier niet kunnen verbergen!

Frank ging behoren tot het legioen van joden die overal in Europa uur na uur trachtten de laatst bekende activiteiten van hun familie te reconstrueren. Hij kamde de lijsten van slachtoffers en overlevenden uit die regelmatig in de kranten verschenen, plaatste zijn eigen advertenties in de pers met zijn verzoek om informatie omtrent Margot en Anne. Hij belde het Rode Kruis en probeerde anderen te traceren in de hoop een spoor te vinden dat naar een veilige terugkeer van zijn kinderen kon leiden. Zijn familie moedigde hem aan positief te denken en niet te bezwijken aan pessimisme. Met brieven, het enig beschikbare communicatiemiddel, trachtten ze hun eigen verdriet te uiten. Otto Franks broer Robert schreef hoe moeilijk dat is:

> We kunnen niet beschrijven hoezeer ook wij het verlies van Edith betreuren en hoezeer wij delen in jouw ongerustheid over je kinderen, zoals jij ons ook maar een schim kan geven van alles wat je hebt doorstaan in de laatste paar jaar. God geve dat je kinderen spoedig en in goede gezondheid terugkomen bij jou. Vergeleken hiermee zijn alle verdere vragen onbelangrijk.
> Je zegt dat het een wonder is dat je leeft en ik geloof je en ik ben er dankbaar voor, en dat je in goede gezondheid verkeert en bereid bent een nieuw leven te beginnen. Ik geloof dat je, na al wat je hebt meegemaakt, niet ten onrechte bezorgd bent over economische problemen. Ze zullen op een gepast moment worden opgelost, met hulp van ons en van Stanfield, dat beloof ik je. We hebben al die oorlogsjaren de kost weten te verdienen en Lottie, die als secretaresse in dienst geweest is bij verschillende firma's, werkt nu bij mij...
> Natuurlijk verlangen we ernaar je weer te zien en hopen dat alle reisbeperkingen spoedig worden opgeheven. Omdat we moeder praktisch acht jaar niet gezien hebben, verlangen we ernaar ook haar en onze dierbaren in Basel terug te zien.
> Lottie... was bijzonder gesteld op Edith en de gedachte aan haar dood grijpt haar vreselijk aan.
> Heb je wat kleren nodig? Ik geloof dat het geoorloofd is iets te sturen en ik kan daar compleet in voorzien. Vertel ons over jezelf zo veel als je voelt dat je ons op dit moment kunt vertellen en geloof me, onze innigste gedachten zijn voortdurend bij jou.

Wanhopig op zoek naar enig contact met de kinderen die hij miste, zocht Frank hun vriendinnen op. Op 14 juni ging hij op bezoek bij Annes schoolvriendin van het Joods Lyceum, Jacqueline van Maarsen. Ze vertelt: 'Hij was alleen; ik begreep het niet. Pas toen hij ons zijn verhaal vertelde, begreep ik die droevige ogen in zijn ingevallen gezicht... Op het moment dat meneer Frank bij ons voor de deur stond, hadden we al gehoord dat zijn vrouw, Edith, gestorven was, maar over Margot en Anne had hij nog niets gehoord.' Frank was een van de eersten die de buren van voor de oorlog, de familie van Laureen Nussbaum, bezocht. Ze woonden nog in hetzelfde appartement. Laureen vertelt: 'Rudi, de jongeman met wie ik later getrouwd ben, zat in ons huis ondergedoken. Hij kwam in september 1944 bij ons en bleef tot aan de bevrijding Zijn ouders waren gedeporteerd en we kwamen te weten dat ze het niet overleefd hadden. Niet lang na zijn terugkeer in Amsterdam kwam Otto bij ons. We waren niet verhuisd en dat deed hem werkelijk genoegen ons allemaal daar op dezelfde plek terug te zien.'

Otto Frank wilde over zijn kinderen praten en hoopte nieuws over hen te horen, maar hij wilde ook graag iemand helpen die in nood zat. Miep bevestigt: 'Hij was constant bezig ontheemde slachtoffers van de concentratiekampen te herenigen met familie en vrienden.' Hij onderhield contact met zijn vroegere kameraden in het kamp en zo vaak hij kon ging hij op bezoek bij degenen die in Amsterdam of omgeving woonden. Max Stoppelman was teruggekomen uit Auschwitz maar zijn vrouw was vermoord. Hij moest weer een leven voor hemzelf alleen opbouwen en had een baan aangenomen in de textielindustrie. Sal de Liema en zijn vrouw Rose, die een werkkamp had overleefd, waren eind juni herenigd en zagen Frank gewoonlijk twee of drie keer in de week. Maar in de zomer van 1945 waren veel overlevenden nog niet terug; sommigen zaten in D.P.-kampen, anderen lagen in een ziekenhuis of sanatorium. Dat waren geen plezierige mogelijkheden om onder ogen te zien maar Otto had sterk het gevoel dat dit het lot van Anne en Margot moest zijn, zoals hij naar zijn familie in Zwitserland schreef. 'Er is geen enkel contact mogelijk met de Russische bezettingszone en daarom hoor ik niets van de kinderen, want die zijn wellicht in Duitsland.'

Op 19 augustus schreef Otto's moeder over haar eigen verdriet:

> Te weten dat jij alleen bent met je rouw om Edith en nog zonder nieuws over je geliefde kinderen, dat is het vreselijkste dat ik beleefd heb in mijn toch vaak zo moeilijke leven. Je kunt je niet voorstellen wat Edith moet hebben geleden zonder jou en de kinderen. We hadden geen bericht uit Czernowitz of Katowice. Niettemin waren mijn gedachten in die tijd steeds bij jou... [Edith] was altijd door dik en dun een trouwe steun voor jou en voor de kinderen een toegewijde moeder en hun beste vriendin. Zij verdriet mij het meest. Ik weet dat ik weinig hulp kan bieden maar het zou een hele troost voor me zijn om je te zien en in je buurt te zijn... Ik neem voor vandaag afscheid van je met een bezwaard gemoed. Ik wil je telkens opnieuw vertellen hoeveel we aan je denken en je zouden willen troosten in je onuitsprekelijk verdriet. Verlies niet de moed en de hoop en blijf overtuigd dat je omringd wordt door innige liefde.

Alice Frank had zelf het Internationale Rode Kruis benaderd om te weten te komen wat er met haar kleindochters gebeurd was en ze had Julius en Walter Holländer in Amerika een kopie gestuurd van Otto's brief waarin hij schreef over de dood van Edith. Frank verwachtte elk ogenblik iets van hen te horen.

Op 21 juni schreef Otto zijn zuster en zwager, Leni en Erich, en voor het eerste gaf hij toe dat hij niet meer zo zeker was dat hij herenigd zou worden met zijn kinderen: 'Tot nu toe was ik ervan overtuigd dat ik hen terug zou zien, maar ik begin eraan te twijfelen. Wie niet heeft meegemaakt hoe het was in Duitsland, kan zich daar geen enkele voorstelling van maken...! Wat de kinderen betreft, kunnen we niets doen, dat weet ik. Alleen maar wachten. Ik ga elke dag naar kantoor, dat is het enige dat wat afleiding geeft. Hoe ik verder zou moeten zonder de kinderen, nu ik Edith al verloren heb, kan ik me niet voorstellen. Jullie weten niet hoe ze zich allebei ontwikkeld hebben. Het grijpt me te veel aan om over hen te schrijven. Natuurlijk hoop ik nog en wacht en wacht en wacht.'

Op 24 juni ging Frank op bezoek bij Eva Geiringer, de jonge vrouw die hij vlak na de bevrijding uit Auschwitz had ontmoet. Eva vertelt: 'Ik hoorde kloppen op de voordeur en trof daar Otto aan. Zijn grijze pak hing losjes om zijn lange magere lijf maar hij keek rustig en gedistingeerd. "We hebben bezoek," zei ik toen ik hem binnenliet om Mutti te begroeten. Hij stak zijn hand uit om voorgesteld te worden aan Mutti [Eva's moeder, Fritzi]. "Maar we hebben al kennisgemaakt," zei ze, "op weg naar Czernowitz." Hij schudde het hoofd. Zijn diepliggende bruine ogen keken treurig. "Ik herinner het me niet," zei hij. "Ik heb uw adres uit de lijst van overlevenden. Ik probeer na te speuren wat er gebeurd is met Margot en Anne." Hij was diepbedroefd dat hij hen nog niet gevonden had maar hij bleef lang zitten praten met Mutti, en won haar vertrouwen.' Fritzi vertelde hem dat ze wachtte op bericht over haar man en haar zoon en bezig was haar appartement aan het Merwedeplein terug te krijgen van de huurders die het nu bewoonden. Later liet ze weinig los over het bezoek, behalve dat hij 'ontroostbaar was door het verlies van zijn vrouw, Edith'.

Op 28 juni werd voor het eerst 'Bevrijdingsdag' gevierd. Frank bracht de dag rustig door in gezelschap van Miep, Jan en Bep. De volgende dag stuurde Ediths broer, Julius Holländer, een brief aan Otto: hij hoopte hem over te halen om bij hem in Amerika te komen. 'Mijn laatste hoop is dat je de kinderen zult vinden. Walter en ik willen alles voor je doen. We hebben geld gespaard voor jullie drieën voor het geval je naar de Verenigde Staten wilt

komen. Er zijn negen voedselpakketten naar je onderweg, per adres Max Schuster. Laat het me weten als je voedsel nodig hebt. Wij sturen het wel.'
Otto's brief van 7 juli aan Robert en Lottie Frank in Londen schetst hoe moeilijk het was nauwkeurige inlichtingen te krijgen over nog niet teruggekeerde mensen en maakt duidelijk dat de ontvangst van de overlevenden niet zo medelevend was als het zou moeten zijn:

> Hoe diep ik het verlies van Edith ook voel, het verdriet om mijn kinderen overheerst. Ik moet het lot van Edith als feit accepteren, maar mijn kinderen hoop ik nog te vinden en dat is op dit ogenblik alles waar ik voor leef. Ik hoorde toevallig dat een meisje dat terugkwam uit Theresienstadt tegen een ander meisje zei dat ze daar na de bevrijding Anne en Margot hadden gezien, maar doodziek door de vlektyfus. Een heleboel mensen die daar vandaan kwamen, heb ik gevraagd maar tot nu toe kon niemand het bericht bevestigen. Hun namen komen niet op de lijsten voor maar dat betekent niet zo veel omdat de lijsten onbetrouwbaar zijn en de namen van stateloze mensen vaak niet opgenomen worden. Ik doe alles om meer te weten te komen en zweef tussen hoop en vrees. Het meisje dat het verhaal vertelde, is nog niet terug, de meisjes ontmoetten elkaar in Leipzig, dus ik kan niet zelf met haar praten.

Een paar dagen later kreeg Frank weer een brief van zijn zwager Julius: 'Ik hoop dat alles goed gaat in Amsterdam. Ik wacht elke dag op bericht van jou over de kinderen. Het lot van de meisjes houdt me dag en nacht bezig, meer nog dan het overlijden van Edith. Maar het heeft geen zin je het leven nog moeilijker te maken dan het al is... Stel ons alsjeblieft direct en op de snelste manier op de hoogte als je iets van hen hoort. Alle goeds gewenst.'

Op 18 juli 1945 kwam Otto Frank eindelijk te weten wat er men zijn kinderen gebeurd was. Toen hij nog eens de lijsten van het Rode Kruis doorliep zag hij ten slotte 'Annelies Marie Frank' en 'Margot Betti Frank'. Maar achter hun namen stond het gevreesde kruisteken dat maar één ding kon betekenen. Nadat hij naam en adres had gekregen van de vrouw die de kruisjes had aangebracht, reisde hij naar Laren, waar hij Lin Brilleslijper leerde kennen die daar woonde met haar echtgenoot, Eberhard Rebling.

Lin, die later vaak over haar ervaringen heeft gesproken en die ook op schrift heeft gezet, vertelde Frank dat zij en haar zuster Janny begin november vanuit Auschwitz naar Bergen-Belsen in Duitsland waren overgebracht.

Het kamp lag op een heideveld, uitgeleverd aan de elementen. De Duitsers waren oorspronkelijk van plan het als plaats te gebruiken waar joden konden worden uitgewisseld tegen gijzelaars in het buitenland, maar dat was nooit wat geworden en eind 1944 werden duizenden zieke gevangenen die uit andere kampen waren geëvacueerd, naar Bergen-Belsen gestuurd. Er waren niet genoeg barakken om de nieuwkomers te huisvesten, dus werden er tenten opgezet op de winderige heide. Dadelijk na aankomst liepen Lin en Janny, in dekens gewikkeld, naar de waterleiding op de heuvel om te wassen. 'Er kwamen twee broodmagere, kale figuurtjes te voorschijn,' schreef Lin in haar memoires. 'Ze zagen eruit als twee bevroren vogeltjes. We gingen in de barak liggen en huilden.' De bevroren vogeltjes waren Margot en Anne Frank. Ze vertelden de zusters Brilleslijper dat ze met het Auschwitz-transport waren gekomen en dat hun moeder was geselecteerd. Met z'n vieren gingen ze naar de tenten. 'We gingen liggen op wat stro en kropen bij elkaar onder de dekens. De eerste dagen was het warm, we sliepen veel. Het begon te regenen.' Ondanks hun verzwakte toestand werden de vrouwen gedwongen te werken: in een lange barak oude schoenen uit elkaar trekken. Op een nacht barstte er een storm los en werden de tenten van hun ankers gerukt. Er werden uiteindelijk barakken gebouwd maar elke dag kwamen er meer transporten: 'We werden verdreven van onze britsen. Nu hadden we geen dak meer boven ons hoofd. Elke dag was er appel. Maar in de schemering moesten we terug zijn in de britsen anders werden we doodgeschoten.'

Begin 1945 woedde er een vlektyfusepidemie in het kamp. Duizenden stierven daaraan, en van honger en dorst. De bewakers hadden opzettelijk de watertoevoer afgesneden. Overal lagen de lijken. De zusters Brilleslijper hadden Margot en Anne een poosje niet gezien tot ze hen in maart, 'toen de sneeuw al smolt', vonden in de ziekenbarak. Beide meisjes hadden vlektyfus. 'We smeekten hen daar niet te blijven omdat de mensen er zo snel achteruit gingen en geen weerstand meer hadden... Anne zei eenvoudig: "Hier kunnen we allebei op de brits liggen; dan zijn we samen en rustig." Margot fluisterde alleen; ze had hoge koorts.' De meisjes gingen terug naar hun barak, waar de toestand van Margot snel verslechterde. Op een dag probeerde ze op te staan van haar brits en viel op de vloer. De klap overleefde ze niet. Na zijn bezoek aan Lin ging Frank Janny opzoeken, die later vertelde: 'Op een bepaald moment in de laatste dagen stond Anne voor me, gewikkeld in een deken... ze vertelde me dat ze zo'n afschuw had van de luizen en vlooien in haar kleren dat ze al haar kleren had weggegooid... bij verschrikkelijke hallucinaties.' Zonder haar zuster, zonder te weten dat haar vader nog leefde, maar in het besef dat haar moeder dood was, stierf Anne eind maart aan een hevige aanval van vlektyfus. Lin en Janny brachten de lichamen van Anne en Margot over naar een van de massagraven met zo'n tienduizend lijken elk. Drie weken later werd Bergen-Belsen bevrijd.

In zijn agenda uit die tijd, waarin hij altijd alle belangrijke gebeurtenissen noteerde, kon Frank geen woorden vinden voor de slechtste dag van zijn leven. De agenda vermeldt alleen het feit van zijn ontmoeting met Lin Brilleslijper en de ernst daarvan: '18 juli 1945: Lien Rebling!'

Twee dagen nadat Frank het hartverscheurende verhaal van de dood van zijn dochters in Bergen-Belsen had vernomen, dook de vermetele figuur weer op die zijn leven tijdens de oorlog vanuit de schaduw had beheerst, en begon hem weer te manipuleren.

Op 20 juli 1945 had Otto Frank een ontmoeting met Tonny Ahlers.

Ahlers was op 6 juni 1945 gearresteerd, nog geen twee weken na de geboorte van zijn tweede kind, weer een jongen. Aan het eind van de maand werd hij naar de Scheveningse gevangenis gestuurd. Op vrijdag 20 juli zat hij daar nog, toen Frank en hij elkaar voor het eerst weer ontmoetten na de Duitse capitulatie. De omstandigheden rond deze ontmoeting en de andere die erop volgden, zijn in raadselen gehuld, en het verhaal van de gebeurtenissen maakt het mysterie nog duisterder. Frank vermeldt de ontmoeting in zijn agenda, samen met een tweede ontmoeting drie dagen later, na het weekend, op maandag 23 juli. Helaas geeft hij geen aanwijzingen, waarom en hoe hij Ahlers ontmoette, maar hij moet Ahlers in de gevangenis hebben bezocht. Merkwaardiger nog is het feit dat Frank een dag na de tweede ontmoeting, op 24 juli, aan de directie van de gevangenis schreef dat hij 'in het voorbijgaan' had gehoord dat Ahlers daar 'momenteel geïnterneerd' was en dat hij 'enige informatie over deze man had en wilde weten naar welk adres die informatie gestuurd moest worden'. Dwars over de envelop is Ahlers' celnummer, 769, gekrabbeld.

De volgende maand, op 21 augustus 1945, stuurde Otto Frank een brief naar het Bureau Nationale Veiligheid in Scheveningen die schetst hoe Ahlers in 1941 in zijn leven kwam en besluit met: 'Ahlers heeft, naar mijn gevoel, mijn leven gered, want als de brief in handen van de SS was gekomen, dan zou ik gearresteerd en geëxecuteerd zijn... Verder weet ik niets over deze jongeman.' In zijn brief beweert Frank dat hij Ahlers na twee ontmoetingen, waarbij hij hem uit eigen beweging had betaald voor zijn bemoeienis, 'nooit meer had gezien'. Afgezien van deze zeldzame leugen komen er nog verscheidene andere merkwaardigheden in Franks brief naar voren. De datum van de ontmoeting met Jansen, die hem probeerde te verraden bij de SS, kon hij zich niet herinneren, maar de datum waarop hij Ahlers ontmoette, herinnerde hij zich exact. Zo wist Frank zich ook de voornaam van zijn vroegere werknemer Joseph Jansen niet te herinneren ondanks zijn verklaring: 'ik kende de familie goed', maar hij herinnerde zich precies Ahlers' volledige naam en adres van een ontmoeting in 1941 die naar zijn zeggen eenmalig was. Het meest verbluffende van alles is dat Ahlers een kopie had van Franks brief. Die kan hij maar uit één bron hebben, want het Bureau Nationale Veiligheid zou hem die nooit verschaffen: Frank moet hem die gegeven hebben.

Op vrijdag 27 augustus ontmoetten Frank en Ahlers elkaar weer en daarna opnieuw op maandag 30 augustus. Na zijn vrijlating uit de gevangenis was Ahlers present bij een trouwpartij in zijn familie en de schok 'dit schepsel te zien' bracht zijn zwager ertoe een brandbrief te schrijven aan de officiële instanties. De brief schetst hoe Ahlers voor de oorlog vanwege zijn antisemitisme, zijn voorliefde voor het nationaal-socialisme en zijn gewelddadig gedrag door zijn familie doodverklaard was; de brief maakt ook duidelijk hoe bevreesd zijn familie was voor zijn bezoeken. 'Misschien kunt u zich voorstellen dat we op zo'n dag tot het uiterste gespannen waren om te zorgen dat de onderduikers een veilig heenkomen hadden, of degenen die toevallig niet thuis waren, die dag niet terug zouden komen, dat er niemand om distributiekaarten of valse persoonsbewijzen kwam vragen voor onderduikers en dat onze kinderen geen woord los zouden laten over iemand die we in huis hadden of over het radiotoestel... Tonny vertelde ons over zijn goede betrekkingen met de SD in Amsterdam, over zijn mooie joodse huis in Zuid en dat soort zaken en hij liet geen gelegenheid voorbij gaan om zijn identiteitsbewijs als medewerker van de SD te laten zien. We waren altijd enorm opgelucht als hij weer wegging.' In maart 1945 had Ahlers zijn zuster en zwager bezocht en was plots beginnen te vertellen over zijn werk voor het verzet: 'Hij zei dat hij voor het verzet dwars door het front naar Den Bosch was geweest om boodschappen over te brengen. Omdat ik wist wat voor een fantast hij was, vroeg ik hem een paar bijzonderheden daarvan, maar daar had hij geen bevredigend antwoord op. Als hij zich na september 1944 nuttig heeft willen maken, dan was dat stellig berekening... Als hij werd vrijgelaten [uit Scheveningen] op grond van zijn gedrag tijdens de laatste maanden van de bezetting, dan is daar iets niet in orde.' Ahlers' zwager besloot zijn brief met: 'Voor ons zal hij altijd een verrader blijven, iemand die twee handen op een buik was met de Duitsers.'

Op 27 november schreef Otto Frank vanuit zijn kantoor aan de Prinsengracht weer een brief over Ahlers, maar het is niet duidelijk aan wie deze geadresseerd was. Hij herhaalde alles uit zijn brief aan het Bureau Nationale Veiligheid met deze raadselachtige toevoeging: 'Toen ik later ontdekte dat de heer Ahlers, die zich uitgaf voor koerier tussen de NSB en de SD, opgesloten was in de penitentiaire inrichting aan de Van Alkemadelaan in Den Haag, voelde ik me verplicht de Nationale Veiligheid in Den Haag te schrijven en te verklaren wat Ahlers voor mij had gedaan. Toen de heer Ahlers enige maanden geleden terugkwam uit de gevangenis, begreep ik dat hij ondergronds zeer actief was geweest. Ik kan niet beoordelen hoe het allemaal gegaan is. Ik kan alleen mijn dank uitspreken voor de grote dienst die de heer Ahlers mij heeft bewezen.' De dag na het schrijven van deze brief hadden Frank en Ahlers weer een ontmoeting.

Waarom maakte Otto Frank zich op een zo dramatisch moment in zijn leven zo druk over Ahlers? Twee dagen voor hun ontmoeting in juli 1945 had Frank vernomen dat zijn dochters dood waren; op de dag dat hij voor het eerst ter verdediging van Ahlers aan de directie van de gevangenis geschreven had, schreef hij ook aan zijn familie om te vertellen dat Margot en Anne niet meer thuis zouden komen. Frank was angstvallig eerlijk maar over zijn betrekking met Ahlers deed hij tegenover de autoriteiten duidelijk de waarheid geweld aan en veranderde herhaaldelijk zijn verhaal, wat betreft het aantal ontmoetingen, of er geld aan te pas kwam en of Ahlers geld had gevraagd of niet. Als we de data van de naoorlogse ontmoetingen vergelijken met de brieven die Frank over Ahlers schreef, dan is het duidelijk dat er een patroon zit in de gang van zaken. De ontmoetingen in juli en augustus hadden altijd plaats op maandag en vrijdag, al is de reden waarom niet duidelijk, maar het staat wel vast dat de ontmoetingen in juli, augustus en november plaats hadden binnen enkele dagen nadat Frank zijn brieven ter ondersteuning van Ahlers had geschreven. Waarom verdedigde Frank hem?

Op dat moment had Otto Frank geen reden Ahlers te verdenken van verraad; voor wat hemzelf betrof, had Ahlers hem de brief van Jansen gegeven en daarna sloten ze een zakelijke overeenkomst waarbij Frank leverde aan de firma van Ahlers. Maar toen Frank in 1945 terugkwam naar Nederland, was hij een Duitser, van vijandelijke nationaliteit, en de vervolging die hij had ondergaan omdat hij joods was, speelde voor de Nederlandse regering geen rol. Omdat hij als Duitser Nederland binnenkwam, moest er een onderzoek ingesteld worden naar zijn politieke betrouwbaarheid tijdens de oorlog. Ahlers kon een onaangenaam verhaaltje in elkaar draaien over Franks leveranties aan de Wehrmacht, over de NSB'er die hij in dienst had terwijl hij de joodse secretaresse die ooit voor hem werkte, had ontslagen, en over de zaken met het *Armee Oberkommando* in Berlijn. Franks firma, die zich door de jaren dertig had geworsteld, had tijdens de oorlog een kleine maar veelbetekenende winst geboekt. In een verklaring aan de autoriteiten, waarin hij alle wandaden ontkent, verkondigt Ahlers geschrokken dat 'deze firma's en hun eigenaars' die met hem handel hebben gedreven, nu 'met afschuw over de vuile collaborateurs en verraders van hun land' spraken. Zijn zaak was, zo beweert hij, 'de enige die iets kan weten over hun aspiraties om belangrijk te zijn tijdens de oorlog'. Frank moest Ahlers' zwijgen kopen. Dat deed hij met de brieven die hij in 1945 aan de bevoegde instanties schreef.

Nog hoopte Otto Frank dat zijn zakelijke transacties uit de oorlogsjaren hem niet zouden achtervolgen, maar zijn hoop dat zijn kinderen terug zouden komen was vervlogen. Frank schreef: 'Ik vond twee zusters die samen met Margot en Anne in Bergen-Belsen waren en ze vertelden me over de laatste lijdensdagen en de dood van mijn kinderen... Mijn vrienden die met mij hoopvol bleven, rouwden nu met mij... Het kostte vele maanden om te wennen aan een normaal leven zonder mijn dierbaren.'

Drie dagen nadat Frank hoorde over de dood van Anne en Margot, schreef hij aan zijn broer Robert, om hem op de hoogte te stellen. De brief is verloren gegaan maar uit Roberts antwoord blijkt dat Otto, niet bij machte zelf nog eens zo'n brief te schrijven, hem vroeg de rest van de familie ervan in kennis te stellen. Later die maand vertrouwde Otto zijn broer Herbert toe: 'Ik probeer aan andere dingen te denken en kan niet stil zitten. Niemand hoeft te weten hoe ik inwendig treur. Wie zou dat trouwens kunnen begrijpen? Mijn fantastische mensen hier, maar alleen dat kleine groepje.' Eind juli kwam de eerste condoleancebrief, van Julius Holländer: 'Walter en ik begrijpen wat je voelt. We hielden van Margot en Anne alsof ze onze eigen kinderen waren. Ons leven is leeg nu. Edith en de meisjes waren al wat we hadden.' Er zouden nog talloze condoleances volgen. Van zijn kameraden uit Auschwitz was Sal de Liema de eerste om hem te troosten: 'Voor mij ben je meer dan een vader geweest maar jouw eigen dochters zijn nooit te vervangen.. Ik denk veel aan je en hoop dat je bezig gehouden wordt op kantoor. Ik zou het wel een beetje troost gevonden hebben, jou een poosje hier te hebben maar het is heus het beste om aan het werk te blijven. Misschien komt er een moment dat je werkelijk behoefte hebt er een poosje uit te zijn. Papa, ons huis staat altijd voor je open, zolang je maar wilt.'

Op 26 juli stuurde Otto Frank nog een brief aan Robert en Lottie in Londen maar hij kon er zich niet toe brengen uitvoeriger over Margot en Anne te schrijven: 'Ik word goed verzorgd, in ieder opzicht. Ik houd me opvallend kalm. Er is zoveel ellende om mij heen dat ik tracht te helpen waar ik maar kan. Ik voel geen bitterheid, beste Robert, omdat ik zoveel ellende heb gezien, in zoveel misère heb geleefd en overal dezelfde toestand aantref. Ik kan dus niet zeggen: Waarom ik? Van de meer dan honderdduizend joden die gedeporteerd werden, zijn er tot nu toe ongeveer tweeduizend teruggekomen. Van de duizenden die gedwongen meevluchtten met de Duitsers, heb ik er drie ontmoet die ontsnapt zijn aan executie of doodvriezen. Ik zeg telkens weer dat alleen wie geleefd heeft onder de onderdrukker, weet wat het betekent. Ik zou uren met je kunnen praten over Edith en de meisjes maar het helpt niet en het is erg verwarrend voor me. Dus laat ik het achterwege tot we elkaar weer zien.' Aan zijn nicht Milly Stanfield schreef hij op 27 juli wat meer over zijn innerlijke verwarring en hij begint met de bekentenis dat hij de waarheid omtrent de dood van zijn kinderen 'nooit zal kunnen verdragen'. En hij vervolgt: 'Niemand kan mij werkelijk helpen al heb ik veel vrienden. Het is zinloos er veel over te zeggen, ik weet heel goed wie het meent en wie alleen maar praat.' Milly Stanfield vertelde later dat Frank in een andere brief welhaast positief over de onderduiktijd schreef: 'Je hebt geen idee hoe de meisjes zich hadden ontwikkeld omdat je hen alleen kende als leuke kinderen. Toen we zo dicht bij elkaar leefden, zagen we hen opgroeien tot volwassen mensen en beseften we hun ware mogelijkheden. Je zult het nauwelijks geloven, maar ondanks de constante druk en spanning, de altijd aanwezige angst voor ontdekking, waren we werkelijk gelukkig omdat we alles deelden.'

In augustus kwamen er snel en in groten getale brieven van zijn familie. Allemaal verlangden ze hun eigen droefheid over de dood van de kinderen over te brengen en hun medeleven met hem tot uitdrukking te brengen. Robert bracht gevoelens onder woorden die in de toekomst vaak herhaald zouden worden door mensen die Frank ontmoetten: 'We hebben grote bewondering voor de manier waarop je kunt denken en handelen zonder een woord van bitterheid of haat na alles wat je hebt doorstaan.' De hele familie in Zwitserland zond hem op 6 augustus een telegram: 'ontvingen treurige bericht rouwen over onze dierbaren innigste liefde en gedachten sterkte en gezondheid kussen moeder – elias-frank.' Ze deden hun best hem over te halen om zo gauw hij kon naar Zwitserland te komen, maar voorlopig was het Otto Frank, als statenloos persoon, niet mogelijk de Nederlandse grens te passeren.

Op 9 augustus 1945 wierpen de Amerikaans strijdkrachten een tweede atoombom op Japan. De Japanse regering capituleerde op 14 augustus en de oorlog was officieel beëindigd.

Otto Frank had sinds zijn terugkeer in Amsterdam de indruk gehad dat er maar erg weinig van de persoonlijke bezittingen van zijn gezin overgebleven was. Hij was diep geschokt toen hij, kort na de bevestiging van de dood van zijn kinderen, ontdekte dat er een paar heel kostbare bezittingen bewaard gebleven waren: een fotoalbum van het gezin en het dagboek van Anne.

Op de dag van de arrestatie op de Prinsengracht bevond Miep zich, toen de politie weg was, alleen op het kantoor. De mensen in het magazijn op de benedenverdieping waren nog bezig, maar ze zag hen niet. Kleiman had Miep de sleutels van het pand gegeven maar in de namiddag kwam Van Maaren, de chef van het magazijn, en nam ze in bezit. Miep besteedde er weinig aandacht aan; de SD had aangenomen dat hij niets wist van de ondergedoken joden, meende ze, en had hem daarom de verantwoordelijkheid opgelegd. Omstreeks vijf uur kwam Jan terug, evenals Bep. Samen met Van Maaren, die de sleutels had, gingen ze gedrieën de trap op naar het achterhuis. Het was een chaos maar tussen de paperassen, boeken en talrijke andere dingen die verspreid lagen over de vloer, herkende Miep het dagboek van Anne. Miep raapte het op en wees toen op de kasboeken en losse vellen die Anne had gebruikt om door te gaan met schrijven toen haar oorspronkelijke dagboek vol was. Miep en Bep verzamelden alle bladen die ze konden vinden en nog verscheidene andere dingen van de onderduikers, en alles werd opgeborgen in Mieps bureaulade. De week daarop ging Van Maaren op verzoek van Miep nogmaals in het achterhuis kijken of er nog meer papieren lagen. Hij vond nog wat papieren en gaf ze haar. Ongeveer een week na de arrestatie werd het meubilair van het achterhuis weggehaald door de verhuizers van Puls.

Miep vertelde Frank niet dat ze het dagboek had kunnen redden, maar toen Otto haar vertelde dat zijn kinderen dood waren, dacht ze er onmiddellijk aan. Ze vertelt: 'Ik gaf Annes papieren niet dadelijk na zijn terugkeer [aan Frank] omdat ik nog hoopte, al was de kans klein, dat Anne terug zou

komen... Toen we in juli 1945 hoorden dat Anne en Margot gestorven waren in Bergen-Belsen, gaf ik de papieren met de geschriften van Anne aan meneer Frank terug. Ik gaf hem alles wat ik bewaard had in het bureau op mijn kantoor.'
Franks eerste reactie op het zien van het gekoesterde dagboek van zijn dochter is niet bekend, want hij sprak er nooit over. Maar toen hij een paar dagen later aan zijn moeder schreef, vertelde hij: 'Miep heeft gelukkig een album en het dagboek van Anne gered. Maar ik heb de kracht niet het te lezen. Van dat van Margot is niets overgebleven, alleen haar schrift voor Latijn, omdat onze hele huishouding geplunderd is, en dat is de reden waarom alles wat we gebruikten en alle lieve kleine hebbedingetjes van Edith en de kinderen verloren gegaan zijn. Ik weet dat het geen zin heeft daarover te piekeren maar een mens heeft niet alleen verstand, hij heeft ook een hart.'
Het dagboek bleef ongelezen maar niet vergeten.

HOOFDSTUK ZES

Dit is tenminste bewaard gebleven

In de maanden die volgden, vernam Otto Frank het lot van Fritz Pfeffer, Güsti en Peter van Pels. Fritz Pfeffer was van Sachsenhausen overgebracht naar Neuengamme, bij Hamburg, waar het werk en de behandeling hem al snel te veel waren geworden. Hij stierf op 20 december 1944 in de ziekenbarakken van Neuengamme. Als doodsoorzaak werd enterocolitis – ontsteking aan de darmen – aangegeven.

Kort na hun aankomst in Auschwitz werd Güsti van Pels gescheiden van haar vriendinnen. Op 26 november werd ze van Auschwitz naar Bergen-Belsen gestuurd, waar ze Anne en Margot weer terugzag. Op 6 februari 1945 werd ze overgebracht naar de vliegtuigfabriek in Raguhn, onderdeel van kamp Buchenwald. Ze werd nogmaals overgeplaatst, nu per trein of te voet naar Theresienstadt, waar ze op 9 april aankwam. Haar laatste verblijfplaats is niet bekend: het dossier van het Nederlandse Rode Kruis geeft een sterfdatum tussen 9 april en 8 mei 1945 in Duitsland of Tsjecho-Slowakije.

Nadat Peter eind januari 1945 afscheid had genomen van Frank, was hij in Mauthausen aangekomen en tewerkgesteld in *Melk*, een eenheid van het buitencommando dat zwoegde in de steengroeven en de ondergrondse wapenfabrieken. Eind april 1945 werd *Melk* ontbonden en Peter naar de ziekenbarakken gestuurd. Daar stierf hij op 5 mei 1945, de dag waarop het kamp werd bevrijd.[1]

Frank probeerde te ontsnappen aan zijn depressies door zo veel mogelijk bezig te blijven. Hij vertelde zijn moeder: 'Gewoonlijk lukt me dat, maar een enkele keer raak ik in de put.' In zijn memoires schreef hij: 'Ik zocht steeds weer contact met mijn vroegere vrienden die net als ik ondergedoken waren en het hadden overleefd... Met de helpers die voor me werkten in mijn kruidenimportbedrijf, probeerde ik een nieuw bestaan op te bouwen in

Amsterdam. Ik poogde de firma nieuw leven in te blazen. Ook trachtte ik verweesde kinderen met hun familie te herenigen. Ik bezocht patiënten in diverse sanatoria. Dat alles gaf me nieuwe doelen in het leven.'

Twee wezen die hij hulp bood, waren Hanneli en Gabi Goslar. Hanneli's moeder stierf in 1942 in het kraambed. Haar vader, Hans, en haar grootouders stierven in de kampen Westerbork en Bergen-Belsen, het kamp waar Hanneli en Gabi bijna een jaar als 'wisseljoden' hadden doorgebracht maar nooit uitgewisseld waren. Hanneli had Anne in het kamp gezien. Ze ontmoetten elkaar twee of drie keer. Hanneli vertelt: 'Ze vertelde me dat haar vader vermoord was – haar moeder ook, dacht ze. Jammer dat ze dacht dat haar vader dood was, toen hij nog leefde. Omdat ze zo idolaat van hem was, had ze misschien hoop gehad verder te leven als ze geweten had dat hij nog leefde.' Hanneli en Gabi werden vanuit Belsen met een transport van zevenduizend gevangenen op weg naar Theresienstadt gestuurd. Hun tocht van twee weken door verwoest gebied eindigde op 23 april 1945, toen ze bevrijd werden door het Rode Leger. Hanneli werd later opgenomen in een ziekenhuis in Maastricht. Gabi, haar jongere zusje, werd verzorgd door een vriendin van de familie. Toen Frank hoorde wat er met de meisjes Goslar gebeurd was, zocht hij Hanneli op in Maastricht, na een reis van veertien uur in een vrachtwagen. (In een brief aan zijn moeder bekende Otto: 'Voor mij zal Hanneli altijd de verbinding met Anne blijven.') Hanneli vertelt: 'Ik was zo opgewonden toen Otto me kwam bezoeken. Het eerste wat ik zei was: "Anne leeft, ze is in Duitsland!" Hij kende de waarheid al. We maakten een lange wandeling. Otto liet me van Maastricht overbrengen naar de Joodse Invalide in Amsterdam, dat was veel beter. De zesde verdieping was voor joden die uit de kampen terugkwamen.' Frank regelde dat Hanneli werd overgebracht naar een sanatorium in Zwitserland, waar haar oom woonde. Langs die weg kreeg Frank ook de vereiste documenten voor haar en Gabi (toen nog in een weeshuis) om Nederland te verlaten.

Nu hij bericht had over Margot en Anne, ging Frank weer op bezoek bij Jacqueline van Maarsen: 'Hij huilde en huilde maar. Hij kwam veel bij mij en ik wist niet hoe ik hem moest troosten. Het enige dat ik kon doen, was met hem over zijn kinderen praten en dat was eigenlijk ook het enige dat hij wilde... Ook bij Jetteke kwam meneer Frank in die tijd veel... Met Jetteke wilde hij over Margot praten. Zijn beide dochters waren hem even lief geweest.' Jetteke Frijda was in de oorlog met haar broer ondergedoken en beide hadden het overleefd. Hun vader werd in Auschwitz vermoord en hun oudste broer, Leo, werd door de Duitsers geëxecuteerd voor zijn activiteiten bij het verzet.² Hun moeder was ontkomen naar Zwitserland. Jetteke vertelt: 'Ik werkte in een boekhandel in Den Haag. Otto wist uit te vinden dat ik daar was en kwam me opzoeken. Hij vertelde over zijn gezin en wat er met hen gebeurd was. Hij vertelde me ook over mijn vader, omdat ze samen in Auschwitz waren geweest.'

Aan Julius en Walter Holländer schreef Otto ook over praktische zaken, om te beginnen: 'Alles lijkt onbelangrijk, zinloos. Maar het leven gaat door en ik probeer niet te veel te denken en me niet kwaad te maken. We hebben allemaal ons lot te dragen. Hier is mij al het geld dat ik had afgepakt, maar misschien krijg ik een deel ervan terug. Geld heb ik nu niet nodig, wat ik nodig heb, krijg ik in de firma. Officieel werk ik niet en de regels voor niet-genaturaliseerden zijn in sommige opzichten een obstakel.' De zaken bleven somber. Frank verklaarde zijn vrienden enkele problemen: 'Ik moet bouwen en werken. In het arme Nederland is het zo moeilijk, vooral als je stateloos bent. Alles is export, import alleen van de meest vitale goederen, pectine bepaald niet. Ik zou met Uni-Pectin in Zwitserland willen samenwerken.' In een andere brief maant hij zichzelf dankbaar te zijn dat hij tenminste iets heeft waarop hij kan voortbouwen: 'Gelukkig heb ik hier een basis om opnieuw te beginnen... als het geld wordt teruggegeven dat de Duitsers van me afgepakt hebben, heb ik niet te klagen... Er is toch niets te koop. Nederland is verregaand leeggeroofd... Ik probeer toestemming te krijgen om voor zaken naar Zwitserland te reizen en moeder op te zoeken, maar het kost zeker enkele maanden om de papieren te krijgen.' Het uitstaande bedrag van de liquidatie van Pectacon werd in 1947 van De Nederlandsche Bank overgemaakt naar de Liquidatie van Verwaltung Sarphatistraat, LVVS. De LVVS behandelde de terugbetaling van joodse activa die ondergebracht waren bij Lippmann, Rosenthal & Co. Het tegoed, vastgesteld door de LVVS, werd punctueel terugbetaald aan Otto Frank, de rechtmatige eigenaar.

Hij stuurde zijn nicht Milly een hartelijke brief en vond de moed over zijn kinderen te schrijven maar hij had nog niet de kracht Annes dagboek te lezen: 'Toen de meisjes opgroeiden, werden ze echte vriendinnen, vooral toen we gedwongen waren meer dan twee jaar lang in twee kamertjes bij elkaar te zitten. Ik had tijd om hun alles over de familie te vertellen en Anne maakte een stamboom van de familie en over elk familielid wilde ze alles weten. Ik drong er altijd bij de meisjes op aan bij elkaar te blijven, ook al verschilden ze van karakter, en dat deden ze. Margot was erg goed in Engels, ze las *Hamlet* en *Julius Caesar* in de oorspronkelijke tekst. Anne begon natuurlijk pas maar werkte elke dag. Ze las verhaaltjes. Haar belangstelling was zo groot dat ze foto's van de koninklijke familie aan de wand prikte – ze hangen er nog steeds. Natuurlijk weet ik dat ik er nooit overheen zal komen en ik mis de kinderen veel meer dan Edith. Die waren de hoop en de toekomst, en dat telt zwaarder dan het leven van nu. Ik lichtte de kinderen in over van alles omdat ik dacht dat wij misschien niet terug zouden komen, en zij vast wel, zo verwachtte ik. Gelukkig hebben de vrienden hier foto's en het dagboek van Anne kunnen redden. Ik heb het in mijn handen gehad maar ik kan het nog niet lezen. Misschien heb ik daarvoor later de kracht.'

Blijkbaar hadden Miep en Jan met Otto over Jans werk in het verzet gesproken en over het feit dat ze in hun eigen huis een joodse man verborgen hadden, want hij vertelde Milly Stanfield dat ze 'echte schatten' waren. 'Behalve wat ze allemaal voor ons deden, deden ze ook veel illegaal werk... Er zal veel moeten veranderen wat de sociale wetgeving betreft. Zoals ik het zie, is er nog weinig vooruitgang in de mensheid. Dat moet zich ontwikkelen, de wreedheden van de oorlog hebben nog te veel invloed op de mensen. Bovendien zijn er overal belemmeringen. Ik hoef maar te bedenken hoe de statelozen worden behandeld. Het is een schande voor de mensheid maar ik hoop dat alles spoedig en op een nette manier geregeld wordt.'

Franks brieven aan de familie in Zwitserland bevatten steeds meer gegevens over zijn vermoorde vrouw en kinderen en de mensen die zij kenden. Zijn brief van 1 september luidt:

> Maandagavond ben ik naar Hilversum geweest, bij de familie Hof. Daar had ik bijna al ons tafelzilver heen gebracht en het is veilig bewaard gebleven. Mevrouw Hof was altijd erg aardig en Edith is haar nooit vergeten. Ze hielp Edith in 1933, toen die nog niet wist hoe alles hier ging, de scholen en zo... Ik zal alles doen om gauw te komen. Ik ben er ook een beetje bang voor. Ik sta echt op het punt te gaan huilen, ik huil heel gauw. Maar je moet weten dat ik gezond ben. Ik weeg nu meer dan honderdvijftig pond. Ik probeer niet te veel te piekeren en ik slaap heel goed. Natuurlijk laten de gedachten aan Edith en de kinderen me nooit los, maar ik probeer de dingen meer van de positieve dan van de negatieve kant te bekijken... Soms kan ik niet geloven dat ik 56 ben. Maar voor mij heeft het leven geen betekenis meer.

Op 6 september schreef Otto aan zijn moeder over een incident dat hem zijn wankel evenwicht deed verliezen. Er was een brief gekomen van een meisje uit de Verenigde Staten; samen met haar zusje had ze voor de oorlog als '*pen-pal*' brieven gewisseld met Anne en Margot en ze hoopte dat te hervatten. Frank bekent hoe diep het hem getroffen heeft: 'Een paar dagen geleden kwam er een brief voor Margot en Anne, van een meisje met wie ze voorheen contact hadden. Dit meisje wilde hun correspondentie weer oppakken. Ik schreef haar in tranen. Zulke dingen schokken me heel erg. Maar het doet er niet toe...' Hij rondde dit zo haastig af omdat uit Zwitserland bericht kwam dat zijn neef Stephan ernstig ziek was en in een vroeg stadium van bloedvergiftiging verkeerde. Het zou maanden duren voordat hij beter werd. Zijn zuster Leni vertelde Otto dat ze probeerde hem als voorbeeld te nemen. 'De last die we te dragen hadden, was al zwaar genoeg; nu moeten we ons ook nog zorgen maken over onze lieve Stephan.'

Frank bracht Grote Verzoendag door bij Hanneli Goslar: 'Ik wil niet naar de synagoge,' schreef hij aan zijn moeder. 'Een liberale dienst is er niet, anders was ik wel gegaan, maar de orthodoxe doet me niets. Ik weet dat Edith niet zo vooringenomen was in haar ideeën. Ze verwachtte of wilde dat ik zou vasten en ze begreep dat ik alleen voor haar naar de synagoge ging. Met haar en de kinderen zou ik gegaan zijn, maar alleen gaan heeft geen zin en zou maar hypocriet zijn.' De liberaal-joodse gemeenschap in Amsterdam bestond niet meer; zoveel leden waren vermoord. De historicus Jacob Presser beziet de naoorlogse joodse gemeenschap in Nederland en vraagt zich af: '... de uitdrukking "nieuwe gemeenschap". Kan men haar werkelijk hanteren? Wij zelf zouden de voorkeur geven aan "groep". Een groep, na de bevrijding gevormd uit een aantal brokken: een paar duizend gemengd-gehuwde mannen en vrouwen die gespaard waren, de enige duizenden opgedoken onderduikers, het betrekkelijk kleine aantal uitgewekenen, de Westerborkse rest, de honderden, uit Theresienstadt teruggekomenen en de overlevenden uit de kampen.'

Ondanks de verzwakking van het religieuze joodse leven overwogen vroegere leden van de liberaal-joodse gemeenschap of de wederopbouw van hun gemeenschap uitvoerbaar was. Ze vroegen Frank zitting te nemen in het bestuur. Hij vertelde: 'Na de oorlog zeiden enkele joden die er ook voor de oorlog bij waren, dat we weer een liberale gemeenschap moesten beginnen. Meneer Frank, doet u met ons mee? Ik deed het meteen en ik werkte ook met hen samen.' Zijn betrokkenheid kwam eerder voort uit gemeenschapsgevoel dan uit zijn eigen behoefte, maar toen de synagoge in gebruik werd genomen, bezocht hij regelmatig de dienst op vrijdagavond. Het gebed voor de doden dat elke vrijdag werd gezegd, gaf hem veel kracht. Vanaf dat moment droeg Frank steeds een notitieboekje bij zich waarin hij enkele regels uit een joods gebedenboek en een gebed van Franciscus van Assisi had overgeschreven. Hij bleef afstandelijk over het geloof, maar: 'Ik zie hoe veel steun religie kan geven, maar niet voor mij.'

Op de zaterdagavonden nodigden Miep en Jan Lotte Pfeffer en een groepje vrienden uit om samen canasta te spelen. Frank speelde niet mee maar praatte met iedereen die er was. Op een keer vertelde Lotte hem over een brief die ze had gekregen van Werner Peter Pfeffer, de zoon van Fritz die in Engeland woonde. De tekst van de brief is niet bekend maar de inhoud had haar kennelijk geschokt. Otto bood aan Peter (zoals de jongeman genoemd wilde worden) namens haar te schrijven. Zijn brief staat vol vriendelijke adviezen en een aanbod om te helpen als Peter dat ooit nodig mocht hebben. Blijkbaar wisten ze nog niet dat Fritz dood was, want Frank schrijft: 'We wachten nog op je vader, we mogen nog hopen... Ik probeer me in jouw situatie te verplaatsen. Je was ongeveer twaalf jaar toen je werd gescheiden van je vader. Je kunt niet weten hoe hij intussen heeft geleefd, wat er in al die jaren gebeurd is. Ik weet mijnerzijds niets van je moeder; je vader sprak nooit over haar en hij stelde al zijn kennissen Charlotte voor als mevrouw Pfeffer. Niemand wist dat hij niet echt met haar getrouwd was en dat was niet zijn schuld maar een gevolg van de wetten die het huwelijk in de weg stonden. Voor Charlotte is deze situatie erg moeilijk. Ze heeft al het mogelijke voor je vader gedaan, ze was zijn grootste steun en ik ken en bewonder haar. Ik zou alles doen om haar te helpen, ze is het waard. Ik voel het als mijn plicht, je dit te vertellen, zodat je op de hoogte bent. Ik kan onmogelijk je gevoelens jegens haar beoordelen, maar ik weet dat het in de geest van je vader is haar te respecteren om wat ze is, alle vertrouwen in haar te hebben en nauw contact met haar te onderhouden.'

Helaas kon de brief Peter en Lotte niet verzoenen en hun relatie werd nooit beter. Er rezen nog meer problemen toen Lottes huwelijk met Fritz Pfeffer officieel erkend werd. Een vriend van Peter vertelt: 'Ik weet niet precies wat er tussen hen gebeurd is, maar hij vertelde me dat ze op gespannen voet met elkaar stonden. Hij zei iets over herstelbetalingen: ze was postuum met zijn vader getrouwd en ik denk dat die betalingen naar haar gingen toen hij dacht dat ze hem toekwamen. Hij betreurde de animositeit tussen hen maar hij vond het te laat om nog iets te veranderen.' In november 1946 emigreerde Peter naar de Verenigde Staten en richtte onder zijn nieuwe naam Peter Pepper met succes een onderneming in kantoormeubelen en -benodigdheden op. Het duurde jaren voor Frank en hij weer contact kregen.

Op 24 september schreef Frank iemand met wie hij gedurende de lange oorlogsjaren geen contact had, Nathan Straus: 'Beste Charley, ooit heb je me gezegd dat ik de enige ben die jou zo noemt, maar ik voel de oude relatie duidelijker als ik je nog zo noem...' Hij gaf een samenvatting van de gebeurtenissen van de laatste twee jaar alvorens te concluderen: 'Ik moet mijn lot dragen. Ik neem aan dat je genoeg hebt gehoord en gelezen over de verschrikkingen van de concentratiekampen in Polen. Het gaat elke voorstelling te boven. Gelukkig zat ik er maar een paar maanden maar ook dan is onder de luimen van deze beulen elk uur te veel.' Straus antwoordde de maand daarop, nadat hij Frank vijfhonderd dollar had overgemaakt. Hij hoopte dat dit 'van nut kan zijn in je ongetwijfeld moeilijke financiële situatie, al wil je daar niet over praten. Doe geen moeite de ontvangst te bevestigen. Vergeet het maar.' Hij was nu directeur van het radiostation WMCA in New York en schreef vanuit zijn kantoor om zijn condoleances aan te bieden. 'Woorden zijn volstrekt zinloos in een situatie als deze,' erkende hij. 'De enorme omvang van de tragedie die onschuldige mensen overkomen is, gaat het menselijk begrip welhaast te boven.' Frank bevestigde het gulle gebaar van zijn vriend zodra hij zag dat het geld overgemaakt was op zijn rekening: 'Ik weet dat je niet wilt dat ik erover praat, maar niettemin hartelijk dank. Al ben ik niet echt behoeftig, ik bezit niet veel en het bedrag zal mij en anderen verder helpen, zoals ik altijd een deel van wat ik verdien voor anderen gebruik, momenteel met name voor de wezen die naar hun familie in het buitenland of naar Palestina willen.'

Een paar dagen later schreef Otto aan zijn moeder over alweer een bres in zijn zwakke zelfverdediging: 'Ik ben zojuist in de synagoge geweest voor een kinderfeest. Anne en Margot gingen altijd samen naar dat evenement, zelfs als ze in Aken logeerden. Uiterlijk glimlachte ik maar innerlijk huilde ik bitter.' Ook voor andere ouders wier kinderen vermoord waren in de holocaust, was altijd het spookbeeld aanwezig van de verloren kinderen, en velen vroegen zich af waarom zij uitverkoren waren om te lijden. De psychiater Eli Cohen bekende: 'Het blijft pijnlijk een kind te onderzoeken dat in hetzelfde jaar geboren is als mijn kleine jongen, en ik probeer die gedachten niet eens meer te onderdrukken. Het is ook doelloos. Maar steeds weer vraag ik me af: "Waarom kon dit kind in leven blijven toen mijn zoon werd vermoord?"' Otto stuurde Leni een bemoedigende brief en drukte haar op het hart sterk te zijn voor haar zieke zoon, 'de mens kan zoveel doorstaan als het echt moet'. Hij opperde niet alleen het plan om hen in Zwitserland te bezoeken maar onthulde ook dat hij eindelijk begonnen was het dagboek van Anne te lezen en erdoor gefascineerd werd.

Otto zocht naar woorden om zijn familie in Zwitserland duidelijk te maken hoe het dagboek van zijn dochter hem verwonderde en fascineerde, maar hij vond ze niet. 'Wat ik lees in haar boek, is zo onbeschrijfelijk opwindend en ik lees maar door. Ik kan het jullie niet uitleggen! Ik heb het nog niet uit en ik wil het helemaal uitlezen voor ik uittreksels of vertalingen voor jullie maak. Ze schrijft met ongelooflijke zelfkritiek over haar opgroeien. Ook als het niet door haar geschreven was, zou het me interesseren. Het is doodzonde dat dit leven verloren moest gaan... We zijn allemaal veranderd, alleen de kern van ons wezen blijft.' Voordat hij Annes dagboek ging lezen, hield Frank zich bezig met zijn werk of hij omringde zich met mensen. Dat was zijn manier om met het verdriet om te gaan. Nu hij Annes woorden las en haar onverwachte schrijverstalent ontdekte, was hij bezeten door het boek en door de gedachte aan hen die hem na stonden: 'Ik kan Annes dagboek niet wegleggen. Het is zo ongelooflijk opwindend. Iemand is begonnen te kopiëren uit het "sprookjesboek" dat ze schreef, want ik geef het geen moment uit handen en het wordt voor jullie in het Duits vertaald. Nooit zal ik het dagboek uit het oog verliezen, want er staat zo veel in dat niemand anders behoort te lezen. Maar ik maak er uittreksels van.'

Begin november 1945 informeerde Frank bij zijn vriendin Anneliese Schütz of ze hem zou willen helpen voor zijn moeder in Zwitserland enkele passages van het dagboek uit het Nederlands in het Duits te vertalen. Otto beschreef haar voor zijn moeder als 'een dame van een jaar of vijftig. Ze spreekt haast niemand en ze is erg eenzaam. Ze was journaliste en had altijd veel belangstelling voor de kinderen. Margot kreeg literatuurles bij haar thuis.' Laureen Nussbaum, die ook bij de studiegroep hoorde, vertelt: 'Anneliese Schütz was een journaliste uit Berlijn. Ze droeg een dikke bril, had een Berlijnse levendigheid en was nogal mannelijk zoals vrouwen toen waren in het beroepsleven.' In de oorlog had Schütz voor de Joodse Raad gewerkt maar ze was eerst naar Westerbork, daarna naar Theresienstadt gedeporteerd. In de zomer van 1945 keerde ze terug en trok bij vrienden in, van wie er een zich nog herinnerde: 'Op een avond, het was in november 1945 denk ik, kwam Anneliese Schütz thuis met het handgeschreven dagboek van Anne Frank. Ze had het van Otto Frank meegekregen. Ik meen me te herinneren, een poesiealbum en een schoolschrift op groot formaat. Ik kreeg het van Anneliese Schütz en heb er de hele nacht in gelezen en naar gekeken. Ik had het originele dagboek dus minstens een nacht in huis.[3] Dezelfde winter van 1945/1946 – nauwkeuriger kan ik dat niet dateren – begon Anneliese Schütz op verzoek van Otto Frank aan een Duitse vertaling. Dat deed ze van een getypte Nederlandse kopie. Ik geloof dat Otto Frank die zelf getypt had. Anneliese en ik probeerden zoveel mogelijk de taal van een jong meisje te gebruiken.'

Miep, die tot dusverre alle pleidooien van Otto om het dagboek te lezen, had weerstaan, vertelt dat hij na het avondeten altijd aan de Duitse vertaling werkte. 'Soms kwam hij hoofdschuddend zijn kamer uit met Annes dagboekje in zijn hand en zei: "Miep, moet je horen wat Anne nou weer heeft geschreven! Wie had kunnen denken dat ze zo'n grote opmerkingsgave had...?" Ik kon mezelf er niet toe brengen ernaar te luisteren.' In zijn memoires vertelde Frank hoe hij overweldigd was door het vermogen van zijn jongste dochter vluchtige momenten en gevoelens voor altijd vast te leggen, en door de kracht van haar geloof en karakter:

> Langzaam begon ik te lezen, slechts enkele bladzijden per dag, meer was me niet mogelijk, omdat ik werd overweldigd door de pijnlijke herinneringen. Het was een openbaring voor me. Uit deze beschreven bladzijden ontpopte zich een heel andere Anne voor me dan het kind dat ik had verloren. Zulke diepe gedachten en gevoelens, daar had ik geen idee van... Ik had er geen voorstelling van dat Anne zich zo intens verdiept had in het probleem en de betekenis van het joodse lijden door de eeuwen heen, dat ze zoveel kracht had geput uit haar geloof in God... Hoe kon ik weten dat de kastanjeboom zo belangrijk voor haar was als ik bedenk dat ze zich nooit had geïnteresseerd voor de natuur... Ze hield al die gevoelens voor zich... Af en toe las ze ons zelfs humoristische stukjes [uit haar dagboek] en verhalen voor... maar ze had nooit iets voorgelezen dat over haarzelf ging. Dus hebben we nooit geweten dat ze zoveel moeite deed haar karakter te ontwikkelen en dat ze meer kritiek op haarzelf had dan een van ons ooit heeft gehad... Door Annes nauwkeurige beschrijving van elke gebeurtenis en elk individu stond elk detail van ons samenwonen mij weer duidelijk voor ogen.

Zoals verwacht, verwonderde Otto's familie zich over de uittreksels die hij had gestuurd. Frank hoopte op tijd naar Zwitserland te kunnen reizen voor de tachtigste verjaardag van zijn moeder in december. Hij schreef: 'U kunt zich niet voorstellen hoe druk ik het heb en vaak heb ik geen idee waar de tijd blijft. Uit uw briefkaart maak ik op dat de temperatuur nu toch constant is, dat is voor mij het belangrijkste en ik hoop dat het genezingsproces ook normaal verloopt... Mijn beste wensen vergezellen je. Was ik nu maar vast zelf daar! Het gaat zo oneindig langzaam allemaal. Ik was ook bij de advocaat om eventueel mijn naturalisatie aan te vragen maar het werd me afgeraden omdat er sprake is van een vereenvoudiging die al op komst is. Intussen is het voor ons dubbel moeilijk... Ik reken toch op mijn reis en geef het niet op. Dus tot spoedig weerzien, hoop ik.'

Nadat hij van zijn familie en een aantal vrienden reacties op het dagboek had gekregen, begon Frank er in de herfst van 1945 over te denken het dagboek te publiceren. Naast de uittreksels die hij zijn moeder had gestuurd, had hij nog een kopie van het dagboek uitgetypt. Die was niet uitsluitend gebaseerd op het oorspronkelijke dagboek van Anne maar ook op de herziene versie die ze zelf had geschreven. Nadat ze op 28 maart 1944 een radiotoespraak had gehoord van Gerrit Bolkestein, de Nederlandse minister van Kunsten en Wetenschappen, waarin deze een instituut aankondigde dat na de oorlog dagboeken, brieven en documenten zou verzamelen die beschrijven 'wat we als natie in deze jaren te doorstaan en te overwinnen hadden', was Anne het dagboek gaan herschrijven met het oog op publicatie. Ze heeft de herschreven versie niet af kunnen maken: de bijdragen eindigen eind maart 1944, terwijl het originele dagboek doorloopt tot op drie dagen voor hun arrestatie, 1 augustus. Frank gebruikte beide versies als grondslag voor zijn typoscript en vulde dat aan met vier hoofdstukken uit haar boek *Verhaaltjes*, dat ook aspecten van hun leven in de onderduik belicht. Er zaten bewuste weglatingen in het typoscript: passages die hij oninteressant vond of te intiem en een paar onaangename opmerkingen die Anne hier en daar plaatste. Hij typte alles uit op papier en knipte en plakte vervolgens de delen tot een geheel. Op 16 november schreef hij zijn nicht Milly dat hij 'nog niet door het vertalen heen' was: 'Ik heb geen verdriet van wat ze schrijft en ik weet heel goed dat er verschillende dingen zijn die ze niet juist ziet en dat ze nu van gedachten veranderd zou zijn. Later in het kamp had ze eigenlijk een goede verstandhouding met haar moeder maar het geeft een onaangenaam gevoel, dingen tegen haar moeder te publiceren – en dat moet ik doen. Er zijn passages die ik kan schrappen, b.v. wat ze ervan dacht dat ik met Edith getrouwd ben, ons huwelijk, haar denkbeelden over politiek zoals de betrekkingen tussen Engeland en Nederland enzovoort. Het houdt mijn hersenen bezig, elke dag...'

Frank ging op bezoek bij Karl Baschwitz, zelf schrijver en toen woonachtig aan de Rooseveltlaan, om zijn mening te vragen. Dochter Isa herinnert zich dat Frank haar vaders appartement binnenkwam met het dagboek en allerlei losse vellen in een koffertje: 'Otto vond dat Annes dagboek gepubliceerd moest worden, dat het van belang was voor kinderen, vooral voor

Duitse kinderen. Hij kwam uit een zakenmilieu en mijn vader was voor hem een van de weinige intellectuele vrienden, en iemand die zelf ook boeken schreef. Otto wilde mij in het bijzonder vragen of dit aan zou slaan bij de jeugd.' Isa twijfelde en vond dat de passages waar Anne naar over haar moeder schreef en Annes seksuele ontboezemingen niet gepubliceerd moesten worden. Haar vader was het ermee eens, net als Otto, al wist hij niet hoe dat verwezenlijkt moest worden. Isa vervolgt: 'Mijn vader vond dat het dagboek zo authentiek mogelijk gepubliceerd moest worden en dat gerechtvaardigde weglatingen aangegeven dienden te worden met puntjes of iets dergelijks. In de boodschap voor de Duitse jeugd geloofde hij niet zo erg. Deze twee kwesties vormen een bron van de onenigheid tussen Otto Frank en mijn vader.'

Frank liet het ook zien aan zijn vrienden Werner en Jetty Cahn die hij al sinds 1933 kende; vóór haar huwelijk met Werner, een Duits-joodse vluchteling, woonde Jetty in het pension waar Frank een kamer had. Werner Cahn vertelde: 'Op een dag kwam Otto Frank binnen met een aantal handgeschreven losse bladen waaruit hij hardop voorlas. Het waren de dagboeknotities van zijn dochter Anne. Hij kwam bij verschillende gelegenheden terug om eruit voor te lezen. Het maakte grote indruk op ons. Ik zei tegen hem dat ik een uitgever wilde zoeken. Ik gaf hem ook de raad het origineel niet uit het oog te verliezen en het eerst te laten uittypen.' Otto schreef opgewonden aan zijn moeder: 'Vrijdag was ik bij Jetty Cahn thuis en ik las weer iets voor uit Annes dagboek om Werners mening te horen. Hij zit al tijden bij uitgeverij Querido, waar Jetty ook heeft gewerkt. Aanstaande vrijdag valt de grote beslissing, maar mijn indruk is nu al: zonder enige twijfel publiceren – geen kleinigheid! Je kunt je niet voorstellen wat dit betekent. Dat het dagboek zou uitkomen in het Duits en het Engels, en iedereen duidelijk zal maken hoe we leefden in de onderduik – alle angsten, ruzies, het eten, politiek, het joodse vraagstuk, het weer, de stemmingen, de problemen bij het opgroeien, verjaardagen en herinneringen – kortom alles. En mevrouw Schütz, bij wie ik gisteren was, wil het verhaal 'Blurry, de wereldontdekker' vertalen, het verhaal van een held...'

Bij Querido benaderde Cahn Alice von Eugen-van Nahuys, maar deze 'wees het hautain af'. De Duitse uitgever Gottfried Bermann-Fischer (S. Fischer Verlag), die op dat moment in Amsterdam was, deed hetzelfde. Kurt Baschwitz gaf het manuscript aan uitgever Blitz. Ook daar werd het geweigerd. Teleurgesteld maar niet ontmoedigd vroeg Frank zijn vriend Ab Cauvern, dramaturg bij de VARA, het typoscript 'te controleren op grammaticale fouten en germanismen te verwijderen, dat wil zeggen, de uitdrukkingen te veranderen die mijn dochter uit het Duits had overgenomen maar die geen goed Nederlands waren'. Cauvern vertelt: 'Mijn vrouw en ik kenden de familie Frank van voor de oorlog. Margot en Anne logeerden bij ons in Laren. Mijn vrouw was secretaresse bij Otto Frank... Ik las het typoscript en corrigeerde alleen de tikfouten (in de marge). Ten slotte voegde ik er een nawoord aan toe... Met de verdere voorbereiding van de publicatie had ik geen bemoeienis.'

De epiloog van Cauvern was eenvoudig: 'Hier eindigde het dagboek van Anne. Op 4 augustus deed de Groene Politie een inval in het "geheime achterhuis". In maart 1945, twee maanden voor de bevrijding van ons land, stierf Anne in het concentratiekamp Bergen-Belsen.' Isa Cauvern typte het manuscript opnieuw uit. In een brief aan zijn moeder, gedateerd 12 december, vermeldde Otto dat hij het dagboek meenam naar de Cauverns 'om te corrigeren en te kopiëren. Zo ver ben ik er nu mee, en ik wil het nu onberispelijk gekopieerd hebben om het aan de uitgevers te laten zien... Ik kan mij helemaal niet meer losmaken van dat alles – en ik wil dat ook niet.' Hij toonde het typoscript 'aan oude vrienden die ook ondergedoken waren geweest... die bijzonder geïnteresseerd waren in Annes notities omdat ze immers een zelfde leven hadden geleid'. Jacqueline van Maarsen reageerde ongelovig op de uitspraak van Frank dat hij hoopte een uitgever voor het dagboek te vinden. 'Ik dacht: Wat gek, wie zou er nu een boek willen lezen van zo'n jong kind? En ik vond het geen goed idee, want ik wist dat mijn naam erin zou staan, maar gelukkig voor mij had Anne mijn naam veranderd in Jopie, en hoewel ik ook dat niet mooi vond, was ik blij dat ze mijn ware naam niet had gepubliceerd.' Eva en Fritzi Geiringer kregen het dagboek ook te zien. Eva vertelt: 'Hij liet het ons zien, las een paar bladzijden eruit voor en barstte toen in tranen uit. Hij kon niet verder. Hij was erg geëmotioneerd en geschokt door het feit dat het bewaard was gebleven en ook door wat hij las. Ik vond het zelf erg vreemd om te lezen.' In die tijd hadden de Geiringers gehoord dat Eva's vader gestorven was op een van de dodenmarsen en dat haar broer Heinz drie dagen voor het einde van de oorlog in Mauthausen was gestorven.

Rabbijn David Soetendorp vertelt hoe zijn vader door Frank werd benaderd:

> Otto was verdwaald in een geestelijke woestenij en kwam daarom bij mijn vader, want een eigen rabbijn had hij niet meer, en hij vroeg om geestelijke

bijstand. Ze konden het goed vinden samen, er sprong een vonkje over tussen hen. Hij werd al vroeg betrokken bij de liberaal-joodse gemeente. Ik was toen nog erg jong maar Otto mocht mij graag, hij hield van alle jonge mensen en hij erkende dat hij diep geraakt was door wat er gebeurd was. Hij kwam vaak bij ons thuis en we beschouwden hem als lid van de familie. Op een keer, na het eten toen Otto weg was, zei mijn vader: 'Heb je iets opgemerkt aan Otto? Hij houdt altijd een zakdoek bij de hand in zijn colbert, zodat hij vlug zijn tranen kan wissen.' Hij huilde toen zoveel; iedereen trouwens. Otto kreeg overdreven aandacht als hij kwam maar na een poosje, als iedereen zijn zegje had gedaan, kwam er een zekere rust en dan begon er iemand te huilen. Hij praatte vaak over zijn kinderen. Kinderen was hij volkomen toegewijd. Ze konden hem gemakkelijk benaderen. Als je met hem sprak, voelde je dat hij je begreep. Ouders hadden vaak schuldgevoel – een kind hebben was al kwetsend voor ouders wier kinderen niet teruggekomen waren – en daarom hadden ze een problematische relatie met hun eigen kinderen. Otto genoot van kinderen. Voor andere volwassenen was hij heel anders. Hoe het ook zij, op een dag liet hij mijn vader het manuscript van het dagboek zien en vroeg hem of hij dacht dat het een succes zou worden als het gepubliceerd werd. Mijn vader keek hem verbaasd aan: 'Wie moet dat lezen?' Gelukkig besloot Otto hem te negeren.

Maar Franks familie en andere vrienden moedigden hem aan. Hilde Goldberg vertelt: 'Tijdens mijn eerste verlof uit Belsen, waar ik als verpleegster had gewerkt, kwam ik terug in Amsterdam en toen ik in de Waalstraat liep, zag ik Otto. We konden eenvoudig niet ophouden met huilen. Ik denk dat hij toen al gehoord had wat er met zijn dochters gebeurd was, van de zusters Brilleslijper natuurlijk, maar ik kon hem wat meer vertellen over hoe het in Belsen was geweest. Hij vertelde me over het dagboek en ik zei dat hij het moest publiceren. Waarom niet? Het was alles wat hij had.' Misschien was Kurt Baschwitz het niet eens met Otto's besluit bepaalde fragmenten weg te laten, maar hij twijfelde niet aan de kracht van het dagboek: 'Het is het schokkendste document van deze tijd dat ik ken, ook literair is het een verbazend meesterstuk... Ik vind dat het in druk moet verschijnen.'

Op 1 december 1945 woonde Frank de begrafenis bij van zijn goede vriend Johan Voskuijl, de vader van Bep, en vier dagen later vergezelde hij Hanneli en Gabi Goslar, samen met twee andere kinderen, naar Schiphol. Hanneli vertelt: 'Otto hielp ons naar Zwitserland te komen, niet met geld maar met papieren. Hij regelde dat, ik kon het niet. Op 5 december bracht hij mij, mijn zuster en twee vriendinnen van mij, naar Schiphol om ons uit te zwaaien op weg naar Zwitserland. Voordat we vertrokken, gaf hij ons halskettinkjes met een Nederlandse munt met ingegraveerde datum. Dat was zo'n goed, vriendelijk gebaar. Ik lag drie maanden in een sanatorium in Zwitserland. Toen ging ik naar een Zwitserse school. Toen ik een tijdje in Basel woonde, ging ik er soms op visite bij Otto's familie en ik voelde me zo vreemd en schuldig toen ik de eerste keer bij zijn oude moeder op bezoek ging. Ik had het overleefd en haar eigen kleinkinderen waren dood. In 1947 ben ik naar Palestina geëmigreerd. Gabi mocht toen niet met mij mee; zij kwam in 1949. Otto en ik hielden nauw contact.'

Ook Hilde Goldberg, getrouwd met een arts die ze leerde kennen in Belsen, emigreerde voortdurend; ze vestigde zich eerst in Zwitserland, toen in Palestina en tenslotte in de Verenigde Staten, waar zij en haar echtgenoot Max hun drie dochters opvoedden. Na de holocaust verlieten vijfduizend joden Nederland; voor hen was het land 'het oord waar ze niemand meer kenden en waar ze geconfronteerd werden met zoveel treurige herinneringen'. De meesten gingen naar de Verenigde Staten, maar na 1948 emigreerden ook velen naar Israël.

Otto schreef op 15 december aan zijn moeder dat hij er niet zou zijn op haar verjaardag, vijf dagen later, maar hij hoopte nog altijd spoedig op bezoek te komen: 'Ik heb meestal zo veel te doen dat ik aan tobben helemaal niet toe kom... Zeker op je tachtigste kijk je nog eens terug, maar dan moet je denken aan de mooie dingen die er waren en niet treuren om het verleden... Als je terugkijkt op je leven als vrouw en moeder..., mag je niet ontevreden zijn, hoeveel verdrietigs er ook geweest is, we zijn per slot heel lang samen geweest en al zijn je kinderen nu verspreid over heel verschillende landen, in de geest zijn ze toch je "kinderen" gebleven.'

Op 17 december werd Tonny Ahlers weer gearresteerd door de Politieke Opsporingsdienst (POD). Op kerstavond schreef hij, nadat hij een fictieve lijst had samengesteld van goede daden die hij in de oorlog had verricht, een uitzinnige brief. Hij beweerde veel levens gered te hebben maar kon slechts één naam noemen: Otto Frank. Hij schreef dat hij Frank had 'verlost' uit 'de handen van de SD' en dat 'deze man (de heer Frank) honderd procent voor hem was!' Hij vertelde dat Frank zijn adres had bemachtigd, 'zodat hij mij kon bedanken in de hoogst mogelijke bewoordingen. En deze man was mij toen niet bekend!' Op 6 januari verzocht Ahlers' vrouw de instanties haar man vrij te laten omdat ze twee kleine kinderen had en geen inkomen. Ahlers bleef in de gevangenis, veroordeeld als 'informant van de SD, voor het verraden van mensen bij de SD en als directeur van het Wehrmacht Einkauf Büro PTM Petoma'. De ene getuige na de andere bevestigde dat Ahlers voor de SD had gewerkt, ook zijn moeder die de politie vertelde: 'Tijdens de oorlog heeft hij allerlei vreselijke dingen gedaan.' Het bleek dat hij, toen de politie na de oorlog voor het eerst had geprobeerd Ahlers te arresteren, verwezen had naar een ander met de naam Ahlers die in de buurt woonde. 's Mans hysterische echtgenote bezocht Ahlers' vader, in de hoop hem over te halen om te bemiddelen. Hij lachte alleen maar en zei dat ze 'niet kon tippen' aan zijn zoon, die 'goede papieren had en beschermd werd door rijke joden'. Ahlers' vroegere baas, Kurt Döring, werd ondervraagd in verband met deze zaak maar omdat hij terecht moest staan voor oorlogsmisdaden, was hij niet bereid zichzelf te belasten en wilde alleen zeggen: 'Ik heb de indruk dat Ahlers een enorme prater is, zeer onnozel en tot alles in staat.' Op de lijst met andere medewerkers van de SD en de *Zentralstelle* die over Ahlers ondervraagd moesten worden, stond ook Maarten Kuiper. Dat verhoor vond nooit plaats.

Ondanks Ahlers' protesten bij de instanties en verzoekschriften bij de politie om de 'joodse directeur van Opekta' te horen, wilde Otto Frank niets meer met hem te maken hebben nadat hij ten slotte geconfronteerd was met het kwaad waartoe Ahlers in staat was: '[Ahlers] zat in de gevangenis als politiek misdadiger. Ik ging naar de commissie... Ze lieten me documenten over hem zien en ik zag dat ik de enige persoon was die hij had gered. Een groot aantal anderen had hij verraden.' Als Otto al verdenkingen had dat Ahlers betrokken was bij zijn eigen verraad, dan hield hij dat voorlopig voor zich; in 1946 begon het onderzoek naar zijn eigen politieke achtergrond.

Eind 1945 kreeg Frank eindelijk alle documentatie die hij nodig had om naar Zwitserland te reizen. Kleiman zou hem vergezellen maar die was weer ziek: een maagbloeding. Zonder het gezelschap van zijn vriend maar overweldigd door het idee zijn familie terug te zien, nam Frank in Amsterdam de trein naar Basel, waar hij nieuwjaar 1946 ging vieren. In het fraaie, gastvrije huis aan de Herbstgasse werd Otto omringd door de gezichten die hij sinds het uitbreken van de oorlog niet meer had gezien: zijn moeder, Leni, Erich, Stephan (die genezen was maar nog niet helemaal op krachten), Buddy Elias en Erichs moeder, oma Ida, die ook bij hen woonde.

Frank kwam eind januari terug in Amsterdam, maar hij was liever bij zijn familie in Basel gebleven. Hij schreef onmiddellijk: 'De reis verliep goed. Ik was de enige passagier en Bep kwam me afhalen aan het station. Ik werd bestormd met vragen. Alles wat ik mee terugbracht, werd dankbaar aanvaard. Er is te veel te bespreken. Ik heb zelfs mijn post nog niet ingezien... Het is vreemd, allemaal dezelfde mensen en toch zo anders... Het was heerlijk om weer bij jullie te zijn.' Ze hadden weinig over de gebeurtenissen van het afgelopen jaar gesproken en Buddy schreef Frank een brief om dat uit te leggen: 'We hadden tijdens je verblijf in Basel niet genoeg tijd om uit te spreken wat er in onze harten leeft... Je hebt geen idee hoe graag ik wilde horen over jouw leven... Maar eerlijk gezegd, ik was bang om oude wonden open te rijten.' Otto stelde hem gerust; hij had het begrepen en vond het zelf ook moeilijk over alles wat er gebeurd was te praten zonder in te storten. Hij wilde niet stil blijven staan bij de tragedie uit het verleden: 'Het is zinloos weg te kwijnen in rouw, zinloos om te tobben. We moeten verder gaan met ons leven, verder bouwen. We willen niet vergeten, maar we moeten ons door onze herinneringen niet tot negativisme laten voeren.'

Na zijn terugkeer uit Zwitserland gaf Frank het herziene typoscript van het dagboek aan Werner Cahn die graag een 'second opinion' wilde over de mogelijkheden. 'Ik kende het echtpaar Romein via *De Nieuwe Stem*. Ik gaf het typoscript aan Annie Romein-Verschoor, wier mening ik bijzonder waardeerde. 's Avonds zag Jan Romein het typoscript liggen. Hij las het die avond in een keer uit en schreef meteen zijn stukje voor *Het Parool* dat de volgende dag in de krant verscheen.' Jan Romein was een gezien historicus. Zijn vrouw Annie had samen met Cahn geprobeerd 'uitgevers, onder meer Querido, te interesseren maar daar heerste de zekerheid dat de belangstelling voor de oorlog morsdood was...'

Op 3 april verscheen Romeins artikel op de voorpagina van *Het Parool* onder de titel 'Kinderstem'. 'Door een toeval heb ik een dagboek in handen gekregen dat tijdens de oorlogsjaren geschreven is. Het Rijksinstituut voor Oorlogsdocumentatie bezit al omtrent tweehonderd van dergelijke dagboeken, maar het zou mij verbazen, als er daar nog één bij was, zóó zuiver, zóó intelligent en toch zóó menschelijk als dit, dat ik het heden met zijn vele plichten voor één avond vergetend, in eenen gelezen heb.' Later die dag begonnen uitgevers te bellen naar Romein die hen doorverwees naar Cahn. Hij herinnert zich: 'Fred Batten, die toen bij uitgeverij Contact werkte, belde ook en hij was zo enthousiast dat ik hem het typoscript op zicht stuurde.'

Bij Contact was iedereen het ermee eens dat het dagboek gepubliceerd moest worden maar er waren problemen. Frank vertelde directeur G.P. de Neve 'dat religieuze adviseurs bezwaar maakten tegen het afdrukken van bepaalde passages (bijvoorbeeld over menstruatie). Het bewijs dat ik zelf geen bezwaar heb tegen die passages, is dat ze in de Duitse en andere vertalingen opgenomen zijn.' De Neve had ook bedenkingen tegen Annes lelijke uitvallen naar haar moeder en de passage waarin ze haar nieuwsgierigheid naar de borsten van haar vriendin beschrijft. Zijn toenmalige secretaresse, Elly Hildering, gelooft dat die passages waarschijnlijk geschrapt zijn om het boek te laten passen in de reeks 'Proloog' van Contact. Het manuscript werd bekeken op tikfouten en de stijl werd in overeenstemming gebracht met de huisregels. Ook in de woordkeus werden enkele veranderingen aangebracht en sommige regels werden herschreven of weg geredigeerd. Er werden vijfentwintig hele bladzijden weggelaten. Frank stemde in met de veranderingen 'De tekst is in opdracht van de uitgeverij geredigeerd; er zijn enkele onbelangrijke veranderingen met mijn goedkeuring aangebracht. Bovendien zijn er met mijn goedkeuring enkele passages weggelaten... die mogelijkerwijs het publiek aanstoot zouden geven.' In een andere brief legde Frank uit dat de Nederlanders 'enige delen hadden geschrapt omdat ze niet wilden dat het boek meer dan een bepaald aantal bladzijden zou omvatten. En tegen enkele delen (een paar regels) hadden ze bezwaar op grond van de katholieke gevoelens in het land.'

In juni werden vijf uittreksels uit Annes dagboek gepubliceerd in *De Nieuwe Stem*, een links dagblad waar Cahn aan verbonden was. Frank had tussen Annes paperassen een lijst pseudoniemen van alle onderduikers gevonden en besloot die te gebruiken in plaats van de echte namen. Niettemin vonden sommigen het onvoorstelbaar dat hij het wilde publiceren. Rabbijn Hammelburg, met wie Frank in het bestuur van de liberaal-joodse gemeente zat, zei hem dat hij de publicatie van het dagboek afkeurde: 'Otto Frank was wat je noemt een goed mens, maar ook sentimenteel en slap. Hij vertelde mij voor het eerst over het dagboek van zijn dochter Anne toen het al bij uitgeverij Contact lag... Ik heb *Het Achterhuis* pas gelezen toen het in de winkel lag. Het heeft mij ook nooit aangesproken en de hele commerciële toestand eromheen en het Anne Frank Huis heb ik nooit gewaardeerd. Dit geldt voor alle bewuste joden in Nederland.' Annie Romein-Verschoor had ook haar twijfels, ondanks haar eigen betrokkenheid (ze schreef ook de inleiding van de eerste Nederlandse uitgave). 'Het overweldigend succes [van het boek] had ik allerminst verwacht en zou ik ook nu eigenlijk nog niet kunnen verklaren... Succes kweekt succes én winzucht. Dit is geen aantijging tegen Otto Frank; die mij, toen hij kwam vertellen dat het dagboek zou worden uitgegeven, met tranen in zijn ogen verzekerde dat hij niet wilde verdienen aan de ellende van zijn kind, en ik neem aan dat hij dat meende en zich daaraan gehouden heeft... Otto Frank stond zeker afwijzend tegen het succes en de mythevorming en de speculatieve onzuiverheid die daarbij onvermijdelijk waren, maar hij heeft die niet kunnen keren.'

Frank was ervan overtuigd dat hij juist handelde: 'Anne zou het prachtig gevonden hebben iets gepubliceerd te zien... Mijn vrienden waren van mening dat ik niet het recht had dit als een persoonlijke nalatenschap te beschouwen omdat het een gewichtig document van het mensdom is... De eerste uitgave van het dagboek verscheen in 1947. Wat zou Anne trots geweest zijn.' Jacqueline van Maarsen vond ook dat Frank gelijk had het boek te publiceren, hoewel ze niet inging op Otto's verzoek iets over hun vriendschap te schrijven wat in de inleiding opgenomen kon worden: 'Otto Frank besloot het dagboek te publiceren om twee redenen: in de eerste plaats als eerbetoon aan zijn overleden dochter, in de tweede plaats omdat hij wist dat zij dat gewild zou hebben.'

Op 15 mei 1946 trouwde Bep Voskuijl met Cornelius van Wijk en nam ontslag aan de Prinsengracht. Frank, Miep, Jan, Kleiman en Kugler waren allemaal present op de trouwerij. Een jaar later kwam het eerste kind van Bep; ze noemde het Anne. Op kantoor werd in Beps plaats een jongeman aangenomen. Erich Elias was in de zomer van 1946 in Nederland om zakelijke kwesties te bespreken met Frank.

In juli woonde Otto Frank als gedelegeerde de eerste naoorlogse conferentie van de Wereldunie voor Progressief Judaïsme bij. Dit gaf hem de gelegenheid Robert, Lotti en Milly weer te zien. Milly Stanfield vertelt: 'Het besef hoe gelukkig Anne geweest zou zijn dat haar dagboek een internationale bestseller werd, gaf Otto het eerste sprankje troost, maar toen hij in juli 1946 naar Engeland kwam, was dit genezingsproces nog maar nauwelijks begonnen. We ontmoetten elkaar in het Londense hotel waar mijn moeder en ik gewoonlijk logeerden. Hij was er eerst en wij troffen hem in rust met gesloten ogen aan. Ik geloof dat ik nog nooit zo'n treurig gezicht had gezien. Toen hij ons zag, klaarde zijn gezicht op en we praatten uren lang. Hij vertelde ons het hele verhaal van zijn ontsnapping... hij praatte ook over de vreselijke reis van Nederland naar Auschwitz in 1944 en de pijn van het uiteengaan toen mannen en vrouwen gescheiden werden... Hij beschreef de tonelen in het kamp, toen de gevangenen op een rij werden gezet om geselecteerd te worden voor de gaskamers: zijn buren werden er herhaaldelijk uit gepikt, maar op een of andere manier bleef hij onopgemerkt.'

Franks vriendin Isa Cauvern, die om hem een plezier te doen, het dagboekmanuscript had uitgetypt, pleegde zelfmoord en liet haar echtgenoot alleen achter in het grote appartement dat hij alleen nog deelde met zijn dochter Ruth als ze thuiskwam van het internaat. Ab Cauvern vroeg Miep en Jan, die nog altijd bij Jans zuster inwoonden, bij hem in te trekken. Miep vertelt: 'Jan en ik bespraken de situatie met Otto. Ottto zei dat hij, als het kon, graag met ons mee zou verhuizen naar dat appartement... "Ik blijf liever bij jou, Miep," legde hij uit, "dan kan ik met jou over mijn gezin praten als ik wil." In feite praatte meneer Frank zelden over hen maar ik begreep wat hij bedoelde.' Het was een ongebruikelijke gang van zaken die de diepte van hun vriendschap illustreert; weinig secretaressen zouden blij zijn samen te wonen met hun werkgever en hem behalve op het werk ook nog thuis te zien, en ook Jan Gies moet een zachtaardig, tevreden mens geweest zijn met veel respect voor Otto Frank, om zich op zijn gemak te voelen in deze situatie.

In de loop van 1946 werd onderzoek gedaan naar Franks achtergrond als persoon van vijandelijke nationaliteit. Dat gebeurde door het Nederlands Beheers Instituut (NBI), de instantie die belast was met 'het beheer van vijandelijk eigendom in Nederland, van eigendom van leden van de NSB en van het eigendom van Nederlandse burgers die niet teruggekeerd zijn'. Frank drong bij het NBI aan op spoedige opheldering in zijn geval, zodat hij voor zaken naar het buitenland kon reizen. Om aan te tonen dat hij 'politiek betrouwbaar' was en geweest was, vroeg Frank behalve aan zijn vrienden en werknemers ook aan verschillende mensen die met hem in het concentratiekamp hadden gezeten, te getuigen van zijn goede karakter. Jan Gies, Dunselman, Kleiman en Franks vriend bij de Vreemdelingenpolitie, rechercheur Gerard Oeverhaus, schreven allemaal in zijn voordeel. Oeverhaus verklaarde dat hij Frank sinds 1933 kende en hem beschouwde als 'honderd procent vriend van Nederland, het Nederlandse volk. Hij was en is anti-Duits en anti-nationaal-socialist.' Frank stelde ook zijn eigen verklaring op.

Hoewel het NBI grondig werkte, werden de verkopen aan Berlijn en de zaken met de Wehrmacht blijkbaar niet ontdekt (Van Keulen wordt meerdere malen genoemd maar het verband met de Wehrmacht werd niet gelegd). Op 7 februari 1947 bevond het NBI Frank vrij van de telastlegging vijandelijk onderdaan te zijn, en verklaarde hem 'niet langer van vijandelijke nationaliteit in de zin van de verordening betreffende vijandelijk eigendom'.

Volgens een brief die Otto Frank begin 1947 schreef aan Gertrud Naumann, zou het dagboek oorspronkelijk in maart gepubliceerd worden. Hij verbleef twee weken in Basel, waar hij op 6 januari aankwam, en herinnert haar eraan: 'Vandaag is het twee jaar geleden dat Edith bezweek in het kamp. Je kunt je niet permitteren toe te geven aan je gevoelens; het zou ondraaglijk zijn. Margot bleef de rustige, gevoelige persoon, Anne was als kwikzilver maar innerlijk even goed. Haar dagboek wordt hier in maart gepubliceerd en ik onderhandel met Zwitserland en de Verenigde Staten over een Duitse en een Engelse uitgave... Behalve jij en mevrouw Schneider zijn er weinig mensen in Duitsland die me interesseren... Men moet in het leven naar de lichte plekken zoeken, dus ik moet blij zijn mijn moeder te hebben en de gelegenheid te hebben haar en mijn broers en zuster weer te zien. Maar voor vrouw en kinderen is er geen vervanging. Aangezien ik eerstdaags 58 jaar word, kan ik niet veel meer verwachten van het leven.' In een andere brief aan een vriend, uit diezelfde maand, vermeldt Frank de verwachte datum van publicatie en over de kwestie van zijn gevoelens voor zijn geboorteland.

> In maart verschijnt het dagboek in boekvorm. Ik neem aan dat er later een Engelse en een Duitse vertaling komt, dus dan kun je het lezen. Het is een uniek document, niet geschreven om gepubliceerd te worden maar uit het hart geschreven, alleen voor haarzelf. Verbazingwekkend hoe een jong meisje tussen dertien en vijftien jaar dit kon schrijven. Hoe alles haar aangreep. Dit is tenminste bewaard gebleven. Ondanks al mijn ervaring geef ik me niet over aan haat. Ik generaliseer niet, want ik weet hoeveel onrechtvaardigheid er ontstaat door mensen die generaliseren. Ik heb nog veel vrienden in Duitsland. Hun gedrag was correct en ook zij hebben geleden... Ik begrijp dat je verlangt naar je geboorteland maar er is niets dat mij naar Duitsland terug zou kunnen slepen.

De gevoelens van Frank komen overeen met die van veel joodse overlevenden van de kampen: 'Voor de meeste Europese joden was het naoorlogse Duitsland een land doordrenkt van bloed waar een zichzelf respecterende jood niet behoorde te leven. Sommige joden in Duitsland hadden zelf het gevoel dat ze niet meer waren dan een "gemeenschap in liquidatie", die leefde "op een halteplaats tussen de kampen en het graf", zoals Moritz Abusch, een vroege naoorlogse voorman van de joden in Duitsland, het formuleerde. Enkele joden hadden het gevoel dat het van belang was deel te nemen aan het herstel van de democratie en het fatsoen in Duitsland...

De meeste Duits-joodse ballingen wilden niets meer met Duitsland en de Duitsers te maken hebben.' Frank reisde uiteindelijk toch naar Duitsland om Gertrud Naumann, Käthi Stilgenbauer en zijn vroegere secretaresse, mevrouw Schneider weer te zien. Hij bekende dat 'het toch moeilijk' voor hem was geweest.

Zoals Bep de voorgaande zomer afscheid had genomen van het kantoor aan de Prinsengracht, zo nam Miep in mei 1947 ontslag. Ze weet nog: 'Op het kantoor waren de echte producten weer te koop. De zaak was te allen tijde blijven draaien. Meneer Frank was na zijn terugkeer weer de lichtelijk nerveuze man met de vriendelijke stem geworden die hij voor de onderduiktijd was. De verandering die zich had voltrokken toen hij onderdook, de kalme, gezaghebbende persoonlijkheid die hij zich had aangemeten, was verdwenen. Maar Franks belangstelling voor de zaak was tanende...' De problemen bij Opekta bleven. De lening die Erich Elias in 1933 aan Frank had gegeven, moest terugbetaald worden aan het NBI ingevolge de regels ten aanzien van vijandelijk eigendom. Het uitvoerende orgaan nam er geen genoegen mee dat de lening 'een vriendelijke regeling' van persoonlijke aard was en nu verordonneerde het dat de lening door Frank overgemaakt moest worden aan Pomosin Frankfurt. Frank kreeg van het NBI toestemming in kleine termijnen te betalen vanwege zijn vordering op de LVVS en omdat de winst bij Opekta sinds het einde van de oorlog zo gering was. De kwestie werd in 1950 ten slotte opgelost door een besluit van de minister van Binnenlandse Zaken. Volgens de regels van een overeenkomst tussen Nederland en Zwitserland betreffende de vereffening van strijdige aanspraken op Duits eigendom werd Opekta Zwitserland verwijderd van de lijst van vijandige nationaliteit. Het geld dat Frank had terugbetaald, werd namens het Zwitserse concern overgemaakt naar De Nederlandsche Bank.

Maar in 1947 zocht Frank nog steeds een manier om zijn geringe inkomsten weer aan te vullen, toen hij aan zijn oude kameraad uit Auschwitz, Joseph Spronz schreef: 'Alles is nu beter hier. We lijden geen honger maar de zaken gaan moeilijk. Ik probeer wat import-exporthandel te ontwikkelen maar alles wat ik probeer, loopt eenvoudig vast op valutaregels en andere problemen in verschillende landen. Kunstzijde kon ik niet krijgen: de grote firma's laten niemand toe. Ik heb niet veel ervaring in textiel en werk meer in voedingsmiddelen en chemicaliën... Ik heb met een vriend gesproken over het importeren van bretels en andere kledingaccessoires van dien aard. Hij zei dat hij op zoek zou gaan naar geïnteresseerde partijen maar hij heeft prijzen, monsters en foto's van de goederen nodig... Een andere vriend wil

ruwe producten van verschillende aard...' Tegenover Spronz, die in de holocaust veel van zijn familie, onder wie zijn eerste vrouw, had verloren, voelde Frank zich in staat over zijn emoties te schrijven: 'Ik ben blij te horen dat je weer getrouwd bent en ik wens jou en je nieuwe vrouw het allerbeste. Ik kan begrijpen dat je uitkijkt naar jullie baby... ik weet dat ik uiterlijk in orde lijk maar mijn leven is eigenlijk voorbij. Zonder kinderen is er geen vast punt in het leven.'
Op 12 juni zou Anne achttien zijn geworden. En ondanks het gevoel dat zijn leven voorbij was, werd 25 juni 1947 een belangrijke dag. Frank noteerde in zijn agenda: 'BOEK'. Het dagboek was uitgekomen in een oplaag van vijftienhonderd exemplaren met een voorwoord van Annie Romein-Verschoor. Frank publiceerde het onder de titel die Anne zelf had gekozen: *Het Achterhuis, Dagboekbrieven van 14 juni 1942 – 1 augustus 1944*.

Toen hem jaren later werd gevraagd naar zijn ingrepen in het dagboek – dat wil zeggen de veranderingen in de tekst die Frank aanbracht voor hij het manuscript aan de uitgever overhandigde – antwoordde Frank: 'Natuurlijk wilde ze niet dat bepaalde dingen werden uitgegeven. Ik heb daar bewijzen voor... Annes dagboek is voor mij een testament. Ik moet in haar zin werken. Ik besloot me in te denken hoe Anne het gedaan zou hebben, en zo deed ik het. Waarschijnlijk had ze het voor een uitgever net zo samengesteld als ik. Ze had het ons toch laten zien. Ze had het ter discussie gesteld.'
Sinds de vroege jaren tachtig, toen duidelijk werd dat niet *Het dagboek van Anne Frank* maar veeleer *De dagboeken van Anne Frank* de grondslag vormden van 's werelds grootste bestseller, heeft onenigheid geheerst, niet alleen over de vraag of Frank het recht had te knoeien met het literaire meesterwerk van zijn dochter, maar ook over de omvang van zijn weglatingen. Toen een interviewer hem vroeg hoeveel hij had weggelaten, antwoordde hij: 'Er is bijna niets weggelaten. Er zijn een paar brieven weggelaten die gingen over persoonlijke zaken... van nog levende mensen. Maar op het dagboek hebben die niet de minste invloed. Praktisch alles is gepubliceerd.'
Anne zelf was nooit van plan haar complete dagboeken te publiceren, maar wel een boek dat hierop gebaseerd was. Nadat ze de radiotoespraak van Bolkestein had gehoord, schreef ze: 'Stel je eens voor hoe interessant het zou zijn, als ik een roman van het Achterhuis uit zou geven, aan de titel alleen zouden de mensen denken dat het een detective-roman was.' Een maand later verklaarde ze: '... dat het m'n liefste wens is dat ik eenmaal journaliste en later een beroemde schrijfster zal worden... Na de oorlog wil ik in

ieder geval een boek getiteld "het Achterhuis" uitgeven, of dat lukt blijft ook nog de vraag, maar m'n dagboek zal daarvoor kunnen dienen.' In mei was ze klaar om te beginnen. Uit nood werd de nieuwe versie samengesteld uit bladen van gekleurd doorslagpapier die ze gekregen had uit de voorraad van het kantoor. Hier en daar veranderde ze een enkel woord, verwijderde een verwijzing, voegde een zin toe, schrapte hele passages, voegde uit haar herinnering scènes toe en combineerde ook bijdragen om een vloeiende stijl te krijgen. Onder deze losse bladen die Frank verwijderde, misschien met het idee dat ze nooit gepubliceerd zouden worden, bevonden zich twee bladen waarop ze een inleiding tot het dagboek had geschreven:

Het is een heel nieuwe en eigenaardige gewaarwording voor me om in een dagboek te schrijven. Ik heb het tot nu toe nog nooit gedaan en als ik een goeie vriendin zou hebben, die ik alles wat er op m'n hart ligt zou kunnen vertellen, zou ik er niet aan gedacht hebben me een dik, gecartonneerd schrift aan te schaffen en dat vol met onzin te krabbelen, die later niemand meer interesseert.

Maar daar ik het schrift nu eenmaal gekocht heb, zal ik doorzetten en er voor zorgen dat het niet na een maand in een vergeten hoekje komt te liggen en ook zal ik er zorg voor dragen dat niemand het in zijn handen krijgt. Vader, moeder en Margot mogen wel heel lief zijn en ik kan hen ook wel veel vertellen maar met m'n dagboek en vriendinnen-geheimen hebben ze toch niets te maken.

Om me nu nog meer te verbeelden dat ik een vriendin heb, een echte vriendin die m'n liefhebberijen met me deelt en m'n zorgen begrijpt, zal ik m'n dagboek niet gewoon bijhouden, maar m'n brieven richten aan de vriendin-in-de-verbeelding Kitty.
Vooruit dan maar!

Frank verkoos deze inleiding niet te gebruiken.

Hoewel Anne twee versies van haar dagboek schreef, zijn beide merkwaardig genoeg incompleet. Aan de originele dagboeken ontbreken de bijdragen voor het jaar 1943 (dit boek is verloren gegaan hoewel Anne het bezeten moet hebben toen ze aan haar herziene versie werkte) en de tweede versie eindigt vier maanden voor de arrestatie. Dit stelde Frank voor het probleem met 'twee incomplete versies te moeten werken. Met weergaloze vaardigheid ontwikkelde hij deze beide tot een enkele versie waarvan uiteraard de tweede versie de basis vormde. Zo ontstond noodzakelijkerwijs een derde versie.' Voor de periode van juni 1942 tot december 1943 beschikte Frank over beide versies om mee te werken en gewoonlijk bleef hij bij de herziene versie. Voor het jaar 1943 had hij alleen de herziene versie. Voor de periode van december 1943 tot maart 1944 had hij beide weer tot zijn beschikking.

Men heeft altijd gemeend dat Frank passages heeft verwijderd die uitgesproken seksueel getint waren en waar Anne het scherpst over haar moeder schreef, maar een vergelijking van de drie teksten toont aan dat dit bepaald geen regel was. Het is een weinig bekend feit dat het vaker Anne zelf was die deze details wegliet uit de herziene versie; haar originele dagboekblad van 6 januari 1944 bijvoorbeeld begint met een lange passage over haar gevoelens jegens haar moeder, vervolgt met een verhandeling over seksualiteit en eindigt met haar besluit vriendschap te sluiten met Peter. In haar herziene dagboek schrapt Anne volledig de fragmenten over haar moeder en over seksualiteit en laat veel weg uit het stuk over Peter. Otto deelt de lange, oorspronkelijke bijdrage in tweeën (en splitst die overbodig in '5 januari 1944' en '6 januari 1944') en liet bijna de gehele originele versie intact.[4] Met zijn helder inzicht besefte hij dat de kracht van het document schuilt in dergelijke bijdragen; hij verwachtte dat ze de lezer bijzonder zouden interesseren en herstelde de weglating. Franks redactie van het dagboek was, ondank zijn gebrek aan ervaring met schrijven en publiceren, zeker voor die tijd vindingrijk.

In een persoonlijke brief maakt Frank zijn positie duidelijk: 'Anne maakte een uittreksel van haar dagboeken waarin ze veel materiaal wegliet of veranderde... Maar ik vond dat veel van het weggelaten materiaal interessant en karakteristiek was... dus maakte ik een nieuwe versie waarin ik passages uit haar dagboek weer invoegde.' Otto's proloog in de eerste uitgave van 1947 luidt: 'Op enkele gedeelten na, die van weinig waarde voor den lezer zijn, is de oorspronkelijke tekst afgedrukt.' De schepper zou zelf een nauwkeuriger inleiding hebben geschreven voor de nalatenschap van zijn dochter.

De besprekingen van *Het Achterhuis* prezen het als een voortreffelijk boek. *De Groene Amsterdammer* roemde 'de intelligentie, de eerlijkheid, het inzicht waarmee ze zich zelf heeft gadegeslagen en waarmee ze haar omgeving waarnam en het talent, waarmee ze, wat ze zag wist uit te beelden...'. De recensent van *De Vlam* noemde het dagboek 'een van de aangrijpendste boeken uit de bezettingsliteratuur', en was het met Frank eens, 'geenszins een oorlogsdocument als zodanig...', maar vond het 'zuiver en alleen een dagboek van een meisje in haar puberteitsjaren'. Maar dit meisje, zegt *De Groene*, werd 'tot het symbool van haar soortgenoten, die door de Duitsers zijn vermoord'.

Frank stuurde stapels exemplaren van het dagboek naar familie en vrienden, en aan de schrijvers, politici en staatshoofden die in het boek genoemd worden (minister-president Gerbrandy maakte de vreselijke blunder zijn bedankbrief te adresseren aan 'mejuffouw Frank'). Nu het dagboek gepubliceerd was, wilde Frank ook dat het succes zou hebben. In een brief aan Annes vroegere vriendje Hello Silberberg (waarin Frank verklaart dat de andere naamsveranderingen in het dagboek van hem afkomstig zijn), benadrukt hij: 'Je kunt tevreden zijn met de beschrijving van die dagen, zonder dat je het wist, is de persoon die je was in je jonge jaren, voor de komende decennia vastgelegd... Het boek zou, in de geest van Anne, door een zo breed mogelijk publiek gelezen moeten worden want het moet werken voor de mensen en de mensheid... Praat erover, beveel het anderen aan.' Silberberg antwoordde een maand later, in juli 1947: 'Ik heb het nog nooit in mijn leven zo moeilijk gevonden een brief te schrijven. Ik weet zeker dat het zinloos is u mijn emoties te beschrijven... Ik ben ervan overtuigd dat ik nooit iemand anders zal kennen die deze gedachten voor de toekomst zo duidelijk, ontroerend en tegelijk beschuldigend kan vastleggen.'

In 1947 tekende Otto Frank een contract met Ernest Kuhn, een New Yorkse advocaat, die hem bij onderhandelingen met uitgevers in de Verenigde Staten en Canada zou vertegenwoordigen. In het contract waren de rechten voor toneel, radio, film en televisie begrepen. Er was belangstelling voor het boek bij 20th Century Fox maar dat leidde tot niets. In oktober kreeg Frank een brief van Paul Zsolnay van Heinemann & Zsolnay Ltd. in Londen, wiens lector in Wenen een 'uitstekend rapport over het boek' had gegeven. 'Het zal mij derhalve een genoegen zijn dit boek in Oostenrijk uit te geven als u de rechten op de Duitse vertaling aan mijn Weense firma afstaat. De vertaling is zeer bevredigend en er kunnen zo nodig kleine verbeteringen worden aangebracht door mijn Weense lector... Mevrouw Frank zei mij dat u ook belangstelling hebt voor het publiceren van een Engelse versie van het boek in Londen. Daartoe zal ik het oorspronkelijke Nederlandse boek, dat mevrouw beloofde mij te sturen, ter beschikking stellen aan William Heinemann Ltd. en het sterk aanbevelen.' 'Mevrouw Frank' was waarschijnlijk Leni, die het Duitse manuscript – zonder succes – aan Amerbach Verlag in Basel had gestuurd. Uiteindelijk gaf Heinemann het dagboek niet uit.

Op 15 oktober 1947 was Frank getuige bij het huwelijk van Laureen Klein en Rudi Nussbaum. Laureen vertelt: 'We vroegen Otto omdat we zo dol op hem waren en hem iets van het familieleven wilden laten proeven. Het was een heel eenvoudige aangelegenheid. We hadden geen lust het groots aan te pakken (en konden het ook niet betalen) vanwege alle verschrikkingen. Het werd dus een kleine burgerlijke trouwpartij met nog twee andere paren. Maar het was natuurlijk een vrolijke gebeurtenis. Mijn man en ik waren heel geroerd toen Otto Frank ons de vierdelige cultuurhistorie van Nederland, door Jan Romein en Annie Romein-Verschoor, als huwelijkscadeau schonk. We waren geroerd omdat we in deze gulle gave het bewijs zagen dat Otto, geheel in tegenstelling tot het merendeel van de vluchtelingen van zijn generatie, geïnteresseerd en op de hoogte was van dit belangrijke, moderne werk over de Nederlandse cultuur. Intussen wisten we natuurlijk dat Otto en de Romeins door het dagboek bevriend geraakt waren. Ik heb het boek gelezen zodra het uitkwam – het verbaasde me echt. Ik was vol bewondering voor het literaire talent van Anne en de manier waarop ze gerijpt was in de tussenliggende jaren. Het feit dat ze het herschreef met het oog op publicatie, toont wel aan dat ze voorbestemd was een getalenteerd schrijfster te worden. Eerlijk gezegd, ik was geschokt.'

In Nederland beleefde het dagboek aan het eind van het jaar zijn tweede druk, zoals Frank zijn nicht Dora vertelde: 'Het boek van Anne is hier een groot succes... Er zijn al vier keer lezingen over het boek gehouden. Ik hoop dat het me lukt de Engelse en Duitse versie ook uitgegeven te krijgen... Ik krijg vaak berichten uit Duitsland. Over het geheel genomen veranderen ze niet, maar bepaalde gevallen verdienen hulp. Moeder stuurt daarom iets aan mensen die het verdienen.' Die winter bezocht Milly Stanfield Otto in Amsterdam. Hij leek haar opgewekter dan toen ze hem voor het laatst in Londen had gezien. Ze vertelde: 'Het land was beslist op z'n ergst, een dik pak sneeuw overal, weinig trams en lange wachttijden. Maar de mensen waren zo flink en geduldig dat ik het stimulerend vond. Otto liet me alles van het achterhuis zien en stelde me voor aan de bewonderenswaardige groep die meer dan twee jaar zijn leven had gewaagd om hen te helpen... De kamers waren zoals Anne ze beschreef. Haar verzameling foto's hing nog aan de wand.'

In 1948 werd begonnen met het onderzoek naar het verraad op Prinsengracht 263. Kleiman had in februari 1946 de eerste stappen ondernomen om de verrader voor de rechter te brengen bij een bezoek aan de POD met een brief die een nauwkeurige beschrijving gaf van de arrestatie, de onaangename belangstelling voor het achterhuis van magazijnchef Willem van Maaren, de gevaarlijke kletspraat van schoonmaakster Lena Hartog-van Bladeren en verdere vermeldenswaardige incidenten. Op 11 december 1945 had Otto aan zijn moeder geschreven dat het onderzoek, naar hij hoopte, kon beginnen: 'Ik ben bij de politieke recherche geweest. We hebben gedaan wat we konden om daar te weten te komen wie ons heeft verraden... gisteren zijn we met z'n allen naar het politiebureau gegaan om foto's te bekijken, om te zien of we konden herkennen wie ons arresteerden en misschien van deze mensen meer te horen over degene die ons heeft verraden. De foto's waren verbluffend: we konden twee mannen identificeren. Ze zitten nog in de gevangenis en wij gaan erheen voor confrontatie... Als dat maar lukt, want vaak weten die mensen zelf niet wie de feitelijke verraders waren en doen domweg wat de meerderen met schone handen hun opdragen.'

De beide van de foto's geïdentificeerde mannen waren Willem Grootendorst en Gezinus Gringhuis. Grootendorst, geboren in 1889 te Utrecht, werkte sinds 1912 bij de Amsterdamse politie, eerst als agent, daarna als rechercheur en later voor de *Zentralstelle*. Hij kon zich de arrestaties op Prinsengracht 263 niet herinneren maar wel een overal op Prinsengracht 825, op 8 april 1944, de datum van de ergste inbraak in het achterhuis, toen de onderduikers bijna ontdekt waren. Hij bekende dat hij ss *Oberscharführer* Silberbauer had geassisteerd bij de arrestaties van joden en bij verschillende gelegenheden had samengewerkt met Gringhuis. Na de oorlog was hij berecht en veroordeeld wegens 'het uitleveren van joden aan de SD'.

Gringhuis, die later ter dood veroordeeld werd maar nooit geëxecuteerd, was in 1895 geboren te Onstwedde. Hij diende bij de Amsterdamse politie en werd in 1940 lid van de NSB, daarna van het Rechtsfront en de WA. In 1942 werd hij overgeplaatst maar de *Zentralstelle* en werkte samen met Ahlers' vriend Peters. Hij werd in mei 1945 gearresteerd. In zijn verklaring over het verraad van het geheime achterhuis vertelde Gringhuis de politie: 'Ik kan me niets herinneren van een arrestatie op 4 augustus in het pand Prinsengracht 263 waarbij tien mensen, waaronder acht joden, werden aangehouden.' Maar Gringhuis zei wel – hoogst merkwaardig – dat hij had gesproken met Otto Frank, die een anonieme brief had ontvangen waarin een lid van de Joodse Raad werd genoemd als hun verrader. Frank kende de man niet, maar Gringhuis wel en hij zag geen reden te twijfelen aan 's mans integriteit. Maar interessant is een zin die in de brief voorkwam: 'Uw schuilplaats in Amsterdam is genoemd op de *Zentralstelle*.' Eén persoon die betrekkingen onderhield met beide instellingen, was Tonny Ahlers: hij trad incidenteel op als controleur op de *Expositur*, het bijkantoor van de Joodse Raad aan de Jan van Eyckstraat, en hij was een bekend gezicht op de *Zentralstelle*, waar zijn beste vriend staflid was. Als Ahlers de schrijver van de beschuldigende brief was, zou het niet de laatste keer zijn dat hij een andere naam zou noemen als verrader van Frank. Met betrekking tot het verraad van Prinsengracht 263 vertelde Gringhuis de rechercheurs verder: 'Ik heb de naam Silberbauer gehoord. Ik denk dat hij in dienst was van de *Zentralstelle*. Ik ben nooit bevriend geweest met de SD'er Kuiper... of was ik samen met hem bij een arrestatie?'

Bij geen van de twee bezoeken van Frank en zijn trouwe vrienden, voor het identificeren van zijn overweldigers, werd Maarten Kuiper naar voren gebracht. In 1947, een jaar voor het begin van het onderzoek naar het verraad op Prinsengracht 263, had Kleiman bij de POD een verklaring afgelegd over Kuiper en het feit dat hij niet was ondervraagd in verband met de arrestatie. In een brief aan Frank, gedateerd 1958, schrijft Kugler over Kuiper als 'een botte Nederlandse nazi... over wiens daden veel gepubliceerd is in de dagbladen'; hij wenste dat Kuiper op z'n minst publiekelijk werd genoemd in verband met hun zaak. Hij herinnerde aan de confrontatie met Gringhuis en Grootendorst toen de rechercheur van dienst zei dat de derde persoon [Kuiper] helaas niet vertoond kon worden omdat hij ter dood veroordeeld was. De kranten stonden vol met verslagen van het proces tegen Kuiper uit 1947. *Elseviers Weekblad* beschreef Kuiper als een 'misdadiger van de Euterpestraat, [als] een lange man met een scherpe neus in een klein gezicht, een korte bovenlip en een dunne, als een berenklem gesloten mond... Zijn ogen hebben de stekende blik van een krankzinnige. Onder zijn kaakspieren lopen harde keelspieren, de kin is agressief.' Het was onmogelijk alle namen te noemen van al diegenen die Kuiper had verraden; hij gaf zelf toe dat het aantal vele honderden bedroeg. Verslaggevers schreven uitvoerig over enkele moorden waarvoor hij, naar men wist, verantwoordelijk was, zoals de moord op de koerierster en verzetsstrijdster Hannie Schaft. Bij een andere gelegenheid doodde hij een jongeman en zijn ouders toen hij de straat op rende om de jongeman neer te schieten die wanhopig probeerde te vluchten; 'hiervoor ontving de bloedhond vijftien gulden,' schreef een krant. De rechter spreekt van 'één immense aanklacht wegens mensenjacht, moord en doodslag'. Op 6 december 1947 werd Kuiper ter dood veroordeeld, waarop hij door de rechtszaal schreeuwde: 'Ik heb geen enkel verraad gepleegd, ik heb niemand gearresteerd, ik heb nooit joden aangegeven! Ik handelde op bevel van mijn meerderen! Ik betreur mijn daden...' Zijn beroep tegen de doodstraf werd afgewezen. Op 30 augustus 1948 werd Maarten Kuiper, 'de SD-rechercheur die talrijke joden, onderduikers en anderen arresteerde', het idool van Ahlers, geëxecuteerd.[5]

Het officiële onderzoek naar het verraad op Prinsengracht 263 begon in januari 1948. Frank was in juni van het jaar daarvoor bij de Politieke Recherche Afdeling (PRA) geweest om daar een kopie af te geven van de brief van Kleiman uit 1945. Volgens zijn agenda sprak hij op 20 en 21 augustus 1947 zelf met Van Maaren (die was ontslagen nadat hij betrapt was op diefstal uit het magazijn). Vermoedelijk heeft hij hem gevraagd of hij een rol gespeeld had bij het verraad. Van hun gesprek is geen verslag gevonden. Op 12 januari 1948 werd Kleiman gehoord bij de PRA. Hij vertelde daar dat Silberbauer en zijn mannen 'precies leken te weten wat ze deden, want ze gingen rechtstreeks naar de schuilplaats en arresteerden alle acht daar aanwezige personen'. Kugler en Miep werden twee dagen later gehoord maar hadden de rechercheurs weinig of niets van belang te vertellen, in tegenstelling tot Van Maaren, die de PRA begin februari een geschreven verklaring had bezorgd waarin hij schreef dat hij, de eerste keer dat hij de ingang van het geheime achterhuis zag, 'verstomd had gestaan van het technisch vernuft... de SD had zonder een tip nooit iets van die geheime deur kunnen begrijpen'. Hij verklaarde ook: 'Mij werd verteld dat de SD bij aankomst rechtstreeks de trap op naar de boekenkast ging en de deur opende.'

Op 10 maart werden Petrus en Anna Genot gehoord. Ze bevestigden dat Lena Hartog-van Bladeren had gezegd, dat ze gehoord had dat er joden ondergedoken waren op Prinsengracht 263. Petrus Genot vertelde de rechercheurs dat hij begin 1942 al een idee had, nadat hij het achterhuis had schoongemaakt voor de clandestiene bewoning en de grote hoeveelheid etenswaren had gezien die aan het kantoor werd afgeleverd. Op 18 en 20 maart werden Lena Hartog-van Bladeren en Lammert Hartog gehoord. Lena was duidelijk ontwijkend in haar antwoorden maar dat is begrijpelijk, ook al was ze niet schuldig aan het telefoontje naar de Gestapo; ze wilde geen verdenking op zich laden. Lammert Hartog vertelde de politie dat hij de grote hoeveelheden eten in het gebouw had gezien, maar hij had die pas in verband gebracht met in het pand verborgen onderduikers toen Van Maaren hem 'ongeveer veertien dagen voor de joden werden weggehaald, vertelde dat er joden in het gebouw ondergedoken waren'. Hartog mocht Van Maaren niet maar het leek hem niettemin onwaarschijnlijk dat hij iemand zou verraden. Hartog had nog een opmerking: 'Het viel me op dat de rechercheurs die het pand binnenvielen, niet gewoon op zoek waren naar ondergedoken joden maar, je mag wel zeggen, goed op de hoogte waren.' Van Maaren werd op 31 maart ondervraagd en hij gaf toe dat hij al enige tijd vermoedens had dat er 'iets bijzonders gaande was in het gebouw', omdat hij ook gezien had dat er etenswaar werd bezorgd. Hij zei met stelligheid dat hij niet de verrader was.

Terwijl het onderzoek naar het verraad van de acht onderduikers gaande was, begon bijna gelijktijdig een onderzoek naar de poging tot verraad door Joseph Jansen in 1941. Zijn naam was ter sprake gekomen tijdens het eerste onderzoek maar in samenhang daarmee werd hij niet vervolgd; omdat hij de oorlogsjaren grotendeels in Den Haag had doorgebracht was het onaannemelijk dat hij op de hoogte was van Franks activiteiten in Amsterdam.[6] Tijdens het onderzoek naar Jansen had Miep een nieuwe verklaring toegevoegd aan de vroegere die ze in 1946 had afgelegd: 'Later hoorde ik van meneer Frank dat de NSB'er die genoemde brief aan meneer Frank had gegeven, Anton Ahlers was, toentertijd woonachtig aan de Hoofdweg in Amsterdam.' Toen de rechercheurs bij de gevangenis kwamen om Ahlers in zijn cel te ondervragen over de zaak, kregen ze onverwacht nieuws te horen: hij was ontsnapt. Dat was niet de eerste keer; tijdens zijn gevangenschap was hij van de ene penitentiaire inrichting naar de andere overgebracht en was verschillende malen ontsnapt, en telkens teruggegaan naar zijn vrouw. Tijdens een periode van illegale vrijheid werd hij gepakt bij het plegen van diefstal. Hij bleef onvindbaar tijdens het verhoor over Jansen en op het moment dat hij werd opgepakt en weer gevangengezet, waren de rechercheurs blijkbaar vergeten hem te verhoren; ze hebben hem nooit verhoord.

Op 22 mei 1948 werd het onderzoek naar het verraad van Frank gesloten. In de loop van dat onderzoek hadden Johannes Kleiman, Willem van Maaren en Lammert Hartog alle drie verklaringen afgelegd met dezelfde strekking, namelijk dat Gestapo en NSB handelden op grond van een tip, maar de rechercheurs verzuimden te vragen hoe elk van hen tot die conclusie was gekomen. Van Maaren, de voornaamste verdachte tegen wie niets bewezen kon worden, werd voorwaardelijk ontslagen van rechtsvervolging. Hij werd in hoger beroep op 13 augustus 1949 vrijgesproken van alle aanklachten.

Tonny Ahlers werd op 3 oktober 1949 ontslagen uit de gevangenis en als schandmerk vervallen verklaard van zijn Nederlandse staatsburgerschap.

Gies & Co, afhankelijk van de import van specerijen uit Nederlands-Indië, beleefde in 1949 ten gevolge van de onafhankelijkheid van Indonesië een daling van de winst. Frank hoopte pectine uit de Verenigde Staten te importeren en zijn nicht Dora bracht een relatie tot stand met een firma in Kansas, Speas Co. Het hoofd van het bedrijf verzekerde Frank dat zijn partner, de heer De Wijk uit Renkum, contact op zou nemen met Frank om de zaak te bespreken. Frank antwoordde met ongebruikelijke scherpte en boosheid; hij had al in 1935 gewerkt met De Wijk toen deze, met zijn partner W. Vermeer, 'pen-jel' fabriceerde dat Frank van hen betrok. Frank schreef aan Speas Co.: 'Ik weet dat de heer De Wijk voor de oorlog uw agent was maar ik wist niet dat hij u nog altijd vertegenwoordigt aangezien er van die kant geen activiteit te bespeuren was in de markt. Het verbaast me niet dat deze "heer" mij het boekje *niet* stuurt, want zijn gedrag tijdens de oorlog was van dien aard dat hij het niet zou wagen mijn firma te bezoeken.' Er was verder geen contact tussen hen.

In juli 1949 reisde Frank naar Londen en Parijs om uitgevers te bezoeken die belangstelling toonden voor het dagboek. Hij tekende een contract met Calmann-Lévy, die het dagboek het volgende jaar in Frankrijk zou uitbrengen. De vertalers werkten niet met het dagboek zelf maar met *Het Achterhuis* of Franks typoscript. Na zijn terugkeer in Amsterdam stuurde Frank op 5 augustus een kopie van de Duitse vertaling naar de heer Koretz van Fox Film in Parijs. Vermoedelijk leidde dit tot niets maar in januari 1950 kreeg Francis (Frank) Price, die het kantoor van Doubleday in Parijs leidde, van de schrijver Manès Sperber, adviseur van Calmann-Lévy, een voorpublicatie van *Le Journal*. De eerste indruk van Price was dat 'het boek van weinig belang' was en hij gaf zijn assistente Judith Bailey opdracht het te weigeren. Bailey las het en vroeg Price er nog eens over na te denken.

In Nederland was het dagboek in juli 1950 aan zijn zesde druk toe, maar 'het tijdsverloop tussen februari 1949 en juli 1950 gaf de uitgever het idee dat de belangstelling voor de Tweede Wereldoorlog afnam en het boek werd tussen 1950 en 1955 niet herdrukt'. Frank verdeelde zijn tijd tussen zijn firma, de zaken betreffende het dagboek en zijn vrienden. In het jaar daarvoor was Gertrud Naumann getrouwd met Karl Trenz en in 1950 trouwde Hanneli Goslar met Walter Pick, een majoor in het Israëlische leger. Frank bleef in contact met beiden. Op 13 juli 1950 schonk Miep, na een verrassende zwangerschap, op eenenveertigjarige leeftijd het leven aan een zoon, Paul. Jan en zij waren verrukt en Otto was opgetogen voor hen. Ab Cauvern, wiens appartement het oorspronkelijk was, was een jaar tevoren verhuisd, maar Miep, Jan en Otto bleven. Frank bleef na de geboorte van de baby bij hen wonen maar hij was meer en meer afwezig om het dagboek te propageren.

Le Journal was bij verschijning al een kritisch en commercieel succes. In augustus 1950 kreeg de Amerikaanse schrijver Meyer Levin een exemplaar van zijn vrouw, Tereska Torres, een Française. Levin was een vierenveertigjarige romanschrijver en freelance journalist. Tijdens de oorlog was hij oorlogsverslaggever in Frankrijk geweest. Hij had de ervaringen in de bevrijde kampen uit de eerste hand; hij hielp familie en vrienden van de overlevenden opsporen. In zijn boek *In Search* verklaarde hij: 'Ik besefte dat ik nooit het verhaal van de joden in Europa zou kunnen schrijven... Op een dag zou uit hun midden vanzelf een verteller opstaan.' Toen hij het dagboek las, besefte hij dat de verteller was opgestaan en herinnerde zich de doden in Belsen: 'Ik moet het lichaam van dit meisje gezien hebben... Haar stem bereikte me vanuit de kuil.' Hij zwoer zijn vermoorde geloofsgenoten te wreken: 'Is er niet iets wat we moeten doen om te betalen voor het in leven blijven.'

Levin nam contact op met de Franse uitgever om te vragen of de Engelse en Amerikaanse rechten al vergeven waren (wat hij niet wist: zijn vrouw had ook naar Calmann-Lévy geschreven om het dagboek aan te prijzen). Zo niet, dan zou hij graag optreden als agent. Calmann-Lévy stuurde de brieven door naar Frank, die op 19 september Levin antwoordde: 'Mijn agent in Parijs, Maison D. Clairouin, is momenteel doende de Engelse en Amerikaanse rechten van Annes dagboek te plaatsen, dus ik kan u op dit moment geen optie aanbieden.' Dit klopte weliswaar maar Frank had in een brief aan Nathan Straus, die namens hem in gesprek was met Random House, al geschreven dat hij weigerde 'een honorarium voor de agent' te betalen tenzij er een vaste offerte werd gedaan. Op 21 september stuurde Levin een exemplaar van *In Search* en opperde een nieuw idee: 'Mijn belangstelling voor het dagboek is niet zozeer commercieel als wel sympathiserend en ik zou blij zijn het te mogen vertalen.' Hij vroeg ook permissie om met zijn relaties in de film- en theaterwereld te spreken omdat hij het idee had dat het dagboek omgewerkt kon worden tot 'een heel ontroerend drama voor theater of film'.

In zijn antwoord aan Levin van 25 september betwijfelde Frank of het dagboek de overgang naar het toneel of het witte doek zou verdragen, maar 'indien u ideeën mocht hebben over de regie van de film, bent u absoluut vrij'. Hij vertrouwde erop dat het dagboek uiteindelijk wel door een Britse en Amerikaanse uitgever aangenomen zou worden: 'Ik weet dat het moeilijk is de juiste uitgevers in Engeland of de Verenigde Staten te vinden, maar ik ben ervan overtuigd dat het ooit zal lukken.' Verder vertelde hij hem: 'In Duitsland komt het boek voor Kerstmis uit in Heidelberg, bij de firma Lambert Schneider.'

De verschijning in Duitsland van het boek van zijn dochter was heel belangrijk voor Frank: 'Ik vond dat ze het moesten lezen. Maar in het Duitsland van 1950 had ik problemen. Het was een tijd waarin de Duitsers er niet over wilden lezen. En Schneider in Heidelberg schreef me: "Ik heb het boek gelezen en ik vind dat het gepubliceerd moet worden maar ik denk niet dat het financieel een succes zal worden."' Het probleem lag voor een deel bij de vertaling van Anneliese Schütz. Frank zelf had in 1945, met hulp van Schütz, voor zijn moeder uittreksels uit het dagboek van het Nederlands in het Duits vertaald maar die vertaling was niet geschikt voor publicatie. Ze waren gebaseerd op het typoscript dat Frank aan uitgeverij Contact had gegeven, met behoud van sommige passages die in het Nederlandse boek waren weggelaten. Vervolgens maakte Schütz een omvangrijker vertaling om voor te leggen aan de uitgevers. Bepaalde verwijzingen die volgens Schütz alleen voor de Nederlandse lezer begrijpelijk waren, nam zij niet op in de tekst en Frank moest later toegeven: 'Ze was er te oud voor, veel uitdrukkingen zijn schoolmeesterachtig en missen de stem van de jeugd. Bovendien... had ze veel Nederlandse uitdrukkingen verkeerd begrepen.'

Hoofdstuk 5 van *De dagboeken van Anne Frank* geeft een aantal voorbeelden. 'De hele rataplan' werd door Schütz vertaald met 'Das ganze Rattennest', maar met ratten heeft 'rataplan' natuurlijk niets te maken; 'het mag misschien onbenullig lijken' werd 'es mag unverständlich [=onbegrijpelijk] sein'; 'mijn gewiekste antwoorden' werden 'meine beschwingte [=bevleugelde] Antworten': 'vermoedelijk heeft Schütz in het woordenboek een regel te laag gekeken en vertaalde "gewiekt" in plaats van "gewiekst"...' 'Merkwaardig is... dat er in de vertaling zinnetjes zijn ingevoegd die voor een juist begrip... niet van belang zijn. De zin "Hij liet warempel door Miep een verboden boek meebrengen" werd in vertaling uitgebreid tot "Er liess durch Miep – die natürlich keine Ahnung davon hatte – ein verbotenes Buch mitbringen" en de mededeling "ze [vergat] de soep, die brandde daardoor zo aan, dat de erwten, koolzwart, niet meer van de pan los te krijgen waren" werd in het Duits aangevuld met "Schade, dass ich Kepler diese Geschichte nicht erzählen kann... Vererbungstheorie!"' Schütz doelde hier niet op de astronoom Kepler maar op Annes leraar Keesing die in het eerste typoscript 'Kepler' ging heten, en op Annes eigen 'erfelijkheidstheorie' tijdens een les van Keesing.[7] Niettemin vond Frank haar vertaling 'over het geheel genomen getrouw en in de geest van het origineel'. Zijn vriend Werner Cahn was minder overtuigd. Voor hem was de vertaling 'weliswaar correct maar treft niet de stijl van de jonge Anne Frank. Dat is ook bijzonder moeilijk. Maar dat was wel de reden dat in Duitsland in literaire kringen "de bon volonté" wel eens twijfels zijn geuit aan de echtheid van het dagboek.'

Er zijn ook veranderingen aangebracht 'van meer politieke aard'. Die kwamen voort uit het standpunt van Schütz dat 'een boek dat men uiteindelijk in Duitsland wil verkopen, geen scheldwoorden tegen de Duitsers kan bevatten'. Zo ontstonden de volgende verschillen in de tekst. Annes beschrijving van de omstandigheden in Westerbork en de regel, 'We nemen aan dat de meeste van hen worden vermoord' uit haar dagboekblad van 9 oktober 1942 werd geschrapt. De zelf ingestelde regel in het achterhuis dat men 'slechts bij uitzondering naar de Duitse stations mag worden geluisterd, b.v. naar klassieke muziek en dergelijke' werd geschrapt. Zo werd ook de huisregel dat het binnen het achterhuis 'vereist is te allen tijde zacht te spreken, toegestaan zijn alle cultuurtalen, dus geen Duits' gewijzigd in 'alle cultuurtalen... maar zachtjes!' (Frank stelde dat de verandering was aangebracht door de Duitse uitgever maar uit het typoscript blijkt dat de passage al eerder werd veranderd.) De zin 'op het laatst leek hij op een reus en was zo'n fascist als er geen ergere bestaat' werd bekort tot 'zien groeien tot een onoverwinnelijke reus'. Annes regel over 'heldenmoed in de oorlog of tegenover de Duitsers' werd vertaald met 'Heldenmut im Kriege und im Streit gegen die Unterdrückung'. Haar uitspraak, 'En trouwens, er bestaat geen groter vijandschap dan tussen Duitsers en Joden' werd veranderd in 'Und eine grössere Feindschaft als zwischen *diesen* Deutschen und den Juden gibt es nicht auf der Welt'.

Frank zei dat deze laatste verandering op zijn voorstel was aangebracht en zijn verklaring waarom toont gevoelens die overeenkomen met die van Schütz zelf: 'Er is één zin waarvan ik een woord opzettelijk veranderde. Anne schrijft over de Duitsers, wat een vreselijke mensen de Duitsers waren. Ik maakte er *deze* Duitsers van. Want er waren ook andere Duitsers. Ik weet zeker dat ik het in gedachten met Anne heb besproken. Het is een kwestie van karakter, een kwestie van verantwoordelijkheid die ik voel. We hadden vrienden in Duitsland. Anne had een heel goede vriendin in Duitsland... en ik had een secretaresse – we wisten dat dit nooit nazi's geweest konden zijn. De secretaresse werd betrapt toen ze een neef van ons naar Luxemburg probeerde te smokkelen...' De vraag of hij dacht dat Anne het later veranderd zou hebben, beantwoordde hij met een stellig ja. Misschien was hij iets minder pertinent geweest met het goedkeuren van zulke verschillen met de tekst van zijn dochter als hij het resultaat van een in Duitsland gehouden opiniepeiling had gekend. In 1947 vond driekwart van alle Duitsers dat de joden 'tot een ander ras behoren dan wij'. In oktober 1948 had de machtsgreep van de nazi's nog altijd de goedkeuring van eenenveertig procent van de Duitsers. In 1952 vond zevenenderig procent van de bevolking dat het voor Duitsland beter was als het geen joden had en in hetzelfde jaar zei achtentachtig procent dat men zich niet persoonlijk verantwoordelijk achtte voor de massavernietiging. Het verwijderen van de verwijzingen naar Duitsland schonk de lezers niet alleen vergiffenis, het speelde in op het wijdverbreide standpunt dat joden nooit Duitsers konden zijn. Meer dan veertig jaar behield de Duitse tekst van het dagboek zijn behoedzame formulering. Bij de publicatie van de complete dagboeken in 1986 werd deze opzet over boord gezet, maar toen was het geen punt meer omdat slechts een enkeling de aangebrachte wijzigingen opmerkte.

De eerste Duitse uitgave van 4500 exemplaren werd matig verkocht, al aarzelden de boekhandelaren het aan te prijzen. In een brief, gedateerd 14 december 1952, schreef Frank: 'In Duitsland werd erg weinig verkocht omdat de kranten niet meewerkten... Ik hoop de verkoop te stimuleren en ik zal, zoals afgesproken met Lambert Schneider, een plan opstellen.' In 1955 werd in Duitsland een pocketeditie uitgebracht. Het was een superbestseller, maar het dagboek was toen al wereldvermaard.

Op 29 september 1950 schreef Frank aan Meyer Levin over de Britse en Amerikaanse uitgevers die het dagboek hadden afgewezen, en over Levins herhaalde verzoeken mensen uit de filmindustrie te benaderen, zei Frank hem: 'Ga uw gang maar, ik kom niet tussenbeide. Men zou zelfs op de originele locatie kunnen filmen en ik zou mijn best doen mijn innerlijke gevoelens te overwinnen.' In Engeland hadden Gollanz, Heinemann, Allen & Unwin, Macmillan en Secker & Warburg het dagboek allemaal afgewezen en in de Verenigde Staten hadden Scribners, Viking, Vanguard, Simon & Schuster, Appleton Century, Schocken, Knopf, Harper en Harcourt hetzelfde gedaan. Random House opperde de mogelijkheid een aanbieding te doen als er ook een Britse firma zou meewerken aan de publicatie. Verschillende vrienden van Frank probeerden in Amerika uitgevers voor het dagboek te vinden: 'Dr. Kuhn, een oude kennis, kreeg destijds als formaliteit een wettige machtiging voor mij te onderhandelen. Hij heeft nooit een beloning voor zijn inspanningen gevraagd... Hij onderhandelde met verschillende uitgevers, onder andere met Knopf. Nathan Straus nam contact op met Random House. Stoppelman peilde Harpers en maakte een goed rapport voor Simon & Schuster. Viking was, als ik me goed herinner, de uitgever van Lion Feuchtwanger, die hun op aanbeveling van een gezamenlijke vriend, Werner Cahn, de Engelse versie stuurde. Miriam Bloemendaal gaf het boek aan Schocken, Anneke Reens-Neufeld probeerde verschillende uitgevers en had contact met Dola de Jong.' Eind september zocht het joodse uitgevershuis Vallentine Mitchell & Co. contact met Franks Parijse agent, Clairouin, om naar de Britse rechten te informeren. Toen hij in Londen was, ging Levin er op bezoek: 'Ik heb zojuist gesproken met een vertegenwoordiger van een tamelijk nieuw Brits uitgevershuis, de firma van Vallentine Mitchell. Die is erop gebrand Annes dagboek te krijgen... Ik hoop dat u het een goed idee vindt het hem te laten doen.' In zijn antwoord van 30 oktober zei Frank hem: 'Secker & Warburg hebben me geschreven en om een optie gevraagd voor de duur van het overleg. Dus heb ik Vallentine Mitchell even uitgesteld tot ik een definitief antwoord van Martin Secker heb.' Levin had de andere firma getipt, zo bekende hij Frank, maar hij voegt eraan toe: 'Ze hebben tijd genoeg gehad. De joodse Chronicle-groep is er echt op gebrand het uit te geven... ik zou voorstellen, als ik het mag zeggen, geef het aan Vallentine Mitchell en vraag hem contact te leggen met Random House om de zaken te regelen en het daar te laten doen.'

Levin was al begonnen zijn contacten bij theater en film in New York aan te spreken en had stapels brieven verstuurd aan agenten, producers en regisseurs, maar geen van hen wilde het op zich nemen. Maar de belangstelling voor de publicatie van het dagboek in de Verenigde Staten nam toe en eens te meer toen in de Amerikaanse pers twee stukken over het Europese succes van het boek verschenen. Op 11 november wees Janet Flanner in haar 'Brief uit Parijs' in *The New Yorker* op het dagboek, 'een van de meest verbreide en serieus gelezen boeken in Frankrijk'. Ondanks haar hooghartige toon (ze noemde Anne 'een vroegrijpe, getalenteerde kleine jodin uit Frankfurt'), was het een waardevolle promotie, evenals het artikel van Levin in *Congress Weekly* van 13 november 1950. Onder de titel 'De beperkende markt' viel hij de Amerikaanse markt erop aan dat er niet meer boeken over joden gepubliceerd werden en stelde vast, met het dagboek als voorbeeld, hoeveel minder bekrompen de Europese markt is.

De schrijfster Dola de Jong, een vluchtelinge, had beide stukken gelezen. Ze vertelt: 'Ik werkte als "scout", zoals dat heet, voor Amerikaanse uitgevers... Ik hoorde over het dagboek en bestelde een exemplaar van het boek. Maar, je kunt het geloven of niet, ik kon de Amerikaanse uitgevers er niet voor interesseren. Ik had goede contacten in die tijd maar alle uitgevers die ik be-

Otto Frank bij de kapper aan het front aan de Somme, 1916.
© *Buddy Elias, privé-collectie.*

Edith Holländer ten tijde van haar verloving met Otto Frank.
© Buddy Elias, privé-collectie.

De trouwdag en zesendertigste verjaardag van Otto Frank, 12 mei 1925.
Onder de gasten zien we Robert Frank (middelste rij, geheel links) en Lotte, zijn vrouw (vierde op deze rij mevrouw Holländer, de moeder van Edith (naast de bruid), Abraham Holländer, haar vader (daarachter naast hem Walter en Julius Holländer (vlak achter Edith); Alice Frank (zittend naast Otto); Leni Elias-Frank en Herbert Frank (middelste rij, resp. vierde en derde van rechts).
© AFF/AFS/Fotoarchief.

Edith en Otto Frank (links van het midden, naast elkaar) op de huwelijksreis, vergezeld door Ediths ouders.
© Buddy Elias, privé-collectie.

Otto Frank met zijn beide dochters, Margot en Anne, 1930. 'Papa met zijn spruiten,' schreef Anne eronder.
© AFF/AFS/Fotoarchief.

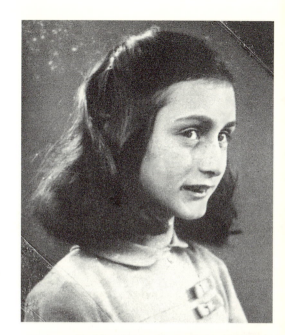

Anne Frank, kort voor het gezin onderdook in 1942. De foto was op de laatste bladzijde van haar dagboek geplakt.
© AFF/AFS/Fotoarchief.

Een van de laatste foto's van Anne Frank vermoedelijk 1942); er zijn nog twee andere, op dezelfde dag genomen.
© AFF/AFS/Fotoarchief.

Het achterhuis in de oorlogsjaren.
© AFF/AFS/Fotoarchief.

Drie van de helpers: Van links naar rechts zittend: Victor Kugler, Bep Voskuijl en Miep Gies. Het lachende meisje op de achtergrond is Esther; het andere meisje is onbekend. Ze verloor haar baan bij Otto Frank toen de anti-joodse verordeningen van kracht werden. Mei 1941.
© AFF/AFS/Fotoarchief.

Johannes Kleiman voor de draaibare boekenkast.
© Maria Austria, Maria Austria Instituut, Amsterdam.

Tonny Ahlers, op zijn identiteitskaart van de Fokker fabriek, 1941.
© Algemeen Rijksarchief, Den Haag

naderde, wezen het boek af. Een van de grote firma's die het dagboek afwezen was Doubleday (die later de rechten van Frank kocht!). Maar ten slotte vond ik een jonge redacteur bij Little Brown in Boston die het juiste instinct en gevoel had. Zijn naam was Ned Bradford. Zijn baas, de eigenaar van Little Brown, verwierp het onmiddellijk.'

Op 18 november vernam Levin van Frank dat hij het dagboek had aangeboden bij Vallentine Mitchell in Londen nadat Secker & Warburg het hadden afgewezen: 'Nu moet ik op antwoord wachten en als ze het eens zijn over de voorwaarden, vraag ik hem contact op te nemen met Random House.' Het probleem was nu wie de Engelse vertaling zou doen. Frank schreef: 'Ik heb een Engelse vertaling [van Rosie Pool] maar mijn vrienden in Londen zeggen dat deze vertaling niet goed is en ze geven me de raad deze niet aan de uitgever te geven. Dus hield ik die achter, maar het is een goede basis voor een andere vertaling. De Franse schijnt in orde te zijn maar dat is het werk van *twee* personen, de een kent perfect Nederlands maar geen Frans en de ander kent geen Nederlands maar is een echte, jonge Française die de taal van een jong meisje kent. Dat is wezenlijk. Daarom weet ik ook niet of een vertaling voor Groot-Brittannië ook geschikt is voor de Verenigde Staten. Een Amerikaans meisje gebruikt vermoedelijk andere uitdrukkingen.'

Otto Frank schreef Vallentine Mitchell op 21 november over de vertaling van Rosie Pool met als conclusie: 'Mijn vriend in New York [Straus] schreef me dat deze onvoldoende was.' Later bekende Straus dat de vertaling 'bijna onbegrijpelijk' was en dat hij meende dat 'Otto's enthousiasme voor het manuscript meer was ingegeven door zijn liefde voor zijn dochtertje dan door de werkelijke waarde die een kinderdagboek vertegenwoordigt... Ik geloofde – zoals de meeste mensen – dat het Amerikaanse publiek de verhalen over nazi-wreedheden moe was en er niet voor zou betalen om ze op het toneel weer uitgebeeld te zien.' Frank betaalde Pool voor haar werk maar had niet de moed haar te vertellen dat hij haar vertaling niet kon gebruiken. Levin had zich aangeboden voor de vertaling maar Frank vond het geen goed idee, al kon die nog nuttig blijken: 'Ik wilde haar niet accepteren maar misschien kon hij de nodige correcties aanbrengen.'

Op 22 november 1950 telegrafeerde Ned Bradford van Little Brown Frank: 'dit is definitief aanbod voor publicatie dagboek anne frank in v.s. uitstekende mogelijkheid gezamenlijk britse publicatie... verkiezen dola de jong voor vertaling hier veel enthousiasme voor boek. little brown & co.' Van Vallentine Mitchell kreeg Frank het antwoord: 'Het zal u ongetwijfeld genoegen doen dat uw aanbod in principe is aanvaard door onze directie. We zouden van u de Engelse rechten willen verwerven en tot een overeenkomst geraken met een Amerikaanse uitgever – Random House is voorgesteld – waarbij laatstgenoemde van ons de rechten koopt om het boek in de Verenigde Staten uit te geven. Deze werkwijze vereenvoudigt de kwestie van het delen van de kosten om het dagboek van uw dochter in het Engels uit te brengen.' Frank vertelde Levin: 'Ik heb Vallentine Mitchell geschreven om de hele situatie uiteen te zetten en te vragen eerst contact op te nemen met Random House. Ik heb hun de kwestie-Little Brown verteld en de vertaling van mevrouw Pool toegestuurd, om zelf te oordelen of deze de moeite waard is als basis voor bewerking. Vallentine vroeg ook de rechten voor het Hebreeuws.' Frank reisde de volgende dag, 24 november, naar Londen om de zaken met Vallentine Mitchell te bespreken.

Zijn reisgezelschap was Fritzi Geiringer, die haar ouders en haar zuster in Engeland ging bezoeken. Samen met Fritzi bezocht hij vaak de vrijdagavonddiensten in de liberaal-joodse synagoge. Ze vertelde: 'Op den duur werd ik zijn vertrouwelinge en omgekeerd legde ik hem mijn problemen voor... omdat we dezelfde dingen hadden beleefd, vonden Otto en ik dat we veel gemeen hadden en hij had ook belangstelling voor Eva. Toen hij werd gekozen als vertegenwoordiger van Nederland op de conferentie van de Wereldunie van Progressief Judaïsme, nam hij Eva mee om de Nederlandse joodse jeugd te vertegenwoordigen. Ik heb hem vaak uitgenodigd om met me naar lezingen en concerten te gaan. In Eva's laatste jaar op het lyceum besloten we dat ze de fotografie als beroep zou kiezen en ze kreeg een plaats als leerlinge in een fotostudio waar ze enige middagen per week heen ging. Maar in het algemeen was Eva er niet gelukkig meer mee in Nederland te wonen. Het had te veel treurige herinneringen voor haar. Ze besloot naar Engeland te gaan om zich verder in de fotografie te bekwamen.' Eind 1950 woonde Eva al in Londen en werkte in een grote fotostudio aan Woburn Square 'die eigendom was van een oude vriend van [Otto]'. Otto en Fritzi reisden per trein en boot en gingen in Londen hun eigen weg.

De vergaderingen met Vallentine Mitchell verliepen voor Frank goed genoeg om bij zijn terugkeer naar Amsterdam zijn voorstel aan te nemen. Hij vertelde Levin dat hij ook het aanbod van Little Brown had aanvaard: 'Ik wil dat de twee firma's nu contact hebben over de vertaling. Dit is een moeilijk kwestie omdat Londen de Amerikaanse versie niet wilde accepteren en de Verenigde Staten wilden mevrouw De Jong als vertaalster. Ik waarschuwde Little Brown voor een vertaling door iemand die niet in de Verenigde Staten op school geweest is omdat dit ten koste kon gaan van de charme van het boek. Vallentine Mitchell wilde natuurlijk bedrukte vellen aan de Verenigde Staten verkopen omdat de productie zo veel goedkoper was. Deze kwestie moeten de beide firma's zelf oplossen.' Ook vertelde hij Levin – die hem had geadviseerd – dat hij de toneelrechten niet wilde afstaan aan de uitgevers.

Op 10 december uitte Frank tegen Levin zijn bezorgdheid over de vertaling: '[Mevrouw De Jong] was ontevreden dat ik haar niet als vertaalster wilde omdat ik weet dat ze geen Amerikaanse is en bang ben dat ze niet de juiste toon zou treffen. Maar het schijnt dat ik het mis heb en dat Little Brown wil dat zij het vertaalt... Ik had een tamelijk scherpe briefwisseling met haar maar ik hoop dat ze de situatie nu heeft begrepen en dat alles in orde komt.' Later zei Frank dat hij akkoord was gegaan met Dola's 'verzoek het boek te mogen vertalen, maar schreef haar nooit ermee te beginnen of door te gaan met haar werk. Op 12 februari 1951 meldt ze in een brief dat ze begonnen is met de vertaling. Maar op die datum had ik zelf nog geen contracten ontvangen.' De Jong herinnert zich de gebeurtenissen in een heel ander licht maar het is duidelijk dat zij uit eigen vrije wil de beslissing nam zonder contract te beginnen met de vertaling: 'Op grond van de urgentie van het geval en omdat Ned en ik overtuigd waren van het belang en het uiteindelijke succes van het dagboek, sloeg ik alle waarschuwingen in de wind en stelde met tegenzin voor op de gok te gaan vertalen. Ned vond het verkeerd dat ik die toezegging deed maar anderzijds hadden we vertrouwen in Otto Frank... Het was een moeilijk karwei, want Anne Frank was een teenager zoals dat toen heette en die categorie had een heel karakteristieke manier om zich uit te drukken. Een belangrijke steun was Cissy van Marxveldt [Annes favoriete auteur]. Haar boeken waren enorm populair bij de vrouwelijke teenagers en zij ontwikkelde de 'teenagertaal', de manier van uitdrukken... ik wil hier benadrukken dat mijn vertaling Anne Frank volgde in haar manier om zich uit te drukken. De [andere] vertaling niet.'

Naast de problemen met de vertaling 'ontstond er onenigheid over andere kwesties zoals productie en promotie' met Little Brown, onder andere de strijd met Vallentine Mitchell over de rechten voor Canada. Frank zei dat ze alleen de rechten voor de Verenigde Staten hadden gevraagd en omdat Canada tot het Britse Gemenebest behoorde, kwamen die rechten zoals gebruikelijk in die tijd Vallentine Mitchell toe. Frank tekende op 15 januari een contract met Vallentine Mitchell. Hij kreeg vijftig pond sterling contant en tien procent van de eerste verkopen. Met Little Brown had hij nog geen contract getekend.

Op 8 maart 1951 maakte de heer Jaap van Vallentine Mitchell Frank de vertaalster bekend, Barbara Mooyart-Doubleday. Mevrouw Mooyart was een Britse van in de twintig, die met haar Nederlandse man en twee kinderen in Amersfoort woonde. Een vriend van haar, Barry Sullivan, werkte voor Vallentine Mitchell en stelde haar voor als vertaalster en in november 1950 nam hij contact met haar op om met haar te overleggen over het dagboek, 'een tamelijk speciaal geval. De vertaler moest, vind ik, een Engelse vrouw zijn met kennis van het Nederlandse taaleigen; ze moest de geest van een vrolijke, oprechte en tamelijk wereldwijze teenager begrijpen; ze moest de sfeer van het origineel kunnen overbrengen en niet bang zijn voor een niet zo literaire vertaling of voor het gebruik van uitdrukkingen onder Engelse schoolmeisjes.'

Mevrouw Mooyart kocht een exemplaar en ging aan het werk: 'Ik was zeer geroerd door het dagboek. Ik las het in een adem uit, nam het mee naar bed en bleef lezen. Ik vertaalde een stukje en toen moet het een kwestie van weken zijn geweest, voor de uitgever terugkwam en zei dat ik het moest vertalen. Ze hadden ook iemand van de ambassade in Den Haag gevraagd om een poging te wagen, maar zijn benadering was er helemaal naast, en het is werkelijk ondenkbaar dat Annes dagboek door een man vertaald zou worden!' Na ongeveer vier maanden was de vertaling voltooid.

'Ik zat aan de eetkamertafel en schreef het allemaal met de hand uit. Ik had een paar woordenboeken voor het geval ik twijfelde. 's Middags als mijn jongens sliepen of in de box speelden, vertaalde ik één bladzijde, dan stopte ik ze om zeven uur in bed en dan werkte ik van zeven tot negen. Dan zei mijn man dat ik moest stoppen, anders kon ik niet slapen, maar ik had een notitieboek naast het bed liggen omdat ik soms 's nachts aan iets dacht en dat opschreef. Elke nieuwe dag las ik de drie bladzijden die ik de vorige dag vertaald had, want soms na een nachtje slapen dacht ik: Het bevalt me niet, zoals ik dat vertaald heb, dat kan beter. Zo liep ik elke keer die drie bladzijden door. Ik zou zestig pond betaald krijgen, maar toen ik halverwege was, schreef Vallentine Mitchell me: "We zijn in onderhandeling en misschien kunnen we uw vertaling aan Doubleday verkopen. Als dat gebeurt, verhogen we uw honorarium tot honderd pond." Vrij spoedig werd me verteld dat de vertaling verkocht was maar dat ik die niet overhaast hoefde af te maken omdat er nog allerlei kwesties geregeld moesten worden. Later kwamen de drukproeven en zat Otto bij me op mijn balkon en lazen we ze door.

Ze herinnert zich nog levendig haar eerste ontmoeting met Frank:

Toen het werk aan de vertaling grotendeels klaar was, nam ik een vrije dag. Ik liet mijn jongens thuis en reisde met de trein naar Amsterdam. Ik weet nog dat ik vanaf het station ging lopen en in de verte de Westertoren zag. Ik wist dat Otto op zijn kantoor aan de Prinsengracht was. Ik belde aan... Het was erg vreemd en ik was erg onder de indruk van de hele gebeurtenis. Ik was gecharmeerd van Otto. Hij was ouderwets hoffelijk. Hij leidde me rond in het achterhuis en dat was heel anders dan het nu is. Het leek of overal nepdeuren en onverwachte dingen waren. Krakende houten trappen en gescheurd behang aan de wanden. Hij was niet uitzonderlijk geëmotioneerd toen hij me rondleidde om de eenvoudige reden dat hij iets te doen had, maar toen we naar Krasnapolski liepen en in gesprek bij de lunch, alleen wij tweeën, kwamen verschillende keren de tranen in zijn ogen. Hij was een heel treurige man en in die tijd was alles nog heel dichtbij. Later was ik een keer heel geëmotioneerd en ik herinner me dat ik tegenover hem in tranen uitbarstte. Dat was toen hij me meenam om Fritzi te leren kennen. We zaten aan de lunch en ik weet niet precies wat hij zei maar ik weet dat hij zich tot Fritzi wendde en zoiets zei als: 'Nu kun je zien hoe mevrouw Mooyart zich heeft verdiept in Anne en het dagboek.'

Doubleday kwam weer ter sprake via Frank Price, die na het herlezen van het dagboek enthousiaster was geworden. Op 14 maart 1951 deed hij Frank een aanbieding die overeenkwam met die van Little Brown. Frank antwoordde dat hij al een Amerikaans contract had maar dat hij vanwege problemen met de theaterrechten geweigerd had te tekenen, 'van mijn kant veeleer een kwestie van gevoelens dan een financiële kwestie. Ik wil niet dat er een film wordt gemaakt op basis van terreur, bombardementen en nazi's, die de ideale grondslag van het dagboek bederven. Daarom wil ik deze rechten onder controle houden.' Hij waarschuwde Price dat hij erop gebrand was Anne correct geportretteerd te zien, zijn beslissing 'hing voor een groot deel daarvan af' en hij wilde alleen met Doubleday over een mogelijk contract spreken als 'ik jouw standpunt over die filmkwestie ken'.

Nadat hij van Price zekerheid had gekregen inzake de toneelrechten, schreef Frank op 27 maart aan Little Brown om de uitgeverij mee te delen dat hij geen contract met haar zou tekenen. Wie er ook op de hoogte was van Franks beslissing, Dola de Jong niet: 'Op een ochtend zag ik in *The New York Times* de aankondiging dat Otto Frank de rechten voor *The Diary of a Young Girl* door Anne Frank aan Doubleday had verkocht. Ik was bijna klaar met mijn vertaling. Ned Bradford en ik belden elkaar natuurlijk. Hij kon er niets aan doen. Uiteindelijk was deze zaak zijn geheim. We hadden zijn meerderen niet ingelicht over onze plannen. We zouden op ons donder gekregen hebben dat we in zo'n onprofessionele zaak verzeild waren. Wat mij betreft, ik was zo razend op Papa Frank dat ik de hele zaak domweg liet vallen.'

Op 30 maart 1951 had Frank een ontmoeting met Frank Price in Parijs. Later lunchte hij bij Levin en zijn vrouw thuis. Frank vertelde: 'Ons gesprek was voor het grootste deel persoonlijk. Levin sprak over zijn activiteiten op joods gebied en wilde meer weten over mijn ervaringen.' Terug in Amsterdam ontdekte Frank dat hij de woede had gewekt van Clairouin, zijn Franse agent, door op eigen houtje te onderhandelen met Doubleday. De agent eiste zijn honorarium op omdat hij een eerste contact met Price tot stand had gebracht. Aanvankelijk weigerde Frank te betalen maar later gunde hij hem een derde van het verschuldigde bedrag. Frank had Price blijkbaar niet verteld dat Levin trachtte reacties op het dagboek te wekken bij film- en toneelmensen, want op 9 april vroeg Price hem per brief of hij uit hun gesprek in Parijs terecht concludeerde dat Frank wilde dat Doubleday 'elk contact zou behandelen... mocht er van de kant van een film- of radiomaatschappij belangstelling zijn voor dramatisering in een of andere vorm'.

Nadat hij advies had ingewonnen van zijn vriend Fritz Landshoff, die connecties had met Querido, tekende Otto Frank op 27 april 1951 een contract met Doubleday. Frank Price en zijn collega's Barbara Zimmerman (redacteur van het boek), Jason Epstein en Karen Rye vormden 'speels' en vol enthousiasme voor het boek de 'Informele Kring van Pleitbezorgers van Anne Frank'. Niettemin 'had de taxatie dat het debiet klein was, binnen de firma de overhand' en de verkoopafdeling kreeg opdracht 'de akelige aspecten van het verhaal wat af te zwakken' en in plaats daarvan de nadruk te leggen op 'schoonheid, humor en inzicht van het document van de gevoelige puber'.

Met een Amerikaans contract in handen begon Frank meer vertrouwen te krijgen dat een toneelstuk of zelfs een film haalbaar was en hij vroeg aan zowel Levin als Price wat ze ervan dachten Italiaanse filmproducers te benaderen om te zien of hun reacties wat positiever waren. Levin zei dat de productie van een film in Engeland of Amerika meer voor de hand lag en vroeg toestemming om namens hem te blijven zoeken. Frank stemde toe en schreef op 17 mei naar Levin: 'Ik heb voldoende vertrouwen in u en uw vrouw om de filmkwestie aan u over te laten, in de wetenschap dat u geen bindende overeenkomst aangaat en de zaken in de hand houdt.' Levin noch Doubleday wist van de ander op dit punt, maar Frank heeft wellicht gemeend dat het nog niet nodig was beide partijen op de hoogte te stellen omdat er geen overtuigde belangstelling was van een filmmaatschappij of -producer.

In juli 1951 reisde Frank weer naar Londen om bij Vallentine Mitchell de passages uit het oorspronkelijke Nederlandse typoscript af te leveren die in de Nederlandse uitgave waren weggelaten, namelijk Annes brieven van 3 augustus 1943 en 15 april 1944 waar Anne over menstruatie en over haar nieuwsgierigheid naar de borsten van een vriendin schrijft. Barbara Mooyart kan zich niet meer herinneren van wie de impuls kwam om deze op te nemen, van Frank of van de Engelse uitgever, maar op 17 augustus schreef laatstgenoemde, na ontvangst van haar laatste vertalingen: 'Vandaag is de laatste stapel naar Amerika gestuurd. Iedereen die het gelezen heeft, vindt dat het een prachtig boek wordt. Sommige passages raken me zo diep dat ik ze nu al vier of vijf keer heb gelezen.' Wat de nieuwe bladen betreft, 'bijna alles gaat erin'. Het had even geduurd voor ze op een titel kwamen. Er waren voorstellen als *Het verborgen achterhuis*, *Het geheime achterhuis*, *Achter de verborgen deur*, *Ondergedoken gezinnen* en, typisch jaren vijftig, *Schoonheid uit de nacht* en *Bloesem in de nacht*. Ten slotte werden ze het eens over *Anne Frank: The Diary of a Young Girl* (Het dagboek van een jong meisje).

Op 2 oktober berichtte Price Frank dat de publicatie uitgesteld zou worden om te profiteren van een feuilleton van het dagboek in het blad *Commentary*. Twee weken later schreef de redactrice van het dagboek bij Doubleday, Barbara Zimmerman, aan Frank dat (op zijn voorstel) onderhandelingen waren geopend met Eleanor Roosevelt over het schrijven van een inleiding. Haar brief was warm en enthousiast en werd door Frank zeer gewaardeerd; hij schreef haar op 2 november dat hij begreep 'dat de zaak van Annes boek voor haar niet alleen een commerciële maar ook een persoonlijke aangelegenheid was'. Hun vriendschap ontwikkelde zich snel via hun brieven. Zimmerman, met haar tweeëntwintig jaar precies zo oud als Anne geweest zou zijn, was uiterst intelligent en wellevend; Frank respecteerde haar mening op elk terrein en vroeg haar vaak advies over verschillende kwesties. Op 2 januari 1952 schreef hij haar over Meyer Levin, die bij Doubleday om een kopie van het manuscript had gevraagd. Hij schreef Barbara dat ze het kon sturen: 'Het is een bekwaam man en de enige die het juiste sentiment had ten aanzien van het boek.'

De publicatie werd uitgesteld tot juni om samen te vallen met Annes geboortedag. Op 11 februari stuurde Zimmerman Frank een kopie van de inleiding, ondertekend door Eleanor Roosevelt, en ze schrijft erbij: 'We zijn heel tevreden, een mooie bijdrage aan het boek.' Frank was blij met de inleiding maar toonde Zimmerman zijn bezorgdheid dat het boek onder zou gaan in commercialiteit en hij wees haar erop: 'Voor mij is de menselijke geest nog het belangrijkst.' Ze reageerde niet op Franks milde reprimande maar stuurde Frank de drukproeven van het boek, tegelijk met verdere ideeën voor de promotie van het dagboek dat volgens haar 'een kleine klassieker zou kunnen worden'. In zijn antwoord probeerde Frank weer de nadruk te leggen op Annes idealen zoals hij ze in het dagboek verwoord zag. Hij was heel tevreden over de inleiding, 'een prachtig stuk, niet te lang en heel indrukwekkend. Ik voelde dat ze Anne begreep en uit veel van de brieven die Anne had geschreven, plukte ze haar idealen.' Hij schreef zelf aan mevrouw Roosevelt om haar te bedanken 'met heel mijn hart, voor de belangstelling in [Anne] die u toont en voor de hulp die u met uw tekst biedt voor de verbreiding van haar idealen... Het lezen van uw inleiding geeft mij troost en de overtuiging dat Annes wens in vervulling gaat: te leven ook na haar dood en iets gedaan te hebben voor de mensheid.' Volgens twee recente boeken over de affaire-Meyer Levin was de tekst in werkelijkheid geschreven door Zimmerman en ondertekend door Eleanor Roosevelt, wat overigens niet ongebruikelijk is in de uitgeverswereld.[8] Toen de auteur Zimmerman hiernaar vroeg, lachte ze: 'Wat kan ik daarvan zeggen? Mevrouw Roosevelt was een druk bezette vrouw!' Frank heeft nooit geweten dat Zimmerman de werkelijke schrijfster van de inleiding was.

Om de publicatie in Groot-Brittannië te stimuleren, nam Vallentine Mitchell contact op met de kinderpsycholoog dr. Emmanuel Miller – liever dan met een historicus – om zijn ideeën over het dagboek te gebruiken als reclamemateriaal. 'Hoewel het geschreven is door een jong meisje, zal het waarschijnlijk niet gelezen worden door pubers. We geloven dat het interessant is voor ouders en voor iedereen die geïnteresseerd is in de innerlijke problemen van opgroeiende kinderen. Het boek is uitzonderlijk eerlijk en intelligent en onthult op authentieke wijze alle pijnen en geneugten van de puberteit.'

Op Franks brief van 6 maart reageerde Levin met het bericht dat hij was gevraagd de Amerikaanse editie te bespreken in de invloedrijke *New York Times Book Review*. Hij zei dat hij er alle vertrouwen in had dat ze iemand zouden vinden die het dagboek kon bewerken voor toneel en film en hij hoopte dat Frank alle aanvragen die hij daarover binnenkreeg, aan hem zou doorsturen omdat hij meende dat hij de bewerking kon schrijven. 'Ik probeer alles te doen wat een agent normaal doet maar zonder u tot iets te verplichten... Ik zeg dit weer om duidelijk te maken dat er geen problemen tussen ons en tussen mij en Doubleday bestaan.' Hij bood aan zo nodig terug te treden omdat zijn ware verlangen uitging naar de bewerking. Frank antwoordde dat hij een voorkeur had voor Levin als zijn agent boven Doubleday, waarin hij geen volledig vertrouwen had. Hij verkoos 'de zaken in uw handen te leggen en u agentenhonorarium te betalen. Waarom zou een ander dat opstrijken als wij het beste weten wat in de lijn van Annes dagboek ligt en dat de ideeën voorop staan?' Levin zocht contact met Darryl Zanuck bij Fox om hem te laten weten dat hij hoopte het dagboek te bewerken en zei hem dat de film, als Fox die produceerde, in Amsterdam opgenomen zou moeten worden.

Op verzoek van Levin tekende Otto Frank op 31 maart een document waarbij Levin gemachtigd werd 'te onderhandelen over aanpassing voor film, televisie, radio en toneel voor een periode van een jaar vanaf heden, met de bepaling dat ik, als enig eigenaar van deze rechten, mijn goedkeuring als voorwaarde stel voor elke overeenkomst en elke bewerking van het materiaal in dit boek vóór publieke bekendmaking'. Frank gaf Levin in dit document geen machtiging voor de bewerking van het dagboek, hoewel Levin later beweerde van wel. Levin bleef interesse vragen voor het dagboek bij toneel- en filmproducenten; Hermann Shumlin las de drukproeven van het dagboek en zei tegen Levin dat het hem beviel maar wel eerst zijn bewerking wilde lezen voor hij er een optie op nam. Op 23 april lunchte Levin met Zimmerman die wist dat hij hevig geïnteresseerd was in het dagboek. Ze schreef Frank dat ze Levin 'heel charmant' vond en dat hij 'veel goede ideeën over het boek heeft'.

De beslissing van Vallentine Mitchell om de romancière Storm Jameson de inleiding voor hun editie te laten schrijven, beviel Frank niet zo goed als de keus van Doubleday, hoewel zij het stuk tenminste zelf geschreven had. Frank vond dat Jameson weliswaar 'een eersterangsschrijfster' was maar 'niet populair genoeg'. Hij had op een grotere naam gehoopt. In april verschenen de eerste recensies van het dagboek, nog voor het in Groot-Brittannië verschenen was. Een van de eerste was Mary Stocks in *The Manchester Guardian*: 'Er is iets in dit buitengewone oorlogsboek dat sterk tot de verbeelding spreekt... Misschien is dit speciale mengsel van gevaar en huiselijkheid bijzonder aangrijpend; of misschien lijkt dat zo door de intensiteit van de close-up die ons geboden wordt. Wie het boek in een ruk uitleest, krijgt het gevoel werkelijk een poosje in het "geheime achterhuis" gewoond te hebben, opgesloten, samen met zijn bewoners. Maar er is meer dan dat. Dit boek komt in vertaling wel erg laat tot ons. Belsen en de vervolging en de pogroms die daartoe leidden, raken in vergetelheid. Latere vervolgingen van andere oorsprong ten koste van andere slachtoffers hebben die kwade herinneringen verduisterd.' De recensie in *The Newcastle Journal* van 13 mei was waarderend en brengt soortgelijke gevoelens onder woorden: 'Deze alledaagsheden zijn doordrongen van de kilte van Belsen. "Ze ontgroeit het wel," denk je. En dan val je stil en herinner je je dat ze nooit de kans heeft gekregen.' Een andere recensent profeteert: 'Moge uit dit dagboek van een meisje een sprankje verlossing oprijzen.'

In mei 1952 werd *The Diary of a Young Girl* door Vallentine Mitchell uitgegeven in een oplaag van vijfduizend exemplaren. Zoals de uitgever had voorzien, was de ontvangst koeltjes; de eerste maanden overtrof de verkoop van het joodse kookboek van Florence Greenberg verre het dagboek. Vallentine Mitchell was weliswaar een kleine joodse uitgeverij, ze werd gedeeltelijk gefinancierd door Captain Ian Maxwell, later beter bekend als Robert Maxwell. Hij had een vrij groot team verkopers in dienst, maar in september 1952 rapporteerden zijn vertegenwoordigers dat 'het boek niet goed verkocht in de provincies. In twee weken hadden ze maar drie exemplaren verkocht.' Het probleem lag voor een deel in het feit dat Groot-Brittannië, in tegenstelling tot Duitsland, geen verdrongen herinneringen het hoofd te bieden had en de holocaust leefde niet in het bewustzijn van de mensen. Barry Sullivan, van Vallentine Mitchell, legde Barbara Mooyart in een persoonlijke brief uit dat het noodzakelijk was voor de inleiding van Storm Jameson 'wat uit te weiden over het concentratiekampaspect' omdat 'Belsen in Engeland een mistig, bijna "historisch" feit is en het woord vaak gebruik wordt in grappen'.

In de Verenigde Staten begon in een meinummer van *Commentary* het dagboekfeuilleton nadat Levin eerst de rechten voor de serie had bedongen. Frank was bezorgd dat Doubleday hem naar Amerika wilde halen om het boek te promoten. Hij schreef naar Zimmerman: 'Het zou verschrikkelijk voor me zijn met iemand te moeten spreken die mij interviewt. Ik loop weg uit zo'n situatie. Ik zou het niet verdragen.' Op 12 juni, Annes geboortedag en vier dagen voor de verschijning, kreeg Frank van Zimmerman bericht dat 'van de vele opwindende gebeurtenissen van deze week' de recensie van Levin in *The New York Times* een van de beste was. 'Dit is een van de belangrijkste gebeurtenissen voor een boek, vooral omdat de *Times* de invloedrijkste krant van het land is. De recensie zelf is mooi... Ik weet zeker dat de verkoop bijzonder goed wordt. *Anne Frank* krijgt een prachtige ontvangst in Amerika!' Ondanks alle problemen met Levin die later zouden volgen, geeft Zimmerman achteraf toe: 'Die recensie was verdomd goed, heel dramatisch en kwam hard aan, die eer moet ik hem laten. Hij maakte iets los bij de mensen en liet ze rennen om het dagboek te lezen. Er was tevoren nooit zoiets geweest als het dagboek, begrijp je. Het was fabelachtig en het was direct. Het was de stem van een kind die het tegelijk ondraaglijk en toch toegankelijker maakte.'

Levins 'dwingende, verbijsterende, meeslepende' bespreking verscheen op de eerste pagina van *The New York Times Book Review* als 'Het meisje achter de geheime deur'. Het begint met:

> Het dagboek van Anne Frank is een te delicaat, intiem boek om ingevroren te worden met het etiket 'klassiek', en toch is geen geringere aanduiding passend... Dit is geen luguber gettoverhaal, geen aaneenschakeling van verschrikkingen... Anne Franks dagboek bruist van amusement, liefde, ontdekking. Het heeft zijn portie afschuw, zijn momenten van haat, maar het is zo wonderbaarlijk levendig, zo dichtbij dat je overweldigend de universaliteit van de menselijke natuur voelt. Deze mensen zouden naast ons kunnen wonen; hun gevoelens, hun spanningen en genoegens binnen het gezin zijn van menselijke aard en omvang, overal... Ze zal stellig alom geliefd worden, want dit wijze, bewonderenswaardige jonge meisje brengt een ontroerend genoegen terug in de oneindige menselijke geest.

Levins bespreking in de joodse *Congress Weekly* was heel anders van toon. Daar beschreef hij het dagboek 'zonder twijfel het belangrijkste *document humain* dat uit de grote catastrofe te voorschijn moest komen... De holocaust komt ten slotte thuis, en ons verweer is verbrokkeld. We huilen.'

Op 16 juni 1952 verscheen *Anne Frank: The Diary of a Young Girl* in de Verenigde Staten. In tegenstelling tot de aanvankelijke verwachtingen en gesteund door Levins hartstochtelijke, juichende recensie werd de eerste oplaag van vijfduizend exemplaren zo snel van de planken gegrist dat deze 's middags tot het laatste exemplaar verkocht waren. Er werd een tweede druk van vijftienduizend stuks doorgejaagd, een grote advertentiecampagne georganiseerd, advertenties geplaatst in alle grote kranten overal in het land. Laat in de middag verzamelden theateragenten, producers en televisiebonzen zich op het kantoor van Doubleday in New York om te weten te komen wie ze moesten hebben voor toneel- en filmrechten.

In Amsterdam vernam Otto Frank in shocktoestand het bericht dat zijn dochter plots een literaire ster was geworden.

HOOFDSTUK ZEVEN

Een joodse of een niet-joodse schrijver, dat is de vraag

De Verenigde Staten waren niet het enige land waar het dagboek alle verwachtingen had overtroffen. Het kreeg enorme bijval in Japan, toen Doubleday het in 1952 bij een Japanse uitgever had ondergebracht. Als promotietactiek werd het dagboek daar aan de man gebracht 'als protest tegen de grote rampspoed die de oorlog teweegbrengt', en voor het Japanse publiek was Anne Frank – ook al was ze een Europese – 'een aanvaardbaar en toegankelijk cultureel personage van de oorlog: een jong slachtoffer, maar een die hoop wekte voor de toekomst in plaats van schuldgevoel over het verleden. Haar sekse legde verder de nadruk op onschuld.' Anne Frank werd een nationale heldin en over midden jaren vijftig sprak men in Japan wel van de Anne-Frankjaren. Merkwaardig genoeg werd het dagboek een van de eerste boeken in Japan die openlijk over menstruatie spraken; 'Anne Frank' werd ook een eufemisme voor menstrueren. Sinds de jaren vijftig zijn er vijf miljoen exemplaren van het Japanse dagboek verkocht.

Op de dag van publicatie in de Verenigde Staten kreeg Frank 's avonds een telegram van Doubleday, ondertekend door Zimmerman en Levin, waarin ze (Doubleday en Levin) zeiden dat ze gezamenlijk wilden optreden als zijn agenten voor de toneelrechten. Levin stuurde Frank een afzonderlijke brief om te vertellen dat hij, op verzoek van Doubleday, zich had teruggetrokken als co-agent voor de toneelrechten en nu alleen nog de bewerking wilde schrijven. Hij vroeg Frank hem daartoe te machtigen met de belofte: 'Als de situatie zich voordoet dat er alleen een productie met een beroemd toneelschrijver mogelijk zou zijn indien ik terugtreed, dan zal ik natuurlijk terugtreden.'

De volgende dag schreef Zimmerman in een interne memo aan Frank Price dat de activiteiten van Levin met betrekking tot de toneelrechten 'de hele overeenkomst lijken te verknoeien... het beste zou zijn als wij de rechten behandelen en nauw samenwerken met Levin'. Theaterproducente Cheryl Crawford had Doubleday al gebeld om naar de rechten te informeren. Omdat ze onkundig was van Levins plan de bewerking te schrijven, stelde ze voor de opdracht aan Lillian Hellman en Clifford Odets te geven. Diezelfde dag vertelde Zimmerman Frank dat het in zijn belang zou zijn als Doubleday nauw samen zou werken met Levin. Ze verzekerde hem dat de bewerking van het dagboek 'passend en met smaak' zou geschieden. Frank telegrafeerde op 18 juni naar Doubleday: 'Akkoord, ik machtig u de film- en toneelrechten te behandelen tegen gebruikelijk agentenhonorarium op voorwaarde dat elke verkoop van deze rechten wordt goedgekeurd door Meyer Levin en mij omdat ik, om het idee van het boek te garanderen, Levin als schrijver of medeschrijver wens bij elke aanpassing.' Maar hij was niet tevreden met de recente ontwikkeling en zei tegen Zimmerman: 'De heer Levin heeft veel gedaan voor het boek en het boek gaat hem ter harte. Ik weet dat hij Anne perfect begrijpt en daarom heb ik alle vertrouwen in hem. Anderzijds stel ik me voor dat geen mens die de rechten koopt, voorgeschreven wil krijgen wat hij moet doen. Hoe lossen we dat op?'

Op 23 juni zei Zimmerman tegen Frank dat het dagboek van zijn dochter 'een van de belangrijkste boeken sinds jaren [was] in Amerika'. Over de toneelrechten wilde ze niet praten maar ze voelde zich verplicht de prachtige aanbiedingen te melden die binnengekomen waren 'van enkele van de beroemdste hedendaagse toneelschrijvers van Amerika'. Na een ontmoeting met Joseph Marks, een onderdirecteur van Doubleday, schreef Levin aan Frank om hem te vertellen dat hij (Levin) zeven serieuze aanbiedingen voor producties had ontvangen, maar zich zorgen maakte over een andere toneelschrijver wiens naam door Marks was genoemd en voor wie Marks de voorkeur scheen te hebben.

Op 25 juni ontmoetten Marks en producente Cheryl Crawford elkaar. Ze bood aan Levin de gelegenheid te geven binnen twee maanden een toneelversie te schrijven, nadat ze eerst met hem zijn ideeën had doorgesproken. Als ze daar niet helemaal tevreden mee was, maar er wel toekomst in zag, dan wilde ze nog een schrijver aantrekken om met hem samen te werken. Levin ging akkoord met haar voorwaarden. De volgende dag schreef Frank, om Levin gerust te stellen, dat hij 'niets zou beslissen of enige machtiging zou geven zonder eerst te overleggen met u en Doubleday... Laten we hopen dat het resultaat heeft en natuurlijk wil ik dat u uw deel krijgt, financieel en ook als schrijver.' Levin begon aan zijn bewerking te schrijven. Een derde druk van 25.000 exemplaren van het dagboek bereikte de boekwinkels. Zimmerman vroeg Frank of hij bereid was naar de Verenigde Staten te komen 'om samen met producenten en toneelschrijvers te praten'. De vrouw van Levin stuurde Frank op 28 juni een boze brief na een telefoontje van Frank waar haar man zich kennelijk over opgewonden had. Ze schold op Doubleday die bij haar man in het krijt stond vanwege de recensie die zoveel belangstelling voor het dagboek had gewekt en nu probeerde 'van Meyer af te komen'. Het is ongelooflijk en (objectief bekeken) fascinerend om te zien: de grote uitgever tegenover de schrijver die niet *zijn* schrijver is!' Ze wist dat Doubleday eropuit was 'een grote naam voor een groot publiek' te vinden. Tereska vertelde Frank dat hij een producent moest noemen en de overeenkomst met Levin bevestigen en schrijft tot besluit: '*Wilt u dat Meyer probeert dat toneelstuk voor haar te schrijven?* Uw beslissing op dit punt is onontbeerlijk.'

De volgende brief van Frank aan Levin deed weinig om zijn vrees weg te nemen; hij schreef dat Levin met een andere toneelschrijver aan de bewerking moest werken. Hij gaf toe dat de wijziging in zijn standpunt voortkwam uit 'lange gesprekken' tussen hem en Frank Price van Doubleday tijdens diens recente verblijf in Amsterdam. Hij vertelde Levin: 'Ik heb vertrouwen in u maar nu ik meneer Price ken en de mooie brieven van juffrouw Zimmerman heb gelezen, ook in Doubleday na alles wat die gedaan heeft.' Met een verwijzing naar Levins vroegere uitspraak dat alleen een joodse schrijver een gepaste bewerking van het dagboek kon schrijven, verklaarde Frank: 'Wat het joodse aspect betreft: u heeft gelijk dat ik er anders over denk dan u. Ik heb altijd gezegd dat Annes boek geen oorlogsboek is. De oorlog is de achtergrond. Het is ook geen joods boek, al zijn de sfeer, het sentiment en de omgeving op de achtergrond joods. Ik heb nooit gewild dat een jood er een inleiding voor zou schrijven. Het wordt (althans hier) meer gelezen en begrepen door niet-joden dan in joodse kringen. Ik weet niet hoe dat in de Verenigde Staten zal zijn, maar in Europa is dat het geval. Maak er dus geen joods toneelstuk van!' Nadat hij de brief had verzonden, voelde Frank spijt en stuurde nog een boodschap aan Levin, omdat hij bezorgd was dat zijn eerste brief 'scherper dan bedoeld' was.

Begin juli kreeg Cheryl Crawford van Doubleday te horen dat het project vertraagd was, in afwachting van Franks bezoek aan New York. Levin ging de mensen om hem heen steeds meer wantrouwen, met name Joseph Marks, en hij vertelde Frank dat hij Marks ervan verdacht hem het toneelstuk af te willen pakken. Hij herhaalde ook zijn mening dat alleen een joodse schrijver met succes de bewerking kon schrijven omdat 'een niet-jood gehandicapt zou zijn met dit materiaal' maar dat hij ook geen 'joods toneelstuk' wilde schrijven. 'De nadruk lag op de afwezigheid van mogelijkheden voor joodse schrijvers om hun eigen materiaal te behandelen, niet op een ongepast accent dat ze op het joodse karakter van het materiaal zouden kunnen leggen.'

Op 7 juli kreeg Frank een telegram van Doubleday met de mededeling dat de uitgever niet meer als agent voor de toneelrechten wenste op te treden. Frank schreef daarop naar Levin om hem te vragen, weer als zijn agent op te treden. 'Ik heb het vertrouwen in uw persoon nooit verloren!!!! Ik wilde niets doen zonder uw advies... Ik ben een verschrikkelijk nerveus mens, de instorting nabij, en *moet* voorzichtig zijn en de zaken niet overhaasten.' Producente Crawford schreef vervolgens aan Frank om hem te vertellen dat zij, als Levin niet binnen twee maanden een waardige toneelbewerking kon schrijven, regisseur Elia Kazan zou inschakelen om met hem samen te werken. Als het dan niet het vereiste niveau had, zou ze een andere toneelschrijver aan het werk zetten en Levin voor zijn werk betalen.

Op 21 juli 1952 was Otto Frank in Basel voor de voorbereidingen om daar permanent te gaan wonen. Men had hem weliswaar het Nederlandse staatsburgerschap verleend maar, voor hem was Amsterdam, vond hij, te vol met herinneringen om verder te gaan met zijn leven. Eerder had hij Zimmerman al toevertrouwd: 'Ik ben verknocht aan Amsterdam, aan mijn vrienden daar en aan mijn werk. Het belangrijkste deel van mijn leven heb ik in die stad doorgebracht, het hele verleden is op een of andere manier verbonden met die stad en haar bewoners. Toch ben ik van plan naar Basel te verhuizen. Ik kan het je niet tot in de details uitleggen...' In een andere brief aan Zimmerman onthult hij een andere reden om Amsterdam te verlaten; steeds vaker, zegt hij, wordt hij benaderd door mensen die Annes dagboek hebben gelezen en de schuilplaats willen bezoeken: 'Ik weiger nooit te praten met mensen die zich voor Anne interesseren, ik houd alleen niet van persinterviews. Vaak komen hier mensen om naar het achterhuis te kijken, elke persoon afzonderlijk die ik kan ontmoeten en met wie ik kan praten, is welkom. (Onder ons: het is altijd opwindend voor me, maar ik voel het als een plicht, ook al belast het mijn zenuwen.)' Otto wilde ook bij zijn familie in Zwitserland zijn en in 1952 arriveerde hij in het huis aan de Herbstgasse, waar hij een eigen kamer had op de bovenste verdieping. Merkwaardig genoeg leek die ruimte uiterlijk op die van het geheime achterhuis. Achter een gewone deur leidde een wenteltrapje naar een gang. Rechts was de grote zolder van het huis en recht vooruit, achter een andere deur, bevond zich een grote vierkante kamer met een lage zoldering, zodat het er in de zomermaanden vochtig was. Een lang raam keek uit op de achtertuin en op de achterbalkons van de omliggende huizen. Otto nam Annes dagboeken mee naar Basel maar bewaarde die in een bankkluis. Later vertelde hij een interviewer dat hij nooit zijn banden met Amsterdam zou verbreken: 'Ik woon nu in Basel omdat ik in Amsterdam niet meer kan leven. Ik ga er dikwijls heen maar langer dan drie dagen houd ik het er niet uit. Dan ga ik naar de Prinsengracht waar we twee jaar ondergedoken waren... Soms kijk ik naar onze schuilplaats; die is niet veranderd... Ik kijk rond en ik ga weer. Ik kan de aanblik niet meer verdragen.'

Ondanks het verleden dat hem voortdurend omringde, stond Franks leven op het punt een nieuwe fase in te gaan. Hij emigreerde niet alleen naar Zwitserland; op drieënzestigjarige leeftijd stond hij op het punt weer te trouwen.

Laureen Nussbaum, die ook na haar verhuizing met haar man naar Bern in 1956 en een jaar later naar de Verenigde Staten bevriend bleef met Frank, vertelt: 'Voordat hij met Fritzi trouwde, had Otto natuurlijk andere relaties. Hij kwam in 1945 terug in Amsterdam en bleef bijna tien jaar ongetrouwd. Het kostte hem weliswaar veel tijd om te herstellen van zijn belevenissen, maar hij was een heel aantrekkelijke man met een aimabele persoonlijkheid. Veel vrouwen waren in de oorlog weduwe geworden en hij was zo aardig voor zoveel mensen in die tijd, daar bedoel ik mee, voor iedereen, mannen, vrouwen en kinderen. Hij deed werkelijk zijn best voor veel mensen. Vrouwen mochten hem graag en waarom niet? Ik weet dat mevrouw Van Collem een oogje op hem had toen Anneliese Schütz bij haar woonde tijdens het werk aan de Duitse vertaling, en Lotte Pfeffer hoopte ook dat er wat zou gebeuren.'

Lotte en Otto waren jarenlang bevriend geweest. Toen hij terugkwam uit het kamp, begon Lotte op hem te steunen en vroeg zijn advies, vooral toen ze besloten had haar relatie met Pfeffer wettelijk te laten erkennen. Frank legde de grondslag voor haar postume huwelijk met Fritz Pfeffer in april 1953. Lotte was altijd bewonderd om haar schoonheid die ze ook na de oorlog niet verloren had. Elke week speelde ze bridge met Otto, Jan en Miep en er ontwikkelde zich geleidelijk een romantische relatie tussen Otto en Lotte. Op een gegeven moment vroeg hij haar hem te vergezellen op reis naar Zwitserland om daar zijn familie te leren kennen. Lotte was dolgelukkig en stak zich in het nieuw voor de reis. Toen ze terugkwamen, was het duidelijk dat de zaken niet volgens plan waren verlopen, want Lotte had zich over het een of ander geërgerd en het gevolg was dat haar relatie met Frank stukliep. Hij was toen al intiem met Fritzi en het is goed mogelijk dat Lotte meer verwacht had van de vakantie dan Frank bedoelde. Hilde Goldberg, die met beiden nauw bevriend was, vertelt: 'We waren er allemaal van overtuigd dat Otto met Lotte zou trouwen. Maar soms pakken de dingen anders uit. Ik kon begrijpen dat hij toen naar Zwitserland verhuisde. Hij woonde bij Miep en Jan, en zij hadden een zoontje, maar het was vooral de situatie met Lotte die de doorslag gaf. Wat Lotte betreft, was het een vervelende tijd voor hem: hij had echt de behoefte wat afstand tussen hen te scheppen. Zij was smoorverliefd op hem maar hij wilde Fritzi. Lotte was mij liever dan Fritzi maar dat was omdat ik Lotte beter kende. Fritzi achtervolgde Otto en ze was niet van plan hem op te geven. En ze was ook een aantrekkelijke vrouw, en praktisch, dat was wat Otto nodig had. Het deed haar plezier hem te helpen met alles wat te maken had met het dagboek. Ze was dus een goede partij.'

Fritzi (Elfriede Markovits), geboren in 1905, kwam uit een geassimileerde joodse bourgeois familie in Wenen. Op achttienjarige leeftijd was ze getrouwd met de eenentwintigjarige Erich Geiringer, een Oostenrijkse zakenman. Erich was erg aantrekkelijk en in de eerste tijd van hun huwelijk ontrouw, wat Fritzi wel kon vergeven maar niet vergeten. Hun huwelijk hield niettemin stand en in 1926 werd hun zoon Heinz Felix geboren, in 1929 gevolgd door een dochter, Eva. Fritzi was een liefhebbende, hartelijke moeder maar als haar kinderen zich misdroegen, kon ze ook streng en onverzettelijk zijn. In mei 1938 emigreerde Erich naar Nederland, waar hij firmant werd van een bijna failliete schoenfabriek die hij erbovenop hielp. Toen Engeland Duitsland de oorlog verklaarde, voegde Fritzi zich met de kinderen bij Erich in Amsterdam, op Merwedeplein 46. Aanvankelijk leidden ze daar een gelukkig bestaan maar na de Duitse inval, en een mislukte poging om naar Fritzi's familie in Engeland te vluchten, werd het steeds moeilijker. Erich verloor zijn baan in de schoenfabriek maar begon een nieuwe lucratieve zaak in de fabricage van slangenleren handtasjes.

Op 6 juli 1942 kreeg Heinz dezelfde oproep als Margot Frank. Erich en Fritzi hadden al voorbereidingen getroffen om onder te duiken en de volgende dag verdwenen ook zij, net als de familie Frank, uit het openbare leven. Erich en Heinz doken onder op het platteland, terwijl Fritzi en Eva een schuilplaats vonden bij een leraar in Amsterdam-Zuid. Op 11 mei 1944 werden Fritzi en Eva verraden door een verpleegster die zowel voor het verzet als voor de Duitsers werkte. In het hoofdkwartier van de Gestapo in de Euterpestraat aangekomen ontdekten ze dat Erich en Heinz ook opgepakt waren. Net als de familie Frank drie maanden later werden ze naar Westerbork en Auschwitz gestuurd. Fritzi en Eva bleven een groot deel van de tijd in het kamp bij elkaar. Bij aankomst redde Fritzi dankzij een spontane ingeving haar dochter van de gaskamers. Ze trok Eva een jas aan en zette haar een hoed op, zodat ze veel ouder leek dan haar vijftien jaren. Bij een gelegenheid werd Fritzi zelf geselecteerd en toen Eva toevallig haar vader in het kamp zag, vertelde ze hem dat haar moeder dood was. In werkelijkheid werd Fritzi gered door tussenkomst van een nicht, maar Eva zag haar vader nooit meer terug om te vertellen dat ze het mis had, en meent dat deze verkeerde boodschap heeft bijgedragen tot zijn dood. Na hun bevrijding en de thuisreis verhuisden Fritzi en Eva uiteindelijk naar hun vroegere woning, waar Frank een geregelde bezoeker werd. Fritzi herinnerde zich: 'Ik wist niet hoe ik verder moest. Erich had altijd alles georganiseerd voor het gezin en nu, zonder hem, voelde ik me verloren.' Frank steunde haar ook toen hun verraadster werd opgespoord en berecht. Eva vertelt: 'Mijn moeder woonde de rechtszaak bij maar was erg in de war toen ze thuiskwam. Ze hadden onze verraadster laten lopen. En dat om één enkele reden: een beroemde Nederlandse operazangeres beweerde dat ze gered was door dezelfde vrouw. En dus werd ze vrijgesproken. Mijn moeder had haar wel willen vermoorden.'

Eva wist al dat Frank met haar moeder wilde trouwen nog voor Fritzi dat zelf wist: 'Otto kwam me in Engeland opzoeken toen ik erover dacht te gaan trouwen. Maar hoe dat moest met trouwen, dat wist ik niet, want ik wilde mijn moeder niet alleen laten, maar Otto zei: "Luister eens. Maak je daarover maar geen zorgen, want zodra jij getrouwd bent en je zaakjes op orde hebt, gaan je moeder en ik trouwen."' Eva trouwde met Tsvi Schloss, een economiestudent uit Israël die destijds, in 1952, in Amsterdam bij een effectenmakelaar werkte. Frank was getuige bij het huwelijk. Eva en Tsvi vestigden zich in Engeland en kregen drie dochters. Eva werkte tot 1972 als freelance fotografe en opende toen een antiekzaak in het noordwesten van Londen.

Met Fritzi ontdekte Otto Frank de idylle die in zijn huwelijk met Edith had ontbroken. Ze gaven elkaar koosnaampjes: Fritzi werd 'Putzeli' of 'Zuckerli' en Otto was 'Burscheli'. Zijn brieven aan haar uit 1952 vanuit Amerika maken duidelijk hoe diep zijn genegenheid voor haar was (en heel anders dan zijn verjaardagsbrief voor Edith): 'Ik verlang ernaar je te zien en tegelijk ben je bij me. In mijn hoofd ben je voortdurend bij me. Ik denk dat je niets te klagen zult hebben in de toekomst. Echte vrouwelijkheid heb ik tot nu toe nog nooit meegemaakt. Ik wil de brief gauw versturen. Zijn het de zoentjes die het 'm doen? Ze gaan hierbij ingesloten.' Otto's opmerking over 'echte vrouwelijkheid' is intrigerend en vermoedelijk betekent dit dat hij gelooft eindelijk de ware gevonden te hebben. Zijn neef Buddy Elias weet nog: 'Fritzi was fantastisch voor Otto. Ze waren echte partners in alle opzichten. Ze heeft hem vaak geholpen met het dagboek, eindeloos brieven geschreven, mensen uitgenodigd om hen te leren kennen, opdrachten uitgevoerd enzovoort. Ze was altijd aan zijn zijde en hij vertrouwde haar. Ik mocht haar graag: ze had een geweldig gevoel voor humor en schaterde om elk grap.' Pater John Neiman, die goede vrienden werd met het paar nadat hij Frank over het dagboek had geschreven, vertelt: 'Fritzi was heel waardig en even vriendelijk als haar man. Ze waren allebei heel gemakkelijk in de omgang, helemaal niet afstandelijk, integendeel. Het was duidelijk te zien dat ze goed bij elkaar pasten. Als man en vrouw vulden ze elkaar perfect aan.'

Op 21 juli 1952 sprak Frank in een brief aan Cheryl Crawford zijn twijfels uit over Levin: 'Ik ben erg gesteld op Meyer Levin, ik vertrouw hem en weet dat hij het juiste gevoel voor het boek heeft, maar hoe kom ik erachter of hij de juiste toneelschrijver is? Ik zou dolblij zijn als hij het was en ik hoop dat hij de plannen, waarvan hij zo zeker en overtuigd is, ook realiseert. Hij is een goed romancier en heeft van begin af aan precies de waarde van het dagboek voor een toneelbewerking aangevoeld. Uw voorstel is redelijk en ik verlaat me op u.' Vervolgens schreef hij aan Levin dat hij Cheryl Crawford had aanvaard als producente; Levin kon dat wereldkundig maken als hij dat wilde, mits het nieuws niet onder de aandacht van de Nederlandse autoriteiten gebracht werd: 'Frank wilde ontsnappen aan de belastingplicht die dit met zich mee kon brengen, omdat hij naar Zwitserland wilde emigreren.'

In augustus informeerde een vooraanstaande theaterproducent, Kermit Bloomgarden, per brief bij Frank naar de toneelrechten voor Annes 'mooie, gevoelige dagboek dat u ieder van ons zo attent en gul hebt gegeven'. Bloomgardens grootste successen waren toneelstukken van Lillian Hellman en Arthur Miller. Frank deelde hem mee dat hij 'Cheryl Crawford per telegram zijn instemming [had] gegeven. Ik heb natuurlijk nog geen contract getekend maar een gegeven woord is heilig en alleen als er *ernstige* meningsverschillen rijzen bij het opmaken van het contract' zou hij de overeenkomst herroepen. Frank vertelde Levin over de briefwisseling met Bloomgarden en vroeg zich af of ze misschien 'beter de rechten aan hem konden geven' in plaats van aan Crawford. Levin zei hem dat hij dat betwijfelde; in het tijdperk van McCarthy's onderzoekscommissie naar on-Amerikaanse activiteiten zouden Bloomgardens linkse ideeën en vrienden het toneelstuk schade kunnen berokkenen, zo dacht Levin.

Levin had een radioscript geschreven op basis van het dagboek. Het zou door CBS uitgezonden worden aan de vooravond van Rosj Hasjana, het joodse nieuwjaarsfeest. De eerste schets die hij naar Frank stuurde, viel bij deze in de smaak, maar hij raadde hem niet bang te zijn om meer te experimenteren met het materiaal: 'Denk nu niet dat ik alles zou willen houden zoals het *was*. Gebruik de vrijheid van de schrijver en maak het zo goed mogelijk om indruk te maken op het publiek...' Levins radioproductie bleek een succes en de vooraankondiging prees het omdat het 'alle gevoeligheid en ontroerende trekjes van het origineel' had behouden. Levin was in de wolken; hij had met Crawford over de toneelbewerking gesproken en ze bekende dat ze 'waardering had voor zijn benadering en de manier waarop hij het stuk in scènes wilde opdelen'. Hij stuurde haar een kopie van zijn eerste complete versie en wachtte haar reactie af.

Op 24 september 1952 ging Frank in Southampton aan boord van de *Queen Elizabeth* op reis naar New York, klaar voor de bespreking van zaken die verband hielden met het dagboek en het toneelstuk. Zijn nicht Milly hield hem gezelschap; ze was verrukt hem weer te zien en de gelegenheid te hebben een paar dagen met hem door te brengen op het schip. Op 29 september meerde het schip aan in New York. Frank schreef over zijn aankomst: 'Mijn zwagers en juffrouw Zimmerman wachtten mij op. Een enorme cadillac bracht me naar het hotel... Meneer Marks van Doubleday had whisky en bloemen in het hotel laten brengen en kwam me om zes uur begroeten. Ze hebben een bankrekening voor me geopend in het hotel. Ik hoef alleen maar een handtekening te geven voor meer geld (wat ik niet doe). Wat ik het liefste wilde, was praten met mijn zwagers.'

Otto's hereniging met Julius en Walter Holländer, de broers van Edith, was emotioneel, zij het wat getemperd door de aanwezigheid van Zimmerman. Frank beschreef Julius, die zijn hele leven aan depressies leed, als 'een wrak van het verleden, heel gedeprimeerd en nerveus, en ik had diep medelijden met hem. Met de jongste gaat het veel beter.' Hij sprak met hen af op een later tijdstip in afzondering samen te komen. Zimmerman was naar zijn eerste indruk 'een lief ding, de leeftijd van Anne... Ze is zo vrolijk...' Zimmerman zelf vertelt: 'Otto kwam voor de dag met een echt prachtig leren notitieboek met ritssluiting, gedacht voor een veel ouder persoon, en ik was nogal verrast maar heel geroerd door het feit dat hij iets voor mij mee wilde brengen. Het was een knappe, tragische man. Ik wist niet wat ik kon verwachten toen ik hem zag, maar hij was erg geestig. Zijn beide zwagers waren er en wachtten op hem. Schattig waren ze. Vluchtelingen. Treurig. Veel mensen wilden Otto leren kennen. Ik probeerde hem daar een beetje tegen te beschermen maar er waren heel veel mensen, vooral joodse groepen, die met hem wilden praten of naar hem wilden luisteren. We konden het ontzettend goed met elkaar vinden gedurende zijn verblijf.' Zimmerman vertelde Frank dat ze geen enkel interview voor hem had geregeld hoewel Frank algauw ontdekte dat hij nauwelijks een minuut voor zichzelf had gedurende zijn verblijf in het Madison Hotel.

Op 30 september had Frank 's middags een ontmoeting met Levin die hem het radioscript overhandigde. De volgende dag schreef Otto aan Fritzi dat hij sinds zijn aankomst

> rust noch duur had gekend, en ik ben heel opgewonden, ook al probeer ik kalm te blijven. Maar in de eerste dagen gebeurt zo veel achter elkaar en daarom kan ik niet eens behoorlijk gaan zitten om je te schrijven en je vragen te beantwoorden... Gisterenmorgen was ik bij Doubleday. Er was juist een vergadering van de reizende vertegenwoordigers en Marks wilde dat ik een paar woorden zou zeggen. Ik heb het gedaan maar ik was erg nerveus... 's Middags was Levin bij me; hij bracht me zijn eerste manuscript. Hij zei dat mevrouw Crawford in principe akkoord gaat en dat er maar een paar wijzigingen nodig zijn. Dat wil ik vanmiddag zelf horen, want we hebben een afspraak om drie uur... Vanochtend ben ik begonnen het manuscript te lezen. Ik kan het alleen met lange tussenpozen lezen omdat het me vreselijk aangrijpt en ik moet voortdurend huilen. Het ligt in veel etalages.

Om drie uur kwamen Frank, Levin en Crawford samen in het kantoor van Crawford. Het manuscript beviel haar en toen kwam de discussie over regisseurs. Frank dineerde die avond met Levin en zijn vrouw. Ze kregen gezelschap van William Zinneman, een uitvoerend producer, die Levins toneelbewerking had gelezen en vol lof was.

Op 3 oktober stuurde Crawford een brief voor Frank naar het Madison Hotel met de mededeling dat ze de tekst van Levin nogmaals had gelezen en nu vond dat deze 'niet voldoende dramatische mogelijkheden bood om Levin daaraan verder te laten werken, en ze dacht ook niet dat het zinvol zou zijn een medewerker aan te trekken'. Levin 'stond versteld' van haar mededeling.

Na een langdurige woordenwisseling was Crawford bereid Levin het stuk te laten herschrijven. Op 3 oktober schreef Otto aan Fritzi maar vertelde haar niets over de ruzie tussen Crawford en Levin. Hij schreef dat hij Levins eerste versie had gelezen en instinctief voelde dat het 'psychologisch uitstekend' was. 'Maar ik kan niet beoordelen hoe het op het toneel zal zijn, dat is een aangelegenheid voor mevrouw Crawford. Maandag hebben we weer een vergadering.' Hij zegde alle interviews en optredens af: 'Veel mensen willen dat ik een toespraak kom houden, maar dat weiger ik. Zo heb ik bijvoorbeeld geweigerd voor de zionisten, B'nai B'rith, te spreken enzovoort. Mijn aankomst hier werd op de radio uitgezonden.' Op 6 oktober vertelde hij Fritzi: 'Het gaat door met Levin: ik sprak vanochtend de advocaat en vanmiddag spreek ik hem weer om te proberen een akkoord te bereiken. Morton Wishengrad, die de tekst schreef voor een tv-special die op de zestiende wordt uitgezonden, las me vanmorgen zijn tekst voor. Ik heb het idee dat deze beter is dan de tekst van Meyer die we samen hebben gelezen. Het maakte bepaald indruk op me. Je kunt je voorstellen dat dit allemaal erg opwindend voor me is. Die tekst deed me denken hoe een film zou kunnen zijn als hij goed geschreven is, dus ik kan me ontspannen en optimistisch zijn. Het komt *toch*.'

Joseph Marks had Frank voorgesteld zelf een goede advocaat in de arm te nemen om de onderhandelingen over de toneelbewerking te voeren. Nathan Straus, die Frank geregeld trof in New York, adviseerde John Wharton van de firma Paul, Weiss, Rifkind, Wharton en Garrison. Crawford had Frank meegedeeld dat ze een 'second opinion' wilde over de tekst en stelde Kermit Bloomgarden voor. Levin kon weinig anders doen dan ermee instemmen. Otto vertrouwde Fritzi toe: 'Ik heb zo'n gevoel dat er problemen komen als Crawford niet akkoord gaat met het werk van Levin, maar ik wil er niet op vooruit lopen.' Het duurde enkele dagen voor Frank de vernietigende mening van Bloomgarden over de tekst van Levin vernam. Intussen vroeg Levin aan Frank samen naar zijn synagoge te gaan en nodigde hem vervolgens uit voor het sabbatmaal. Otto vertelde Milly Stanfield over deze avond met Levin. Zij dacht dat het een berekend gebaar was: 'Toen Otto in New York was, nam Levin hem mee naar zijn synagoge in de hoop dat Otto ook mee zou gaan in zijn ontdekking van het judaïsme.' Maar op dat moment, toen Frank de meningen van Bloomgarden en Crawford had gehoord, had hij al vastgesteld dat Levin niet de juiste man was voor het schrijven van de toneelbewerking: 'Vanaf dat moment was mijn vertrouwen in de tekst van Levin verdwenen.'

Op 20 oktober schreef Otto, na tien dagen van rust, aan Fritzi: 'Ik word ongeduldig. Vanmiddag heb ik een afspraak met mevrouw Crawford, zoals ik je al schreef. Zaterdag was ik bij Levin, maar ik kreeg de indruk dat het hem niet bevalt dat hij nog meer veranderingen moet aanbrengen in zijn tekst. Ik zei tegen hem dat het manuscript volgens Bloomgarden en Crawford niet dramatisch genoeg was en dat deze twee mij als de besten waren aanbevolen. Hij wilde er niet op ingaan. Hij heeft nog hoop, wat ik onaangenaam vind omdat ik vind dat deze lastige knoop ontward moet worden.' Twee dagen later werd Frank door Paul, Weiss, Rifkind, Wharton en Garrison (de firma die ook Bloomgarden en Lillian Hellman vertegenwoordigde) voorgesteld aan Myer Mermin, een advocaat met veel ervaring op het gebied van theaterzaken. Mermin werd algauw goede vrienden met Frank en hij, niet Wharton, was degene die voor het merendeel de latere onderhandelingen voerde. Die avond schreef Otto aan Fritzi: 'Gisteravond had ik een lang gesprek met Marks die altijd al zijn twijfels had over Levin. Levin wenst niet toe te geven omdat hij zijn zinnen heeft gezet op het schrijven van de gedramatiseerde tekst. Het is wel begrijpelijk maar ik moet afgaan op de experts. Ik kan mijn eigen oordeel niet laten gelden, daarvoor is de zaak te belangrijk. Crawford vindt blijkbaar ook dat er moeilijkheden komen met Levin, want ze kent zijn talent als schrijver maar niet als toneelschrijver. Ze heeft daarom haar advocaat gevraagd met hem te praten en Marks vindt dat ik de mijne moet vragen hetzelfde te doen. Dat lijkt me juist, ik moet de zaken op gang brengen en ik probeer mijn advocaat, Wharton, samen met Crawford zo ver te krijgen dat ze de zaken definitief regelen met Levin. Dan kunnen we gesprekken over de toneelbewerking beginnen met een andere schrijver.'

Otto schreef opnieuw op 24 oktober en schetste een paar van de problemen waar hij voor stond. 'Ik had een gesprek met mijn advocaat die grote problemen aan ziet komen doordat een andere auteur natuurlijk een tekst inlevert die gelijkenis vertoont met die van Levin, en hij zei dat een man van naam er niet over denkt aan een toneelbewerking te beginnen voor Levin tevreden is gesteld... 's Middags kwam Levin zelf langs en hij verklaarde dat hij, al zat hij zonder geld, er niet aan dacht een honorarium te vragen voor een toneelstuk dat niet aan de eisen voldoet. Dat zou zijn reputatie als schrijver schaden. Ik denk dat hij de gelegenheid moet krijgen een andere producent te zoeken als Crawford en Bloomgarden zijn tekst niet goed vinden... Het ware probleem is dat Crawford geen echt contract met hem heeft gesloten en nu is het te laat. Ik ben geen partij in dit alles... Ik doe niets zonder advocaat... Soms vraag ik me af of ik die hele "showbusiness" maar moet laten varen, want er zijn zoveel problemen. Dat zei ik gisteren tegen Levin en legde hem uit dat het niet zou kloppen met de idealen van Anne om iets te doen wat in een rechtszaak eindigt, dan kunnen we beter helemaal niets doen. Ik geloof dat het indruk op hem heeft gemaakt.'

Levin nam contact op met Crawford om haar te vertellen dat hij degelijke aanbiedingen had gekregen van producenten die geïnteresseerd waren in zijn toneelstuk. Hij vroeg haar terug te treden en Frank te ontlasten 'van zijn huidige idee van verplichtingen' aan haar. Toen Frank erachter kwam wat Levin had gedaan, wendde hij zich voor advies tot Mermin. Mermin schreef op 29 oktober aan Levin met als aanbeveling dat hij, en niet Crawford, zich terug zou moeten trekken en hij voegt eraan toe: 'De heer Frank zal, zoals wij hem kennen, liever afzien van een toneelbewerking van het boek dan een pijnlijke controverse te laten voortduren. Crawford wilde het nog produceren en Levin wilde het nog bewerken en zonder formeel contract was de situatie in een patstelling geraakt.'

Op 11 november had Frank na de middag een bespreking met Zimmerman en Crawford, die hem een geheel nieuw voorstel deden: toneel- en romanschrijfster Carson McCullers moest het toneelstuk schrijven. Frank ging akkoord, waarschijnlijk omdat hij het gevoel had dat Zimmerman en Crawford zijn vertrouwen meer waard waren dan Levin (wat Frank niet wist: Frank Price had al met McCullers gesproken over de toneelbewerking; haar reactie was voorzichtig maar positief). Op 15 november keerde Frank terug naar Europa.

Terug in Basel stuurde Frank een hartstochtelijke brief aan Zimmerman die duidelijk maakt hoe diep zijn gevoelens voor haar waren en hoe moeiteloos zij hem kon beïnvloeden, zoals ze later ook deed: 'Ik wil je alleen even zeggen hoe gelukkig ik ben jou ontmoet te hebben, hoe fijn ik het vond jou om mij heen te hebben en je bijna elke dag te zien en hoe graag ik je mag en bewonder. Meer wil ik niet zeggen, dat wil je ook zelf niet, en er zijn dingen waarover men niet kan spreken of schrijven. Je was in ieder opzicht mijn grootste steun en ik zou graag zien dat je het mij dadelijk vertelt zodra ik jou behulpzaam kan zijn. Het was ons eerste persoonlijk contact maar we zien elkaar stellig weer, en spoedig hoop ik. Mijn verblijf in New York zal mijn herinnering altijd een middelpunt geven, Barbara die me begroette bij mijn aankomst, die me uitzwaaide toen ik vertrok.'

Op 21 november 1952 tekende Levin 'onder protest' een overeenkomst die hem een maand de tijd gaf een producent te vinden uit de lijst die hij zelf had samengesteld en die goedgekeurd was door Crawford en Mermin. Na die datum kon hij zijn eigen toneelbewerking 'op geen enkele manier dan ook' produceren, en Frank zou het recht hebben 'zonder enige aanspraak van u een andere toneelschrijver of toneelschrijvers aan te trekken voor de toneelbewerking van het boek, of een producent om deze toneelbewerking te produceren'. Op 21 december deed Levin afstand van alle rechten op het toneelstuk, nadat hij er niet in geslaagd was een geschreven overeenkomst te sluiten met een producent van de goedgekeurde lijst. De volgende dag stuurde hij Frank een woedende brief waarin hij beweerde dat hij nooit een kans had gekregen met Doubleday en Mermin als tegenstanders; ze weigerden de uitstekende producenten die hij had aangedragen. Zijn aanval gold niet Frank: 'Mijn woede richt zich niet tegen u. Die richt zich tegen mensen die zich bedienen van misleiding en manipulatie... We zijn allen van mening dat u volstrekt rechtlijnig en grootmoedig jegens ons bent geweest en dat op de achtergrond eenvoudig professionele zaken speelden die u niet kon begrijpen.'

Otto Frank moet zich opgelucht gevoeld hebben en tegelijk onzeker nu Levin verplicht was zijn rechten op te geven, maar zijn gedachten waren bij persoonlijker zaken, zoals hij vanuit Basel aan Zimmerman schreef: 'Vandaag verwacht ik Fritzi. Ze heeft tot de vijftiende gewerkt en we blijven hier samen tot het eind van de maand en gaan dan in januari naar de bergen... Moeder werd op 20 december achtenzeventig. Ze is gezond en at met ons mee (gewoonlijk blijft ze boven in haar kamer). Ze stond op en hield een prachtige speech! Mijn broer was uit Londen over dus we waren er allemaal (haar vier kinderen). Dat is uitzonderlijk en daar zijn we dankbaar voor.' Otto's genoegens duurden niet lang. Op 25 december stuurde Levin hem een tweede brief en richtte nu zijn kwaadheid op hem, nadat hij in de krant had gelezen dat Carson McCullers waarschijnlijk het toneelstuk naar het dagboek zou schrijven. Ziedend schreef hij: 'Het idee dat een niet-joodse is uitgekozen om dit toneelstuk te schrijven, maakt me misselijk en razend... U zult wel zeggen dat het niets uitmaakt en zo, maar na de manier waarop mijn werk is behandeld een niet-joodse schrijver verkiezen boven de tientallen uitstekende joodse schrijvers die er zijn, de productie overlaten aan een niet-joodse producent terwijl prominente joodse producenten die het graag zouden doen van de lijst geschrapt werden, dat is meer dan schandalig. Dit laat ik niet over mijn kant gaan. Ik zal erover schrijven waar ik maar kan. Behalve onrecht is het ook een belediging. Ik ga het hele verhaal vertellen...'

Nadat Zimmerman de tirade van Levin had gelezen, schreef ze op 7 januari aan Frank over 'de kwestie of een jood of een niet-jood het stuk behoorde te schrijven. Natuurlijk zal een jood het boek in zeker opzicht sterker aanvoelen maar in ander opzicht is dit misschien een nadeel. Ik geloof dat een niet-jood langs een andere weg even sterk Annes boek aanvoelt en daarbij loopt deze niet het gevaar (dat een jood zou kunnen overkomen) dat het stuk wordt beperkt tot een louter joodse ervaring. Het mooie aan Annes boek is dat het echt universeel is, dat het een boek, een ervaring voor iedereen is. En ik denk juist dat een tikje objectiviteit van de kant van de schrijver deze brede belangstelling garandeert.' In een verzoeningsgezinde brief probeerde Frank Levin ervan te doordringen dat 'de lezers van het boek voor het overgrote deel niet-joden [zijn]. Ik ben ervan overtuigd dat gevoel voor de joodse atmosfeer noodzakelijk is maar over het geheel gezien mag het niet overheersen.' Een joodse regisseur 'kan veel doen om de joodse sfeer te behouden' maar 'wat de schrijver betreft kan ik zelf niet ingrijpen'. Een paar dagen later bekent hij: 'Volgens mij is het vrij zeker dat het toneelstuk veel gemakkelijker op zijn merites wordt beoordeeld als het door een niet-jood geschreven is.'

Op 9 januari schreef Frank aan Zimmerman dat hij nerveus wordt omdat hij niet weet 'hoe het allemaal afloopt'. Aangaande de religieuze achtergrond van de toneelschrijver had hij geen uitgesproken ideeën, maar 'het leek hem raadzaam in het geval van een niet-joodse schrijver een joodse regisseur te hebben'. Zonder de 'joodse atmosfeer' zou het stuk wellicht verkeerd vallen in 'de joodse kringen die geholpen hebben het boek te propageren'. In zijn volgende brief bouwt hij voort op dit thema: 'U weet dat de vraag een joodse of een niet-joodse schrijver, voor mij niet zo belangrijk is, het voornaamste is dat de tekst van de eerste orde is, maar misschien heb ik het mis.' Op 14 januari stuurde hij Levin naar hij hoopte zijn laatste woord over dit onderwerp: 'U weet dat ik niets liever wilde dan de aanvaarding van uw tekst, niet omdat u een joods schrijver bent maar omdat ik u persoonlijk waardeer en weet hoezeer u onder de indruk bent van Annes boek.' Hij hoopte dat 'onze persoonlijke relaties niet verstoord worden' als ik bedenk 'wat u allemaal deed voor Anne'.

Maar Levin bleef alle betrokkenen achtervolgen en toen Zimmerman hoorde dat Crawford besloten had haar advocaat te raadplegen, schreef ze boos naar Frank dat Levin 'alles had gedaan wat in zijn vermogen lag om alles kapot te maken... Meyer moet ophouden met deze onnodige afbraak. Hij gedraagt zich onvoorstelbaar onbezonnen... Er valt niet met hem te praten, hoe je het ook aanpakt, officieel, wettelijk, moreel, persoonlijk... een complete neuroot, bezig zichzelf en Annes toneelstuk kapot te maken.' Op de vraag van Frank of de regisseur joods moest zijn, antwoordde ze dat de meesten joods waren, en vroeg Frank haar domweg te vertrouwen, want 'ik heb geen literaire reputatie te winnen of te verliezen, alleen jouw vriendschap die me zo dierbaar is en mijn diepe genegenheid voor jou'.

Zimmerman heeft nu geen berouw van haar standpunten in die tijd. 'Otto was zo kwetsbaar, vooral toen. Hij werd ontroerd door iedereen die van het dagboek hield. Levin speelde dat enigszins uit, al weet ik dat hij er echt op gesteld was. Ik heb aan het begin Levins toneelstuk wel gelezen. En ik was toen erg jong en naïef maar ik stelde voor mijzelf vast dat het gewoon niet aansprak. Het toneelstuk *Anne Frank* dat Levin later heeft gepubliceerd, was niet het stuk waarover hij destijds onderhandelde. Hij heeft er jaren aan gewerkt om het te perfectioneren, hij was van het slag mensen dat zoiets doet, steeds opnieuw. Het origineel was helemaal niet goed. Hij interpreteerde het gezin volkomen verkeerd en maakte er streng gelovigen van, hoewel ze heel bourgeois en vergaand geassimileerd waren. Het was niet zozeer een toneelstuk als wel een reeks religieuze feesten. Er gebeurde niets! En met het stuk van Levin gebeurde ook niets, het was hopeloos.'

Zimmerman was niet de enige persoon die Frank raadpleegde over de kwestie van een joodse toneelschrijver; hij vroeg ook Nathan Straus naar zijn mening. Straus' antwoord leek in zijn bewoordingen erg op dat van Zimmerman: 'Voorzover het de wereld betreft, lijkt het mij een uitgesproken voordeel als het stuk geschreven werd voor een niet-jood. In de eerste plaats zou dat de universaliteit van het thema benadrukken. In de tweede plaats bestaat er naar mijn mening weinig twijfel dat het stuk veel meer op zijn merites wordt beoordeeld als het door een niet-jood wordt geschreven.' Er waren weinig mensen wier mening Frank meer respecteerde dan die van zijn oude vriend van de universiteit in Heidelberg. Zijn standpunten verzekerden Frank dat zijn eigen mening – dat het niet uitmaakte of de schrijver joods was of niet – gewettigd was.

Toen hij hoorde dat Levin (tegen de wensen en het advies van Tereska, zijn vrouw) Crawford voor de rechter wilde dagen, schreef Frank geërgerd: 'Ik heb u gezegd dat redetwisten en ruziën, onenigheid en dreigement, tegen Annes ideeën en idealen indruisen... Ik begin u nu anders te zien... Het zou me groot genoegen doen als u zoudt ophouden met onrust stoken omdat het onterecht is en beneden uw waardigheid. Word wakker, gebruik uw gezonde verstand.' Het typeert Frank dat hij spijt had van deze brief en een tweede stuurde die niet zo op de man af was, maar Levin wel vertelde: 'Elke overeenkomst, mondeling of op schrift gesteld, is mij heilig, zelfs als het resultaat in mijn nadeel blijkt. U bent een slecht verliezer.' Frank zat diep in de put over de stand van zaken en was bang dat Levin door iemand niet netjes was behandeld. Tijdens zijn verblijf in New York schreef hij aan Fritzi: 'In feite is het Doubleday die mij altijd verre houdt [van Levin] en mij op een bepaalde manier opruit, waartegen ik mij tracht te verzetten.' Niettemin ergerde hij zich aan Levins activiteiten ('onterecht en lelijk') omdat zijn toneelstuk afgewezen was. Zijn vriend rabbijn Bernhard Heller vertelde hij dat 'ik nooit in mijn leven zo teleurgesteld ben in iemands karakter als bij Meyer Levin'.

Uiteindelijk trokken zowel Cheryl Crawford als Carson McCullers zich terug en stopte Kermit Bloomgarden de productie. Uit hun correspondentie wordt duidelijk dat Zimmerman en Mermin beiden Bloomgarden voor het dagboek wilden behouden. Frank vond dat Crawford zich slecht gedragen had, zo slecht dat hij Levins gedrag bijna kon rechtvaardigen. Onder de namen die als toneelschrijver voor de bewerking van het dagboek in aanmerking kwamen, bevonden zich John Van Drieten en George Tabori. Levin trachtte weer de aandacht op zich te vestigen en kwam met een jonge producente, Teresa Hayden genaamd. Frank vatte moed door een brief van Hayden maar Zimmerman wees haar onmiddellijk af en verketterde haar als 'doorgaans onevenwichtig, onervaren en moeilijk... niet bepaald een intelligent mens... betrokken bij een reeks van mislukkingen'. Ze zag dat Levin weer begon met 'dezelfde oude pressie en onaangenaamheden', en zijn 'pathologische haat jegens mensen met succes' maakte hem tot 'de minst vertrouwde man van Amerika na McCarthy... We moeten vertrouwen op [Bloomgardens] oordeel en het lot van het toneelstuk in zijn handen leggen.' Na de mislukking van zijn nieuwste poging bij Frank in de gunst te komen bombardeerde Levin Frank met agressieve brieven en beweerde dat zijn toneelstuk voor hem betekende wat Anne voor Otto betekende. Mermin maande Levin in een scherpe brief de strijd te staken, al betwijfelde hij of hij Levin kon overtuigen. 'Maar wie weet? Ik ben geen psychiater en geen tovenaar – en we moeten maar weer afwachten wat er gebeurt.'

In maart, toen Otto met Fritzi en Eva in Londen was, hoorde hij dat zijn moeder ernstig ziek was en vloog hij naar Basel om bij haar te zijn. Op 16 maart vertelde hij Zimmerman: 'Ik bleef een week en omdat ze zich beter voelde, ging ik terug naar Londen... We hopen er het beste van.' Drie dagen later schreef hij weer: 'Het ging moeder beter maar vandaag belde mijn broer en vertelde me dat moeder vannacht na een beroerte gestorven is. Ik ga dus weer terug naar Basel... Ik ben blij dat ik haar nog heb gezien toen ze er nog echt van genoot.' De begrafenis van Alice Frank was de laatste keer dat Otto, Herbert, Leni en Robert Frank bij elkaar waren. Twee maanden later, op 23 mei 1953, stierf Robert in Londen.

Druk bezig zijn was altijd al Otto's methode om met verdriet om te gaan, en na de dood van zijn moeder en broer stortte hij zich in de zakelijke rompslomp rond het dagboek. Hij maakte zich zorgen over het uitblijven van succes voor de Britse uitgave. Het boek werd in de Verenigde Staten opvallend goed verkocht – op 28 april noemde Zimmerman het in een brief aan Frank ondenkbaar dat het niet meer gedrukt zou worden, want 'ook tien jaar na nu (en ook daarna) zal er naar ieders mening nog vraag naar zijn en zal het nog even belangrijk zijn als nu'. Maar toen de bestaande voorraad in Groot-Brittannië uitverkocht was, werd er geen nieuwe druk besteld. De brief van Frank aan Barry Sullivan van Vallentine Mitchell, waarin hij protesteerde tegen hun beslissing, toont wel aan hoe gedreven en vastbesloten hij kon zijn als hij in actie kwam: 'U schijnt tevreden te zijn met de verkoop maar ik niet. Ik ben ervan overtuigd dat er veel meer boeken verkocht hadden kunnen worden... Ik werd beïnvloed, ook door vrienden in Parijs en New York, uw firma te kiezen en een joodse uitgever te nemen. Eerlijk en ronduit gezegd voel ik me door u in de steek gelaten.' Sullivan probeerde Frank te sussen met de uitleg dat de situatie te wijten was aan het feit 'dat men zich duidelijk heeft afgewend van boeken die de dieper liggende en aangrijpende aspecten van de Tweede Wereldoorlog behandelen'.

Frank liet zich daarmee niet afschepen: 'Als ik geweten had dat u het boek hoofdzakelijk zo graag wilde op grond van de commerciële verwachtingen, dan zou ik het nooit aan uw firma hebben toevertrouwd... Ik ben niet de enige die het een schande vindt dat het boek niet verkrijgbaar is op de Engelse markt.' Op 17 juni mengde David Kessler, de directeur van Vallentine Mitchell, zich in de discussie en herinnerde Frank eraan 'dat het boek, toen het ons aangeboden werd, door meer dan een Engelse uitgever was afgewezen, evenals door verschillende Amerikaanse uitgevers, heb ik begrepen... Er zijn vijfduizend exemplaren van verkocht en gezien de omstandigheden beschouw ik dat niet als een slecht aantal.' In een interne memo merkt Kessler op: 'Dit boek vertoonde het nogal vreemde karakter dat de vraag niet bijzonder groot was hoewel de recensies uitstekend waren en we verkochten ook veel minder exemplaren dan er in andere landen werden verkocht.' In de nazomer van 1954 gaf Pan Books het dagboek uit als goedkope paperback en toen kwam de verkoop eindelijk op het niveau dat naar Franks overtuiging haalbaar was. De eerste twee Pan-edities telden 75.000 exemplaren en aan het einde van het decennium was het een van Pan Books' best verkopende titels.

Op 19 maart 1953 schreef Frank aan Zimmerman dat de eigenaar van Prinsengracht 263 van plan was het pand te verkopen (hij trok zich dat jaar terug uit Opekta en Kleiman verving hem als directeur van het bedrijf). De vraagprijs steeg van twintigduizend naar dertigduizend gulden. Frank wilde het kopen: 'Ik zal alles doen om het huis te krijgen maar mijn middelen zijn natuurlijk beperkt.' Het idee om het pand te kopen en er een soort educatieve instelling in onder brengen die zich zou bezighouden met zijn geschiedenis uit de oorlogstijd en het dagboek van Anne, was afkomstig van Joseph Marks van Doubleday. Op 1 oktober 1952 schreef Otto aan Fritzi: 'Marks heeft een plan waarbij alle uitgevers van Annes boek een fonds moeten vormen om het pand op nummer 263 te kopen en er een bibliotheek voor jonge mensen te vestigen. Zo denken ze er hier over.' Frank voelde wel wat voor het plan maar zag niet hoe het uitgevoerd moest worden. Op 19 april 1953 schreef Zimmerman hem, na ontvangst van Franks brief over de verkoop van het pand, dat ze het had besproken met Frank Price en dat ze zich afvroegen of '[de Nederlandse regering] of een of andere organisatie misschien het besef zou hebben hoezeer dit de moeite waard zou zijn'. Op 27 april werd op de aandeelhoudersvergadering van Opekta besloten het perceel te kopen dat voor Otto Frank 'van uitzonderlijk belang' was en dat daar 'een door hem aangewezen stichting' zou worden gevestigd. Helaas stond het gebouw letterlijk op instorten en de renovatiekosten zouden enorm zijn. Op 20 mei schreef Zimmerman, op de hoogte gesteld van de plannen, aan Frank dat 'we kunnen trachten het plan van de heer Marks voor een Anne Frank Stichting te realiseren zodra het gebouw van de ondergang is gered'.

Tot hun ontzetting deed zich die zomer echter een andere ontwikkeling voor. Op 14 augustus meldde Frank Zimmerman: 'Gisteren kreeg ik een brief van de heer Kleiman die erop aandringt dat ik onmiddellijk naar Amsterdam kom.' Berghaus, de firma die het aanpalende perceel op nummer 265 had gekocht, was van plan het te slopen en te herbouwen. De constructie van nummer 263 was zo zwak dat het bij deze werkzaamheden waarschijnlijk zou instorten (en het nieuwe dak dat was aangebracht, lekte alweer). De enige oplossing was meer geld in de renovatie te steken. Frank schreef wanhopig:

Meneer Kleiman schreef dat hij het huis liever verkoopt dan er nog eens tienduizend gulden in te investeren, hoewel hij weet wat het geheime achterhuis voor mij betekent. Als een tentoonstelling of film uitzicht op verdere inkomsten bood, zou ik niet aarzelen het nodige bedrag te betalen om het huis te behouden. Maar in mijn huidige situatie, woonachtig buiten Nederland en zonder salaris, kan ik het niet bekostigen. Ik moet deze kwestie realistisch bekijken, al gaat het mij aan mijn hart dat ik niet bij machte ben het idee van de heer Marks, voor een Anne Frank Stichting in het pand en het behoud van het geheime achterhuis voor komende generaties, te realiseren... Ik zie het als mijn plicht de heer Marks van de stand van zaken op de hoogte te stellen. Zijn originele idee speelt me voortdurend door het hoofd en is uitgegroeid tot een soort ideaal om te proberen van het geheime achterhuis niet een dood monument maar een jeugdcentrum te maken voor mensen uit verschillende landen. Ik ben van plan een paar dagen in Amsterdam te blijven om een duidelijk beeld te krijgen van de situatie. Misschien komt er op een dag een tentoonstelling of een film – te laat om me nog te helpen bij het project.'

Op 9 september kreeg Zimmerman het laatste nieuws van Frank: 'Wat de kwestie van het pand betreft, vind ik dat ik het risico van de herbouw niet mag nemen als ik het kan vermijden. De experts zeggen me dat het wel eens het dubbele zou kunnen kosten van het bedrag dat ze oorspronkelijk hadden geraamd. Ik moet dus verstandig zijn. Midden december valt de beslissing of het pand naast ons wordt afgebroken, met alle consequenties voor ons huurcontract, en of we het pand willen kopen of niet...' Zijn volgende rapport was nog somberder: de hele rij huizen van nummer 265 tot aan de hoek van de straat zou afgebroken worden. Berghaus bood een goede prijs voor Prinsengracht 263 en die werd geaccepteerd. Opekta kreeg toestemming de zaken nog een jaar voort te zetten in het pand. Daarna moest een ander adres worden gevonden: Berghaus had het perceel meegenomen in zijn plannen voor de sloop. Het geheime achterhuis zou tegen de grond gaan.

Op 10 november 1953 trouwden Otto Frank en Fritzi Markovits in het Amsterdamse stadhuis. De enige aanwezigen waren Miep en Jan Gies en Kleiman en zijn vrouw. Fritzi's dochter Eva wist niet dat ze gingen trouwen en kwam er pas achter toen ze haar opbelden. Na de plechtigheid was er een diner in L' Europe alvorens het pas getrouwde paar vertrok om de nacht door te brengen in een klein hotel in Arnhem. De volgende dag reisden ze naar Basel, waar Fritzi Otto's kamer aan de Herbstgasse met hem deelde. Erich, Leni en Stephan Elias waren daar blijven wonen (Buddy Elias werkte in het buitenland als kunstschaatser en acteur), en in 1955 voegde Herbert zich permanent bij hen. Otto was terug in de familiesfeer waar hij zo naar hunkerde. Het liefst zat hij met zijn vrouw, broer, zuster, zwager en neef aan de lange tafel in de eetkamer aan de voorzijde te praten over zaken die het dagboek aangingen en over nieuwtjes van vrienden. Bij de maaltijd gebruikten ze het zilveren bestek van zijn ouders, omringd door de schilderijen en het solide, rijke meubilair uit het huis van hun jeugd in Frankfurt. Hij genoot van de kleine blijken van vertrouwdheid: Leni, mopperend op Herbie, die zat te grommen en met zijn vingers op de tafel trommelde als er even niets gezegd werd, Erich met een verstandig advies en Fritzi die schaterlachte om een grap die Buddy doorgaf in zijn brieven aan Stephan. Leni dreef haar antiekzaak zo besluitvaardig als Otto niet voor mogelijk had gehouden van zijn jongere zuster. Erich hoefde niet meer te werken en nam iedere dag zijn krantje mee naar de winkel van Leni waar hij thee dronk en met de klanten zat te praten tot Leni's geamuseerde ergernis.

Op 11 december gaf Franks advocaat, Myer Mermin, hem per brief het advies akkoord te gaan met het voorstel Frances en Albert Hackett als toneelschrijvers aan te trekken voor het dagboek. Lillian Hellman had Franks verzoek het stuk te schrijven, afgewezen; volgens haar waren haar vrienden, de Hacketts, de ideale bewerkers. Hun kracht lag in het genre lichte komedie, dat ze met succes hadden aangewend in bekroonde toneelstukken als *Father of the Bride* en *It's a Wonderful Life*. Ze hadden vergeefs geprobeerd weer voor het theater te schrijven en ze waren ook onderworpen aan een onderzoek, zij het niet gedagvaard, door de commissie voor on-Amerikaanse activiteiten. De Hacketts waren enthousiast, al twijfelden ze of ze wel de juiste mensen waren voor de bewerking van het dagboek, met zijn 'gespannen dramatiek, de mogelijkheid van grote intimiteit in de scènes... En momenten van leuke komedie dat de wanhopige, tragische situatie van de personages nog versterkt.' Bloomgarden verzekerde hun dat hij geen 'tranen uit de mensen wilde persen' en vond dat 'de enige manier waarop dit stuk kan slagen, is als het grappig is... laat de mensen lachen, dat is de manier waarop ze de voorstelling uit kunnen zitten'. Het enige voorbehoud dat Mermin tegenover Frank maakte ten aanzien van de Hacketts, was het probleem van hun agent, Leah Salisbury, die 'het contract nu bestudeert en Bloomgarden er al op gewezen heeft dat een aantal bepalingen haar niet aanstaan'. Ook Zimmerman steunde de Hacketts.

Op 19 december kondigde *The New York Times* aan dat de Hacketts het dagboek voor het toneel gingen bewerken. Levin nam onmiddellijk contact met hen op en spuide al zijn gal over wat hem in het verleden was overkomen. Frank had het artikel ook gezien en vertrouwde Frank Price toe dat de keuze hem zorgen baarde: 'Ik beken dat ik, net als de meeste Europeanen, een beetje bang ben voor een "Hollywood"-auteur bij zo'n subtiel en gevoelig onderwerp.' Hij was vrolijker na ontvangst van hun eerste brief waarin ze zich presenteerden als 'zeer vereerd en heel deemoedig bij de benadering van hun opdracht. Het is een heel mooi en heel ontroerend boek... We bidden dat het ons lukt het karakter ervan vast te leggen... de geest en de onverzettelijke moed van uw dochter.'

Zoals Mermin had voorspeld, wenste Salisbury een contract dat meer aandacht schonk aan het voordeel van haar cliënten als schrijvers dan aan Otto Frank als vader van het vermoorde meisje. Tegen de tijd dat het rond was, kwam Levin weer in actie en plaatste een advertentie in de *New York Post* waarin hij Bloomgarden beschuldigde van moord op zijn toneelstuk. Hij vroeg de lezers contact te zoeken met Frank en om een leestest te vragen. Een aanzienlijk aantal deed dat, maar op advies van zijn advocaat negeerde Frank de brieven; hij vond dat zijn vroegere vriend 'de geest van een psychopaat' had. Bloomgarden besteedde evenmin aandacht aan Levin. Price, die de zaken van het dagboek had overgenomen omdat Zimmerman na haar huwelijk vertrokken was bij Doubleday, berispte Frank voor zijn 'vriendelijkheid' die 'het mogelijk heeft gemaakt dat deze kwestie is blijven voortduren tot het moment waarop ze deze impasse bereikt heeft'.

De Hacketts waren bezig met het stuk en besteedden speciale aandacht aan een scène die de viering van Chanoeka in de onderduik uitbeeldt. Ze consulteerden een rabbijn en 'kregen joodse gebedenboeken en gezangboeken' maar in de joodse boekwinkel die ze bezochten, werden ze koeltjes behandeld. Nerveus vroegen ze Bloomgarden: 'Kan [Levin] alle joodse mensen tegen ons opzetten?' De reactie van Frank was vriendelijker: hij vertelde 'elk detail' van de viering van Chanoeka in het achterhuis. Later, na het inwinnen van de informatie, vertelden de Hacketts dat het de bedoeling was erachter te komen 'welke vrijheden ze zich [bij de Chanoeka-scène] konden permitteren zonder iemand te kwetsen'. Voor de achtergrond van de Nederlandse oorlogsjaren consulteerden ze Tony van Renterghem, een vroegere verzetsman. Hij vertelt: 'De Hacketts wisten absoluut niets van Nederland en van de oorlog. Ik moest het uitgebreid met hen doornemen. Ik kreeg niet betaald voor mijn werk. Daar had ik naderhand moeite mee, want de Hacketts verdienden een fortuin en wonnen er een Pulitzerprijs mee. Toen ze bij me kwamen om hen weer te helpen voor de film, zei ik dat ik een honorarium en een vermelding wilde. Ik kreeg het allebei.'

Frank was verontrust door het gebrek aan contact met Bloomgarden; hij had nog helemaal geen post van hem ontvangen, wat 'hem een beetje stoorde', zei hij tegen Frances, niet omdat het 'een zakelijke aangelegenheid voor mij zou zijn, al is er wel verband met zaken, maar alles wat betrekking heeft op het boek, is het ware leven... Annes dagboek is een verbinding tussen hen die eraan werken... en mij, en het schept een bepaald persoonlijk gevoel.' Frances en haar man waren te druk met hun tekst om tussenbeide te komen. Ze hadden hun tweede versie klaar, maar Frances schreef in haar eigen dagboek dat ze 'zo bang [waren] om mensen onsympathiek uit te beelden dat ze hen niet menselijk maakten. Begonnen opnieuw.' Otto stuurde hun een kopie van Annes 'overdenking' *Geef!*, die hen kon helpen 'het nogal kinderlijke idealisme... dat zo typisch is voor Anne', te begrijpen. Frances antwoordde dat het 'naïef [was] neem ik aan. Maar ergens kan ik niet geloven dat zo'n dosis liefde en het begrip dat ze bepleit niet zou zijn wat in deze chaotische en vreselijke tijd het hardste nodig is.' Eind mei stuurden de Hacketts kopieën van de herschreven tekst aan Bloomgarden, Hellman, Salisbury en Frank. Ze waren nerveus; de belangrijkste afwijking van de vorige tekst zat in de voice-over, voorheen met de stem van 'Elli' (Bep) maar gesproken door 'Otto' omdat ze vonden dat hij 'verantwoordelijk was voor Annes ontwikkeling'. Ze waren niet alleen bezorgd voor de reactie van Bloomgarden maar ook voor die van Frank: 'Misschien choqueert hem de hoeveelheid komedie die we erin hebben... maar ik denk dat dit klopt met het karakter van Anne... en vandaar ook met de geest van het boek.'

Op 2 juni stuurde Frank zijn mening over het stuk naar Mermin. Hij vond het waardeloos en bekende dat hij verrast was door zijn eigen 'negatieve' reactie: 'Terwijl ik bij het stuk van Levin vond dat de psychologische ontwikkeling en de karakters goed waren, maar dat ik de dramatische waarde niet kon beoordelen, is mijn eerste indruk van de Hackett-versie die van uitstekend routinewerk, maar ten koste van de geest van het boek... Ik kan niet zeggen dat de tekst tegen de geest van Anne in gaat maar ze bereikt niet de opgewektheid van Anne en in de huidige vorm wordt de boodschap die het boek bevat, nooit overgebracht. U kunt zich voorstellen dat ik me heel beroerd voel in deze situatie. Wat ik u schrijf, zal ik nooit aan zulke verfijnde, gevoelige mensen als de Hacketts kunnen schrijven.'

Hij wachtte drie dagen voor hij de Hacketts zijn mening gaf en hij begon zijn brief met: 'Ik heb veel bezwaren.' Als redenen noemde hij de 'humoristische trekjes' in het eerste bedrijf, de betrekkingen tussen Anne en Edith evenals die tussen Anne en Peter, die 'te vlak' waren en de uitbeelding van Margot als 'lichtgeraakt'. Wat eraan ontbrak, schreef hij, was een duidelijke illustratie van Annes 'optimistische kijk' op het leven. En hij vervolgt: 'Nadat ik duizenden recensies en honderden persoonlijke brieven over het boek van Anne heb gelezen uit verschillende landen van de wereld, weet ik wat er indruk maakt op de mensen, en die indruk moet ook door het stuk overgebracht worden op het publiek. Jonge mensen identificeren zich heel vaak met Anne in hun perikelen tijdens de puberteit en het probleem van de relatie moeder-dochter bestaat over de hele wereld. Dit alles en de liefdesverhouding met Peter trekken jonge mensen aan terwijl ouders, leraren en psychologen iets leren over de innerlijke roerselen van de jonge generatie.' Hij vond dat hun toneelstuk 'geen recht deed aan de omstandigheden' en zijn vertrouwen was zo gering dat hij betwijfelde of 'de punten die ik opwierp, wel verbeterd konden worden'.

De Hacketts waren teleurgesteld door de reactie van Frank. Bloomgarden, die hun ontgoocheling aanvoelde, gaf hun iets concreets waarop ze konden bouwen: drie pagina's met noodzakelijke wijzigingen in hun tekst, waaronder de verandering van de Chanoeka-scène van serieus naar feestelijk. Hij stelde hun voor een scène te schrijven waarin Pfeffer ('Dussel' in het stuk) brood stal en hij wilde dat de relatie tussen Anne en Peter veel meer aandacht zou krijgen. In overleg met de Hacketts stelde Bloomgarden voor het stuk te schrijven als een schildering van Anne die in het reine komt met de normale puberale problemen onder buitengewone omstandigheden. Annes eigen beschrijving van het dagboek als een kroniek van 'hoe we leefden, wat we aten, en waar we over praten als ondergedoken joden', werd losgelaten. Het ergste dat ze konden doen, daar waren Hacketts en Bloomgarden het wel over eens, was het vertonen van 'een verzameling knorrige mensen op het toneel en te veel van de drukkende atmosfeer van nachtmerries en verschrikking... we moeten ons [niet] te veel zorgen maken over reacties op het vertonen van neerslachtige joden in een ongunstig licht.' De hele hete zomer van 1954 werkten de Hacketts in het appartement dat ze in New York hadden gehuurd aan hun tekst. In september, nadat Bloomgarden hun had gezegd dat hij de productie van het toneelstuk alleen zou overwegen als 'Anne een meer spiritueel accent' kreeg, hadden de Hacketts op Martha's Vineyard een ontmoeting met Lillian Hellman om haar advies te vragen voor de tekst. Ze gingen met nieuw enthousiasme terug naar New York: 'Gingen Lilly opzoeken. Ze was verbluffend. Briljant advies voor de opbouw.'

Terwijl Frank op 6 september gespannen zat te wachten op nieuws van de Hacketts, gaf hij Kamm van Pan Books de verkoopcijfers van het dagboek wereldwijd: tachtigduizend gebonden exemplaren in de Verenigde Staten plus tweehonderdduizend pockets, honderdvijfendertigduizend in Japan, dertigduizend in Nederland, vijfendertigduizend in Zweden, 4600 in Groot-Brittannië en 4500 in Duitsland hoewel de goedkope paperback van Fischer in maart daarop in een oplage van vijftigduizend exemplaren zou verschijnen. In zijn brief merkt Frank op dat er ook in de tekst van de pocketuitgave woorden en zinnen zijn veranderd. Later deed Frank hem een paar ideeën aan de hand voor promotiewerk en sloot een affiche bij dat hij had laten ontwerpen en reproduceren in duizend stuks om uit te delen in de boekwinkels. De recensies van het *Dagboek* in de Pan-editie waren heel gunstig en de woorden van een criticus lijken sindsdien steeds terug te keren: 'Een zeer aangrijpend menselijk document... Haar jeugdig testament is een van de meest ontroerende zaken die uit de oorlog tot ons zijn gekomen en nog lang gekoesterd zullen worden.' *The Jewish Chronicle* uitte soortgelijke sentimenten en concludeerde: 'Zij, ten dode opgeschreven, schiep een hymne aan het leven... Dit is niet minder dan een religieus werk, een boek dat thuishoort in ieder joods huis... er is geen excuus voor een intelligent mens als hij zich niet van een exemplaar verzekert.'

Op 25 oktober berichtte Frank aan Mermin dat hij een kopie van de herschreven tekst had ontvangen en 'heel tevreden' was. Frank lag op dat moment in het ziekenhuis na een zenuwinzinking. Zijn zwakke gezondheid leed onder de herinneringen aan de onderduiktijd en zijn maanden in Auschwitz, zijn onverwerkte emoties over het verlies van zijn kinderen, zijn vertrek uit Amsterdam en zijn tweede huwelijk. De hoeveelheid werk die hij had voor het dagboek en de voortdurende concentratie op al die herinneringen die hij volgens zijn omgeving maar beter uit zijn hoofd moest zetten, eisten hun tol. Hilde Goldberg vertelde dat hij de zenuwinzinking nabij was toen hij in 1950 haar familie in Frankfurt bezocht: 'Hij verkeerde nog in grote emotionele ontreddering omdat hij door dat boek geconfronteerd werd met de wereld. Er kwamen zoveel reacties op.' Ruth, de dochter van Hilde Goldberg, vertelde Fritzi jaren later: 'Ik kan me niet herinneren dat ik ooit niets wist van Auschwitz en Belsen, of van Anne, of van Otto en zijn enorme drang om zijn verdriet openlijk te beleven.'

In zijn brief aan Mermin beweerde Frank dat hij zich 'heel goed' voelde en bewondering had voor de benadering van de materie door de Hacketts 'vanuit een heel andere richting. Ik moet bekennen dat ik wat het succes van het stuk betreft, nu vol vertrouwen ben...' Hij vervolgde: 'Mijn enige teleurstelling is nu de heer Bloomgarden persoonlijk. Ik denk nog aan zijn lange telegram en de werkelijk prachtige brief die hij me in het begin schreef toen hij geïnteresseerd was en ons gesprek in New York. Ik vind het triest dat hij de hele zaak nu alleen nog uit zakelijk oogpunt beziet en niets persoonlijks legt in zijn brief. Ik weet wel dat het niet nodig is en misschien ben ik verwend door mijn relatie met Doubleday en de aardige mensen die ik daar heb ontmoet. Ik wou dat er een dergelijk contact was en ik ben blij dat de Hacketts tenminste vriendschap en sympathie tonen en dat zij me stellig op de hoogte zullen houden van de verdere gebeurtenissen en ontwikkelingen.'

Op 29 oktober werd Garson Kanin aangesteld als regisseur van het toneelstuk en op voorstel van hem, meer dan van wie ook, verloor de tekst enkele van de meest wezenlijke elementen. In een artikel dat hij in 1979 voor *Newsweek* schreef, keek Kanin uiterst sentimenteel terug op zijn betrokkenheid bij het stuk en noemde Anne een 'intelligent en wonderbaarlijk jong mens... Haar vader was de man die vlak voor hun onontkoombare ontdekking zei: "Twee jaar hebben we in angst geleefd, nu kunnen we met hoop leven."' Toen hem voor de Franse televisie werd gevraagd of hij deze woorden werkelijk had gesproken, schudde Otto het hoofd en lachte. In zijn artikel beschreef Kanin voor zijn lezers Annes 'intelligente, lieve, glimlachende joodse gezichtje, een mengeling van humor en tragedie' en vergeleek haar met 'de Mona Lisa (op wie ze vreemd genoeg lijkt)' en met 'veel klassieke figuren in de traditie van de wereld' zoals 'Julia, Peter Pan, Albert Einstein (is hij *ooit* een jongetje geweest?), Gertrude Stein, Gandma Moses, John F. Kennedy, Shirley Temple'. Zijn aanstelling als regisseur gebeurde op instigatie van Lillian Hellman en hij dacht terug aan een project dat 'niet zozeer een toneelklus als wel een zeldzame religieuze belevenis bleek te zijn'.

Onder Kanins leiding verdwenen de verhalen van Dussel over de beproevingen die de joden hadden te doorstaan. De niet-joodse Nederlander verdween en werd vervangen door een enkele zin: 'Niemand heeft genoeg te eten in Nederland.' Otto's tekst over de verschrikkingen van de kampen werd geschrapt en de komst van de nazi's in het achterhuis werd dramatisch: soldatenlaarzen op de trap, dreunend bonken op de deur en Duitse stemmen die *'Aufmachen!'* schreeuwden. Het specifieke karakter van de holocaust was uitgewist. De zin die de 'Anne' op het toneel sprak (ontleend aan Annes eigen woorden): 'We zijn niet de enige joden die moesten lijden. Door de eeuwen heen zijn er joden geweest en zij moesten lijden' was veranderd. Kanin verklaarde: 'Mensen hebben geleden omdat ze Engelsen waren, of

Fransen, Duitsers, Italianen, Ethiopiërs, mohammedanen, negers enzovoort. Ik weet niet hoe dit aangeduid kan worden maar het lijkt me van het grootste belang. Het feit dat in dit stuk de symbolen van vervolging en onderdrukking joden zijn, is ondergeschikt en door haar betoog zo te formuleren doet Anne afbreuk aan haar hoge statuur... Met andere woorden, het stuk heeft op dit moment de gelegenheid zijn thema tot in het oneindige uit te breiden.' De claus werd veranderd in: 'We zijn niet de enige mensen die moesten lijden. Door de eeuwen heen zijn er mensen geweest die moesten lijden. Soms om hun ras, soms om iets anders.' In een poging te zorgen dat 'het publiek zich meer identificeert met het onderwerp en de karakters', werden vrijwel alle verwijzingen naar joden en joods lijden geschrapt.

Frank steunde de Hacketts in hun streven het stuk universeler te maken: 'Ik stond op het standpunt dat we moesten proberen Annes boodschap op zo veel mogelijk mensen over te brengen, ook al denken sommigen dat dit heiligschennis is en dit bij het grootste deel van het publiek geen begrip kweekt.' In een ander opzicht zijn scènes die de Hacketts hebben bedacht, zoals die waarin Hermann van Pels brood steelt – een voorval dat nooit plaatsvond –, gevaarlijk omdat ze de historische feiten negeren, wat ertoe leidt dat toeschouwers die het boek niet hebben gelezen, aannemen dat Anne zelf over zulke gebeurtenissen moet hebben geschreven. Oorspronkelijk was het Dussel (Pfeffer) die door de Hacketts als dief was getekend, maar Frank zelf adviseerde hun dit te veranderen in Van Pels (vanwege zijn eigen vriendschap met Lotte Pfeffer) en werd toen bang dat Hermann van Pels' broer, die in New York woonde, hem mogelijk een proces aan zou doen. Zijn vrienden in Amsterdam vroegen zich later af hoe hij deze scène (en een aantal andere) ooit kon tolereren.

Op 6 december arriveerden de Hacketts en Garson Kanin in Amsterdam, nadat ze in Londen drie weken intensief aan de tekst hadden gewerkt. In haar dagboek noteerde Frances dat er 'presentjes van meneer Frank in de hotelkamer lagen te wachten. Het is Sint-Nicolaas. Garson, Albert en ik ontmoetten meneer Frank voor het eerst.' De volgende dag bezochten ze het achterhuis en dat was, zo schreef Frances, 'heel verdrietig. Stond in Annes kamer, strekte mijn armen uit en raakte aan beide kanten de wand. Dit was de kamer die ze had moeten delen met de chagrijnige tandarts. Zag Garson kijken naar een van de foto's die Anne aan de wand had geplakt. Het was Ginger Rogers in een film die hij had geregisseerd, *Tom, Dick and Harry*.' Voordat ze kennismaakten met Miep, Jan, Bep, Kugler en Kleiman, wandelden ze ook door de Rivierenbuurt, bekeken Annes Montessorischool, de vroegere woning van de familie Frank en de 'ijssalon waar alleen joden toegelaten werden'. Frank stelde hen voor aan zijn vriend, de historicus Lou de Jong, die aanbood het stuk te lezen en op 'fouten in de documentatie' te controleren. Op 10 december regelde Kanin een fotosessie om elk tastbaar aspect van het achterhuis vast te leggen: 'deurknoppen, trappen, gootsteen, kachel, ramen', terwijl Frances en haar man 'opnamen hoorden van kinderspelletjes en een draaiorgel en boeken over Amsterdam kregen'. Kanin organiseerde 'een bandopname van het carillon van de Westertoren, de tram die aan het einde van een rij huizen voorbij reed, grachtengeluiden, straatgeluiden, fietsbellen'. De hele dag waren er 'vragen, vragen, vragen aan meneer Frank'. De volgende dag was hun laatste: 'Lunchten met meneer Frank. Laatste avond in Amsterdam. Terug in Londen, werkelijk uitgeput. Meer huilen dan ik al gedaan had kon ik niet, denk ik. Maar ik heb een week van tranen gehad. Later hoorden we dat meneer Frank een week ziek was.'

Kanins indrukken van het bezoek werden vastgelegd in een artikel voor *The New York Times* dat eindigde in theatrale stijl: 'Bij al mijn ontmoetingen met [Otto] was hij rustig, achteloos, ouderwets. Hij praatte over de schuilplaats en de arrestatie zonder een spoor van emotie. "Dat is een koude kikker," zei ik tegen de Hacketts. Nadat ik vertrokken was naar Parijs, moest ik meneer Frank opbellen. Ik kreeg hem dagenlang niet aan de telefoon. Ten slotte hoorde ik waarom. Op het moment dat wij Amsterdam verlieten, was hij ingestort. Hij was verpletterd, maar had het niet laten merken. Hij was wat hij geweest was toen de Gestapo voor de deur stond: een moderne miniatuur-Mozes.'

De dag na het vertrek van de Hacketts en Kanin stelde Frank Mermin op de hoogte van zijn wat gematigder idee over het team voor het toneelstuk: 'Ik bracht hier een hele week door met de Hacketts en meneer Kanin, en ik moet zeggen dat het een mooie ervaring was met hen samen te zijn en alle details van het stuk te bespreken. U zult begrijpen dat het dus ook erg enerverend was. Het zijn allemaal erg gevoelige mensen en ik ben ervan overtuigd dat we geen betere regisseur kunnen krijgen dan meneer Kanin... Ze werken allemaal met de grootste toewijding en ik heb alle vertrouwen in hun werk. Meer dan ooit ben ik er nu van overtuigd dat het mijn plicht was te proberen een zo goed mogelijke tekst te krijgen.' Omdat hij wist dat Kanin eropuit was delen van het stuk te herschrijven, schreef Frank naar Bloomgarden dat hij voldaan was dat, nu deze 'zeer gevoelige schrijvers... de invloed van de schuilplaats hadden ondergaan... de geest van de tekst niet zal veranderen'.

Op 30 december 1954 kreeg Frank het nieuws waarvoor hij het hele jaar al gevreesd had: Levin was een proces begonnen tegen hem en Crawford. Hij klaagde hen aan voor het verbreken van een overeenkomst, gesloten tussen 1950 en 1952, die hem het recht gaf het toneelstuk naar het dagboek te schrijven of eraan mee te werken. Hij eiste verwerping van de overeenkomst van november 1952 op grond van bedrog en de gelegenheid te krijgen een toneelstuk naar het dagboek te schrijven of daaraan mee te werken. Hij eiste 76.500 dollar schadevergoeding van Crawford omdat deze Frank had overgehaald het contract uit maart 1952 te verbreken. Gedurende een groot deel van 1955 zochten advocaten van beide kanten naar mogelijke oplossingen van dit specifieke meningsverschil naast andere conflicten tussen de partijen. Levin publiceerde verschillende artikelen in de pers waarin hij uitvoering van zijn toneelstuk eiste.

Frank zou diep gekwetst geweest zijn als hij geweten had dat de twee pagina's met suggesties voor verbetering van de tekst die hij met zorg had vergaard, door Kanin waren afgedankt als oninteressant. Op 10 januari 1955 had Kanin tegen de Hacketts gezegd: 'Ik denk dat alles bruikbaar is, niet? Ik keek vluchtig naar hen.' De agent van de Hacketts, Leah Salisbury, schreef haar cliënten dat zij bezorgd was over de toezegging van Frank aan Levin dat hij zijn stuk kon laten opvoeren in Israël, maar nergens anders. Ze had Mermin gezegd dat ze 'verschillende wijzigingen in het buitenlandse contract' wenste, omdat Frank 'te veel zeggenschap [had]... en dat binnen onze wettelijke rechten alle stappen genomen moeten worden om te voorkomen dat zoiets gebeurt'.

Op 22 maart schreef Joseph Schildkraut, die in het stuk 'Otto' zou spelen, aan zijn pendant in de realiteit. Hij had het dagboek gelezen en vond dat 'vrouw-meisje' Anne 'een heldin [was] en onsterfelijk is, zo onsterfelijk als de Makkabeeën, of Jeanne d'Arc, of een andere heldin of martelares uit de geschiedenis'. Schildkraut, geboren in 1896 te Wenen, was als kind al acteur. In de jaren twintig speelde hij gewoonlijk een knappe bandiet maar in de jaren dertig werkte hij als een gewaardeerd karakterspeler. Tegen een interviewer zei hij dat *De dagboeken van Anne Frank* 'niet primair een joods stuk' was. 'In deze bewerking wordt het sektarische karakter van het verhaal niet geaccentueerd. Deze mensen staan voor alle vluchtelingen, niet alleen voor joden.' Hij zei tegen zijn producent: 'Elke keer als ik over "ons toneelstuk" denk of praat – (lach niet alsjeblieft, Kermit) – krijg ik vanbinnen een bijna gewijd gevoel.' Tijdens de audities voor *Anne* gaf hij de voorkeur aan de jonge actrice Natalie Norwich, en beschreef haar als 'overweldigend, uniek', 'donker haar, donkere ogen, een joodse (geen Jiddische) Julie Harris. Dit is ons meisje... deze openbaring voor "Anne"!' Uiteindelijk ging de rol naar Susan Strasberg, de getalenteerde dochter van toneelimpresario Lee Strasberg.

De rolbezetting voor Edith Frank veroorzaakte in de pers wat ontevreden gemopper en verontwaardiging. Van de actrice die haar speelde, Güsti Huber, werd gezegd dat ze 'vroeger connecties had gehad met nazi's en een speciale vriendschap met Joseph Goebbels'. De beschuldiging kwam van een andere actrice, Lotte Stavisky, die niet met Huber wilde werken vanwege haar medewerking aan nazi-propagandafilms. De Hacketts consulteerden Frank, die zei dat hij Fritzi had gevraagd of ze iets van haar wist omdat ze, net als Huber, in Wenen geboren was. Fritzi wist het niet maar wilde graag meer weten. Een blik op Hubers levensloop vertelt niets over haar werk dat ze in de oorlog deed, maar een journalist die in Dachau gevangen had gezeten, stuurde Bloomgarden een krantenartikel uit 1935 waarin Huber haar besluit bekendmaakt dat ze zich niet 'inlaat met nietarische kunstenaars [die] haar positie in nazi-Duitsland in gevaar zouden brengen'. De journalist vroeg zich af hoe iemand met Hubers hardnekkige 'antisemitische neigingen al voor de inlijving van haar vaderland in het Derde rijk' zou kunnen werken met 'acteurs als Joseph Schildkraut en Susan Strasberg en met regisseur George Kanin. Maar nu heeft ze de euvele moed om vanaf het toneel het woord "sjalom" in de mond te nemen.' Huber bleef de rol van Edith Frank spelen en zou haar ook in de film uitbeelden.

Op 31 augustus schreef Frank aan de Hacketts: 'Ik bid dat de geest van Annes boek wordt overgebracht op de toeschouwers', maar hij bekent ook: 'Het hele idee dat alles op het toneel wordt vertoond, bedrukt mij voortdurend', al kon hij het 'verdragen voor de goede zaak'. Hij schreef later weer om hen eraan te herinneren dat mannen gedurende het gebed tijdens de Chanoeka-viering het hoofd bedekt moeten hebben, zoals ze dat ook in de onderduik hadden. De repetities waren begonnen maar wilden niet vlotten; zowel Bloomgarden als Kanin vonden het 'te serieus'. Op 15 september werd in het Walnut Theater in Philadelphia een voorvertoning gegeven. Frances was blij dat het stuk 'goed liep, ondanks de vreselijke hitte... Recensies goed in twee kranten. Radiobespreking "Eerste akte mooi, tweede zwak."' Ze voegden nog een scène toe aan de tweede akte, waardoor het stuk evenwichter werd.

Op 27 september stuurde Frank een verzoek aan Barbara Mooyart die het dagboek in het Engels had vertaald: 'De schrijvers hebben telkens fragmenten uit het boek gebruikt als "brug" tussen twee scènes en laten Annes stem bij gesloten doek in het donker voorlezen... Ze vragen me nu of jij nog enig recht hebt op de vertaling die aan Doubleday verkocht is. Doubleday maakt natuurlijk geen bezwaar tegen het voorlezen van die fragmenten omdat het in het belang van het stuk en van het boek is. Ik zou aan zoiets nooit gedacht hebben maar nu zij het me vragen, moet ik het jou nu vragen...' Barbara Mooyart antwoordde een paar dagen later en uitte haar verbazing; ze verzekerde hem dat ze geen rechten had voorzover ze wist: 'Ik vind het prettig dat ik mijn kleine aandeel heb geleverd om Annes dagboek aan duizenden lezers te brengen. Ik deed het werk met plezier, zoals u weet. Het was allemaal een grote inspiratie.' Omdat de Hacketts daarop aandrongen, vroeg Frank haar later een document te tekenen waarin ze afstand deed van alle rechten op het dagboek en het toneelstuk. Mooyart keek naar het papier dat Frank bij haar thuis op tafel had gelegd. Toen begon ze over iets anders te praten en Frank kwam er nooit meer op terug.

Naarmate de avond van de première naderde, kwamen er meer veranderingen in de tekst. Het *Maoz Tsoer* dat bij het Chanoeka-ritueel gezongen pleegt te worden, was vervangen door 'O, Chanoeka', een populair lied onder de Amerikaanse joden. Een passage uit het dagboek waar Anne het heeft over haar treurigheid door de gedwongen afzondering, was vervangen door een regel over het 'wonder' van de menstruatie. Er verdwenen nog meer verwijzingen naar het joodse lijden uit de tekst, zoals de boze tirade van Peter op hun gevangenschap: 'Omdat we joden zijn! Omdat we joden zijn!' In een interview, drie dagen voor de première, verklaarde Kanin: 'Ik heb het nooit gezien als een treurig stuk. Ik heb bepaald geen zin om de toeschouwer een depressie op te dringen; ik zie dat niet als het legitieme doel van het theater. Ik zie de dood van Anne Frank niet als een verlies omdat ze ons een erfenis van betekenis en waarde heeft nagelaten...' Hij beschouwde het stuk als een 'oprechte vertelling van een adembenemend opwindend verhaal... een kroniek van de waardigheid en de adeldom van de gewone mensen'. Voor alle mensen die hun werk achter de schermen deden, schetste Bloomgarden het stuk als 'een theaterbelevenis die zo echt is dat het je eigen ervaring zou kunnen zijn', terwijl Frances Hackett Anne Frank beschreef als 'een jong meisje dat net als andere jonge meisjes wriemelde, giechelde en kwebbelde... een elfje... een boeiende intelligente geest... Ze zou de tiener van je buren kunnen zijn, of van jou zelf.'

De repetities liepen ten einde. Susan Strasberg vertelde van haar wanhoop bij de vele boze buien van Schildkraut in de rol van Otto: 'Pepi [Schildkraut] was ongelukkig omdat hij zijn flamboyante stijl moest intomen en... het was traumatisch voor hem zijn hoofd kaal te scheren om op meneer Frank te lijken... Hij klaagde dat ik de show stal of de aandacht van hem afleidde, en dat mijn ouders me hielpen om dat te doen... Hij was zelfs ongelukkig omdat het stuk *Het dagboek van Anne Frank* heette. Voordat we op reis gingen, overlegden de producenten of ze mij moesten vervangen: ik was te onervaren en Pepi was ongelukkig met mij. Hij zocht moeilijkheden en elke dag dreigde hij te vertrekken, en dat onder een stortvloed van tranen, waarvan ik later hoorde dat hij die naar verkiezing aan en uit kon zetten. Gelukkig was dat alles vergeten in de opwinding van de première-koorts...'

Op 5 oktober 1955 ging *Het dagboek van Anne Frank* in het New Yorkse Cort Theater in première. Onder de vele door couturiers aangeklede sterren met bontstola's die in 'glitter en glamour' uit hun limousine stapten, bevond zich Marilyn Monroe, een goede vriendin van Susan Strasberg. Achter het toneel zat met speldjes een brief van Frank op het mededelingenbord geprikt: 'Jullie zult allemaal wel beseffen dat dit toneelstuk een deel van mijn leven is en het is een pijnlijke gedachte voor mij dat mijn vrouw en kinderen net als ik op het toneel worden uitgebeeld. Daarom is het mij niet mogelijk te komen kijken. In gedachten ben ik voortdurend bij jullie allemaal en ik hoop dat het stuk een succes wordt en dat de boodschap die het behelst door jullie zo veel mogelijk mensen bereikt en bij hen een gevoel van verantwoordelijkheid voor de mensheid wekt.' Terwijl de echte Otto Frank duizenden kilometers verderop in Zwitserland sliep, dimden de lichten in het New Yorkse theater en klom zijn alter ego de trap op naar een donkere, stoffige zolder.

Toen 'Otto' het dagboek sloot, het hoofd boog en het doek viel na de eerste opvoering, beseften die avond allen in het theater dat ze getuige waren geweest van een daverend succes. Zelfs de weinigen die het stuk niet goed vonden, wisten dat het een voltreffer was. De recensenten waren verrukt. In *The New York World Telegram* verkondigde de criticus: 'Kenmerkend aan dit toneelstuk is dat er niets akeligs en sensationeels aan is... het vertelt het ontluiken van een jong mens dat zuiver van hart is... zonder de moed van de menselijke geest zou deze woning een hel, een paar etages boven de grond, zijn geweest... maar deze plek is geen bovengrondse hel; het is een testplaats waar mannen en vrouwen en kinderen het heilig recht op leven verdienen.' Frances Hackett schreef de volgende dag in haar dagboek: 'Elke recensie goed! In de wolken! Het was de tranen, de maanden werk, de kilometers reizen waard. We wensen alleen dat Anne dit geweten had.'

Algene Ballif uitte in *Commentary* van november 1955 zijn bedenkingen: 'Zelden zien we een glimp van de Anne Frank van het dagboek.' Volgens haar onderging Anne een 'Broadwayeske metamorfose in een Amerikaanse puber'. Haar totale indruk was 'dat de tekst oppervlakkig en ongearticuleerd en daarom pover was, deerlijk onrecht doet aan het dagboek en bewijst dat het zelfs voor de acteurs die het goed willen doen, te veel is'. Ballif roept de theaterbezoekers op terug te keren 'naar haar echte dagboek voor het soort monument dat haar toekomt'. De eerste bespreking in de Nederlandse pers, 'Onderduikpret op Broadway' in *Vrij Nederland*, verweet het stuk de verdraaiing van 'dingen die heilig zijn'. In de Verenigde Staten was *Het dagboek* domweg 'een vermaaksartikel', Anne zelf 'belachelijk'. De hele toneelvertolking is heiligschennis, heiligschennis jegens het kind Anne Frank... en heiligschennis jegens allen die gemarteld werden... Ik kan de weldoorvoede verwachting bij het betreden van het theater niet verdragen. Ik kan het lachen niet horen.' De schrijver veroordeelt alles aan het stuk, tot en met het bestaan ervan: de enige plaats waar Anne herdacht zou moeten worden, zou zijn 'op een veld waarboven de zon ondergaat of in de synagoge aan het Jonas Daniël Meyerplein'. *Het Parool* doet het toneelstuk af als 'kitsch, die we naar ik hoop hier niet te zien krijgen'.

Maar de andersdenkenden waren schaars en het toneelstuk en de naam Anne Frank werden een begrip. Susan Strasberg werd op slag een ster en stond op de voorpagina van elke krant en elk tijdschrift in het land. Levin was uitzinnig en vertelde ieder die het horen wilde, dat zijn stuk was 'vermoord door dezelfde onverschillige willekeur die Anne en zes miljoen anderen de dood injoeg. Onder de overlevenden bestaat dwangmatig de neiging anderen iets aan te doen van het kwaad dat hun is aangedaan.' Hij trachtte, zij het met weinig succes, schrijvers tegen het stuk op te zetten. Het stuk brak alle records: het beleefde 717 voorstellingen in het Cort Theater met duizend zitplaatsen en trok vervolgens langs twintig grote steden in Noord-Amerika. Alleen in New York bezochten ongeveer een miljoen mensen een voorstelling van *Het dagboek*.

In november zochten de Hacketts Frank in Basel op en logeerden in hotel Drei Könige am Rhein. Een wederzijdse vriend, Calvin Fox, schreef Frank over een film naar *Het dagboek* waarvoor de Hacketts het scenario hoopten te schrijven: 'De Hacketts...meldden ook dat er onderhandelingen waren geweest over een film maar dat er niets besloten was. Ik heb het idee dat hun gevoelens over dit hele project even oprecht zijn als de jouwe en ze zouden bij voorkeur onafhankelijk een film produceren die alle integriteit en waarheid bezit waar jij aan hecht. Ik heb het idee dat ze even onzeker tegenover een Hollywoordproductie staan als jij... ze delen jouw intense emotionele betrokkenheid... ten minste zo intens als ze kunnen onder deze omstandigheden.' Gezien hun achtergrond is het niet aannemelijk dat de Hacketts 'onzeker' waren tegenover een Hollywoodfilm, maar Fox wilde blijkbaar dat Frank zou geloven dat de Hacketts de juiste mensen waren voor de bewerking. Ook Leah Salisbury, de agent van de Hacketts, wilde hem graag overtuigen en bood hem in haar brief van 1 december aan hem te vertegenwoordigen, 'omdat ik u graag mocht en met u heb geleden' en 'jullie Franken allemaal in mijn hart gesloten had'. Ze hoopte 'natuurlijk dat de uiteindelijke overeenkomst ons verzekert van de Hacketts als scenarioschrijvers en Kanin als regisseur'.

Op 13 december antwoordde Frank Salisbury en bedankte haar voor haar 'warme persoonlijke belangstelling voor alles wat Annes dagboek aangaat'. Al besefte hij dat 'het toneelstuk meer voor u betekent dan iets zakelijks' en 'geweldig... onder de indruk was' van haar brief, sloeg hij haar aanbod toch af. Toen Frances hoorde van de briefwisseling, schreef ze Salisbury een verstandige brief waarin ze uitlegde waarom Frank had geweigerd door haar vertegenwoordigd te worden: 'Het is een spaarzame man... en hij zal zich wel tweemaal bedenken voor hij tien procent (honorarium van Salisbury) betaalt. Bij haar onderhandelingen met hem vond ze hem een 'merkwaardige mengeling van grote emoties en zakelijkheid' die 'zijn geld weggeeft terwijl hij ervoor zorgt dat de bron veiliggesteld is', en ze vroeg zich af waarom hij 'niet over het dagboek kon spreken zonder te huilen' en toch bereid was scènes te laten bedenken en veranderingen in de woorden van Anne aan te brengen. Otto's doel was natuurlijk dat de 'boodschap' van het dagboek zo veel mogelijk mensen zou bereiken en als mensen die hij vertrouwde hem adviseerden dat het beter was dit te veranderen en dat te wijzigen, dan geloofde hij hen. De Hacketts, Kanin en Bloomgarden hadden lang geleden ontdekt dat ze hem konden manipuleren door bij hem te appelleren aan zijn vaderschap van Anne en hem te verzekeren dat zij ook het beste wilden 'voor het dagboek', 'voor het toneelstuk' en nu 'voor de film'.

Frank zou diep gekwetst geweest zijn als hij de onbarmhartige brieven had gezien die gewisseld werden tussen de Hacketts en hun agent: ze waren verbijsterd dat hij zich verzette tegen het vrijgeven voor een film. Op 9 januari, na een onaangename opmerking in een van de brieven van Salisbury over Franks emotionele toestand (en naar aanleiding het bericht dat Frank van plan was naar Amerika te komen), schreef Albert Hackett aan Salisbury: 'Ik dacht dat ik de enige was die bang was voor zijn bezoek. Hij leeft in het verleden en brengt het gesprek op het dagboek, het toneelstuk of Anne, en algauw kan Frances alleen nog maar huilen.' Ze waren bang dat Frank veranderingen zou toestaan in de Europese productie van het toneelstuk waar ze zich rechtens niet tegen konden keren. Op 12 januari zei Salisbury, na een ontmoeting met Bloomgarden en Kanin, dat ze bezorgd was dat Frank 'te veel zeggenschap' zou krijgen. 'Kermit en Garson waren het volledig met me eens, zeiden dat het gevaarlijk was en dat het niet mocht gebeuren.' Op 26 januari kon ze de Hacketts berichten dat ze haar formulering op het contract zodanig had herzien dat het Frank 'onmogelijk was vast te houden aan veranderingen in de Amerikaanse tekst of de volgorde van de scènes' of 'zijn ideeën over weglatingen en toevoegingen op te dringen omdat het toneelstuk "te mooi" is voor Europa'.

Levin zette zijn pogingen voort; in februari stuurde hij Frank een lijst met meer dan honderd rabbijnen die hadden getekend om te pleiten voor toestemming zijn stuk op te voeren. Die zelfde maand deed hij Bloomgarden en Frank een tweede proces aan en beschuldigde hen van 'fraude en contractbreuk en onrechtmatig toe-eigenen van ideeën.' Levin vroeg als schadeloosstelling van Frank honderdvijftigduizend dollar en van Bloomgarden honderdduizend dollar.' Zijn activiteiten betekenden dat Franks royalty's van het toneelstuk (dertig procent rechtstreeks aan hem te voldoen) niet afgedragen konden worden. In antwoord op Franks woedende brief aan haar man schreef Tereska, al even razend, aan Frank en noemde hem een 'erg halsstarrige man... u moet geloven dat u altijd gelijk hebt'. Op advies van Mermin en zijn assistent Edward Costikyan die de gebeurtenissen zorgvuldig in het oog hielden, zag Frank af van een antwoord.

Frank besloot niet naar Amerika te gaan omdat hij meende dat het 'een enorme belasting' voor hem zou zijn, 'niet alleen in samenhang met het proces, maar mijn bezoek zou alom bekend zijn en ik zou er niet aan ontkomen dat veel mensen de echte Otto Frank willen ontmoeten nadat ze het toneelstuk hadden gezien, en dat zou heel emotioneel zijn'. Hij maakte zich zorgen over de kosten. 'Zoals de heer Mermin weet, ben ik geen gefortuneerd man en hoewel ik overtuigd ben dat we de zaak winnen, zie ik het als mijn plicht u over mijn financiële positie in te lichten... De zaak in Amsterdam levert me een inkomen van niet meer dan duizend dollar per jaar op [de overeenkomst tussen Frank en Kleiman] en het kapitaal dat ik in Zwitserland heb, is grotendeels afkomstig van wat ik van Doubleday heb ontvangen van het boek. Alle andere landen betalen weinig. Ik leef hier op bescheiden voet en gebruik twee kamers in het huis van mijn zuster. Dat doe ik omdat ik het geld afkomstig van het toneelstuk niet voor persoonlijke doeleinden wil gebruiken.'

Het toneelstuk bleef lof oogsten. Nadat het in New York al door de kring van toneelcritici bekroond was als beste Amerikaanse productie van het seizoen, werd het op 7 mei 1956 de Pulitzerprijs voor toneel toegekend. Een artikel in de *New York Sunday News* merkt op dat het geen 'joods toneelstuk' is maar 'een drama over mensen. Toevallig zijn het joden omdat dit de mensen waren die zich overal in Europa schuil moesten houden voor de Duitsers, maar hun ras en geloof zijn toevallige details.' Midden 1956 bracht het stuk meer dan dertigduizend dollar per week op. Er was een oude traditie dat de winnaar van de Pulitzerprijs opgevoerd werd op het Parijse theaterfestival, maar in 1956 werd met die traditie gebroken. *Het dagboek van Anne Frank* werd niet opgevoerd. Het was een besluit van het ministerie van Buitenlandse Zaken van de Verenigde Staten dat bang was de Frans-Duitse betrekkingen te verstoren.

Op 24 mei maakte Frank zijn bezwaren kenbaar over een filmbewerking van het stuk door de Hacketts. Hij was beducht dat hun film 'niet de boodschap van het boek zou uitdragen'. Zijn brief maakt ook duidelijk dat hij schuldgevoel had vanwege de uitbeelding van Pfeffer en Van Pels op het toneel: het had hem moeilijkheden bezorgd onder de mensen die hem het naast stonden, omdat hij ongelukkig was in de wetenschap 'dat sommige personages in een verkeerd daglicht werden gesteld. Wat moet ik doen tegenover de verwijten van mijn geweten, van mijn familie, van Miep, Kleiman en de anderen die nooit hebben begrepen dat ik de rechten heb weggegeven om geld te krijgen zonder van de producent te eisen dat de kenmerken van het materiaal worden geëerbiedigd?' Zijn 'persoonlijke gevoelens en... geweten zouden geen rust hebben als in een film waarin mijn gezin en mijn vrienden worden uitgebeeld, karakters of situaties worden vervalst'. Frank zou geschokt zijn geweest als hij geweten had dat Mermin deze brief, en alle andere brieven over dit onderwerp, aan Salisbury doorgaf. Mermin, Salisbury en de Hacketts werkten samen om Frank ervan te overtuigen dat 'hij het toneelstuk nooit voor een film zou kunnen verkopen als hij vasthield aan goedkeuring van het scenario'.

Frank had zich de woede van de Hacketts en Kanin op de hals gehaald door te bepleiten dat het *Maoz Tsoer* in de Europese opvoeringen van het stuk terug zou keren in de Chanoeka-scène. Tegen Salisbury zei hij: 'Het zou een heel vreemde indruk maken onder alle joden en iedereen die iets van het judaïsme weet als het gebruikelijke lied niet gezongen zou worden. Het zou zelfs in het Hebreeuws gezongen moeten worden.' Salisbury vroeg de Hacketts Frank te vertellen dat 'O Chanoeka' in de tekst bleef staan: 'Jullie woord heeft invloed op de heer Frank – als er al iemand is die hem op dit punt kan beïnvloeden.' Op 2 juli zei Kanin tegen de Hacketts dat hij hoopte 'dat dit onderwerp voorgoed van de baan was. Het einde van het eerste bedrijf is zo plat als een *latke* [Jiddisch: platte tarwekoek] als het lied dat gezongen wordt niet vrolijk is.' Een Hebreeuws lied zou 'een grote vergissing [zijn]... het zou de toeschouwers domweg vervreemden van het stuk.' Hij zette hen aan niet 'bang te zijn resoluut met Frank te spreken' en hem ervan te overtuigen dat het 'oerstom zou zijn te rotzooien' met het toneelstuk.

De volgende dag schreven zowel Kanin als de Hacketts Frank over de Chanoeka-scène. De Hacketts legden uit dat het zingen in het Hebreeuws volgens hen 'de personages in het stuk zou verwijderen van de mensen die toekeken..., want de meeste toeschouwers zijn niet joods. Dat ene, waar we door het hele stuk heen naar gestreefd hebben, voor gezwoegd hebben, voor gevochten hebben, dat was dat de toeschouwers het zouden begrijpen en zich ermee zouden identificeren... dat we hun het gevoel zouden geven: Goeie genade, dat had ik kunnen zijn.' Salisbury was zo uitgeput door Franks herhaalde pogingen zich van het laatste woord over de karakterkening in de film te verzekeren, dat ze overwoog een contract op te stellen waarbij alleen de basisgegevens in de overeenkomst uitgeschreven zouden worden, bijvoorbeeld 'het gezin moet joods zijn, in Nederland tijdens de Tweede Wereldoorlog, en iedereen behalve de heer Frank moet sterven in het concentratiekamp'.

Op 12 juli zocht Frank contact met Mermin omdat hij een brief van Levins vrouw had ontvangen: 'Ik kreeg uit Tereska's brief de indruk dat Meyer geestelijk aan de grond zit. Ik weet natuurlijk niet of haar brief geschreven is met zijn toestemming. Stel je voor dat Levin werkelijk een zenuwinstorting zou hebben en zelfmoord zou plegen. We willen niet dat we onszelf moeten verwijten dat we niet alles geprobeerd hebben. Misschien is hij nu echt bereid in te stemmen met een gunstige regeling.' Een paar dagen later schreef Tereska hem opnieuw: 'Otto, dat proces tegen jou heeft mijn huwelijk met Meyer verwoest... het is nu zo ver gekomen dat ik zelfs niet meer weet of Meyer nog wel van me houdt. Hij lijkt nu wel bevroren, zo bitter, en hij kan aan niets anders meer denken, hij zegt dat hij zijn geloof in de mensen totaal verloren heeft... Als er niet snel een oplossing gevonden wordt en een manier om hier een eind aan te maken, maakt het waarschijnlijk een eind aan ons huwelijk.' Ongelukkig over de penibele situatie waarin Tereska verzeild was geraakt, stelde Frank op 26 juli Mermin een nieuw idee voor: 'Geef Levin de rechten voor amateurtoneel alleen in Israël voor het geval dat zijn stuk in een van de grote theaters daar wordt aangenomen. Dat zou geen kwaad kunnen omdat hij zijn stuk toch joodser wilde maken.' De kwestie bleef in handen van de advocaten.

In augustus 1956 vond de Europese première plaats in Zweden. De voorstelling werd gunstig ontvangen. Tegelijk met de première gaf Frank een interview waarin hij verklaarde: 'Dit is geen toneelstuk voor mij, of voor joden of Duitsers, het is een toneelstuk voor de hele wereld.' Maar wat de krantenkoppen in de hele wereld haalde, was de ontvangst van het stuk in Duitsland, waar *Das Tagebuch der Anne Frank* in oktober zijn première beleefde, tegelijk in Aken, Düsseldorf, West-Berlijn, Karlsruhe, Hamburg, Konstanz en Dresden. In het land waar zijn dochter geboren en vermoord was, keek Frank op een afstand met verbazing toe, toen het toneelstuk 'een golf van emoties losmaakte die uiteindelijk het zwijgen doorbrak waarmee de Duitsers de nazi-periode afschermden'. Een recensent vertelde later: 'Niemand was erop voorbereid wat er op die avond van 1 oktober 1956 eigenlijk gebeurde toen in zeven theaters, van het pretentieuze Schlosspark in West-Berlijn tot aan het sombere theater van Dresden in de DDR, de Duitse versie van *Het dagboek van Anne Frank* in première ging... In Berlijn zaten de toeschouwers, toen ten slotte het doek viel, in verbijsterd zwijgen. Er was geen applaus. Alleen het aanzwellend geluid van hevig snikken doorbrak de absolute stilte. Toen liepen de Berlijners, nog altijd zwijgend en schijnbaar zonder naar elkaar te kijken, achter elkaar het theater uit.'

De dag na de première bracht elke Duitse krant het verhaal van het toneelstuk en hoe de toeschouwers erop gereageerd hadden. Volgens de beschrijving van een recensent had het stuk 'de uitwerking van een hedendaags requiem: de toeschouwers schenen deel te nemen aan een akte van berouw'. Programmaboekjes bevatten foto's, Otto's herinneringen aan de onderduikperiode, verslagen van Annes laatste dagen in Belsen en artikelen met titels als 'Zijn wij schuldig?' Maar het merendeel van de Duitse jeugd identificeerde zich met Anne en haar 'puberale problemen' en besteedde zelfs geen aandacht aan de politieke context waarin het dagboek geschreven was. In de daaropvolgende maanden werd het stuk 1984 keer opgevoerd in achtenvijftig andere steden en gezien door meer dan een miljoen toeschouwers. Anne werd begroet als een nationale heldin. Scholen, straten en vluchtelingendorpen kregen haar naam en haar oude vriendinnen in Duitsland waren verbijsterd toen aan de wand van het huis van de familie Frank in de Ganghoferstrasse een plaquette bevestigd werd. Een pelgrimstocht, ter nagedachtenis aan Anne, georganiseerd door de Hamburgse Vereniging voor christelijke en joodse samenwerking, bracht in 1957 meer dan tweeduizend tieners op de been om naar Bergen-Belsen te lopen. 'Wij vinden,' zo riep Erich Luth, een van de jeugdige sprekers, 'dat Anne Frank voor ons allen gestorven is, voor vrijheid en menselijke waardigheid.'

Een artikel, getiteld 'Het dagboek dat een natie schokte' overdacht de reacties op het boek: 'In Düsseldorf werd Ernst Deutsch, die de rol van Otto, speelde, overstroomd door emotionele brieven van fans. "Ik was een goede nazi," luidde een daarvan, "ik heb nooit geweten wat dat betekende, tot gisteravond..."' Een andere verrassing deed zich voor in Mainz. Het plaatselijke theater werd na de tweede opvoering van *Das Tagebuch* opengesteld voor een openbare discussie over het stuk. Tegen de verwachting in vulden honderden tieners de zaal... het bleek algauw dat de Duitse tieners op zoek waren naar iets wat hun ouders hun niet wilden geven. 'De groeiende bewieroking van Anne Frank door jongeren,' aldus een bezorgd Berlijns tijdschrift, 'geeft reden tot enige ongerustheid. Steeds vaker zien ouders zich geconfronteerd met verontrustende vragen over gebeurtenissen in oorlogstijd, met name de vervolging van religieuze minderheden. Kinderen vragen niet meer wat er gebeurd is maar hoe het kon gebeuren. Hun emotionele intensiteit leidt tot het scheppen van een gevoel van isolatie tussen onze eigen generatie en onze jeugd.'

In oktober schreef Frank aan de romanschrijver Carson McCullers, met wie hij bevriend was gebleven ook na zijn besluit het toneelstuk niet te schrijven: 'Mijn broer ging naar Karlsruhe om het toneelstuk te gaan zien en hij vertelde me dat de toeschouwers na de pauze en ook aan het einde niet durfden te bewegen en pas na enige tijd begonnen te applaudisseren... Het schenkt me voldoening dat Annes stem nu ook in Duitsland wordt gehoord...' Een verslaggever van *The Hadassah Newsletter* was bij die gelegenheid aanwezig en hij vertelde: 'Toen het doek viel, bleef de volgepakte zaal stil. Respect en ontzag verenigden een diep geroerd publiek. Enige minuten later ging ik, in gezelschap van Herbert Frank, Annes oom, achter het toneel. Toen de producent van het stuk de broer van Anne Franks vader voorstelde aan Maria Magdalena Thising, die op toneel zo overtuigend het meisje speelde dat martelaar werd, barstte de jonge actrice in tranen uit. Ze weigerde meneer Franks complimenten voor haar fraaie spel te aanvaarden en snikte: "Ik kan u geen hand geven, ik ben een Duitse."'

De schrijver Alvin Rosenfeld kijkt terug: 'Uit verdriet en schaamte hebben de Duitsers straten, scholen en jeugdcentra naar Anne Frank genoemd, maar tot op de huidige dag begrijpen ze waarschijnlijk nog niet waarom een aanzienlijk aantal van hun landgenoten een generatie geleden het nodig oordeelde een vijftienjarig joods meisje op te sporen en weg te sturen om te lijden en te sterven.' Hannah Arendt ziet de bewondering voor Anne Frank in Duitsland vooral als een vorm van 'goedkope sentimentaliteit op kosten van een grote catastrofe'. In een essay over de plaats van Anne Frank in de naoorlogse cultuur verklaart Alex Sagan dat een realistischer toneelstuk nooit een succes had beleefd van het niveau van *Het dagboek* (de werken van Primo Levi en Elie Wiesel werden in die tijd veelal genegeerd):

> Een toneelstuk of film met de holocaust als thema kon alleen een groot Duits publiek bereiken als het op een of andere manier aangepast kon worden aan de heersende culturele smaak. Het stuk van de Hacketts was geknipt voor die taak. Zelfs waar het stuk de Duitsers dwong na te denken over de holocaust, deed het dat op een manier die de Duitse onbehaaglijkheid een plaats gaf bij dat onderwerp. Om te beginnen was de schildering van de Duitse criminaliteit tot een absoluut minimum beperkt. Zelfs op het moment dat de onderduikers werden gearresteerd, verschenen er geen nazi's of Duitsers op het toneel. Anne Franks eigen welsprekende opmerkingen over het antisemitisme van de Duitsers en de brutaliteit van de nazi's werden al evenmin belicht. In München trachtte de regisseur van het stuk dit te verhelpen door te benadrukken dat de ongeziene agressors in het verhaal Duitsers waren. Hij deed dit door op bepaalde momenten opnamen van Duitse bierliederen af te draaien, misschien om aan te geven dat er in de oorlog zingende Duitsers rondhingen in de straten van Amsterdam. De agenten van de Hacketts maakten een einde aan dit 'accent'... Maar als de Duitsers zich beschuldigd voelden, dan werd het psychologische ongemak van die situatie verzacht door Annes befaamde woorden die heel geruststellend konden zijn. Duitsers hoeven niet het slechtste van zichzelf te denken, want 'in hun hart zijn de mensen goed...' De formulering van de Hacketts schonk vergeving voor de Duitse misdaden door ieders innerlijke goedheid te bevestigen... De Duitse toeschouwers konden opgelucht ademhalen want de meeste familieleden van holocaustslachtoffers schenen hun 'innerlijke goedheid' te erken-

nen. Als de Duitsers 'zichzelf beschuldigden', scheen Anne Frank hen te vergeven.

In de vijf jaar die volgden op de publicatie in 1955 van de pocketuitgave van het dagboek door de Fischer Bücherei, werd het boek achttien keer herdrukt en werden er niet minder dan zevenhonderdduizend exemplaren van verkocht. Op het omslag stonden de woorden: 'Ik geloof nog in het goede in de mensen' en die ene, voorlaatste claus van het stuk, uitgelicht uit zijn duistere samenhang in het dagboek, wordt door velen gezien als de laatste regel van het dagboek. Die indruk kregen de redacteuren van de *Oxford Companion to American Theater* (1992) en de *Cambridge Guide to American Theater* (1993). Frank zelf besloot een artikel dat hij schreef over Duitsland met diezelfde woorden en houdt vol: 'Ik moet in gesprek blijven [met de Duitse jeugd], want ondanks alles geloof ik werkelijk dat de mensen in hun hart goed zijn', net als Anne. Eva, de dochter van zijn tweede vrouw, heeft daar vaak over nagedacht: 'Ik zeg altijd dat Anne, als ze de kampen overleefd had, dit standpunt niet volgehouden had. Maar onlangs dacht ik aan Otto en de persoon die hij is. Hij was zo'n vriendelijk mens, zo zonder haat. Als ik wanhopig was en vol woede over wat er allemaal gebeurd was, zei hij herhaaldelijk tegen me: "Je moet niet haten." Ik ben er zeker van dat Anne die uitdrukking, of de gedachte daarachter, van Otto heeft geleerd. Hij zou gepoogd hebben haar uit haar wanhoop te tillen door tegen haar te zeggen: "Geef het niet op, er is nog zo veel goeds in de mensen." Het was een heel spirituele man.'

Frank weigerde keer op keer betrokken te worden in het debat over de Duitse jacht op vergiffenis via het dagboek van zijn dochter. Hij geloofde niet in collectieve schuld en hij veroordeelde Duitsland ook maar één keer in het openbaar tijdens een toespraak voor de Amerikaanse Anne Frank Foundation (een zusterorganisatie van de Amsterdamse Anne Frank Stichting) toen hij tegen zijn gehoor zei: 'In 1952 werd het boek gepubliceerd in het land waar Anne werd geboren en waarheen ze later werd teruggebracht door haar Duitse moordenaars om er een vroege dood te sterven.' Desondanks nam hij nooit afstand van zijn trots op zijn Duitse oorsprong. Toen het bestuur van de Anne Frank Stichting het voorstel deed Duitsers uit te sluiten van het bezoek aan het huis, hield Frank dat idee tegen. Hij vertelde: 'Ze waren allemaal tegen Duitsland. En ik zei dat je Duitsers moest trekken. Je weigert de joden uit Duitsland niet. Je weigert je eigen volk niet.' Tsvi Schloss herinnert zich dat Otto 'in zekere zin heel militair was: schoon, punctueel, exact. Je kon zien dat hij in het Duitse leger had gediend. Hij hoefde zijn haat niet te overwinnen, zoals de meeste Duits-joodse overlevenden. Hij heeft Duitsland nooit gehaat. Hij hield tot het einde toe van zijn land.' Eva is het ermee eens: 'Hij was er erg trots op dat hij in het Duitse leger had gediend en dat bleef hij. Hij zei vaak: "Ik ben een Duitser uit een heel goede familie." Mijn moeder was precies het tegenovergestelde. Ze was in Oostenrijk geboren maar ze haatte de Oostenrijkers en wilde nooit meer terug naar Oostenrijk. Ik vond Otto's houding moeilijk, heel moeilijk. Het veroorzaakte een tijdlang problemen tussen ons. Maar laat ik het zo zeggen: Duitsland was voor hem wat een onhandelbaar kind voor zijn ouders is. Je houdt van je kinderen maar niet van hun daden. Otto hield altijd van Duitsland. Hij zou Duitsland nooit in de steek laten maar desondanks vervulde het hem met ontzetting. En dat heeft hem tot aan zijn dood pijn gedaan.'

Toen hem in 1959 werd gevraagd hoe hij over Duitsland dacht, antwoordde Frank: 'Ik besef dat er op dit moment veel vroegere nazi's op belangrijke posten zitten. Het antisemitisme is dus niet verminderd... dankzij het feit dat mensen van boven de veertig op de een of andere manier banden hadden met het nationaal-socialisme en geïndoctrineerd waren met zijn ideeën. Er dreigt groot gevaar van dergelijke ouders en leraren. Anderzijds zijn er veel jonge mensen die weet hebben van de misdaden die bedreven werden en die ze willen goedmaken. U ziet dat we niet mogen generaliseren en wat mij betreft, ik ben altijd bereid een ieder te helpen, onverschillig wie, die in de goede richting wil werken. Natuurlijk kan men de wreedheden niet vergeten en de schuldigen niet vergeven.' Frank vertelde dezelfde interviewer: 'Ik heb twee wereldoorlogen beleefd en was getuige van een misdadig dictatoriaal systeem en zijn consequenties. De grote gevaren zijn massabewegingen, slagzinnen, materialisme en eigenwaan. Ik geloof in de vrijheid van de menselijke geest.'

Een jaar later schreef hij een artikel voor het tijdschrift *Coronet* onder de titel 'Is Duitsland Anne Frank vergeten?' Hoewel hij uiteindelijk de mening vertolkte dat het belangrijker was naar de toekomst te kijken dan naar het verleden, gaf hij toch toe dat hij zijn geboorteland nooit zou vertrouwen:

> De oudere generatie Duitsers kan het verleden nog niet onder ogen zien en er lessen uit trekken voor de toekomst. Alleen als ze dat doet, alleen als de vragen van de Duitse jeugd volledig en openlijk beantwoord worden, kan de kwetsbare ontwikkeling van de democratie in Duitsland voltooid worden. ..
> Ik ben sterk geïnteresseerd in Duitsland, in zijn toekomst en zijn jeugd. Waar

het mij om gaat, is dat Duitsland nooit weer de krankzinnigheid van het rassenvooroordeel beleeft, zodat Annes leven niet zonder inhoud en betekenis is geweest... Van alle brieven die ingegeven waren door de lectuur van Het dagboek, heb ik me het meest gewijd aan de beantwoording van de Duitse jeugd. Want haar opvoeding – in democratische idealen en leefwijze – is van het hoogste belang voor mij... Ik ben geboren en opgegroeid in Duitsland maar ik heb geen beter beeld van de toekomst van Duitsland dan andere Europeanen of Amerikanen. Ik kijk om me heen en wat ik zie, verbijstert me vaak... Duitsland is een heel vlijtig land. Maar als het gaat om de opvoeding van de jeugd in democratische idealen, dan lopen de klokken in Duitsland wel erg achter... Europeanen... blijven zich zorgen maken over Duitsland. Ze zijn afwijzend door het verleden en bezorgd voor de toekomst. Ze weten dat ze eigenlijk niet zonder de Duitsers kunnen leven en hebben nooit goed geleerd hoe met hen te leven. In dat opzicht ben ik een typische Europeaan, want dat zijn ook mijn reacties.

In oktober 1956 telegrafeerde Frank naar de Hacketts dat hij hun geschiktheid voor het schrijven van een filmscenario naar het dagboek erkende. Frances Hackett vond het vervelend dat Frank niettemin stellig geloofde dat ze hem het recht op nader overleg zouden laten. Tegen Salisbury zei ze dat hij hen dwarszat. Op 27 november beleefde het toneelstuk in Amsterdam, in aanwezigheid van koningin Juliana, zijn première. Frank woonde de openingsplechtigheid bij in gezelschap van enkele vrienden en alle helpers. Alleen Kugler was er niet bij. Die woonde toen in Ontario, Canada, met zijn tweede vrouw, Loes van Langen, met wie hij in juni 1955 getrouwd was (Kuglers eerste vrouw was in 1952 gestorven). Miep vertelde later aan Otto hoe Jan en zij gereageerd hadden op het stuk: 'Jan, die gewoonlijk heel wat kan verdragen, kon geen woord uitbrengen tijdens de voorstelling en in de pauze. Toen het uit was, zag ik een nat gezicht en op straat zei hij dat hij erg blij was het gezien te hebben. En ik zelf ook, Otto. Ondanks het feit dat het verschrikkelijk was. Ik vond het begin eng en ik had het gevoel dat ik het niet kon aanzien maar toen alle acteurs eenmaal op het toneel waren, ging het goed. En aan het einde is er zo'n mateloze woede, je zou de moffen de zaal rond willen slepen als je ze had gezien. Dat ze niet echt waren, doet er niet toe.'

In januari 1957 kreeg Frank bericht van zijn advocaten dat er in Israël een Hebreeuwse productie van het toneelstuk van de Hacketts van start ging. Frank zelf was geschokt omdat hij pas toestemming voor de opvoering daar wilde geven als de kwestie met Levin was opgelost. Mermin verzocht de producent de opvoeringen van het stuk te staken maar dat werd genegeerd. Frank wilde het theatergezelschap Habimah niet tarten, maar ook Levin niet, die begonnen was met een nieuwe campagne om zijn stuk geproduceerd te krijgen. De bewering van Levin dat Frank zijn stuk had verworpen omdat het 'te joods' was, prikkelde Frank tot een reactie; hij verklaarde categorisch dat deze en andere aantijgingen onjuist waren. Ten aanzien van Levins voorbeeld van de verwijdering van de joodse elementen uit het dagboek (de wens van Margot naar Palestina te emigreren) zei Frank: 'De uitspraak van Margot: "Ik wil naar Palestina gaan", was niet van de importantie die Levin eraan wil geven. Ze zou dat niet gedaan hebben en het was slechts een losse opmerking die niet al te serieus genomen moest worden.' Hij deed echter een concessie die Levin genoegen moet hebben gedaan: hij gaf toe dat er passages uit het dagboek over joden en judaïsme waren die hij graag in de toneelbewerking opgenomen had gezien.

Barbara Zimmerman herinnert zich: 'Het is goed dat het toneelstuk niet door een joodse schrijver is geschreven, want je had terecht kunnen komen bij een gek als Levin die zich al te zeer identificeert met het stuk. De Hacketts hadden respect en bewaarden afstand. Ze leerden de joodse wereld kennen. Achteraf gezien had ik geen idee wie wie was in die hele geschiedenis. Broadway was lucht voor me in die tijd. Ik kende niemand van hen. Otto wist nog minder dan ik. Vergeleken bij wat er toen op Broadway speelde, was *Anne Frank* een sublieme prestatie. De voorstanders van Levin zeggen dat Lillian Hellman er de hand in had om het joodse aspect te temperen. Maar dat is een wilde, lukrake, belachelijke opmerking. Ze wist ervan – net als iedereen in de wereld van theater en literatuur – maar ze was gewoon een vriendin van de Hacketts met haar eigen bezigheden. Politiek kwam er niet aan te pas.'

Begin 1956 kreeg Otto het wonderbaarlijke nieuws dat het achterhuis niet langer bedreigd werd door sloop. De Nederlandse pers was het jaar daarvoor gealarmeerd en had er verschillende artikelen aan gewijd, waaronder een groot stuk in *Het Vrije Volk*: 'Anne Franks "Achterhuis" wacht op de slopershamer', dat naar voren bracht: 'Het Achterhuis... is een monument geworden voor een tijd van onderdrukking, mensenjacht, terreur en duisternis. Nederland zal het als een nationale schande moeten voelen als dit huis inderdaad wordt gesloopt... Alle reden is er immers het perceel of een deel daarvan te bestemmen tot een klein Anne Frankmuseum. In feite is het dat al jaren. Er is alle aanleiding, ook gezien de grote belangstelling uit binnenen buitenland, deze toestand zo spoedig mogelijk te herstellen.' De stedelijke historische vereniging Amstelodamum vroeg zich af: 'Hoe zou men beter de nagedachtenis aan Anne Frank kunnen eren dan door dit huis, waarmede Amsterdams donkerste bezettingsjaren literair en historisch zo onverbrekelijk verbonden zijn, te sparen?'

Nadat Prinsengracht 263 was afgestaan aan Berghaus, trokken Frank en Kugler zich in 1955 terug uit Pectacon en uit Gies & Co. (samen met Jan Gies) en de firma werd verkocht. Tijdens een bezoek aan Amsterdam dat voorjaar had Frank aan Kanin geschreven: 'Je kunt je voorstellen dat de verhuizing van het kantoor aan de Prinsengracht naar een ander pand voor mij persoonlijk een hele klap was. En nog is.'

De nieuwe kantoren bevonden zich in een modern gebouw in Amsterdam-West. In april 1955 verscheen in Nederland de zevende druk van het dagboek, en die viel samen met de tiende verjaardag van de bevrijding. In die dagen besteedden Otto en Fritzi het grootste deel van de dag aan het beantwoorden van de brieven die Otto ontving van enthousiaste lezers van het dagboek. Sommige waren domweg geadresseerd: 'Aan de vader van Anne Frank te Amsterdam', maar bij de posterijen wist men waar zijn post heen moest. Een groeiend aantal mensen bezocht het achterhuis en vroeg binnen te mogen kijken. Kleiman had van de firma Berghaus een sleutel gekregen en leidde zelf de mensen rond. Op de dag van de Amsterdamse première van *Het dagboek van Anne Frank* was hij daar met een aantal acteurs van het toneelstuk. Hij vertelde: 'Toen we in de kamer van Van Pels waren, werd er beneden hevig op de deur gebonsd. Het klonk luguber en deed hen eens te meer beseffen welke angsten zich zoal van de onderduikers hebben meester gemaakt.'

In november 1956 sprak Frank met de burgemeester van Amsterdam over de publieke belangstelling voor het gebouw in de hoop fondsen te vergaren om de sloop te voorkomen. Frank vertelde hem dat hij het pand zelf wilde kopen maar vond dat hij dat niet moest doen, omdat het zijn doel was daar op een dag een stichting te vestigen. Kleiman sprak met de pers over hun doelstellingen en vertelde: 'We krijgen veel geld uit het buitenland. Maar zo zou het niet moeten zijn, dat de Nederlanders zelf niets geven. We hebben op 1 juli 350.000 gulden nodig om het pand hiernaast van de sloop te redden.'

Uiteindelijk, in januari 1957, bood de Amsterdamse gemeenteraad Berghaus een andere locatie aan voor de vestiging van zijn kantoren. De daaropvolgende maand, tijdens de herdenking van de Februaristaking, had Kleiman een ontmoeting met een groep mensen die hem vertelde dat ze geïnteresseerd waren in de oprichting van een vereniging tot instandhouding van het pand. Frank vertelde: 'Ze vormden een comité en toen ik in mei naar Amsterdam kwam, hoorde ik van hun plan een Anne Frank Stichting op te richten.' Frank zou in de Raad van Beheer vertegenwoordigd worden door Kleiman. Andere leden van deze raad waren Truus Wijsmuller-Meijer, uit het voormalig verzet, Floris Bakels, overlevende van een concentratiekamp en uitgever, Jacob van Hasselt, notaris, Hermann Heldring, directeur van de KLM, en Ton Koot, secretaris van de Bond Heemschut. De organisatie formuleerde haar doel als 'de restauratie en zo nodig renovatie van Prinsengracht en met name het behoud van zowel het achterhuis als de verbreiding van de idealen die in het dagboek van Anne Frank aan de wereld zijn nagelaten'.

In de herfst van 1957 kreeg de Anne Frank Stichting het pand Prinsengracht 263 aangeboden door Berghaus. Toen was er nog de kwestie van nummer 265 en de huizen tot aan de hoek van de Westermarkt. Berghaus vroeg 350.000 gulden voor de hele rij. De stichting slaagde erin 250.000 gulden bijeen te brengen, en het ontbrekende bedrag werd gefourneerd door de bankiers Pierson & Co. De gebouwen zouden worden vervangen door studentenwoningen en een jeugdcentrum waar cursussen en conferenties konden worden georganiseerd. Met de geredde panden kon Frank beginnen aan de voltooiing van zijn plannen voor een museum, gewijd aan de nagedachtenis van zijn dochter en serieus aan het werk gaan met zijn 'missie haar idealen zo veel mogelijk te verbreiden'.

Hoofdstuk acht

Ik heb geen littekens meer

Op 8 april 1957 stuurde Lotte Pfeffer een woedende brief aan de Hacketts. Ze deed haar beklag bij hen over de Chanoeka-scène waarin haar man werd geportretteerd als iemand die niets van het ceremonieel begrijpt, maar in werkelijkheid 'betekende zijn religie alles voor hem' en sprak hij vloeiend Hebreeuws. Ze maakte er bezwaar tegen dat hij werd gekarakteriseerd als een belachelijke, mompelende eenling, en maakt hun duidelijk dat hij 'noch een verstokte vrijgezel, noch een man zonder relaties' was maar een man wiens vrouw, broer en zoon hem overleefden, en ze waarschuwde: 'Ik wil niet dat mijn man in de film wordt uitgebeeld als een psychopaat. Ik vind dat dit al genoeg gedaan is in het toneelstuk.' Lotte sloot haar brief af met het verzoek het complete filmscript in te mogen zien.

Het antwoord van de Hacketts was koeltjes; ze antwoordden dat 'een toneel de werkelijkheid niet kan weerspiegelen' en dat ze 'om het niet-joodse publiek het Chanoeka-ceremonieel en zijn betekenis uit te leggen, een personage (dokter Dussel) nodig hadden dat daarmee niet vertrouwd was, zodat een ander personage het hem – en daarmee de toeschouwers – kon uitleggen'. Ze vertelden haar dat het hun niet geoorloofd was haar een kopie van het filmscript te sturen en dat de uiteindelijke beslissing over de manier waarop de hoofdpersonen werden gepresenteerd niet bij hen lag. Salisbury, hun agent, had haar cliënten al geadviseerd 'ontwijkend' op Lotte te reageren: 'Sta niets toe en moedig haar niet aan.' In de veronderstelling dat Otto Frank voor het filmscript het recht van goedkeuring bezat, richtte Lotte zich tot hem en dreigde hem met een proces wegens smaad.

In een brief aan Frances Hackett-Goodrich sprak Frank op 22 april zijn twijfels uit over de film: 'In mijn diepste innerlijk kan ik er niet gelukkig mee zijn zolang ik niet weet hoe de zaken zich verder ontwikkelen.' Hij vertelde haar over zijn problemen met Lotte: 'Ze verlangt historische werkelijkheid van een film. Dat kan ze niet vragen en het publiek verwacht dat ook niet... Ik kan slechts bidden dat alles zich ontwikkelt zoals jij en ik hopen.' Frances antwoordde dat, wat Lotte betreft, haar advocaat 'steevast afdingt op elke sympathie voor haar aanspraken of elke erkenning van onze sympathie voor haar'.

Op 11 mei werd Frances door Frank op de hoogte gebracht van de nieuwste ontwikkelingen. Hij had met Lotte gesproken, haar gevraagd 'niet zo naïef te veronderstellen dat [jullie] niet alle informatie hadden ingewonnen over de juridische aspecten' en haar gezegd dat ze precies wisten wat zij volgens de wet mogen schrijven. Onder de paperassen die na Otto's dood werden gevonden, bevond zich een curieuze, met de hand geschreven verklaring, opgesteld in 1956:

Overeenkomst:
De heer Otto Frank, Basel, Herbstgasse, en mevrouw Charlotte Pfeffer, Amsterdam, IJselstraat 18, komen overeen:

1 De heer Frank doet voor hemzelf en zijn erfgenamen afstand van terugbetaling van alle geldbedragen die hij tot nu toe aan mevrouw Pfeffer heeft gegeven.
2 Mevrouw Charlotte Pfeffer doet afstand van alle vroegere aanspraken op *Het dagboek van Anne Frank* en het toneelstuk en de film die daarnaar gemaakt zijn.

Bij deze verklaring was een brief van Lotte gevoegd, gedateerd 5 september 1956: 'Ik sluit hierbij de overeenkomst in die ik je persoonlijk dacht te kunnen geven, wat tot nu toe niet gelukt was. Er waren geen kwade bedoelingen, zoals verondersteld werd... Ik kreeg het bericht dat mijn zoon gestorven was. Tot op dat moment had ik nog stille hoop dat hij bij boeren in Estland zou zijn en ik geloofde dat ik op een dag weer van hem zou horen. Alweer een illusie armer.'

Vermoedelijk was dat de laatste fase in het conflict tussen Lotte en Otto, die ook een brief had ontvangen van een oude bekende van Pfeffer in West-Duitsland, met de waarschuwing:

Meer dan een jaar was het mij gegund om in zijn huishouden werkzaam te zijn, voor hem en zijn zoon te zorgen, ik weet dat hij een diepgelovige man was... Ik verzeker u dat ik mijn best zal doen om alle mensen met wie ik over het toneelstuk praat, te zeggen hoe Fritz was. Gelooft u dat een echte sufferd het ooit tot arts en tandarts gebracht zou hebben? Ik niet. Heeft u er wel eens over nagedacht waarom Fritz in de onderduiktijd een mopperaar geworden is? U en ook de familie Van Pels zaten tot het verraad bij elkaar en konden samen uw bittere lot dragen. Fritz zat als vreemdeling daartussenin. U moet toch weten welke zorgen Fritz om zijn vrouw gehad moet hebben. Hij stond er alleen voor. Vrienden en kennissen van mij en Fritz zijn woedend over de manier waarop het karakter van Fritz uitgebeeld werd... Het spijt mij dat ik u zulke harde woorden moet schrijven maar mijn rechtvaardigheidsgevoel laat niet toe dat iemand belachelijk wordt gemaakt, vooral als die persoon dood is en zich niet meer kan verdedigen.

Het was het einde van de vriendschap tussen Otto Frank en Lotte Pfeffer; ze wilde niets meer met hem te maken hebben, en evenmin met Miep en Jan Gies, met wie ze altijd nauwe betrekkingen onderhield. Pater John Neiman, een vertrouweling van Miep, verklaart: 'Ze verfoeide het vertekende portret van haar man in de film. Ze zei tegen Frank: "Houd ermee op hem belachelijk te maken!" Frank probeerde het met de Hacketts te bespreken maar hij kon er weinig aan doen. Lotte sprak nooit meer met Miep. Als ze Miep eens op straat tegenkwam, stak ze opzettelijk de straat over om haar te ontlopen.' Lotte raakte steeds meer geïsoleerd en kwam steeds minder de deur uit. Ze stierf op 13 juni 1985 in haar Amsterdamse woning in de Deurloostraat. Haar benedenbuurman belde maanden later een opkoper om haar inboedel weg te halen. Toen de opkoper de woning binnenkwam, vond hij daar 'alles bij elkaar nogal een rotzooi. Er was niks ingepakt. Aan de inrichting zag ik wel dat de bewoonster een bepaalde smaak had, het zag er niet echt Hollands uit. Er hing bijvoorbeeld een Gispen-lampje uit de jaren dertig, zoiets koopt het doorsneepubliek niet. Ze had van alles bewaard. Er stonden een paar zakken vol suikerklontjes met de wikkels er nog omheen en ook heel veel oude schoenen in dozen. Er lagen dozen vol met knoopjes en kleine stukjes zeep... Er stond ook een hutkoffer. En we vonden fotoalbums.' Haar spullen belandden op de markt op het Waterlooplein, in de vroegere jodenbuurt. Een stapeltje boeken trok de aandacht van Joke Kniesmeyer, een medewerkster van de Anne Frank Stichting. Ze bukte zich om het beter te bekijken en trof een boek van Felix Salten, *Fünfzehn Hasen*, met daarin de naam Pfeffer-Kaletta. Vervolgens ontdekte ze een mapje met vergeelde krantenknipsels over Anne Frank en *Het Achterhuis*. Met een schok realiseerde ze zich wat daar voor haar lag. Al was het te laat voor Lotte om het nog te beleven, ze had genoeg boeken, brieven en foto's nagelaten om veel van het onrecht te vergoeden van al wat haar man was aangedaan in de genadeloze toneelbewerking van de Hacketts.

Toen het stuk later door amateur-gezelschappen en scholen werd opgevoerd, trachtte Frank zelf dit beeld te corrigeren. In 1970 stuurde hij een verzoek naar een Amerikaanse school: 'Wat de heer Dussel betreft, moet men zich realiseren dat hij zich als man alleen eenzaam voelde tussen twee gezinnen. Men heeft soms de neiging zijn rol humoristisch op te vatten maar die zou beter op een tragische manier gespeeld kunnen worden.'

Op 2 april 1957 kreeg Otto Frank een brief van Eleanor Roosevelt, die welwillend had gereageerd op een brief die ze kreeg van Levin. Ze gaf Frank de raad een rechtszaak te vermijden 'die veel onaangename zaken aan het licht zou brengen, zoals de vraag waarom u naar Zwitserland verhuisd bent, [en] het zou afbreuk doen aan de gevoelens die de mensen koesteren voor u en voor het toneelstuk en in het bijzonder voor het dagboek waarnaar het stuk geschreven is'. Levin had haar verteld dat Frank naar Zwitserland verhuisd was om de hoge Nederlandse belasting te ontlopen en had haar gevraagd bij hem aan te dringen op een regeling buiten de rechtbank om.

Otto Frank was ontzet door het pleidooi van mevrouw Roosevelt ten gunste van Levin. Hij wist inderdaad de Nederlandse belasting voor dat jaar te ontlopen door naar Zwitserland te verhuizen maar dat was niet zijn motief geweest om te emigreren. Zijn doel was bij zijn overgebleven familieleden te zijn en de herinneringen te ontvluchten die Amsterdam voor hem bewaarde, factoren die Levin wel kende maar had verzwegen. In zijn 'zeer bedroefde' antwoord aan mevrouw Roosevelt verklaarde Frank: 'Ik had bij mijn verhuizing de volledige instemming van alle Nederlandse instanties en nog steeds heb ik mijn zaak in Amsterdam, maar deze kwestie heeft helemaal niets te maken met de inhoud van de rechtszaak... Ik laat me niet leiden door financieel belang. Het was altijd en is nog steeds mijn bedoeling alle netto-opbrengsten van het toneelstuk en de film te schenken aan instellingen in Nederland en Israël ter nagedachtenis aan Anne.' De rechtszaak was noodzakelijk om hem 'voorgoed te bevrijden van [Levins] ongerechtvaardigde aanvallen'. Hij hoopte dat mevrouw Roosevelt nu 'een eigen mening kon vormen... over het gedrag van de heer Levin'.

Otto Frank nam ook contact op met Frank Price om hem te vertellen dat Levin 'mijn reputatie heeft beschadigd... Het verontrust me zeer dat mevrouw Roosevelt schijnt te twijfelen aan mijn persoon...' Hij deed een beroep op Price haar te schrijven en 'haar een en ander over mij te vertellen en over het slechte karakter van Levin'. Hij spoorde ook Nathan Straus aan hem te verdedigen tegen de 'nogal vijandige' brief van mevrouw Roosevelt. Straus kwam in actie en 'ging aan de slag om een zo doeltreffend mogelijke brief op te stellen... om de misvattingen van mevrouw Roosevelt weg te nemen'. Op 19 april schreef Straus haar en besloot zijn brief aldus: 'Het is nauwelijks nodig dat ik hier de verklaring aan toevoeg dat Otto een buitengewoon hoogstaand, gevoelig mens is', of dat 'een verbitterd en ontevreden man het gepast acht te proberen een hoogstaand en toegewijd leven te bekladden, daarbij voorbijgaand aan het mandaat van het recht en aan een potentiële beschadiging van de boodschap die door het toneelstuk wordt uitgedragen... Otto heeft, lijkt me, genoeg geleden om niet op zijn oude dag nog gedwongen te zijn zich staande te houden tegen aantasting van zijn goede naam, laster en, het ergste van alles, verlies van het respect van hoogstaande mensen.' Mevrouw Roosevelt veranderde snel van mening toen ze de brief van Straus had ontvangen en verontschuldigde zich bij Frank: 'Ik heb de gegevens gelezen die u mij hebt toegestuurd en ik denk dat uw standpunt juist is.' Ze wenste hem succes in het proces.

Op 20 mei 1957 tekende Otto Frank het contract met 20th Century Fox voor de filmversie van *Het dagboek van Anne Frank*. In juni was hij in Amsterdam voor een ontmoeting met George Stevens die de film zou regisseren. Als jong Amerikaans soldaat was Stevens getuige geweest van de bevrijding van Dachau. Frank vertelde een vriend: 'We hadden een erg gunstige indruk van zijn persoonlijkheid en ons hele gesprek verliep in een geest van vriendschap en begrip. Omdat de Hacketts het scenario schrijven, vertrouwen we erop dat er iets goeds tot stand komt.' Frank bleef in Nederland, tot in juli zijn oude vriend Nathan Straus uit New York kwam overgevlogen. In Delft schonk Straus de stichting voor studentenhuisvesting tienduizend dollar als blijk van 'respect en erkentelijkheid' voor de Nederlandse hulp en gastvrijheid voor 'de slachtoffers van de nazi-terreur'. In zijn toespraak zei Straus: 'De vriendschap die het volk van Nederland heeft getoond voor de slachtoffers van de nazi-terreur, heeft mij persoonlijk geroerd vanwege een persoonlijke omstandigheid. Otto Frank, de vader van Anne Frank, is een van de oudste vrienden die ik in de wereld heb, want onze vriendschap dateert van de tijd dat hij en ik beiden studenten waren aan de universiteit van Heidelberg.' Het geld werd besteed aan de restauratie van een grachtenhuis

(Nathan Straus Huis) op een paar honderd meter van de (toen nog) Technische Hogeschool Delft.

De hele zomer van 1957 verschenen er artikelen over de komende film waarin men zich afvroeg of het joodse element dat in het toneelstuk ontbrak op het witte doek zou terugkeren. De kwestie welk lied er tijdens de Chanoeka-viering gezongen zou worden, was wel opgelost maar er rees een conflict over de vraag of de gebeden in het Engels of in het Hebreeuws gezegd zouden worden. De Hacketts kozen heel gedecideerd voor het eerste. Op 8 augustus gaven ze de rabbijn die ze consulteerden als uitleg dat, als ze in het Hebreeuws gezegd zouden worden, de 'identificatie van de toeschouwers met de onderduikers verloren zou gaan... ze zouden ervan vervreemden... We hopen en bidden allemaal voor een identificatie van de toeschouwers met de onderduikers en we zijn oprecht dankbaar dat we die tot stand gebracht hebben. Het publiek ziet hen niet als een vreemd volk maar als mensen zoals zij, die in een vreselijke situatie beland zijn. Het is ongelooflijk: ze delen met hen de beproevingen, de verschrikkingen, de momenten van tederheid, van vervoering en moed.'

Tegen het einde van de maand ontstond er ruzie tussen de Hacketts en de Franse vertalers van het stuk. De Hacketts vonden dat er te veel veranderingen in de tekst waren aangebracht. Op 23 augustus stuurden ze een explosieve brief naar Marguerite Scialtiel, de agent van de vertalers: 'Het is merkwaardig dat u ons wat dit toneelstuk aangaat in het defensief hebt gedrongen. We moesten alles uitleggen, de reden waarom we alles gedaan hebben. Dit is geen werkstuk dat zich nog moet bewijzen... Maar het onaangename deel van de hele geschiedenis is dat we overal in uw brieven aan ons en overal in het werk van M. Neveux [een van de twee Franse vertalers] een duidelijke minachting zien voor ons toneelstuk. Waarom doet u dat? Waarom is meneer Neveux er ooit aan begonnen? Niet te begrijpen voor ons.' In notities van 21 augustus 1957 schrijven de Hacketts ziedend: 'De strekking en betekenis van het stuk zijn volledig om zeep geholpen. De personages zijn zo onaangenaam, zo onplezierig, zo ordinair gemaakt dat de toeschouwers de Gestapo zouden verwelkomen om hen te komen halen.' Ze hielden vol: 'Dit is geen toneelstuk als andere toneelstukken... Praktisch elke claus in het stuk is regelrecht ontleend aan Annes dagboek.'

Marguerite Scialtiel antwoordde op 26 augustus en verzekerde de Hacketts dat aan hun wensen tegemoet gekomen zou worden, maar ze kon het niet laten een paar stekelige opmerkingen te plaatsen: 'Ik schrijf het betrekkelijke fiasco van het stuk in Londen toe aan het feit dat de familie daar, met uitzondering van de aanbiddelijke vader en het meisje, niet aantrekkelijk is.' Ze vervolgde: 'Wat Dussel betreft... toen wij [zij en Marguerite Jamois, de andere vertaler] in Amsterdam waren, had Otto Frank grote problemen met mevrouw Dussel en wij begrepen dat hij dit wilde compenseren door hem zo onaangenaam te portretteren... Als u, zoals wij, onder de Duitsers had geleefd in deze vreselijke jaren... Bitter kwetsend is uw bewering dat het stuk de joden tweeduizend jaar terugplaatst. Hoe kunt u dat verantwoorden?'

Frank was geschokt toen hij van de ruzie hoorde. Hij had Marguerite Scialtiel al gewaarschuwd weinig veranderingen in de tekst van de Hacketts toe te staan. 'Het zou fataal kunnen zijn voor het stuk als het publiek de indruk zou krijgen dat er gruwelen en martelingen in voorkomen', maar hij vroeg zich af of het voor de Hacketts misschien een goed idee was weer 'een joodse persoonlijkheid' te raadplegen. De personages zijn zo somber getekend in de herschreven tekst, zei Salisbury, de agent van de Hacketts, tegen Scialtiel, dat 'de toeschouwers uiteindelijk de hele familie en de joden gaan haten... dat het resultaat ten slotte een soort antisemitisme is'. Tegen een andere kennis zei ze dat de tekst van de Hacketts 'in populariteit is versmolten met het boek'. De brieven vlogen die herfst af en aan tussen Scialtiel en de Hacketts. De Hacketts dreigden hun advocaat in te schakelen maar uiteindelijk zegevierde de Franse productie en won een prijs voor de beste mise en scène van het jaar van de *Ligue de la Fraternité*, een vereniging die antisemitisme en racisme bestreed. Het geld van de bekroning werd op verzoek van de vertalers besteed aan door de holocaust verweesde kinderen.

Op 15 september verscheen een rapport over het voorgestelde 'Anne Frank Huis' in *The New York Times Magazine*:

> Meneer Frank zat onlangs op z'n eentje in een café in de buurt terwijl verslaggevers door de bestuurders van de pas opgerichte Anne Frank Stichting werden rondgeleid in het pand aan de Prinsengracht... De stichters zelf vertoonden een ongewoon niveau aan professionele en geestelijke kwalificaties voor de doelstellingen van de stichting. Een groot aantal politieke partijen en religieuze richtingen waren vertegenwoordigd. Hun opvattingen zijn door één bepaald feit echter tegelijk beperkt en verbreed: in tegenstelling tot de familie Frank is geen van de stichters joods. De stichters zelf benadrukken dat feit niet en proberen het ook niet te verklaren. Er is wel een voor de hand liggende verklaring: de geschiedenis van de Prinsengracht was een Nederlandse tragedie die zich toevallig in Amsterdam afspeelde. De slachtoffers

waren joden zoals joden overal slachtoffer van het nazisme waren. Maar in Nederland werd de pijn gevoeld door alle zedelijk bewuste mensen, ongeacht hun geloof.

De restauratie van Prinsengracht 263 begon. Er kwamen verscheidene grote veranderingen aan de straatzijde van het pand, hoewel Frank tegen Kleiman had gezegd: 'Wat het front van het pand betreft, zou ik, als het enigszins mogelijk is, de voorkeur geven aan restauratie, want ik zou het front ook willen behouden zoals Anne het in haar dagboek heeft beschreven. Maar voorlopig hoeven we daar niet over in te zitten.' Tentoonstellingen over Anne Frank, het nationaal-socialisme en de oorlog in Nederland zouden in het oude kantoor gehouden worden. Het achterhuis bleef in opdracht van Frank leeg: 'Nadat het Anne Frank Huis gerestaureerd was, werd mij gevraagd of de kamers weer gemeubileerd moesten worden. Ik zei: "Nee!" Tijdens de oorlog werd alles weggehaald en zo wil ik het houden. Maar toen het huis opengesteld werd voor het publiek, zeiden de mensen dat ze de kamers zo ruim vonden. Ik antwoordde dat ze een verkeerde indruk kregen en zei: "Vergeet niet de ondraaglijke spanning die voortdurend aanwezig was."'

Op 13 december 1957 opende rechter Samuel Coleman het proces van Levin voor het Supreme Court van de staat New York. Levin beloofde dat het geld dat hij eiste van degenen die hij beschuldigde (zeshonderdduizend dollar van Frank en Bloomgarden en vierhonderdvijftigduizend dollar van Crawford), na aftrek van de kosten naar joodse liefdadigheidsinstellingen zou gaan. Op 30 december wees de rechter Levins beschuldiging van fraude en contractbreuk van de hand maar op 8 januari 1958 besliste de jury in het voordeel van Levin omdat aan de jury gevraagd was na te gaan of de Hacketts zijn toneelstuk op enigerlei wijze hadden geplagieerd. Otto en Fritzi, die voor het proces naar New York gekomen waren, stuurden een telegram naar Zwitserland over 'dit grote onrecht'. Bloomgarden had een hartaanval tijdens de rechtszitting. Samuel Silverman, de advocaat die Frank en Bloomgarden voor het hof vertegenwoordigde, zei erover te denken de advocatuur te verlaten. Rechter Coleman zei hem dat honderden rabbijnen het eens waren met het vonnis, waarop Silverman 'terugschreeuwde dat hij geen hoge dunk had van Amerikaanse rabbijnen'. Zimmerman vertelt: 'Ik kon niet elke dag bij het proces aanwezig zijn omdat ik een kindje had, maar ik ben een paar keer gegaan en het was vreselijk. Het was te veel gevraagd van Otto's

Engels. Hij kon de taal die de advocaten elkaar toeriepen, echt niet verstaan. De advocaat van Levin was trouwens een echtscheidingsadvocaat. Hij vuurde de ene vraag na de andere af en Frank stond daar met de ogen te knipperen en te glimlachen. De jury begreep het niet en zag hem als een gluiperige vreemdeling.' In hoger beroep slaagden Franks advocaten erin het vonnis nietig te laten verklaren en er werd een nieuw proces aangespannen. De onderhandelingen tussen de advocaten sleepten zich meer dan een jaar voort.

Op 23 december 1957 kreeg de Raad van de joodse gemeente in Los Angeles van George Stevens een kopie van het scenario van de Hacketts. Het werd over het geheel genomen goedgekeurd, maar toch kwamen er voorstellen voor verandering die het joodse element van het scenario zouden versterken. Onder andere werd aanbevolen 'O Chanoeka' te vervangen door *Maoz Tsoer* en het laatste gesprek tussen Anne en Peter 'een paar goede regels' mee te geven 'uit het dagboek zelf' waar Anne 'over Palestina spreekt'. Dat zou zorgen voor 'een navranter scène: een afscheid dat hen voor altijd zou scheiden'. In zijn begeleidende brief van de joodse adviescommissie op filmgebied, die tot taak had te zorgen voor 'een positief beeld van joden in de media', schreef voorzitter John Stone dat het scenario uitsteeg boven het toneelstuk, want: 'U hebt de betekenis en de aantrekkelijkheid van het verhaal "universeler" gemaakt. Met een minder creatieve en meer emotionele behandeling had het heel gemakkelijk een ouderwetse joodse tragedie kunnen worden, een joodse "klaagmuur" zelfs en daardoor aangezien voor pure propaganda.' De Hacketts hadden al tegen Frank gezegd dat 'men (de directie) erop gebrand is te zorgen dat de film universeel aanspreekt. En dat is de juiste aanpak denk ik, vind u niet?' De voorgestelde veranderingen werden niet opgenomen in de uiteindelijk versie.

De opnamen voor de film begonnen in het voorjaar van 1958 met een budget van drie miljoen dollar. Stevens draaide de buitenscènes in Amsterdam maar had het achterhuis op maat laten nabouwen in een studiocomplex in Hollywood. Frank vloog voor twee weken naar Amerika om 'veel technische gegevens te verschaffen – wat het gezin meenam in de onderduik, wat ze aanhadden, wat ze aten – en sprak ook uitvoerig met de acteurs'. Ook Kleiman was adviseur bij het project en hij vertelde een journalist: 'De filmmensen zijn erg nauwkeurig; ik moest van alles naar Amerika sturen: potloden, melkflessen, rugzakken, postzegels. Meneer Stevens, de regisseur, vroeg om foto's en een nauwkeurige beschrijving van de kruidenmolen. Alles in de film moet kloppen.' Het brood werd gekocht bij een Nederlandse bakker die een zaak in Californië had en Kleiman stuurde voorbeelden van de kruidenpotten om in bepaalde scènes te gebruiken. Lou de Jong, directeur van het RIOD (nu NIOD), werd ook geraadpleegd voor de authenticiteit van de film en hij schreef later aan Stevens: 'Als historicus heb ik natuurlijk hier en daar kleine trekjes en details ontdekt die niet overeenkwamen met de werkelijkheid maar die zullen de gemiddelde toeschouwer niet storen en ik begrijp dat in een kunstwerk bepaalde dramatische effecten soms noodzakelijk zijn ook al doen ze zich niet voor in de realiteit.' Een bezoekend journalist beschreef de set: 'Aan de rand van toneel 14 staan grote prikborden opgesteld, zodanig dat de acteurs die niet kunnen missen als ze heen en weer lopen op de set. Stevens heeft ze bedekt met foto's. Alles overheersend is een enorme vergroting van de bekende foto van Anne, nadenkend, met een aarzelende glimlach. Andere foto's, tijdens de oorlog in Amsterdam gemaakt, tonen een omheind getto, joden die op straat nagezeten en geslagen worden.'

De bezetting van de rol van Anne Frank veroorzaakte veel speculaties in de pers omdat Susan Strasberg had besloten niet mee te doen aan de film, (Joseph Schildkraut en Gusti Huber herhaalden voor de film hun optreden als Otto en Edith Frank en opmerkelijk was dat Hendrik van Hoeve, die de onderduikers van etenswaren had voorzien, zichzelf speelde in de film). Frank wilde Audrey Hepburn voor de rol van Anne.[1] Hepburn, geboren in Brussel in 1929, had gedurende de oorlog zelf in Nederland gewoond. Ze herinnerde zich hoe ze, als jong meisje, de veewagens had gezien die het station van Arnhem verlieten, 'vol joden... gezinnen met kleine kinderen, met baby's, samengedreven in vleeswagens... al die gezichten die naar buiten keken. Op het perron dreven soldaten nog meer joodse gezinnen bijeen met hun bundeltje en kleine kinderen... Het was moeilijk te begrijpen... alle nachtmerries die ik ooit heb gehad zijn daarmee verbonden.' In 1947 had ze *Het Achterhuis* gelezen: 'Toen ten slotte de bevrijding kwam, te laat voor Anne Frank, nam ik balletles en ging met mijn moeder in Amsterdam wonen in een huis bij een schrijfster die me op een dag een boek in strokenproeven gaf en zei: "Ik denk dat je dit wel wilt lezen." Het was in het Nederlands, 1947, het waren de dagboeken van Anne Frank, *Het Achterhuis*.'

Hepburn was een van de eerste bezoekers van het gebouw aan de Prinsengracht. Toen Stevens haar het boek stuurde met de vraag of ze auditie wilde doen voor de rol van Anne, las ze het nogmaals 'en moest een dag het bed houden'. Frank reisde toen naar Bürgenstock voor een ontmoeting met Hepburn en haar man, Mel Ferrer. Hepburn vertelde: 'Hij kwam lunchen en bleef tot het avondeten. We hadden een heerlijke dag... Hij kwam met zijn nieuwe vrouw die haar man en kind had verloren in de holocaust. Ze hadden beiden de nummers op hun arm. Hij was een knappe man, een heer, met een soort van transparant gezicht, heel gevoelig. Niet in staat over Anne te spreken zonder hevige gevoelens. Ik hoefde hem niets te vragen, want hij had de behoefte erover te praten. Hij deed me denken aan iemand die door het vuur gezuiverd is. Er was iets heel spiritueels in zijn gezicht. Hij was er geweest en teruggekomen.' In haar exemplaar van het dagboek bewaarde Hepburn de foto's die allemaal op deze dag waren genomen.

Op 2 augustus 1957 schreef Mel Ferrer vanuit Luzern een brief aan Otto en Fritzi: 'Beste meneer en mevrouw Frank, ik stuur u deze foto's als een kleine herinnering aan onze kennismaking op die regenachtige namiddag... Er is nog geen nieuws over Audrey's medewerking aan de film maar we verwachten spoedig te vernemen of de Hacketts al of niet hun scenario voltooid hebben, en dan kan de beslissing genomen worden. We hebben vaak gedacht aan de merkwaardige intuïtie die u ertoe bracht ons die middag uw vriendelijke boodschap te brengen en we zijn u daar heel dankbaar voor. Het was een mooi moment om u te ontmoeten en met u te praten en ik hoop dat het niet zo lang zal duren voor we dat nog eens doen.' Hepburn schreef ook een hartelijke brief aan Leni met wie ze door Otto bevriend raakte. Uiteindelijk vertelde Hepburn Otto dat ze de rol niet kon aannemen: 'Ik wilde haar leven en dood niet exploiteren te mijnen bate, salaris te ontvangen, misschien geprezen te worden in een film.. Ik had dat niet nog eens kunnen doorstaan zonder mijzelf kapot te maken... Ik kon het niet aan.' Ze was ook eerlijk genoeg om te beseffen dat ze op bijna dertigjarige leeftijd ook te oud was voor de rol.

Toen werd Natalie Wood gevraagd 'Anne' te spelen, maar ze wilde de rol niet. Na een nationale speurtocht naar een actrice die 'Anne' zou spelen (meer dan tienduizend meisjes deden auditie) sleepte de negentienjarige Millie Perkins, een fotomodel uit New Jersey, de rol in de wacht nadat ze in een restaurant benaderd was door een scout van Fox. Ze stond model voor *Paris Match* toen ze werd opgeroepen voor een tweede proefopname. Twee maanden later zocht Stevens haar op in New York en vertelde haar dat zij zijn 'Anne' was. Achteraf zegt Perkins over de immense aandacht die volgde: 'Ik voelde mijzelf nooit een ster. Ik vond dat het dagboek belangrijk was en ik wilde oprecht mijn werk doen om de mensen naar de film te krijgen en te laten horen wat die te zeggen had.' Ze ging in 1959 een jaar lang op tournee om de film te promoten: 'Ik was zo nerveus. Ik stapte uit een vliegtuig en dan stonden daar duizend mensen op het vliegveld. Ik wist niet wat ik moest zeggen bij persinterviews. Ze vroegen me wat ik ging doen met al het geld dat ik verdiende en ik zei: "Zoveel is het helemaal niet...Ik weet het niet, ik heb er niet echt over nagedacht." En dan verscheen de krant met de uitspraak: "Millie Perkins weet niet wat ze met het geld moet doen. Waarom geeft ze het niet aan het in de oorlog verhongerde Europa?"' Perkins speelde na *Het dagboek van Anne Frank* nog in verscheidene films, onder andere een met Elvis Presley, maar haar naam is het meest verbonden aan haar eerste rol. Stevens verdedigde zijn keus voor een cynische pers en hield vol dat hij niet per se iemand wilde die op Anne leek voordat ze gedeporteerd werd: 'Wat ik wil, is een algemene gelijkenis en een meisje dat melancholiek, sympathiek, speels en vroeg wijs is, allemaal in één persoon. Qua temperament komt Millie Perkins het meest overeen met de echte Anne Frank.'

Zijn film, kondigde Stevens aan, was 'vrij van nazi-verschrikkingen. Hij vertelt het moedige, vaak humoristische verhaal van een leuk gezin dat ondergedoken is in een tijd van grote spanningen, het verhaal van een teenager, een meisje dat de angst overwint. Anne Frank was het type meisje aan wie de menselijke soort haar voortbestaan te danken heeft... Anne wist niets van de kampen... Haar dagboek is niet het boek van een jong meisje met de dood voor ogen. Het is het verhaal van iemand die het leven voor zich heeft.' Als slotscène filmde Stevens Anne in Auschwitz maar daar moest het publiek bij de voorpremière niets van hebben en hij verving die met een shot van de wolken boven Amsterdam en Annes spookachtige stem die verklaart: 'Ondanks alles geloof ik toch dat de mensen in hun hart goed zijn.'

De film duurde drie uur maar de Europese bioscopen toonden een wat kortere versie. Het werd geen succes, noch bij de critici, noch financieel. Een bioscoopdirecteur in New York meende dat de povere bezoekersaantallen te wijten waren aan het feit dat de mensen 'de holocaust uit het verleden moe waren. Dat geldt zowel voor joden als voor christenen.' Een Brits commentator in *The Daily Mail* tierde: '*Het dagboek van Anne Frank* is een uitstekend voorbeeld van een onderwerp dat door de verfilming zijn waarde verliest... Het meisje dat het dagboek schreef, moet toch meer bezeten hebben dan de parmantige charme van een jongedame uit de nieuwe wereld... de karaktertekening en het taalgebruik in de film zijn fataal voor het oproepen van de authentieke atmosfeer. Het waren Europese joden in een Europese situatie. Maar zoals ze hier gepresenteerd worden, met name door Shelley Winters en Ed Wynn, worden het repertoirefiguren uit een willekeurige tragikomedie over het leven van joden in Brooklyn. De enige uitzondering is het bewonderenswaardig beheerste portret van Anne Franks vader.' De film kreeg niettemin drie Oscars (van de acht nominaties), waarvan er een naar Shelley Winters ging voor haar portret van mevrouw Van Daan (Gusti van Pels).

Otto Frank begon langzaam te begrijpen welke gevaren verbonden waren aan een poging de holocaust te veralgemenen en wat dit had betekend voor zijn familie. Hij verzocht, wat de authenticiteit van het dagboek betrof, in de toekomst theaterprogramma's te voorzien van nadere uitleg en vroeg of het mogelijk was voor aanvang van de film zoiets als een chronologie van de feiten te geven. Hij was geschokt door een incident tussen een Nederlands-joodse kennis die tijdens een opvoering van het toneelstuk in New York naast een Amerikaans-joodse vrouw zat. Toen de Nederlandse vrouw zei dat ze Anne voor de oorlog had gekend, 'uitte de Amerikaans haar verbazing dat de personages en de gebeurtenissen in het stuk echt waren'. Frank schreef aan de Hacketts: 'In de jongere generatie is een grote groep die eenvoudig niet begrijpt waar het allemaal over gaat en dat het een waar verhaal is. Ik heb jonge mensen gesproken die me vertelden dat hun klasgenoten meteen aan het begin zaten te lachen toen de vrachtauto voorreed en er mensen op zaten in "pyjama". Er zou voor aanvang van de film eerst enige uitleg gegeven moeten worden.'

Judith Doneson, die scherpzinnig heeft geschreven over de film en de periode waarin deze tot stand kwam, heeft een verklaring voor de kern van het probleem, namelijk dat hij gemaakt is door Amerikanen en voor Amerikanen, en 'gezien de gespannen atmosfeer die ontstaan was door de hoorzittingen van McCarthy's onderzoekscommissie naar on-Amerikaanse activiteiten, niet alleen in Hollywood maar overal in het land, vreesden veel vooraanstaande personen van de joodse gemeenschap dat er in de publieke opinie een verband gelegd zou worden tussen jood-zijn en communistisch verrader... In overeenstemming met het beleid duidelijk zichtbare joodse personages te vermijden in de kunst, associeerden joden zich politiek met liberalisme en universalisme.' Alex Sagan, ook een schrijver die de implicaties van de toneel- en filmbewerking van het dagboek nader bekeek, wijst erop dat de Amerikanen eraan werden herinnerd dat 'gebeurtenissen in andere landen schrikwekkend konden zijn, maar de benadering van de Hacketts... sust snel de angsten door een uitgesproken Amerikaans soort idealisme te versterken. Vanuit dit gezichtspunt was de "moraal" van de Tweede Wereldoorlog dat het goede het kwaad overwint. In Annes geloof in het goede hoorden de Amerikanen een bevestiging van hun eigen zelfbeeld als vrijheidlievend volk dat de vrede in Europa had hersteld.' Sagan citeert een brief aan Kermit Bloomgarden van een groep studenten die het stuk had gezien en gewaardeerd: 'Het gaf ons het gevoel hoe gelukkig we zijn in Amerika te wonen, in het land van de vrijheid.'

Barbara Zimmerman verdedigt het toneelstuk en de film: 'Geen van beide was zo vreselijk als de mensen nu zeggen. Niemand wenste een treurig, hopeloos einde. Er zat iets verheffends in het einde. Ik geef toe, het is geen Shakespeare, maar de Hacketts leverden bepaald geen wanprestatie. Ze gebruikten de tekst van Anne en behandelden die integer. Het einde van de film mag dan kitsch zijn, maar je moet wel een idioot zijn als je niet wist dat er naderhand iets ontstellends met het gezin gaat gebeuren. De Hacketts waren bescheiden mensen, ze mochten Frank en wilden hun werk goed doen. Ze werden erdoor geraakt. Levin was een manipulator. Hij was erg sentimenteel en zijn toneelstuk was pure propaganda. De Hacketts lieten het verhaal zichzelf vertellen. De slotzin, dat de mensen in hun hart werkelijk goed zijn, was ongelukkig gekozen en die vertekende min of meer de echte verschrikking, maar ik voel me loyaal met de Hacketts. Ze hebben geholpen veel meer boeken te verkopen.'

Datzelfde jaar kwam de Oost-Duitse film *Ein Tagebuch für Anne Frank* uit. Heel anders dan het werk van de Hacketts. Hier diende het verhaal van Anne als achtergrond voor de ontmaskering van voormalige nazi's die een vreedzaam leven in de Duitse Bondsrepubliek leidden. Een van genoemden was de voormalige commandant van Westerbork, Gemmeker. Zijn volledige adres werd, vergezeld van een recente foto, op het scherm geprojecteerd. De film betoogde dat er weinig veranderd was in de Bondsrepubliek sinds de machtsgreep van Hitler: 'Het "democratische" systeem in West-Duitsland is het oude systeem onder een nieuw masker en het nieuwe masker is tamelijk doorzichtig... De vermommingen veranderen maar het gevaar blijft.' De film was gemaakt als 'een gedenkteken voor Anne Frank, als een *Mahnmal* voor de miljoenen die vermoord werden; maar ook [als] een waarschuwing voor de levenden...' In de begeleidende persinformatie schreef Joachim Hellwig: 'In West-Duitsland is het dagboek van Anne Frank misbruikt als symbool van de geest van tolerantie. In deze kwestie kan er geen tolerantie zijn.' De film kreeg gunstiger kritieken dan het spectaculaire Hollywoodproduct maar kreeg slechts een geringe verspreiding. Frank verfoeide de film en deed hem af als 'pure communistische propaganda. Ondanks mijn ernstige protest wordt Annes naam hiermee in verband gebracht... Natuurlijk ben ik niet tegen een anti-nazi-film, maar ik heb er bezwaar tegen dat Anne voor politieke propaganda wordt gebruikt.'

Het Achterhuis was na 1950 niet herdrukt maar tussen 1955 en 1957 verschenen er vijftien edities. In 1958 werd het in Nederland, Groot-Brittannië West-Duitsland, Frankrijk, de Verenigde Staten, Noorwegen, Denemarken, Zweden, Japan, Israël, Italië, Hongarije, Finland en Spanje uitgegeven. In Moskou werd het toneelstuk niet opgevoerd maar er was wel een vertaling te koop. Begin januari 1948 had het toneelstuk bruto 2,6 miljoen dollar opgebracht. Frank was erop gespitst de royalty's voor de Anne Frank Stichting te gebruiken.

In een brief aan Otto Frank, gedateerd 18 juni 1958, uitte Kleiman zijn ontevredenheid over de manier waarop de stichting in de Nederlandse pers werd gepromoot. Hij was ook tegen het idee van Frank voor een straatcollecte om te proberen het huis te restaureren: 'Ik kan dit niet waarderen. Als er een ramp gebeurt, kun je zeggen dat we tot elke prijs moeten helpen en dat alle middelen om geld bijeen te brengen geoorloofd zijn, maar dat is hier niet het geval.' Hij werkte hard aan het zakelijk aspect van de stichting (naast zijn eigen werk) en bleef mensen rondleiden in het achterhuis, maar hij waarschuwde dat het gevaarlijk werd om dat te doen. Hij concludeerde: 'Ik vind het vervelend je dit te schrijven maar ik heb het gevoel dat de sfeer in de stichting niet zo goed is, met name wat de samenwerking betreft. Ik ben heel blij dat ik er niet aan mee hoef te doen... en dat geeft precies mijn gevoelens weer. En nog iets: je stuurt me zoveel boodschappen. Is daar niets bij dat je rechtstreeks naar het secretariaat kunt sturen? Ik moet nog altijd, direct of indirect, het nieuws bekendmaken dat jij uit de Verenigde Staten ontvangt, terwijl het toch veel meer effect heeft als het van jou komt. Het werk kan me niet schelen maar op deze manier is mijn positie niet erg duidelijk. Je begrijpt wel wat ik bedoel.' Op 30 januari 1959 stierf Kleiman in zijn kantoor. Frank vloog naar Amsterdam voor de begrafenis op Zorgvlied. Bij de plechtigheid hield hij een toespraak waarin hij Edith citeerde, zoals Anne het in haar dagboek had vastgelegd: 'Als Kleiman binnenkomt gaat de zon schijnen.'

Nu zijn trouwe vriend er niet meer was, begon Otto Frank meer aandacht te besteden aan de dagelijkse zaken van de stichting. Hij was erop gebrand meer geld binnen te halen, niet alleen voor de educatieve stichting die hij in Annes naam wilde oprichten, maar ook voor het museum zelf. Anneke Steenmeijer, die in het begin bij de stichting werkte, vertelt: 'Otto was erg geroerd door de reacties van de mensen op het dagboek. Toen hij iets wilde beginnen en eraan dacht het huis niet alleen als museum te behouden maar het actief in te richten, wendde hij zich tot zijn vriend Jacob Soetendorp en vroeg hem of hij een idee had. Hij stuurde hem door naar Henri van Praag: die zou wel weten wat hij moest doen. Van Praag stelde een jeugdcentrum voor, en elke maand kwam Frank naar Amsterdam om met hem de educatieve cursussen te bespreken die ze daar wilden geven. Later bezocht hij vaak deze cursussen. Voor hem was de educatieve kant het belangrijkste. Hij wilde beslist niet dat het alleen een museum zou zijn.'

In januari vertelde Mermin aan Frank dat Bloomgarden vijfduizend dollar had geschonken aan de stichting en dat hij 'de laatste dagen brieven had geschreven aan een aantal welgestelde mensen, van wie sommigen in december het formulier hadden ontvangen, en dat hij van plan was door te gaan met schrijven van zulke persoonlijke brieven...' Frank stuurde Mermin een uitgebreide lijst van mensen van wie hij meende dat ze blij en in staat zouden zijn iets bij te dragen, onder anderen de broers van Edith, Nathan Straus en nog veel meer goede vrienden. Mermin zelf stuurde stapels brieven aan welgestelde Amerikanen die wellicht van hun belangstelling konden getuigen met een donatie aan de stichting. Frank rekende er ook op dat het geld van alle liefdadigheidsvoorstellingen van de film in Amerika door 20th Century Fox aan de stichting geschonken zou worden, maar de filmmaatschappij had al besloten dat de ingezamelde fondsen, ter wille van de nadruk op 'de universaliteit van de film', verdeeld zouden worden onder verschillende goede doelen. Spyros Skouras, de directeur van Fox, vertelde journalisten dat noch de stichting noch enige andere joodse organisatie geld van Fox zou ontvangen, want het was 'geen joodse film. Dit is een film voor de hele wereld.' Frances Hackett troostte Frank; hij was weliswaar 'erg teleurgesteld' maar andere voorstellingen in 'Nederland en daarbuiten' zouden de stichting ten goede komen.

Op 20 maart 1959 kwamen Otto en Fritzi met de *United States* in New York aan voor een verblijf van tien dagen. Het belangrijkste doel was het organiseren van een Amerikaanse Anne Frank Stichting. Op 24 maart waren ze te gast bij een diner in het New Yorkse Little Theater, waar de film naar het dagboek werd vertoond. De Amerikaanse Anne Frank Stichting (met als eerste vice-voorzitter Myer Mermin en Joseph Marks als penningmeester), gevestigd op East 94th Street nummer 12, had een speciaal Amerikaans comité opgericht om de avond te sponsoren. Leden van het comité waren onder anderen senator John Kennedy, Kermit Bloomgarden, Joseph Marks, Meyer Mermin en Nathan Straus. Eleanor Roosevelt was erevoorzitter. Frank vertelde over de Amsterdamse stichting in de hoop daarvoor fondsen te vergaren en presenteerde plannen voor de Internationale Anne Frank Stichting, terwijl Shelley Winters 'uitvoerig de activiteiten van de campagne in de Verenigde Staten beschreef'. De toehoorders kregen te horen dat als Prinsengracht 263 gerestaureerd kon worden dankzij het ingezamelde geld, 'de stad Amsterdam en de Nederlandse regering de kosten van de bestuurders voor een deel zouden vergoeden om te gebruiken als "bedrijfskosten"'. Frank zelf had dertigduizend dollar aan het project geschonken en de stad Frankfurt gaf vijfduizend dollar ter nagedachtenis aan Anne die in de stad geboren was. Frank beloofde dat bedrag te verhogen als hij zijn royalty's voor het toneelstuk en de film zou ontvangen: 'Het ligt in de bedoeling van de heer Frank dat van de netto-opbrengst die hij tot zijn beschikking krijgt van het toneelstuk en de film, hij ongeveer de helft zal besteden aan het Amsterdamse jeugdcentrum en verwante stichtingen (en ongeveer de helft aan een gedenkteken dat in Israël moet worden opgericht).' In Amerika dacht men driehonderdduizend bijeen te brengen, waarvan tienduizend dollar voor 'diversen', dat wil zeggen bijkomende, onvoorziene kosten, ontstaan tijdens de restauratie van het pand (dat wegens instortingsgevaar voor het publiek gesloten was) en de vestiging van een jeugdcentrum. Velen van de genodigden droegen geld bij, veel of weinig. Interessant is dat de lijst van donoren Gusti Huber vermeldt onder het kopje 'kan niet bijdragen'.

Otto en Fritzi verlieten voor enige tijd hun bescheiden hotel en logeerden bij Hilde Goldberg en haar man Max op Rhode Island. Hun dochter Ruth vertelt: 'Otto placht bij verrassing op te duiken op Rhode Island of in New York en haalde me af van school voor een gezellig praatje. Hij bracht altijd boeken mee, goede boeken, zorgvuldig uitgekozen en hogelijk gewaardeerd. Hij was altijd lief en amusant. En voor alles nam hij mij altijd, altijd serieus... Otto vulde mijn leven, vanaf het allereerste boek met kinderversjes dat hij mij gaf tot aan mijn volwassen begrip van de totaliteit van het dagboek met zijn antwoord op geweld, ondanks de realiteit van Annes eigen dood... Voor mij en stellig ook voor anderen die van hem hielden, was zijn angstige kwetsbaarheid altijd zichtbaar en verbazingwekkend. Hij was sterk en moedig, want hij maakte zichzelf tot een levend testament van zijn familie.'

Twee maanden na zijn bezoek aan Amerika reisde Frank naar het Duitse Wuppertal voor de bouw van een 'Anne Frank Dorp' voor twintig gezinnen van vluchtelingen, bedoeld om hun 'woning, werk, vriendschap' te verschaffen en 'wortel te schieten in de goede aarde'. Deze woorden werden verzegeld in 'de eerste steen', gevuld met aarde uit Belsen en gelegd door Otto

Frank in gezelschap van de Belgische dominicaanse priester Georges Pire, met wie hij een hechte vriendschap had gesloten. Pire, die in 1958 de Nobelprijs voor de vrede kreeg, was de stichter van de beweging 'Hulp aan Displaced Persons en Europadorpen' en gaf leiding aan de bouw van zes zulke dorpen via zijn organisatie, ook wel 'het Europa van de harten' genoemd. Voor zijn plan, een dorp met de naam van Anne te bouwen, had hij contact opgenomen met Frank. In antwoord op Otto's brief en donatie schreef hij hartstochtelijk: 'Dank u voor uw gift die zal worden omgezet in bakstenen voor het Anne Frank Dorp. Sinds maanden hangt Annes foto aan de wand van mijn kantoortje. In haar zie ik allen die hebben geleden en nog lijden. Haar moed is voor mij een bron van inspiratie geweest.' In Wuppertal verklaarde hij: 'Laat de volwassenen die mij horen het onderling eens worden, zodat kleine meisjes niet meer vermoord worden; bouw een wereld van broederschap, niet meer gebaseerd op angst maar op samenwerking en vertrouwen.' Pire stierf plotseling in 1969. Frank beschouwde de gebeurtenis in de stad in het Ruhr-gebied als 'weer een stap op de weg die het dagboek van Anne mij heeft doen gaan in de jaren na de oorlog'.

Niet alle gebeurtenissen in samenhang met het dagboek van zijn dochter waren plezierig in 1959. In oktober 1957 hadden vijftig jongelui in Linz de première van het toneelstuk verstoord en was de voorstelling 'geëindigd in een regelrechte nazi-rel'. Het jaar daarop werd een affiche voor het toneelstuk in Wuppertal, de stad met het vluchtelingendorp, beklad met 'Dood aan het joodse zwijn. Te weinig joden zijn in rook opgegaan. Anne Frank was ook een joods zwijn.' In hetzelfde jaar onderbraken antisemitische demonstraties een voorstelling van het toneelstuk. Bovendien kwam Lothar Stielau, een leraar Engels uit Lübeck die tijdens de oorlog een vooraanstaand bestuurder was geweest in de Hitlerjugend en na de oorlog actief lid was geweest van de nazistische Deutsche Reispartei, met aantijgingen over vervalsing van het dagboek.[2] De Fischer Bücherei, uitgever van de Duitstalige versie van het dagboek, stelde Frank op de hoogte van de kwestie. Stielau verklaarde dat hij er niet aan twijfelde dat Anne Frank een dagboek had bijgehouden, maar dat naar zijn mening geen enkel gepubliceerd dagboek gelijk was aan de oorspronkelijke versie. Hij kreeg steun voor zijn beweringen van Heinrich Buddeberg, die de zaak wereldkundig maakte en met een, uit de pers geciteerde, verdraaide lezing op de proppen kwam van het proces-Meyer Levin. De minister van Cultuur van de deelstaat Sleeswijk-Holstein gaf bevel Stielau voorlopig te schorsen en in april 1959 kwam de zaak voor de rechter met Frank en twee uitgeverijen als klagers tegen Stielau en Buddeberg. Bij een tweede verhoor, een week later, verklaarde Stielau dat hij bij zijn aantijgingen niet het dagboek maar het toneelstuk op het oog had en dat artikelen in de pers hem reden gaven te twijfelen aan de authenticiteit van het dagboek. Toen in juli de verhoren werden voorgezet, gaf Frank de verschillen aan tussen het originele dagboek en de gepubliceerde versie. Hij verklaarde zich bereid het handschrift van het dagboek door experts te laten onderzoeken. Op 13 oktober 1959 kwamen de drie door de rechter aangewezen (vrouwelijke) experts naar Basel. In maart 1960 rapporteerden ze dat ze zich ervan overtuigd hadden dat alle aantekeningen in de dagboeken en de losse vellen en andere specimina van het handschrift 'identiek' waren aan het handschrift van Anne. Het rapport meldde dat de tekst van het typoscript 'naar inhoud, de erin vervatte gedachten en de vorm authentiek' was bevonden. De advocaten van Stielau vroegen een tweede onderzoek en kregen dat ook, zij het alleen om het te verscheuren, want het verschafte niet de informatie waarop ze gehoopt hadden. De zaak sleepte voort tot 17 oktober 1961, toen de advocaten van Stielau en Buddeberg buiten de rechter om een schikking troffen met de advocaten van Frank en de uitgevers. De advocaten van Stielau verklaarden dat hun cliënt 'geen reden had te beweren dat het dagboek vervalst was'. De bewijsstukken hadden hen overtuigd van de echtheid.

Deze affaire had Frank uitgeput en diep gekwetst, maar zijn populariteit als doelwit van de haat der neonazi's groeide. Na zijn dood werd een brief aangetroffen van Peter Lawson, een Britse antisemiet en berucht verspreider van giftige lectuur die schuilging achter deze naam. Hij schreef: 'Otto Frank, bij deze vertel ik je dat jouw stinkende dagboek vals en nep is en dat je het naoorlogse herstel van de wereld meer schade hebt toegebracht dan de joodse bolsjewisten van Moskou en Tel Aviv, door wie je betaald wordt. Hoe durf je te zeggen dat je mensen laat vervolgen omdat ze geen geloof hechten aan alle onzin en leuterpraat die je eruit gooit met hulp van Vallentine, Mitchell, Kermit Bloomgarden en 20th Century Pox [sic!] Films. Wacht maar, jij crimineel. Jouw dag komt nog. Ik moet je dringend aanraden naar Israël te gaan en je grote leugenachtige mond te houden. Tot ziens voor de rechter, Bram.'

De lasterpraat over het dagboek liet niet af tijdens het leven van Otto Frank, al deed hij al het mogelijke om de aantijgingen van neonazi's, dat het vals was, te bestrijden. Een van de meest agressieve revisionisten was Robert

Faurisson die hij voor de rechter daagde, net als ieder ander die het waagde kwaad te spreken over de nalatenschap van zijn dochter. Faurisson zocht contact met Kugler, Miep Gies, Bep Voskuijl en Frank zelf voor het houden van zijn vervalste interviews, bedoeld om te ontdekken 'waar de waarheid lag'. Faurisson, literatuurdocent aan de universiteit van Lyon, ontkende dat de gaskamers ooit bestaan hadden. Begin 1980 gaf Frank opnieuw toestemming het dagboek te laten onderzoeken om de authenticiteit te bewijzen. Toen Frank deze zaak won, kwam de schadevergoeding ten goede aan de Anne Frank Stichting. Pater Neiman vertelt: 'Verhalen dat het dagboek vals zou zijn, raakten hem diep. Hij vond het pijnlijk en persoonlijk kwetsend het te moeten verdedigen. Voor hem was het vreselijk dat iemand zulke beschuldigingen kon uiten en al kostte het hem persoonlijk en financieel nog zo veel die mensen te bestrijden, hij deed het toch en hij deed het namens alle slachtoffers van het nazisme.' Kort voor Franks dood bepaalde het Duitse Hooggerechtshof dat ontkenning van de holocaust een misdrijf was. In 1994 nam de Bondsdag een wet aan waarbij ieder die ontkent dat de holocaust heeft plaats gehad, moet rekenen met een gevangenisstraf van maximaal vijf jaar.

In januari 1960 tekende Otto Frank de stukken waarbij de zaak-Levin werd geregeld en hij hoopte dat de kwestie nu eindelijk afgelopen was. Maar een paar dagen later stuurde Levin hem een scheldbrief: 'De legale fase van onze confrontatie is nu wel voorbij maar de morele fase niet. Jouw gedrag blijft voor altijd een spookachtig voorbeeld van goed met kwaad vergelden en van een vader die verraad pleegt aan de woorden van zijn dochter.' Frank kon niet aan Levin ontkomen. In maart bezocht hij voor het eerst Israël om vast te stellen dat Levin een brief had gepubliceerd in de *Jerusalem Post* waarin hij beweerde dat Frank tegen een journalist had gezegd dat hij Levins toneelstuk alleen had afgewezen omdat het niet 'universeel' genoeg was. Op een persconferentie in het Ramat Hadasa, het centrum van de Jeugdaliya, ontkende Frank Levins laatste aanval en vertelde zijn jeugdige toehoorders dat hij nooit had geprobeerd 'het belang van het joods-zijn van Anne' af te zwakken, hoewel haar betekenis 'boven haar specifieke belangstelling voor het joodse volk uitstijgt'.

Otto Frank genoot van zijn verblijf in Israël ondanks Levins pogingen hem schade te berokkenen. Over het algemeen was de pers vriendelijker voor hem dan voor Levin. Een bewonderend journalist meldde: 'Ik was bij Otto Frank toen hij aan tafel zat met de kinderen van het dorp Nitsaniem, van de Jeugdaliya. Met zijn eenenzeventig jaren was meneer Frank in Eilat om zeven uur die ochtend gaan zwemmen; dertien uur later had hij de energie en de tijd om niet alleen de kinderen toe te spreken maar ook om een interview te geven aan twee slimme journalisten.' Frank zelf vertelde Mermin dat hij met Fritzi 'zowel in de Dode Zee als in de Rode Zee had gezwommen en tijdens een hittegolf en een zandstorm de woestijn was overgestoken'. Hij ontmoette ook zijn oude kameraad uit Auschwitz, Joseph Spronz, zijn vrouw Franzi en zoon Gersjon. Franzi vertelt: 'Het politieke regime in Hongarije hield ons jarenlang gescheiden van Otto, maar toen we naar Israël geëmigreerd waren, wist Otto ons te vinden via zijn vriend Gideon Hausner, de Israëlische hoofdaanklager die het proces tegen Eichmann leidde. Toen Otto mijn man na al die jaren van scheiding in Israël terugzag, werd hij heel geëmotioneerd: van opwinding kreeg hij een hevige neusbloeding. Otto wilde het collegegeld voor mijn zoon betalen, maar dat was onnodig, dat konden we zelf. Fritzi en ik werden dikke vrienden. Tijdens het poerimfeest waren overal optochten en die hebben we samen bekeken vanuit het huis van een vriend dat over de stad uitkijkt.'

Otto en Fritzi bezochten ook Hanneli Goslar, die intussen getrouwd was en zelf kinderen had. 'Otto schreef me altijd voor mijn verjaardag en later kwam hij vaak op bezoek. Toen hij en Fritzi voor het eerst kwamen, waren mijn kinderen nog klein en ik was van plan ze mee te nemen naar het hotel maar Otto zei: "Nee, we komen naar jou toe, kinderen moet je in hun eigen omgeving zien, dan leer je ze het best kennen." Otto had een uitstapje gemaakt naar de rots Masada. Hij vertelde het verhaal heel amusant: ze gingen met de kabelbaan naar boven en die raakte defect, zodat ze de hele tocht te voet moesten afleggen. Toen ze vervolgens terugkwamen in hun hotel, waar zij op de achtste verdieping logeerden, werkte de lift niet, zodat ze de trap moesten nemen. Alles ging mis. Otto moest hartelijk lachen toen hij me dat vertelde en het eind van zijn verhaal was: "O, ik heb nog nooit zo goed geslapen als die nacht." Hij klaagde nooit, want hij zei altijd dat hij de concentratiekampen had meegemaakt dus wat viel er nu nog te klagen?' Hanneli was ook geroerd bij de latere bezoeken door het feit dat Frank foto's in zijn portefeuille had van Fritzi's kleinkinderen, Caroline, Jacky en Sylvia; hij beschouwde zich als hun grootvader en sprak met genoegen en diepe genegenheid over hen.

Eind april vlogen Otto en Fritzi naar Amsterdam voor de officiële opening van Prinsengracht 263 als museum. Op de ochtend voor de gebeurtenis, 3 mei 1960, hield de Anne Frank Stichting een bijeenkomst in het

Tropenmuseum onder voorzitterschap van Otto Frank. Na afloop reed Frank, samen met Miep en Jan Gies, Bep Voskuijl, mevrouw Kleiman en burgemeester Van Hall (die veel had gedaan voor het project), naar de Prinsengracht, waar het gezelschap enige tijd gezamenlijk in het achterhuis doorbracht alvorens de deuren opengingen voor het publiek. Bij de openingsceremonie kon Frank zijn tranen niet bedwingen, hij bekortte zijn toespraak en vroeg de aanwezigen: 'Neem me niet kwalijk dat ik niet langer spreek maar de gedachte aan wat hier gebeurd is, is te veel voor me.' Het publiek kreeg toegang tot het 'Anne Frank Huis'. Architect Rappange had het pand (en het aangrenzende pand, 265) gerestaureerd en het vroegere magazijn en de kamer met de kruidenmolens op de benedenverdieping in een leeszaal herschapen, terwijl de kantoorlokalen op de tweede verdieping en de opslagruimte op de derde waren aangepast voor tentoonstellingen en uitstallingen. Een student verzorgde de rondleiding in het huis dat 'niet als museum en evenmin als pelgrimsoord' bedoeld was, aldus Frank. 'Het is een ernstige waarschuwing vanuit het verleden en een boodschap van hoop voor de toekomst.'

Op dezelfde dag werd het Jeugdcentrum van de Anne Frank Stichting opgericht, gefinancierd door particuliere bijdragen, van de Duitse Bondsrepubliek, en van Otto Frank zelf als zijn voorzitter. De oude grachtenhuizen op de hoek van Prinsengracht en Westermarkt waren gesloopt en die dag legde de burgemeester de eerste steen op het terrein voor de studentenhuizen die in 1962 voltooid werden. In de zomermaanden, als de studenten afwezig waren, konden de studentenflats jonge mensen huisvesten die hadden ingeschreven voor de conferenties die er werden gehouden. Voor de discussies werden onderwerpen voorgesteld als de relatie tussen jodendom en christendom, discriminatie, vooroordeel en oorlog. Frank was een geregelde bezoeker; zijn doel was dat de jeugd van de wereld een gemeenschap zou vormen en gezamenlijk namens zijn dochter zou streven naar vrede, waarmee zijn interpretatie van haar woorden in vervulling zou gaan: 'Ik wil werken voor de wereld en de mensheid.'

Op 10 mei 1961 schreef Otto Frank aan Mermin: 'In oktober... hopen we naar een eigen flat of huis te verhuizen nadat we acht jaar met mijn familie hebben samengewoond. De voornaamste reden is dat de jongste zoon [Buddy] van mijn zuster, die nu bij "Holiday on Ice" optreedt, zijn baan vaarwel zegt en voorgoed naar huis wil komen.' Otto en Fritzi vonden dat dit het juiste moment was om na jaren altijd met anderen samengewoond te hebben, naar een eigen woning te verhuizen. Ze kochten een mooi vrijstaand huis in Birsfelden bij Basel. Het had een royaal souterrain waar de Franks boven woonden en nog een verdieping die ze verhuurden. Otto onderhield zelf de grote tuin die rondom het huis lag. Rond het terras aan de achterzijde kweekte hij de roos 'Souvenir d'Anne Frank'. Binnen ontwierp Otto een kamer als kantoor waar hij met Fritzi de uitgebreide correspondentie beantwoordde die Annes dagboek teweegbracht. Boven de schrijftafel waar Fritzi typte terwijl haar man zijn brieven dicteerde (waar Fritzi ook aan bijdroeg), hing een davidster, gemaakt door een non die het dagboek had gelezen, en Marc Chagalls lithografie van Anne uit een Franse luxe uitgave van het boek. Later kregen die gezelschap van een foto van het monument voor Anne in Utrecht en een kleurige ketting van papieren kraanvogels, gemaakt door Japanse lezers.

Otto Frank had veel geregelde correspondenten die ondanks zijn protesten dat hij geen tijd had, vastbesloten waren hem te blijven schrijven. Enigen van de meest vasthoudende scribenten werden goede vrienden van Otto en Fritzi. Een van hen was Soemi, een Japans meisje dat door haar moeder, na de dood van haar vader, in een klooster was geplaatst; nadat ze het dagboek had gelezen, schreef ze Frank en vroeg hem zijn 'briefdochter' te mogen worden. Een Grieks meisje, Vassa geheten, schreef Frank in haar landstaal (die Frank liet vertalen op het Griekse consulaat in Basel) dat haar vader tijdens de oorlog in het verzet was geweest en voor haar ogen was doodgeschoten. Ze verkeerde in een zware depressie maar de geregelde brieven van Frank hielpen haar overeind. Hun correspondentie ging in verhoogd tempo verder toen ze Frans had geleerd om beter met hem te communiceren. Otto en Fritzi bezochten Vassa later in Athene. Een jong Amerikaans meisje, Cara Wilson, begon in 1960 een briefwisseling met Otto die na zijn dood werd voortgezet met Fritzi en later gedeeltelijk werd gepubliceerd in haar boek *Love, Otto: The Legacy of Anne Frank*.

Een andere geregelde briefschrijver was John Neiman, nu pater Neiman, die in 1974 met Frank begon te schrijven. Hij vertelt:

> Ik las het dagboek voor het eerst in de vijfde klas. Ik was diep onder de indruk. Ik heb het ieder jaar herlezen en omdat ik zo aangetrokken werd door Anne en haar ervaringen, ging ik boeken over Nederland en de holocaust kopen. Ik vond Annes overtuiging zo ontroerend. Op de universiteit besloot ik Otto Frank te schrijven om hem te vertellen hoeveel het boek voor mij persoonlijk betekende. In juni 1976, na vele brieven tussen ons, ging ik op

zijn uitnodiging naar Zwitserland. Ik logeerde dicht bij het huis van Otto en Fritzi in hotel Alpha. Het was een droom die uitkwam. Wat de meeste indruk op mij maakte, was Otto's menslievendheid, die hij na de vreselijkste ervaringen had behouden. Eerlijk gezegd, hij veranderde mijn leven. In 1979 dacht ik over het priesterschap maar ik had nog mijn twijfels. Ik sprak er met Otto over in het huis van zijn stiefdochter Eva en hij zei: 'Kijk, je liefde voor Anne is iets moois, maar gebruik die, zet je liefde om in goed doen voor anderen.' En plotseling werd het mij allemaal duidelijk.

Ieder jaar brachten Otto en Fritzi de verjaardag van Eva (11 mei) en de verjaardag van Otto (12 mei) door bij Eva Schloss en haar gezin, hetzij in Londen, hetzij op vakantie. Tsvi, Eva's man, vertelt: 'Otto was een heel goed mens. Hij was in mij geïnteresseerd, en in Israël, waar ik vandaan kwam. Eén ding viel me meteen op toen ik hem leerde kennen: hij was heel, heel Duits. Hij had een heel sterk gevoel voor orde en netheid. Eva is heel slordig en daar had hij een hekel aan: hij gaf haar vaak een standje. Op een keer toen hij hier kwam, trok hij een overall en een grijze stofjas aan en ging naar buiten. We ontdekten dat hij de garage aan het schoonmaken was! Wij waren gewend laat op te staan maar al vroeg kwam Otto met Fritzi binnen en sloeg met zijn wandelstok tegen het bed: "Opstaan, vooruit, eruit!" Hij was een echte militair. Je kon zien dat hij in het Duitse leger had gediend.' Bee Klug, die door Tsvi Schloss, een collega van haar man, Otto en Fritzi begin jaren zestig in Londen leerde kennen, vroeg het hele gezelschap op een avond te eten, en vertelt: 'Het gesprek aan tafel is mij bijgebleven. Mijn familie kwam oorspronkelijk uit Polen en meer dan zeventig familieleden kwamen om in de holocaust. Otto noemde zich Duitser, een Duitse jood van de zevende generatie en zei: "Als de holocaust mogelijk was in een zo beschaafd land als Duitsland, dan kan het overal gebeuren. Maar door opvoeding kunnen we dat voorkomen. Dat ik zoiets in Annes naam zie, geeft me genoegdoening maar er is nog veel te doen."' In 1991 behoorde Klug tot de oprichters van de Anne Frank Educational Trust in het Verenigd Koninkrijk, en zij concludeert: 'Het ging Otto om gerechtigheid. En Fritzi evenzeer. Aan dat doel wijdden ze hun leven.'

Tot de geregelde bezoekers van huize Frank in Birsfelden behoorden Judith de Winter, die Frank en zijn gezin in Westerbork had leren kennen, en Henk Salomon, haar man. Zij herinnert zich: 'Mijn moeder [Rootje, die in Auschwitz bij Edith was toen ze stierf] ging ook vaak bij hen op bezoek en ze werd nauw bevriend met Otto's neef Buddy [Elias] en Gerti, zijn vrouw.

Ze waren oneindig lief voor mijn moeder die later geestelijk achteruitging door alles wat ze had meegemaakt. Otto was altijd heel duidelijk over hetgeen hij wilde bereiken. Hij vond dat iedereen op de hoogte moest zijn van de holocaust. Het geld dat het dagboek van Anne opbracht, gebruikte hij alleen voor dat doel.' Judiths man valt haar bij: 'Otto was te zuinig met geld. Hij nam geen taxi als hij kon lopen. Het maakt me razend als mensen zeggen: "Otto leefde van zijn dode dochter." Niets is minder waar. Hij wilde geld, maar alleen om te gebruiken ten bate van anderen.'

Verslaggevers die in 1971 de presentatie bijwoonden van een gouden beeldje van de god Pan om de verkoop van een miljoen pockets van het dagboek in het Engels te markeren, vroegen Frank naar de royalty's. Zijn antwoord was spontaan en direct: 'Ik neem het geld aan. Ik geef het niet allemaal aan de stichting. Er zijn vredesfondsen en veertien studiebeurzen in Israël en enkele studiebeurzen in oorden als Nigeria. En ongeveer de helft gaat naar de belasting.' De enige extravagantie van Otto en Fritzi was reizen; ze wilden graag andere mensen en hun cultuur leren kennen. Anne, die in haar dagboek schreef dat haar vader graag 'droge' beschrijvingen van mensen en oorden las, zou zich niet verbaasd hebben over de stapel reisboeken die hij in Basel in zijn boekenkast had staan. Zijn stiefdochter Eva vertelt dat Frank en haar moeder, nadat ze verhuisd waren naar Birsfelden, bezoek kregen van een jong stel dat 'meer wilde weten over de schrijver Gustav Janouch, die in Praag woonde. Hij had *Het dagboek* in het Tsjechisch vertaald en ook een boek over Kafka geschreven.' Het paar vertelde Frank dat ze van plan waren de schrijver te bezoeken en Frank zei: 'Ik weet zeker dat Gustav jullie zal vragen zijn manuscript over Kafka naar het Westen te smokkelen. Dat is heel gevaarlijk. Doe dat niet. Geen boek, hoe belangrijk ook, is een mensenleven waard.'

Op 24 januari 1963 richtten Otto en Fritzi Frank in Basel het Anne Frank-Fonds op. Tot Franks teleurstelling functioneerde de Anne Frank Stichting in Amsterdam niet zo soepel als hij gehoopt had. Begin 1961 had hij naar Mermin geschreven: 'We zijn net terug uit Amsterdam waar, zoals je waarschijnlijk weet, het Internationale Jeugdcentrum geopend is... Over het geheel genomen was die manifestatie een succes, al was niet alles georganiseerd zoals ik gewild had.' Op 9 februari 1962 was hij duidelijker in zijn ongerustheid over de stichting tegenover Mermin: 'Ik heb nog een heel groot meningsverschil met het bestuur, zodat ik zelfs weiger deel te nemen aan de bestuursvergadering. Een van de belangrijkste redenen is het contract dat gesloten is tussen de Anne Frank Stichting en de Stichting Studentenhuisvesting, waarin de belangen van onze stichting naar mijn mening veronachtzaamd zijn ten gunste van de ander... De relatie tussen mij en het bestuur werkt me op mijn zenuwen omdat er zoveel indruist tegen alles waar Anne voor staat. Als ik niet telkens weer de invloed van Anne op de jeugd zou zien, zowel in Amsterdam als in de brieven uit het buitenland, dan zou ik de moed verliezen en erover denken mij uit het bestuur terug te trekken.'

In een brief aan zijn vrienden Max en Jean Grossman, gedateerd november 1962, vertelt Frank dat een paar problemen zijn opgelost: 'Ik ben altijd ontevreden geweest met het bestuur maar nu, na een jaar van strijd, is voldaan aan mijn wens drie of vier nieuwe leden te benoemen, onder wie een voorzitter en een secretaris. We kijken nu uit naar de geschikte mensen. Uiteindelijk heb ik de burgemeester van Amsterdam gevraagd te helpen bij de oplossing van de problemen. Hij stelde een bemiddelaar voor en met diens hulp lukte het mijn voorwaarden aanvaard te krijgen.' Franks geloof in zijn visie op de stichting was echter geschokt en hij besloot nu dat bij zijn dood het auteursrecht van Annes dagboeken en andere geschriften in handen zou komen van het fonds in Basel. Hij nodigde een groep goede vrienden en zijn neven Buddy en Stephan uit om zitting te nemen in het bestuur; in tegenstelling tot de stichting in Amsterdam moest het fonds volgens zijn plan altijd een kleine organisatie blijven met als belangrijkste doelstelling 'liefdadig werk te bevorderen en een sociale en culturele rol te spelen in de geest van Anne Frank'. Hiervoor zou het fonds alle royalty's ontvangen van de verkoop van het dagboek en van de verschillende bewerkingen ervan voor toneel en film. Anders dan de stichting had het fonds een veel nauwere persoonlijke band met het dagboek; Frank hoopte dat zijn familie er altijd deel van zou uitmaken.

Enkele maanden na de stichting van het Anne Frank-Fonds verscheen in de wereldpers als een donderslag bij heldere hemel de ontdekking van de Gestapo-officier die verantwoordelijk was geweest voor de arrestatie van Frank met familie en vrienden op hun onderduikadres. Tonny Ahlers, die na zijn vrijlating uit de gevangenis spoorloos verdwenen was, kwam snel in actie en zocht contact met de Weense instanties die een onderzoek instelden naar het oorlogsverleden van Silberbauer. Vanaf dat ogenblik verklaarde Frank openlijk dat hij niet meer wenste dat zijn verrader gevonden zou worden.

Nazi-jager Simon Wiesenthal had sinds 1958 naar Silberbauer gezocht toen enkele teenagers, die neonazi-pamfletten ronddeelden, Wiesenthal vertelden dat ze nog eerder in de authenticiteit van het dagboek zouden geloven dan dat hij de man zou vinden die Anne Frank gearresteerd had. Wiesenthal werd bij zijn speurtocht gehinderd door Frank, die aan de mensen die Silberbauers echte naam kenden, gevraagd had hem met 'Silberthaler' aan te duiden. Die naam werd ook gebruikt in *The Footsteps of Anne Frank*, van Ernst Schnabel, gepubliceerd in 1958. In dat boek zegt Frank over Silberbauer: 'Misschien had hij ons ontzien als hij alleen geweest was.' Frank weigerde Wiesenthal behulpzaam te zijn bij zijn zoektocht, iets wat Wiesenthal niet kon begrijpen. Cor Suijk, de vroegere financieel coördinator van de Anne Frank Stichting die beide mannen kende, vertelt:

> Wiesenthal wist dat Frank bewust geen medewerking verleende en probeerde te voorkomen dat Silberbauer gevonden zou worden. Hij zei: 'Als het aan Otto Frank had gelegen, zouden we hem nooit gevonden hebben.' Maar Frank zag het anders. Toen Silberbauer ontdekte dat Frank officier was geweest in de Eerst Wereldoorlog, toonde hij respect, gaf de familie veel meer tijd dan gebruikelijk om te pakken en zorgde ervoor dat de NSB'ers hun vuurwapens wegdeden. Terugdenkend aan zijn eigen discipline als Duits militair, begreep Frank hem en beschermde feitelijk de man die zijn gezin had gearresteerd. Wiesenthal bleef boos dat Frank zo'n respect had voor deze man en zijn team zoveel onnodig werk had bezorgd. Frank zelf was geschokt en verre van gelukkig toen hij hoorde dat Wiesenthal Silberbauer gevonden had. Hij wilde niet dat die gevonden werd.

Waarom Frank er zo tegen was dat Silberbauer werd opgespoord, is enigszins mysterieus, tenzij zijn medegevoel met Silberbauer zo sterk was, wat op grond van interviews het geval schijnt te zijn. Frank legde voor de politie een verklaring af dat Silberbauer de gevangenen onder zijn hoede niet had mishandeld en dat hij alleen op bevel had gehandeld. Maar al was Frank zo grootmoedig jegens Silberbauer dat hij zijn identiteit geheim hield (wat naar zijn zeggen diende om andere families van dezelfde naam te beschermen, hoewel er ook mensen met de naam Silberthaler waren) en al verdedigde hij hem voor de rechter, zijn houding tegenover andere oorlogsmisdadigers was veel vijandiger. Misschien was het Franks manier om in het reine te komen met die vreselijke dag in augustus 1944 en met alles wat daarna gebeurd was.

Na jaren speuren vond Wiesenthal in 1963 ten slotte zijn man. Karl

Josef Silberbauer, geboren in 1911 als zoon van een politieman, sinds 1938 in dienst van de Gestapo, had na zijn terugkeer in Wenen in april 1945 korte tijd gevangengezeten. In 1954 kwam hij weer in dienst bij de Weense politie, waar hij nog werkte toen het onderzoek naar zijn verleden werd geopend. Op 4 oktober 1963 werd Silberbauer geschorst. Op 11 november 1963 bereikte het verhaal de wereldpers. Thuis in Wenen sprak Silberbauer met een journalist en gaf ook een interview aan *De Telegraaf*, de krant waarvoor Ahlers werkte. Het onderzoek naar het verraad werd heropend. Er werd een aantal nieuwe getuigen gehoord terwijl sommigen van hen die voordien getuigd hadden, zoals de Hartogs, in de tussenliggende jaren waren overleden. Otto Frank, Miep Gies, Bep Voskuijl en Victor Kugler konden de rechercheurs geen nieuwe leidraad bieden. De Nederlandse politie die de zaak behandelde, richtte zich weer op een poging te bewijzen dat Van Maaren schuldig was. Frank vertelde een journalist: 'Toen we gearresteerd werden, was Silberbauer erbij. Ik zag hem. Maar Van Maaren was er niet en ik heb geen bewijs tegen hem.' Miep was ervan overtuigd dat Van Maaren de verrader niet was, maar volgens Kugler was hij hun meest aannemelijke verdachte. Hij schreef dat met zoveel woorden in een persoonlijke brief aan Frank. Opmerkelijk genoeg schreef Silberbauers schoonmoeder op 4 december 1963 ook een brief aan Frank:

> Voor alles wil ik mij verontschuldigen voor het feit dat ik u lastig val met mijn schrijven, meneer Frank, maar mijn bezorgdheid over mijn familie dwingt mij dit te doen. Ik ben de schoonmoeder van Silberbauer, het doet mij pijn in het hart te moeten zien hoe mijn dochter hieronder lijdt. Ze wijzen haar na, het huis wordt vaak belegerd door verslaggevers en fotografen. Silberbauer durft niet eens de vogels in de tuin te gaan voeren omdat er aan de achterzijde ook mensen zijn... hij is geen slecht mens. Hij houdt van kinderen, dieren en bloemen en zulke mensen kunnen de kwaadaardige dingen niet doen waarvan hij wordt beschuldigd.
> Wat zou u gedaan hebben, meneer Frank, als een van uw soldaten uw bevel niet zou gehoorzamen? Dat is ook wat hij moest doen.
> Zijn stiefdochter heeft me vanuit de Verenigde Staten een brief vol angst geschreven, want ze heeft zes kinderen en dit zou hen kunnen schaden. Ik dank u, meneer Frank, voor de goede dingen die u over Silberbauer hebt gezegd... Ik zou u willen vragen, meneer Frank, als ik aanspraak mag maken op uw goedheid, een brief te schrijven aan meneer Wiesenthal om het gezin eindelijk met rust te laten.

Frank heeft de brief bewaard maar er is geen antwoord te vinden.

Intussen handhaafde Tonny Ahlers blijkbaar zijn gewoonte op veilige afstand toe te kijken alvorens tot actie over te gaan. In de jaren vijftig had het dagboek van Anne Frank steeds grotere bijval gekregen en Otto Frank werd voorgesteld als een voorbeeld van joods verzet en integriteit tegenover het kwaad. Ahlers was furieus. Het maakte niet uit dat Frank hem had verdedigd toen hij niemand anders kon vinden die iets goeds over hem te melden had; hij haatte 'de jood Frank', zoals hij hem in privé-brieven aanduidde. Begin jaren zestig probeerde Ahlers de kost te verdienen als gelegenheidsverslaggever voor *De Telegraaf* en dreef bovendien een zaak, Photopress, Internationale wereldpersrelatie en informatie ('informatieservice, publiciteitsfoto's, infrarood- en flitsfotografie, het laatste nieuws in beeld en geluid, dag en nacht') vanuit een flat in Amsterdam-Osdorp, waar hij met zijn vrouw en zonen woonde.

Op 27 december 1963 schreef Ahlers aan de instanties in Wenen dat hij 'ontlastend materiaal over de heer Silberbauer had'. Hij verwees onterecht naar Franks gedrag tijdens de oorlog en voegde daaraan toe: 'Otto Frank werkte tijdens de oorlogsjaren samen met nationaal-socialisten en kan absoluut niet als voorbeeld dienen van wat zijn geloofsgenoten hebben doorstaan met nazi-Duitsland. Ik kan dit met meer bewijs staven.' Hij vertelde dat de zoon van Jansen (Jansen zelf was dood) de verrader was geweest terwijl hij en passant Annes dagboek te schande maakte door te schrijven over 'de positieve waarde van dagboekverhalen van Anne Frank. Zoals sprookjes een positieve waarde hebben.' Hij vond dat Silberbauer 'het slachtoffer' was en 'in hoeverre Otto Frank zijn eigen zaak verraden heeft, laat ik aan het oordeel van anderen over'. Hij bood aan als getuige tegen Frank op te treden maar vroeg hun ervan af te zien de informatie door te geven aan het NIOD, blijkbaar omdat hij, met het oog op toekomstige onderzoekers, zijn naam niet in het dossier wilde zien. Hij besloot met: 'Otto Frank heeft heel goede redenen te zwijgen.'

Op 15 januari 1964 schreef Ahlers aan Silberbauer op diens huisadres. Hij citeerde Franks brief van 21 augustus 1945: 'Daarin wijst Frank zijn medewerkers Jansen dan ook positief als zijn verraders aan.' Maar, verklaarde hij, toen de zaak... in de wereldpers aan de orde was, 'heeft Otto Frank dit brutaalweg verzwegen. Ik weet precies waarom. Maar niettemin laat deze man zich "integer" en "representatief" noemen. De vraag is alleen: van wat?' Hij beweerde veel interessante documenten te bezitten over Franks gedrag tijdens de oorlog. Ahlers concludeerde: 'Waar het in deze zaak op aan komt, is dat Otto Frank zich via het zogenaamde dagboek van zijn dochter Anne een bijzondere status heeft laten aanmeten en daaraan zelf later ijverig heeft meegewerkt... Het zal mij weinig moeite kosten te bewijzen dat Otto Frank/Opekta onder meer als leverancier aan de Wehrmacht in 1941 eerder een profiteur en een verrader van zijn eigen soort kan worden genoemd.' Enige maanden later belde Ahlers een journalist van *Revue*, Theo de Goede, wiens publicatie kort tevoren Van Maaren had aangewezen als verrader. Ahlers stuurde De Goede een kopie van Franks eerder genoemde brief te zijnen gunste – die hij alleen van Frank gekregen kan hebben – waarvan hij de eerste regels, die verwezen naar zijn eigen gevangenisstraf, listig had weggelaten. In zijn eigen brief schreef Ahlers: '... in april 1941 ben ik naar Frank gegaan om te vertellen dat iemand hem wilde verraden bij de SS en hij wachtte, volgens zijn eigen verklaring, tot juli 1942 om onder te duiken. Wat hij in de tussentijd deed, is mij bekend. En zijn spelletje met Gies. Franks oudste dochter werd in de zomer van 1942 opgeroepen voor deportatie naar Duitsland waaruit bleek dat de NSB-Wehrmacht relaties/leveringen geen waarborg tegen deportatie waren.' Dan besluit hij zijn brief: 'Dit alles gebeurde in 1941/1942, een periode waarin joden in een strijd op leven en dood betrokken waren en ik besef dat het gedrag van mensen in die situatie met clementie beoordeeld moet worden. Ik veroordeel de daden van Frank tijdens de oorlogsjaren niet. Maar ik denk dat het waanzin is dat Otto Frank na de oorlog wordt voorgesteld als het toonbeeld van integriteit onder de joden.' Over de vraag waarom de verrader nooit gevonden is, schreef Ahlers (en impliceerde opnieuw dat het de zoon van Jansen was en dat Jansen de leveringen aan de Wehrmacht uitvoerde namens Frank) dat Franks schuldgevoel vanwege de zakelijke transacties in oorlogstijd hem ervan weerhield zijn verrader te vervolgen: 'Vanwege zijn begrijpelijke angst zei hij niets. Zelfs toen hij wist dat iemand anders de schuld kon krijgen. Het zal moeilijk zijn dit tot op de bodem uit te zoeken...' Ahlers stuurde een kopie van zijn brief aan de zoon van Van Maaren.

Waarom schreef Ahlers deze brieven terwijl hij wist dat zijn eigen verleden hem problemen kon bezorgen als de politie zou besluiten tot een confrontatie? Het is duidelijk dat hij Van Maaren en Silberbauer wilde ontlasten en daarbij de reputatie van Frank schaden zoveel hij kon zonder zijn eigen activiteiten in de oorlog te noemen. Maar de justitiële instanties ondervroegen Ahlers niet: ze zagen in hem een randfiguur, iemand die het met de waarheid niet zo nauw neemt en daarom het onderzoek naar het verraad niet waard was. Ze dachten dat hij gek was, zonder te beseffen dat Ahlers, zoals alle gekken, gevaarlijk was. En ze wisten natuurlijk niets van de tegenstrijdigheden in Franks eigen brieven, van zijn leveringen aan het bedrijf van Ahlers, van Ahlers' betrekkingen met Maarten Kuiper die de onderduikers had gearresteerd en een betaald informant was, van andere brieven tussen Frank en Ahlers, van de omvang van Ahlers' wandaden tijdens de oorlog, of van Franks ontmoetingen met Ahlers in 1945. Zelfs al zou Frank Ahlers nu verdenken van zijn verraad, dan nog zou hij niets kunnen bewijzen: de mensen aan wie Ahlers zijn dodelijke informatie geleverd kon hebben, waren allebei dood: Kuiper was geëxecuteerd en Dettman had zelfmoord gepleegd.

In 1964 werden Silberbauer en Willi Lages, de *Befehlshaber der Sicherheitspolizei und des SD*, ondervraagd over de arrestatie. Beiden verklaarden dat het telefoontje stellig niet anoniem was maar afkomstig van een bekende verrader. Tijdens het verhoor vertelde Lages (ten onrechte in de veronderstelling dat Silberbauer de telefoon had aangenomen) de rechercheurs: 'Voorts vraagt u mij of het logisch is dat na een ontvangen telefonische mededeling waarin gesproken wordt over de verblijfplaats van een of meerdere ondergedoken mensen, men onmiddellijk naar dat pand toegaat, teneinde tot arrestatie over te gaan. Ik moet u daarop antwoorden dat mij zulks zeer onlogisch voorkomt, tenzij de tip afkomstig was van een bij onze dienst welbekende tipgever... en dan nog van een tipgever waarvan de mededelingen steeds op waarheid berust hadden.' Silberbauer verklaarde: 'Met Lages, die het hoofd van de *SD-Stelle* Amsterdam was en die u, zoals u mij vertelde, het een en ander heeft medegedeeld, ben ik van mening dat het telefoontje afkomstig moet zijn van een aan Dettman wel bekende.' Waarmee hij impliciet verklaarde dat het Dettman was die de telefoon had aangenomen.

In zijn samenvatting schreef de rechercheur die het onderzoek naar het verraad leidde: 'Ook deelde Silberbauer mede ervan overtuigd te zijn dat de "tip" betreffende de Franks onmiddellijk aan de arrestatie was voorafgegaan. Mogelijk bestaat er een kans te achterhalen welke politiemannen destijds een premie hebben ontvangen door een onderzoek in te stellen in het *Bundesarchiv*.' Niemand heeft daartoe een poging gedaan. Hadden ze dat wel gedaan, dan hadden ze waarschijnlijk ontdekt dat Maarten Kuiper een betaalde informant was voor ondergedoken joden en aanwezig was bij de arrestatie.

De politie die belast was met het onderzoek, vroeg Frank naar de beschuldigingen van Ahlers met betrekking tot de Wehrmacht, maar voor zulke vragen was het klimaat anders dan twintig jaar daarvoor. Frank antwoordde dat veel Nederlandse bedrijven tijdens de oorlog aan de Wehrmacht leverden. Over 'Berlijn' werd hem niets gevraagd. De rechercheurs stelden een kort rapport op over Ahlers maar maakten daarin verschillende fouten. Ze sloten hun verklaring af in een sfeer van vage onzekerheid: 'Het is niet duidelijk hoe Ahlers bekend was met de schuilplaats.'

Op 4 november 1964 werd het onderzoek naar het verraad van Prinsengracht 263 officieel gesloten. Silberbauer werd vrijgesproken van het geheimhouden van zijn verleden en keerde terug bij de Weense politie. De verklaringen van Frank over zijn gedrag werden als doorslaggevend gezien bij de afloop van deze zaak.

In 1966 drong Meyer Levin weer binnen in het leven van Otto Frank toen zijn toneelstuk *Anne Frank* werd opgevoerd door een Israëlische toneelgroep. Zijn boek *The Fanatic*, gebaseerd op zijn ervaringen met Frank, de Hacketts en Broadway, was in 1964 uitgekomen. Leah Salisbury stuurde besprekingen van het boek aan Frank met de notitie: 'Beste Otto, komt deze man ooit nog bij zijn verstand? Hartelijk gegroet, Leah.' De advocaten van Frank trachtten het stuk in Israël te verbieden maar er volgden nog vijftig voorstellingen. Levin bleef het recht op uitvoering van zijn toneelstuk najagen en schreef ook naar Walter Pick, de man van Hanneli Goslar, met het verzoek te bemiddelen bij Otto. Pick zei hem dat dit onmogelijk was; al vond Hanneli dat het stuk van Levin van meer betekenis was voor de joden en voor Israël, toch wilde ze niets doen dat Otto zou verontrusten. Levin was woedend maar niet bij machte Pick van mening te doen veranderen.

In 1970 kreeg Levin een zekere mate van compensatie toen hij bekroond werd met de Herinneringsprijs van de Wereldfederatie van Bergen-Belsen Verenigingen, 'voor zijn gedenkwaardige toneelbewerking van *Het dagboek van Anne Frank*'. Enige dagen voor zijn dood op 9 juli 1981 had Levin zich nog beziggehouden met een nieuwe campagne om de Pulitzer-prijs voor *Diary of Anne Frank* van de Hacketts te laten herroepen. De necrologieën in de pers concentreerden zich op zijn dertigjarige strijd om zijn toneelstuk erkend en uitgevoerd te krijgen. Dola de Jongs Engelse vertaling van het dagboek was waardeloos geworden toen het contract met Little Brown sneuvelde. Ze vertelt dat ze, al was ze op verzoek van Levin bereid geweest voor de rechter tegen Otto te getuigen, na lezing van het stuk niet onder de indruk was geweest: 'Ik moet bekennen, al bleef het stuk dichter bij de waarheid en de intentie dan de versie van de Hacketts, het was heel saai en het zou Broadway niet gehaald hebben.'

Na 1983 beleefde Levins toneelstuk een beperkt aantal opvoeringen op Amerikaanse podia. Zijn weduwe, Tereska, beschreef haar herinnering aan Levins fixatie op Anne Frank, hoe ze 'in het oog van de wervelstorm' verkeerde en ze vertelde dat Levin haar bij een ruzie toeschreeuwde: 'Als je werkelijk van me houdt, pak je een pistool en schiet je Otto Frank dood.' Zijn vriend Harry Golden vond het vervolgen van Otto Frank de grootste prblunder van de twintigste eeuw; het was zoiets als het vervolgen van de vader van Jeanne d'Arc. Niettemin had Levin geholpen het dagboek onder de aandacht van het Amerikaanse publiek te brengen en zijn mening over hoe de holocaust in de toekomst weergegeven diende te worden, was duidelijk logischer dan die van de Hacketts, want hij schreef: 'De *Endlösung* was niet gewoon een vernietiging. Er moest een nieuw woord, genocide, gevonden worden voor deze gemechaniseerde massamoord die inhield dat het opjagen voor de vernietiging, zelfs van kinderen, werd toevertrouwd aan nietjoden. Wie het specifiek joodse lot weg generaliseert, vervalst de holocaust en opent de weg voor de hedendaagse ontkenningscampagne. Het verzwakt de waarschuwing tegen genocidale methoden die ook tegen andere volken, of weer tegen de joden, gericht kunnen zijn.'

De Hacketts en hun agent bleven nauwlettend waken over alle voorstellen om het dagboek te bewerken. Frank kreeg veel verzoeken, met name van scholen, die op basis van het dagboek hun eigen korte stuk wilden schrijven, maar onder de voorwaarden van zijn contract met de Hacketts was hij steeds gedwongen zich bij hun standpunt aan te sluiten. In 1974 bijvoorbeeld vroeg Irene Lewis van de Hartford Stage Company aan Frank toestemming een toneelstuk op te voeren onder de titel *Annelies Marie Frank: getuige*, een tekst van vijfenveertig minuten in de vorm van een documentaire, met fragmenten uit het dagboek. Frank had geen bezwaar maar Leah Salisbury wel. Hoewel Frank er gelukkig mee was, waarschuwde ze Lewis in haar brief van 4 december: 'We moeten uw aandacht erop vestigen dat het boek, *Het dagboek van Anne Frank*, en het daarop gebaseerde toneelstuk wettelijk beschermd zijn en dat de beschikking over de toneelrechten in handen is van de toneelschrijvers Frances Goodrich en Albert Hackett. Het is onvermijdelijk dat een tekst van vijfenveertig minuten materiaal bevat dat op de een of andere plaats in het toneelstuk wordt gebruikt. Bovendien zou een vijfenveertig minuten durende toneelvoorstelling met vier beroepsacteurs in een reizende theaterproductie voor scholen en openbare organisaties in strijd zijn met de contractuele verplichtingen met gezelschappen die de amateurrechten hebben gehuurd, nog gezwegen van de honoraria van de toneelschrijvers en de heer Frank. We kunnen daarom niet akkoord gaan en toestemming geven voor de uitvoering van uw toneeldocumentaire en moeten u verzoeken een zodanig plan niet ten uitvoer te leggen.' Een zeer verwarde Irene Lewis schreef opnieuw naar Frank met de vraag: 'Ik begrijp dat de toneelschrijvers de toneelrechten op het stuk hebben, maar hoe kunnen ze de rechten bezitten op het eigenlijke dagboek? Dat zijn twee volkomen gescheiden, verschillende werken. Bezit u de rechten op het dagboek...? Ik denk dat Annes woorden, onuitgegeven, op zichzelf staand, beter zijn dan het toneelstuk ooit kon zijn. U zult toch met me eens zijn: ze was een betere schrijver dan de auteurs van het toneelstuk!'

Frank antwoordde op 11 januari 1975: 'Tot mijn teleurstelling moet ik u zeggen dat er in mijn contract met de Hacketts een rechtvermengende clausule is tussen het toneelstuk en het boek. Destijds, toen dit contract werd gesloten, was ik volstrekt onervaren inzake theaterproducties en liet alles over aan mijn advocaten. Ik besefte niet wat de passage precies betekende. Hoewel ik het niet geheel eens ben met de interpretatie van mevrouw Salisbury, kan ik ter wille van deze aangelegenheid geen rechtszaak riskeren... Het spijt me zeer dat ik u niet kan helpen uw werk op het toneel te brengen.' Wat Lewis niet wist: Frank raadpleegde zijn advocaten omdat hij vond dat het scholen en educatieve instellingen beslist geoorloofd moest zijn 'Annes boodschap' te propageren op de manier die zij wensten. 'Er is weer iets wat ik u moet vragen in verband met de rechtvermengende clausule in het contract tussen de Hacketts en mij... Ik doe dit omdat ik het, de hele kwestie overdenkend, niet eens kan zijn met het standpunt van mevrouw Salisbury... dat enige citaten uit het dagboek gebruikt worden. Ik vind dat mevrouw Salisbury had moeten antwoorden dat dit toneelstuk niet in strijd is met de rechten van de Hacketts. Door de toestemming te weigeren, past zij de rechtvermengende clausule onjuist toe. Ik vraag u vriendelijk de zaak eens te bekijken en mij uw mening te geven. Als u het met mijn standpunt eens bent, moeten er stappen ondernomen worden. Ik vind dat we mevrouw Salisbury niet mogen laten ingrijpen als citaten uit Annes dagboek worden gebruikt in gevallen als deze.' Franks inspanningen werden niet beloond; Salisbury was niet te vermurwen.

Bij een andere gelegenheid was Frank het met de Hacketts eens dat de productie van een ander toneelstuk gestaakt moest worden; dit was een musical, gebaseerd op het dagboek, door de zoon van Kermit Bloomgarden.

Nadat de zoon van de overleden producent de toestemming was geweigerd, schreef Frances Hackett verontwaardigd aan Frank dat Bloomgarden junior 'werkelijk had gezegd dat wij (Albert en ik) dwarsdrijvers zijn omdat we de wereld het verhaal van Anne en het dagboek onthouden. Dat de wereld recht heeft op Annes verhaal... Het toneelstuk is het dagboek, voor het merendeel woord voor woord.' In het laatste jaar van zijn leven kreeg Frank een brief van de Hacketts, die zich zorgen maakten over een cantate van Enid Futterman waarin, zo vertelden ze Frank, 'elk gesproken woord een citaat uit het dagboek was, niet uit het toneelstuk', en waarschuwden dat verdere uitvoeringen 'schadelijk zouden kunnen zijn voor de bestaande productie'. Hackett pleitte voor een volstrekt verbod terwijl Frances, die 'er niet aan dacht iets tegen te houden wat de boodschap van Anne doorgeeft', voorzichtiger was, vooral omdat het 'onaangename lied over de blijdschap jood te zijn' verwijderd was. Namens Frank, die kanker had en te ziek was, schreef Fritzi de Hacketts en erkende dat zij evenzeer de cantate afkeurde en met name de Jiddische slaapliedjes, 'aangezien niemand van de familie Frank een woord Jiddisch kende en het zingen zou de persoonlijkheid van Otto vervalsen'. Uiteindelijk vond Frances dat ze wel toestemming kon geven voor uitvoeringen als het Jiddisch 'dat de heer Frank zo volstrekt vreemd was' niet gebruikt zou worden. Ze schreef triomfantelijk over het toneelstuk dat toen voor de televisie werd uitgezonden, 'precies zoals het al die jaren was gespeeld'.

In de jaren zestig verloor Otto Frank drie mensen die hem na stonden: Nathan Straus en Julius en Walter Holländer. Straus, zijn beste vriend, stierf op 13 september 1961 op tweeënzeventigjarige leeftijd 'een natuurlijke dood' in een Sunrise Highway Motel in Massapequa. De kranten beschreven zijn lange, briljante carrière maar Frank wist dat Straus zelf een pretentieloze man was geweest. In 1953, bij zijn verkiezing tot burgemeester van New York, schreef Frank aan Barbara Zimmerman dat hij niet had geweten van zijn verkiezing: 'Hij hield me niet op de hoogte, daar was hij te bescheiden voor.' Naast zijn voorzitterschap van de WMCA en zijn functie van nationaal vicevoorzitter van de United Jewish Appeal schreef Straus boeken over huisvesting en voerde campagne voor talrijke goede doelen. Zijn begrafenis had plaats op 15 september 1961 in New York.

Julius Holländer stierf op 4 oktober 1967 een vreselijke dood toen een lift in het New Yorkse hotel waar de broers logeerden, vanaf de tiende verdieping neerstortte. In januari 1968 schreef Frank aan Irene, een nichtje van zijn vrouw: 'Ik heb oneindig veel medelijden met Walter, omdat hij zo eenzaam is. De twee broers hadden zich immers van alles en iedereen teruggetrokken en waren echte kluizenaars geworden... Walter heeft het nu dubbel moeilijk.' Walter stierf later dat jaar, op 19 september, naar verluidt aan diabetes. Beide broers hadden 'genoeg geld gespaard voor een zorgeloze oude dag maar ze leefden niet lang genoeg om ervan te genieten'.

In 1967 was Otto Frank medeklager in een rechtszaak tegen een oorlogsmisdadiger. Op 13 januari 1966 werd Wilhelm Harster, de *Befehlshaber der Sicherheitspolizei und des SD*, gearresteerd. Hij was generaal-majoor in het elitekorps van de SS geweest en verantwoordelijk voor de deportatie van joden naar de concentratiekampen. Himmler sprak vertederd over hem als 'een echte jodendoder'. Harster werd in 1945 in Nederland gearresteerd en veroordeeld tot twaalf jaar cel. Na het uitzitten van zes jaar keerde hij terug naar Duitsland, waar hij tot aan zijn pensionering om gezondheidsredenen in 1963 ambtenaar was in de deelstaat Beieren. Twee medewerkers van Harster werden eveneens gearresteerd: Wilhelm Zöpf en Gertrud Slottke. Als nazi was Zöpf *Judenreferent* (adviseur in joodse kwesties) bij de *Sicherheitsdienst* geweest en na de oorlog werd hij advocaat in München. Slottke, die aantekening bijhield van joodse gezinnen als de familie Frank, die door onder te duiken trachtten te ontkomen aan de nazi-vervolging, was in Stuttgart in de handel gegaan. De enorme belangstelling van de pers was gedurende het hele proces gericht op de samenhang met Anne Frank. Men citeerde de uitspraak van Otto Frank: 'Anne wordt er altijd bijgehaald ter wille van de sensatie als vroegere nazi-functionarissen gearresteerd worden.' Hij zei dat hij nooit van Harster had gehoord maar gaf toe: 'De gewone joodse man heeft geen idee welke nazi-beambten verantwoordelijk waren voor wat er met bepaalde slachtoffers van de nazi's gebeurde.'

Het nieuwe proces tegen Harster begon op 23 januari 1967 in München. Robert Kempner, voormalig aanklager bij de processen van Neurenberg, vertegenwoordigde Frank (die alleen betrokken was bij de zaak-Zöpf) bij het proces, tezamen met de familie van Edith Stein.[3] Er waren talrijke verwijzingen naar Anne tijdens het proces. Toen Zöpf werd gevraagd of hij Anne van een foto herkende, antwoordde hij: 'Ik ken haar dagboek', en zei dat hij zich ervan bewust was dat zij onder zijn bevel gedeporteerd was, wat hij als mens heel treurig vond. Bij een gelegenheid dat het dagboek werd genoemd, meldden journalisten dat Slottke in tranen zei: 'Ik bewonder dat meisje. Ze heeft heel wat moeten doormaken.' Het was een van de kortste processen tegen oorlogsmisdadigers dat ooit is gehouden, waarbij slechts twee getuigen waren opgeroepen. Harster werd veroordeel tot vijftien jaar cel wegens medeplichtigheid aan tweeënveertigduizend moorden. Frank walgde van de mildheid van de vonnissen maar zei tegen Cara Wilson dat 'de aangeklaagden niet beschouwd kunnen worden als normale mensen, ze werkten als computers, zonder hart of gevoelens'.

Bij een interview dat Otto Frank in 1965 gaf, werd hem naar zijn mening gevraagd over de processen die in Duitsland gevoerd werden tegen oorlogsmisdadigers. Hij antwoordde: 'Ik denk dat die nodig zijn. Bij de processen van Neurenberg, direct na de oorlog, dacht het Duitse volk dat de geallieerden zich wilden wreken; dat kon je mensen toen horen zeggen in Duitsland. Nu zijn het Duitse rechtbanken die al deze beestachtige daden blootleggen. Ze zijn net zo nodig als het Eichmannproces.' Men vroeg hem naar de executie van Eichmann en hij zei kalm: 'Doden is het ergste niet. Ik denk dat hij de dood verdiende, maar of hij gedood moest worden, is een andere zaak. Ik ben geen voorstander van doden.'

Vaak herhaalde hij ten aanzien van de Duitsers zijn overtuiging dat het verkeerd is te 'generaliseren', maar daarnaast gaf hij toe: 'Tegenover de oudere generatie heb ik min of meer wantrouwen en ik kijk wel uit met wie ik contact opneem.' Toen hij ouder werd, reisde hij alleen nog naar Duitsland om vertrouwde vrienden te bezoeken of voor een gebeurtenis in verband met het dagboek: 'Voor mijn plezier daarheen gaan... dat wil ik niet.' Miep had soortgelijke gevoelens, en vertelde in een brief: 'Ik heb goddank mijn menselijke gevoelens niet verloren en weet dat ten minste een handjevol Duitsers zich tegen het regime heeft verzet, met alle consequenties van dien. Want anders zou je, ook nu nog na vijfentwintig jaar, de grens oversteken en de eerste de beste Duitser tussen de vijftig en de zestig naar de keel vliegen, of nog erger. Maar ik weet dat je er niets mee bereikt.'

Rabbijn David Soetendorp vertelt: 'Mijn vader was nauw betrokken bij het Anne Frank Huis. Hij wilde dat het een plek werd waar jonge mensen elkaar konden ontmoeten en met elkaar konden optrekken. Er was veel spanning tussen de mensen die vonden dat het gewoon een museum moest worden en de voorstanders van een educatief centrum. Het duurde even voordat het juiste concept ontwikkeld was, maar het was een van de eerste plaatsen waar Nederlanders en Duitsers elkaar konden ontmoeten. Zij schaamden zich en wij waren heel boos. Het was een goede zaak ons bij elkaar te brengen. Frank zelf keerde zich nooit tegen Duitsland. Hij was heel, heel trots op zijn Duitse militaire dienst.' Anneke Steenmeijer, die voor de stichting werkte, vertelt: 'Otto werd altijd geëmotioneerd als hij met Duitse jongeren sprak. Op een keer praatte hij met een meisje dat zich diep schaamde. Ze zei hem: "Ik weet niet wat mijn vader in de oorlog gedaan heeft. Hij wilde het me niet vertellen." En Otto kon daarbij zijn tranen niet bedwingen.'

Op 12 mei 1969 vierde Otto Frank zijn tachtigste verjaardag met een vakantie voor de hele familie in de Zwitserse bergen. Na de maaltijd en een paar glazen wijn, zo vertelt Buddy Elias, stond Otto op voor 'een dansje met Fritzi. In plaats van de gebruikelijke danshouding aan te nemen, danste Otto een pittige horlepiep. Alle jonge mensen klapten... Het was geen opschepperij, hij wilde gewoon wat leven in de brouwerij. Dat was Otto. Eenvoudig, ongecompliceerd met een fijn gevoel voor humor en waardigheid.' Zijn familie kwam op de eerste plaats; voor zichzelf wilde hij weliswaar geen geld uitgeven, maar voor zijn familie was hij altijd gul. In 1973 boekten Buddy Elias en zijn vrouw Gerti een lang verbeide eerste reis naar Israël. Een paar dagen voor hun vertrek kwam Otto hen opzoeken in de Herbstgasse, nam Gerti terzijde in de zitkamer en deed de deur dicht. Hij stopte haar tweeduizend francs in de hand en wenste haar veel genoegen in de vakantie. In maart 1974 leende Otto geld aan zijn nicht Milly Stanfield (die in 1967 naar Amerika geëmigreerd was) om samen met een vriendin naar Israël te kunnen gaan. Ze wilde het hem per se terugbetalen maar hij vroeg haar het in haar testament na te laten voor het fonds.

In datzelfde jaar rees er onenigheid tussen Otto Frank en Victor Kugler. Op 23 april ontving Frank een brief van Massada Press in Israël met de mededeling dat er plannen waren voor een boek over Kuglers herinneringen aan Anne en haar leven in de onderduik. In hun normale correspondentie had Kugler hem niets verteld over het boek, en Frank was 'verbaasd en geërgerd'. Hij nam aanstoot aan de titel, *De man die Anne Frank verborg*: 'Daar ben ik het niet mee eens. De man die Anne Frank verborg, bestaat niet. Er was een groep dappere Nederlandse mensen, waartoe ook meneer Kugler behoorde, maar zonder de hulp van meneer Kleiman, Miep, Henk (Jan) en Elly (Bep) zou dat niet mogelijk geweest zijn.' Hij had met Miep, Jan en Bep gesproken en ook zij waren ontzet van het bericht; ze hoopten dat het 'niet in het Nederlands vertaald zou worden... Ze willen op de achtergrond blijven en ze vinden dat wat ze deden hun menselijke plicht was... Ze willen niet geprezen worden of in de publiciteit komen.' Een brief van Bep Voskuijl laat zien dat zij er niets voor voelde in de belangstelling te staan. 'Ik blijf liever uit de buurt van dat alles, ik ben van nature al een zenuwachtig type en meer drukte kan ik niet hebben. Ook de plezierige dingen, zoals de uitnodigin-

Tonny Ahlers (links in de lichte regenjas) bij de begrafenis van de WA-man Hendrik Koot.
(De Telegraaf, 18 februari 1941).
De zwager van Ahlers maakte na de oorlog de onderzoeksinstanties attent op deze foto;
kennissen van Ahlers herinneren zich de foto in zijn woning gezien te hebben.
© De Telegraaf.

Karl Josef Silberbauer tijdens de oorlog. Hij leidde de overval op het achterhuis.
© AFS.

Euterpestraat 99 (thans Gerrit van der Veenstraat), het hoofdkwartier van de Duitse Sicherheitsdienst. De bewoners van het achterhuis werden na hun arrestatie onmiddellijk hierheen getransporteerd. Hier brachten ze in de kelder de nacht door in de cellen, alvorens overgebracht te worden naar het Huis van Bewaring en uiteindelijk naar de concentratiekampen.
© NIOD.

Otto Frank, de enige overlevende van de acht onderduikers, hier herenigd met broers en zuster in Zwitserland in 1945.
© Buddy Elias, privé-collectie.

Charlotte Pfeffer.
© AFS.

Fritzi en Otto Frank op hun trouwdag, 10 november 1953, in Amsterdam.

Otto Frank in 1954 op zijn kantoor, Prinsengracht 263. Zijn kampnummer is zichtbaar op de onderarm.
© Maria Austria, Maria Austria Instituut.

Toen Annes dagboeken begin jaren zestig wereldvermaard waren bezochten veel lezers Otto Frank thuis in Basel. Hier leidt hij, met zijn broer Robert, in het Stadhuis van Basel een groep Japanse meisjes rond.
© *Buddy Elias, privé-collectie.*

Otto Frank anno 1967: reizen was zijn hartstocht, zijn leven lang.

Otto Frank als grootvader, met grootmoeder Fritzi, schoonzoon Tsvi Schloss en de drie dochters van dochter Eva.
Hij beschouwde Jacky, Caroline en Sylvia als zijn kleinkinderen en was dol op hen.
© Eva Schloss, privé-collectie.

Otto Frank, een jaar voor zijn dood, met de onderscheiding in de Orde van Oranje-Nassau op de borst gespeld. Ter gelegenheid van de vijftigste geboortedag van Anne Frank, 12 juni 1979, werd hem die onderscheiding verleend.
© Buddy Elias, privé-collectie.

gen hier en daar, bezorgen me voor en na zenuwinstortingen. Je weet dat woordengebrek daar een grote rol in speelt. Ik weet dat jullie het allemaal goed bedoelen en ik stel dat erg op prijs en ik wil niemand in onze kring bij Opekta storen... Ik ben doodsbang voor publiciteit... Ik zal alles doen wat in mijn vermogen ligt het symbool van een geïdealiseerde Anne hoog te houden, iets wat voor mij tegelijk verbonden is met alles wat er gebeurd is en wat ik met eigen ogen heb gezien. Dit onmetelijke verdriet zal mijn hart nooit verlaten.'

De auteur van Kuglers boek, Eda Shapiro, schreef op 7 mei 1974 een brief aan Frank. Ze begon met veel lof voor het dagboek, meldde haar ervaringen als schrijfster en vertelde hem dat het schrijven over de holocaust 'mijn diabetes niet geneest'. Ze begreep dat het boek dat ze wilde schrijven, bij Frank duidelijk 'niet in de smaak was gevallen'. De titel was niet haar keus maar ze werkte al vier jaar aan het boek en dat 'heeft me veel pijn en frustratie bezorgd en tot nu toe veel geld gekost, zodat het me lichamelijk en financieel praktisch heeft geruïneerd'. Ze beweerde dat Kugler wilde dat ze het boek zou schrijven en als zijn agent zou optreden, maar dat was een moeilijke opgave, want het boek had kortweg 'geen duidelijk onderwerp'. Ze verklaarde zich nader door te schetsen hoe ze 'op een keer (uit beleefdheid) ongeveer anderhalf uur naar hem had geluisterd over het onderwerp pectine'. Ze geloofde dat ze ten dele verantwoordelijk was voor zijn onderscheiding als een van de 'Rechtvaardigen van de natie', hoewel Kugler 'zelfs niet de moeite nam, mij dat te vertellen – laat staan mij te bedanken'. Door hem was ze aan het eind van haar Latijn: 'Ik kon het gebrek aan samenwerking niet langer verdragen. Op 11 augustus vertelde ik hem dat ik ziek was van de hele geschiedenis.' Ze tekenden een contract maar er waren nog steeds problemen: 'Ik wist dat hij me aan het lijntje hield.' Ze had besloten 'delen of het hele boek gratis vrij te geven als het boek niet commercieel verkocht kon worden'. Nadat ze het ziekenhuis verlaten had, stuurde ze Frank een tweede brief en smeekte hem de publicatie goed te keuren, vooral omdat Kugler nu twijfelde. Na ontvangst van Franks brief had Massada haar contract geannuleerd en ze vroeg Frank nog eens naar Massada te schrijven; ze besloot haar brief met het verzoek aan Frank een voorwoord te schrijven voor het boek.

Frank antwoordde haar op 6 augustus: 'Miep, Elly en ik zijn teleurgesteld door het gedrag van de heer Kugler in deze zaak. Ik krijg de indruk dat de heer Kugler zich niet op zijn gemak voelt over zijn geheimzinnigheid en dat dit de reden is van zijn weifelmoedigheid en niet zijn slechte gezondheid.' Hij zei dat hij verrast was dat Massada haar contract had geannuleerd maar hij had er geen behoefte aan een inleiding bij het boek te schrijven. Een paar maanden later beantwoordde Frank een brief van Robert Rothman, een advocaat die de zaken van Kugler op zich had genomen en Frank berichtte dat Kugler een kostbare oogoperatie moest ondergaan. Frank was nog steeds geprikkeld door Kuglers activiteiten maar beloofde zo nodig hulp te bieden: 'Natuurlijk houd ik contact met hem en zijn vrouw, maar op mijn laatste brief van twee maanden geleden, heb ik geen antwoord ontvangen. Natuurlijk weet ik dat zijn gezondheid niet erg goed is en dat hij een oogoperatie moet ondergaan, want zijn vrouw heeft mij uitvoerig geschreven. Wat zijn financiële omstandigheden betreft: ik weet dat de Kuglers bescheiden leven maar ik vermoed dat ze niet echt in nood verkeren... Ik schrijf hem in elk geval voor het einde van het jaar en zo nodig help ik hem natuurlijk.' Vervolgens legde hij uit, net als eerder voor Massada, dat Kugler een van de vijf helpers was; de anderen hadden geen behoefte voor het voetlicht te komen.

In 1977 ontving Kugler een prijs van tienduizend dollar van de Canadian Anti-Defamation League, en daarmee was zijn oogoperatie betaald. Zijn vrouw Loes vertelde Frank dat jaar in een heel hartelijke brief dat de operatie geslaagd was. Ze bleven in contact en Frank kwam nooit meer terug op de kwestie van het boek, maar zijn stiefdochter Eva vertelt hoe het aan hem knaagde: 'Otto zou nooit gewild hebben dat iemand anders hun verhaal zou neerschrijven. Hij zei het niet met zoveel woorden, maar het was een heel sterk gevoel dat we allemaal hadden. Eind jaren zeventig doken zulke verhalen steeds vaker op, maar ik weet wel dat hij niet wilde dat een van de betrokkenen bij de geschiedenis van Anne Frank zijn of haar verhaal zou vertellen.'

Sinds de oprichting van de Anne Frank Stichting reisden Otto en Fritzi eenmaal per maand naar Amsterdam. (In een interview verklaarde Frank dat hij nooit langer dan drie dagen bleef: 'Als ik in Nederland ben, dan ben ik elke dag in het huis, zie je... Ik kan er niets aan doen.') In 1964 werden de Anne Frank Stichting en het Jeugdcentrum verenigd onder leiding van Franks vriend en leraar, Henri van Praag. Er hadden zich veel problemen voorgedaan in die periode en op 5 oktober 1964 schreef Frank aan Mermin: 'Zoals je weet, is er veel veranderd in het bestuur en bij het personeel. Ik ontdekte dat er nooit een rekening bijgehouden is van alle betalingen aan de Nederlands-Amerikaanse stichting en van hun betalingen aan ons. Ik ben benieuwd of alle kopieën van bijdragen op jouw kantoor in een dossier bewaard zijn en of je kunt ontdekken of er bij de Nederlands-Amerikaanse stichting nog een tegoed is voor Amsterdam. Ik vermoed van wel, want ze hebben één keer een rond bedrag van vijfhonderd dollar betaald en nooit een afrekening gestuurd.' De bijdragen waar Frank op doelde, waren voor de Amerikaanse afdeling van de stichting. Scholen en amateurtoneelgroepen waren benaderd met een door Frank geschreven circulaire om elk één dollar te schenken aan de organisatie. Frank vertrouwde Cara Wilson toe: 'Ik had altijd de wens [het Anne Frank Huis] tot een centrum van een internationale organisatie te maken, met afdelingen in veel landen die hun eigen specifieke problemen moeten aanpakken. Tot nu toe was dat niet mogelijk.' Pas in 1978 was het Anne Frank Centre in New York goed en wel gevestigd; thans trekt het, tot voor kort onder leiding van Jack Polak, een overlevende van de concentratiekampen, een wisselend aantal bezoekers van de Anne Frank-tentoonstellingen die door het hele land worden georganiseerd.

In september 1965 schreef Frank opnieuw aan Mermin over veranderingen bij de stichting: 'Ik was nog heel ontevreden met de organisatie van de stichting en ben het bestuur blijven vragen betere mensen aan te trekken. Ze begrepen het maar al te goed maar het was moeilijk de juiste personen te vinden. Maar ik denk dat we die nu gevonden hebben. Een ervan is een dame... de ander is ons aanbevolen als zeer bekwaam in administratie en hij zou alles wat er in het huis gaande is, moeten coördineren en de financiën bijhouden. Ik... heb de man nog niet ontmoet. Ze beginnen hun werk op 1 november, neem ik aan. Als optimist hoop ik er maar weer het beste van.'

De man op wie Frank doelde, was Cor Suijk. Hij vertelt dat er, toen hij bij de stichting kwam, 'twee mensen op de loonlijst stonden; alle anderen waren vrijwilligers. Toen ik twintig jaar later vertrok, was er een betaalde staf van meer dan honderd man. Ik voerde ook een toegangsprijs in, waar Otto eigenlijk op tegen was.' Hij beschrijft hun relatie als 'aangename irritatie' en vertelt uitvoerig:

> Otto was een scherp waarnemer en een goed luisteraar. Die manier van doen, de mensen gelegenheid geven zich te uiten, gaf hem al meteen het voordeel dat de mensen verrast waren hoe goed ze uit hun woorden kwamen met hun argumenten. Vooral als ze verhit raakten, werd zijn kalmte een overheersende factor. Fouten die de staf van de Anne Frank Stichting of ik als hun directeur had gemaakt, ontgingen hem zelden. Zijn ontevredenheid over ons gebrek aan gepaste zorg voor de archieven, de correspondentie, de voorwerpen in het museum, het onderhoud van de behuizing en vooral het behoud van de authentieke sfeer van het huis, deden de staf vrezen voor zijn

regelmatige bezoeken. De meeste medewerkers hoopten hem niet tegen te komen. Gewoonlijk stoven ze uit elkaar en verspreidden zich over het gebouw. Bijzonder gevreesd was zijn vermogen prulwerk en slordigheden in onze publicaties op te merken. Hij kon onverbiddelijk zijn, doordringend praten, maar hij schreeuwde nooit. Op grond van zijn prestige en morele autoriteit moest hij wel gelijk hebben in zijn kritiek.

De interne problemen met de personele bezetting van de stichting namen af, maar eind jaren zestig traden de financiële moeilijkheden op de voorgrond. Frank verklaarde tegenover zijn correspondent Cara Wilson dat de stichting 'zoals ik je al eerder schreef, dringend financiële hulp nodig heeft. In de wetenschap dat de mensen alleen substantiële bedragen schenken als ze die van de belasting kunnen aftrekken, proberen we in de Verenigde Staten voor schenkingen aan de Foundation vrijstelling van belasting te krijgen.' In 1970 bezochten honderdtachtigduizend mensen het huis (van wie honderdduizend Amerikanen), wat een volledige maar kostbare verbouwing noodzakelijk maakte.

In 1971 verschenen er in de internationale pers verscheidene artikelen die uitweiden over de hachelijke financiële situatie bij de stichting. Eén krant meldde: 'Nadat het huis, na vier maanden renovatie, hoofdzakelijk bekostigd uit de opbrengst van een landelijke collecte, onlangs is heropend, heeft het thans problemen om open te blijven. Gedurende de laatste vijf jaar maken de organisatoren, ondanks de schenkingen van de Amsterdamse gemeenteraad en particuliere groepen, jaarlijks verlies... De stichting streeft opnieuw naar een overheidsgarantie, ondanks het feit dat het eerste verzoek werd verworpen. "Als we geen overheidssteun krijgen, zullen we het huis moeten sluiten," zei Isaac van Hout, de directeur van de stichting.' Het Jeugdcentrum, Otto's droom, werd in 1970 ontbonden.

Otto Frank had altijd al grote belangstelling voor politiek en ondanks de sarcastische opmerking van een Nederlandse journalist dat Israël blijkbaar 'zijn hart niet sneller deed kloppen', is er in zijn brieven een overvloed aan bewijs voor het tegendeel. Op 27 mei 1967 schreef hij aan Wilson: 'Je kunt je voorstellen hoe gespannen we zijn door de toestand in het Midden-Oosten. Ik ben heel ongerust en gedeprimeerd door het agressieve gedrag van de Arabische staten en hun zogenaamde vrienden die niet in actie komen. Volgens mij volgt Nasser het voorbeeld van Hitler. Beiden hebben openlijk hun plannen gepropageerd en de wereld heeft pas gereageerd toen het te laat was. Als

Israël niet spoedig hulp krijgt en de geallieerden zich niet houden aan hun plechtige belofte dat de Golf van Akaba tot de vrije internationale wateren blijft behoren, dan zal Nasser doorgaan met zijn plan Israël te vernietigen.' De maand daarop stuurde hij een brief aan Arthur Goldberg in het Witte Huis, om te protesteren tegen 'de zwakke reactie op de valse verklaringen van Arabische en communistische zijde over Israëlische agressie en Amerikaanse en Britse militaire hulp'. Hij stuurde ook een telegram naar Mosje Kol in Jeruzalem.

Een andere geregelde correspondent, Barbara Goldstein, weet nog hoe gedeprimeerd Frank was aan de vooravond van de Jom Kippoer-oorlog in 1973. 'Nu doen ze het weer!' riep hij, 'ze vernietigen weer een generatie jonge joden!' Later vertelde hij Wilson dat ze drie weken in Israël hadden doorgebracht. 'Omdat het ons vierde bezoek aan het land was, hebben we weinig bezienswaardigheden gezien. Ons doel was familie en vrienden op te zoeken en onze solidariteit te tonen met de mensen die nog lijden onder de gevolgen van de Jom Kippoer-oorlog... Intussen ziet de politieke situatie er wat zonniger uit dankzij de onvermoeibare bemoeienis van jullie Duitsjoodse Kissinger. Laten we hopen dat hij zijn goede diensten ook bij de komende onderhandelingen in Genève zal verlenen.' Aan de New Yorkse journalist Arthur Unger vertelde Frank dat hij de stichting om hoorbare steun voor Israël had gevraagd: 'Dat is het laatste waarvoor ik echt gewerkt heb.' Frank vond altijd dat Groot-Brittannië en de Verenigde Staten niet zo veel voor Israël deden als ze zouden moeten doen. In 1968 zei hij tegen Wilson dat Fritzi en hij 'erg treurig waren over het verlies aan prestige en economische macht van de Verenigde Staten. Dit beïnvloedt tot onze spijt ook de positie van Israël, omdat de Verenigde Staten niet bij machte zijn het voldoende te steunen.' Bij een andere gelegenheid zei hij kribbig: 'Laten we hopen dat Israël intussen niet het slachtoffer wordt van de slechte en kortzichtige Amerikaanse politiek.'

Hij hield zich bezig met de wereldpolitiek en schreef in 1968 aan Wilson dat Fritzi en hij 'heel ongerust waren over de situatie in Vietnam, waarvoor we geen enkele oplossing zien, en over de spanningen tussen blank en zwart in uw land. We volgen alles aandachtig... Ik treur, net als miljoenen in de hele wereld, om de dood van R. Kennedy... Ik zie de toekomst van Amerika heel duister in. Als er niets gedaan wordt om een eind te maken aan de Vietnamoorlog en om de arme, verwaarloosde massa's te helpen, bestaat werkelijk het gevaar van een opstand, een burgeroorlog. De pathetische woorden van dominee [Ralph] Abernathy, die bij de mars der armen de menigte toesprak en zei dat dit de laatste kans is voor een vreedzame oplossing, doen ons huiveren... Veel zal afhangen van de volgende president en zijn raadslieden. Maar, voorzover ik het van hieruit kan beoordelen, kan geen van de kandidaten Kennedy vervangen. [Eugene] McCarthy mag dan ongeveer dezelfde doelstellingen hebben, de briljante, energieke persoonlijkheid heeft hij niet, maar we moeten hopen dat hij met zijn plichten meegroeit, mocht hij gekozen worden. Of zou de Republikeinse partij een kans maken met [Nelson] Rockefeller?'

Hoewel Frank geloofde in vredelievend protest ('men kan problemen niet oplossen met terrorisme en geweld'), begon hij in 1975 te schrijven naar een Palestijnse gevangene die per advertentie in de *Basler National-Zeitung* correspondentievrienden zocht. Na ontvangst van de eerste brief van de jonge idealist, die gevangen zat voor zijn gewelddadige activiteiten, schreef Frank hem: 'Ik heb gereageerd op uw advertentie omdat ik geïnteresseerd ben in humanitaire kwesties. Laat me in uw volgende brief weten of u veel reacties op uw advertentie gekregen hebt... Ik kan begrijpen dat u schrijft: "Laat mijn volk leven." Maar u moet ook erkennen dat Israël het recht heeft te bestaan en in vrede te leven. U moet beseffen dat Israël geschriften van het soort dat u beschrijft, niet kan tolereren. Als datgene wat u gedaan hebt tijdens de oorlog in Nederland was gebeurd, dan hadden de nazi's u geëxecuteerd... Naar mijn idee kan er in het Midden-Oosten alleen vrede gesticht worden als de Arabische staten de staat Israël erkennen en er een oplossing voor de Palestijnse kwestie is gevonden. Maar zolang groepen extremisten de vernietiging van deze staat tot einddoel uitroepen, zal dat niet lukken.' Frank stuurde bij zijn derde brief een kopie van het dagboek, met als uitleg: 'Zij en mijn oudste dochter en mijn vrouw kwamen om in een concentratiekamp van de nazi's, terwijl ik dat op wonderbaarlijke wijze overleefde. U ziet dat ik geen verbitterd man ben, al kan ik natuurlijk nooit vergeten wat er gebeurd is. Ik ben ervan overtuigd dat met haat en wraak niets bereikt kan worden, en daarom probeer ik voor vrede en begrip te werken.'

Toen een journalist hem vroeg of hij na de oorlog had overwogen naar Israël te emigreren, antwoordde Frank: 'Nee. In de eerste plaats was ik geen zionist. Nu ben ik zionist. Ik heb een taak. In Israël zou ik mijn taak niet kunnen vervullen. Ik ontvang duizenden brieven die ik beantwoord. Voor veel jonge mensen ben ik een vaderfiguur.' Niettemin, vertelt pater Neiman: 'Otto zei me dat hij helemaal niet religieus was, maar dat de nazi's dat veranderd hadden en zijn joodse identiteit hersteld hadden. Dat vond ik intrigerend. Israël lag hem na aan het hart en hij kon uitvoerig praten over het land en de problemen waarmee het te kampen had. Hij stak veel tijd en geld in projecten die erop gericht waren daar de vrede te bewaren.'

Op 30 juli 1977 arriveerde een van Franks eerste ijverige correspondenten voor een kort bezoek in Basel. Op zeker moment tijdens het verblijf van Cara Wilson liet Frank haar zijn fotoalbum zien. Ze vertelt: 'Er was een foto van een stel mooie blonde lieverdjes die samen in een achtertuin speelden... "Zie je die kinderen, Cara?" Otto streek met zijn vinger over elk gezichtje. "Dit zijn mijn speelkameraadjes toen ik een jongetje was. En het werden allemaal nazi's, behalve deze hier."' De avond na haar aankomst kwamen er een paar vrienden en familieleden van Otto en Fritzi langs: 'De mensen die in Franks gezellige voorkamer bij elkaar kwamen, waren allemaal achter in de zestig, zeventig of begin tachtig, maar ik had nog nooit een groep oudere burgers gezien zoals deze. Ze waren actief, gevat, levendig, vol levenslust en zelfbewustzijn. Ze spraken snel Duits, gesticuleerden met hun handen, alleen onderbroken om het in het kort voor mij te vertalen. De essentie van hun gesprekken, tussen de praatjes over vakantie en theater en wederzijdse vrienden door, was hun woede over de nieuwe generatie Duitsers.'

In oktober 1978 werd Frank blij verrast toen hij van pater Neiman hoorde dat deze toevallig Peter Pepper, de zoon van Pfeffer, had ontmoet. Pater Neiman vertelt: 'Peter en ik werden vrienden. Otto en hij hadden het contact verloren. Toen iemand hem mij voor het eerst noemde, dacht ik dat het Peter van Pels was, want de kans bestond – of leek te bestaan – dat hij het toch had overleefd. Toen ik hem door de telefoon sprak, maakte hij mij duidelijk dat hij de zoon van Pfeffer was. Ik vertelde hem dat ik contact onderhield met Otto en hij zei dat hij hem graag zou terugzien. Hij ging vaak voor zaken naar Zwitserland. Hij had geen idee dat zijn vader in Neuengamme gestorven was – ik vertelde het hem. Ik ben blij te kunnen zeggen dat door mij Peter en Otto weer vriendschap sloten.' In november 1978 schreef Frank naar John Neiman: 'Wat een coïncidentie dat je Peter Pepper hebt ontmoet. Ik kan me niet herinneren dat ik hem ooit heb gezien maar ik heb natuurlijk van zijn vader over hem gehoord. Ik zou hem graag ontmoeten als hij naar Europa komt.' Een paar weken later werd Franks wens vervuld toen Pepper naar Zwitserland reisde. Frank schreef: 'Eergisteren kwam hij bij ons op bezoek en we vonden het een heel sympathieke man. Mijn gesprek met hem was erg vriendschappelijk en we ervoeren een zekere vertrouwdheid met elkaar door de band met zijn vader. Ik kon hem een en ander over zijn vader vertellen dat hij niet wist. Dankzij jou kon deze hereniging plaatsvin-

den.' Eind 1978 kreeg Frank geregeld last van hoge bloeddruk en op 15 december maakte hij zijn testament. Zijn nicht Milly Stanfield kon hem in maart weer bezoeken: 'Ik heb de zondag in Birsfelden doorgebracht. We hadden een fijne, ontspannende dag. Hij moest geweten hebben dat zijn ziekte de overhand kreeg maar hij klaagde nooit.'
Otto Frank vierde zijn negentigste verjaardag in Londen. Zijn neef Buddy Elias, acteur en ster in de ijsrevue, was ook in de stad: hij speelde in het Shaftesbury Theater in *The Canterbury Tales*. Otto en hij waren uitgenodigd voor een galavoorstelling in het Theater Royal in Drury Lane voor de opening van de *Anne Frank 50th Anniversary Tribute*, waarvoor overal ter wereld evenementen waren georganiseerd. Bij de persconferentie kreeg Frank een verjaardagstaart aangeboden. De kranten meldden: '[Larry] Adler speelde een zwierig "Happy Birthday" – en Otto Frank blies in een keer alle kaarsen uit.' Na zijn terugkeer in Basel verslechterde Franks gezondheid verder; hij vertrouwde een vriend toe: 'Ik lijd geregeld aan duizeligheid, heb een slechte doorbloeding en ik voel me tamelijk zwak.' Op 12 juni negeerde Frank het advies van zijn dokter en ging met Fritzi naar Amsterdam voor de herdenking van Annes vijftigste geboortedag in de Westerkerk. Frank ontving met zichtbare trots de orde van Oranje-Nassau en vergezelde vervolgens de koningin naar het achterhuis. Hij vertelde: 'Ze was erg geïnteresseerd en stelde veel vragen. Het is een geweldige vrouw en heel natuurlijk en bescheiden. Toen ze vertrok, zei ze "Sjalom!" tegen me.' Het was Franks laatste bezoek aan Amsterdam. Op 9 juli schreef hij aan pater Neiman dat Fritzi en hij morgen zouden vertrekken 'voor een dringend nodige vakantie van drie weken in de Zwitserse bergen... We hopen in onze vakantie nieuwe krachten op te doen zodat we weer aan het werk kunnen, zij het op een veel kleinere schaal. Ik voel steeds meer mijn leeftijd.'

In de loop van de jaren ontving Frank duizenden huldeblijken voor zijn dochter; in september 1961 vroeg de Amerikaanse president John F. Kennedy zijn minister van Arbeid bij zijn bezoek aan Amsterdam een krans te leggen bij het Anne Frank Huis. Otto's bereidheid iedereen van dienst te zijn die belangstelling toonde voor zijn dochters dagboek, bezorgde hem naast bewondering ook kritiek; Israëlische kranten reageerden met voldoening toen de toenmalige Israëlische minister van Buitenlandse Zaken Golda Meir in 1964 het huis bezocht, maar waren verontwaardigd dat Frank bij een privé-audiëntie in het Vaticaan de paus een speciale uitgave van Annes verhalen cadeau deed. Hij was doelbewust in zijn missie en laster negeerde hij. Hij organiseerde wedstrijden voor kinderen, loofde prijzen uit die hij zelf financierde, en nodigde mensen uit om bij hem thuis te komen praten over het dagboek en over de lering die men er naar zijn mening uit kon trekken. Op 5 november 1975 schreef hij aan een vriend dat Fritzi en hij twee dagen in Genève waren geweest 'voor een ontmoeting met het koor van de Japanse Christenvrienden van Israël; met een van hen correspondeer ik al jaren. Het koor gaf er een concert dat we bijwoonden; het zong Japanse en Hebreeuwse liederen, onder andere een "Requiem voor Anne", een prachtig stuk muziek. We nodigden de groep bij ons thuis uit; alle achttien leden kwamen op bezoek en we hadden een genoeglijke avond samen. Vanhier gingen ze naar Israël om daar concerten te geven.' Het koorlid dat Frank persoonlijk noemde, was Teroewo Oewemoera, die later directeur werd van 'Annes Rozenkerk' in het Japanse Hyjogo. Frank gaf zijn goedkeuring aan de naam van de kerk die op 13 april 1980 werd ingewijd, 'als een symbool van vrede en een vrijplaats om te bidden voor de wereldvrede', en schonk de kerk verschillende zaken uit eigen bezit en van zijn jongste dochter. De kerk werd gesticht door de eerwaarde Takdji Ohtsoek op grond van 'een visioen dat hij in 1938 had en dat hem openbaarde dat er pas vrede in de wereld zou komen als er vrede was in Jeruzalem... de kerk is aan dat doel gewijd'.

Bij een interview eind jaren zeventig door de zoon van zijn vriend Nathan Straus (die hem beschreef als 'een behoedzame persoonlijkheid'), sprak Frank over zijn plicht jegens de nalatenschap van zijn dochter: 'Het is een vreemde rol. In de normale familieverhoudingen heeft het kind van de beroemde ouder de eer en de plicht de taak voort te zetten. In mijn geval zijn de rollen omgedraaid.' Voor Cara Wilson schetste hij zijn missie: 'Toen ik alleen terugkwam uit het concentratiekamp, zag ik dat de joden – mijn volk – getroffen waren door een tragedie van onzegbare omvang en ik was als een van hen gespaard gebleven om te getuigen, een van hen die zijn dierbaren had verloren. Het lag niet in mijn aard om te berusten en te rouwen. Ik had goede mensen om mij heen en het dagboek van Anne was mij een grote steun om weer een positieve kijk op de wereld te krijgen. Ik hoopte met de publicatie ervan veel mensen op dezelfde manier te helpen, en dat bleek het geval. Toen later de Anne Frank Stichting werd opgericht, wilde ik dat die zou werken in de geest van Annes idealen voor vrede en begrip onder de mensen.' In een ander interview verklaarde hij met overtuiging: 'Wat gebeurd is, kunnen we niet meer veranderen. Het enige dat we kunnen doen, is leren van het verleden en beseffen wat discriminatie en vervolging inhouden. Ik geloof dat het ieders verantwoordelijkheid is te vechten tegen vooroordeel.' Zijn doel was deze gedachte door middel van 'communicatie' te verspreiden, waarmeer hij doelde op het beantwoorden van ieder die hem had geschreven. Dat kostte hem kracht en het werd dertig jaar lang zijn dagelijks werk. Elke ochtend werd besteed aan het beantwoorden van brieven en vaak werden ook in de middag uren gewijd aan die bezigheid, maar zijn leeftijd was wel van invloed op de hoeveelheid die hij kon verwerken.

Hij spande zich vooral in voor het beantwoorden van brieven van schoolkinderen, hoewel ze vaak vroegen naar dat ene onderwerp dat hij het moeilijkste vond om over te praten: zijn tijd in Auschwitz. Op de verjaardag van de bevrijding van het kamp vertelde hij in een klas: ' Al ben ik geslagen, ik heb geen littekens meer.' Hij trachtte op hen het belang van de herinnering over te brengen: 'Niemand kan ooit de verschrikkelijke misdaden vergeten die door de nazi's zijn bedreven, zeker wij joden niet. De jongere generatie, die dat alles als voorbije geschiedenis beschouwt, moet zich realiseren dat het antisemitisme en de hedendaagse vorm van antizionisme nog altijd virulent zijn.' De meest voorkomende vraag was wat Anne geworden zou zijn als ze in leven was gebleven. Gewoonlijk weigerde Frank daarover te speculeren maar bij één gelegenheid bekende hij: 'Ik heb het idee dat ze zich ontwikkeld zou hebben tot een werkelijk goede schrijfster.' Hij was geweldig trots op het talent van zijn jongste dochter en verklaarde: 'Iedereen met ambitie hoopt op grootheid of ten minste op succes, wat niet hetzelfde is. Zelfs als iemand iets groots verricht, wordt het niet dadelijk erkend. Maar een echt product van grootheid overleeft generaties.' Slechts zelden werd hem naar Margot of Edith gevraagd en zelf bracht hij hen zelden ter sprake. Anneke Steenmeijer vertelt: 'Over zijn vrouw en zijn dochter Margot praatte hij nauwelijks, maar je wist dat hij hen koesterde in zijn hart.' Zijn schoonzoon, Tsvi Schloss, stemt daarmee in: 'Hij praatte veel over Anne, maar hij sprak ook over Margot, zij het dat hij over haar sprak in samenhang met Anne. Hetzelfde gold voor Edith: over haar en Margot sprak hij als een deel van de familie, nooit als individuen.' Eva verklaart: 'Zo voelde hij het. Anne legde elke minuut beslag op hem. Hij bekende dat Anne zijn lieveling was, daar is niets mis mee: alle ouders hebben hun lieveling, al geven ze dat niet graag toe.' Pater Neiman, die door de langdurige correspondentie die zij voerden, veel nader tot Otto en Fritzi gekomen was, herinnert zich: 'Hij sprak nooit over Edith, maar dat was waarschijnlijk uit respect voor Fritzi, wat heel begrijpelijk is. De enige persoon die ooit iets over Edith zei, was Fritzi. Ik herinner het mij heel duidelijk. Het was na de dood van Otto en ik was weer in Zwitserland om haar te bezoeken. We waren in de dierentuin in Basel en praatten over Otto. Plotseling zei Fritzi met haar zware Oostenrijkse accent: "Otto hield heel veel van Edith maar van mij hield hij nog veel meer." Ik moest erom lachen, dat was typisch Fritzi.'

Men vroeg Frank zelden naar hemzelf, maar drie jaar voor zijn dood ontmoette Frank Arthur Unger, een New Yorkse journalist die naar Basel was gevlogen om hem te interviewen. In het gesprek over zijn leven in die tijd zei Frank tegen Unger dat hij in Basel nooit de synagoge bezocht, maar wel als hij in Amsterdam was, 'eenvoudig om te laten zien dat ik er nog ben en nog steeds geïnteresseerd ben in de liberale beweging... Hier behoor ik niet tot de joodse gemeenschap. Ik behoor nog tot de joodse gemeenschap van Amsterdam.' Op de vraag of het inkomen uit het dagboek voldoende voor hem was om comfortabel te leven, antwoordde Frank bevestigend, maar het merendeel van de royalty's werd opgedeeld tussen de stichting in Amsterdam en het fonds in Basel; hij ontving ook pensioen voor zijn dienst in het Duitse leger tijdens de Eerste Wereldoorlog en 'ik heb ook mijn zaak verkocht'. Unger vroeg hem de lering die men moet trekken uit het dagboek, nader te omschrijven. Frank antwoordde onmiddellijk: 'Onthoud je van een gemakkelijk oordeel, generaliseer nooit en verwacht geen dank voor hetgeen je voor de mensen doet. Dat maakt niets uit. Je moet in jezelf de voldoening hebben dat je iets hebt gedaan.'

Eind februari 1980 zocht Fritzi contact met pater Neiman: 'Hier is mevrouw Frank die uw lange, uitvoerige brief beantwoordt... Ik moet u vertellen dat het met de gezondheid van meneer Frank heel slecht gesteld is. Hij is zo zwak dat hij de hele dag op de bank moet blijven, niet in staat op krachten te komen. Hij lijdt aan een hardnekkige vorm van pleuritis en we moeten eenmaal per week naar het ziekenhuis, waar veel water uit zijn long wordt verwijderd en medicijnen worden toegediend. Tot nu toe hebben we weinig verandering ten goede gezien maar we geven de hoop niet op... ik lees hem de brieven voor als hij al te uitgeput is.' In november had Frank in een brief al bekend dat het 'met zijn gezondheid niet best was. Al ben ik niet echt ziek, ik voel me haast voortdurend beroerd.' Voor de eerste keer in twintig jaar hadden Fritzi en hij de kerst niet in Londen of in de bergen doorgebracht. In plaats daarvan kregen ze Eva en haar gezin op bezoek.

Otto's gezondheid verslechterde. Op zijn verjaardag in mei schreef Fritzi, ondanks alle mensen die hem in Birsfelden kwamen feliciteren, een brief aan de Hacketts: 'Hij bleef op de bank liggen en wilde maar één persoon tegelijk zien.' Pater Neiman was een paar dagen tevoren op bezoek geweest en vond dat Otto 'erg ziek' was: 'Hij lag in bed en ik zat een poosje bij Fritzi.

Toen werd Otto wakker en riep dat hij wist dat ik er was en dat hij ten slotte goed genoeg was om mij te ontvangen. Maar hij was toen heel zwak. Fritzi maakte een paar sandwiches en daarover hadden ze een van hun typische meningsverschillen. Hij klaagde: "Ze zijn te dik", en zij hield vol: "Nee, ze zijn dun!" En dat ging maar door. Het was de laatste keer dat ik hem zag.'

Otto Franks naaste vrienden kwamen langs in het besef dat hij ernstig ziek was. Miep en Jan Gies, Judith en Henk Salomon, en Gertrud Naumann en haar gezin, allemaal kwamen ze hem opzoeken. Gertrud vertelt dat Otto, toen ze de kamer binnenkwam, in tranen de handen naar haar uitstrekte en zei: 'Gertrud, ik heb zo naar je verlangd.' Frank leed aan longkanker en werd elke dag zwakker. Op 15 augustus schreef Fritzi naar pater Neiman: 'Meneer Frank heeft nu een kwalijke hoest gekregen, veroorzaakt door het water in zijn long en er is weinig tegen te doen, hoe erg het ook voor hem is. Hij wordt ook zwakker en wil vaak niet eens opstaan voor de maaltijd. Het valt mij steeds zwaarder de situatie meester te blijven.' Eva had die week bij hem gelogeerd maar was een dag tevoren weer naar Londen teruggereisd, zeer bezorgd over hen beiden.

Op 19 augustus 1980 kwam Franks oude kameraad uit Auschwitz, Joseph Spronz met Franzi, zijn vrouw, op bezoek. Zij vertelt: 'In februari, toen bij Otto longkanker was geconstateerd, vertelden de doktoren Fritzi dat hij nog maar zes maanden te leven had. Wij waren in de Verenigde Staten en Fritzi had het ons niet verteld en Otto vertelde ze het evenmin. Otto hield vol: "Kijk, ik ben niet ziek, ik ben gewoon moe!" Zijn bezorgde zuster Leni zei tegen Fritzi dat Otto vakkundige verpleging nodig had, maar Fritzi weigerde die en wilde zelf voor hem zorgen. En ze deed dat fantastisch. We belden Fritzi vanuit Nederland om te vragen of we hen konden bezoeken en zij zei: "Kom meteen maar – hij is heel ziek!" Toen we weer opbelden vanuit ons hotel in de buurt, nam Herbert, Otto's broer, de telefoon aan. Hij vertelde dat Otto die dag naar het ziekenhuis zou gaan. Hij vroeg ons te komen. We wisten dat het schokkend zou zijn om Otto, die we altijd hadden gekend als een ongelooflijk sterke, krachtige figuur, nu te zien terwijl hij zo ziek was. Toen we aankwamen, lag Otto in bed maar hij hoorde ons en kwam overeind en strekte zijn armen uit. Hij keek mijn man in de ogen en ze omarmden elkaar. Frank mompelde tegen de schouder van mijn man: 'Mijn grote vriend Joseph.' Hij was zo zwak. Een paar minuten later kwam er ziekenhuispersoneel om hem te halen. We volgden hen en mijn man werd toegelaten in Otto's kamer. Ik weet niet wat zich tussen hen afspeelde, maar ze spraken over Auschwitz. Joseph bleef lang weg. Toen hij de kamer uit kwam, zei hij tegen Fritzi dat we de volgende dag weer zouden bellen. Heel vroeg in de ochtend belde ik het ziekenhuis en kreeg de boodschap: "Het spijt ons, maar de heer Frank is vannacht gestorven."'

Het bericht van Franks dood werd de wereld rond getelegrafeerd. Annes vriendin, Jacqueline van Maarsen, hoorde het bericht in Amsterdam op de radio, maar voor haar kwam het nieuws niet als een schok omdat ze Frank een maand tevoren nog had opgezocht en gezien had hoe ziek hij was. Ze behoorde tot de mensen die op 22 augustus meereisden met het door de Anne Frank Stichting gecharterde vliegtuig dat medewerkers en vrienden van Otto naar Basel bracht voor de begrafenis. Frank had gevraagd zijn lichaam te cremeren (wat de joodse wet niet toestaat) en de as te begraven op *Friedhof* Birsfelden, een openbare begraafplaats, enkele minuten gaans van zijn huis. Hoewel dit een enkeling onaangenaam was (Vincent Frank-Steiner, voormalig voorzitter van het Anne Frank-Fonds, vindt het nog altijd onbegrijpelijk en meent dat zijn as overgebracht moet worden naar een joodse begraafplaats), het was Otto's wens en zijn familie wilde zich daarin schikken. Na de begrafenis, om twee uur die middag, waarbij gedichten en gebeden van verschillende religies werden voorgelezen, wandelden de rouwenden naar het huis dat Otto en Fritzi bijna twintig jaar hadden gedeeld. Fritzi speelde een cassette af die Otto enige tijd voordien had opgenomen, waarop hij over zijn leven vertelde, en zijn zachte, heldere stem vulde de kamer. Herbert Frank nam later Miep en Jan Gies, en Milly Stanfield mee uit eten en samen brachten ze de avond door met herinneringen.

De dagen na de dood van haar man ontving Fritzi condoleancekaarten: een kaart van de Anne Frank Haven (toevluchtsoord) in Israël noemde hem 'een van de ware mensenvrienden in de geest van de negentiende eeuw'; de Judaic Heritage Society in New York en het World Congress of Faiths (Inter-Faith Fellowship) waarvan Frank vice-voorzitter was geweest, telegrafeerden soortgelijke gevoelens; Victor en Loes Kugler zonden 'oprechte sympathie'; Barbara Mooyart-Doubleday, vertaalster van de Engelse editie van het dagboek, schreef dat ze zich Frank altijd zou herinneren om zijn 'grote mentale en spirituele kracht, om zijn moed in moeilijke omstandigheden en leed, om zijn vriendelijke aard en om zijn nooit aflatende verlangen de wens in iets goeds om te zetten'; de Hacketts telegrafeerden Fritzi: 'Onze harten zijn bij jou in jouw grote verlies'; en Barbara Epstein-Zimmerman was 'vol herinneringen en te treurig voor woorden'. Giften gingen naar instellingen die Frank ter harte gingen, zoals de Israel Cancer Association. Fritzi beantwoordde alle rouwbetoon met een kaartje, bedrukt met de tekst: 'Ik wil u graag oprecht bedanken voor de vriendschap en hartelijke sympathie die mij betoond is ter gelegenheid van het overlijden van mijn geliefde, onvergetelijke echtgenoot, Otto Frank.' De enige valse toon werd aangeslagen in de necrologie in de *Jewish Week* met de veroordeling van Otto's steun aan de mensen die 'Annes poëtische eerbetoon aan het judaïsme hadden uitgebannen... en vervangen... door een universalistische beschouwing... en zo het belang van de joodse ervaring kleineerden'.

Op de avonden van respectievelijk 5 en 8 oktober werden in Basel en New York herdenkingsplechtigheden gehouden. In New York was die georganiseerd door het Amerikaanse Anne Frank Centre, waarbij fragmenten uit het dagboek en het toneelstuk werden gepresenteerd, naast toespraken en muzikale intermezzi. Een van de vele jonge correspondenten van Frank sprak over een bezoek aan Otto in Basel: 'Hij nam mij mee naar wat hij noemde een authentieke Engelse pub. Hij was toen tweeëntachtig en er was daar geen mens boven de dertig maar hij was er in zijn element, omgeven door jonge mensen van overal op de wereld, die zich verdrongen rond onze tafel en vragen stelden. Hij schakelde moeiteloos over van de ene taal naar de andere.' Op weg naar huis misten ze hun tram en Frank besloot naar de volgende halte te lopen. Zijn gezellin wilde wachten op de volgende tram maar Otto zei tegen haar: 'Ik keer nooit op mijn scheden terug. Ik kijk altijd vooruit. Ik leef elke dag met het verleden, maar nooit in het verleden. Mijn plaats is in het heden.' Een andere spreker zei eenvoudig: 'Otto Frank was de schepper van de geest van Anne Frank. Toen zij stierf, leefde hij voor haar.'

Op de herdenkingsavond in Basel sprak Fritzi over haar jaren met Otto: 'Ze behoorden tot de gelukkigste van mijn hele leven.' Ze vertelde:

> Otto Frank was een heel bijzondere man. Hij had charisma. Ieder die het geluk heeft gehad hem te ontmoeten, zal dat beamen. Elk van onze talrijke bezoekers heeft er schriftelijk of mondeling gewag van gemaakt, hoe vriendschappelijk en hartelijk hij door hem werd ontvangen... Erfenis en rijkdom interesseerden hem weinig. Het ging hem om de 'mensen' en hij wilde helpen waar hij maar kon. Zijn bijzondere liefde gold de jeugd... Otto bezat een uitgesproken familiegevoel en het maakte mij gelukkig dat hij behalve zijn naaste familieleden ook mijn dochter als een bloedverwante beschouwde en in haar weer een kind gevonden had. Hij hield ook van ganser harte van de drie kleindochters waarvoor hij door hen met grote genegenheid werd beloond.
> Hij was een optimist en kende geen haat. Reeds in 1946 reisde hij naar zijn

geboortestad Frankfurt om daar twee oude Duitse vrienden op te zoeken, van wie hij wist dat het geen nazi's waren geweest. Hij wilde daarmee zeggen dat er in zijn ogen geen collectieve schuld bestond. Hij zei wel dat men de misdaden die Hitler en zijn beulsknechten tegen het jodendom hebben begaan, niet mag vergeten, maar met haat komt men niet verder... Bijna tot het laatste toe voelde hij zich betrokken bij alle gebeurtenissen in de wereld. Zijn bijzondere belangstelling gold Israël, waar we vaak geweest zijn. Hij verdedigde fel [Israëls] bestaansrecht maar was het niet altijd eens met 's lands politiek, al kon hij, gezien de dodelijke dreiging, veel begrijpen.

Hij kwam uit een liberaal, bourgeois milieu en was niet erg religieus, maar door de gebeurtenissen van zijn tijd werd hij een bewuste jood. De samenwerking tussen de grote wereldgodsdiensten lag hem na het hart... Hij bewaarde gedichten en gebeden uit verschillende religies in zijn portefeuille en hij had de wens dat die bij zijn begrafenis voorgelezen zouden worden, wat ook gebeurde. Ik wil besluiten met een van die gedichten [dat werd gelezen door zijn goede vriend rabbijn Soetendorp]:

Laat ons hen gedenken die ons lief waren,
die ons ontvielen en de eeuwige vrede zijn binnengegaan.
Moge al het goede dat zij deden,
al het ware, al het goede dat zij zeiden,
in volle omvang erkend worden
en moge dit ons richtsnoer zijn voor ons leven.
Want hiermee bewijzen de levenden de doden de hoogste eer
en zijn in de geest met hen verenigd.
Laat de rouwenden hierin troost vinden en zich oprichten,
gesterkt door het vertrouwen op een almacht die de wereld bezielt
en op de onverwoestbaarheid van het leven.

Franzi Spronz herinnert zich later die aangrijpende avond: 'Er was een violist uitgenodigd om de muziek te spelen waar Otto van hield. Mijn man was geëmotioneerd: mijn man en Otto hadden elkaar voor het eerst ontmoet door hun liefde voor de klassieke muziek. Toen de violist begon te spelen, werd mijn man herinnerd aan die ontmoeting en hij huilde. Het was de melodie die Otto met hem floot in het hospitaal van Auschwitz.'

Epiloog

Een visionair

Fritzi Frank overleefde Otto achttien jaar. Na zijn begrafenis keerde ze met haar dochter terug naar Londen, 'zowel geestelijk als lichamelijk volkomen uitgeput'. Barbara Epstein vertrouwde ze toe dat Otto in de laatste maanden van zijn leven zijn levenswil had verloren en dat het 'pijnlijk was voor mij' getuige te zijn van zijn wanhoop en zwakte. Ze bekende aan een andere vriendin haar eenzaamheid: 'Nu heeft mijn lieve Otto mij en al zijn vrienden op de wereld verlaten. Ik weet wel dat hij wilde sterven na zijn lange, bevredigende leven met zoveel treurige, maar ook gelukkige gebeurtenissen, maar ik mis hem vreselijk.'

Otto Franks huwelijk met Fritzi had hem liefde en kameraadschap, en een nieuw gezin gebracht. Ooit schreef hij een jonge vrouw die zich hem alleen kon voorstellen zoals hij geweest moest zijn direct na de oorlog: 'Het enige dat u van mij weet, is zesentwintig jaar geleden gebeurd en hoewel die periode een belangrijk deel van mijn leven was die onvergetelijke littekens op mijn ziel heeft achtergelaten, ik moest doorgaan, een nieuw leven leven... denk aan mij niet alleen als de vader van Anne, zoals u me kent van boek en toneelstuk, maar ook als de man die genoot van een nieuw gezinsleven en van zijn kleinkinderen.' Fritzi steunde Otto van ganser harte in zijn missie de 'idealen' van het dagboek te verbreiden. Ze begreep dat het van alles overheersend belang voor hem was en met lichte zelfspot zei ze tegen de journalist Arthur Unger: 'Dat is het ware doel in zijn leven. Al het andere is versiering. Ik ben een ornamentje.' Toen Unger vroeg of het succes van hun huwelijk deels te danken was aan de overeenkomstige oorlogservaringen, zei Frank: 'O ja. Dat maakt een groot verschil. We hadden onmogelijk kunnen trouwen als mijn vrouw niet in het concentratiekamp was geweest. Dezelfde ervaring, ze verloor haar man, ze verloor haar zoon, en als ze erover praat, begrijp ik het. En als ik erover praat, begrijpt zij het.'

Fritzi, die zich voor bewonderaars van het dagboek vaak voorstelde als 'de tweede mevrouw Frank', antwoordde op de vraag van Cara Wilson of ze zich door Otto wel eens naar het tweede plan verwezen voelde, spontaan en oprecht: 'Nee. Mijn hele leven is Otto. Ik help hem graag, ik werk met hem samen. Er is niets op de wereld dat ik liever zou doen.' Otto's nicht Milly Stanfield, die hem, afgezien van zijn naaste familie, langer kende dan wie ook, schreef in augustus 1992 aan Fritzi: 'Ik ben zo blij dat Otto deze mooie jaren met jou en je familie beleeft na de stormen in de vroegere periode van zijn leven. Je was net wat hij nodig had.' Na Franks dood wilde Fritzi contact houden met al die mensen die voorheen geregeld hadden geschreven. Dat hielp de eenzaamheid verdrijven en gaf het idee 'dat Otto in gedachten naast mij is'. Ze was vastbesloten het werk van Frank voort te zetten en stelde belang in alles wat verband hield met Anne en het dagboek. Op 3 november 1980 vroeg ze pater Neiman of hij van *The Ghost Writer* van Philip Roth gehoord had, en verklaarde dat ze er 'woedend over [was] al wist ik dat het als fictie bedoeld was, maar ik vraag me af of iemand het recht heeft zulke onzin te verzinnen'. Fritzi was medeoprichter van de Anne Frank Educational Trust in Groot-Brittannië en trachtte op de hoogte te blijven van de activiteiten van de Anne Frank Stichting. Ze was verbijsterd te horen dat de stichting voor een van de medewerkers de vlucht naar New York had betaald om de papieren van Milly Stanfield op te halen voor hun archieven, en ze schreef aan Milly: 'Het verbaast me dat ze hun geld konden spenderen aan die reis.' Ze schreef in 1993 ook verbolgen aan de Hacketts over de pogingen het toneelstuk van Levin op te voeren: 'Je ziet dat Meyer Levin zelfs na zijn dood nog moeilijkheden veroorzaakt.'

Op 12 december 1984 schreef Fritzi ontroerd naar pater Neiman over de bar mitswa van Leni's kleinzoon Oliver Elias, die ze had bijgewoond in Berlijn. Hoewel het haar genoegen deed, moest ze vaak aan 'mijn arme Heinz' denken. Pater Neiman bezocht haar ieder jaar in Zwitserland: 'In de jaren negentig verzwakte ze maar ze had nog een gezond gevoel voor humor en wist precies wat ze verlangde van het leven. Kort na mijn reis naar Zwitserland hoorde ik dat ze aangereden was door een tram. Daar heeft ze zich niet meer volledig van hersteld.' Na het ongeval werd een Poolse verpleegster, Katja Olszewska, aangetrokken om voor Fritzi te zorgen. Zij vertelt: 'Toen ik bij mevrouw Frank was, praatte ze veel over Otto. Ze vertelde me wat een fantastische man hij was geweest en dat iedereen in Birsfelden hem kende en bewonderde. Het lijkt me dat ze een goed huwelijk hadden. Mevrouw Frank sprak zelden over haar eerste man, maar ze praatte veel over haar zoon die ze had verloren. Hij was heel kunstzinnig en ze had heel veel foto's van hem. Mevrouw Frank vertelde me hoe ongelukkig Otto's eerste huwelijk was geweest. Hij was gedwongen met Edith Holländer te trouwen en heeft nooit van haar gehouden. Mevrouw Frank zei: "De enige van wie hij werkelijk hield, was ik." Toen liep ze naar de grote foto van Otto die in de kamer hing, sloeg haar handen ineen en zei treurig: "Otto, waarom heb je me alleen gelaten?"'

Met haar verslechterende gezondheid verzwakte ook Fritzi's geest. Eind 1997 kwam Eva in Basel om Fritzi mee te nemen naar Londen. Ze stierf in oktober 1998 in Londen, drieënnegentig jaar oud.

In zijn testament liet Otto Frank Annes dagboeken en andere geschriften na aan de Staat der Nederlanden. In november 1980 haalde een notaris in Basel het legaat uit de bankkluis in de stad waar ze gewoond hadden sinds Frank naar Zwitserland was geëmigreerd, en droeg het over aan het Nederlands Instituut voor Oorlogsdocumentatie in Amsterdam. In 1986 publiceerde het NIOD de 'Volledige uitgave' van *De dagboeken van Anne Frank* als weerwoord op 'de met stijgende frequentie, met name in de tweede helft van de jaren zeventig, gepubliceerde aanvallen op de authenticiteit'. Het boek omvat, naast biografisch materiaal en de rapporten van het Gerechtelijk Laboratorium, die de authenticiteit van de dagboeken bevestigen, Annes oorspronkelijke dagboek, haar herschreven versie en de in 1947 gepubliceerde versie. Nu de ingrepen van Otto Frank afgebakend konden worden, begon het verzet tegen hem, met in de voorhoede een artikel van Cynthia Ozick in *The New Yorker* van 6 oktober 1997, getiteld 'Who Owns Anne Frank?' (Wiens eigendom is Anne Frank?). Ozick hekelde de onjuiste presentatie van Anne en haar dagboek, en hield Otto uiteindelijk verantwoordelijk voor de 'oppervlakkige optimistische visie' van zijn dochter en haar werk: 'Telkens weer zag hij het, in elke denkbare samenhang, als zijn doel de nadruk te leggen op "Annes idealisme", "Annes geest", bijna zonder ooit aandacht te vragen voor het hoe, en waarom haar idealisme en geest waren gedoofd. En onophoudelijk generaliseerde hij de bronnen van de haat... Otto Frank had, ondanks zijn leed in Auschwitz, wellicht minder gemeen met zijn eigen dochter dan hij waar wilde hebben. Toen het dagboek in het ene land na het andere werd uitgegeven en jaar in jaar uit zijn faam vergrootte, sprak hij niet alleen meer *over* maar ook *voor* zijn auteur – en wie zou daar tenslotte meer recht op hebben? De overlevende vader nam de plaats in van zijn dode kind in de overtuiging dat zijn woorden haar eerlijk vertegenwoordigden. Zijn

overtuiging was nauwelijks gewettigd: vaderschap verleent geen substitutie.'
Ozick besluit haar stuk met een droom over het dagboek, 'verbrand, verdwenen, verloren – gered van een wereld die er van alles van maakte, soms de waarheid, luchtig zwevend boven de zwaardere waarheid van het kwaad dat naam en woonplaats heeft'.

Barbara Epstein-Zimmerman is woedend op zulke kritiek: 'Wie denken ze wel dat ze zijn, die mensen? Ze waren er niet in die tijd, ze weten er niets van, ze kenden Otto niet! Die mensen zitten er zo ver naast met hun wilde complottheorieën. Het is ontstellend. Maar dat geldt voor veel Amerikaanse joden: ze hebben een heus identiteitsprobleem en hebben behoefte aan zelfverheffing. Het zijn allemaal geassimileerde joden die zoiets als een versterkte identiteit moeten hebben. Ze hebben geen enkele kwellende persoonlijke ervaring, en dat kwelt hen. Het is maniakaal! Het begon natuurlijk allemaal met Levin. De manier waarop de mensen over Otto spreken, stemt droevig. De retoriek die ze uitslaan over wat hij deed voor het dagboek! Heeft niemand van hen hem begrepen? Dit grootse, illustere ding moest vermoord worden om dat boek gepubliceerd te krijgen en Otto's drijfveren in dat verband zijn menselijk. Er schuilt niets schandelijks in.'

Otto Frank kon leven met het verleden omdat hij een document bezat dat hem in staat stelde voor de toekomst te werken, en zonder twijfel propageerde hij het dagboek op universele wijze omdat hij meende dat dit de meest doeltreffende methode was begrip en tolerantie te propageren. Het is een uitzondering als brieven van lezers gewag maken van Annes joodse afkomst; in plaats daarvan concentreren ze zich op de vereenzelviging. Een essay, voor Frank geschreven door een van zijn geregelde correspondenten, een Amerikaans meisje in Israël, is typerend voor de reacties van jonge mensen op het dagboek; het bevat deze regel: 'Toen ik Anne ontdekte, ontdekte ik ook mijzelf.' Bovendien was Frank zo getraumatiseerd door zijn eigen belevenissen en het verlies van zijn kinderen dat hij, telkens als iemand hem enthousiast benaderde over het dagboek, gedwongen was die geestdrift over te nemen omdat hij van nature in elke situatie het positieve element zocht: 'Naar mijn mening moet men nooit opgeven, zelfs niet in de meest extreme situaties.' Hij was voorzichtig als hem uitdrukkelijk gevraagd werd naar Annes geloof – door de Hacketts uit zijn verband gerukt – dat de mensen in hun hart goed zijn, en antwoordde: 'Mijn dochter was op een leeftijd van groot idealisme, maar ik denk dat ze het niet zo bedoelde. Ze dacht dat er in iedereen iets goeds schuilt en ik ben ook een optimist. Ik probeer in iedereen het goede te vinden maar we weten allemaal hoeveel slechte mensen er zijn. Je kunt de echte moordenaars niet vergeven. Dat gaat te ver.' Iedereen wil zijn eigen Anne Frank: 'Otto Frank wilde dat zijn dochter de universele tolerantie predikte en Meyer Levin wilde dat ze joden leerde goede joden te zijn.' Een middenweg zal wel niet te vinden zijn.

De periode van de eerste publicatie van het dagboek is een deel van het probleem. Het was het eerste boek dat de poging tot uitroeiing van de Europese joden in de openbaarheid probeerde te brengen. Ook toen nog was de holocaust een niet te vatten gebeurtenis en pas eind jaren vijftig begon men van 'de holocaust' te spreken. In Nederland, waar zoveel joods leven was vernietigd, was de deportatie geen thema. Het Eichmannproces in Jeruzalem en de begeleidende verslaggeving in de pers brachten de belangstelling weer tot leven en versterkten het begrip onder de niet-joden. In de jaren zestig verzorgde Lou de Jong, directeur van het RIOD (thans NIOD) voor de televisie een serie programma's over de oorlog en in 1965 verscheen, tegelijk met de viering van de twintigste verjaardag van de bevrijding, het grensverleggende werk van Jacob Presser, *Ondergang. De vervolging en verdelging van het Nederlandse jodendom (1940–1945)*. Pressers boek werd goed verkocht, 'de tijd was rijp; op afstand maar herkenbaar, en de jongeren van het land werden nieuwsgieriger'. Primo Levi en Elie Wiesel publiceerden hun overlevingsverslagen van de kampen en in 1979 zagen ruim honderdtwintig miljoen Amerikanen de NBC-serie *Holocaust*. De reeks maakte indruk in Europa, met name in Duitsland, en 'bracht velen ertoe dit als een keerpunt in de Duitse geschiedenis te zien'. De holocaust kwam naar boven uit een afgrond van stilte en werd in de westelijke wereld 'waarschijnlijk de meest besproken en meest beschreven gebeurtenis van de twintigste eeuw'.

Toen de holocaust bloeide als onderwerp voor televisie, film en literatuur, herkreeg de 'universele Anne' iets van haar joods-zijn, en werd een symbool van de anderhalf miljoen vermoorde joodse kinderen. Ze heeft haar kracht als universeel symbool niettemin behouden: Hans Westra, directeur van de Anne Frank Stichting, propageert haar nagedachtenis als 'rechtstreeks verbonden met de zorg voor het behoud van de vrijheid, de handhaving van de rechten van de mens en een pluralistische, democratische maatschappij'. In deze sfeer hoort de bezoeker van het Anne Frank Huis niet alleen over de holocaust maar over 'de rechten van de mens en racisme'. Vandaar de titel van de huidige Anne Frank-tentoonstelling, 'Een geschiedenis voor vandaag'.

De meeste bezoekers van het Anne Frank Huis zijn Amerikanen en de Verenigde Staten nemen ook een kwart van de twintig miljoen verkochte dagboeken voor hun rekening. Toen in de Verenigde Staten anno 1995 *The Definitive Edition* verscheen, stond die wekenlang op de bestsellerlijst van *The New York Times*. De toegankelijkheid van Anne en de optimistische retoriek die het dagboek tijdens zijn eerste toneelbewerking opriep, zijn de beslissende factoren in deze statistiek. De holocaust is feitelijk door de Amerikanen geadopteerd als hun eigen geschiedenis en de realiteit ervan als Europese catastrofe heeft 'voor het Amerikaanse publiek zijn aantrekkingskracht eerder vergroot dan verminderd. Het is "vreemd" genoeg en in tijd en ruimte ver genoeg weg om niet al te bedreigend te zijn.' Steven Spielberg vertelde de pers dat hij tijdens het filmen van zijn holocaustherdenking *Schindler's List* eerder getuige dan regisseur geworden was, terwijl Bill Clinton de mensen smeekte de film te gaan zien en Oprah Winfrey met een verbijsterend gebrek aan ironie verkondigde dat het zien haar 'een beter mens' had gemaakt. Het is een opmerkelijk feit dat een groot aantal steden in de Verenigde Staten een uitgebreid holocaustmuseum heeft; Duitsland heeft zo'n museum nog niet.

Voor de Nederlanders is vooral Miep Gies de heldin van de geschiedenis van Anne Frank: zij vertegenwoordigt het ideaal van de oorlogstijd. Van de vijf helpers is ze als enige nog in leven (Kugler stierf in december 1981, Bep van Wijk-Voskuijl in mei 1983 en Jan Gies in januari 1993) en ze werd geridderd in de Orde van Oranje Nassau. Relatief weinig Nederlanders bezoeken het Anne Frank Huis, behalve als ze deel uitmaken van een groep scholieren, terwijl Anne toch de oudere burgers die aan de kant bleven staan of die zelfs meehielpen bij de vervolging van de joden, helpt 'hun schuldgevoel te verlichten en de schuld bij de nazi's te leggen omdat die het joodse volksdeel hebben gedecimeerd... De Anne Frank-leer zegt tegen de wereld: "Kijk, wij Nederlanders hielden haar verborgen; die vreselijke Duitsers hebben haar vermoord. Zij waren slecht en wij deugdzaam..." Het verhaal van Anne Frank wijst naar Nederland als de plaats van de vluchtelingen en de Nederlanders die de joden een schuilplaats boden, maar wijst ook naar de duistere kant van de Nederlandse collaboratie in oorlogstijd met de Duitse bezetter.' In de *Haagse Post* van 3 augustus 1968 bekende Frank dat hij weinig interviews gaf in Nederland en dat hij zich daar op de achtergrond hield: 'U weet hoe het is. In Nederland bespeur ik een zekere tegenstand, bewust of onbewust... Hier hebben ze het allemaal zelf doorgemaakt. Duizenden stierven hier... Daarom is er een zeker gevoel van "Waarom Anne Frank?"'

Franks vriend, rabbijn David Soetendorp, verklaart:

Otto was een visionair. In de jaren veertig en vijftig sprak je niet over de holocaust, maar voor hem was het alsof zijn dochter hem een erfenis had nagelaten waarin ze weer tot leven kwam. Hij was een gedrevene. De laatste keer dat ik hem zag, was in Amsterdam in de synagoge, in 1971 of 1972. Hij kwam daar voor mijn eerste dienst als rabbijn. Voor hem, voor mij, en voor alle joodse overlevenden van de holocaust heeft Amsterdam een leegte in zijn kern. Het is een stad in beroofde toestand. Ze is levendig en slaapt nooit en toch blijft het gevoel dat er iets ontbreekt. Wat daar in de oorlog gebeurde, is een litteken. De Utrechtsestraat is vandaag de dag vol goede restaurants en modieuze winkels, maar voor de oorlog behoorden de huizen toe aan joodse mensen. Mijn moeder vertelde me dat die straat op zaterdag vol zingende joodse mensen was. Dat was hun vermaak en ze hadden er plezier in. Al die mensen zijn nu dood en niets kan hen vervangen.

Op twee specifieke punten is er kritiek geuit op Otto Frank die aandacht verdient; in beide gevallen stak de kritiek de kop op tijdens de polemiek over het bestaan van de 'ontbrekende bladen' die in Appendix een worden besproken. De eerste kritiek betreft het geldbedrag dat Frank volgens zijn testament naliet aan zijn helpers, de tweede betreft zijn houding jegens Miep en Jan Gies. Omdat hij niet genegen was gebruik te maken van het inkomen dat het dagboek en de bewerkingen ervan opleverde, liet Frank een aanzienlijke som geld na. De meest begunstigde in Franks testament was begrijpelijkerwijs zijn vrouw Fritzi. Hij legateerde haar een bedrag van iets minder dan driehonderdduizend Zwitserse francs. Zijn zuster Leni vermaakte hij tweehonderdduizend Zwitserse francs en zijn broer Herbert een vergelijkbaar bedrag dat beheerd moest worden door het Anne Frank-Fonds, omdat Herbert niet met zijn eigen geld om kon gaan. Hij legateerde royale sommen aan zijn andere naaste verwanten en wees een aantal specifieke goede doelen aan die door zijn testament werden begunstigd. Het Anne Frank-Fonds in Basel erfde het copyright van Annes dagboeken en al haar geschriften. Frank gaf het fonds ook de taak de royalty's te beheren die zouden voortkomen uit de dagboeken en de verschillende bewerkingen voor toneel en film. Van de jaarlijkse royalty's zou Fritzi tijdens haar leven veertigduizend Zwitserse francs ontvangen, Leni en Herbert elk twintigduizend Zwitserse francs. Al het overige zou het Anne Frank-Fonds onder zijn beheer krijgen voor liefdadigheid en goede doelen, onder toezicht van het federale ministerie van Binnenlandse Zaken van Zwitserland. Het Fonds zou als organisatie volledig gescheiden blijven van de Anne Frank Stichting in Nederland, die voort zou gaan het pand Prinsengracht 263 te exploiteren als museum en op te voeden tegen racisme en elke vorm van vooroordeel. Wat betreft de vrienden die hem tijdens de holocaust hadden verzorgd: Frank liet tienduizend gulden aan Miep en Jan Gies na, en tienduizend gulden aan Bep Voskuijl.

Cor Suijk, de vroegere financieel directeur van de Anne Frank Stichting, zegt daarover: 'Miep vertelde me dat Fritzi erachter zat. Otto wilde haar meer geld nalaten en deed dat oorspronkelijk ook, maar Miep meende dat Fritzi er uit jaloezie op aandrong zijn testament te veranderen. Ze begreep het wel, maar dat maakte het niet beter. Daarom liet hij ieder van hen maar een klein bedrag, om geen favoriet aan te wijzen.' Franks laatste wil en testament werden in december 1978 opgesteld, ter vervanging van een vroeger exemplaar, maar Eva Schloss, de dochter van Fritzi, spreekt nadrukkelijk tegen dat dit iets te maken had met haar moeders invloed: 'Die kwestie met Miep en het geld: het is belachelijk hoe dat in de wereld kwam. Otto wilde het geld dat hij tot zijn beschikking had, niet gebruiken omdat hij vond dat het hem niet toebehoorde. Hij was uitermate correct in al zijn affaires. Als hij Miep meer had willen legateren, dan had hij dat gedaan. Mijn moeder had zijn idee niet kunnen veranderen als hij er anders over dacht. Hij liet Miep uiteindelijk niet veel na omdat hij vond dat het geld niet voor hem en niet voor haar was. Het had niets te maken met mijn moeder. Mutti hield van Miep en bewonderde haar. Ze was geschokt door Miep toen ze haar boek publiceerde, maar dat was omdat ze daar ook een paar feiten verkeerd zag.' Tsvi Schloss, Eva's man, gaf toe: 'Het klopt dat het niet veel geld was dat hij Miep naliet. En zijn familie liet hij meer na. Maar is dat niet begrijpelijk? Ja, Miep heeft heel veel voor hem gedaan, maar zijn familie kwam altijd op de eerste plaats, vooral na zijn belevenissen. Het was een manier om hen in de toekomst te beschermen, en Miep zou een dergelijke bescherming nooit nodig hebben. Otto was een beetje raar met geld, zo eenvoudig is dat. Hij was ouderwets en kende er de werkelijke waarde niet van. Het was Annes geld en niet het zijne, dat was zijn idee tot op de dag van zijn overlijden.'

Naast de aantijging dat Frank Miep te kort had gedaan in zijn testament, was er nog het punt dat Miep en Jan, toen ze naar Zwitserland kwamen om Otto en Fritzi te bezoeken, in een hotel moesten logeren ofschoon Frank na de oorlog verscheidene jaren bij hen had gewoond. Suijk betoogt: 'Ze moesten zelf voor het hotel betalen; de trots van Jan zou nooit toelaten dat Frank hun rekening zou betalen. Miep was heel gekwetst door het feit dat ze niet in Otto's huis konden logeren, als was de ruimte beperkt. Bij hen zouden ze in dezelfde situatie hemel en aarde hebben bewogen om Otto en Fritzi in hun huis te laten logeren. Ze denkt dat het weer de jaloezie was waarom ze daar niet konden verblijven.' Eva reageert op dat verwijt met haar eigen verwijt: 'Die kwestie van het appartement: kijk, de ruimte die Mutti en Otto hadden was klein. De enige plaats waar bezoekers hadden kunnen slapen, was in de huiskamer. Als ik er alleen heen ging, dan logeerde ik daar, maar dat was iets anders. Het ging om Miep, Jan en hun zoon Paul, weet je nog wel. Otto zou dat niet gewild hebben omdat ze zich niet op hun gemak zouden voelen en voor hen was het ook moeilijk. Dus vroeg hij hun liever in een hotel te logeren, en ik weet zeker dat hij de rekening heeft betaald. Ik weet het zeker. Het is gemeen om iets anders te vertellen.' Cara Wilson, die Otto en Fritzi in 1997 bezocht, bevestigt dat haar dezelfde verklaring gegeven werd: 'Hun woning was zo klein, zeiden ze. Het was niet gemakkelijk gasten te hebben zo dicht op elkaar. Ze hoopten dat ik het begreep.' De auteur vroeg aan Miep, via Cor Suijk die namens de auteur een lijst met vragen aan haar gaf, wat ze vond van de manier waarop deze twee kwesties publiek gemaakt waren en of het haar nu speet dat ze die in de openbaarheid had gebracht. Als antwoord kwam er: 'Dit is te persoonlijk. Miep verkiest hier niet op te antwoorden.'

Waar het gelijk en het ongelijk van de situatie ook liggen, Miep profiteerde wel, en terecht, van haar hulp aan de familie Frank en de anderen. Ze reisde de wereld rond, werd ontvangen door staatshoofden, kreeg talrijke onderscheidingen en veel eerbetoon, schreef een boek, zag haar levensverhaal verfilmd en vergezelde in 1995 Jon Blair op het podium toen die een oscar kreeg voor zijn documentaire *Anne Frank Remembered* (Herinneringen aan Anne Frank). Zoals veel overlevenden van de concentratiekampen en de weinige mensen die hen trachtten te helpen, genoot Miep Gies een grote publieke bekendheid en werd volkomen terecht bejegend met 'eer, respect, bewondering en een niet-gering ontzag'.

In het door ABC geproduceerde televisiedrama *Anne Frank: The Whole Story* (Anne Frank: Het hele verhaal) is te zien hoe 'Lena' daadwerkelijk het telefoontje naar de Gestapo pleegt en hoe ze bezig is met het schoonmaken van het Opekta-kantoor als Pfeffer, duidelijk met gele ster, aankomt om naar de schuilplaats te gaan. Was er voor het eerste incident al geen hard bewijs, het tweede is een schaamteloos verzinsel; in werkelijkheid dook Pfeffer in 1942 onder, lang voor Lena Hartog-van Bladeren op het kantoor werkte. Een Amerikaanse krant meldde: 'ABC geeft toe dat feiten niet alles zijn.'

Het thema verraad is niet het meest storende element in Melissa Müllers boek *Anne Frank, de biografie*, waarop het televisiedrama van ABC is gebaseerd. Veel storender is haar elementaire onvermogen te begrijpen hoe diep de afschuw bij de Duitsers was en hoe ze geobsedeerd waren door de uitroeiing van het Europese jodendom. Al in het eerste hoofdstuk geeft ze daarvan blijk wanneer ze schrijft: 'Sinds de landing van de geallieerden op 6 juni zijn de acties tegen de joden min of meer gestaakt. De Sicherheitsdienst heeft nu andere zorgen; die moet zich nu voorbereiden op de verdediging van Nederland.' De acties tegen de joden waren allerminst 'min of meer' gestaakt; in Nederland waren er maar weinig joden over om te deporteren maar elders in Europa is juist deze periode door historici beschreven als 'een orgie van moorden', waarbij de joodse bevolking van Hongarije in de zomer van 1944 vrijwel volledig werd weggevaagd in de gaskamers van Auschwitz. Het is onzinnig te beweren dat er belangrijker zaken waren om zich zorgen over te maken: vanaf het begin van de oorlog tot het bittere einde vervolgden de nazi's de joden uit alle macht en sleepten geld en materiaal aan dat gebruikt had kunnen worden om de Duitse bolwerken in Europa te verdedigen en voor de schending van alles wat met joods leven te maken had.

Bij twee gelegenheden, na 1964, werd vastgelegd dat Frank beweerde dat ze verraden waren door een Nederlandse politieman; hij vertelde zijn vriend Robert Kempner, die hem vertegenwoordigde bij het proces in Harst, dat een Nederlandse politieman betaling had ontvangen voor deze informatie. Otto's stiefdochter Eva vertelt: 'Otto wilde aanvankelijk weten wie zijn gezin had verraden, maar later zei hij dat hij er genoeg van had, na het tweede proces wilde hij het niet meer weten.' Ook Miep bevestigt: 'Meneer Frank was de enige die iets had kunnen doen. Hij verkoos het niet te doen.'

Door de jaren heen is Miep door verslaggevers en schrijvers vaak gevraagd of zij wist wie hen had verraden. Ze zei niets maar behield altijd haar overtuiging dat het niet Van Maaren was. Cor Suijk verklaart: 'Ooit wilde ik iets dolgraag weten en ik bleef Miep vragen en nog eens vragen. Ten slotte zei ze: "Cor, kun je een geheim bewaren?"

Ik antwoordde heel gretig: "Ja hoor Miep!"

Ze glimlachte en zei: "Ik ook!"'

In een ander interview verklaarde Miep: 'Ik ben iemand die kan zwijgen.'

Mieps vriend John Neiman probeerde Frank op het onderwerp verraad te krijgen, maar hij vertelt: 'Otto wilde daar nooit over praten. Over alles en nog wat, maar daarover niet. Miep zei lange tijd evenmin iets. En toen gebeurde er iets vreemds. Miep kwam naar Amerika voor de Oscaruitreiking en we waren samen in het huis van Alison Leslie Gold. Plotseling zei Miep dat ze wist wie hen verraden had. Zij wist het. Je kon een speld horen vallen. Ik vroeg: "Was het iemand die Otto kende?"

Ze zei: "Ja, het was iemand die Otto kende."

Toen zag ik haar gezicht veranderen en ik wist dat er verder niets meer gezegd kon worden.'

Tonny Ahlers en zijn vrouw scheidden in 1985 maar bleven tot aan zijn dood samenwonen. De auteur ging tweemaal op bezoek bij de weduwe. Bij de eerste gelegenheid was de gewezen mevrouw Ahlers zichtbaar verrast. Ze zei toen dat Frank en haar man hadden samengewerkt en dat ze zelf Otto had ontmoet, en haar zoons ook. Op de vraag of haar man en Frank vrienden waren, aarzelde ze en antwoordde toen bevestigend. Toen de auteur haar vertelde dat ze brieven bezat waarin haar man over Frank had geschreven, zei ze dat dit heel wel mogelijk was, maar op de vraag of ze bereid was verder te praten over de zaak, weigerde ze. Toen de auteur maanden later weer op bezoek kwam, was de reactie van Ahlers' weduwe heel anders; ze was openlijk agressief. Ofschoon de auteur haar duidelijk maakte dat ze wist dat Ahlers in 1941 had voorkomen dat Frank werd gearresteerd door de ss, raakte zijn weduwe zeer opgewonden en plots kwam er een ware woordenvloed: 'Mijn man heeft nooit iets over Otto Frank geschreven! Otto Frank was mijn allerbeste vriend: ik was de eerste die hij na de oorlog meenam om het geheime achterhuis te bekijken en ik heb overal in huis foto's van hem! U hebt geen idee wat dat voor een tijd was voor ons, de oorlog was verschrikkelijk voor ons, niet alleen voor de joden maar voor ons ook. Ik had joodse meisjes die de hele oorlog voor mij werkten. Mijn man heeft nooit iemand verraden!' Op de vraag waarom ze dan niet geïnterviewd wilde worden, als zij en haar man toch joden hadden geholpen in de oorlog, antwoordde de weduwe Ahlers niet, maar dreigde de politie te bellen. Tijdens beide bezoeken had de auteur geen woord gezegd over Ahlers' karakter, en had geen enkele toespeling gemaakt op het verraad van de familie Frank.

Tonny Ahlers stierf in 2000, op drieëntachtigjarige leeftijd. Het lot wilde dat zijn overlijden samenviel met de verjaardag van de arrestatie van de familie Frank, 4 augustus.

APPENDIX EEN

De ontbrekende bladzijden van het dagboek van Anne Frank

In januari 2001 verscheen de vijfde druk van *De dagboeken van Anne Frank*, waarin vijf bladen van het dagboek waren opgenomen die niet eerder gepubliceerd waren. De betreffende bladen, vijf losse vellen, omvatten de inleiding voor het dagboek die Anne op 20 juni 1942 had geschreven, en een opmerking over het huwelijk van haar ouders, gedateerd 8 februari 1944 (b), die Anne had herschreven van haar originele dagboekblad (a). In de winter van 1945 vertaalde Frank de bladen in het Duits, toen hij doende was uittreksels van het dagboek te maken om aan zijn familie in Zwitserland te sturen; hij achtte de bladen niet geschikt voor publicatie.

Na Otto's dood en de terugkeer van Annes geschriften naar Amsterdam kon het NIOD beginnen met een handschriftvergelijkend onderzoek en de publicatie van de complete dagboeken, maar dit stuitte op moeilijkheden. Er waren bezwaren van mensen die niet wilden dat hun volledige naam of persoonlijke details gepubliceerd werden; dit kon alleen opgelost worden door het gebruik van initialen in plaats van namen en verklarende voetnoten. Maar het grootste bezwaar kwam van Otto's weduwe, Fritzi. Ze schreef pater John Neiman: 'Ik ben helemaal niet blij met dit boek omdat ik vind dat het strijdig is met Annes recht op privacy en met de bedoelingen van mijn man.' Ook in een brief aan Bep Voskuijl maakt Fritzi haar gevoelens duidelijk: 'Ik wil proberen de directeur van het instituut zo ver te krijgen dat bepaalde passages worden weggelaten omdat ik die niet geschikt vind voor publicatie... Anne schrijft te openlijk over seksuele dingen. Ik weet niet of het lukt, maar ik hoop het.' Een van de passages die Fritzi's bezorgdheid wekten, is het dagboekblad van 8 februari 1944 (a) waarin Anne het huwelijk van haar ouders bespreekt.

Begin 1998 richtte Cor Suijk zich tot het Anne Frank-Fonds met de boodschap dat hij vijf originele dagboekbladen bezat die hem, naar zijn zeggen, door Otto Frank waren geschonken. Ze bevatten Annes inleiding voor het dagboek en haar herschreven tekst van 8 februari 1944 (b). In april 1998 schreef Suijk aan Buddy Elias dat hij meer wist over de stichting, Otto Frank en het dagboek dan Hans Westra (directeur van de Anne Frank Stichting) in zijn archief had en hij verklaarde dat de dag gekomen was dat hij van zijn kennis zou getuigen. Suijk beweerde dat Otto hem de bladen in 1980 had gegeven tijdens het onderzoek van het *Bundeskriminalamt* naar de echtheid van het dagboek, om zichzelf en Fritzi vervelende vragen te besparen.[1] Door de bladen aan Suijk te overhandigen, kon Otto naar waarheid verklaren dat hij verder geen bladen in zijn bezit had.[2] Toen Suijk aanbood de bladen terug te geven, maakte Otto met zijn handen een gebaar van 'houd ze maar'. In zijn brief aan Buddy Elias uit 1998 schetste Suijk zijn plannen met de dagboekbladen; hij beweerde dat hij volgens de Zwitserse wet het recht zou hebben deze eerst in Melissa Müllers biografie van Anne Frank te publiceren. Ze zouden bovendien deel uitmaken van een televisiedocumentaire over het verschijnen van Müllers boek, waarin de producent een belangrijke rol dacht te geven aan Buddy Elias. Wanneer dit gebeurd was, beloofde Suijk dat het fonds het copyright zou krijgen.

Suijk kwam niet te voorschijn met de vijf bladen hoewel dit stellig het moment geweest zou zijn, nu het uitvoerigste onderzoek naar de authenticiteit van het dagboek werd uitgevoerd. Als reden gaf hij op dat hij Fritzi wilde beschermen tegen vervelende vragen, maar hij had het NIOD kunnen inlichten over het bestaan van de bladen onder voorwaarde dat ze niet gepubliceerd werden; de originele versie van het betreffende dagboekblad was tenslotte op verzoek van Fritzi weggelaten. Maar, heel tegenstrijdig, kennelijk was Suijk Müller ter wille, om het in haar boek af te drukken terwijl Fritzi nog leefde.

In mei 1998 vroeg het Anne Frank-Fonds aan Suijk het testament van Otto te respecteren en de dagboekbladen aan het NIOD af te staan. Suijk weigerde en gaf als reden op dat de bladen niet in Otto's bezit waren toen hij stierf, dus niet onderhevig waren aan de bepalingen van het testament en dat Otto niet wilde dat ze deel uitmaakten van het dagboek. In haar boek beweert Müller dat Otto in zijn testament had bepaald dat de originele dagboeken, 324 van de 327 bladen omvattend, naar het NIOD moesten gaan. Otto maakte een dergelijk onderscheid niet; zijn testament bepaalt dat 'RIOD te Amsterdam alle handgeschreven notities en het fotoalbum van mijn dochter Anne Frank zal ontvangen... Enig ander materiaal dat verband houdt met

Anne Frank en dat bij mijn dood nog in mijn bezit is..., moet aan de Anne Frank Stichting gegeven worden, voorzover mijn vrouw het materiaal niet nodig heeft om de lopende correspondentie voort te zetten.'

In augustus 1998 kwam het nieuws dat er vijf tot nu toe ongepubliceerde dagboekbladen van Anne Frank waren. Het was niet de eerste keer dat er bezittingen van de familie Frank onder ongewone omstandigheden aan het licht kwamen. In 1979 ontving de stichting een anoniem verzonden pakje met het fotoalbum van het gezin dat Otto niet meer had gezien sinds hij was ondergedoken; de kranten berichtten dat de afzender 'nog bang of te beschaamd was om te vertellen hoe hij eraan gekomen was'. In 1982 werden brieven, foto's en sieraden van Anne en schoolboeken die ze in het achterhuis had gebruikt, bij het Duitse weekblad *Stern* afgeleverd. Ze werden bezorgd door 'een Nederlander die lange tijd een vriend van Annes vader was... hij woont nu in Noord-Duitsland en wil anoniem blijven'. Het materiaal werd doorgegeven aan het NIOD. In beide gevallen kwamen de eigendommen van een adres in Hamburg.

De belangstelling van pers en publiek voor de ontbrekende bladen was enorm, nog versterkt door de speculaties wat er met de bladen zou gebeuren omdat Suijk had verklaard dat hij een 'financiële sponsor' wilde voor de bladen alvorens die aan het NIOD af te staan. Aanvankelijk zou hij gezegd hebben dat hij het geld zou schenken aan het Anne Frank Center in de Verenigde Staten[3] waar hij toen werkte, maar toen dit Center en hij uit elkaar gingen, kondigde hij aan dat hij het in plaats daarvan wilde gebruiken voor zijn eigen Holocaust Education Foundation, eveneens in de Verenigde Staten Toen hij vernam dat Müller de bladen niet kon citeren in haar biografie door onenigheid over het copyright, gebruikte Suijk dit platform voor een aanval op het Anne Frank-Fonds, dat hij ervan beschuldigde miljoenen op Zwitserse bankrekeningen te hebben staan. Het fonds deed zijn zaak geen goed met de weigering zich onder druk van Suijk over dit onderwerp uit te laten. De steun aan diverse liefdadigheidsinstellingen en het financieren van veel antiracistische projecten werd door een nu vijandige pers grotendeels genegeerd.

Intussen gaf Buddy Elias een interview voor de radio: hij ging in op de bezoeken van Suijk aan het huis van wijlen Otto Frank in 1996 en 1997. Bij een gelegenheid had de verpleegster van Fritzi, Katja Olszewska, zich geërgerd aan Suijks interesse om Otto's testament te lezen dat in een lade van de schrijftafel in het 'kantoor' lag. Bij een andere gelegenheid verscheen Suijk met een fotokopieerapparaat. Hij vertelde Katja dat hij kopieën wilde maken van de facsimile van het dagboek dat bestond uit grote losse bladen en in huis bewaard werd. Katja belde Eva Schloss om te horen of ze Suijk daarvoor toestemming zou geven en vernam dat Suijk toestemming had materiaal te kopiëren. Maar het fonds ergerde zich aan de gang van zaken. Katja had bij een advocaat verklaringen afgelegd over beide incidenten. Ze vertelde de auteur ook: 'Suijk kwam hier vaak. Hij vroeg me een keer of ik wist waar brieven lagen, persoonlijke brieven. Ik zei dat ik het niet wist.' In juni 1998 schreef Suijk een verbazingwekkende brief aan Otto's executeur-testamentair, waarin hij informeerde welke voorwerpen die eigendom waren van Anne zich nog in Otto's bezit bevonden na zijn dood. Hij wenste ingelicht te worden over alles wat er gevonden was, hoe deze voorwerpen waren geregistreerd en of er een inventaris was opgesteld. Het is een raadsel waarom Suijk meende recht te hebben om van die zaken op de hoogte te zijn.[4]

De pogingen van het fonds de bladen op te eisen, mislukten; Suijk kon ze behouden omdat hij beweerde dat ze een geschenk van Otto waren geweest. Hij bracht de bladen voor een jaar onder bij het veilinghuis Christie's in New York met dien verstande dat ze gebruikt zouden worden om giften aan te trekken voor zijn Holocaust Education Foundation, die hoopte 1,2 miljoen dollar binnen te halen. De Nederlandse Staat kocht de bladen uiteindelijk voor driehonderdduizend dollar. Aanvankelijk werd Suijk om zijn daden aangevallen door de pers maar in het afgelopen jaar is men hem minder vijandig gezind, met name in Nederland, waar de bladen nu zijn ondergebracht in de archieven van het NIOD.

De publieke opinie blijft intussen verdeeld. Eva Schloss verwoordt luidruchtig haar verwijten: 'Ik weet zeker dat Otto deze bladen nooit gepubliceerd wilde zien. En ik zie niet in dat ze zo'n groot verschil maken voor het dagboek. En wat het verhaal achter dat alles betreft: ik ben ervan overtuigd dat Otto de bladen aan Cor gaf om te bewaren, dat is waar, maar niet om te houden. Het was geen geschenk. Hij wilde dat Cor ze op dat ogenblik bewaarde, zodat Otto zich niet zou compromitteren. In mei 1980, of daaromtrent, ging Cor bij Otto op bezoek met de bladen en hij zei dat Otto met zijn handen een afwerend gebaar maakte. Dat betekende niet "ze zijn van jou", het betekende "val me daar nu niet mee lastig". Hij was op dat moment heel ziek en vond het soms zelfs moeilijk zich met kleinigheden bezig te houden. Hij kon niet goed denken in die tijd. En Otto zou walgen van Cor vanwege die verkoop, hij zou van hem walgen.'

Laureen Nussbaum, die uitvoerig over Annes dagboek heeft geschreven, is het er niet mee eens.

Otto heeft er goed aan gedaan het dagboek te publiceren. De Nederlanders wilden ons naar de achtergrond zien verdwijnen, ze waren niet geïnteresseerd in ons of in het lijden van het joodse volk in die jaren. Dus mogen we Otto feliciteren dat hij misschien wel de eerste was die een document van de holocaust publiceerde, maar ik vind dat hij, waar het de redactie betreft, eigenzinnig was en wat de inhoud aangaat, de mensen misleidde. Nadat hij er eenmaal een bepaalde verklaring over had afgelegd, kon hij of wilde hij die niet intrekken met het gevolg dat die verklaringen jarenlang aanvaard zijn. En de ontbrekende bladen voegen zo veel toe. Begin 1998 faxte Cor mij daarover en vroeg me of hij me kopieën ter vertaling mocht sturen. Dat deed ik en hield het geheim zolang hij daarom vroeg. Het is jammer dat het zo'n schandaal verwekte. In de 'Volledige uitgave' rept Barnouw met geen woord over Cor, en dat is naar van hem. Cor verdient beter. Zonder hem zou er geen nieuwe versie zijn en die bladen zouden nog onbekend zijn. Hij hield ze achter tot de tijd rijp was, toen Fritzi niet meer lastig gevallen kon worden door journalisten die stellig bij haar op de deur waren komen bonken. Ik denk ook niet dat Otto zich over de publicatie opgewonden zou hebben. Hij deed ze cadeau aan Cor, dus in feite zei hij dat Cor ermee kon doen wat hij wilde.

De kwestie van de 'ontbrekende bladen' roept een aantal vragen op. In de eerste plaats beweert Suijk dat Otto de bladen in 1945 verwijderde en ze in een envelop stak en toen de overgebleven bladen achtereenvolgens nummerde alsof er niets ontbrak. De bladen moeten inderdaad verwijderd zijn vóór Otto's dood in 1980, maar er zijn geen aanwijzingen die bevestigen dat het in 1945 was (of dat Otto degene was die de bladen achteraf nummerde). Het fonds heeft een kopie van Otto's Duitse vertaling van de bladen uit eind 1945 in zijn bezit, waardoor het onwaarschijnlijk is dat Otto de pagina's toen verwijderd heeft. Hij voelde duidelijk geen gêne om de passages toen aan familieleden en vrienden voor te lezen.

In de tweede plaats werd Annes dagboek – ook de notities op de losse vellen – in 1959 onderzocht om de authenticiteit vast te stellen. Handschriftkundige experts reisden naar Basel om haar werk te onderzoeken. Wat gebeurde er bij die gelegenheid met deze gevoelige bladen? Vertrouwde Otto ze aan iemand toe, zoals hij later blijkbaar met Suijk deed? En zo ja, waarom heeft hij kennelijk geëist dat de bladen aan hem geretourneerd werden (wat hij moet hebben gedaan om ze aan Suijk te kunnen geven), terwijl Suijk ze mocht houden?

In de derde plaats gaf Otto de handschriftkundigen toestemming Annes originele versie van het betreffende dagboekblad te inspecteren maar vond dat de herziene versie te gevoelig was om door hen onderzocht te worden. Een vergelijking tussen beide teksten maakt echter duidelijk dat ze schrikwekkend overeenkomen en er is in de tweede versie beslist niets dat geringschattend genoemd kan worden en dat in de eerste versie niet voorkomt. Otto verborg in feite niets door Annes herziene dagboekblad over zijn huwelijk achter te houden. Wat betreft de inleiding die ze schreef, hoezeer deze naar inhoud ook afwijkt van de overige notities, ze bevat niets dat als schadelijk kan worden aangemerkt. Anne schrijft, ervoor te zorgen 'dat niemand het [dagboek] in zijn handen krijgt' en het gepubliceerde dagboek bevat ook de zin: 'Ik ben niet van plan dit... aan iemand te laten zien.'

Het lijkt bijzonder achteloos van Otto dat hij de vellen aan Suijk, in 1980 financieel coördinator van de Anne Frank Stichting, zou hebben gegeven zonder enigerlei verklaring ter bevestiging van het feit dat hij ze hem cadeau deed, dat ze authentiek waren en zonder vastlegging van de voorwaarden voor het legaat (dat ze pas na een bepaalde tijd vrijgegeven konden worden). In de loop der jaren had Otto heel wat stellen met het dagboek, met name waar het ging om eigendom, rechten en fraude. Hij wist dat hij voortdurend op zijn hoede moest zijn in zulke aangelegenheden, en als hij een soort attest had opgesteld over de losse vellen, zou hij ook de man die hij kennelijk meer vertrouwde dan wie ook – we mogen en kunnen niet vergeten dat het dagboek Otto's leven was –, hebben beschermd tegen beschuldiging van diefstal en hebzucht toen hij besloot de bladen te verkopen, zoals hij uiteindelijk deed.

In de zomer van 2000 zei Suijk tijdens een interview in het actualiteitenprogramma NOVA dat hij ervan overtuigd was dat Otto zijn gedrag inzake de geheim gehouden bladen goedgekeurd zou hebben. Otto was ongetwijfeld een voorstander van opvoeding waarin op gepaste wijze aandacht werd geschonken aan de holocaust, maar het antwoord op de vraag of hij de verkoop van de restanten van zijn dochters nalatenschap wel of niet had goedgekeurd, is te vinden in een interview dat hij in augustus 1980 niet lang voor zijn dood gaf. Hij verklaarde toen dat hij zijn testament maakte en alle geschriften van Anne aan het NIOD wilde nalaten. Op de vraag waarom hij ze niet aan de Anne Frank Stichting schonk, antwoordde Otto: 'Ik weet niet wat er van de Anne Frank Stichting op een dag zal worden. Wat gebeurt er met de stichting over vijftig jaar? Weten wij dat? U hebt zo-even gevraagd naar de financiën. Misschien zal er ooit iets gebeuren. Hoe kan ik dat weten? Het is mij niet veilig genoeg.' De interviewer wees erop dat de bladen een fortuin waard zouden zijn. Otto's antwoord was rustig maar vol overtuiging: 'Ja, maar ze behoren de overheid toe dus worden ze niet verkocht. Begrijpt u?'

APPENDIX TWEE

Chronologie van de jodenvervolging in Nederland

1940

10 mei:	Duitsland valt Nederland binnen.
15 mei:	Capitulatie van alle Nederlandse strijdkrachten.
1 juli:	Joden mogen geen deel uitmaken van de luchtbeschermingsdienst.
2 juli:	Joden worden uitgesloten van de Arbeitseinsatz (gedwongen tewerkstelling in Duitsland).
31 juli:	Verordening die ritueel slachten verbiedt, ingaande 5 augustus (vo 80/1940).
20 augustus:	Bijzondere verordeningen op administratief gebied (vo 108/1940).
28 augustus:	Het college van secretarissen-generaal wordt aangezegd, geen personen van joodsen bloede in de openbare dienst te benoemen, aan te stellen of te promoveren.
6 september:	Het college van secretarissen-generaal krijgt het verbod joden in openbare dienst te benoemen.
13 september:	Verordening betreffende de tewerkstelling van joden en anderen in overheidsdienst (vo 137/1940).
14 september:	Joden worden geweerd van verschillende markten in Amsterdam.
20 september:	Verordening die een overzicht eist van alle verenigingen en stichtingen zonder economisch doel (vo 145/1940).
30 september:	Circulaire aan lokale overheden die joden definieert als personen met een joodse grootouder die lid is van de joodse gemeenschap.
5 oktober:	Burgerlijke ambtenaren worden verplicht de 'ariërverkla-

	ring' ('niet-joodverklaring') te ondertekenen.
22 oktober:	Verordening voor de registratie van joodse ondernemingen bij de Wirtschaftsprüfstelle (Bureau voor Economisch Onderzoek) (vo 189/1940).
21 november:	Circulaire inhoudende verwijdering van alle joden uit openbare functies.
december:	Oprichting van de Joodse Coördinatie-Commissie.
19 december:	Verordening die het Duitsers verbiedt werkzaamheden te verrichten in een joods huishouden.

1941

7 januari:	De Nederlandse Bioscoopbond ontzegt joden de toegang tot alle bioscopen (op 12 januari gepubliceerd in alle dagbladen).
10 januari:	Verplichte registratie van alle personen, 'geheel of gedeeltelijk van joodsen bloede' (vo 9/1941).
1 februari:	Invoering van de *numerus fixus* in het onderwijs.
5 februari:	Artsen die jood zijn, moeten dit bekendmaken.
8 februari:	De WA lokt vechtpartijen uit op het Rembrandtplein in Amsterdam.
11 februari:	Beperkingen voor joodse studenten (vo 27/1941). De secretaris-generaal van Onderwijs, Wetenschappen en Cultuur bekrachtigt deze verordening. De WA valt de Amsterdamse jodenbuurt binnen; de dood van Hendrik Koot is het gevolg.
12 februari:	De Duitse autoriteiten sluiten de jodenbuurt af en eisen de oprichting van de Joodse Raad.
13 februari:	De Joodse Raad voor Amsterdam wordt samengesteld.
19 februari:	Duitse politie valt binnen bij ijssalon Koco, eigendom van twee Duits-joodse vluchtelingen. Bezoekers vallen de politie aan.
22–23 februari:	Als represaille arresteren de Duitsers in de jodenbuurt 425 jongemannen.
25-26 februari:	Massale staking in Amsterdam en omgeving als protest tegen de arrestaties.
27 februari:	Verordening van de secretaris-generaal van Sociale Zaken betreffende joodse bloeddonors.

28 februari:	Verordening tegen joodse organisaties zonder economisch doel (VO 41/1941).
12 maart:	Verordening voor de registratie van joodse ondernemingen en de aanstelling van *Verwalter* (bewindvoerders).
31 maart:	Instelling van de *Zentralstelle für jüdische Auswanderung* (Centraal bureau voor joodse 'emigratie').
2 april:	Reeks van verboden voor joden in Haarlem.
11 april:	Eerste nummer van *Het Joodse Weekblad*.
15 april:	Commissaris-generaal Rauter beveelt op grond van de bepaling van 11 februari dat alle joden hun radiotoestel moeten inleveren (VO 26/1941).
1 mei:	Verbod voor joodse artsen, apothekers en tolken om voor anderen dan joden te werken. Joden mogen geen radiotoestel meer bezitten.
6 mei:	Bepaalde straten van Amsterdam worden aangewezen als 'joodse straten'.
15 mei:	De synagoge in Den Haag wordt door brand verwoest. Orkesten moeten 'ariseren'.
27 mei:	Verordening betreffende aanmelding en behandeling van landbouwgrond in joods bezit (VO 102/1941).
31 mei:	Het wordt joden verboden zwembaden en openbare parken te betreden en kamers te huren in plaatsen aan zee en strand.
4 juni:	De bewegingsvrijheid voor joden wordt verder beperkt.
11 juni:	Razzia's tegen joden in Amsterdam.
Midden juni:	Verbod voor joodse advocaten voor anderen dan joden te werken.
1 augustus:	Het wordt joodse makelaars verboden voor anderen dan joden te werken.
8–11 augustus:	Voorschriften voor inlevering van joods bezit en geldelijk vermogen. Registratie bij de bank Lippmann, Rosenthal & Co is verplicht.
1 september:	Joodse kinderen worden verplicht joodse scholen te bezoeken (in Amsterdam op 1 oktober).
14 september:	Razzia in Twente.
15 september:	Het bord 'Verboden voor joden' verschijnt. Het is joden verboden concerten, parken, dierentuinen, cafés, restaurants, hotels, pensions, theaters, cabarets, bioscopen, bibli-

	otheken en leeszalen te bezoeken (VO 138/1941). Grondeigendom en andere bezittingen dienen geregistreerd te worden bij Lippmann, Rosenthal & Co.
16 september:	Invoering van de reisvergunning.
22 september:	Joden worden uitgesloten van alle organisaties en verenigingen zonder economisch doel.
24 september:	Voor de uitoefening van bepaalde ambachten en beroepen is een vergunning vereist.
7–8 oktober:	Razzia's in de Achterhoek, in Arnhem, Apeldoorn en Zwolle.
20 oktober:	Verdere beperkingen voor de vestiging van ondernemingen door joden (VO 198/1941). De Joodse Raad bekrachtigt de instelling van een kaartsysteem van de joden in Nederland.
22 oktober:	Joden dienen hun lidmaatschap van niet-joodse verenigingen op te zeggen (VO 199/1941) en worden vanaf 7 november uitgesloten van bridge-, dans- en tennisclubs.
27 oktober:	De Duitsers beperken hun erkenning van de Joodse Raad; de Joodse Coördinatie-commissie moet ontbonden worden.
1 november:	Joden moeten verenigingen met niet-joodse leden verlaten. Verordening VO 198/1941 wordt gebruikt om 1600 vergunningen voor joden in te trekken.
3 november:	In Amsterdam worden joodse markten ingesteld.
7 november:	Het wordt joden verboden zonder toestemming te reizen of te verhuizen.
10 november:	Opheffing van de Joodse Coördinatie-commissie.
5 december:	Niet-Nederlandse joden worden verplicht zich te melden voor 'vrijwillige emigratie'.

1942

1 januari:	Het is joden niet toegestaan niet-joods huispersoneel in dienst te hebben.
9 januari:	Joden worden uitgesloten van openbaar onderwijs.
10 januari:	De eerste joden uit Amsterdam worden naar werkkampen gestuurd. De Joodse Raad adviseert de betrokkenen gehoor te geven aan de oproep om erger te voorkomen.

17 januari:	Het bijeendrijven van joden in Amsterdam begint met de verwijdering van de joodse gemeenschap uit Zaandam.
20 januari:	De Wannsee-conferentie stippelt praktische maatregelen uit voor de uitroeiing van de Europese joden.
23 januari:	Het wordt joden verboden gebruik te maken van een auto. Voor joden wordt het 'persoonsbewijs' gemerkt met de letter 'J' verplicht.
9 februari:	Honderdvijftig statenloze joden worden vanuit Utrecht overgebracht naar Amsterdam en Westerbork.
20 maart:	Het wordt joden verboden meubelen of huishoudelijke goederen te verkopen.
25 maart:	Huwelijken tussen joden en niet-joden worden verboden. Buitenechtelijke relaties tussen beiden worden streng gestraft.
26 maart:	Het eerste transport van joden uit bezet West-Europa (Drancy) naar Auschwitz.
27 maart:	De Neurenbergse Rassenwetten worden in Nederland van kracht.
1 april:	Het is joden verboden te trouwen in het stadhuis van Amsterdam.
24 april:	De meeste joodse slagers moeten hun zaak sluiten.
3 mei:	Invoering van de jodenster. Het lot van de joden in Nederland is nu bezegeld, zoals de historicus Jacob Presser schrijft: 'Zij merken er de Joden mee, zoals men vee merkt, dat voor de slachtplaats is bestemd.' (*Ondergang*, I, p. 218.)
12 mei:	Joden mogen geen rekening meer bij de Rijkspostspaarbank hebben.
21 mei:	Joden moeten vóór 30 juni 1942 hun contanten, effecten en bezittingen ter waarde van meer dan 250 gulden inleveren bij Lippmann, Rosenthal & Co. Het huren van kluizen is verboden (VO 58/1942).
29 mei:	Het is joden verboden te vissen.
5 juni:	Het is joden volstrekt verboden te reizen zonder voorafgaande toestemming.
11 juni:	Joden worden niet toegelaten tot de vismarkt.
12 juni:	Het is joden niet langer geoorloofd fruit en groente te kopen in niet-joodse winkels. Fietsen en andere transportmiddelen moeten ingeleverd worden. Alle vormen van sport zijn voor joden verboden.

26 juni:	De Joodse Raad krijgt bericht van het begin van de deportaties.
30 juni:	Uitgaansverbod voor joden vanaf 8 uur 's avonds tot 6 uur 's morgens. Joden mogen niet meer fietsen. Joden zijn uitgesloten van bepaalde beroepen en ambachten. Joden mogen geen gebruik meer maken van het openbaar vervoer.
4 juli:	De eerste oproepen voor 'werkverruiming in Duitsland' worden verzonden.
6 juli:	Joden mogen geen telefoon meer gebruiken of niet-joden bezoeken.
14 juli:	Razzia's in Amsterdam-Zuid en Amsterdam-Centrum.
15 juli:	Eerste treinlading joden verlaat Amsterdam. Vanuit Westerbork beginnen de deportaties naar Auschwitz.
17 juli:	Joden mogen alleen winkelen tussen 3 en 5 uur 's middags en worden in Den Haag uit veel straten verbannen.
25 juli:	Via Radio Oranje in Londen vraagt de Nederlandse minister-president Gerbrandy de bevolking van Nederland de joden zo veel mogelijk steun te geven.
2 augustus:	Arrestatie van alle rooms-katholieke joden, ook die in gemengde huwelijken.
6 augustus:	Razzia in Amsterdam-Zuid.
9 augustus:	Opnieuw razzia in Amsterdam-Zuid.
Augustus:	Reeks van razzia's in heel Nederland. Alle joodse straatnamen worden vervangen.
11 september:	Registratie van joden die 'gemengd gehuwd' zijn.
15 september:	Joodse studenten worden uitgesloten.
16 september:	Eerste stempels van 'vrijstelling'.
2–3 oktober:	Razzia's in joodse werkkampen.

1943

16 januari:	De eerste joden arriveren in concentratiekamp Vught.
21 januari:	Razzia op de joodse psychiatrische inrichting 'Het Apeldoornse Bos'.
5 februari:	Het wordt joden verboden verzoeken of brieven te richten aan het Duitse gezag. Ze dienen verzonden te worden via de Joodse Raad.
2 maart:	Deportaties naar Sobibor beginnen.

27 maart:	Het Amsterdamse bevolkingsregister wordt overvallen en in brand gestoken.
april:	Uit alle provincies moeten joden worden ondergebracht in Vught.
23 april:	'Provinciaal' Nederland wordt *judenrein* (vrij van joden) verklaard.
5 mei:	Harster geeft bevel tot de laatste fase in de deportaties.
15 mei:	Joden in een gemengd huwelijk moeten kiezen tussen deportatie of sterilisatie.
21 mei:	De Joodse Raad krijgt opdracht zevenduizend 'vrijgestelden' te selecteren voor deportatie.
26 mei:	Massale razzia in Amsterdam om de overgebleven joden gevangen te nemen. De Joodse Raad wordt opgeheven.
5 oktober:	Seyss-Inquart geeft instructies voor de behandeling van de legaal overgebleven joden in Nederland.
december:	Joden in gemengde huwelijken worden opgeroepen voor dienst in werkkampen.

1944

16 mei:	Razzia tegen zigeuners en 'asocialen'.
5 september:	Dolle Dinsdag. NSB-leider Mussert geeft opdracht de Nederlandse nationaal-socialisten vanuit het westen en midden van het land te evacueren naar het oosten.
5–6 september:	Twee grote transporten gevangenen uit het concentratiekamp Vught naar het oosten.
17 september:	Operatie *Market Garden*, de geallieerde luchtlanding rond Nijmegen en Arnhem, begint.

1945

5 mei:	Officiële bevrijding van heel Nederland.

BRONNEN

Berkley, K., *Overzicht van het ontstaan, de werkzaamheden en het streven van den Joodschen Raad voor Amsterdam* (Amsterdam 1945).
Blom, J., R. Fuks-Mansfeld en I. Schöffer (red.), *Geschiedenis van de joden in Nederland* (Amsterdam 1995).
Dankers, J., en J. Verheul, *Bezet Gebied, dag in dag uit. Nederland en Nederlands-Indië in de Tweede Wereldoorlog. Een chronologisch overzicht* (Utrecht 1985).
Presser, J. *Ondergang. De vervolging en verdelging van het Nederlandse jodendom 1940–1945,* deel I (Den Haag 1965).

Dramatis personae

Tonny Ahlers: lid van NSB en NSNAP, informant van Kurt Döring; kwam in 1941 in Otto's leven en werd in 1945 gearresteerd voor onder andere verraad van mensen aan de SD.
Kermit Bloomgarden: producer van de toneelbewerking van het dagboek door de Hacketts.
Janny Brilleslijper: samen met haar zuster Lin leerde ze in Westerbork de familie Frank kennen; beiden waren samen met Anne en Margot Frank kort voor hun dood.
Lin Brilleslijper: bracht Otto in de zomer van 1945 op de hoogte van de dood van zijn kinderen.
Werner Cahn: Amsterdamse vriend van Otto; trachtte in 1945 een uitgever te vinden voor het dagboek.
Ab Cauvern: vriend van Otto die het dagboekmanuscript hielp redigeren en het doorgaf aan Annie Romein-Verschoor, wat leidde tot de publicatie van het dagboek in 1947.
Isa Cauvern: vrouw van Ab, voor de oorlog secretaresse van Otto; typte in 1945 het manuscript van het dagboek uit.
Cheryl Crawford: theaterproducent; eerste in de Verenigde Staten die belangstelling toonde voor een toneelversie van het dagboek.
Julius Dettman: de man die het verraderlijke telefoontje aannam over de onderduikers op Prinsengracht 263; pleegde in 1945 zelfmoord.
Kurt Döring: in 1943/1944 buurman van Tonny Ahlers (Jan van Eyckstraat 20) en zijn 'baas' op het hoofdkwartier van de SD.
Anton Dunselman: Amsterdamse advocaat, in januari 1935 benoemd tot commissaris van Otto's bedrijf; ook na de oorlog nog bevriend met Otto.
Buddy (Bernhard) Elias: neef van Otto en huidig voorzitter van het Anne Frank-Fonds in Basel.

Erich Elias: zwager van Otto, getrouwd met Leni en vader van Stephan en Buddy; hielp Otto in 1933 met het opzetten van de firma Opekta in Amsterdam.
Leni Elias-Frank: Otto's jongere zuster, getrouwd met Erich Elias en moeder van Stephan en Buddy.
Stephan Elias: neef van Otto; stierf in 1980, vijf dagen na Otto's dood.
Alice Frank-Stern: Otto's moeder.
Anne Frank: Otto's jongste dochter; hield het dagboek bij dat later zo'n grote plaats in Otto's leven innam. Stierf in 1945 op vijftienjarige leeftijd in Bergen-Belsen.
Edith Frank-Holländer: Otto's eerste vrouw; moeder van zijn beide dochters. Stierf in 1945 in Auschwitz.
Fritzi Frank-Markovits: Otto's tweede vrouw; met haar dochter Eva ook een overlevende van Auschwitz. Ze verloor haar eerste man en zoon in de holocaust. Fritzi stierf in 1998.
Herbert Frank: Otto's jongere broer.
Jean-Michael Frank: Parijse neef van Otto; gevierd meubelontwerper. Pleegde in 1941 zelfmoord.
Lottie Frank Witt: schoonzuster van Otto, getrouwd met zijn broer Robert.
Margot Frank: Otto's oudste dochter. Stierf op negentienjarige leeftijd in Bergen-Belsen.
Michael Frank: Otto's vader.
Robert Frank: Otto's oudere broer.
Jetteke Frijda: beste vriendin van Margot; onderhield na de oorlog contact met Otto; woont nog in Amsterdam.
Jan Gies: man van Miep, nauw bevriend met de familie Frank; hun helper tijdens de onderduik.
Miep Gies-Santrouschitz: werkte in 1933 als secretaresse bij de firma Opekta; werd een van Otto's vertrouwelingen en een van de helpers van de familie Frank en de andere onderduikers.
Hilde Goldberg-Jacobsthal: vriendin van Margot Frank en buurmeisje van de familie Frank in de Amsterdamse Rivierenbuurt; ontmoette Otto geregeld na de oorlog, ook na haar emigratie naar Amerika.
Gabi Goslar: jongere zus van Hanneli Goslar.
Hanneli Goslar: in Amsterdam sinds 1933 de beste vriendin van Anne; emigreerde met zusje Gabi na de oorlog, met hulp van Otto, naar Zwitserland.
Hans Goslar: vader van Hanneli en nauw bevriend met Otto; stierf in 1945 in Bergen-Belsen.

Gezinus Gringhuis: werkte in dienst van de *Zentralstelle* samen met de beste vriend van Tonny Ahlers en was op 4 augustus 1944 aanwezig bij de arrestatie van de onderduikers op Prinsengracht 263.
Willem Grootendorst: werkte in dienst van de *Zentralstelle* en was op 4 augustus 1944 aanwezig bij de arrestatie van de onderduikers op Prinsengracht 263.
Albert Hackett en *Frances Hackett-Goodrich*: schreven de bewerking van het dagboek voor toneel en film.
Lena Hartog-van Bladeren: vrouw van een lid van het magazijnpersoneel op Prinsengracht 263; vertelde een andere vrouw, Anna Genot, dat ze gehoord had over ondergedoken mensen in het pand.
Lammert Hartog: man van Lena, werkzaam in het magazijn van Prinsengracht 263; hoorde van Willem van Maaren dat er joden ondergedoken waren in het pand waar ze werkten.
Lillian Hellman: toneelschrijfster tot wie Albert en Frances Hackett zich wendden voor advies bij hun bewerking van het dagboek.
Hendrik van Hoeve: verzetsman en leverancier van de onderduikers op Prinsengracht 263; verborg een joods echtpaar in zijn huis en werd verraden; overleefde vier concentratiekampen.
Julius Holländer: Otto's zwager, oudste broer van Edith; emigreerde met zijn broer Walter naar Amerika.
Rosa Holländer: Otto's schoonmoeder; woonde van 1939 tot haar dood in 1942 bij het gezin in Amsterdam.
Walter Holländer: Otto's zwager, broer van Edith; korte tijd gevangene in een concentratiekamp; wist te ontkomen naar Amerika.
Jetje Jansen: vertegenwoordigster van Opekta; de vrouw van Joseph Jansen.
Joseph Jansen: lid van de NSB, tijdelijk medewerker van Otto; trachtte in 1941 Otto aan te geven bij de SS.
Garson Kanin: regisseur van het toneelstuk onder wiens invloed vrijwel niets meer verwees naar het feit dat de onderduikers joden waren.
Johannes Kleiman: vriend van Otto sinds 1923, werkzaam bij Opekta en helper van de onderduikers.
Victor Kugler: vanaf 1933 Otto's rechterhand bij de firma Opekta en helper van de onderduikers.
Maarten Kuiper: in dienst bij de SD voor de jacht op joden; op 4 augustus aanwezig bij de arrestatie van de onderduikers op Prinsengracht 263.
Willi Lages: tijdens de oorlog hoofd van het Amsterdamse bureau van de commandant van *Sicherheitspolizei* en *Sicherheitsdienst*.
Meyer Levin: joodse dagbladcorrespondent en schrijver die hoopte het dag-

boek voor toneel te bewerken; werd gepasseerd ten gunste van de Hacketts; voerde jarenlang een juridische strijd met Otto.

Rose de Liema: vrouw van Sal; ontmoette de familie Frank in Westerbork en deed verslag van haar ervaringen.

Sal de Liema: een van Otto's kameraden in Westerbork en Auschwitz, bleef na de bevrijding in contact met 'Papa Frank'; woont met zijn vrouw Rose in de Verenigde Staten.

Willem van Maaren: van voorjaar 1943 tot zijn ontslag in 1945 chef van het magazijn op Prinsengracht 263. Hoofdverdachte in het onderzoek naar het verraad maar het ontbrak aan bewijs.

Jacqueline van Maarsen: vanaf 1941 tot de familie Frank onderdook de beste vriendin van Anne; bleef na de oorlog in contact met Otto en schreef een boek over haar vriendschap met Anne.

Joseph Marks: onderdirecteur van Doubleday en vriend van Otto; stelde als eerste voor het geheime achterhuis open te stellen als museum.

Myer Mermin: advocaat van Otto tijdens zijn juridische strijd met Levin.

Barbara Mooyart-Doubleday: vertaalster van de Engelse uitgave van het dagboek.

Gertrud Naumann: in Frankfurt buurmeisje van de familie Frank, vaak babysit van Margot en Anne; bleef voor de oorlog contact onderhouden en bleef na de oorlog bevriend met Otto; woont nog in Frankfurt.

Pater John Neiman: ging begin jaren zeventig corresponderen met Otto en werd de vertrouwensman van Otto, Fritzi en Miep.

Laureen Nussbaum-Klein: vriendin van Margot Frank en buurmeisje van de familie in de Rivierenbuurt; bleef na de oorlog en na haar emigratie met haar man Rudi naar de Verenigde Staten in contact met Otto; schreef uitvoerig over het dagboek.

Edith Oppenheimer: kleindochter van een neef van Otto's moeder; haar grootouders en ouders ontmoetten de familie Frank vaak in Frankfurt.

Güsti van Pels-Röntgen: de vrouw van Hermann van Pels; stierf in 1945.

Hermann van Pels: sinds 1938 werknemer van Pectacon; dook met zijn vrouw Gusti en zoon Peter onder in het geheime achterhuis, samen met de familie Frank en Fritz Pfeffer; stierf in 1944 in Auschwitz.

Peter van Pels: zoon van Hermann en Güsti; bracht Otto in Auschwitz regelmatig eten tot hij gedwongen deelnam aan een dodenmars; stierf in 1945 in Mauthausen.

Milly Perkins: speelde de rol van Anne Frank in de film van George Stevens naar het dagboek.

Fritz Pfeffer: tandarts, vriend van de familie Frank die met hen onderdook in het geheime achterhuis; stierf in 1944 in Neuengamme.
Lotte Pfeffer-Kaletta: vrouw van Fritz Pfeffer; zag na de oorlog haar – verboden – huwelijk postuum erkend.
Francis (Frank) Price: hoofd van het kantoor van Doubleday in Parijs; las het dagboek in de Franse vertaling en adviseerde het ten slotte bij Doubleday in de Verenigde Staten.
Josef van Poppel: spion voor de *Abwehr* die Ahlers gebruikte als agent totdat Ahlers hem trachtte te verraden bij de SS.
Jan Romein: historicus, auteur van het allereerste artikel over het toen, in 1946, ongepubliceerde dagboek in *Het Parool*.
Annie Romein-Verschoor: zocht op verzoek van Otto (vergeefs) een uitgever voor het dagboek; schreef het voorwoord van de eerste uitgave.
Herman Rouwendaal: spion van de *Abwehr* die 1943-1944 een kamer huurde bij Tonny Ahlers in de Jan van Eyckstraat.
Emil Rühl: SD-beambte; 1943-1944 buurman van Tonny Ahlers (Jan van Eyckstraat 20).
Leah Salisbury: agent van Albert en Frances Hackett.
Judy Salomon-de Winter: leerde de familie Frank in Westerbork kennen en bleef na de oorlog contact houden met Otto.
Joseph Schildkraut: speelde in 1955 de rol van Otto op toneel en in 1959 in de film van George Stevens.
Eva Schloss-Geiringer: dochter van Otto's tweede vrouw, Fritzi.
Tsvi Schloss: man van Eva.
Anneliese Schütz: vriend van Otto; hielp hem in 1945 bij de vertaling van het dagboek in het Duits.
Karl Josef Silberbauer: SS *Oberscharführer*, leidde de arrestatie van de onderduikers op Prinsengracht 263 op 4 augustus 1944; in 1964 opgespoord door Simon Wiesenthal.
David Soetendorp: rabbijn, nauw bevriend met Otto; ook zijn ouders waren met zijn broer ondergedoken in de oorlog.
Franzi Spronz: vrouw van Joseph en de beste vriendin van Fritzi Frank.
Joseph Spronz: man van Franzi; ontmoette Otto in Auschwitz. Franzi en hij waren bij Otto op zijn sterfdag.
Milly Stanfield: nicht van Otto, woonachtig in Londen; werd zijn vertrouwelinge.
George Stevens: regisseur van de film *The Diary of Anne Frank* uit 1959.
Lothar Stielau: Duits leraar die het dagboek als vervalsing bestempelde. Otto

en de uitgevers deden hem een proces aan en wonnen dat ook.

Susan Strasberg: speelde in 1955 met bijval van de critici de rol van Anne op toneel.

Nathan Straus Jr (voorheen Charles Webster Straus): Otto's beste vriend sinds de universiteit in 1908; bood Otto een baan aan in het warenhuis van zijn vader, Macy's, in New York.

Cor Suijk: vroegere financieel coördinator van de Anne Frank Stichting; verkocht vijf bladen van Annes dagboek aan de Nederlandse Staat om zijn eigen Holocaust Education Foundation te financieren.

Tereska Torres: vrouw van Meyer Levin.

Friedrich Christian Viebahn: SD-beambte; 1943-1944 buurman van Tonny Ahlers (Jan van Eyckstraat 20).

Bep Voskuijl: werknemer van Otto sinds 1937 en helpster van de onderduikers op Prinsengracht 263.

Johan Voskuijl: vader van Bep; werkte bij Otto tot ziekte het hem belette; stierf in december 1945.

Simon Wiesenthal: nazi-jager; lokaliseerde Silberbauer in de jaren zestig.

Cara Wilson: Amerikaans meisje dat in de jaren zestig begon te corresponderen met Otto en Fritzi; werd een vriendin, bezocht hen in de jaren zeventig. Een deel van hun briefwisseling is gepubliceerd.

Rootje de Winter: vrouw van Manuel en moeder van Judy; leerde in Westerbork de familie Frank kennen en was in Auschwitz getuige van de dood van Edith Frank.

Karel Wolters: advocaat en procureur te Amsterdam; was in 1941 bewindvoerder bij de liquidatie van Pectacon, de firma van Otto Frank; woonde tegenover Tonny Ahlers op Jan van Eyckstraat 31.

Barbara Zimmerman (nu Epstein-Zimmerman): redactrice van het dagboek in de Verenigde Staten; nauw bevriend met Otto, die zich vaak tot haar wendde voor advies in zakelijke aangelegenheden betreffende het dagboek.

Glossarium

Abwehr
Contra-inlichtingendienst van de *Wehrmacht*.
Armee Oberkommando
Oppercommando van het Duitse leger in Berlijn met Hitler aan het hoofd.
Deutsche Revisions- und Treuhand AG
Duitse accountancy- en trustmaatschappij.
Expositur
'Bijkantoor' van de Joodse Raad, verantwoordelijk voor het contact met de Duitse autoriteiten. De medewerkers van de *Expositur*, met aan het hoofd dr. Edwin Sluzker, bepaalden ook wie in aanmerking kwam voor vrijstelling van deportatie.
Gestapo
Duitse geheime staatspolitie.
Grüne Polizei
Duitse ordepolitie die haar naam ontleent aan de kleur van het uniform.
Hollandse Schouwburg
Sinds najaar 1941 ook wel Joodse Schouwburg genoemd, voormalig theater aan de Plantage Middenlaan dat door de Duitsers werd gebruikt als verzamelpunt voor joden, in afwachting van hun deportatie naar Westerbork als eerste halte op weg naar de concentratiekampen in het oosten.
Joodse Raad voor Amsterdam
Deze raad, opgericht in februari 1941, met Abraham Asscher en David Cohen aan het hoofd, onderhield het contact met de Duitse autoriteiten en gaf hun discriminerende verordeningen door aan de joodse gemeenschap.
Nederlands Beheers Instituut
Naoorlogse Nederlandse instelling belast met de administratie van 'vijan-

delijk eigendom', eigendom van partijleden van de NSB en eigendom van gedeporteerde, niet teruggekeerde Nederlandse staatsburgers.

Referaat IV B4
Deze afdeling van de Gestapo in Berlijn, onder leiding van Adolf Eichmann, was verantwoordelijk voor de deportatie van de Europese joden naar de vernietigingskampen. In Nederland had het zijn kantoor in Den Haag, geleid door Wilhelm Zöpf.

Reichssicherheitshauptamt (RSHA)
Hoofdkantoor van de staatsveiligheidsdienst van waaruit politie, inlichtingendienst en veiligheidspolitie werden geleid.

Schutzstaffel (SS)
Veiligheidsorganisatie van de NSDAP onder commando van Heinrich Himmler.

Sicherheitsdienst (SD)
Veiligheids- en inlichtingendienst van de Duitse SS.

Sicherheitspolizei (Sipo)
Duitse veiligheidspolitie.

Weerafdeling (WA)
Paramilitaire (ongewapende) sectie van de NSB.

Wehrmacht
Het Duitse leger.

Wirtschaftsprüfstelle
Bureau voor Economisch Onderzoek (BEO) in Nederland.

Zentralstelle für jüdische Auswanderung
Centraal bureau voor joodse 'emigratie', onder leiding van de Sipo en de SD in Amsterdam, belast met de administratie van deportaties van joden uit Nederland.

Noten

Proloog

1 Het Centraal bureau voor joodse 'emigratie'. Het bureau werd bemand door de Duitse *Sicherheitspolizei (Sipo)* en de SD in Amsterdam, om toezicht te houden op de deportatie van joden uit Nederland.
2 De veiligheids- en inlichtingendienst van de Duitse SS.
3 De Hollandse Schouwburg werd najaar 1941 ook wel Joodse Schouwburg genoemd. Het theatergebouw werd door de Duitsers gebruikt als verzamelplaats van joden alvorens deze gedeporteerd werden naar Westerbork, de eerste halte op de reis naar de concentratiekampen in het oosten.

Hoofdstuk een

1 Duits voor: schapenvet.
2 Het is nu een cultureel centrum en maakt deel uit van de universiteit.
3 Volgens Buddy Elias is Michael Frank waarschijnlijk aan een hartstilstand overleden.
4 Deze bladzijden worden uitvoerig besproken in Appendix Een.

Hoofdstuk twee

1 Van Poppels vriendin, de joodse Helena Lam, werkte als agent voor de Duitse *Abwehr* in België en verraadde er een groot aantal mensen. Ze werd later veroordeeld tot tien jaar gevangenisstraf. Van Poppel sleet zijn dagen in een krankzinnigengesticht.

Hoofdstuk drie

1 Miep Gies vertelde de politie die het verraad van de familie Frank onderzocht, dat ze Van Keulen niet kende.
2 Ahlers beweert hetzelfde in andere brieven.
3 Een van de vele nonsensnamen die Anne voor haar vader gebruikte.

4   In augustus 1941 werd kapitaal in joods bezit onder toezicht geplaatst van de bank Lippmann, Rosenthal & Co, marionetten van het Duitse gezag. De bank werd door de nazi's ook gebruikt om aan geld te komen voor nieuw te financieren projecten.
5   Wolters meldde zich in februari 1943 voor de *Waffen SS* en werd op 30 september 1944 ingezet aan het oostelijk front, bij het juridisch personeel. Tegen het einde van de oorlog werd hij gewond en keerde hij terug naar Nederland. In 1945 belandde hij in de Scheveningse gevangenis. Het vonnis van 16 juni 1948 luidde acht jaar gevangenisstraf en verbod voor het leven kantoor te houden of in het leger te dienen.
6   Döring werd na de oorlog uiteindelijk veroordeeld tot drie jaar cel met aftrek van voorarrest; met succes voerde hij aan dat hij slechts op bevel van zijn meerdere, Lages, had gehandeld. Rühl en Viebahn kregen een gevangenisstraf van vijftien jaar. Het hof kwam tot de conclusie dat hun gevoel van verantwoordelijkheid versleten moest zijn na zo lange dienst onder de straffe discipline van de Duitse politie. In april 1956 werden ze vanuit de gevangenis van Breda overgedragen aan de Duitse autoriteiten.
7   Het gedicht is uit het Duits vertaald; het origineel is op rijm.
8   Melissa Müller in *Anne Frank, de biografie*.
9   Een vrouw uit de vriendenkring van Ans van Dijk was degene die Franks tweede vrouw, Fritzi Markovits, en haar gezin had verraden.
10 Rouwendaal kreeg levenslang en stierf op 15 juli 1964 in Gorssel. Zijn vrouw liet zich na de oorlog van hem scheiden.

Hoofdstuk vier

1   Brilleslijper was hun meisjesnaam. Om verwarring te voorkomen is die naam steeds gehandhaafd.
2   Peter werd ten slotte naar Mauthausen gestuurd; zie voor details hoofdstuk vijf.
3   Geen van de gevangenen had gehoord wat er tegen de officier gezegd werd, namelijk dat het Rode Leger het gebied omsingeld had; het had zojuist Libiaż bevrijd, nog geen vijftien kilometer ten noordoosten van Auschwitz. Frank deed volledig verslag van het schrikbarende incident in zijn interview met Arthur Unger en maakte er melding van in een brief aan zijn moeder. Hij dateerde het voorval echter telkens verkeerd: het had plaats op 25 niet op 26 januari, zoals Frank zei.
4   De soldaten en de verpleegsters van het Rode Leger waren stellig niet allemaal Russen. Er waren ook Oekraïners, Wit-Russen, Georgiërs en Kirgiezen en andere mensen van achter de Oeral bij, ook al is in de citaten steeds sprake van 'Russen'.
5   Ik ben Yt Stoker buitengewoon dankbaar dat hij mij op de hoogte heeft gesteld van het dagboek, dat bewaard wordt in de archieven van de Anne Frank Stichting.

HOOFDSTUK ZES

1. Zie de betreffende individuele dossiers van het Nederlandse Rode Kruis in de archieven van het NIOD.
2. Er zijn in Amsterdam nu twee straten genoemd naar Leo Frijda.
3. Dit is in tegenspraak met Otto's hiervoor geciteerde brief waarin hij verklaart dat hij het dagboek nooit uit het zicht verloor.
4. Een artikel van Laureen Nussbaum in *Anne Frank Magazin 2000* behandelt dit dagboekblad.
5. Vrijwel alle Nederlandse oorlogsmisdadigers en collaborateurs kregen lichte straffen; slechts weinigen kregen de doodstraf of een langdurige gevangenisstraf (en zij die zo'n straf wel kregen, zagen hun straftijd vaak, zoals gebruikelijk in Nederland, aanzienlijk bekort). Er werden slechts zesendertig executies uitgevoerd, 'onder wie niet alleen Duitse nazi's en Nederlandse collaborateurs maar ook de joodse Ans van Dijk, die schuldig was bevonden aan het verraad van meer dan honderd joden'.
6. Jansen schijnt niets geweten te hebben van Franks leveranties aan de Wehrmacht of het Oberkommando in Berlijn. Otto heeft nooit verzocht een onderzoek naar hem in te stellen met betrekking tot het verraad op Prinsengracht 263, maar hij richtte zich tot de PRA in verband met de brief uit 1941.

Betr. de heer Jansen.
Bijliggend zend ik U een copie van mijn schrijven betr. aangelegenheid A.C.Ahlers dat ik naar Scheveningen heb verzonden. Ik weet niet of de in het schrijven genoemde heer Jansen al gepakt is, want deze is het die inderdaad vuil werk verricht heeft. Ik ben de voorletters van zijn naam vergeten, weet ook niet waar hij woont, maar dat alles kunt U wel hooren van [zijn] vrouw, die op de Amstelveenscheweg een bloemenzaak heeft (nr. 72). Zij leefde gescheiden van haar man en is van Joodsche afkomst en heeft met al deze dingen niets te maken. Inlichtingen kunt u zeker toch bij haar inwinnen. Ik hoop echter dat de heer Jansen al achter de tralies zit of naar aanleiding van dit schrijven nagegaan wordt waar hij zich bevindt om hem alsnog te pakken te krijgen.' (BE)

Tijdens de oorlog verraadde Jansen zijn eigen zoon bij de Duitsers; hij schreef aan Seyss-Inquart om hem te vertellen dat zijn zoon gezegd had dat alle Duitsers doodgeschoten moesten worden. In september 1941 werden Jansens beide zonen 's nachts gearresteerd. Tegenover zijn ontstelde vrouw maakte Jansen zich ervan af met de woorden: 'Ach, ze zijn voorbestemd om slachtoffer te zijn.' Jetje Jansen deed alles wat ze kon om haar zonen vrij te krijgen – ze deed zelfs een beroep op Ahlers' buurman Friedrich Christian Viebahn, die haar man kende – maar zonder succes. Eén zoon werd in Neuengamme geëxecuteerd, de ander werd bevrijd in Ebensee. Op 31 maart 1945 werd Joseph Jansen gearresteerd. Otto en zijn werknemers getuigden allen tegen hem. Jansens vrouw Jetje vertelde: 'Over de brief aan de NSB aangaande meneer Frank, die mijn man zou hebben geschreven, kan ik niets zeggen omdat ik hiervan na de oorlog door meneer Frank op de hoogte werd gesteld. Het klopt dat mijn man tijdens de oorlog adressen van joodse mensen in zijn portefeuille droeg. Ik weet niet wat hij ermee wilde doen, maar uit bezorgdheid voor hun veiligheid liet ik mijn kinderen de betrokken mensen waarschuwen, zodat ze maatregelen konden nemen.' Toen Otto haar over de brief vertelde zei ze wel: 'Ik dacht dat ik door de grond ging.' Gevraagd naar zijn poging tot verraad van Otto, ontkende Jansen die brief ooit geschreven te hebben. 'Het kan mijn handschrift niet geweest zijn. Ik geloof dat, als ik met de heer Frank zou staan, hem zou vertellen dat niet ik de schrijver van de brief ben, dan zal hij mij zeker geloven. Ik ben geen antisemiet en ik heb de heer Frank altijd gerespecteerd en ik vond hem een hoogstaand man. Ik weet er geen oplossing voor...' Jansen werd veroordeeld tot vier jaar en zes maanden gevangenisstraf. Kort voor zijn vrijlating voegde zijn arts een rapport over hem toe aan zijn dossier; het bevestigt: 'Nu we dat allemaal, alles wat hem ten laste gelegd is, met de aangeklaagde hebben besproken, dient gezegd dat de aangeklaagde dit volledig erkent. Hij weet dat hij fout was en hij begrijpt terdege dat het aangeven van de heer Frank zijn zaak zwaar heeft geschaad.' Op 21 maart 1949 kwam Joseph Jansen vrij. Hij stierf enkele jaren later.

7   *De Dagboeken van Anne Frank*, 21 juni 1942.
8   Lawrence Graver, *An Obsession with Anne Frank: Meyer Levin and the Diary* (Californië, 1995) en Ralph Melnick, *The Stolen Legacy of Anne Frank: Meyer Levin, Lillian Hellman and the Staging of the Diary* (Connecticut, 1997).

Hoofdstuk acht

1   Audrey Hepburn werd later beschermvrouw van de Anne Frank Educational Trust U.K.
2   De verschillende juridische processen over de authenticiteit van het dagboek zijn hier verkort weergegeven omdat deze rechtszaken tegen revisionistische historici veel steeds terugkerend materiaal bevatten. Dit houdt niet in dat een en ander voor Otto Frank van minder belang was; integendeel, het greep hem heftig aan. Geïnteresseerden vinden een uitvoerige behandeling in hoofdstuk zeven van *De Dagboeken van Anne Frank*, 'Aanvallen op de echtheid van het dagboek' door David Barnouw (pp. 99 e.v.).
3   Edith Stein was een Duits-joodse vluchteling die tot het rooms-katholicisme was overgegaan en non werd; samen met andere rooms-katholieke geestelijken van joodse afkomst werd zij in 1942 naar Auschwitz gedeporteerd en vermoord.

Epiloog

1. Details over het onderzoek door het Duitse *Bundeskriminalamt* zijn te vinden in 'Aanvallen op de echtheid van het dagboek' door David Barnouw, hoofdstuk 7, pp. 99–121 van *De dagboeken van Anne Frank*.
2. Suijk werkte toen nog bij de stichting.
3. Het Anne Frank Center in New York organiseert de reizende Anne Frank-tentoonstelling en bevordert opvoeding tegen racisme en vooroordeel. Het Anne Frank Center, waar Suijk toen werkte, bezit geen archiefmateriaal over de familie Frank.
4. In de pers beweerde Suijk dat hij de bladen in mei 1980 van Otto had gekregen en enige maanden later had geprobeerd ze terug te geven; dat zou dan kort voor Otto's dood in augustus 1980 geweest zijn.

BRONNEN

PROLOOG: DE JODENJAGERS VAN AMSTERDAM: 1944

Ongepubliceerde bronnen
Dossier(s) Anthon Cornelis Ahlers. Centraal Archief Bijzondere Rechtspleging (CABR), Rijksarchief, Den Haag.
Doc. I, Kurt Döring. CABR. Collectie Nederlands Instituut voor Oorlogsdocumentatie (NIOD).
Dossier Kurt Döring. CABR.
Dossier Gezinus Gringhuis. CABR.
Dossier Willem Grootendorst. CABR.
Victor Kugler, brief, 4 februari 1958. Privé-collectie Buddy Elias (BE), neef van Anne Frank en voorzitter van het Anne Frank-Fonds, Basel.
Doc. I, Maarten Kuiper. NIOD.
Dossier Maarten Kuiper. CABR.
Doc. I, Willem Gerard van Maaren. NIOD.
Dossier Willem Gerard van Maaren. CABR.
Doc. I, Herman Rouwendaal. NIOD.
Dossier Herman Rouwendaal. CABR.
Doc. I, Emil Rühl. NIOD.
Dossier Emil Rühl. CABR.
Doc. I, Karl J. Silberbauer. NIOD.
Dossier Friedrich Christian Viebahn. CABR.
Doc. I, Karl Oscar Maria Wolters. NIOD.

Gepubliceerde bron
Presser, Dr. J., *Ondergang. De vervolging en verdelging van het Nederlandse jodendom 1940–1945* (Den Haag, Staatsdrukkerij, 1965).

Hoofdstuk een: Heel Duits

Ongepubliceerde bronnen
Joan Adler, historicus familie Straus, e-mail aan de auteur, 3 december 1997.
Joan Adler, Nieuwsbrief familie Straus: '*Wholedamfam*', februari 1998.
Brieven familie Elias, BE. Noot: waar de brieven te talrijk zijn om afzonderlijk te vermelden, zijn deze samengebracht onder het betreffende archief.
Babyboek Anne Frank. Archieven van het Anne Frank-Fonds, Basel (AFF).
Brieven familie Frank. BE.
Privé-papieren Herbert Frank. BE.
Babyboek Margot Frank. AFF.
Otto Frank, brieven. Archieven Anne Frank Stichting, Amsterdam (AFS).
Otto Frank, brief van juli 1918. Archieven Lessing-gymnasium, Frankfurt.
Otto Frank, transcriptie van bandopname, gemaakt voor een schoolgroep, jaren zeventig. AFS.
Otto Frank, transcriptie van opgenomen discussie met Arthur Unger, New York, 1977.
Edith Gordon, e-mail aan de auteur, juni 2001.
Grossman, Jean Schick, *The Story Within Her Story* (ongepubliceerd manuscript), 5 december 1954. AFS.
Dr. Trude K. Holländer, brief aan de auteur, maart 1997.
Stadsarchieven Landau en de pamfletten *Some Historical Facts About The House and Facts Relating To The Jews Of Landau*, beschikbaar gesteld door het Frank-Loeb'sches Haus.
Sal de Liema, transcriptie van een interview door de Anne Frank Stichting. AFS.
Katja Olszewska, interview door de auteur, maart 2001.
Milly Stanfield, 'A Talk: Anne and Otto Frank', 22 april 1990. AFS.
Milly Stanfield, brieven. AFS.
Milly Stanfield, herinneringen AFS.
Nathan Straus, brief van 19 april 1957. AFS.

Gepubliceerde bronnen
Anne Frank Stichting, *Anne Frank Huis. Een museum met een verhaal* (Amsterdam, Anne Frank Stichting, 1999).
Anne Frank Stichting, *Anne Frank Magazine 1999* (Amsterdam, Anne Frank Stichting, 1999).
Arnold, Hermann, 'Waren es Vorfahren von Anne Frank?', in *Tribüne*, 1990.
Barnouw, David, en Gerrold van der Stroom (red.) *The Diary of Anne Frank: The Critical Edition* (Londen, 1989).
Barnouw, David, en Gerrold van der Stroom (red.) *De dagboeken van Anne Frank* (Amsterdam, 2001).

Birmingham, Stephen, *Our Crowd: The Great Jewish Families of New York* (New York, 1967).
Craig, Gordon A., Germany 1866–1945 (Oxford, 1981).
Ferguson, Niall, The Pity of War (Londen, 1998).
Frank, Anne, *Verhaaltjes, en gebeurtenissen uit het achterhuis. Cady's Leven* (Amsterdam, 2001).
Fussman, Carl, 'The Woman who would have saved Anne Frank', in *Newsday*, 16 maart 1995.
Gilbert, Martin, *The Holocaust: The Jewish Tragedy* (Londen, 1987).
Goldhagen, Daniel Jonah, *Hitlers gewillige beulen* (Antwerpen, 1996).
Hondius, Dienke, *Terugkeer. Antisemitisme in Nederland rond de bevrijding* (Den Haag, 1990).
Middlebrook, Martin en Mary, *The Somme Battlefields* (Londen, 1991).
Moynahan, Brian, *The British Century: A Photographic History of the Last Hundred Years* (Londen, 1997).
Müller, Melissa, *Anne Frank: De biografie* (New York, 1998).
Pressler, Mirjam, *The Story of Anne Frank* (Londen, 1999).
Rürup, Reinhard, *Topography of Terror: Gestapo, SS and Reichssicherheitshauptamt on the 'Prinz-Albrecht-Terrain'. A Documentation* (Berlijn, 1989).
Sanchez, Leopold Diego, *Jean-Michel Frank* (Parijs, 1980).
Schnabel, Ernst, *The Footsteps of Anne Frank* (Londen 1976).
Steenmeijer, Anna G., en Otto Frank (red.) *A Tribute to Anne Frank* (New York, 1971).
Straus, R. Peter, artikel in *Moment*, december 1977.
Sulzbach, Herbert, *With The German Guns: Four Years on the Western Front* (Londen, 1998).
Wilson, Cara, *Love, Otto: The Legacy of Anne Frank* (Londen, 1995).
Wolzogen, Wolf von, *Anne aus Frankfurt* (Frankfurt, Historisch Museum, 1994).

HOOFDSTUK TWEE: DE OGEN VAN ONZE VERVOLGERS

Ongepubliceerde bronnen
Dossier(s) Anthon Cornelis Ahlers. CABR.
Anthon Ahlers, brief, 20 december 1964, fotokopie ontvangen van Paul Willem van Maaren.
Anthon Ahlers, brief 27 december 1963. Doc. I, Karl Josef Silberbauer. NIOD.
Anthon Ahlers, brief 15 januari 1964. Doc. I, Karl Josef Silberbauer. NIOD.
Rapport over Anthon Ahlers, 1964. Doc. I, Karl Josef Silberbauer. NIOD.

Verslag van een gesprek met Anthon Ahlers' ex-vrouw met de auteur, februari 2001.
Verslag van een gesprek met mevrouw Isa Baschwitz, 12 januari 1981. NIOD.
Doc. I, Kurt Döring. NIOD.
Dossier Kurt Döring. CABR.
Brieven familie Elias. BE.
Brieven familie Frank. AFS.
Edith Frank, brief uit 1937, in de tentoonstelling *Anne aus Frankfurt*, Anne Frank Jugend Zentrum, Frankfurt, 1998.
Brieven familie Frank. BE.
Otto Frank, transcripties interviews, Unger. AFS.
Otto Frank, transcriptie van bandopname, gemaakt voor een schoolgroep, jaren zeventig. AFS.
Verslag van twee gesprekken met J.A. Gies en M. Gies-Santrouschitz, 19 en 27 februari 1985. NIOD.
Hilde Goldberg, interviews door de auteur, mei en juni 2001.
Grossman, Jean Schick, *The Story Within Her Story*. AFS.
Hondius, Dienke, *Terugkeer*.
Dossier Josephus Maria Jansen. CABR.
Laureen Nussbaum, interview door de auteur, mei 2001.
Dossier Opekta. NBI-archief. Rijksarchief, Den Haag.
Bestelboek Opekta/Pactacon, 1940. AFS.
Hanneli Pick-Goslar, interview door de auteur, juni 2001.
Doc. I, Josef van Poppel. NIOD.
Dossier Josef van Poppel. CABR.
Krantenknipsels Josef van Poppel. NIOD.
Doc. I, Emil Rühl. NIOD.
Dossier Emil Rühl. CABR.
Milly Stanfield, 'A Talk: Anne and Otto Frank', 22 april 1990. AFS.
Lotte Thyes, interview door de auteur, maart 1998.
Verslag van een gesprek met Bep van Wijk-Voskuijl, 25 februari 1981, NIOD.

Gepubliceerde bronnen
Anne Frank Stichting, *Anne Frank Huis: Een museum met een verhaal*.
Anne Frank Stichting, *Anne Frank Magazine 2000* (Amsterdam, 2000).
Barnouw, David, en Gerrold van der Stroom (red.), *De dagboeken*.
Brasz, Chaya, *Removing the Yellow Badge: The Struggle for a Jewish Community in the Postwar Netherlands* (Jerusalem Institute for Research on Dutch Jewry, 1996).
Duke, Juliane, 'Anne Frank Remembered', in *The New York Times*, 11 juni 1989.

Fussman, Carl, 'The Woman Who', in *Newsday*.
Galen Last, Dick van, en Rolf Wolfswinkel, *Anne Frank and After: Dutch Holocaust Literature in Historical Perspective* (Amsterdam, 1996).
Gies, Miep, en Alison Leslie Gold, *Herinneringen aan Anne Frank* (Amsterdam, 1987).
Grobman, Alex (red.), *Anne Frank in Historical Perspective: A Teaching Guide* (Los Angeles, 1995).
Krantenknipsels. AFS.
Memorial en Museum of the Holocaust, 1995.
'The Living Legacy of Anne Frank', in *Journal*, september 1967.
Miller, Judith, *One by One by One: Facing the Holocaust* (New York, 1990).
Moore, Bob, *Victims and Survivors: The Nazi Persecution of the Jews in the Netherlands 1940–1945* (Londen, 1997).
Müller, Melissa, *Anne Frank: De biografie*.
Sanchez, Leopold Diego, *Jean-Michel Frank*.
Schnabel, Ernst, *Footsteps*.
Straus, R. Peter, *Moment*.
Wolzogen, Wolf von, *Anne aus Frankfurt*.

HOOFDSTUK DRIE: FAC ET SPERA

Ongepubliceerde bronnen
Dossier(s) Anthon Cornelis Ahlers. CABR.
Anthon Ahlers, brief 20 december 1964. Fotokopie, ontvangen van Paul Willem van Maaren.
Anthon Ahlers, brief 27 december 1963. Doc. I, Karl Josef Silberbauer. NIOD.
Anthon Ahlers, brief 15 januari 1964. Doc. I, Karl Josef Silberbauer. NIOD.
Doc. I, Kurt Döring. NIOD.
Dossier Kurt Döring. CABR.
Brieven familie Elias. BE.
Brieven familie Frank. BE.
Otto Frank, herinneringen. BE.
Bladzijde van getuigenis geschreven door Miep Gies. AFS.
Doc. I, Gezinus Gringhuis. NIOD.
Dossier Gezinus Gringhuis. CABR.
Dossier Willem Grootendorst. CABR.
Grossman, Jean Schick, *The Story Within Her Story*.
Hondius, Dienke, *Terugkeer*.

Victor Kugler, brief van 4 februari 1964. BE.
Doc. I, Maarten Kuiper. NIOD.
Dossier Maarten Kuiper. CABR.
Dossier Willem Gerard van Maaren. CABR.
Pater John Neiman, interview door de auteur, april 2001.
Laureen Nussbaum, interview door de auteur, mei 2001.
Dossier Opecta/Pectacon. NIOD.
Doc. I, Josef van Poppel. NIOD.
Dossier Josef van Poppel. CABR.
Doc. I, Herman Rouwendaal. NIOD.
Dossier Herman Rouwendaal. CABR.
Doc. I, Emil Rühl. NIOD.
Dossier Emil Rühl. CABR.
Cor Suijk, interview door de auteur, april 2001.
Dossier Friedrich Christian Viebahn. CABR.
Doc. I, Karel O.M. Wolters. NIOD.

Gepubliceerde bronnen
Anissimov, Myriam, *Primo Levi: Tragedy of an Optimist* (New York, 2000).
Anne Frank Stichting, *Anne Frank Huis, een museum met een verhaal.*
Barnouw, David, en Gerrold van der Stroom (red.), *De dagboeken.*
Colijn, G. Jan, en Marcia S. Littell (red.), *The Netherlands and Nazi Genocide* (New York, 1992).
Galen Last, en Wolfswinkel, *Anne Frank.*
Gies en Gold, *Herinneringen aan Anne Frank.*
Goldhagen, *Hitlers willige beulen.*
Grobman, Alex (red.), *Anne Frank in Historical Perspective.*
Hondius, Dienke, *Terugkeer.*
Krantenknipsel, AFS.
Maarsen, Jacqueline van, *My Friend Anne Frank* (New York, 1996).
Miller, Judith, *One by One by One.*
Moore, Bob, *Victims and Survivors.*
Müller, Melissa, *Anne Frank: De biografie.*
Pressler, Mirjam, *The Story of Anne Frank.*
Rürup, Reinhard, *Topography of Terror.*
Schnabel, Ernst, *Footsteps.*

HOOFDSTUK VIER: ONVERGETELIJKE LITTEKENS OP MIJN ZIEL

Ongepubliceerde bronnen
Otto Frank, Frans televisie-interview, jaren zestig. Buddy Elias bezit een kopie van het interview op videotape, maar ik heb geen verdere details over deze uitzending kunnen vinden.
Otto Frank, transcripties van bandopname discussie met Arthur Unger, New York, 1977. AFS.
Brieven familie Frank. AFS.
Brieven familie Frank. BE.
Otto Frank, herinneringen. BE.
Otto Frank, dagboek bevrijding 1945. AFS.
Otto Frank, transcriptie van een bandopname voor een schoolgroep, jaren zeventig. AFS.
Verslag van twee gesprekken met J.A. Gies en M. Gies-Santrouschitz in Amsterdam, 19 en 27 februari 1985. NIOD.
Grossman, *The Story Within Her Story*.
Verklaring van dr. S.M. Kropveld in dossier Westerbork-Auschwitz, 3 september 1944. NIOD.
Sal de Liema, transcriptie van interview geleid door de Anne Frank Stichting. AFS.
Rose de Liema, ongepubliceerde memoires, *So You Will Remember*. AFS.
Judith Salomon, interview door de auteur, mei 2001.
Franzi Spronz, interview door de auteur, mei 2001.
Joseph Spronz, *Auschwitz Memoirs*, ongepubliceerd manuscript. AFS.
Milly Stanfield, brief, ongedateerd. AFS.

Gepubliceerde bronnen
Anissimov, *Primo Levi*.
Anne Frank Stichting, *Anne Frank Huis: een museum met een verhaal*.
Blair, Jon, *Anne Frank Remembered*, documentaire (BBC 2, 6 mei 1995).
Cohn, Vera, *The Anti-Defamation League Bulletin: The Day I Met Anne Frank*, ongedateerd.
Czech, Danuta, *Auschwitz Chronicle 1939–1945* (New York, 1990).
Frank, Otto, 'Anne Frank Would Have Been Fifty This Year', in *Life*, maart 1979.
Friedrich, Otto, *The Kingdom of Auschwitz* (Londen, 1994).
Gilbert, Martin, *Auschwitz and the Allies* (Londen, 1981).
Gilbert, Martin, *Holocaust Journey: Travelling in Search of the Past* (Londen, 1997).
Gilbert, Martin, *The Holocaust*.
Gutman, Yisrael, en Michael Berenbaum, *Anatomy of Auschwitz Death Camp* (Indiana, 1994).
Galen Last, Dick van, en Rolf Wolfswinkel, *Anne Frank and After*.

Krantenknipsels, AFS.
Levi, Primo, *If This Is A Man: The Truce* (Londen, 1979).
Lindwer, Willy, *De laatste zeven maanden van Anne Frank* (Hilversum, 1988).
Moore, Bob, *Victims and Survivors*.
Persfolder voor de film *Ein Tagebuch für Anne Frank* (Berlijn, 1959).
Presser, Jacob, *Ondergang*.
Rürup, Reinhard, *Topography of Terror*.
Schloss, Eva, en Evelyn Julia Kent, *Eva's Story* (Londen, 1988).
Schnabel, Ernst, *Footsteps*.
Shapiro, Eda, *The Reminiscences of Victor Kugler, the 'Mr. Kraler' of Anne Frank's Diary* (Jeruzalem, Yad Vashem Studies, 1979).
Todorov, Tzvetan, *Facing the Extreme: Moral Life in the Concentration Camps* (Londen, 2000).
Holocaust Survivors Recall Their Hell on Earth in *Watertown Daily Times*, 5 februari 1995.
Wasserstein, Bernard, *Vanishing Diaspora: The Jews in Europe since 1945* (Londen, 1996).
Anne Frank's Vater: 'Ich will Versöhnung' in *Welt am Sonntag*, 4 februari 1979.

HOOFDSTUK VIJF: HET IS ALLEMAAL ALS EEN AKELIGE DROOM

Ongepubliceerde bronnen
Dossier(s) Anthon Cornelis Ahlers. CABR.
Anthon Ahlers, brief 20 december 1964. Fotokopie, ontvangen van Paul Willem van Maaren.
Anthon Ahlers, brief 27 december 1963. Doc. I, Karl Josef Silberbauer. NIOD.
Anthon Ahlers, brief 15 januari 1964. Doc. I, Karl Josef Silberbauer. NIOD.
Rapport over Anthon Cornelis Ahlers, 1964. Doc. I, Karl Josef Silberbauer. NIOD.
Brieven familie Elias. BE.
Brieven familie Frank. BE.
Brieven familie Frank. AFS.
Otto Frank, agenda 1945. AFS.
Otto Frank, transcripties interview, Unger. AFS.
Otto Frank, brief 27 november 1945. Dossier(s) Anthon Cornelis Ahlers. CABR.
Otto Frank, dagboek bevrijding, 1945. AFS.
Otto Frank, herinneringen. BE.
Jack Furth, interview door de auteur, april 2001.
Verslag van een gesprek met Miep en Jan Gies, 18 februari 1981. NIOD.
Hilde Goldberg, interview door de auteur, mei 2001.

Doc. I, Gezinus Gringhuis. NIOD.
Dossier Gezinus Gringhuis. CABR.
Dossier Willem Grootendorst. CABR.
Brieven familie Holländer. BE.
Hondius, Dienke, *Terugkeer*.
Sal de Liema, brief van 25 juli 1945. BE.
Laureen Nussbaum, interview door de auteur, mei 2001.
Doc. I, Josef van Poppel. NIOD.
Dossier Josef van Poppel. CABR.
Krantenknipsels Josef van Poppel. NIOD.
Pools Rode Kruis, verklaring betreffende Otto Franks terugkeer naar Nederland, 1945. AFS.
Judith Salomon, interview door de auteur, mei 2001.
Doc. I, Karl Josef Silberbauer. NIOD.
Rabbijn David Soetendorp, interview door de auteur, juni 2001.
Milly Stanfield, 'A Talk: Anne and Otto Frank', 22 april 1990. AFS.

Gepubliceerde bronnen
Anissimov, *Primo Levi*.
Anne Frank Stichting, *Anne Frank Magazine 1999*.
Brasz, Chaya, *Removing the Yellow Badge*.
Enzer, Hyman A., en Sandra Solotaroff-Enzer (red.), *Anne Frank: Reflections on her Life and Legacy* (Illinois, 2000).
Fishman, Joel, 'The Jewish Community in the Post-War Netherlands 1944–1975' in *Midstream XXII* (1976).
Frank, Otto, 'Anne Frank', in *Life*.
Gies, Miep, en Alison Leslie Gold, *Herinneringen aan Anne Frank*.
Gilbert, Martin, *The Holocaust*.
Grobman, Alex (red.), *Anne Frank in Historical Perspective*.
Galen Last, Dick van, en Rolf Wolfswinkel, *Anne Frank and After*.
Lindwer, Willy, *De laatste zeven maanden van Anne Frank* (Hilversum, 1988).
Maarsen, Jacqueline van, *My Friend*.
Moore, Bob, *Victims and Survivors*.
Schnabel, Ernst, *Footsteps*.
Schloss, Eva, en Evelyn Julia Kent, *Eva's Story*.
Wasserstein, Bernard, *Vanishing Diaspora*.
Wilson, Cara, *Love, Otto*.

HOOFDSTUK ZES: DIT IS TENMINSTE BEWAARD GEBLEVEN

Ongepubliceerde bronnen
Dossier(s) Anthon Cornelis Ahlers. CABR.
Anthon Ahlers, brief 20 december 1964. Fotokopie, ontvangen van Paul Willem van Maaren.
Anthon Ahlers, brief 27 december 1963. Doc. I, Karl Josef Silberbauer. NIOD.
Anthon Ahlers, brief 14 januari 1964. Doc. I, Karl Josef Silberbauer. NIOD.
Rapport over Anthon Ahlers, 1964. Doc. I, Karl Josef Silberbauer. NIOD.
Verslag van een gesprek met Werner Cahn, 12 maart 1981. NIOD.
Verslag van een gesprek met Ab Cauvern, 23 januari 1981. NIOD.
Doc. I, Kurt Döring. NIOD.
Dossier Kurt Döring. CABR.
Brieven familie Elias. BE.
Barbara Epstein-Zimmerman, interview door de auteur, juni 2001.
Brieven familie Frank. BE.
Brieven familie Frank. AFS.
Otto Frank, agenda 1945.
Otto Frank, agenda 1947. AFS.
Otto Frank, transcriptie interview Unger. AFS.
Otto Frank, transcriptie interview Westinghouse Broadcasting Company, Verenigde Staten, 16 februari 1960. AFS.
Otto Frank, brief 6 januari 1947. Privé-collectie Gertrud Trenz.
Otto Frank, herinneringen. BE.
Otto Frank, ongedateerd document, met kop 'Commentaren'. AFS.
Otto Frank, ongedateerd document, met kop 'Opmerkingen betreffende machtiging, mij toegestuurd met uw brief van 19 maart 1956'. AFS.
Jetteke Frijda, interview door de auteur, maart 1998.
Miep Gies, brief 16 juli 1949. AFS.
Hilde Goldberg, interview door de auteur, mei 2001.
Doc. I, Gezinus Gringhuis. NIOD.
Dossier Gezinus Gringhuis. CABR.
Dossier Willem Grootendorst. CABR.
Verslag van een gesprek met rabbijn Hammelburg, 23 februari 1981. NIOD.
Hondius, Dienke, *Terugkeer*.
Dola de Jong, brief aan de auteur, maart 2001.
David Kessler, brief 25 maar 1951. AFS.
Victor Kugler, brief 4 februari 1958. BE.

Doc. I, Maarten Kuiper. NIOD.
Dossier Maarten Kuiper. CABR.
Krantenknipsels Maarten Kuiper.
Meyer Levin, brieven. AFS.
Doc. I, Willem Gerard van Maaren. NIOD.
Dossier Willem Gerard van Maaren. CABR.
Jacqueline van Maarsen, interview door de auteur, februari 1998.
Verslag van een gesprek met mevrouw R.E. Mengelberg-Draber, 19 februari 1981. NIOD.
Barbara Mooyart-Doubleday, interview door de auteur, april 2001.
Pater John Neiman, interview door de auteur, april 2001.
Laureen Nussbaum, interview door de auteur, mei 2001.
Dossier Opekta. NBI-archief. Rijksarchief, Den Haag.
Dossier Opekta. NIOD.
Frank Price, brieven. AFS.
Doc. I, Josef van Poppel. NIOD.
Dossier Josef van Poppel. CABR.
Krantenknipsels Josef van Poppel.
Recensies van *Anne Frank: The Diary of a Young Girl*, krantenknipsels. Privé-collectie Barbara Mooyart-Doubleday.
Doc. I, Herman Rouwendaal. NIOD.
Dossier Herman Rouwendaal. CABR.
Doc. I, Emil Rühl. NIOD.
Dossier Emil Rühl. CABR.
Verslag van een gesprek met Annie Romein-Verschoor, ongedateerd. NIOD.
Eva Schloss, interview door de auteur, januari en mei 1998.
Doc. I, Karl Josef Silberbauer. NIOD.
Hello Silberberg, brief van juli 1947, AFS.
Rabbijn David Soetendorp, interview door de auteur, juni 2001.
Milly Stanfield, 'A Talk: Anne and Otto Frank', 22 april 1990. AFS.
Nathan Straus, brieven. BE.
Nathan Straus, brieven. AFS.
Gerrold van der Stroom, *Anne Frank and her Diaries*, lezing gehouden voor het Institute of Jewish Studies, University College, Londen, juni 1997.
Barry Sullivan, brieven. Privé-collectie van Barbara Mooyart-Doubleday.
Barbara Zimmerman, brieven. AFS.
Paul Zsolnay, brief van 6 oktober 1947. AFS.

Gepubliceerde bronnen

Anne Frank Stichting, *Anne Frank Magazine 2000*.
Barnouw, David, en Gerrold van der Stroom (red.) *De dagboeken*.
Evans, Martin, en Kenneth Lunn, *War and Memory in the Twentieth Century* (Londen, 1997).
Farrell, E.C., 'Postscripts to a Diary', in *The Global Magazine*, 1965.
Flanner, Janet, 'Letter from Paris', in *The New Yorker*, 11 november 1950.
Frank, Anne, *Het Achterhuis* (Amsterdam, 1947).
Frank, Otto, 'Anne Frank', in *Life*.
Galen Last, Dick van, en Rolf Wolfswinkel, *Anne Frank and After*.
Gies, Miep, en Alison Leslie Gold, *Herinneringen aan Anne Frank*.
Gold, Alison Leslie, *Memories of Anne Frank: Reflections of a Childhood Friend* (New York, 1997).
Graver, Lawrence, *An Obsession with Anne Frank: Meyer Levin and the Diary* (Californië, 1995).
Krantenknipsels, AFS.
Levin, Meyer, 'The Restricted Market' in *Congress Weekly*, 13 november 1950.
Levin, Meyer, 'The Girl Behind The Secret Door', in *The New York Times Book Review*, 15 juni 1952.
Levin, Meyer, 'Anne Frank: The Diary of a Young Girl' in *Congress Weekly*, juni 1952.
Van Maarsen, Jacqueline, *My Friend*.
Melnick, Ralph, *The Stolen Legacy of Anne Frank: Meyer Levin, Lillian Hellman and the Staging of the Diary* (Connecticut, 1997).
Miller, Judith, *One by One by One*.
Ozick, Cynthia, 'Who Owns Anne Frank?' in *The New Yorker*, 6 oktober 1997.
Romein, Jan, 'Een kinderstem' in *Het Parool*, 3 april 1945.
Schloss, Eva, en Evelyn Kent, *Eva's Story*.
Stock, Mary, 'The Secret Annexe' in *The Manchester Guardian*, 28 april 1952.
Wasserstein, Bernard, *Vanishing Diaspora*.
Wistrich, Robert S., *Anti-Semitism: The Longest Hatred* (Londen, 1991).

HOOFDSTUK ZEVEN: EEN JOODSE OF EEN NIET-JOODSE SCHRIJVER, DAT IS DE VRAAG

Ongepubliceerde bronnen

Kermit Bloomgarden, brief van 1 augustus 1952. AFS.
Cheryl Crawford, brief van 10 september 1952. AFS.
Buddy Elias, interview door de auteur, april 2001.

Barbara Epstein, interview door de auteur, juni 2001.
Otto Frank, transcripties interview Unger. AFS.
Brieven familie Frank. AFS.
Brieven familie Frank. BE.
Otto Frank, toespraak voor het Anne Frank Centre, Verenigde Staten, 1959.
Otto Frank, telegram van 18 juni 1952. AFS.
Otto Frank, ongedateerd document. AFS.
Calvin L. Fox, brief van 1 november 1955. AFS.
Miep Gies, brief van 10 december 1956. AFS.
Hilde Goldberg, interview door de auteur, juni 2001.
Ruth Goldberg, brief uit 1984. AFS.
Kanin Garson, brief van 3 juli 1956. AFS.
David Kessler, brief van 17 juni 1953. AFS.
David Kessler, brief van 17 september 1953. AFS.
Meyer Levin, brief van 22 december 1952. AFS.
Joseph Marks, brief van 8 juli 1952. AFS.
Lillian Marks, brief aan de auteur, mei 2001.
Carson McCullers, ongedateerde brief. AFS.
Myer Mermin, brief van 28 oktober 1953. AFS.
Myer Mermin, brief van 11 december 1953. AFS.
Barbara Mooyart-Doubleday, brief van 3 oktober 1955. AFS.
Pater John Neiman, interview door de auteur, mei 2001.
Laureen Nussbaum, interview door de auteur, mei 2001.
Frank Price, brief van 19 januari 1954. AFS.
Reeves, brief van 19 januari 1953. AFS.
Tony van Renterghem, interview door de auteur, juni 2001.
Joseph Schildkraut, brief van 22 maart 1955. AFS.
Eva Schloss, interview door de auteur, april 2001.
Zvi Schloss, interview door de auteur, april 2001.
Milly Stanfield, ongedateerde brief. AFS.
Nathan Straus, brief van 15 januari 1953. AFS.
Helen Straus, brief van 15 januari 1953. AFS.
Barry Sullivan, brief van 2 april 1953. AFS.
Tereska Torres, brieven. AFS.
Barbara Zimmerman, brieven. AFS.

Gepubliceerde bronnen
Anne Frank Huis, krantenknipsel. AFS.

'Het geheime achterhuis van Anne Frank wacht op de slopershamer' in *Het Vrije Volk*, 23 november 1955.
Anne Frank Stichting, *Anne Frank Huis: een museum met een verhaal.*
Ariel, 'Testament of Youth' in *Huddersfield Weekly Examiner*, oktober 1954.
Ballif, Algene, *Commentary*, november 1955.
Barnouw, David, en Rolf van der Stroom, *De dagboeken.*
Baron, Alexander, *The Jewish Chronicle*, 15 oktober 1954.
Bundy, June, 'Anne Frank: The Diary of a Young Girl' in *Billboard*, 27 september 1952.
Chapman, John, 'Anne Frank Wins Prize' in *Sunday News*, 13 mei 1956.
Cole, Tim, *Images of the Holocaust: The Myth of the 'Shoah Business'* (Londen, 1999).
Donahue, William Collins, en Peter M. McIsaac (red.), *German Politics and Society* (Californië, 1995), deel 13, nummer 3, bijdrage 36.
Doneson, Judith E., *The Holocaust in American Film* (New York, 1987).
Evans, Martin, en Kenneth Lunn, *War and Memory.*
Frank, Otto, 'Anne Frank' in *Life.*
Frank, Otto, 'Has Germany forgotten Anne Frank?' in *Coronet*, februari 1960.
Graver, Lawrence, *An Obcession.*
Hayes, Peter (red.), *Lessons & Legacies: The Meaning of the Holocaust in a Changing World* (Northwestern University Press, 1991).
Kolb, Bernard, 'Diary Footnotes' in *The New York Times* 2 oktober 1955.
Krantenknipsels. AFS.
Melnick, Ralph, *The Stolen Legacy.*
Pepper, William, '"Drama of Diary" is Nonsectarian' in *New World Telegram and Sun*, januari 1956.
St. George, Andrew, 'The Diary That Shook A Nation' in *Pageant*, juli 1958.
Schach, William, 'Diary Into Drama' in *Midstream*, juni 1956.
Schloss, Eva, en Evelyn Kent, *Eva's Story.*
Spetter, Ies, 'Onderduikpret Broadway' in *Vrij Nederland*, 5 november 1955.
Strasberg, Susan, *Bittersweet* (New York, 1980).
Wolff, Margo H., 'Anne Frank Lives On' in *Hadassah Newsletter*, mei 1958.

HOOFDSTUK ACHT: IK HEB GEEN LITTEKENS MEER

Ongepubliceerde bronnen
Dossier(s) Anthon Cornelis Ahlers. CABR.
Anthon Ahlers, brief 20 december 1964. Fotokopie, ontvangen van Paul Willem van Maaren.

Anthon Ahlers, brief 27 december 1963. Doc. I, Karl Josef Silberbauer. NIOD.
Anthon Ahlers, brief 15 januari 1964. Doc. I, Karl Josef Silberbauer. NIOD.
Rapport over Anthon Cornelis Ahlers, 1975. Doc. I, Karl Josel Silberbauer. NIOD.
Bandopname van 'A Memorial Tribute to Otto Frank', oktober 1980, Anne Frank Centre, Verenigde Staten AFS.
'Peter Dawson', brief van 19 januari 1959. BE.
Document, 'Financial Information Regarding The International Anne Frank Youth Centre', 1959. AFS.
Barbara Epstein, interview door de auteur, juni 2001.
Mel Ferrer, brief van 2 augustus 1957. BE.
Brieven familie Frank. AFS.
Fritzi Frank, *My Life with Otto Frank*, herinneringen, 1980. BE. (orig. Duitse tekst)
Otto Frank, transcripties interview Unger. AFS.
Brieven familie Frank. BE.
Miep Gies, brief van 17 april 1960. AFS.
Ruth Goldberg, brief uit 1984. AFS.
Frances Goodrich en Albert Hackett, brieven. AFS.
Edith Gordon, e-mail aan de auteur, juni 2001.
Dr. Trude Holländer, brief aan de auteur, 25 maart 1998.
Dola de Jong, brief aan de auteur, maart 2001.
Johannes Kleiman, brief van 18 juni 1958. AFS.
Bee Klug, interview door de auteur, april 2001.
Irene Lewis, brief van 23 december 1974. AFS.
Doc. I, Willem Gerard van Maaren. NIOD.
Dossier Willem Gerard van Maaren. CABR.
Myer Mermin, brief van 19 januari 1959. AFS.
Myer Mermin, lijst, 29 december 1964. AFS.
Pater John Neiman, interview door de auteur, april 2001.
Hanneli Pick-Goslar, interview door de auteur, juni 2001.
Lotte Pfeffer, document, 1957. AFS.
Lotte Pfeffer, brief van 5 september 1956. AFS.
Doc. I, Josef van Poppel. NIOD.
Dossier Josef van Poppel. CABR.
Eleanor Roosevelt, brief van 2 april 1957. AFS.
Eleanor Roosevelt, brief van 22 april 1957. AFS.
Leah Salisbury, brief van 28 januari 1964. AFS.
Leah Salisbury, brief van 4 december 1974.
Henk Salomon, interview door de auteur, juni 2001.

Judith Salomon, interview door de auteur, juni 2001.
Marguerite Scialtiel, brief van 26 augustus 1957. AFS.
Eva Schloss, interview door de auteur, april 2001.
Zvi Schloss, interview door de auteur, april 2001.
Eda Shapiro, brief van 7 mei 1974. AFS.
Doc. I, Karl Josef Silberbauer. NIOD.
Brief van de schoonmoeder van Silberbauer, 4 december 1963. AFS.
Milly Stanfield, 'A Talk: Anne and Otto Frank', 22 april 1990. AFS.
Rabbijn David Soetendorp, interview door de auteur, juni 2001.
Franzi Spronz, interview door de auteur, mei 2001.
Anneke Steenmeijer, interview door de auteur, juni 2001.
Nathan Straus, brief van 19 april 1957. AFS.
Cor Suijk, brief aan de auteur, maart 2001.
Gertrud Trenz, brief aan de auteur, januari 2001.
Bep van Wijk-Voskuijl, brief uit 1957. AFS.

Gepubliceerde bronnen
Anne Frank Stichting, *Anne Frank Magazine 1998*.
Anne Frank Stichting, *Anne Frank Magazine 1999*.
Anne Frank Stichting, *Anne Frank Magazine 2000*.
Anne Frank Stichting, *The Anne Frank House*, folder, 1999
Anne Frank Stichting, *Anne Frank Huis, een museum met een verhaal*.
Barnouw, David, en Rolf van der Stroom (red.), *De dagboeken*.
Donahue, William Collins, en Peter M. McIsaac (red.), *German Politics and Society*.
Doneson, Judith E., *The Holocaust in American Film*.
Enzer Hyman A., en Sandra Solotaroff-Enzer (red.), *Anne Frank: Reflections*.
Evans, Martin, en Kenneth Lunn, *War and Memory*.
Farrell, E.C., 'Postscript' in *Global*.
Frank, Otto, 'Has Germany forgotten...' in *Coronet*.
Graver, Lawrence, *An Obsession*.
Grobman, Alex (red.), *Anne Frank in Historical Perspective*.
Krantenknipsels. AFS.
Levin, Meyer, 'The Suppressed Anne Frank' in *Jewish Week*, 31 augustus 1980.
Majdalany, 'Anne Frank Was Never Like This' in *The Daily Mail*, 5 juni 1959.
Melnick, Ralph, *The Stolen Legacy*.
Müller, Melissa, *Anne Frank: De biografie*.
New York Times Book Review, 28 september 1997.
'Otto Frank, Father of Anne, Dead at 91' in *The New York Times*, 21 augustus 1980.

Paris, Barry, *Audrey Hepburn* (Londen, 1996).
Persfolder, *Ein Tagebuch*.
Pressler, Mirjam, *The Story of Anne Frank*.
Steenmeijer, Anna G., en Otto Frank, *A Tribute*.
St. George, 'The Diary' in *Pageant*.
Strang, Joanne, 'Stevens Relives Anne Frank's Story' in *The New York Times Magazine*, 3 augustus 1958.
Straus, *Moment*.
Visser, Anneke, 'Ontdekking van brieven geschreven door man die ondergedoken was in Anne Franks geheime achterhuis' in NRC *Handelsblad*, 7 november 1987.
Vuur, Willem, 'Anne Frank House in Money Trouble' in *Herald Tribune*, 1 april 1971.
Waggoner, Walter H., 'New Yorker Aids Dutch Students' in *The New York Times*, 26 juni 1957.
Wasserstein, *Vanishing Diaspora*.
Wilson, *Love, Otto*.
Windsor, John, 'Duty of Dr Frank', in *The Guardian*, 15 juni 1971.

Epiloog: Een visionair

Ongepubliceerde bronnen
Ahlers' ex-echtgenote, gesprek met de auteur, februari 2001.
Bevolkingsregister Amsterdam.
Barbara Epstein, interview door de auteur, juni 2001.
Brieven familie Frank. AFS.
Otto Frank, transcripties interview Unger. AFS.
Otto Frank, brief van 20 juli 1971. AFS.
Barbara Hauptman, *A Visit to Amsterdam*, essay, augustus 1971.
Pater John Neiman, interview door de auteur, mei 2001.
Laureen Nussbaum, interview door de auteur, mei 2001.
Milly Stanfield, brief van augustus 1992.
Judith Salomon, interview door de auteur, juni 2001.
Eva Schloss, interview door de auteur, april 2001.
Zvi Schloss, interview door de auteur, april 2001.
Cor Suijk, interview door de auteur, april 2001.

Gepubliceerde bronnen
Anne Frank Stichting, *Anne Frank Magazine 1998*.
Barnouw en Van der Stroom (red.), *De dagboeken*.

Buruma, Ian, 'Anne Franks Afterlife' in *New York Review of Books*, deel XLV, nr. 3. 19 februari 1998.
Cole, Tim, *Images of the Holocaust: The Myth of the 'Shoah Business'* (Londen, 1999).
Colijn, G. Jan, en Marcia S. Littell (red.), *The Netherlands and Nazi Genocide* (Lewiston, 1992).
Van Galen Last en Wolfswinkel, *Anne Frank and After*.
Kramer, Mimi, 'Spotlight: Encore, Anne Frank' in *Vanity Fair*, december 1997.
Ozick, 'Who Owns...?' in *The New Yorker*.
Rosenfeld, Alvin H., 'The Americanization of the Holocaust' in *Commentary*, juni 1995.
Stern, 21 mei 1982.
Wasserstein, *Vanishing Diaspora*.
'Who Killed Anne Frank?' in *Hadassah Magazine*, nr. 7, maart 1965.
Wilson, *Love, Otto*.

BIBLIOGRAFIE

BOEKEN

Anissimov, Myriam, *Primo Levi: Tragedy of an Optimist* (New York, Overlook Press, 2000).
Anne Frank Stichting, *Anne Frank Huis, een museum met een verhaal* (Amsterdam, Anne Frank Stichting, 1999).
Anne Frank Stichting, *Anne Frank 1929–1945* (Heidelberg, Lambert Schneider, 1979).
Barnouw, David, en Gerrold van der Stroom (red.), *The Diary of Anne Frank: The Critical Edition* (Londen, Viking, 1989).
Barnouw, David, en Gerrold van der Stroom (red.), *De dagboeken van Anne Frank* (Amsterdam, Bert Bakker, 2001).
Birmingham, Stephen, *Our Crowd: The Great Jewish Families of New York* (New York, Dell Publishing, 1967).
Borowski, Tadeusz, *This Way for the Gas, Ladies and Gentlemen* (Londen, Penguin, 1983).
Brasz, Chaya, *Removing the Yellow Badge: The Struggle for a Jewish Community in the Post-War Netherlands* (Jeruzalem, Institute for Research on Dutch Jewry, 1996).
Cole, Tim, *Images of the Holocaust: The Myth of the 'Shoa Business'* (Londen, Gerald Duckworth & Co, 1999).
Colijn, G. Jan, en Marcia S. Littell (red.), *The Netherlands and Nazi Genocide*, hoofdstuk: Nanda van der Zee, 'The Recurrent Myth of "Dutch Heroism" in the Second World War and Anne Frank as a Symbol' (New York, Edwin Mellen Press, 1992).
Craig, Gordon A., *Germany 1866–1945* (Oxford, Oxford University Press, 1981).
Czech, Danuta, *Auschwitz Chronicle 1939–1945* (New York, Henry Holt, 1990).
Dawidowicz, Lucy S., *The War Against the Jews 1933–1945* (Londen, Penguin, 1987).
Donahue, William Collins, en Peter M. McIsaac, *German Politics and Society*, hoofdstuk: Alex Sagan, 'An Optimistic Icon: Anne Frank's Canonization in Postwar Culture' (Californië, Centre for German Studies at the University of California Press, herfst 1995), deel 13, nr. 3, bijdrage 36.
Doneson, Judith E., *The Holocaust in American Film* (New York, Jewish Publication Society, 1987).

Elon, Amos, *Founder: Meyer Amschel Rothschild and his Time* (Londen, HarperCollins, 1996).

Enzer, Hyman A., en Sandra Solotaroff-Enzer (red.), *Anne Frank: Reflections on her Life and Legacy*. De hoofdstukken: Bruno Bettelheim, 'The Ignored Lesson of Anne Frank' en Lin Jaldati, 'Bergen Belsen' (Illinois, University of Illinois Press, 2000).

Evans, Martin, en Kenneth Lunn (red.), *War and Memory in the Twentieth Century*. Hoofdstuk: Tony Kushner, 'I Want to go on Living after my Death: The Memory of Anne Frank' (Londen, Berg Publishers, 1997).

Ferguson, Niall, *The Pity of War* (Londen, Penguin, 1998).

Fogelman, Eva, *Conscience and Courage: Rescuers of Jews During the Holocaust* (Londen, Cassel, 1995).

Frank, Anne, *Verhaaltjes, en gebeurtenissen uit het achterhuis, Cady's Leven*, (Amsterdam, Bert Bakker, 2001).

Friedrich, Otto, *The Kingdom of Auschwitz* (Londen, Penguin, 1994).

Galen Last, Dick van, en Rolf Wolfswinkel, *Anne Frank and After: Dutch Holocaust Literature in Historical Perspective* (Amsterdam, Amsterdam University Press, 1996).

Gies, Miep, en Alison Leslie Gold, *Herinneringen aan Anne Frank* (Amsterdam, Bert Bakker, 1989).

Gilbert, Martin, *Auschwitz and the Allies* (Londen, Mandarin, 1991).

Gilbert, Martin, *Holocaust Journey: Traveling in Search of the Past* (Londen, Orion Publishing Group, 1997).

Gilbert, Martin, *The Holocaust: The Jewish Tragedy* (Londen, HarperCollins, 1987).

Gill, Anton, *The Journey Back from Hell: Conversations with Concentration Camp Survivors* (Londen, Grafton Books, 1988).

Gold, Alison Leslie, *Memories of Anne Frank: Reflections of a Childhood Friend* (New York, Scholastic Press, 1997).

Goldhagen, Daniel Jonah, *Hitlers gewillige beulen* (Antwerpen, Standaard Uitgeverij, 1996).

Goodrich, Frances, en Albert Hackett, *The Diary of Anne Frank* (Londen, Blackie & Son, 1970).

Graver, Lawrence, *An Obsession with Anne Frank: Meyer Levin and the Diary* (Californië, University of California Press Ltd, 1995).

Grobman, Alex (red.), *Anne Frank in Historical Perspective: A Teaching Guide*. De hoofdstukken: Dienke Hondius, 'A New Perspective on Helpers of Jews during the Holocaust: The Case of Miep en Jan Gies' en Elma Verhey, 'Anne Frank's World' en 'Anne Frank and the Dutch Myth' (Los Angeles, Martyrs Memorial and Museum of the Holocaust, 1995).

Gutman, Yisrael, en Michael Berenbaum, *Anatomy of Auschwitz Death Camp* (Indiana, Indiana University Press, 1994).

Hayes, Peter (red.), *Lessons and Legacies: The Meaning of the Holocaust in a Changing World*. Hoofdstuk: Alvin Rosenfeld, 'Popularization and Memory: The Case of Anne Frank' (Northwestern University Press, 1991).

Hillesum, Etty, *Brieven uit Westerbork* (Amsterdam, Balans, 1986).

Hellwig, Joachim, en Günther Deicke, *Ein Tagebuch für Anne Frank* (Berlijn, Verlag der Nation, 1959).

Hondius, Dienke, *Terugkeer. Antisemitisme in Nederland rond de bevrijding* (Den Haag, SDU, 1978).

Jong, Louis de, en Simon Schama, *The Netherlands and Nazi Germany* (Connecticut, Harvard University Press, 1990).

Kedward, H.R., *Resistance in Vichy France* (Oxford, Oxford University Press, 1978).

Kolb, Eberhard, *Bergen-Belsen from 1943–1945* (Göttingen, collectie Vandenhoek, 1988).

Lee, Carol Ann, *Pluk rozen op aarde en vergeet mij niet. Anne Frank 1929–1945* (Amsterdam, Uitgeverij Balans, 1998).

Levi, Primo, *If This Is A Man: The Truce* (Londen, Abacus Books, 1979).

Levin, Meyer, *The Obsession* (New York, Simon & Schuster, 1973).

Lindwer, Willy, *De laatste zeven maanden. Vrouwen in het spoor van Anne Frank* (Hilversum, Gooi & Sticht, 1988).

Lipstadt, Deborah, *Denying the Holocaust: The Growing Assault on Truth and Memory* (New York, Free Press, 1993).

Maarsen, Jacqueline van, *My Friend Anne Frank* (New York, Vantage Press, 1996).

Marrus, Michael R., *The Holocaust in History* (Londen, Penguin, 1989).

Melnick, Ralph, *The Stolen Legacy of Anne Frank: Meyer Levin, Lillian Hellman en the Staging of the Diary* (Connecticut, Yale University Press, 1997).

Middlebrook, Martin, en Mary, *The Somme Battlefields* (Londen, Viking, 1991).

Miller, Judith, *One by One by One: Facing the Holocaust* (New York, Simon & Schuster, 1990).

Moore, Bob, *Victims and Survivors: The Nazi Persecution of the Jews in the Netherlands 1940–1945* (Londen, Arnold, 1997).

Moynahan, Brian, *The British Century: A Photographic History of the Last Hundred Years* (Londen, Random House, 1997).

Müller, Melissa, *Anne Frank: De biografie* (Amsterdam, Bert Bakker, 1998).

Paris, Barry, *Audrey Hepburn* (Londen, Orion Books, 1996).

Presser, dr. J., *Ondergang. De vervolging en verdelging van het Nederlandse jodendom, I en II* (Den Haag, Staatsdrukkerij, 1995).

Pressler, Mirjam, *The Story of Anne Frank* (Londen, Macmillan, 1999).

Rittmer, Carol (red.), *Anne Frank in the World: Essays and Reflections* (New York, M.E. Sharpe, 1997).

Rürup, Reinhard, *Topography of Terror: Gestapo, ss and Reichssicherheitshauptamt on the 'Prinz-Albrecht-Terrain'. A Documentation* (Berlijn, Wilmuth Arenhövel, 1989).
Sanchez, Leopold Diego, *Jean-Michel Frank* (Parijs, Editions du Regard, 1980).
Schloss, Eva, en Evelyn Julia Kent, *Eva's Story: A Survivor's Tale by the Step-sister of Anne Frank* (Londen, W.H. Allen, 1988).
Schnabel, Ernst, *The Footsteps of Anne Frank* (Londen, Pan Books, 1976).
Steenmeijer, Anna G., en Otto Frank (red.), *A Tribute to Anne Frank* (New York, Doubleday, 1971).
Stoutenbeek, Jan, en Paul Vigeveno, *Wandelingen door joods Amsterdam*, (Amsterdam, De Haan, 1985).
Strasberg, Susan, *Bittersweet* (New York, Signet, 1980).
Sulzbach, Herbert, *With The German Guns: Four Years on the Western Front* (Londen, Leo Cooper, 1998).
Todorov, Tzvetan, *Facing the Extreme: Moral Life in the Concentration Camps* (Londen, Phoenix, 2000).
Wasserstein, Bernard, *Vanishing Diaspora: The Jews in Europe since 1945* (Londen, Penguin, 1996).
Wiesenthal, Simon, *Justice Not Vengeance* (Londen, Weidenfeld & Nicholson, 1989).
Wilson, Cara, *Love, Otto: The Legacy of Anne Frank* (Kansas, Andrews & McMeel, 1995).
Wistrich, Robert S., *Anti-semitism: The Longest Hatred* (Londen, Methuen, 1991).
Young, James E. (red.), *The Art of Memory: Holocaust Memorials in History* (München, Presetel-Verlag, 1994).

ARTIKELEN EN ANDERE PUBLICATIES

Adler, Joan, Nieuwsbrief familie Straus, '*Wholedamfam*', februari 1998.
'Het geheime achterhuis van Anne Frank wacht de slopershamer' in *Het Vrije Volk*, 23 november 1955.
'Anne Frank Betrayed for Ten Shillings' in *The Sunday Times*, 5 februari 1967.
Anne Frank Stichting, tentoonstellingscatalogus, Nederlands/Engels, *Anne Frank in de wereld 1929–1945* (Amsterdam, Bert Bakker).
Anne Frank Stichting, tentoonstellingscatalogus, Japans, *Anne Frank in de wereld* (Amsterdam, Anne Frank Stichting, 1985).
Anne Frank Stichting, tentoonstellingscatalogus, Engels, *Anne Frank: A History for Today* (Amsterdam, Anne Frank Stichting, 1996).
Anne Frank Stichting, *Anne Frank Magazine 1998* (Amsterdam, Anne Frank Stichting, 1998).

Anne Frank Stichting, *Anne Frank Magazine 1999* (Amsterdam, Anne Frank Stichting, 1999).

Anne Frank Stichting, *Anne Frank Magazine 2000* (Amsterdam, Anne Frank Stichting, 2000).

Ariel, 'Testament of Youth' in *Huddersfield Weekly Examiner*, oktober 1954.

Ballif, Algene, *Commentary*, november 1955.

Baron, Alexander, *The Jewish Chronicle*, 15 oktober 1954.

Bundy, June, 'Anne Frank: The Diary of a Young Girl' in *Billboard*, 27 september 1952.

Buruma, Ian, 'Anne Frank's Afterlife' in *New York Review of Books*, deel XLV, nr. 3, 19 februari 1998.

Chapman, John, 'Anne Frank Wins Prize' in *Sunday News*, 13 mei 1956.

Cohn, Vera, *The Anti-Defamation League Bulletin: The Day I Met Anne Frank*, ongedateerd.

Duke, Juliane, 'Anne Frank Remembered' in *The New York Times*, 11 juni 1989.

Farrell, E.C., 'Postscript to a Diary' in *The Global Magazine*, 1965.

Fishman, Joel, 'The Jewish Community in the Post-War Netherlands 1944–1975' in *Midstream* XXII (1976).

Flanner, Janet, 'Letter from Paris' in *The New Yorker*, 11 november 1950.

Frank, Otto, 'Has Germany forgotten Anne Frank?' in *Coronet*, februari 1960.

Frank, Otto, 'Anne Frank Would Have Been Fifty This Year' in *Life*, maart 1979.

Fussman, Carl, 'The Woman Who Would Have Saved Anne Frank' in *Newsday*, 16 maart 1995.

Kolb, Bernard, 'Diary Footnotes' in *The New York Times*, 2 oktober 1955.

Kramer, Mimi, 'Spotlight: Encore, Anne Frank' in *Vanity Fair*, december 1997.

Levin, Meyer, 'Anne Frank: The Diary of a Young Girl' in *Congress Weekly*, juni 1952.

Levin, Meyer, 'The Child Behind the Secret Door' in *New York Times Book Review*, 15 juni 1952.

Levin, Meyer, 'The Restricted Market' in *Congress Weekly*, 13 november 1952.

Levin, Meyer, 'The Suppressed Anne Frank' in *Jewish Week*, 31 augustus 1980.

'The Living Legacy of Anne Frank' in *Journal*, september 1967.

Majdalany, 'Anne Frank Was Never Like This' in *The Daily Mail*, 5 juni 1959.

Mulder, Dirk, *Kamp Westerbork* (Westerbork, Herinneringscentrum Kamp Westerbork, 1991).

New York Times Book Review, 28 september 1997.

'Otto Frank, Father of Anne, Dead at 91' in *The New York Times*, 21 augustus 1980.

Ozick, Cynthia, 'Who Owns Anne Frank?' in *The New Yorker*, 6 oktober 1997.

Pepper, William, 'Drama of "Diary" is Nonsectarian' in *New York World Telegram and Sun*, januari 1956.

Persfolder voor de film *Ein Tagebuch für Anne Frank*. Hoofdstuk: Lientje Brilleslijper-Jaldati, 'Memories of Anne Frank' (Berlijn, VEB Progress Film-Vertrieb, 1959).
Puner, Morton, 'The Mission of Otto Frank' in *The ADL Bulletin*, april 1959.
Romein, Jan, 'Een kinderstem' in *Het Parool*, 3 april 1945.
Rosenfeld, Alvin H., 'The Americanization of the Holocaust' in *Commentary*, juni 1995.
St. George, Andrew, 'The Diary That Shook a Nation', in *Pageant*, juli 1958.
Shapiro, Eda, 'The Reminiscences of Victor Kugler, the Mr. Kraler of Anne Frank's Diary' in *Yad Vashem Studies* XIII (Jeruzalem, Yad Vashem, 1979).
Spetter, Ies, 'Onderduikpret Broadway' in *Vrij Nederland*, 5 november 1955.
Stern, 21 mei 1982.
Stocks, Mary, 'The Secret Annexe' in *The Manchester Guardian*, 28 april 1952.
Strang, Joanne, 'Stevens Relives Anne Frank's Story' in *The New York Times Magazine*, 3 augustus 1958.
Straus, R. Peter, artikel in *Moment*, december 1977.
Stroom, Gerrold van der, *Anne Frank and her Diaries*, studie, geleverd aan het Institute of Jewish Studies, University College, Londen, juni 1997.
Visser, Anneke, 'Brieven ontdekt van de man die ondergedoken was in het Achterhuis van Anne Frank' in *NRC Handelsblad*, 7 november 1987.
Vuur, Willem, 'Anne Frank House in Money Trouble' in *Herald Tribune*, 1 april 1971.
Waggoner, Walter H., 'New Yorker Aids Dutch Students' in *The New York Times*, 26 juli 1957.
Watertown Daily Times, 'Holocaust Survivors Recall Their Hell On Earth', 5 februari 1995.
Welt am Sonntag, 'Anne Franks Vater: Ich will Versöhnung', 4 februari 1979.
'Who Killed Anne Frank?' in *Hadassah Magazine*, nr. 7, maart 1965.
Windsor, John, 'Duty of Dr Frank' in *The Guardian*, 15 juni 1971.
Wistrich, Robert S., *Anti-Semitism: The Longest Hatred* (Londen, Methuen, 1991).
Wolff, Margo H., 'Anne Frank Lives On' in *Hadassah Newsletter*, mei 1958.
Wolzogen, Wolf von, *Anne aus Frankfurt* (Frankfurt, Historisches Museum, 1994).

Ongepubliceerde documenten (m.u.v. correspondentie)

Ahlers, Anthon Cornelis, Dossier(s), Centraal Archief Bijzondere Rechtspleging (CABR), Rijksarchief, Den Haag.
Ahlers, Anthon Cornelis, Rapport van de Nederlandse instanties, 1964. Doc. I, Karl J. Silberbauer. NIOD.
Baschwitz, Isa, Rapport van een gesprek met, 12 januari 1981. NIOD.
Cahn, Werner, Rapport van een gesprek met, 12 maart 1981. NIOD.

Cauvern, Ab, Rapport van een gesprek met, 23 januari 1981. NIOD.
Document: 'Financial Information Regarding The International Anne Frank Youth Centre'. 1959. AFS.
Döring, Kurt, Doc. I, Collectie NIOD.
Dossier, CABR. Krantenknipsels, NIOD.
Draber, R.E., rapport van een gesprek met, 19 februari 1981. NIOD.
Frank, Anne, Babyboek. Archief Anne Frank-Fonds, Basel (AFF).
Fritzi Frank, *My Life With Otto Frank*, memoires, 1980. Privé-collectie Buddy Elias (BE).
Margot Frank, Babyboek, AFF.
Frank, Otto, dagboek bevrijding 1945. AFS.
Frank, Otto, Verklaring Pools Rode Kruis betreffende zijn terugkeer naar Nederland, 1945. AFS.
Frank, Otto, agenda 1945. AFS.
Frank, Otto, agenda 1945. AFS.
Frank, Otto, memoires. BE.
Frank, Otto, transcriptie interview door Westinghouses Broadcasting Company Inc., Verenigde Staten, 16 februari 1960. AFS.
Frank, Otto, transcriptie bandopname voor een schoolgroep, jaren zeventig. AFS.
Frank, Otto, transcriptie interview en discussie met Arthur Unger, New York, 1977.
Frank, Otto, ongedateerd document, met kop 'Commentaren'. AFS.
Frank, Otto, ongedateerd document, met kop 'Opmerkingen betreffende machtiging, mij toegestuurd met uw brief van 19 maart 1956'. AFS.
Gies, J.A., en M. Gies-Santrouschitz, rapport van een gesprek met, 18 februari 1981. NIOD.
Gies, J.A., en M. Gies-Santrouschitz, rapport van twee gesprekken met, 19 en 27 februari 1985. NIOD.
Gies, Miep, pagina met getuigenis geschreven door, AFS.
Hammelburg, Rabbijn, rapport van een gesprek met, 23 februari 1981. NIOD.
Gringhuis, Gezinus, Dossier. CABR.
Grossman, Jean Schick, *The Story Within Her Story* (ongepubliceerd manuscript), 5 december 1954.
Grootendorst, Willem, Dossier. CABR.
Hondius, Dienke, *The Return*, ongepubliceerde vertaling van *Terugkeer. Antisemitisme in Nederland rond de bevrijding* (Den Haag, SDU, 1990).
Jansen, Josephus Maria, Dossier. CABR.
Hauptman, Barbara, *A Visit to Amsterdam*, essay, augustus 1971. AFS.
Kropveld, dr. S.M., Verklaring van, in dossier Westerbork – Auschwitz, 3 september 1944. NIOD.
Kuiper, Maarten, Doc. I, NIOD. Dossier, CABR. Krantenknipsels. NIOD.

Landau, stadsarchief, en de pamfletten *Some Historical Fact About The House* en *Relating To The Jews Of Landau*, beschikbaar gesteld door het Frank-Loeb'sches Haus.

Liema, Rose de, ongepubliceerde memoires, *So You Will Remember*. AFS. (orig. Engelse tekst)

Liema, Sal de, transcriptie van interview geleid door de Anne Frank Stichting. AFS.

Maaren, W. G. van, Doc. I, NIOD. Dossier, CABR.

Opekta-dossier, archief NBI, Rijksarchief, Den Haag.

Opekta/Pectacon, Dossier. NIOD.

Opekta/Pectacon, orderboek. AFS.

Poppel, Josef van, Doc. I, NIOD. Dossier, CABR. Krantenknipsels. NIOD.

Annie Romein-Verschoor, verslag van een gesprek met, ongedateerd. NIOD.

Rouwendaal, Herman, Doc. I, NIOD. Dossier, CABR. Krantenknipsels. NIOD.

Rühl, Emil, Doc. I, NIOD. Dossier, CABR. Krantenknipsels. NIOD.

Silberbauer, Karl J., Doc. I, NIOD.

Spronz, Joseph, *Auschwitz memoires*, ongepubliceerd manuscript. AFS.

Stanfield, Milly, 'A Talk: Anne and Otto Frank', 22 april 1990. AFS.

Stanfield, Milly, memoires. AFS.

Viebahn, Friedrich Christian, Dossier, CABR. Krantenknipsels, NIOD.

Wolters, Karel O.M., Doc. I, NIOD.

Wijk-Voskuijl, Bep van, verslag van een gesprek met, 25 februari 1981. NIOD.

Register

Abernathy, Ralph 325
Abusch, Moritz 208
Adler, Larry 328
Ahlers, Anthon (Tonny) 11, 17, 18, 64, 72, 76, 77, 81-91, 95, 107-109, 122-124, 127, 182-185, 202, 203, 215-218, 308, 310-314, 346
Ahrendt, Hannah 276
Amerongen-Frankfoorder, Rachel van 131
Angeren, M. van 53, 54, 58
Asscher, Abraham 17, 126

Bach, Johann Sebastian 143
Baer, Richard 136
Bailey, Judith 219
Bakels, Floris 282
Ballif, Algene 269
Bangert, dokter 119
Barnouw, David 351
Baschwitz, Kurt 71, 198, 199, 201
Baschwitz, Isa 71, 198, 199
Batten, Fred 204
Beethoven, Ludwig von 140
Bendel, Sigmund 136
Bermann-Fischer, Gottfried 199
Beusekom, Henk van 63
Blair, Jon 344
Bloemendaal, Miriam 224
Bloomgarden, Kermit 244, 247, 248, 253, 257-260, 262, 264-267, 270, 271, 290, 296, 298, 301, 316, 317
Bloomgarden Jr. 316, 317

Bolkestein, Gerrit 198, 210
Bradford, Ned 225, 227, 230
Brilleslijper, Janny 129, 133, 134, 180-182, 185, 201
Brilleslijper, Lin 129, 132, 134, 180-182, 185, 201
Broks, Ans 172
Buddeberg, Heinrich 300, 301

Cahn, Jetty 199
Cahn, Werner 199, 204, 205, 221, 224
Cauvern, Ab 66, 199, 200, 207, 219
Cauvern, Isa 63, 66, 200, 207
Cauvern, Ruth 207
Chagall, Marc 305
Chanel, Coco 50
Churchill, mevrouw 164
Churchill, Winston 80, 137
Clinton, Bill 341
Cocteau, Jean 80
Cohen, David 126
Cohen, Eli 195
Cohn, Vera 130
Coleman, Samuel 290
Collem, mevrouw van 241
Costikyan, Edward 271
Crawford, Cheryl 238-240, 244-253, 265, 290

Daatselaar, vertegenwoordiger 92, 171
Dalí, Salvador 50
Dasberg, Eli 175

Dettman, Julius 123, 124, 126, 127, 313
Deutsch, Ernst 275
Dickens, Charles 111
Dijk, Ans van 122
Doneson, Judith 295
Döring, Kurt 16, 17, 82, 83, 107-109, 203
Drieten, John Van 253
Dunselman, Antonius 63, 79, 89, 94-96, 207

Eden, Anthony 137
Eichmann, Adolf 15, 98, 140, 303, 319, 340
Elias, Bernhard (Buddy) 46, 48, 57, 64, 97, 98, 174, 175, 203, 204, 244, 256, 257, 304, 306, 308, 320, 328, 348, 349
Elias, Erich 40, 41, 47, 50, 53, 57, 67, 95, 97, 103, 116, 173-175, 203, 206, 209, 256, 257
Elias, Gerti 306, 320
Elias, Ida 203
Elias, Oliver 337
Elias, Paul 40, 175
Elias, Stephan 41, 48, 57, 64-66, 193, 195, 203, 256, 257, 308
Elias-Frank, Helene (Leni) 24, 27, 30-32, 35-41, 46, 48-50, 57, 101, 103, 116, 152, 166, 174, 179, 187, 193, 195, 196, 213, 254, 256, 257, 293, 304, 332, 342
Epstein, Jason 230
Erf, van, accountant 119
Esther, secretaresse 91, 92, 105
Eugen-van Nahuys, Alice von 199

Faurisson, Robert 301, 302
Ferrer, Mel 292, 293
Feuchtwanger, Lion 223, 224
Fischer, dokter 143
Flanner, Janet 22
Fox, Calvin 269, 270
Franciscus van Assisi 193, 194
Frank, Annelies Marie (Anne) 9, 24-26, 28-30, 43-45, 47, 48, 53, 54, 56, 57, 61-69, 71, 73, 74, 83, 84, 91-93, 96, 97, 101, 105, 106, 1101-115, 117-119, 124, 128-134, 137, 145, 150, 152, 157-161, 166, 171, 172, 175-182, 184-193, 195-201, 205, 206, 208, 210-214, 220-222, 224, 226-235, 237-241, 244, 245, 249, 251-253, 255, 258-270, 274-282, 285-297, 299-302, 305-308, 311, 312, 315-318, 320, 322, 328-330, 333, 334, 336-344, 347-352
Frank, Georges 33, 35
Frank, Helene *zie* Elias-Frank, Helene (Leni)
Frank, Herbert 24, 28, 34, 35, 37, 40, 41, 45, 49-51, 67, 68, 152, 185, 250, 254, 257, 275, 332, 333, 342
Frank, Jean-Michael 33, 35, 50-52, 80, 174
Frank, Léon 33, 35, 80
Frank, Margot Bettie 44, 46-48, 51, 53, 54, 56, 57, 62-68, 71, 73, 74, 79, 91-93, 98, 101, 110-115, 128-134, 137, 150, 152, 157-159, 161, 166, 171, 172, 176-182, 184-186, 188-193, 195, 196, 200, 201, 208, 211, 242, 260, 280, 312
Frank, Michael 22-28, 40, 48
Frank, Nanette 33, 35, 50
Frank, Oscar 33-35
Frank, Otto Heinrich *passim*
Frank, Robert 24-26, 28, 32, 34, 36, 37, 40, 41, 49, 51, 57, 67, 71, 77, 152, 158, 165, 166, 169, 174, 175, 177, 179, 185, 186, 206, 250, 254
Frank, Zacharias 22, 23
Frank-Holländer, Edith 28, 39, 42-48, 52-54, 56, 60-75, 77, 79, 91-93, 96, 107, 110, 114-116, 128-134, 137, 150, 152, 157-161, 171, 172, 177-182, 185, 186, 188, 192, 193, 198, 199, 205, 208, 211, 212, 266, 292, 297, 306, 330, 331, 338, 341
Frank-Markovits, Elfriede (Fritzi) 11, 42, 43, 142, 161, 179, 200, 226, 229, 241-244, 246-248, 250, 253, 255, 256, 261, 266, 277, 278, 281, 290, 293, 294, 303-307, 317, 320, 322, 325, 327, 328, 330-334, 336-338, 342-344, 347-349, 351
Frank-Schott, Hortense 41, 45, 51
Frank-Steiner, Vincent 333
Frank-Stern, Alice 23-25, 28, 37, 39-41, 46, 50-52, 57, 64, 65, 67, 71, 92, 97, 98,

152, 157, 158, 160, 165, 166, 173, 174, 177-179, 187-190, 192, 193, 195-197, 200, 202, 203, 208, 214, 215, 221, 250, 253, 254
Frank-Witt, Charlotte (Lottie) 41, 57, 77, 152, 174, 177, 179, 186, 206
Friedländer, Saul 54
Frijda, Jetteke 190, 191
Frijda, Leo 190
Futterman, Enid 317

Geiershofer, Armand 41, 62, 63
Geiringer, Erich 179, 242, 243, 337
Geiringer, Eva *zie* Schloss-Geiringer, Eva
Geiringer, Heinz Felix 179, 200, 242, 243, 337
Geiringer-Markovits, Fritzi *zie* Frank-Markovits, Elfriede
Gemmeker, Albert 130, 296
Genot, Anna 120, 217
Genot, Petrus 120, 217
Gerbrandy, Pieter Sjoerds 80, 213
Giacometti, Alberto 50
Giacometti, Diego 50
Gies, Jan 67, 78, 90, 91, 95, 103-105, 118, 128, 138, 170, 172, 175, 179, 187, 192, 194, 206, 207, 219, 241, 242, 256, 263, 279, 281, 285, 304, 312-314, 320, 332, 333, 341-344
Gies, Miep 58-60, 66-68, 75, 78, 84, 88-90, 92, 95, 96, 103-105, 110, 111, 116, 120, 121, 127, 128, 138, 142, 159, 167, 171, 172, 174, 175, 178, 179, 187, 188, 192, 194, 197, 241, 242, 256, 263, 272, 279, 285, 302, 304, 310, 319-321, 332, 333, 341-346
Gies, Paul 219, 242, 344
Goebbels, Joseph 164, 266
Goede, Theo de 312
Goethe, Johann Wolfgang von 23, 79, 106
Gold, Alison Leslie 346
Goldberg, Arthur 325
Goldberg, Max 176, 202, 299
Goldberg, Ruth 261, 299
Goldberg-Jacobsthal, Hilde 60, 61, 62, 71, 176, 201, 202, 242, 261, 299
Golden, Harry 315
Goldhagen, Daniel Jonah 54

Goldstein, Barbara 325
Goldstein-van Kleef, Ronnie 132, 134, 159
Goodrich, Frances *zie* Hackett, Albert en Frances
Goseling, C.M.J.F. 59
Goslar, Gabi 190, 201, 202
Goslar, Hanneli 65, 90, 190, 193, 201, 202, 219, 303, 314
Goslar, Hans 65, 90, 190
Goslar-Klee, Ruth Judith 65, 90
Greenberg, Florence 234
Gringhuis, Gezinus 17, 118, 123, 215, 216
Grootendorst, Willem 17, 118, 123, 215, 216
Grossman, Jean Schick 30, 112

Haas, dr. Ludwig 33
Hackett, Albert en Frances 257-261, 262-267, 269-272, 276, 279, 280, 283-289, 291, 293, 295, 296, 298, 314-317, 331, 333, 337
Hall, G. van 304
Hammelberg, rabbijn 205
Hammelfett (Hammelburger), Babette 22
Harris, Julie 266
Harster, Wilhelm 318, 319
Hartog, Klaas 121
Hartog, Lammert 120, 121, 217, 218, 310
Hartog-van Bladeren, Lena 119-121, 215, 217, 310, 344
Hasselt, Jacob van 282
Hayden, Teresa 253
Heijermans, Herman 72
Heine, Heinrich 106, 143
Heldring, Hermann 282
Heller, Bernhard 253
Hellman, Lillian 238, 244, 248, 257, 260, 261, 262, 280
Hepburn, Audrey 292, 293
Herzberg, Abel 99
Heuskin, Jacques 41
Hildering, Elly 205
Himmler, Heinrich 135, 141, 318
Hitler, Adolf 52, 54, 59, 67, 68, 77, 79, 88, 91, 102, 145, 164, 296, 324
Hoeve, Hendrik van 104, 117, 118, 122, 172, 173, 292

Hof, mevrouw 192
Holländer, Abraham 43-47, 53
Holländer, Benjamin 43, 53
Holländer, Bettina 44
Holländer, Edith *zie* Frank-Holländer, Edith
Holländer, Ernst 72, 73
Holländer, Julius 44-48, 56, 57, 70, 72, 73, 77, 97, 98, 152, 179, 180, 185, 191, 245, 246, 298, 317, 318
Höllander, Karl 44
Holländer, Walter 44, 45, 47, 48, 56, 47, 70, 73, 77, 97, 98, 179, 185, 191, 245, 246, 298, 317, 318
Holländer-Stern, Rosa 43-48, 53, 56, 57, 64, 65, 70, 72, 73, 91, 93, 96, 97
Höss, Rudolf 135
Hout, Isaac van 324
Huber, Güsti 266, 292, 299

Jacobsthal, Betty 60, 61, 176
Jacobsthal, Hilde *zie* Goldberg-Jacobsthal, Hilde
Jacobsthal, Joachim 60, 176
Jacobsthal, Walter 60, 62, 71, 176
Jameson, Storm 233, 234
Jamois, Marguerite 289
Janouch, Gustav 307
Jansen, Jetje 63, 64, 66, 83
Jansen, Joseph 64, 66, 83-85, 87, 89, 90, 183, 184, 218, 311, 312
Jong, Dola de 224, 226, 227, 229, 314
Jong, Lou de 292, 340
Jong, Philip de 131, 132, 134
Jong-van Naarden, Lenie de 131, 132, 134
Juliana, koningin der Nederlanden 164, 279

Kafka, Franz 307
Kaletta, Lotte *zie* Pfeffer-Kaletta, Martha Charlotte (Lotte)
Kanin, Garson 262-267, 270, 271, 273, 281
Kaper, Abraham 126
Kazan, Elia 240
Keesing, leraar 221

Kempner, Robert 318, 345
Kennedy, John F. 298, 328
Kennedy, Robert 325, 326
Kessler, David 254
Kissinger, Henry 325
Kleiman, Johanna 103, 256, 304
Kleiman, Johannes 41, 66, 68, 69, 78, 79, 88, 90, 91, 94-96, 103-107, 116, 119, 120, 124, 127-129, 159, 167, 171-173, 175, 187, 203, 206, 207, 214, 216-218, 255, 256, 263, 272, 281, 290-292, 297, 320
Klein, Susi 101
Klug, Bee 306
Kniesmeyer, Joke 285
Koerotsjkin, Pavel 149
Kok, J. de 119
Kol, Mosje 325
Könitzer, Otto 47, 48, 459
Koot, Hendrik 80, 81
Koot, Ton 282
Koretz 219
Körner, Christian Gottfried 106
Kramer, Josef 136
Kraus, Frans Xavier
Kropveld, dr. S.M. 142
Kugler, Victor Gustav 58, 69, 74, 78, 89, 90, 91, 96, 103-106, 119, 120, 124, 127, 128, 159, 167, 171, 172, 206, 217, 218, 263, 279, 281, 282, 302, 310, 320-322, 333, 341
Kugler, Loes 322, 333
Kuhn, Ernest 213, 223
Kuiper, Maarten 16, 17, 109, 122-124, 127-129, 203, 313
Kukulska, Zofia 157

Lages, Willi 124, 127, 313
Landshof, Fritz 230
Langen, Loes van 279
Lawson, Peter 301
Ledermann, Sanne 92
Levi, Primo 133, 134, 139, 150, 276, 340
Levin, Meyer 220, 223-227, 230-235, 237-240, 244-253, 258, 259 265, 269, 271, 273, 274, 280, 286, 290, 291, 296, 300, 302, 314, 315, 337, 339, 340

Levin-Torres, Tereska 220, 230, 231, 239, 246, 252, 271, 273, 274, 315
Levinson, Arthur 90
Lewis, Irene 315
Liema, Rose de 132, 134, 178
Liema, Sal de 22, 132, 140, 152, 178, 185
Luth, Erich 275

Maaren, Willem Gerard van 10, 88, 119, 122, 171, 187, 215, 217, 218, 310, 312, 345
Maarsen, Jacqueline van 93, 177, 190, 200, 206, 333
Markovits, Fritzi *zie* Frank-Markovits, Elfriede (Fritzi)
Marks, Joseph 238, 239, 245-248, 255, 256, 298
Marxveldt, Cissy van 227
Maxwell, Ian (Robert) 234
McCarthy, Eugene 326
McCarthy, Joseph Raymond 245, 253, 295
McCullers, Carson 249, 250, 253, 275
Meir, Golda 328
Mengele, dr. Josef 160
Mermin, Myer 89, 248-250, 253, 257-259, 261, 262, 264, 265, 271-274, 280, 298, 303, 304, 307, 322, 323
Merz, Konrad 75
Meyer, Thomas 9
Miller, Arthur 244
Miller, dr. Emmanuel 232
Miller, Judith 100
Monroe, Marilyn 268
Mooyart-Doubleday, Barbara 228, 229, 231, 234, 266, 333
Mörike, Eduard 31
Müller, Melissa 120, 121, 124, 345, 348, 349
Mussert, Anton 76, 81, 108
Mussolini, Benito 68

Nasser 324, 325
Naumann, Gertrud 47, 53, 56, 57, 62, 63, 66, 67, 74, 208, 209, 219, 332
Neiman, John 113, 121, 244, 285, 302, 305, 326-328, 330-332, 337, 346, 347

Neve, G.P. de 205
Neveux, M. 288
Norwich, Natalie 266
Nussbaum, Rudi 177, 178, 214
Nussbaum-Klein, Laureen 60, 79, 101, 177, 196, 197, 214, 241, 250, 351

Odets, Clifford 238
Oeverhaus, Gerard 89, 207
Oewemoera, Teroewo 329
Ohtsoek, Takdji 329
Olszewska, Katja 327, 349, 350
Oppenheimer, Edith 25, 26, 30, 42, 43, 52
Oppenheimer, Franz 33, 52
Ozick, Cynthia 338, 339

Patton, George S. 167
Pels, Hermann van 69, 78, 90, 91, 101, 103-106, 115, 117, 127-129, 133, 134, 138, 140, 171, 263, 272, 281, 285
Pels, Peter van 69, 101, 103, 112, 113, 117, 127-129, 133, 134, 137, 138, 140, 145, 146, 171, 172, 189, 212, 260, 267, 285, 291, 327
Pels-Röttgen, Augusta (Gusti) van 69, 91, 101, 103, 115, 127, 128, 133, 134, 137, 171, 172, 189, 285, 295
Pepper, Peter *zie* Pfeffer, Werner Peter
Perkins, Millie 293, 294
Pétain, Philippe 78
Peters 17, 77, 81, 101, 215
Pfeffer, Ernst 71
Pfeffer, Fritz 70, 71, 103, 107, 115, 128, 129, 133, 134, 137, 138, 141, 171, 172, 189, 194, 241, 260, 263, 272, 281, 283, 285, 286, 289, 327, 344
Pfeffer, Werner Peter 70, 71, 194, 327
Pfeffer-Bythiner, Vera 70, 71
Pfeffer-Kaletta, Martha Charlotte (Lotte) 70, 71, 167, 172, 194, 241, 242, 263, 283-286, 289
Pick, Walter 219, 314
Pire, Georges 300
Piron, F.J. 119
Polak, Jack 323
Pool, Rosie 225, 226

Poppel, Josef van 82, 83, 107, 123
Praag, Henri van 322
Presley, Elvis 298
Presser, Jacob (Jacques) 18, 99, 193, 340
Price, Francis (Frank) 119-231, 237, 239, 249, 255, 258, 286, 287

Rappange, architect 304
Rath, Ernst von 69
Rauter, Hans 80
Rebling, Eberhard 180
Reens-Neufeld, Anneke 224
Renterghem, Tony van 258
Rockefeller, Nelson 326
Rogers, Ginger 263
Romein, Jan 204, 214
Romein-Verschoor, Annie 204, 205, 210, 214
Roosevelt, Eleanor 231, 232, 286, 287, 298
Rosenfeld, Alvin 276
Roth, Philip 327
Rothman, Robert 322
Rouwendaal, Herman 17, 109, 122, 123
Rühl, Emil 16, 17, 109, 122
Rye, Karen 230

Sagan, Alex 276, 295
Salisbury, Leah 257-259, 265, 270-273, 279, 283, 289, 314-316
Salomon, Henk 306, 307, 332
Salomon-de Winter, Judith 131, 132, 134, 137, 159, 170, 306, 307, 332
Salten, Felix 285
Santrouschitz, Hermine *zie* Gies, Miep
Schaap, Pieter 122
Schaft, Hannie 216
Schick Grossman, Jean 73
Schildkraut, Joseph 265-267, 292
Schiller, Friedrich von 79, 106
Schloss, Tsvi 243, 277, 278, 306, 330, 343
Schloss-Geiringer, Eva 42, 43, 150, 151, 153, 161, 179, 200, 226, 242, 243, 256, 277, 278, 306, 307, 322, 330-332, 336, 338, 343-345, 350
Schnabel, Ernst 84, 85, 309

Schneider, Ernst 37
Schneider, mevrouw (secretaresse) 208, 209
Schubert, Franz 140
Schuster, Max 180
Schütz, Anneliese 79, 196, 197, 199, 221, 222, 241
Sciatel, Marguerite 288, 289
Secker, Martin 224
Seyss-Inquart, Arthur 76
Shapiro, Eda 321
Shumlin, Hermann 233
Siemons, bakker 104
Silberbauer, Karl Josef 10, 17, 91, 123, 124, 128, 129, 171, 215-217, 308-312
Silberberg, Hello 213
Silverman, Samuel 290
Simons, Branca 122
Skouras, Spyros 298
Sleegers, Martin 118
Slottke, Getrud 318
Soetendorp, David 176, 200, 201, 319, 335, 341, 342
Soetendorp, Jacob 200, 201, 298
Sperber, Manès 219
Spielberg, Steven 341
Spitzer, Olga 47
Spronz, Franzi 143, 303, 332, 335
Spronz, Gersjon 303
Spronz, Joseph 141, 143, 144, 145, 148, 149, 152, 209, 210, 303, 332, 335
Stanfield, Milly 29, 32-34, 38-40, 48, 68, 75, 158, 175, 177, 186, 191, 192, 198, 206, 214, 245, 247, 320, 328, 333, 337
Stavisky, Lotte 266
Steenmeijer, Anneke 297, 319, 330
Stern, August Heinrich 23
Stern, Else 25
Stern, Emmanuel 23
Stern, Karl 25, 44
Stern-Cahn, Cornelia 23
Stevens, George 287, 291-294
Stielau, Lothar 300, 301
Stilgenbauer, Käthi 47, 48, 66, 209
Stocks, Mary 233

Stoppelman, mevrouw 138, 175
Stoppelman, Max 138, 178, 223
Stoppelman, Stella 138, 178
Strasberg, Lee 266
Strasberg, Susan 266, 267, 269, 292
Straus, Charles Webster (Charlie) 26, 27, 31, 47, 82, 194, 195, 220, 223, 225, 247, 252, 287, 298, 317
Straus, Nathan Jr. *zie* Straus, Charles Webster (Charlie)
Straus, Nathan Sr. 31, 82
Suijk, Cor 120, 309, 323, 343-345, 347-352
Sullivan, Barry 228, 234, 254
Sulzbach, Herbert 33

Tabori, George 253
Thising, Maria Magdalena 275
Trenz, Karl 219

Unger, Arthur 325, 331, 336

Veen, Gerrit van der 15
Vermeer, W. 219
Viebahn, Friedrich Christian 16, 109
Voskuijl, Anna 206
Voskuijl-van Wijk, Bep 66, 78, 84, 90, 91, 103, 105, 118-120, 127, 128, 159, 171, 187, 201, 204, 206, 209, 259, 302, 304, 310, 320, 321, 341, 343, 347
Voskuijl, Johan 66, 103, 105, 119, 201
Voskuijl, Willy 105

Wessel, M.A. 78
Westra, Hans 340, 348
Wharton, John 247, 248
Wiesel, Elie 276, 340
Wiesenthal, Simon 308-310
Wijk, Cornelius van 206
Wijsmuller-Meijer, Truus 282
Wilhelmina, koningin der Nederlanden 60
Wilson, Cara 305, 319, 323-325, 327, 329, 337, 344
Winfrey, Oprah 341
Winter, Judith de *zie* Salomon-de Winter, Judith
Winter, Manuel de 131, 134, 137
Winter, Rootje de 131, 132, 134, 159, 160, 161, 170, 306, 307
Winters, Shelley 294, 295, 299
Wishengrad, Morton 247
Wolfe Manola, Renee 63
Wolters, Karel 16, 17, 93, 94-96
Wood, Natalie 293
Wynn, Ed 294

Zanuck, Darryl 233
Zimmerman, Barbara 230-235, 237, 239, 240, 245, 246, 249-256, 258, 280, 290, 296, 317, 333, 336, 339
Zinneman, William 246
Zöpf, Wilhelm 318
Zsolnay, Paul 213

De auteur, Carol Ann Lee (1969), heeft met dit boek, door haar toegang tot de privé-archieven van de familie Frank en minutieus historisch onderzoek, een prachtige en spannende biografie geschreven.

Zij is Engelse van geboorte, studeerde aan de Metropolitan University van Manchester en schreef eerder de voortreffelijke en succesvolle biografie *Anne Frank (1929-1945)* die in 1999 bij Uitgeverij Balans verscheen.